KB128589

譯註 儀禮注疏
士冠禮

❶

譯註 儀禮注疏
士冠禮

①

정병섭 역주

學古房

　새로운 시작이다. 『예기』를 처음 번역할 때, 막연히 삼례(三禮)를 모두 번역하겠다는 포부를 가졌었다. 그동안 많은 일들이 있었고 생업과 번역작업을 병행한다는 것이 이리도 어려운 일인지는 생각하지도 못했다. 차일피일 미루다보니, 이제야 『의례』에 대한 첫 역서를 내놓게 되었다. 『의례』를 번역하겠다고 결심했을 당시에는 국내에 『의례』의 경문만 번역되어 있었고, 그것도 완결이 되지 못한 상태였다. 그런데 이 작업을 시작하려고 하니, 연세대에서 『의례』의 경문과 정현의 주를 번역하여 완간을 하였다. 열정을 가지신 분들이 많은 시간을 들여 펴낸 정성스러운 역서가 이미 출판된 상태여서, 이 역서를 내놓는 것이 옳은 일일까 고민이 되었다. 다만 애초에 삼례에 대한 완역을 계획했고, 기존 역서에 가공언의 소가 번역되지 않았으므로, 이 역서의 출판을 결심하게 되었다.

　번역작업에 있어 가장 중요한 것은 실력이고, 그 다음으로 중요한 것은 시간이다. 월등한 실력을 가진 사람이 많은 시간을 투자해서 번역을 한다면, 그보다 더 좋은 결과물은 없을 것이다. 다만 아쉽게도 나에게는 이 두 가지가 모두 결여되어 있다. 실력이라는 이름을 붙이기에도 민망한 재주이고, 생업에 종사하다보니 막상 번역에 투자할 수 있는 시간은 방학 중 일부의 시간 밖에 없었다. 그래서 내 번역에 대해 스스로 점수를 내리자면 100점 만점에 30점이다. 30점짜리 역서를 시중에 내놓는 것이 오히려 누가 되지는 않을까 걱정된다. 다만 이 책을 발판으로 더 좋은 역서가 나왔으면 하는 바람이다. 이 책이 더 좋은 역서가 나오기 전까지 참고로만 활용되어도 더 바랄 것이 없다. 끝으로 「사관례」편을 출판할 수 있도록 허락해 주신 학고방의 하운근 사장님께도 감사를 전한다.

5

• 본 책은 역주서(譯註書)로써, 『의례주소(儀禮注疏)』의 「사관례(士冠禮)」편을 완역하고, 자세한 주석을 첨부했다.

• 『의례』 경문(經文)의 경우, 의역으로만 번역하면 문장을 번역한 방식을 확인하기 어렵고, 보충 설명 없이 직역으로만 번역하면 내용을 이해하기 힘들다. 따라서 경문에 한하여 직역과 의역을 함께 수록하였다. 나머지 주석들에 대해서는 의역을 위주로 번역하였다.

• 본 역서가 저본으로 삼은 책은 다음과 같다.
『儀禮注疏』 1~2(전2권, 『十三經注疏 整理本』 10~11), 北京 : 北京大學出版社, 초판 2000.

• 본 책은 『의례』의 경문, 정현의 주, 가공언의 소, 참고자료 순으로 번역하였다.

• 『의례』 「사관례」편은 본래 목차가 없다. 본 책의 목차는 역자가 임의대로 나눈 것이며, 세세하게 분절하여, 독자들이 관련내용들을 찾아보기 쉽게 하였다.

• 본 책의 뒷부분에는 《士冠禮 人名 및 用語 辭典》을 수록하였다. 본문에 처음으로 등장하는 용어 및 인명에 대해서는 주석처리를 하였다. 이후에 같은 용어가 등장할 때마다 동일한 주석처리를 할 수 없어서, 뒷부분에 사전으로 수록한 것이다. 가나다순으로 기록하여, 번역문을 읽는 도중 앞부분에서 설명했던 고유명사나 인명 등에 대해서 쉽게 찾아볼 수 있도록 하였다.

- **5上** 士冠禮. 筮于廟門.

  5上 등과 같이 ███ 안에 숫자와 上·下가 기입되어 있는 것은 『의례』의 '경문'을 뜻한다. '5'는 북경대학출판사 판본의 페이지를 말한다. '上'은 상단에 기록되어 있다는 표시이다.

- **鄭注** 筮者, 以蓍問日吉凶於易也.

  鄭注 로 표시된 것은 『의례주소』에 수록된 정현(鄭玄)의 주(注)이다.

- **賈疏** ●"士冠"至"廟門". ○釋曰: 自此至"宗人告事畢"一節, 論將行冠禮, 先筮取日之事.

  賈疏 로 표시된 것은 『의례주소』에 수록된 가공언(賈公彦)의 소(疏)이다. 가공언의 주석은 경문과 정현의 주에 대해서 세분화하여 기록되어 있다. 따라서 '●'으로 표시된 부분은 가공언이 경문에 대해 주석을 한 부분이고, '◎'으로 표시된 부분은 정현의 주에 대해 주석을 한 부분이다.

- **참고** 『예기』「곡례상(曲禮上)」 기록

  참고 로 표시된 것은 『의례주소』에 인용된 각 문헌의 기록들이다.

- 원문 및 번역문 중 '▼'로 표시된 부분은 한글로 표기할 수 없는 한자를 기록한 부분이다. 예를 들어 '▼(囧/皿)'의 경우 맹(盟)자의 이체자인데, '明'자 대신 '囧'자가 들어간 한자를 프로그램상 삽입할 수가 없어서, '▼(囧/皿)'으로 표시한 것이다. 즉 '▼(A/B)'의 형식으로 기록된 경우, A에 해당하는 글자가 한 글자의 상단 부분에 해당하고, B에 해당하는 글자가 한 글자의 하단 부분에 해당한다는 표시이다. 또한 '▼(A+B)'의 형식으로 기록된 경우, A에 해당하는 글자가 한 글자의 좌측 부분에 해당하고, B에 해당하는 글자가 한 글자의 우측 부분에 해당한다는 표시이다. 또한 '▼((A-B)/C)'의 형식으로 기록된 경우, A에 해당하는 글자에서 B 부분을 뺀 글자가 한 글자의 상단 부분에 해당하고, C에 해당하는 글자가 한 글자의 하단 부분에 해당한다는 표시이다.

①

②

欽定四庫全書總目 儀禮注疏十七卷
흠정사고전서총목 「의례주소」 17권

原文 漢鄭玄注, 唐賈公彦疏. 儀禮出殘闕之餘, 漢代所傳, 凡有三
本. 一曰戴德本, 以冠禮第一, 昏禮第二, 相見第三, 士喪第四, 旣夕
第五, 士虞第六, 特牲第七, 少牢第八, 有司徹第九, 鄕飮酒第十, 鄕
射第十一, 燕禮第十二, 大射第十三, 聘禮第十四, 公食第十五, 覲禮
第十六, 喪服第十七. 一曰戴聖本, 亦以冠禮第一, 昏禮第二, 相見第
三, 其下則鄕飮第四, 鄕射第五, 燕禮第六, 大射第七, 士虞第八, 喪
服第九, 特牲第十, 少牢第十一, 有司徹第十二, 士喪第十三, 旣夕第
十四, 聘禮第十五, 公食第十六, 覲禮第十七. 一曰劉向別錄本, 卽鄭
氏所注. 賈公彦疏謂: "別錄尊卑吉凶, 次第倫序, 故鄭用之. 二戴尊
卑吉凶雜亂, 故鄭不從之也." 其經文亦有二本. 高堂生所傳者, 謂之
今文. 魯恭王壞孔子宅, 得亡儀禮五十六篇, 其字皆以篆書之, 謂之
古文. 玄注參用二本. 其從今文而不從古文者, 則今文大書, 古文附
注, 士冠禮"闃西閾外", 句注"古文闃爲槷, 閾爲蹙", 是也. 從古文而
不從今文者, 則古文大書, 今文附注, 士冠禮"醴辭", "孝友時格", 句
注"今文格爲嘏", 是也. 其書自玄以前, 絶無注本. 玄後有王肅注十
七卷, 見於隋志. 然賈公彦序稱"周禮注者則有多門, 儀禮所注後鄭
而已", 則唐初肅書已佚也. 爲之義疏者有沈重, 見於北史; 又有無名
氏二家, 見於隋志, 然皆不傳. 故賈公彦僅據齊黃慶·隋李孟悊二家
之疏, 定爲今本. 其書自明以來, 刻本舛訛殊甚. 顧炎武日知錄曰:
"萬曆北監本十三經中, 儀禮脫誤尤多. 士昏禮脫'婿授綏, 姆辭曰: 未
敎, 不足與爲禮也', 一節十四字, 賴有長安石經, 據以補此一節, 而
其注·疏遂亡. 鄕射禮脫'士鹿中翿旌以獲'七字, 士虞禮脫'哭止, 告
事畢, 賓出'七字. 特牲饋食禮脫'擧觶者祭, 卒觶, 拜, 長者答拜'十一
字, 少牢饋食禮脫'以授尸, 坐. 取簞, 興'七字. 此則秦火之所未亡, 而
亡於監刻矣"云云. 蓋由儀禮文古義奧, 傳習者少, 注釋者亦代不數

11

人, 寫刻有訛, 猝不能校, 故紕漏至於如是也. 今參考諸本, 一一釐正, 著於錄焉.

한나라 때 정현이 주를 달았고 당나라 때 가공언이 소를 달았다. 현재의 『의례』는 본래의 기록에서 많은 부분이 누락되고 남은 기록에서 나온 것으로, 한나라 때 전해지던 판본은 총 3종류가 있었다. 첫 번째 판본은 『대덕본』으로, 「사관례」가 1편이며, 「사혼례」가 2편이고, 「사상견례」가 3편이며, 「사상례」가 4편이고, 「기석례」가 5편이며, 「사우례」가 6편이고, 「특생궤식례」가 7편, 「소뢰궤식례」가 8편, 「유사철」이 9편, 「향음주례」가 10편, 「향사례」가 11편, 「연례」가 12편, 「대사」가 13편, 「빙례」가 14편, 「공사대부례」가 15편, 「근례」가 16편, 「상복」이 17편이다. 두 번째 판본은 『대성본』인데, 『대성본』 또한 「사관례」가 1편이고, 「사혼례」가 2편이며, 「사상견례」가 3편이지만, 그 이하의 차례에 있어서는 「향음주례」가 4편이고, 「향사례」가 5편이며, 「연례」가 6편이고, 「대사」가 7편이며, 「사우례」가 8편이고, 「상복」이 9편이며, 「특생궤식례」가 10편이고, 「소뢰궤식례」가 11편이며, 「유사철」이 12편이고, 「사상례」가 13편이며, 「기석례」가 14편이고, 「빙례」가 15편이며, 「공사대부례」가 16편이고, 「근례」가 17편이다. 세 번째 판본은 유향의 『별록본』으로, 바로 정현이 주석을 단 판본이다. 가공언의 소에서는 "『별록본』은 존비 및 길흉에 있어서 차례가 질서정연하기 때문에 정현이 이 판본을 사용한 것이다. 『대덕본』과 『대성본』에 있어서는 존비 및 길흉이 복잡하게 뒤섞여 있었기 때문에 정현이 그 순서에 따르지 않았던 것이다."라고 했다. 『의례』의 경문에 있어서는 또한 두 가지 판본이 있었다. 첫 번째는 고당생이 전수한 것으로 '금문본'이라고 부른다. 두 번째는 한나라 때 노 공왕이 공자의 옛 저택을 허물다가 망실되었던 『의례』 56편을 얻었는데, 글자가 모두 전서(篆書)로 기록되어 있었기 때문에 '고문본'이라고 부른다. 정현의 주에서는 『금문본』과 『고문본』을 참고하여 사용했다. 『금문본』을 따르고 『고문본』을 따르지 않았을 경우에는 『금문본』의 내용을 경문으로 기록하고, 『고문본』의 내용을 주석으로 덧붙였으니, 예를 들어 「사관례」편에서 '얼서역외(闃西闑外)'라고 한 구문에 대해 주석에서는 "『고문본』에서는 '얼(闃)'자를 '얼(槷)'자로 기록했고, '역(闑)'자를 '축(蹙)'자로 기록했다."라고 했다. 반면 『고문본』을 따르고 『금문본』을 따르지 않았을 경우에는 『고문본』의 내용을 경문으로 기록하고, 『금문본』의 내용을 주석으로 덧붙였으니, 예를 들어 「사관례」편에서 '예사(醴辭)'라고 기록하고 '효우시격(孝友時格)'이라고 한 구문에 대해 주석에서는 "『금문본』에서는 '격(格)'자를 '하(嘏)'자로 기록했다."라고 했다. 『의례』라는 서적은 정현 이전에는 주석이 달려있던 판본이 전혀 없었다. 정현 이후로는 왕숙이 주를 단 17권이 있었는데, 『수서』 「경적지」에 그 기록이 나온다. 그러나 가공언의 소에서는 "『주례』에 대해 주를 단 자는 여러 사람이 있지만, 『의례』에 주를 단 것은 정현이 유일하다."라고 했으니, 당나라 초기에 왕숙이 주석을 달았던 판본은 이미 일실되었던 것이다. 『의례』에 의소(義疏)를 달았던 자로는 심중이 있었는데, 『북사』에 기록이 나오고, 또 이름을 알 수 없는 두 명의 학자가 있었는데, 『수서』 「경적지」에 기록이 나오지만, 이 기록들은 모두 전해지지 않는다. 그렇기 때문에 가공언은 겨우 제나라 황경과 수나라 이맹철이 남긴 소에 근거하여 현재의 판본을 확정할 수밖에 없었다. 『의례』는 명나라 이후로 판각에 있어서 잘못된 부분이 매우 많아졌다. 고염무의 『일지록』에서는 "만력 연간에 나온 『북감본』의 『십삼경』 중에서 『의례』는 누락되고 잘못 기록된 부분이 매우 많다. 「사혼례」편에서는 '서수수모사왈미교부족여위례야(婿授綏, 姆辭曰: 未教, 不足與爲禮也)'라는 한 문단의 14글자가 누락되어 있는데, 장안의 『석경』을 참고로 이 문단을 보충하였지만, 정현의 주와 가공언의 소는 없어진 상태였다. 「향사례」편에서는 '사록중도정이획(士鹿中翿旌以獲)'이라는 7글자가 누락되어 있고, 「사우례」편에서는 '곡지고사필빈출(哭止, 告事畢, 賓出)'이라는 7글자가 누락되어 있다. 또 「특생궤식례」편에서는 '거치자제졸치배장자답배(擧觶者祭, 卒觶, 拜, 長

者答拜)'라는 11글자가 누락되어 있고, 「소뢰궤식례」편에서는 '이수시
좌취단흥(以授尸, 坐. 取簞, 興)'이라는 7글자가 누락되어 있다. 이러한
기록들은 진나라의 분서갱유를 거치면서도 없어지지 않았던 부분인데,
감각하는 가운데 없어진 것이다."라는 등의 말을 했다. 이러한 특수성은
『의례』의 문장은 오래된 문법체계였고 그 의미 또한 오묘하여 계승하고
익히는 자가 적었고, 주석을 달았던 자들 또한 역대 몇 사람에 불과하여,
필사하고 새기는 과정에서 오류가 발생하더라도 바로잡을 수 없었던 것
에서 기인한다. 그래서 잘못 기록되고 누락된 것이 이와 같은 지경에
이른 것이다. 현재 여러 판본을 참고하여 하나하나 바로잡아 기록해둔
다.

구분	『戴德本』	『戴聖本』	劉向 『別錄本』
1	士冠禮	士冠禮	士冠禮
2	士昏禮	士昏禮	士昏禮
3	士相見禮	士相見禮	士相見禮
4	士喪禮	鄕飮酒禮	鄕飮酒禮
5	旣夕禮	鄕射禮	鄕射禮
6	士虞禮	燕禮	燕禮
7	特牲饋食禮	大射	大射
8	少牢饋食禮	士虞禮	聘禮
9	有司徹	喪服	公食大夫禮
10	鄕飮酒禮	特牲饋食禮	覲禮
11	鄕射禮	少牢饋食禮	喪服
12	燕禮	有司徹	士喪禮
13	大射	士喪禮	旣夕禮
14	聘禮	旣夕禮	士虞禮
15	公食大夫禮	聘禮	特牲饋食禮
16	覲禮	公食大夫禮	少牢饋食禮
17	喪服	覲禮	有司徹

참고 儀禮疏[1])序 / 『의례소』의 「서문」

原文 竊聞道本沖虛, 非言無以表其疏; 言有微妙, 非釋無能悟其理. 是知聖人言曲事資, 注釋而成. 至於周禮·儀禮, 發源是一, 理有終始, 分爲二部, 並是周公攝政大平之書. 周禮爲末, 儀禮爲本. 本則難明, 末便易曉. 是以周禮注者, 則有多門, 儀禮所注, 後鄭而已. 其爲章疏, 則有二家: 信都黃慶者, 齊之盛德; 李孟悊者, 隋曰[2])碩儒. 慶則擧大略小, 經注疏漏, 猶登山遠望而近不知; 悊則擧小略大, 經注稍周, 似入室近觀而遠不察. 二家之疏, 互有修短. 時之所尙, 李則爲先. 按士冠三加, 有緇布冠·皮弁·爵弁, 旣冠, 又著玄冠見於君. 有此四種之冠, 故記人下陳緇布冠·委貌·周弁, 以釋經之四種. 經之與記都無天子冠法, 而李云委貌與弁皆天子始冠之冠, 李之謬也. 喪服一篇, 凶禮之要, 是以南北二家, 章疏甚多, 時之所以皆資黃氏. 按鄭注喪服, 引禮記檀弓云: 經之言實也, 明孝子有忠實之心, 故爲制此服焉. 則經之所作, 表心明矣. 而黃氏妄云: 衰以表心, 絰以

---

1) 『십삼경주소(十三經注疏)』 북경대 출판본에서는 "소(疏)'자 앞에 『모본(毛本)』에는 '주(注)'자가 기록되어 있다. 완원(阮元)의 『교감기(校勘記)』에서는 '이곳 서문은 소를 위해서 작성된 것이며 주를 위해서 작성된 것이 아니니, 주(注)자를 덧붙이는 것은 잘못되었다. 『오경주소』의 서문에 근거해보면, 현재의 판본에서는 모두 아무개 경전 정의(正義)의 서문이라고 기록되어 있으므로, 이곳 제목에서도 마땅히 소(疏)자만을 기록하는 것이 옳다.'라고 했다.

2) '왈(曰)'자에 대하여. '왈'자는 본래 '일(日)'자로 기록되어 있었는데, 완원(阮元)의 『교감기(校勘記)』에서는 "'일'자를 『모본(毛本)』에서는 '왈'자로 기록하였고, 고염무(顧炎武)의 『금석문자기(金石文字記)』를 살펴보면, 당나라 사람이 '일'자와 '왈'자를 기록했던 서법이 동일하였는데, '왈'자에 대해서는 좌측 모서리 부분을 조금 벌려두었다. 그런데 『석경』에서는 '일'자를 모두 '왈'자로 기록하였다. 『경전석문』에서는 일자와 왈자 중 의문이 들 수 있는 글자에 대해서는 음절을 기록하였는데, 송나라 이후에는 사각형에 가까운 것은 왈자로 여기고 길쭉한 것은 일자로 여겼지만, 본래의 뜻을 놓치게 되었다고 했다."라고 했다.

15

表首. 以黃氏公違鄭注, 黃之謬也. 黃・李之訓, 略言其一, 餘足見矣. 今以先儒失路, 後宜易塗, 故悉鄙情, 聊裁此疏, 未敢專欲, 以諸家爲本, 擇善而從, 兼增己義, 仍取四門助敎李玄植詳論可否, 僉謀已定, 庶可施以函丈之儒, 靑衿之俊, 幸以去瑕取玖, 得無譏焉.

내가 듣기로 도는 본래 텅 비어 있어서 말이 아니면 요원함을 표현할 길이 없고, 또 말에는 은미하고 오묘한 부분이 있어서, 주석이 아니라면 그 이치를 깨우칠 길이 없다. 이것은 성인의 말에 나타나는 자세한 이유와 그 사안의 본질을 파악하여 주석을 작성해서 완성시키는 것이다. 『주례』와 『의례』에 있어서는 발원처는 동일한데, 이치에 있어서는 시작과 끝이 있어 두 부분으로 갈라졌지만, 이 모두는 주공이 섭정을 하여 태평성세를 이루었을 때 작성된 서적이다. 비유하자면 『주례』는 말단에 해당하고 『의례』는 근본에 해당한다. 근본은 깨우치기가 어렵고 말단은 상대적으로 쉽게 깨우칠 수 있다. 이러한 까닭으로 『주례』에 주석을 달았던 자는 상대적으로 많았지만 『의례』에 주석을 단 자는 정현 밖에 없다. 『의례』에 대해 장소(章疏)를 작성한 자로는 두 사람이 있었는데, 한 사람은 신도황경이라는 자로 제나라 출신의 훌륭한 덕을 가졌던 자이다. 다른 한 사람은 이맹철로 수나라 때 뛰어난 유학자로 칭해지던 자이다. 황경의 경우 중요한 부분을 제시하였지만 소소한 점은 간략히 기록하여 경문과 주에 대해 소략하였고 빠진 부분이 있었으니, 마치 산에 올라 먼 곳을 바라보지만 가까운 곳은 모르는 자와 같았다. 반면 이맹철은 소소한 것은 제시하였지만 중요한 부분은 간략히 기록하여 경문과 주에 대해 다소 두루 소통을 시켰지만, 흡사 방안에 들어가서 가까운 것은 자세히 관찰하지만 먼 곳은 살피지 못하는 것과 같다. 두 학자의 소에는 각각에 장단점이 있었다. 당시에는 이맹철이 더 뛰어나다고 여겼다. 그런데 사가 치르는 관례에서 세 차례 관을 씌워주는 절차가 있으니 치포관・피변・작변이 그것으로, 이러한 관들을 모두 씌워주면 재차 현관을 쓰고서 군주를 알현하게 된다. 이러한 네 종류의 관이 있었기 때문에 기문을 작성한 자는 그 뒤에서 치포관·위모·주변에 대해 기록하여 경문에 나온 네 종류의 관을 풀이하였다. 그러나 경문과 기문에는 모두 천자의 관례에 대한 법도는 기록하고 있지 않은데, 이맹철은 위모와 변은 모두 천자가 처음 관을 쓸 때의 관이라고 했으니, 이것은 이맹철이 잘못 파악한 것이다. 또 「상복」편은 흉례의 요점을 기술하고 있어서 남북조 시대의 두 학자가 장소에서 매우 많이 언급했으나, 당시에는 모두들 황경의 주장에 따랐다. 그런데 정현은 「상복」편의 주를 작성하며 『예기』 「단궁」편의 기록을 인용해서, 질(絰)자는 진실하다는 뜻으로, 효자가 가진 충직하고 진실된 마음을 나타내기 위해서 이러한 복식제도를 만들었다고 했다. 따라서 질이 제작된 것은 마음을 드러내기 위한 것이 분명하다. 그러나 황경은 망령스럽게도 상복은 마음을 드러내고 질은 생각을 드러낸다고 했다. 이것은 황경이 정현의 주를 공공연하게 위배한 것이므로, 황경의 잘못이다. 황경과 이맹철의 풀이에 대해 간략히 한 사례를 제시했으니, 그 나머지 풀이에 있어서도 충분히 엿볼 수 있다. 현재 선대 학자들이 제길을 잃어 후학 또한 쉽게 진흙탕에 빠져들게 되었다. 그렇기 때문에 비루하나마 내 뜻을 다하여 이러한 소를 작성하였는데, 내멋대로 하지 않았고 여러 학자들의 주장을 근본으로 삼아 그 중에서도 잘된 것을 택해 따랐으며, 아울러 내 견해도 덧붙였고, 사문조교 이현식과 가부를 상세히 의논하여 검수해서 확정된 것을 취했으니, 유학을 배우는 선생과 학생들에게 읽힐 수 있겠으나, 잘못된 것을 버리고 옥석을 가려냈다고 여겨져 책망이 없기를 바란다.

士冠禮第一 / 「사관례」 제1편

賈疏 ●"士冠禮第一". ○鄭目錄云: 童子任職居士位, 年二十而冠, 主人玄冠朝服, 則是於諸侯. 天子之士, 朝服皮弁素積. 古者四民世事, 士之子恒爲士. 冠禮於五禮屬嘉禮, 大·小戴及別錄此皆第一.

● 原文: "士冠禮第一" ○ 정현1)의 『목록』2)에서 말하길, 어린아이는 직무를 맡아 사의 지위에 있더라도 나이가 20세가 되어야만 관례를 치르는데, 주인이 현관(玄冠)3)에 조복(朝服)4)을 착용한다면, 제후에게 소속된 자이다. 천자에게 소속된 사는 조복에 피변(皮弁)5)을 쓰고 소적(素積)6)

---

1) 정현(鄭玄, A.D.127~A.D.200) : =정강성(鄭康成)·정씨(鄭氏). 한대(漢代)의 유학자이다. 자(字)는 강성(康成)이다. 『주역(周易)』, 『상서(尙書)』, 『모시(毛詩)』, 『주례(周禮)』, 『의례(儀禮)』, 『예기(禮記)』, 『논어(論語)』, 『효경(孝經)』 등에 주석을 하였다.

2) 『목록(目錄)』은 정현이 찬술했다고 전해지는 『삼례목록(三禮目錄)』을 가리킨다. 『십삼경주소(十三經注疏)』에서 인용되고 있지만, 이 책은 『수서(隋書)』가 편찬될 당시에 이미 일실되어 존재하지 않았다. 『수서』 「경적지(經籍志)」편에는 "三禮目錄一卷, 鄭玄撰, 梁有陶弘景注一卷, 亡."이라는 기록이 있다.

3) 현관(玄冠)은 흑색으로 된 관(冠)이다. 고대에는 조복(朝服)을 입을 때 착용을 하였다. 『의례』 「사관례(士冠禮)」편에는 "主人玄冠朝服, 緇帶素韠."이라는 기록이 있다.

4) 조복(朝服)은 군주와 신하가 조회를 열 때 착용하는 복장을 뜻한다. 중요한 의식을 치를 때 착용하는 예복(禮服)을 가리키기도 한다.

5) 피변(皮弁)은 고대에 사용되었던 관(冠)의 한 종류이다. 백색 사슴의 가죽으로 만든 모자이다. 한편 관(冠)에 따른 의복까지 포함한 의미로 사용되기도 한다. 『주례』 「하관(夏官)·변사(弁師)」편에는 "王之皮弁, 會五采玉璂, 象邸, 玉笄."라는 기록이 있다.

을 한다. 고대에 사민(四民)7)은 가업을 대대로 계승하여, 사의 자식은
항상 사 계층이 되었다. 관례는 오례(五禮)8) 중에서 가례(嘉禮)9)에 해
당하며, 대대(大戴)10)와 소대(小戴)11)의 『의례』 판본과 『별록』12)에서는
이 편을 모두 첫 번째 편으로 수록하였다.

---

6) 소적(素積)은 소적(素績)이라고도 부른다. 허리 부분에 주름을 접은 흰색 치마를
   뜻한다. 고대에는 일종의 예복으로 사용되었다. '소(素)'는 색깔을 말하며, '적(積)'
   을 주름을 접는 제작 방식을 뜻한다.

7) 사민(四民)은 사(士), 농부[農], 공인[工], 상인[商]을 뜻한다.

8) 오례(五禮)는 고대부터 전해져 온 다섯 종류의 예제(禮制)를 뜻한다. 즉 길례(吉
   禮), 흉례(凶禮), 군례(軍禮), 빈례(賓禮), 가례(嘉禮)를 가리킨다. 『주례』 「춘관
   (春官) · 소종백(小宗伯)」편에는 "掌五禮之禁令與其用等."이라는 기록이 있는
   데, 이에 대한 정현의 주에서는 정사농(鄭司農)의 주장을 인용하여, "五禮, 吉 ·
   凶 · 軍 · 賓 · 嘉."라고 풀이했다.

9) 가례(嘉禮)는 오례(五禮) 중 하나로, 결혼식을 치르거나, 잔치 등을 베풀 때의
   예제(禮制)를 뜻한다. 경사스러운 일이라는 뜻에서 가(嘉)자를 붙여서 '가례'라고
   부르는 것이다.

10) 대덕(戴德, ? ~ ?) : 전한(前漢) 때의 학자이다. 자(字)는 연군(延君)이다. 금문예
    학(今文禮學)인 대대학(大戴學)의 창시자로 일컬어진다. 조카 대성(戴聖), 경보
    (慶普) 등과 후창(后蒼)에게서 수학하여, 예(禮)를 익혔다. 선제(宣帝) 때에는 박
    사(博士)에 임명되기도 하였다. 그의 학문은 서량(徐良)과 유경(斿卿) 등에게 전
    수되었다. 『대대례기(大戴禮記)』를 편찬하였지만, 『소대례기(小戴禮記)』에 비해
    성행되지 못하였으며, 현재는 많은 부분이 없어지고, 단지 삼십여 편만이 남아
    있다.

11) 대성(戴聖, ? ~ ?) : 전한(前漢) 때의 학자이다. 자(字)는 차군(次君)이다. 금문예
    학(今文禮學)인 소대학(小戴學)의 창시자로 일컬어진다. 대덕(戴德)의 조카이
    다. '대덕', 경보(慶普) 등과 후창(后蒼)에게서 수학하여, 예(禮)를 익혔다. 그의
    학문은 교인(橋仁)과 양영(楊榮) 등에게 전수되었다. 『소대례기(小戴禮記)』를 편
    찬하였는데, 이 서적은 현재 통행되고 있는 『예기(禮記)』의 전신이다.

12) 『별록(別錄)』은 후한(後漢) 때 유향(劉向)이 찬(撰)했다고 전해지는 책이다. 현재
    는 일실되어 존재하지 않으며, 『한서(漢書)』 「예문지(藝文志)」편을 통해서 대략적
    인 내용만을 추측해볼 수 있다.

賈疏 ◎鄭云"童子任職居士位, 年二十而冠". ○爲士身加冠. 知者, 鄭見下昏禮及士相見, 皆據士身自昏·自相見. 又大戴禮·公冠篇及下諸侯有冠禮, 夏之末造, 亦據諸侯身自加冠, 故鄭據士身自加冠爲目也.

◎鄭注: "童子任職居士位, 年二十而冠". ○사 본인이 관례를 치르게 된다는 뜻이다. 이러한 사실을 알 수 있는 이유는 정현이 아래 「사혼례(士昏禮)」와 「사상견례(士相見禮)」편을 살펴보니, 모두 사 본인이 직접 혼례를 치르고 본인이 직접 찾아가 서로 만나본다는 사실을 보았기 때문이다. 또 『대대례기』에는 「공관(公冠)」편이 있고, 뒤에서는 "제후가 관례를 치르는 것은 하나라 말기에 생겨난 것이다."[13]라고 했으니, 이것은 또한 제후 자신이 직접 관례를 치르는 것에 기준을 둔 것이다. 그렇기 때문에 정현은 사 본인이 직접 관례를 치르는 것이라고 지목을 했다.

賈疏 ◎鄭云"四民世事, 士之子恒爲士"者, 是齊語文. 彼云: "桓公謂管仲曰: '成民之事若何?' 管子對曰: '四民勿雜處也.' 公曰: '處士·農·工·商若何?' 管子對曰: '昔聖王之處士就閑燕也, 處工就官府也, 處商就市井也, 處農就田野也. 少而習焉, 其心安焉. 是四民世事, 士之子恒爲士也." 引之者, 證此士身年二十加冠法. 若士之子, 則四十彊而仕, 何得有二十爲士自加冠也? 二十而冠者, 鄭據曲禮文"二十曰弱冠", 故云年二十而冠. 其大夫始仕者, 二十已冠, 訖五十乃爵命爲大夫, 故大夫無冠禮. 又按喪服小功章云"大夫爲昆弟之長殤", 鄭云: "大夫爲昆弟之長殤小功, 謂爲士者若不仕者也. 以此知爲大夫無殤服也." 小記云: "丈夫冠而不爲殤." 大夫身已加冠, 降兄殤在小功, 是身有德行, 得爲大夫冠, 不以二十始冠也. 若諸侯則十二而冠, 故左傳襄九年: "晉侯與諸侯伐鄭, 還, 公送晉侯. 以公宴于

---

13) 『의례』「사관례」 : 公侯之有冠禮也, 夏之末造也.

河上. 問公年, 季武子對曰: '會于沙隨之歲, 寡君以生.' 注云: 沙隨在成十六年. 晉侯曰: '十二年矣, 是謂一終, 一星終也. 國君十五而生子, 冠而生子, 禮也. 君可以冠矣.'" 是諸侯十二而冠也. 若天子, 亦與諸侯同十二而冠, 故尙書·金縢云"王與大夫盡弁", 時成王年十五, 云王與大夫盡弁, 則知天子亦十二而冠矣. 又大戴禮云: "文王十三生伯邑考." 左傳云: "冠而生子, 禮也." 是殷之諸侯亦十二而冠. 若夏之天子·諸侯與殷天子亦十二而冠. 可知若天子之子則亦二十而冠. 故禮記·祭法云"王下祭殤五". 又禮記·檀弓云: "君之適長殤, 車三乘." 是年十九已下乃爲殤, 故二十乃冠矣. 若天子·諸侯冠, 自有天子·諸侯冠禮, 故大戴禮有公冠篇, 天子自然有冠禮, 但儀禮之內亡耳. 士旣三加, 爲大夫早冠者, 亦依士禮三加. 若天子·諸侯禮則多矣. 故大戴禮·公冠篇云"公冠四加"者, 緇布·皮弁·爵弁後加玄冕. 天子亦四加, 後當加袞冕矣. 按下文云: "天子之元子猶士, 天下無生而貴者." 則天子之子雖早冠, 亦用士禮而冠. 按家語·冠頌云: "王大子之冠, 擬冠", 則天子元子亦擬諸侯四加. 若然, 諸侯之子不得四加, 與士同三加可知.

◎ 鄭注: "四民世事, 士之子恒爲士". ○ 이것은 『국어』「제어(齊語)」편의 기록이다.[14] 『국어』에서는 "환공은 관중에게 '백성의 일을 이루기 위해서는 어떻게 해야 하는가?'라고 묻자 관중은 '사민이 뒤섞여 살지 못하도록 해야 합니다.'라고 대답했다. 그러자 환공은 '사·농·공·상을 거처시키기 위해서는 어떻게 해야 하는가?'라고 재차 물었고 관중은 '옛날

---

14) 『국어』「제어(齊語)」: 桓公曰, "成民之事若何?" 管子對曰: "四民者, 勿使雜處, 雜處則其言哤, 其事易." 公曰: "處士·農·工·商若何?" 管子對曰: "昔聖王之處士也, 使就閒燕; 處工, 就官府; 處商, 就市井; 處農, 就田野. 令夫士, 群萃而州處, 閒燕則父與父言義, 子與子言孝, 其事君者言敬, 其幼者言弟. 少而習焉, 其心安焉, 不見異物而遷焉. 是故其父兄之敎不肅而成, 其子弟之學不勞而能. 夫是, 故士之子恒爲士."

성왕은 사를 거처시킴에 한가롭고 편안한 곳에 나아가게 했고, 공을 거처시킴에는 관부로 나아가게 했으며, 상을 거처시킴에는 시장으로 나아가게 했고, 농을 거처시킴에는 농지로 나아가게 했습니다. 어렸을 때부터 해당 부류의 것들을 익혀서 마음이 편안하게 됩니다. 이것이 사민이 대대로 가업을 계승하여, 사의 자식이 항상 사의 신분이 되는 이유입니다.'"라고 했다. 이 말을 인용한 것은 여기에서 말한 사는 본인의 나이가 20세가 되어 관을 쓰게 되는 예법이 있음을 증명하기 위해서이다. 만약 사의 자식을 가리킨다면, 40세가 되어 강성해져서 벼슬을 하게 되는데,15) 어떻게 20세에 사 계급이 되어 스스로 관례를 치를 수 있겠는가? 20세가 되어 관례를 치른다는 것에 대해서 정현은 「곡례」편에서 "20세가 되면, 아직 장성한 것이 아니기 때문에 약(弱)이라 부르고, 관례를 해준다."16)라고 한 말에 근거했기 때문에 "나이가 20세가 되어야만 관례를 치른다."라고 말한 것이다. 대부 중 처음으로 관직에 오른 경우, 20세에 이미 관례를 치렀고, 50세가 되어야만 작위를 받아 대부가 된다. 그렇기 때문에 대부에게는 대부 계층만의 관례가 없다. 또 『의례』「상복(喪服)」편의 소공장(小功章)을 살펴보면, "대부는 곤제 중 장상(長殤)17)을 한 자를 위해서 착용한다."18)라 했고, 정현은 "대부가 곤제 중 장상을 한 자를 위해서 소공복(小功服)19)을 착용한다는 것은 사의 신분이거나 아

---

15) 『예기』「곡례상(曲禮上)」: 人生十年曰幼, 學. 二十曰弱, 冠. 三十曰壯, 有室. <u>四十曰强, 而仕</u>. 五十曰艾, 服官政. 六十曰耆, 指使. 七十曰老, 而傳. 八十九十曰耄, 七年曰悼, 悼與耄, 雖有罪, 不加刑焉. 百年曰期, 頤.

16) 『예기』「곡례상(曲禮上)」: 人生十年曰幼, 學. <u>二十曰弱, 冠</u>. 三十曰壯, 有室. 四十曰强, 而仕. 五十曰艾, 服官政. 六十曰耆, 指使. 七十曰老, 而傳. 八十九十曰耄, 七年曰悼, 悼與耄, 雖有罪, 不加刑焉. 百年曰期, 頤.

17) 장상(長殤)은 16~19세 사이에 요절한 자를 뜻한다. 『의례』「상복(喪服)」편에 "年十九至十六爲<u>長殤</u>."이라는 기록이 있다.

18) 『의례』「상복(喪服)」: <u>大夫</u> · 公之昆弟 · 大夫之子<u>爲其昆弟</u> · 庶子 · 姑 · 姊妹 · 女子子<u>之長殤</u>.

직 벼슬에 나아가지 않은 자를 뜻한다. 이것을 통해서 대부에게는 요절한 자에 대한 상복이 없음을 알 수 있다."라고 했다. 『예기』「상복소기(喪服小記)」편에서는 "남자가 관례를 치르면 성인으로 간주하니, 요절한 자의 상례에 따르지 않는다."[20]라고 했다. 대부 본인은 이미 관례를 치른 상태이고, 형제 중 요절한 자에 대해서 강복(降服)[21]을 하여 소공복에 해당한다면, 이것은 본인에게 덕행이 있어서 대부가 되어 관을 쓰게 된 것이니 20세가 되어서야 비로소 관을 쓰게 된 것이 아니다. 제후의 경우라면 12세에 관례를 치른다. 그렇기 때문에 『좌전』 양공 9년에는 "진나라 후작이 제후들과 함께 정나라를 정벌하고, 되돌아감에 양공이 진나라 후작을 전송하였다. 진나라 후작은 양공을 위해 하수에서 연회를 베풀었다. 양공의 나이를 묻자 계무자는 '사수에서 회합을 가졌던 해에 저희 군주께서 태어나셨습니다.'라고 대답했다. 주에서는 사수에서의 회합은 성공 16년에 있었다고 했다. 진나라 후작은 '12살이 되었구나. 이것은 한 주기가 끝난 것이니 일성(一星)이 한 주기를 끝낸 것이다. 제후국의 군주는 15세가 되면 자식을 낳으니, 관례를 치르고 난 뒤에 자식을 낳는 것이 예법에 맞는 것이다. 그대의 군주는 관례를 치러도 되는 나이이다.'"[22]라고 했다. 이것은 제후가 12세에 관례를 치렀다는 사실을 나타

---

19) 소공복(小功服)은 상복(喪服) 중 하나로, 오복(五服)에 속한다. 조밀한 삼베를 사용해서 만들며, 대공복(大功服)에 비해서 삼베의 재질이 조밀하기 때문에, '소공복'이라고 부른다. 이 복장을 입게 되는 기간은 상황에 따라 차이가 생기지만, 일반적으로 5개월이 된다. 백숙(伯叔)의 조부모나 당백숙(堂伯叔)의 조부모, 혼인하지 않은 당(堂)의 자매(姊妹), 형제(兄弟)의 처 등을 위해서 입는다.

20) 『예기』「상복소기(喪服小記)」: 丈夫冠而不爲殤, 婦人笄而不爲殤. 爲殤後者, 以其服服之.

21) 강복(降服)은 상(喪)의 수위를 본래의 등급보다 한 등급 낮추는 일에 해당한다. 예를 들어 자식은 부모에 대해 삼년상을 치러야 하지만, 다른 집의 양자로 간 경우라면 자신의 친부모에 대해 삼년상을 치르지 않고, 한 등급 낮춰서 1년만 치르게 된다. 이것은 상(喪)의 기간에만 해당하는 것이 아니라, 상복(喪服) 및 상(喪)을 치르며 부수적으로 갖추게 되는 기물(器物)들에도 적용된다.

낸다. 천자의 경우에도 제후와 마찬가지로 12세에 관례를 치렀다. 그렇기 때문에 『상서』「금등(金縢)」편에서는 "성왕(成王)은 대부들과 함께 모두 변(弁)을 썼다."[23)라고 한 것인데, 당시 성왕의 나이는 15세였고, "성왕이 대부들과 함께 모두 변을 썼다."라고 했으니, 천자 또한 12세에 관례를 치른다는 사실을 알 수 있다. 또 『대대례기』에서는 "문왕은 13세에 백읍고를 낳았다."라 했고, 『좌전』에서는 "관례를 치르고 난 뒤에 자식을 낳는 것이 예법에 맞는 것이다."라 했으니, 은나라 때의 제후 역시 12세에 관례를 치른 것이다. 하나라 때의 천자 및 제후의 경우에는 은나라의 천자와 마찬가지로 12세에 관례를 치렀다. 따라서 천자의 자식인 경우에도 20세에 관례를 치른다는 사실을 알 수 있다. 그렇기 때문에 『예기』「제법(祭法)」편에서는 "천자는 자신보다 후대가 되는 자들 중 요절한 자에 대해서 제사를 지낼 때, 그 대상은 5명이다."[24)라고 했다. 또 『예기』「단궁(檀弓)」편에서는 "군주의 적자가 장상을 했을 때에는 견거(遣車)[25) 3대를 사용한다."[26)라고 했는데, 이것은 나이가 19세 이하인 경우는 요절에 해당한다는 사실을 나타낸다. 그렇기 때문에 20세가 되어

---

22) 『춘추좌씨전』「양공(襄公) 9년」: 公送晉侯. 晉侯以公宴于河上, 問公年. 季武子 對曰, "會于沙隨之歲, 寡君以生." 晉侯曰, "十二年矣, 是謂一終, 一星終也. 國 君十五而生子, 冠而生子, 禮也. 君可以冠矣. 大夫盡爲冠具?" 武子對曰, "君 冠, 必以祼享之禮行之."

23) 『서』「주서(周書)·금등(金縢)」: 秋, 大熟, 未穫, 天大雷電以風, 禾盡偃, 大木 斯拔, 邦人大恐. 王與大夫盡弁, 以啓金縢之書, 乃得周公所自以爲功代武王之 說.

24) 『예기』「제법(祭法)」: 王下祭殤五, 適子, 適孫, 適曾孫, 適玄孫, 適來孫. 諸侯 下祭三, 大夫下祭二, 適士及庶人祭子而止.

25) 견거(遣車)는 장례(葬禮)를 치를 때 사용되는 수레이다. 장례 때에는 장지(葬地) 에서 제사를 지내기 위해 희생물을 가져가게 된다. '견거'는 바로 희생물의 몸체를 싣고 가는 수레를 뜻한다.

26) 『예기』「단궁하(檀弓下)」: 君之適長殤, 車三乘; 公之庶長殤, 車一乘; 大夫之適 長殤, 車一乘.

야만 관례를 치르는 것이다. 천자와 제후의 관례인 경우, 계급 자체별로 천자의 관례가 있고 제후의 관례가 있었다. 그렇기 때문에 『대대례기』에는 「공관」편이 포함되어 있는 것이고, 천자에게도 자연히 천자 계층의 관례가 있었던 것인데, 『의례』의 편에는 해당 편이 망실되었을 뿐이다. 사에 대해서는 삼가(三加)[27]를 한다고 했으니, 대부 중 일찍 관례를 치르는 자 또한 사 계층의 예법에 따라서 삼가를 한다. 천자와 제후의 예법인 경우라면 더 많다. 그렇기 때문에 『대대례기』「공관」편에서는 "군주의 관례에서는 사가(四加)를 한다."[28]라고 한 것이니, 치포관·피변관·작변관을 씌워준 이후에 현면(玄冕)을 씌워주는 것이다. 또 천자의 경우에도 사가를 하니, 삼가를 한 이후에는 마땅히 곤면(袞冕)을 씌워주게 된다. 아래문장을 살펴보면 "천자의 원자(元子)[29]에게 적용되는 관례는 사 계층의 것과 같으니, 천하에는 태어나면서부터 존귀한 자는 없기 때문이다."[30]라고 했으니, 천자의 자식이 비록 일찍 관례를 치르더라도 사 계층의 예법에 따라 관례를 치른다. 『공자가어』「관송(冠頌)」편을 살펴보면, "천자의 태자에 대한 관례는 제후에 대한 관례에 견주어서 한다."[31]라고 했으니, 천자의 원자에 대해서도 제후의 예법에 견주어서 사가를 하게 된다. 만약 그렇다면 제후의 자식은 사가를 할 수 없고 사 계층과 동일하게 삼가를 하게 됨을 알 수 있다.

---

27) 삼가(三加)는 세 개의 관(冠)을 준다는 뜻이다. 관례(冠禮)를 시행할 때, 처음에 치포관(緇布冠)을 주고, 그 다음에 피변(皮弁)을 주며, 마지막으로 작변(爵弁)을 주기 때문에, '삼가'라고 부른다.

28) 『대대례기』「공부(公符)」 : 公冠, 四加玄冕.

29) 원자(元子)는 본래 천자 및 제후의 적장자(嫡長子)를 가리키는 용어이다. 일반적인 장자(長子)를 가리키는 용어로도 사용되었다.

30) 『의례』「사관례」 : 天子之元子猶士也, 天下無生而貴者也.

31) 『공자가어』「관송(冠頌)」 : 王太子庶子之冠擬焉.

賈疏 ◎ 鄭又云"冠於五禮屬嘉禮"者, 鄭據周禮大宗伯所掌五禮
吉·凶·賓·軍·嘉而言. 宗伯云"以嘉禮親萬民", 下云"以昏冠之
禮親成男女", 是冠禮屬嘉禮者也.

◎ 鄭注: "冠於五禮屬嘉禮". ○ 정현은 『주례』의 대종백(大宗伯)[32]이
오례(五禮)인 길례·흉례·빈례·군례·가례를 담당하는 것에 근거해서
말한 것이다. 「대종백」편에서는 "가례로 모든 백성들을 친하게 만든
다."[33]라 했고, 그 뒤의 기록에서는 "혼례와 관례를 통해 남녀를 친근하
게 만들고 성품을 이룬다."[34]라고 했으니, 이것은 관례가 가례에 해당함
을 나타낸다.

賈疏 ◎ 鄭又云"大·小戴及別錄此皆第一"者, 大戴·戴聖, 與劉向
爲別錄十七篇次第, 皆冠禮爲第一, 昏禮爲第二, 士相見爲第三, 自
茲以下, 篇次則異. 故鄭云大·小戴·別錄卽皆第一也. 其劉向別錄,
卽此十七篇之次是也, 皆尊卑吉凶次第倫紋, 故鄭用之. 至於大戴卽
以士喪爲第四, 旣夕爲第五, 士虞爲第六, 特牲爲第七, 少牢爲第八,
有司徹爲第九, 鄉飲酒第十, 鄉射第十一, 燕禮第十二, 大射第十三,

---

32) 종백(宗伯)은 대종백(大宗伯)이라고도 부른다. 주(周)나라 때에는 육경(六卿) 중
하나에 해당하는 고위 관직이었다. 『주례』의 체제 속에서는 춘관(春官)의 수장이
된다. 종묘(宗廟)에 대한 제사 등 주로 예제(禮制)와 관련된 일을 담당하였다.
후대의 관직체계에서는 예부(禮部)에 해당하기 때문에, 예부상서(禮部尚書)를 또
한 '대종백' 혹은 '종백'이라고도 부른다. 『서』「주서(周書)·주관(周官)」편에는
"宗伯掌邦禮, 治神人, 和上下."라는 기록이 있다. 또 『주례』「춘관(春官)·종백
(宗伯)」편에는 "乃立春官宗伯, 使帥其屬而掌邦禮, 以佐王和邦國."이라는 기록
이 있는데, 이에 대한 정현의 주에서는 "宗伯, 主禮之官."이라고 풀이했다. 한(漢)
나라 때에는 태재(太宰)라는 이름으로 관직명을 고치기도 했다. 한편 진(秦)나라
때에는 종실(宗室)의 일들을 담당하는 종정(宗正)이라는 관리가 있었는데, 한나
라 때에는 이 관직명을 '종백'으로 고치기도 했다.
33) 『주례』「춘관(春官)·대종백(大宗伯)」: 以嘉禮親萬民.
34) 『주례』「춘관(春官)·대종백(大宗伯)」: 以昏冠之禮, 親成男女.

聘禮第十四, 公食第十五, 覲禮第十六, 喪服第十七. 小戴於鄕飮·
鄕射·燕禮·大射四篇亦依此別錄次第, 而以士虞爲第八, 喪服爲第
九, 特牲爲第十, 少牢爲第十一, 有司徹爲第十二, 喪爲第十三, 旣夕
爲第十四, 聘禮爲第十五, 公食爲第十六, 覲禮爲第十七. 皆尊卑吉
凶雜亂, 故鄭玄皆不從之矣.

◎ 鄭注: "大·小戴及別錄此皆第一". ○ 대대와 대성 및 유향35)의 『별
록』에 나온 17개 편 순서에 있어서는 모두 「사관례」편을 1번째 편으로
두었고, 「사혼례(士昏禮)」편을 2번째 편으로 두었으며, 「사상견례(士相
見禮)」편을 3번째 편으로 두었지만, 그 뒤로는 편의 순서에 있어서 차이
를 보인다. 그렇기 때문에 정현은 "대대와 소대의 『의례』 판본과 『별록』
에서는 이 편을 모두 첫 번째 편으로 수록하였다."라고 말한 것이다. 유향
의 『별록』에 나타난 순서는 이곳 『의례』 17편의 순서와 같으니, 모두 존
비·길흉 등의 순서가 질서에 맞다. 그렇기 때문에 정현이 그에 따른 것
이다. 대대의 『의례』 판본인 경우 「사상례(士喪禮)」를 4번째 편으로 두
었고, 「기석례(旣夕禮)」를 5번째 편으로 두었으며, 「사우례(士虞禮)」를
6번째 편으로 두었고, 「특생궤식례(特牲饋食禮)」를 7번째 편으로 두었
으며, 「소뢰궤식례(少牢饋食禮)」를 8번째 편으로 두었고, 「유사철(有司
徹)」을 9번째 편으로 두었으며, 「향음주례(鄕飮酒禮)」를 10번째 편으로
두었고, 「향사례(鄕射禮)」를 11번째 편으로 두었으며, 「연례(燕禮)」를
12번째 편으로 두었고, 「대사(大射)」를 13번째 편으로 두었으며, 「빙례
(聘禮)」를 14번째 편으로 두었고, 「공사대부례(公食大夫禮)」를 15번째
편으로 두었으며, 「근례(覲禮)」를 16번째 편으로 두었고, 「상복(喪服)」
을 17번째 편으로 두었다. 소대의 판본인 경우 「향음주례」·「향사례」·

---

35) 유향(劉向, B.C77 ~ A.D.6) : 전한(前漢) 때의 학자이다. 자(字)는 자정(子政)이
다. 유흠(劉歆)의 부친이다. 비서성(秘書省)에서 고서들을 정리하였다. 저서로는
『설원(說苑)』·『신서(新序)』·『열녀전(列女傳)』·『별록(別錄)』 등이 있다.

「연례」·「대사」 4개편에 대해서는 또한 『별록』의 순서에 따랐지만, 「사우례」를 8번째 편으로 두었고, 「상복」을 9번째 편으로 두었으며, 「특생궤식례」를 10번째 편으로 두었고, 「소뢰궤식례」를 11번째 편으로 두었으며, 「유사철」을 12번째 편으로 두었고, 「사상례」를 13번째 편으로 두었으며, 「기석례」를 14번째 편으로 두었고, 「빙례」를 15번째 편으로 두었으며, 「공사대부례」를 16번째 편으로 두었고, 「근례」를 17번째 편으로 두었다. 둘의 순서는 존비·길흉에 있어서 어지럽게 뒤섞여 있다. 그렇기 때문에 정현은 둘에 대해서는 따르지 않았다.

참고 「국어(國語)」「제어(齊語)」

원문 桓公曰: "成民之事若何?" 管子對曰: "四民者, 勿使雜處①, 雜處則其言哤, 其事易②." 公曰: "處士·農·工·商若何?" 管子對曰: "昔聖王之處士也, 使就閒燕③; 處工, 就官府; 處商, 就市井; 處農, 就田野."

환공이 말하길, "백성들의 일을 이루기 위해서는 어떻게 해야 하는가?"라고 하자 관중이 대답하길, "사민이 뒤섞여 살지 못하도록 해야 하니, 뒤섞여 산다면 그 말이 난잡하게 되고, 그 일이 뒤바뀌게 됩니다."라고 했다. 환공이 말하길, "사·농·공·상을 거처시킬 때에는 어떻게 해야 하는가?"라고 하자 관중이 대답하길, "옛날 성왕께서는 사를 거처시킬 때 그들로 하여금 한가롭고 편안한 곳에 나아가게 했고, 공을 거처시킴에는 관부에 나아가게 했으며, 상을 거처시킴에는 시장으로 나아가게 했고, 농을 거처시킴에는 농지로 나아가게 했습니다."라고 했다.

韋注 ① 四民, 謂士·農·工·商.
'사민(四民)'은 사·농·공·상을 뜻한다.

章注 ② 厖, 亂貌. 易, 變也.

'방(厖)'은 혼란한 모습을 뜻한다. '역(易)'은 변한다는 뜻이다.

章注 ③ 士, 講學道藝者. 閒燕, 猶淸淨也.

'사(士)'는 학문을 강론하고 재예를 익히는 자들을 뜻한다. '한연(閒燕)'은 맑고 깨끗하다는 말과 같다.

원문 "令夫士, 群萃而州處①, 閒燕則父與父言義, 子與子言孝, 其事君者言敬, 其幼者言弟. 少而習焉, 其心安焉, 不見異物而遷焉②. 是故其父兄之敎不肅而成③, 其子弟之學不勞而能. 夫是故士之子恒爲士."

관중이 계속하여 답하길, "저 사들로 하여금 무리를 지어 함께 모여살도록 한다면 한가롭고 편안할 때, 부친과 부친들은 의를 말하고, 자식과 자식들은 효를 말하며, 군주를 섬기는 자들은 경을 말하고 나이가 어린 자들은 제를 말하게 됩니다. 어려서부터 이러한 것들을 익혀서 그 마음이 편안하게 되니, 다른 사물을 보고도 그곳으로 옮겨가지 않게 됩니다. 이러한 까닭으로 그 부형의 가르침은 급히 하지 않아도 이루어지고, 그 자제들의 학문은 애쓰지 않아도 잘하게 됩니다. 이러한 까닭으로 사의 자식은 항상 사가 됩니다."라고 했다.

章注 ① 萃, 集也. 州, 聚也.

'췌(萃)'자는 "모으다."는 뜻이다. '주(州)'자는 "모이다."는 뜻이다.

章注 ② 物, 事. 遷, 移也.

'물(物)'자는 사안을 뜻한다. '천(遷)'자는 "옮기다."는 뜻이다.

韋注 ③ 肅, 疾也.

'숙(肅)'자는 "빠르다."는 뜻이다.

참고 『예기』「곡례상(曲禮上)」기록

경문 人生十年曰幼, 學. 二十曰弱, 冠. 三十曰壯, 有室. 四十曰强, 而仕. 五十曰艾, 服官政. 六十曰耆, 指使. 七十曰老, 而傳. 八十九 十曰耄, 七年曰悼, 悼與耄, 雖有罪, 不加刑焉. 百年曰期, 頤.

사람이 태어나서 10세가 되면, 그런 사람을 어리다는 뜻에서 유(幼)라고 부르고, 학문에 입문하도록 한다. 20세가 되면, 아직 장성한 것이 아니기 때문에 약(弱)이라고 부르고, 관례(冠禮)를 해준다. 30세가 되면, 장성하였기 때문에 장(壯)이라고 부르고, 혼인을 시켜서 가정을 이루게 한다. 40세가 되면, 지기(志氣)가 강성해졌기 때문에 강(强)이라고 부르고, 하위관료에 임명한다. 50세가 되면 머리가 희끗희끗해져서 마치 쑥잎처럼 되기 때문에 애(艾)라고 부르고, 고위관료에 임명하여 국정(國政)에 참여하도록 한다. 60세가 되면, 노인에 가까워지기 때문에 기(耆)라고 부르고, 제 스스로 일을 처리하기보다는 남에게 지시를 하며 시키게 된다. 70세가 되면, 나이가 들었기 때문에 노(老)라고 부르고, 가사(家事)를 아들에게 전수한다. 80세나 90세가 되면, 정신이 흐려지고 잘 잊어버리기 때문에 모(耄)라고 부르고, 한편 7세가 된 아이들은 가엾기 때문에 도(悼)라고 부르는데, 이 두 부류의 사람들은 비록 죄를 지었다고 하더라도, 그것은 실수로 죄를 범한 것이지 고의로 한 것이 아니기 때문에, 형벌을 내리지 않는다. 100세가 되면, 수명이 거의 다 되어가기 때문에, 기(期)라고 부르고, 남의 도움 없이는 아무 것도 할 수 없으니, 모든 일들에 대해서 봉양을 해주어야 한다.

名曰幼, 時始可學也. 內則曰: “十年出就外傅, 居宿於外, 學書計.” 有室, 有妻也. 妻稱室. 艾, 老也. 指事使人也. 六十不與服戎, 不親學. 傳家事, 任子孫, 是謂宗子之父. 耄, 惛忘也. 春秋傳曰: “謂老將知, 耄又及之.” 悼, 憐愛也. 愛幼而尊老. 期猶要也. 頤, 養也. 不知衣服食味, 孝子要盡養道而已.

10세가 된 사람을 '유(幼)'라고 부르니, 이 시기에 비로소 학문을 익힐 수 있는 것이다. 『예기』「내칙(內則)」편에서는 “10살이 되면 집을 벗어나서 외부에 있는 스승을 찾아가며, 집밖에 거주하면서 스승에게서 육서(六書)36)와 구수(九數)37)를 익혔다.”38)라고 했다. '유실(有室)'은 아내를 맞아들인다는 뜻이다. 아내를 '실(室)'이라고 부른다. '애(艾)'자는 “늙었다.”는 뜻이다. '지사(指使)'는 일을 지시하여 사람을 시킨다는 뜻이다. 60세가 되면, 병역에 복무하지 않으며,39) 제자의 예를 갖춰서 배움을 구하는 일을 하지 않는다.40) '전(傳)'자는 가사(家事)를 전수하여, 자손들에게 맡긴다는 뜻이니, 이 내용은 종자(宗子)의 부친에게 해당하는 말이다. '모(耄)'자는 정신이 흐릿해지고 잘 잊어버린다는 뜻이다. 『춘추전』에서

---

36) 육서(六書)는 한자의 구성과 형성에 대한 여섯 가지 이론으로, 상형(象形), 지사(指事: =處事), 회의(會意), 형성(形聲: =諧聲), 전주(轉注), 가차(假借)를 뜻한다. 『주례』「지관(地官)·보씨(保氏)」편에는 “五曰六書.”라는 기록이 있는데, 이에 대한 정현의 주에서는 정사농(鄭司農)의 주장을 인용하여, “六書, 象形·會意·轉注·處事·假借·諧聲也.”라고 풀이했다.

37) 구수(九數)는 고대의 아홉 가지 계산 방법이다. 방전(方田), 속미(粟米), 차분(差分), 소광(少廣), 상공(商功), 균수(均輸), 방정(方程), 영부족(贏不足), 방요(旁要)를 뜻한다. 『주례』「지관(地官)·보씨(保氏)」편에는 “六曰九數.”라는 기록이 있는데, 이에 대한 정현의 주에서는 정중(鄭衆)의 주장을 인용하여, “九數, 方田·粟米·差分·少廣·商功·均輸·方程·贏不足·旁要.”라고 풀이했다.

38) 『예기』「내칙(內則)」: 九年, 敎之數日. <u>十年, 出就外傅, 居宿於外, 學書計</u>.

39) 『예기』「왕제(王制)」: 五十不從力政, <u>六十不與服戎</u>, 七十不與賓客之事, 八十齊喪之事, 弗及也.

40) 『예기』「왕제(王制)」: 五十而爵, <u>六十不親學</u>, 七十致政, 唯衰麻爲喪.

말하길, "속담에서는 나이가 들어 지혜롭게 되자, 곧 망령기가 든다."41)라고 했다. '도(悼)'자는 가엽게 여겨서 애착을 가진다는 뜻이다. 형벌을 내리지 않는 이유는 나이가 너무 어린 자를 가엽게 여기고, 나이가 많은 자를 존중하기 때문이다. '기(期)'자는 "요구한다."는 뜻이다. '이(頤)'자는 "봉양한다."는 뜻이다. 100세가 된 사람들은 의복을 입고 음식을 먹는 것 등에 대해서 분별할 수 없으므로, 자식은 봉양의 도리를 다할 수 있도록 기약할 따름이다.

孔疏 ●"二十曰弱, 冠"者, 二十成人, 初加冠, 體猶未壯, 故曰弱也. 至二十九, 通得名弱冠, 以其血氣未定故也. 不曰"人生", 並承上可知也. 今謂庶人及士之子, 若卿大夫十五以上則冠, 故喪服云"大夫爲昆弟之長殤", 是也. 其冠儀與士同, 故郊特牲云"無大夫冠禮", 是也. 其大夫之子亦二十而冠, 其諸侯之子亦二十而冠, 天子之子則十二而冠. 若天子諸侯之身, 則皆十二而冠. 具釋在冠義.

● 經文: "二十曰弱, 冠". ○ 20세가 되면 성인이 되어, 처음으로 관을 쓰게 된다. 그러나 체구는 아직도 장성하지 못한 상태이다. 그렇기 때문에 '약(弱)'이라 부르는 것이다. 20세로부터 29세가 될 때까지, 일반적으로 이 기간에 해당하는 나이를 '약관(弱冠)'이라고 부르는데, 그들의 혈기가 아직 안정되지 않았기 때문이다. 그런데 이 구문에 대해서는 앞의 '인생십년왈유(人生十年曰幼)'라는 구문처럼 '인생(人生)'이라는 말을 언급하지 않았으니, '인생십년왈유' 뒤의 구문들이 모두 앞의 구문과 연이어진 문장이 된다는 사실을 알 수 있다. 그리고 이 구문의 내용은 오늘날에는 서인 및 사의 자식들에게 해당하는 내용이 되는데, 경이나 대부 이상의 계급을 가진 자의 경우에는 15세가 되면 관을 쓰게 된다. 그렇기 때문에 『의례』「상복(喪服)」편에서, '대부의 경우, 곤제(昆弟) 중에 장상(長

---

41) 『춘추좌씨전』「소공(昭公) 1년」: 諺所謂老將知而耄及之者, 其趙孟之謂乎!

殤)인 자들을 위해서'42)라고 한 말이 이러한 사실을 나타낸다. 또 경과 대부의 자식들이 치르는 관례(冠禮) 의식은 사의 경우와 동일하다. 그렇기 때문에 『예기』「교특생(郊特牲)」편에서 "대부에게는 별도의 관례가 없다."43)라고 한 말이 바로 이러한 사실을 나타낸다. 따라서 대부의 자식들은 20세가 되어서 관을 쓰게 되고, 제후의 자식들 또한 20세가 되어서야 관을 쓰게 된다. 그러나 천자의 자식인 경우라면, 12세가 되면 곧 관례를 치른다. 그리고 천자나 제후 본인인 경우라도, 이러한 계층들은 모두 12세 때 관례를 치른다. 자세한 풀이는 『예기』「관의(冠義)」편에 수록되어 있다.

孔疏 ● "四十曰强, 而仕"者, 三十九以前通曰壯, 壯久則强, 故"四十曰强". 强有二義, 一則四十不惑, 是智慮强; 二則氣力强也.

● 經文: "四十曰强, 而仕". ○ 39세 이전을 통괄적으로 '장(壯)'이라고 부르는데, 장성함이 오래도록 축적되면 강성하게 된다. 그렇기 때문에 "40세를 '강(强)'이라고 부른다."라고 한 것이다. '강'에는 두 가지 뜻이 있다. 첫 번째는 40세가 되면 의혹되지 않는다는 뜻으로,44) 지혜가 강성하게 된다는 의미이다. 두 번째는 기력이 강성해진다는 뜻이다.

참고 『예기』「상복소기(喪服小記)」 기록

경문 丈夫冠而不爲殤, 婦人笄而不爲殤. 爲殤後者, 以其服服之.

남자가 관례(冠禮)를 치르면 성인으로 간주하니, 요절한 자의 상례에 따

---

42) 『의례』「상복(喪服)」: 大夫之庶子爲適昆弟之長殤・中殤.
43) 『예기』「교특생(郊特牲)」: 無大夫冠禮, 而有其昏禮.
44) 『논어』「위정(爲政)」: 子曰, "吾十有五而志于學, 三十而立, 四十而不惑, 五十而知天命, 六十而耳順, 七十而從心所欲, 不踰矩."

르지 않는다. 여자가 계례(筓禮)를 치르면 성인으로 간주하니, 요절한
자의 상례에 따르지 않는다. 친족 중 요절한 자의 후계자가 된 자는 자신
의 부친이나 모친에 대한 상복 규정에 따라 복상한다.

鄭注 言成人也, 婦人許嫁而筓, 未許嫁, 與丈夫同. 言"爲後"者, 據
承之也. 殤無爲人父之道, 以本親之服服之.

성인(成人)이 되었다는 뜻으로, 여자는 혼인이 허락되어서 비녀를 꽂게
되니, 아직 혼인이 허락되지 않았을 때에는 장부에 대한 경우와 동일하
다. "후손이 되다."라고 말한 것은 그의 제사를 받드는 자를 기준으로 한
말이다. 요절을 한 자에게는 부친으로서의 도리가 없으니, 본래의 친족
관계에 따른 상복으로 복상한다.

참고 『춘추좌씨전』 양공(襄公) 9년 기록

전문 公送晉侯. 晉侯以公宴于河上, 問公年. 季武子對曰, "會于沙
隨之歲, 寡君以生①." 晉侯曰, "十二年矣, 是謂一終, 一星終也②."

양공이 진나라 후작을 전송하였다. 진나라 후작은 양공을 위해 하수에서
연회를 베풀었는데, 양공의 나이를 물었다. 계무자는 "사수에서 회합을
가졌던 해에 저희 군주께서 태어나셨습니다."라고 대답했다. 진나라 후작
은 "12살이 되었구나. 이것은 한 주기가 끝난 것이니 일성(一星)이 한
주기를 끝낸 것이다."라고 했다.

杜注 ① 沙隨在成十六年.

사수에서의 회합은 성공 16년에 있었다.

杜注 ② 歲星十二歲而一周天.

세성(歲星)은 12년이 지나 하늘을 한 바퀴 일주한다.

孔疏 ◎注“歲星”至“周天”. ○正義曰: 直言“一星終”, 知是歲星者, 以古今歷書推步五星, 金·水日行一度; 土三百七十七日, 行星十二度; 火七百八十日, 行星四百一十五度. 四者皆不得十二年而一終. 唯木三百九十八日, 行星三十三度, 十二年而彊一周. 舉其大數, 十二年而一終, 故知是歲星.

◎杜注: “歲星”~“周天”. ○단지 ‘일성종(一星終)’이라고 했는데, 이것이 세성(歲星)을 뜻한다는 사실을 알 수 있는 이유는 고금의 역법서들을 통해 오성(五星)[45]의 운행을 계산해보면, 금성과 수성은 하루에 1도를 운행하고, 토성은 377일이 되면 12도를 움직이며, 화성은 780일이 되면 415도를 운행한다. 이러한 네 행성은 모두 12년을 주기로 하늘을 일주할 수 없다. 오직 목성만이 398일이 되면 33도를 운행하니, 12년이 되면 대략 하늘을 일주하게 된다. 큰 수만을 기준으로 한다면 12년이 되면 하늘을 일주한다. 그렇기 때문에 이것이 세성에 해당함을 알 수 있다.

전문 “國君十五而生子, 冠而生子, 禮也①. 君可以冠矣. 大夫盍爲冠具?” 武子對曰, “君冠, 必以祼享之禮行之②.”

계속하여 진나라 후작은 “제후국의 군주는 15세가 되면 자식을 낳으니,

---

45) 오성(五星)은 목성(木星), 화성(火星), 토성(土星), 금성(金星), 수성(水星)의 다섯 행성(行星)을 가리킨다. 『사기(史記)』「천관서론(天官書論)」편에는 “水火金木塡星, 此五星者, 天之五佐.”라는 기록이 있다. 방위와 이명(異名)으로 설명하자면, ‘오성’은 동쪽의 세성(歲星: =木星), 남쪽의 형혹(熒惑: =火星), 중앙의 진성(鎭星: =塡星·土星), 서쪽의 태백(太白: =金星), 북쪽의 진성(辰星: =水星)을 가리킨다.

관례를 치르고 난 뒤에 자식을 낳는 것이 예법에 맞다. 그대의 군주는 관례를 치러도 되는 나이이다. 그런데 대부들은 어찌하여 관례를 준비하지 않는가?"라고 했다. 계무자는 "군주의 관례는 반드시 관향(祼享)46)의 예법으로 시행합니다."라고 대답했다.

杜注 ① 冠, 成人之服, 故必冠而後生子.

관을 쓰는 것은 성인(成人)의 복장이다. 그렇기 때문에 반드시 관례를 치른 뒤에 자식을 낳아야 한다.

杜注 ② 祼謂灌鬯酒也. 享, 祭先君也.

'관(祼)'은 울창주를 땅에 붓는다는 뜻이다. '향(享)'은 선대 군주에게 제사지내는 것이다.

孔疏 ◎注"祼謂"至"祭先君也". ○正義曰: 周禮·大宗伯: "以肆獻祼享先王." 鬱人: "凡祭祀之祼事, 和鬱鬯以實彝而陳之." 鄭玄云: "鬱, 鬱金, 香草也. 鬯, 釀秬爲酒, 芬香條暢於上下也. 築鬱金煮之, 以和鬯酒." 郊特牲云: "灌用鬯臭." 鄭玄云: "灌謂以圭瓚酌鬯, 始獻神也." 然則祼卽灌也, 故云"祼謂灌鬯酒也". 祼是祭初之禮, 故擧之以表祭也. 周禮"祭人鬼曰享", 故云"享, 祭先君也". 劉炫云: "冠是大禮, 當徧告群廟."

◎杜注: "祼謂"~"祭先君也". ○『주례』「대종백(大宗伯)」편에서는 "사(肆)47)·헌(獻)48)·관(祼)49)으로 선왕에게 제사지낸다."50)라고 했고,

---

46) 관향(祼享)은 종묘(宗廟)의 제례 절차 중 하나이다. 땅에 향기로운 술을 뿌려 신(神)을 강림시키는 의식을 뜻한다.
47) 사(肆)는 육향(六享)의 첫 번째 제사에 속하는 것으로, 희생물의 몸체를 해체하여 바친다는 뜻으로, 익힌 고기를 바치는 때를 의미한다.

『주례』「울인(鬱人)」편에서는 "모든 제사에서 관(祼)의 절차를 치르게 되면 울금초를 창주에 섞어 맛을 낸 뒤 이것을 술동이에 채우고 진설한다."[51]라고 했으며, 정현의 주에서는 "울(鬱)은 울금이라는 것으로 향기를 내는 풀이다. 창(鬯)은 검은 기장을 발효시켜 만든 술인데, 그 향기가 상하로 두루 퍼지게 된다. 울금초를 다지고 삶아서 창주에 섞은 것이다."라고 했다. 또『예기』「교특생(郊特牲)」편에서는 "술을 땅에 부어서 신을 강림시킬 때에는 창주의 향기로운 냄새를 사용했다."[52]라고 했고, 정현의 주에서는 "'관(灌)'은 규찬(圭瓚)으로 창주를 따라서 처음으로 신에게 바친다는 뜻이다."라고 했다. 그렇다면 관(祼)은 곧 관(灌)에 해당한다. 그렇기 때문에 "'관(祼)'은 울창주를 땅에 붓는다는 뜻이다."라고 했다. 관(祼)은 제사 초반부에 시행하는 예법이다. 그렇기 때문에 이 말을 제시하여 제사를 드러낸 것이다. 주나라의 예법에 따르면 "인귀에게 제사지내는 것을 향(享)이라고 부른다."라고 했다. 그렇기 때문에 "'향(享)'은 선대 군주에게 제사지내는 것이다."라고 했다. 유현[53]은 "관례는 성대한 의례이니 마땅히 종묘에 있는 뭇 묘들에 대해 두루 알려야만 한다."라고 했다.

---

48) 헌(獻)은 육향(六享)의 첫 번째 제사에 속하는 것으로, 단술을 따라서 바친다는 뜻으로, 희생물의 피와 생고기를 바치는 때를 의미한다.

49) 관(祼)은 육향(六享)의 첫 번째 제사에 속하는 것으로, 울창주를 땅에 부어 강신제를 한다는 뜻으로, 처음 시동에게 술을 따라 신이 강림하길 바라는 때를 의미한다.

50) 『주례』「춘관(春官)・대종백(大宗伯)」: <u>以肆獻祼享先王</u>, 以饋食享先王, 以祠春享先王, 以禴夏享先王, 以嘗秋享先王, 以烝冬享先王.

51) 『주례』「춘관(春官)・울인(鬱人)」: 凡祭祀・賓客之祼事, 和鬱鬯, 以實彝而陳之.

52) 『예기』「교특생(郊特牲)」: 周人尙臭, <u>灌用鬯臭</u>, 鬱合鬯, 臭陰達於淵泉. 灌以圭璋, 用玉氣也. 既灌然後迎牲, 致陰氣也.

53) 유현(劉炫, ? ~ ?): 수(隋)나라 때의 학자이다. 자는 광백(光伯)이며, 경성(景城) 출신이다. 태학박사(太學博士) 등을 지냈다. 『논어술의(論語述義)』, 『춘추술의(春秋述義)』, 『효경술의(孝經述義)』 등을 저술하였다.

참고 『서』「주서(周書)·금등(金縢)」기록

경문 秋, 大熟, 未穫, 天大雷電以風①, 禾盡偃, 大木斯拔, 邦人大
恐②. 王與大夫盡弁, 以啓金縢之書③, 乃得周公所自以爲功代武王
之說④.

가을이 되어 풍년이 들었는데, 아직 수확을 하지 않았을 때 하늘에서 큰
천둥과 번개가 치며 바람이 불어 벼가 모두 쓰러졌고 큰 나무가 뽑히니
나라 사람들이 매우 두려워하였다. 성왕(成王)은 대부들과 함께 모두 변
(弁)을 쓰고서 금등의 함에 넣어둔 글을 꺼내어 보았는데, 그제야 주공이
스스로 자신의 일로 여겨 무왕을 대신하려던 기록을 얻게 되었다.

孔傳① 二年秋也. 蒙, 恒風若, 雷以威之, 故有風雷之異.

2년 가을을 뜻한다. 몽매하면 항상 바람이 불고,[54] 하늘은 천둥으로 위엄
을 보인다. 그렇기 때문에 기이한 바람이 불고 천둥이 친 것이다.

孔疏 ◎傳“二年”至“之異”. ○正義曰: 上文“居東二年”, 未有別年之
事, 知卽是“二年秋”也. 嫌別年, 故辨之. 洪範咎徵云: “蒙, 恒風若.”
以成王蒙闇, 故常風順之. 風是闇徵而有雷者, 以威怒之, 故以示天
之威怒有雷風之異.

◎孔傳: “二年”~“之異”. ○ 앞의 문장에서는 “주공이 동쪽으로 옮겨간 지
2년이 되었다.”[55]라 했고, 그 뒤로는 별도로 해가 달라졌다는 일이 없다.
그렇기 때문에 이곳의 일이 2년 가을에 일어난 일임을 알 수 있다. 그런
데 해가 다르다는 의심을 할 수 있기 때문에 변별한 것이다. 『서』「홍범

---

54) 『서』「주서(周書)·홍범(洪範)」: 曰咎徵, 曰狂, 恒雨若, 曰僭, 恒暘若, 曰豫, 恒
燠若, 曰急, 恒寒若, 曰蒙, 恒風若.
55) 『서』「주서(周書)·금등(金縢)」: 周公居東二年, 則罪人斯得.

(洪範)」편에서는 나쁜 징조를 말하며, "몽매하면 항상 바람이 분다."라고
했다. 성왕은 몽매하였기 때문에 항상 바람이 불었던 것이다. 바람은 몽
매함에 대한 징조가 되는데, 천둥이 쳤던 것은 위엄을 나타내 진노함을
드러냈기 때문이다. 그래서 이를 통해 하늘의 진노함을 드러내 기이한
바람이 불고 천둥이 쳤던 것이다.

孔傳 ② 風災所及, 邦人皆大恐.

바람으로 인해 재해가 이르게 되자 나라의 모든 사람들이 매우 두려워한
것이다.

孔疏 ◎傳"風災"至"大恐". ○正義曰: 言"邦人", 則風災惟在周邦,
不及寬遠, 故云"風災所及, 邦人皆大恐", 言獨畿內恐也.

◎孔傳: "風災"~"大恐". ○'방인(邦人)'이라고 했으니, 바람으로 인한
재해가 오직 주나라 수도에만 발생하고 멀리까지 미치지는 않았던 것이
다. 그래서 "바람으로 인해 재해가 이르게 되자 나라의 모든 사람들이
매우 두려워한 것이다."라고 했으니, 오직 천자의 수도 안에서만 두려워
했다는 의미이다.

孔傳 ③ 皮弁質服以應天.

피변(皮弁)처럼 질박한 복식을 착용하고 하늘의 계시에 응대한 것이다.

孔疏 ◎傳"皮弁質服以應天". ○正義曰: 皮弁象古, 故爲"質服". 祭
天尙質, 故服以應天也. 周禮·司服云: "王祀昊天上帝, 則服大裘而
冕." 無旒, 乃是冕之質者, 是事天宜質服, 故服之以應天變也. 周禮:
"視朝, 則皮弁服." 皮弁是視朝服, 每日常服而言"質"者, 皮弁白布衣,
素積裳, 故爲質也. 鄭玄以爲爵弁, "必爵弁者, 承天變降服, 亦如國

家失道焉".

◎ 孔傳: "皮弁質服以應天". ○ 피변은 옛 제도를 본뜬 것이다. 그렇기 때문에 질박한 복장이 된다. 하늘에 제사를 지낼 때에는 질박한 것을 숭상한다. 그렇기 때문에 이러한 복장을 착용하고 하늘의 계시에 응대한 것이다. 『주례』「사복(司服)」편에서는 "천자가 호천상제(昊天上帝)[56]에게 제사를 지내게 되면 대구(大裘)[57]를 착용하고 면류관을 쓴다."[58]라고 했는데, 이때의 면류관에는 구슬을 꿴 끈이 없으니, 이것은 면류관 중에

---

56) 호천상제(昊天上帝)는 호천(昊天)과 상제(上帝)로 구분하여 해석하기도 하며, '호천상제'를 하나의 용어로 해석하기도 한다. 후자의 경우 '호천'이라는 말은 '상제'를 수식하는 말이다. 고대에는 축호(祝號)라는 것을 지어서 제사 때의 용어를 수식어로 꾸미게 되는데, '호천상제'의 경우는 '상제'에 대한 축호에 해당하며, 세분하여 설명하자면 신(神)의 명칭에 수식어를 붙이는 신호(神號)에 해당한다. 『예기』「예운(禮運)」편에는 "作其祝號, 玄酒以祭, 薦其血毛, 腥其俎, 孰其殽."라는 기록이 있고, 이에 대한 진호(陳澔)의 주에서는 "作其祝號者, 造爲鬼神及牲玉美號之辭. 神號, 如昊天上帝."라고 풀이했다. '호천'과 '상제'로 풀이할 경우, '상제'는 만물을 주재하는 자이며, '상천(上天)'이라고도 불렀다. 고대인들은 길흉(吉凶)과 화복(禍福)을 내릴 수 있는 능력을 갖추고 있었다고 생각하였다. 한편 '상제'는 오행(五行) 관념에 따라 동·서·남·북·중앙의 구분이 생기면서, 천상을 각각 나누어 다스리는 오제(五帝)로 설명되기도 한다. '호천'의 경우 천신(天神)을 뜻하는데, '상제'와 비슷한 개념이다. '호천'을 '상제'보다 상위의 개념으로 해석하여, 오제 위에서 군림하는 신으로 해석하는 경우도 있다.

57) 대구(大裘)는 천자가 제천(祭天) 의식을 시행할 때 입었던 복장이다. 『주례』「천관(天官)·사구(司裘)」편에는 "司裘掌爲大裘, 以共王祀天之服."이라는 기록이 있다. 즉 사구(司裘)는 '대구' 만드는 일을 담당하여, 천자가 하늘에 제사를 지낼 때 입는 의복으로 제공한다. 또한 이 기록에 대해 정현의 주에서는 정사농(鄭司農)의 주장을 인용하여, "大裘, 黑羔裘, 服以祀天, 示質."이라고 풀이했다. 즉 '대구'라는 의복은 검은 양의 가죽으로 만든 옷이며, 이것을 입고 하늘에 제사를 지내는 것은 질박함을 보이기 위함이다.

58) 『주례』「춘관(春官)·사복(司服)」: 王之吉服, 祀昊天·上帝, 則服大裘而冕, 祀五帝亦如之. 享先王則袞冕, 享先公·饗·射則鷩冕, 祀四望·山川則毳冕, 祭社稷·五祀則希冕, 祭群小祀則玄冕.

서도 질박한 것이다. 따라서 하늘에 제사지낼 때에는 질박한 복장이 마땅하기 때문에 이 복장을 착용하고 하늘의 변조에 응대한 것이다. 『주례』에서는 "조정에 참관하게 되면 피변복(皮弁服)을 착용한다."[59]라고 했는데, 피변은 조정에 참관할 때의 복장이 되니, 매일 항상 착용하는 복장이다. 그런데도 질박하다고 부른 것은 피변복은 백색의 포로 만든 상의를 입고 흰색의 하의에 주름을 잡는다. 그렇기 때문에 질박한 복장이 된다. 정현은 작변(爵弁)이라고 여겼고, "반드시 작변을 착용하는 것은 하늘의 변조를 받들어 복장의 수위를 낮추기 때문이니, 또한 국가에서 도리를 잃었을 때처럼 하는 것이다."라고 했다.

孔傳 ④ 所藏請命冊書本.

보관하고 있던 것은 주공이 무왕의 장수를 빌며 기원했던 글이다.

孔疏 ●"秋大"至"之說". ○正義曰: 爲詩遺王之後, 其秋大熟, 未及收穫, 天大雷電, 又隨之以風, 禾盡偃仆, 大木於此而拔. 風災所及, 邦人大恐. 王見此變, 與大夫盡皮弁以開金縢之書, 按省故事, 求變異所由, 乃得周公所自以爲功請代武王之說.

● 經文: "秋大"~"之說". ○ 시를 지어 천자의 후손에게 전해주기를 그해 가을에 크게 풍년이 들었으나 아직 수확을 하지 않았을 때 하늘이 크게 천둥과 번개를 내리고 또 뒤따라 바람을 일으키니, 벼가 모두 쓰러졌고 큰 나무가 이에 뽑혔다. 바람으로 인해 재해가 이르자 나라 사람들이 매우 두려워했다. 천자는 이러한 변고를 보고 대부들과 함께 모두 피변복을 착용하고 금등에 보관한 글을 꺼내서 보았다. 옛 일들을 살펴서 기이한 변화가 유래된 원인을 찾고자 했는데, 이를 통해 주공이 자신의 일이라 여겨 무왕을 대신해서 병에 걸리고자 했던 말을 보게 되었다.

---

59) 『주례』「춘관(春官)·사복(司服)」: 眡朝, 則皮弁服.

蔡傳 王與大夫盡弁, 以發金縢之書, 將卜天變, 而偶得周公冊祝請命之說也. 孔氏謂二公倡王啓之者, 非是. 按秋大熟, 係于二年之後, 則成王迎周公之歸, 蓋二年秋也. 東山之詩, 言自我不見, 于今三年, 則居東之非東征明矣. 蓋周公居東二年, 成王因風雷之變, 旣親迎以歸, 三叔懷流言之罪, 遂脅武庚以叛, 成王命周公征之, 其東征往反首尾, 又自三年也.

천자가 대부들과 함께 모두 변(弁)을 착용하고 금등의 함을 열어 글을 살펴보고, 하늘의 변고를 점치려고 했는데, 우연히 주공이 축문을 지어 무왕의 장수를 기원한 글을 보게 되었다. 공씨는 태공과 소공이 성왕을 인도하여 그 함을 열도록 했다고 했는데 잘못된 주장이다. 살펴보니 가을에 큰 풍년이 들었다고 한 말은 2년이라는 말 뒤에 연결되어 있으니, 성왕이 주공을 맞이하여 돌아온 것은 2년 가을에 해당할 것이다. 「동산(東山)」이라는 시에서는 "내가 보지 못한 지가 이제 3년이 되었도다."[60]라고 했으니, 동쪽에 머문 것은 동쪽을 정벌했던 것이 아님이 명확해진다. 아마도 주공이 동쪽에 머문 지 2년이 되었을 때, 성왕은 바람과 천둥의 변고로 인하여 친히 주공을 맞이하여 돌아왔고, 세 숙부는 유언비어를 퍼트린 죄를 품고서 마침내 무경을 위협해 반란을 일으켰으며, 이에 성왕이 주공에게 명하여 정벌토록 한 것이니, 동쪽을 정벌하기 위해 갔다가 돌아온 것은 별도의 3년이 된다.

참고 「예기」「제법(祭法)」 기록

경문 王下祭殤五, 適子, 適孫, 適曾孫, 適玄孫, 適來孫. 諸侯下祭

---

60) 『시』「빈풍(豳風)·동산(東山)」: 我徂東山, 慆慆不歸. 我來自東, 零雨其濛. 鸛鳴于垤, 婦歎于室. 洒埽穹窒, 我征聿至. 有敦瓜苦, 烝在栗薪. <u>自我不見, 于今三年.</u>

三, 大夫下祭二, 適士及庶人祭子而止.

천자는 자신보다 후대가 되는 자들 중 요절한 자에 대해서 제사를 지낼 때, 그 대상은 5명이다. 즉 적자·적손·적증손·적현손·적래손이다. 제후는 요절한 자에 대해서 제사를 지내는데, 그 대상은 3명이다. 대부는 요절한 자에 대해서 제사를 지내는데, 그 대상은 2명이다. 적사와 서인은 자식을 제사지내는데 그친다.

鄭注 祭適殤者, 重適也. 祭適殤於廟之奧, 謂之陰厭. 王子·公子祭其適殤於其黨之廟. 大夫以下庶子祭其適殤於宗子之家, 皆當室之白, 謂之陽厭. 凡庶殤不祭.

적자들 중 요절한 자에 대해 제사를 지내는 것은 적자를 중시여기기 때문이다. 적자 중 요절한 자에게 제사를 지낼 때에는 묘실(廟室)의 아랫목에서 지내니, 이것을 '음염(陰厭)'[61]이라고 부른다. 왕자와 공자는 그들의 적장자 중 요절한 자에 대해서 그 당(黨)의 묘(廟)에서 제사를 지낸다. 대부로부터 그 이하로 서인까지는 그들의 적장자 중 요절한 자에 대해서 종자의 집에서 제사를 지내니, 모두 묘실(廟室) 중 밝은 장소에 해당하여, '양염(陽厭)'[62]이라고 부른다. 무릇 서자 중 요절한 자에 대해서는 제사를 지내지 않는다.

참고 『예기』「단궁하(檀弓下)」 기록

경문 君之適長殤, 車三乘; 公之庶長殤, 車一乘; 大夫之適長殤, 車

---

61) 음염(陰厭)은 적장자가 아직 성년이 되지 않은 상태에서 죽었을 때, 그에 대한 제사는 종묘(宗廟)의 그윽하고 음(陰)한 장소에서 간략하게 치르게 되는데, 이것을 '음염'이라고 부른다.

62) 양염(陽厭)은 시동이 묘실(廟室)을 빠져 나간 이후에, 시동에게 바쳤던 조(俎)와 돈(敦) 등을 거둬들여서, 서북쪽 모퉁이에 다시 진설을 하는 것이다.

一乘.

군주의 적자(適子)가 장상(長殤)을 했을 때에는 견거(遣車) 3대를 사용하고, 공(公)의 서자(庶子)가 장상을 했을 때에는 견거 1대를 사용하며, 대부(大夫)의 적자가 장상을 했을 때에는 견거 1대를 사용한다.

鄭注 皆下成人也. 自上而下, 降殺以兩, 成人遣車五乘, 長殤三乘, 下殤一乘, 尊卑以此差之. 庶子言公, 卑遠之. 傳曰: "大功之殤中從上."

이 모두는 성인(成人)에 대한 예법보다 낮추는 것이다. 위로부터 아래로 내려갈 때에는 2만큼씩 줄이게 되는데,[63] 성인(成人)이 된 후에 죽은 경우, 견거(遣車)는 5대를 사용하니, 장상(長殤)인 경우에는 3대의 수레를 사용하는 것이고, 하상(下殤)인 경우에는 1대의 수레를 사용하는 것으로, 이것을 통해서 존비에 따른 차등을 둔다. 서자(庶子)에 대한 언급에서, '공(公)'이라고 말한 것은 신분이 낮고 관계가 먼 자를 나타낸 것이다. 전문에서는 "대공복(大功服)을 입는 관계에 있는 자가 요절한 경우, 중상(中殤)이라면 그 위인 장상(長殤)의 법도에 따른다."[64]라고 했다.

孔疏 ●"君"者, 五等諸侯也. 今此謂諸侯適子在長殤而死, 故云"君之適長殤"也.

● 經文: "君". ○ 다섯 등급의 제후들을 뜻한다. 이곳 문장의 상황은 제후의 적자(適子) 중 장상(長殤)의 나이에 해당하는 자가 죽은 경우에 해당한다. 그렇기 때문에 "군주의 적자가 장상(長殤)을 했다."라고 말한

---

63) 『춘추좌씨전』「양공(襄公) 26년」: 曰, "<u>自上以下, 降殺以兩, 禮也</u>. 臣之位在四, 且子展之功也, 臣不敢及賞禮, 請辭邑."

64) 『의례』「상복(喪服)」: 傳曰, 問者曰, 中殤何以不見也? <u>大功之殤中從上</u>, 小功之殤中從下.

것이다.

孔疏 ●“車三乘”者, 遣車也. 葬柩朝廟畢, 將行, 設遣奠竟, 取遣奠牲體臂臑, 折之爲段, 用此車載之, 以遣送亡者, 故謂之遣車. 然遣車之形甚小, 周禮·巾車云: “大喪飾遣車.” 鄭云: “使人以次擧之以如墓也.” 又雜記: “遣車視牢具置于四隅.” 鄭云: “四隅, 槨中之四隅.” 以此而推, 故知小也. 所以必須遣車者, 雜記云: “大饗旣饗, 卷三牲之俎, 歸于賓館, 父母而賓客之, 所以爲哀也.” 是言父母方將遠去, 亦如賓客之義, 所以載牲體送之也. 但遣車之數, 貴賤不同. 若生有爵命車馬之賜, 則死有遣車送之, 諸侯七乘, 大夫五乘, 此後有明文. 鄭惟諸侯旣七乘, 降殺宜兩, 則國王宜九乘, 士三乘也. 今此所明並是殤未成人, 未有爵命車馬之賜而得遣車者, 言其父有之, 得與子也. 王九乘, 若適子成人, 則應七乘, 在長殤而死, 則五乘. 中殤從上亦五乘, 下殤, 三乘也. 若有國王庶子成人, 則應五乘, 長殤中殤三乘, 下殤一乘也. 諸侯旣自得七乘, 其適子成人五乘, 長殤三乘, 故“君之適長殤, 車三乘”也. 中則從上, 若下殤則一乘也.

● 經文: “車三乘”. ○ 수레는 견거(遣車)를 뜻한다. 영구(靈柩)를 장례 치를 때, 조묘(朝廟)[65]를 끝내고, 장차 길을 떠나게 되면, 견전(遣奠)[66]을 진설하고, 그 일이 끝나면, 견전(遣奠)에 바쳤던 희생물의 앞다리를

---

65) 조묘(朝廟)는 종묘(宗廟)에 전제(奠祭)를 지낸다는 뜻이다. 또 『춘추』「문공(文公) 6년」경문(經文)에는 “閏月不告月, 猶朝于廟.”라는 기록이 있고, 이에 대한 두예(杜預)의 주에서는 “諸侯每月必告朔聽政, 因朝宗廟.”라고 풀이했다. 즉 제후들은 매월 반드시 고삭(告朔)을 하며 정사(政事)를 돌보게 되는데, 이것에 연유하여 종묘에서 전제사를 지낸다. 또한 '조묘'는 상례(喪禮)를 치르며 영구를 조묘로 이동시켜서, 장차 장지로 떠나게 됨을 아뢰는 의식이기도 하다.
66) 견전(遣奠)은 장차 장례(葬禮)를 치르고자 할 때, 지내게 되는 전제사(奠祭)를 뜻한다.

가져다가 그것을 절단하여 조각을 내고, 이 수레를 이용해서 싣게 되며, 이것을 죽은 자를 전송하는데 보내게 된다. 그렇기 때문에 이 수레를 '견거(遣車)'라고 부르는 것이다. 그런데 견거(遣車)의 형태는 매우 작은 것으로, 『주례』「건거(巾車)」편에서는 "대상(大喪) 때 견거(遣車)를 치장한다."[67]라고 했고, 이 문장에 대해 정현은 "사람들을 시켜서 차례대로 들고서 묘(墓)로 간다."라고 했다. 또 『예기』「잡기(雜記)」편에서는 "견거(遣車)의 수는 희생물의 고기를 싼 수에 견주어서, 네 모퉁이에 둔다."[68]라고 했고, 이 문장에 대한 정현의 주에서는 "네 모퉁이는 곽(槨) 안의 네 모퉁이를 뜻한다."라고 했다. 이를 통해 추론해보면, 수레의 크기가 작다는 것을 알 수 있다. 반드시 견거(遣車)를 갖춰야 하는 이유에 대해서, 「잡기」편에서는 "대향(大饗)에서 이미 식사를 끝내게 되면, 도마 위에 올려두었던 세 가지 희생물의 고기를 포장하여, 빈객들이 머무는 숙소로 보내주니, 돌아가신 부모에 대해서, 빈객처럼 대하는 것은 애통함을 나타내는 방법이다."[69]라고 했으니, 이 말은 돌아가신 부모에 대해, 장차 멀리 떠나보내게 될 때에는 또한 빈객처럼 대하는 도의가 있으니, 이러한 이유로 희생물의 고기를 함께 싣고서 전송을 하는 것이다. 다만 견거(遣車)의 수는 신분의 귀천에 따라 다르다. 만약 생전에 작위의 명(命) 등급이 수레와 말을 하사받을 정도로 높아졌다면, 그가 죽었을 때, 견거(遣車)를 사용하여 전송을 하니, 제후는 7대를 사용하고, 대부는 5대를 사용한다. 이것과 관련해서는 뒤에 관련 기록들이 나온다. 정현은 단지 제후가 7대의 수레를 사용한다고 했고, 줄일 때에는 2만큼씩 줄이게

---

67) 『주례』「춘관(春官)·건거(巾車)」: 大喪, 飾遣車, 遂廞之, 行之.
68) 『예기』「잡기상(雜記上)」: 遣車視牢具, 疏布輤, 四面有章, 置於四隅. 載粻, 有子曰, 非禮也, 喪奠脯醢而已.
69) 『예기』「잡기하(雜記下)」: 或問於曾子曰, "夫旣遣而包其餘, 猶旣食而裹其餘與? 君子旣食則裹其餘乎?" 曾子曰, "吾子不見大饗乎? 夫大饗, 旣饗, 卷三牲之俎, 歸于賓館, 父母而賓客之, 所以爲哀也. 子不見大饗乎?"

된다면, 천자의 경우에는 9대의 수레를 사용하는 것이고, 사는 3대의 수레를 사용하는 것이다. 이곳에서 언급하는 대상들은 모두 요절한 자들로, 아직 성인(成人)이 되지 못한 경우이다. 따라서 아직 작위의 명(命) 등급을 받지 못해, 수레와 말을 하사받지 못한 상태인데도, 견거(遣車)를 사용할 수 있다는 말은 그의 부친이 이러한 것들을 갖출 수 있으므로, 그의 자식에게도 부여할 수 있음을 뜻한다. 천자의 경우 9대의 견거(遣車)를 사용하는데, 만약 천자의 적자(適子)가 성인(成人)이 된 이후에 죽은 경우라면, 마땅히 7대의 수레를 사용해야 하고, 장상(長殤)의 나이에 요절하였다면, 5대의 수레를 사용해야 한다. 중상(中殤)인 경우에는 위의 등급인 장상(長殤)의 경우에 따르게 되므로, 또한 5대의 수레를 사용하고, 하상(下殤)인 경우에는 3대의 수레를 사용한다. 만약 천자의 서자(庶子)들 중 성인(成人)이 된 이후에 죽은 경우라면, 마땅히 5대의 수레를 사용해야 하고, 장상(長殤)과 중상(中殤)의 나이에 요절한 경우라면, 3대의 수레를 사용해야 하며, 하상(下殤)의 나이에 요절한 경우라면, 1대의 수레를 사용해야 한다. 제후(諸侯)는 이미 제 스스로 7개의 견거(遣車)를 갖출 수 있으므로, 그의 적자가 성인(成人)이 된 이후에 죽은 경우라면, 5대의 수레를 사용하는 것이고, 장상(長殤)의 나이에 요절한 경우라면, 3대의 수레를 사용한다. 그렇기 때문에 "군주의 적자가 장상(長殤)을 했다면, 수레는 3대이다."라고 말한 것이다. 중상(中殤)의 경우라면 위의 등급인 장상(長殤)의 경우를 따르게 되고, 만약 하상(下殤)인 경우라면, 1대의 수레를 사용하게 된다.

참고 「대대례기」「공부(公符)」 기록

경문 公冠四加玄冕.

공의 관례에서는 사가(四加)를 하니 현면(玄冕)이 추가된다.

解詁 緇布冠・皮弁・爵弁, 士冠禮之三加也. 孔氏冠義疏云: "士禮 故三加也. 若諸侯之禮, 其加則四加, 而有玄冕也. 故大戴禮'公冠四 加'也. 諸侯尙四加, 則天子亦當五加, 衮冕也.

치포관・피변・작변은 사 계층의 관례에 사용되는 삼가(三加)이다. 공영 달의 『예기』「관의(冠義)」편에 대한 소에서는 "사 계층의 예법이기 때문 에 삼가를 한다. 만약 제후의 예법이라면 관을 씌워주는 것은 사가(四加) 를 하게 되니 현면이 추가된다. 그러므로 『대대례기』에서 '공의 관례에서 는 사가를 한다.'고 한 것이다. 제후가 오히려 사가를 했다면, 천자는 또한 마땅히 오가(五加)를 했을 것이니, 곤면(衮冕)이 추가된다."라고 했다.

참고 『공자가어』「관송(冠頌)」 기록

원문 王太子庶子之冠擬焉.

천자의 태자와 서자의 관례는 제후의 관례에 견주어 한다.

王注 王之太子庶子, 皆擬諸侯冠禮也

천자의 태자와 서자들은 모두 제후의 관례에 견주어서 한다.

참고 『주례』「춘관(春官)・대종백(大宗伯)」 기록

경문 以嘉禮親萬民.

가례(嘉禮)로써 모든 백성을 친하게 만든다.

鄭注 嘉, 善也. 所以因人心所善者而爲之制. 嘉禮之別有六.

'가(嘉)'자는 선하다는 뜻이다. 사람의 마음에서 선하게 여기는 것에 따라

서 그것을 위해 제도를 만든 것이다. 가례에는 별도로 여섯 종류가 있다.

賈疏 ●"以嘉禮親萬民". ○釋曰: 餘四禮皆云"邦國", 獨此云"萬民"者, 餘四禮萬人所行者少, 故擧邦國而言; 此嘉禮六者, 萬民所行者多, 故擧萬人, 其實上下通也.

● 經文: "以嘉禮親萬民". ○ 나머지 네 가지 예에 대해서는 모두 '방국(邦國)'을 언급했는데, 이곳에서만 유독 '만민(萬民)'을 언급한 이유는 나머지 네 가지 예는 모든 백성들이 시행하는 것 중 그 대상이 적다. 그렇기 때문에 나라를 기준으로 들어 언급한 것이고, 이곳의 가례 6가지는 모든 백성들이 시행하는 것 중 그 대상이 많다. 그렇기 때문에 모든 백성을 제시한 것인데, 실제로는 상하 계층을 통괄한다.

賈疏 ◎注"嘉善"至"有六". ○釋曰: 云"所以因人心所善者而爲之制"者, 按禮運云: "飮食男女, 人之大欲存焉." 此嘉禮有飮食男女之等, 皆是人心所善者, 故設禮節以裁制之, 卽下經所云者皆是也.

◎ 鄭注: "嘉善"~"有六". ○ 정현이 "사람의 마음에서 선하게 여기는 것에 따라서 그것을 위해 제도를 만든 것이다."라고 했는데, 『예기』「예운(禮運)」편을 살펴보면 "먹고 마시며, 남녀 간에 관계를 맺는 것 속에는 사람의 가장 큰 욕망이 존재한다."[70]라고 했다. 이곳에서 말한 가례에는 음식과 남녀에 대한 것 등이 포함되는데, 이 모두는 사람의 마음에서 선하게 여기는 것들이다. 그렇기 때문에 예절을 만들어 그것들을 제어하는 것이니, 아래 경문에서 언급한 것들이 모두 여기에 해당한다.

---

70) 『예기』「예운(禮運)」: 飮食男女, 人之大欲存焉. 死亡貧苦, 人之大惡存焉. 故欲惡者, 心之大端也.

경문 以昏冠之禮, 親成男女.

혼례와 관례로 남녀의 은정을 친근하게 만들고 성품을 이룬다.

鄭注 親其恩, 成其性.

그 은정을 친근하게 하는 것이며, 그 성품을 이루는 것이다.

賈疏 ●"以昏"至"男女". ○釋曰: 此一節陳昏姻冠笄之事, 上句直言
昏冠, 專據男而言, 亦有姻笄, 故下句兼言男女也. 若然, 則昏姻之
禮, 所以親男女, 使男女相親, 三十之男, 二十之女, 配爲夫妻是也.
冠笄之禮, 所以成男女, 男二十而冠, 女子許嫁十五而笄, 不許亦二
十而笄, 皆責之以成人之禮也.

●經文: "以昏"~"男女". ○이 한 절은 혼·인·관·계례의 사안을 진술
하고 있는데, 앞의 구문에서는 단지 '혼관(昏冠)'이라고만 언급하여 전적
으로 남자를 기준으로 언급한 것이지만, 여기에는 또한 인(姻)과 계(笄)
가 포함된다. 그렇기 때문에 뒤의 구문에서는 남녀(男女)를 겸해서 언급
한 것이다. 만약 그렇다면 혼인의 예법은 남녀를 친근하게 만드는 것이
니, 남자와 여자로 하여금 서로 친근하게 만드는 것으로, 30세의 남자와
20세의 여자가 짝을 이루어 부부가 되는 것이다. 관례와 계례는 남녀를
완성시켜주는 것이니, 남자는 20세가 되어서 관례를 치르고, 여자는 혼인
이 약속되면 15세에 계례를 치르고 약속되지 않으면 또한 20세에 계례를
치르게 되는데, 둘 모두에 대해서는 성인이 따라야 하는 예법으로 책무를
준다.

賈疏 ◎注"親其恩, 成其性". ○釋曰: 按昏義, 壻親迎, 御輪三周,
是壻親之. 親之也者, 使之親己, 是親其恩也. 云"成其姓"者, 冠義云:

禮始於冠, 旣冠, 責以爲人父 · 爲人子 · 爲人臣之禮. 又內則云: 二十敦行孝弟. 是成其性也.

◎ 鄭注: "親其恩, 成其性". ○『예기』「혼의(昏義)」편을 살펴보면, 남편될 자가 친영(親迎)[71]을 하며 수레를 직접 몰아서 수레바퀴가 3바퀴 굴러가도록 하는데,[72] 이것은 남편될 자가 직접 시행하는 것이다. 이것을 직접 시행하는 것은 상대로 하여금 자신을 친애하도록 만드는 것이니, 이것이 그 은정을 친근하게 한다는 뜻이다. 정현이 "그 성품을 이루는 것이다."라고 했는데, 『예기』「관의(冠義)」편에서는 예는 관례에서 시작되니, 관례를 마치게 되면 부친 · 자식 · 신하로서 따라야 하는 예법으로 책무를 준다고 했다. 또 『예기』「내칙(內則)」편에서는 20세가 되면 효제의 도리를 돈독히 실천한다고 했다.[73] 이것은 본성을 완성시키는 것이다.

---

71) 친영(親迎)은 혼례(婚禮)에서 시행하는 여섯 가지 예식(禮式) 중 하나이다. 사위될 자가 여자 집에 가서 혼례를 치르고, 자신의 집으로 데려오는 예식을 뜻한다.

72) 『예기』「혼의(昏義)」: 父親醮子而命之迎, 男先於女也. 子承命以迎, 主人筵几於廟, 而拜迎於門外. 壻執雁入, 揖讓升堂, 再拜奠雁, 蓋親受之於父母也. 降, 出御婦車, 而壻授綏, 御輪三周, 先俟于門外. 婦至, 壻揖婦以入. 共牢而食, 合卺而酳, 所以合體同尊卑以親之也.

73) 『예기』「내칙(內則)」: 二十而冠, 始學禮, 可以衣裘帛, 舞大夏, 惇行孝弟, 博學不教, 內而不出.

儀禮. / 『의례』

賈疏 ●“儀禮”. ○釋曰: 儀禮者, 一部之大名; 士冠者, 當篇之小號.
退大名在下者, 取配注之意故也. 然周禮言周不言儀, 儀禮言儀不言
周. 旣同是周公攝政六年所制, 題號不同者, 周禮取別夏·殷, 故言
周; 儀禮不言周者, 欲見兼有異代之法, 故此篇有醮用酒, 燕禮云諸
公, 士喪禮云商祝·夏祝, 是兼夏·殷, 故不言周. 又周禮是統心, 儀
禮是履踐, 外內相因, 首尾是一. 故周禮已言周, 儀禮不須言周, 周可
知矣. 且儀禮亦名曲禮, 故禮器云: “經禮三百, 曲禮三千.” 鄭注云:
“曲猶事也, 事禮謂今禮也. 其中事儀三千.” 言儀者, 見行事有威儀;
言曲者, 見行事有屈曲. 故有二名也.

●原文: “儀禮”. ○‘의례(儀禮)’라는 것은 한 분야를 지칭하는 큰 제목이
며, ‘사관례(士冠禮)’라는 것은 편에 속하는 작은 제목이다. 큰 제목에
해당하는 것을 뒤로 물려서 기록한 것은 주와 짝을 이루려는 의도에 따랐
기 때문이다. 그런데 『주례(周禮)』에서는 ‘주(周)’라 말했지만 ‘의(儀)’를
언급하지 않았고, 『의례(儀禮)』에서는 ‘의(儀)’라 말했지만 ‘주(周)’를 언
급하지 않았다. 두 문헌은 동일하게 주공이 섭정을 했던 6년 동안 제작된
것이다. 그런데도 제목에서 사용한 말이 다른 것은 『주례』는 하나라 및
은나라와 구별되는 점을 취했기 때문에 ‘주(周)’라 말한 것이고, 『의례』에
서 ‘주(周)’를 언급하지 않은 것은 이전 왕조의 예법까지도 겸하고 있음을
드러내고자 했기 때문이다. 그래서 「사관례」편에는 초(醮)를 하며 술을
사용한다는 기록이 있고,[1] 「연례(燕禮)」편에는 ‘제공(諸公)’이라고 했으

---

1) 『의례』「사관례」 : 若不醴, 則<u>醮用酒</u>.

며,2) 「사상례(士喪禮)」편에서는 상축(商祝)3)과 하축(夏祝)4)이라고 했
는데, 이러한 기록들은 하나라와 은나라의 예법을 겸하고 있기 때문에
주(周)라고 말하지 않았음을 나타낸다. 또 『주례』는 마음을 통솔하는 것
에 해당하고, 『의례』는 실천하는 일에 해당하는데, 외적인 것과 내적인
것이 서로 연유하고 머리와 꼬리가 일치된다. 그렇기 때문에 『주례』에서
이미 '주(周)'라고 말했다면 『의례』에서는 주(周)라고 말하지 않더라도
주(周)의 뜻이 포함된다는 사실을 알 수 있다. 또 『의례』를 '곡례(曲禮)'
라고도 부른다. 그렇기 때문에 『예기』「예기(禮器)」편에서는 "경례(經禮)
는 300가지이고, 곡례(曲禮)는 3000가지이다."5)라고 했고, 정현의 주에
서는 "'곡(曲)'자는 구체적인 일을 뜻하니, 사례(事禮)는 곧 현재 통행되
는 예법을 뜻한다. 그 중 구체적 일에 따른 세부적인 의례절차가 3,000가
지였다."라고 했다. '의(儀)'자를 붙여서 말한 것은 일을 시행함에 위엄스
러운 의례절차가 있음을 드러내고자 한 것이고, '곡(曲)'자를 붙여서 말한
것은 일을 시행함에 세부적인 것들이 있음을 드러내고자 한 것이다. 그렇
기 때문에 이러한 두 명칭이 존재한다.

참고 『예기』「예기(禮器)」 기록

경문 禮也者, 猶體也. 體不備, 君子謂之不成人. 設之不當, 猶不備
也. 禮有大有小, 有顯有微. 大者不可損, 小者不可益, 顯者不可揜,
微者不可大也. 故經禮三百, 曲禮三千, 其致一也. 未有入室而不由

---

2) 『의례』「연례(燕禮)」: 膳宰請羞于諸公卿者.
3) 『의례』「사상례(士喪禮)」: 商祝襲祭服, 褖衣次.
4) 『의례』「사상례(士喪禮)」: 夏祝鬻餘飯, 用二鬲, 于西牆下.
5) 『예기』「예기(禮器)」: 禮也者, 猶體也. 體不備, 君子謂之不成人. 設之不當, 猶
不備也. 禮有大有小, 有顯有微. 大者不可損, 小者不可益, 顯者不可揜, 微者
不可大也. 故經禮三百, 曲禮三千, 其致一也. 未有入室而不由戶者.

戶者.

예라는 것은 사람의 신체와 같은 것이다. 신체가 온전하지 못한 자에 대해서, 군자는 그를 가리켜 "온전한 사람이 되지 못했다."고 부른다. 따라서 예를 시행할 때 그것이 부당하다면, 이것은 마치 사람의 신체가 온전히 갖춰지지 못한 것과 같다. 또한 예에는 본래부터 커야 하는 것이 있고, 반대로 작아야 하는 것이 있으며, 또는 본래부터 드러내야 하는 것이 있고, 반대로 은미하게 숨겨야 하는 것이 있다. 따라서 본래부터 커야 하는 것은 덜어내서는 안 되고, 본래부터 작아야 하는 것은 보태서는 안 되며, 본래부터 드러내야 하는 것은 가려서는 안 되고, 본래부터 은미하게 숨겨야 하는 것은 드러내서는 안 된다. 그러므로 경례(經禮)는 300가지이고, 곡례(曲禮)는 3,000가지라고 하지만, 그것들이 지향하는 점은 정성일 따름이다. 따라서 방에 들어갈 때에 방문을 경유하지 않은 자가 없는 것처럼, 예를 시행할 때에도 정성을 따르지 않는 경우가 없는 것이다.

鄭注 若人身體. 致之言至也. 一, 謂誠也. 經禮謂周禮也, 周禮六篇, 其官有三百六十. 曲猶事也, 事禮謂今禮也. 禮篇多亡, 本數未聞, 其中事儀三千. 三百‧三千, 皆猶誠也.

예는 마치 사람의 인체와 같다는 뜻이다. '치(致)'자는 '지극함'이라는 뜻이다. '일(一)'자는 '정성'을 뜻한다. 경례(經禮)는 『주례(周禮)』를 뜻하니, 『주례』는 천관(天官)‧지관(地官)‧춘관(春官)‧하관(夏官)‧추관(秋官)‧동관(冬官) 등 6편으로 구성되어 있고, 그 안에 포함된 관직의 개수는 360가지이다. '곡(曲)'자는 '구체적인 일'을 뜻하니, 사례(事禮)는 곧 '현재 통행되는 예법'을 뜻한다. 『예』와 관련된 각 편들은 대부분 망실되어서, 본래의 편수에 대해서는 확인할 수 없는데, 그 중 구체적 일에 따른 세부적인 의례절차가 3,000가지였다. 300가지와 3,000가지의 예들은 모두 정성스러움에 따른다는 뜻이다.

孔疏 ● "故經禮三百, 曲禮三千"者, 旣設禮大小隨於萬體, 不可不備, 故周公制禮, 遂有三千三百之多也.

● 經文: "故經禮三百, 曲禮三千". ○ 이미 예를 시행할 때, 시행의 규모는 모든 체계에 따르게 되니, 완비하지 않을 수 없다. 그렇기 때문에 주공이 예법을 제정함에, 결국 3,000가지 및 300가지 등의 많은 조목들이 생기게 된 것이다.

鄭氏注. / 정현의 주

賈疏 ●"鄭氏注". ○釋曰: 後漢書云: "鄭玄, 字康成, 靑州北海郡高密縣人, 鄭崇之後也." 言"注"者, 注義於經下, 若水之注物, 亦名爲著. 故鄭紋云: "凡著三禮七十二篇." 云著者, 取著明經義者也. 孔子之徒言傳者, 取傳述之意. 爲意不同, 故題目有異也. 但周禮六官六十, 紋官之法, 事急者爲先, 不問官之大小. 儀禮見其行事之法, 賤者爲先, 故以士冠爲先. 無大夫冠禮, 諸侯冠次之, 天子冠又次之. 其昏禮亦士爲先, 大夫次之, 諸侯次之, 天子爲後. 諸侯鄕飲酒爲先, 天子鄕飲酒次之, 鄕射・燕禮已下皆然. 又以冠・昏・士相見爲先後者, 以二十而冠, 三十而娶, 四十强而仕, 卽有摯見鄕大夫・見己君及見來朝諸侯之等, 又爲鄕大夫・州長行鄕飲酒・鄕射之事已下, 先吉後凶, 盡則行祭祀吉禮, 次紋之法, 其義可知. 略陳儀禮元本, 至於禮之大義, 備於禮記疏.

●原文: "鄭氏注". ○『후한서』에서는 "정현의 자는 강성(康成)이고, 청주 북해군 고밀현 사람으로 정숭(鄭崇)의 후손이다."[1]라고 했다. '주(注)'자를 붙였는데, 경문 뒤에 붙여서 그 의미가 흐르도록 한 것으로, 마치물이 사물로 흐르는 것과 같고, 또한 이것은 '저(著)'라고도 부른다. 그래서 정현은 "무릇 삼례 72편에 대해 저(著)를 했다."라고 서술했는데, '저(著)'라고 말한 것은 경문의 뜻을 밝게 드러낸다는 의미를 취한 것이다. 공자의 문도들이 자신의 기록들에 대해 '전(傳)'자를 붙여서 말한 것은

---

1) 『후한서』「장조정열전(張曹鄭列傳)」: 鄭玄字康成, 北海高密人也. 八世祖崇, 哀帝時尙書僕射.

전술한다는 의미를 따른 것이다. 따라서 그 의미가 다르기 때문에 제목에 있어서도 차이가 생긴 것이다. 다만 『주례』에는 6개 관부에 각각 60개의 관직이 기술되어 있는데, 관직을 기술하는 법도에 있어서는 사안이 급한 것을 우선적으로 기술하였으며 관직의 높낮음을 따지지 않았다. 『의례』에서 해당 사안을 시행하는 법도를 보면, 미천한 자의 것을 우선적으로 기술하였다. 그렇기 때문에 사의 관례에 대한 것을 앞에 기술하고, 대부의 관례는 기록이 없으며, 제후의 관례가 그 다음에 기술되고, 천자의 관례는 또 그 다음에 기술된 것이다. 혼례에 있어서도 사에 대한 것을 앞에 기술하고, 대부의 혼례가 그 다음에 기술되며, 제후의 혼례가 그 다음에 기술되고, 천자의 혼례는 가장 뒤에 기술되었다. 향음주례에 있어서는 제후에 대한 것을 앞에 기술하고, 천자의 향음주례는 그 다음에 기술하였으며, 향사례와 연례로부터 그 이하의 기록들에서도 모두 이처럼 기술했다. 또 관례·혼례·사상견례를 선후의 순서로 삼은 것은 20세가 되면 관례를 치르고, 30세가 되면 혼례를 치르며, 40세가 되면 강성해져서 벼슬을 하니, 곧 예물을 들고 향대부를 찾아뵙거나 자신의 군주를 찾아뵙거나 조회로 찾아온 제후를 만나보는 등의 일이 생기기 때문이며, 또 향대부와 주장이 시행하는 향음주례와 향사례 등의 사안으로부터 그 이하의 일들에 있어서는 길한 것을 앞에 기술하고 흉한 것을 뒤에 기술했으며, 그것이 끝난 뒤에는 제사를 시행하는 길례에 대한 것을 기술하였으니, 순서를 정한 법도에 대해서 그 의미를 확인할 수 있다. 『의례』의 본문에 대해서는 간략히 기술했는데, 예의 큰 의미에 대해서는 『예기소』에 자세히 기술되어 있다.

제 1 절

관례 날짜 점치는 절차

5上

士冠禮. 筮于廟門.

직역 士冠禮다. 廟門에서 筮한다.

의역 사 계층의 관례에 대한 내용이다. 묘문(廟門)[1]에서 시초점을 친다.

鄭注 筮者, 以蓍問日吉凶於易也. 冠必筮日於廟門者, 重以成人之禮成子孫也. 廟, 謂禰廟. 不於堂者, 嫌蓍之靈由廟神.

'서(筮)'는 시초를 이용해서 『역』을 통해 관례를 치르는 날짜의 길흉을 묻는 것이다. 관례를 치를 때 반드시 묘문에서 그 날짜에 대해 시초점을 치는 이유는 성인에 대한 예법으로 자손을 성인으로 완성시킨다는 사실을 중시했기 때문이다. '묘(廟)'는 부친의 종묘를 뜻한다. 당에서 시행하지 않는 것은 시초에 깃든 영묘함이 묘의 신으로부터 비롯된다는 혐의를 받기 때문이다.

賈疏 ●"士冠"至"廟門". ○釋曰: 自此至"宗人告事畢"一節, 論將行

---

1) 묘문(廟門)은 종묘(宗廟)의 정문을 뜻한다. 『서』「주서(周書)·고명(顧命)」편에는 "諸侯出廟門俟."라는 용례가 나온다. 한편 '묘문'은 빈궁(殯宮)의 문을 뜻하는 용어로도 사용된다. 『예기』「상복소기(喪服小記)」편에는 "無事不辟廟門, 哭皆於其次."라는 기록이 있는데, 이에 대한 공영달(孔穎達)의 소(疏)에서는 "廟門, 殯宮門也."라고 풀이했다.

冠禮, 先筮取日之事. 按下文云"布席于門中, 闑西閾外"者, 闑爲門限, 卽是門外. 故特牲禮, 筮日, 主人卽位於門外西面. 此不言門外者, 閾外之文可參, 故省文也.

● 經文: "士冠"~"廟門". ○ 이 구문으로부터 "종인이 일이 끝났음을 아뢴다."[2]라는 문단까지는 관례를 시행하려고 할 때에는 우선적으로 시초점을 쳐서 날짜를 택한다는 사안을 논의하고 있다. 아래문장을 살펴보면 "문 가운데에 자리를 펴는데, 문 말뚝의 서쪽이자 문턱의 바깥쪽이다."[3] 라고 했는데, '얼(闑)'은 문의 안과 밖을 나누는 경계가 되니, 곧 문 바깥쪽에 해당한다. 그래서 『의례』「특생궤식례(特牲饋食禮)」편에서는 날짜에 대해 시초점을 치면 주인은 문밖으로 나아가 자리하며 서쪽을 바라본다고 한 것이다.[4] 그런데 이곳에서 '문밖[門外]'이라고 말하지 않은 것은 '역외(閾外)'라는 말을 통해 알 수 있기 때문에, 문장을 생략해서 기록한 것이다.

賈疏 ◎ 注"筮者"至"廟神". ○ 釋曰: 鄭知筮以蓍者, 曲禮云"龜曰卜, 蓍曰筮", 故知筮以蓍也.

◎ 鄭注: "筮者"~"廟神". ○ '서(筮)'가 시초로 점을 치는 것임을 정현이 알 수 있었던 것은 『예기』「곡례(曲禮)」편에서 "거북껍질로 점을 치는 것을 '복(卜)'이라 부르고, 시초로 점을 치는 것을 '서(筮)'라 부른다."[5]라고 했기 때문에, 서(筮)가 시초로 점을 치는 것임을 알 수 있었다.

---

2) 『의례』「사관례」: 宗人告事畢.
3) 『의례』「사관례」: 布席于門中, 闑西閾外, 西面.
4) 『의례』「특생궤식례(特牲饋食禮)」: 及筮日, 主人冠端玄, 卽位于門外, 西面.
5) 『예기』「곡례상(曲禮上)」: 龜爲卜, 筴爲筮. 卜筮者, 先聖王之所以使民信時日, 敬鬼神, 畏法令也, 所以使民決嫌疑, 定猶與也. 故曰, "疑而筮之, 則弗非也, 日而行事, 則必踐之."

賈疏 ◎云"問日吉凶於易也"者, 下云"若不吉, 則筮遠日, 如初儀." 又按周禮大卜掌三易, 一曰連山, 二曰歸藏, 三曰周易. 筮得卦, 以易辭占吉凶, 故云問日吉凶於易也. 不筮月者, 夏小正云: "二月綏多士女, 冠子取妻時也." 旣有常月, 故不筮也.

◎鄭注: "問日吉凶於易也". ◦ 아래문장에서는 "만약 불길하다는 점괘가 나오면 10일 이후의 날에 대해서 시초점을 치되 처음의 의식처럼 한다."[6]라 했고, 또 『주례』를 살펴보면 태복은 삼역을 담당하니, 첫 번째는 『연산』이고 두 번째는 『귀장』이며 세 번째는 『주역』이라고 했다.[7] 시초를 통해서는 괘의 모양을 얻게 되니, 『역』에 기록된 말을 통해서 길흉을 점친다. 그렇기 때문에 "『역』을 통해 관례를 치르는 날짜의 길흉을 묻는 것이다."라고 했다. 그 달에 대해서는 시초점을 치지 않는데, 『대대례기』 「하소정(夏小正)」편에서는 "2월에는 편안하게 안주하도록 만들어서 백성의 대다수가 관례를 치르고 장가를 들도록 만드니, 자식에게 관례를 치러주고 딸을 시집보내는 때에 해당한다."[8]라고 했다. 이미 관례를 치르는 달이 정해져 있기 때문에 그 달에 대해서는 시초점을 치지 않는 것이다.

賈疏 ◎云"冠必筮日於廟門者, 重以成人之禮成子孫也"者, 按冠義云: "筮日筮賓, 所以敬冠事. 敬冠事, 所以重禮." 是筮日爲重禮之事也. 冠義又云: "古者重冠. 重冠, 故行之於廟. 行之於廟者, 所以尊重事. 尊重事, 而不敢擅重事. 不敢擅重事, 所以自卑而尊先祖也." 是成人之禮成子孫也. 此經唯論父子・兄弟, 不言祖孫. 鄭兼言孫者, 家事統於尊, 若祖在則爲冠主, 故兼孫也.

---

6) 『의례』「사관례」: 若不吉, 則筮遠日, 如初儀.

7) 『주례』「춘관(春官)・대복(大卜)」: 掌三易之法, 一曰連山, 二曰歸藏, 三曰周易.

8) 『대대례기』「하소정(夏小正)」: <u>綏多女士</u>. 綏, 安也. <u>冠子取婦之時也</u>.

◎ 鄭注: "冠必筮日於廟門者, 重以成人之禮成子孫也". ○『예기』「관의(冠義)」편을 살펴보면 "관례를 치르는 날짜에 대해 시초점을 쳤고, 초빙할 손님에 대해서도 시초점을 쳤으니, 이처럼 했던 것은 관례의 사안을 공경스럽게 대했기 때문이다. 관례의 사안을 공경스럽게 대하는 것은 예를 중시하기 때문이다."⁹⁾라고 했다. 이것은 그 날짜에 대해 시초점을 치는 일이 예를 중시하는 사안임을 나타낸다. 또 「관의」편에서는 "고대에는 관례를 중시했다. 관례를 중시했기 때문에 묘에서 시행했던 것이고, 묘에서 관례를 시행했던 것은 중대한 사안을 존귀하게 여기는 방법이 되며, 중대한 사안을 존귀하게 여기면서도 감히 중대사를 제멋대로 처리하지 않았다. 감히 중대사를 제멋대로 처리하지 않았던 것은 스스로를 낮추며 선조를 높이는 방법이다."¹⁰⁾라고 했는데, 이것은 성인이 되는 예법으로 자손을 성인으로 완성시킨다는 사실을 나타낸다. 이곳 경문에서는 단지 부자관계와 형제관계만 논의하고 조부와 손자에 대해서는 언급하지 않았다. 그런데도 정현이 손자에 대한 내용까지 겸해서 말한 것은 집안의 일은 존귀한 자에게 통솔되니, 만약 조부가 생존해 계신 경우라면 관례를 주관하는 주인이 된다. 그렇기 때문에 손자에 대한 내용까지도 겸해서 말한 것이다.

賈疏 ◎ 云"廟謂禰廟"者, 按昏禮行事皆直云廟, 記云"凡行事, 受諸禰廟", 此經亦直云廟, 故知亦於禰廟也. 然儀禮之內單言廟者, 皆是

---

9) 『예기』「관의(冠義)」: 古者冠禮: <u>筮日·筮賓, 所以敬冠事. 敬冠事, 所以重禮, 重禮, 所以爲國本也.</u>

10) 『예기』「관의(冠義)」: 成人之者, 將責成人禮焉也. 責成人禮焉者, 將責爲人子·爲人弟·爲人臣·爲人少者之禮行焉. 將責四者之行於人, 其禮可不重與! 故孝弟忠順之行立, 而后可以爲人; 可以爲人, 而后可以治人也. 故聖王重禮. 故曰: 冠者禮之始也, 嘉事之重者也. <u>是故古者重冠, 重冠故行之於廟; 行之於廟者, 所以尊重事; 尊重事, 而不敢擅重事; 不敢擅重事, 所以自卑而尊先祖也.</u>

禰廟, 若非禰廟, 則以廟名別之. 故聘禮云: "賓朝服問卿, 卿受于祖廟." 又受聘在始祖廟, 卽云"不腆先君之祧", 是不言於廟, 擧祖祧以別之也. 士於廟, 若天子·諸侯冠, 在始祖之廟. 是以襄九年季武子云"以先君之祧處之", 祧則與聘禮先君之祧謂遷主所藏始祖同也. 若然, 服虔注以祧爲曾祖者, 以其公還及衛, 冠於衛成公之廟. 服注: "成公, 衛曾祖." 故以祧爲曾祖廟. 時不冠於衛之始祖, 以非己廟故也. 無大夫冠禮, 若幼而冠者, 與士同在禰廟也.

◎ 鄭注: "廟謂禰廟". ○『의례』「사혼례(士昏禮)」편을 살펴보면 일을 치를 때 모든 경우 단지 '묘(廟)'라고만 말했는데, 기문에서는 "무릇 일을 치를 때에는 녜묘(禰廟)[11]에서 명을 받는다."[12]라고 했다. 이곳 경문에서도 단지 '묘(廟)'라고만 했기 때문에 이 또한 부친의 묘에서 하는 것임을 알 수 있다. 그러므로 『의례』의 기록에서 단지 '묘(廟)'라고만 말한 것은 모두 부친의 묘를 가리키며, 만약 부친의 묘가 아닌 경우라면 묘(廟)의 이름을 기입하여 구별한다. 그렇기 때문에 『의례』「빙례(聘禮)」편에서는 "빈객이 조복(朝服)을 입고 경에게 빙문을 하면 경은 조묘(祖廟)

---

11) 녜묘(禰廟)는 부친의 묘(廟)를 뜻한다. 따라서 부묘(父廟)라고도 부른다. 한편 죽은 부친을 뜻하는 고(考)자를 붙여서 '고묘(考廟)'라고도 부른다. 『춘추좌씨전』「양공(襄公) 12년」편에는 "凡諸侯之喪, 異姓臨於外, 同姓臨於宗朝. 同宗於祖廟, 同族於禰廟."라는 기록이 있는데, 이에 대한 두예(杜預)의 주에서는 "父廟也."라고 풀이했다. 또한 『춘추좌씨전』「양공(襄公) 13년」편에는 "所以從先君於禰廟者."라는 기록이 있는데, 이에 대한 공영달(孔穎達)의 소(疏)에서는 "祭法云, 諸侯立五廟, 曰考廟·王考廟·皇考廟·顯考廟·祖考廟. 此云禰廟, 卽彼考廟也. …… 禰, 近也. 於諸廟, 父最爲近也."라고 풀이했다. 즉 『예기』「제법(祭法)」편의 기록에 따르면, 제후(諸侯)의 경우 5개의 묘(廟)를 세우게 되는데, 고묘(考廟)·왕고묘(王考廟: 조부의 묘)·황고묘(皇考廟: 증조부의 묘)·현고묘(顯考廟: 고조부의 묘)·조고묘(祖考廟: 시조의 묘)이다. '녜묘'라는 것은 곧 '고묘'에 해당한다. '녜(禰)'자는 "가깝다[近]."는 뜻으로, 제후에게 있어서, 조상들 중 부친이 가장 가까운 존재이기 때문에, 부친의 묘를 '녜묘'라고 부르는 것이다.

12) 『의례』「사혼례(士昏禮)」 : 記. 士昏禮. 凡行事必用昏昕, 受諸禰廟.

에서 빙문을 받는다."13)라고 했고, 또 시조의 묘에서 빙문을 받는 경우도 있으니, "선군의 조(祧)가 변변치 못합니다."14)라고 한 말에 해당한다. 즉 묘(廟)에서 한다고만 말하지 않고, 조(祖)와 조(祧)를 거론하여 구별한 것이다. 사는 부친의 묘에서 시행하는데, 천자와 제후의 관례라면 시조의 묘에서 하게 된다. 이러한 까닭으로 양공 9년의 기록에서 계무자는 "시조의 묘(廟)에서 치르는 것입니다."15)라고 말한 것인데, '조(祧)'와 「빙례」편에서 말한 선군의 '조(祧)'는 신주를 천묘하여 시조의 묘에 보관함을 뜻한다는 점에서 동일하다. 그런데 복건16)의 주에서는 조(祧)를 증조부의 묘로 여겼으니, 양공이 되돌아오는 길에 위나라에 이르러 위나라 성공의 묘에서 관례를 치렀기 때문이다. 그래서 복건의 주에서는 "성공은 위나라 군주의 증조부이다."라고 했다. 이러한 이유로 조(祧)를 증조부의 묘라고 여긴 것이다. 그러나 당시 위나라 시조의 묘에서 관례를 치르지 않았던 것은 자기 나라의 종묘가 아니었기 때문이다. 대부가 치르는 관례에 대한 기록은 없는데, 만약 어린나이에 관례를 치른 경우라면 사와 동일하게 부친의 묘에서 치르게 된다.

賈疏 ◎云"不於堂者, 嫌著龜之靈由廟神"者, 此據經冠在廟堂, 此著筮在門外, 不同處, 故以廟決堂. 以著自有靈, 知吉凶不假廟神, 故云嫌著龜之靈由廟神也. 按天府職云: "季冬, 陳玉, 以貞來歲之美惡." 注云: "問歲之美惡, 謂問於龜." 凡卜筮者, 實問於鬼神, 龜筮能

---

13) 『의례』「빙례(聘禮)」: <u>賓朝服問卿, 卿受于祖廟</u>, 下大夫擯. 擯者出請事.

14) 『의례』「빙례(聘禮)」: 至于朝. 主人曰, <u>不腆先君之祧, 旣拚以俟矣.</u>"

15) 『춘추좌씨전』「양공(襄公) 9년」: 『춘추좌씨전』「양공(襄公) 9년」: 君冠, 必以祼享之禮行之, 以金石之樂節之, <u>以先君之祧處之.</u>

16) 복건(服虔, ? ~ ?): 후한대(後漢代)의 유학자이다. 자(字)는 자신(子愼)이다. 초명은 중(重)이었으며, 기(祇)라고도 불렀다. 후에 이름을 건(虔)으로 고쳤다. 『춘추좌씨전(春秋左氏傳)』에 주석을 남겼지만, 산일되어 전해지지 않는다. 현재는 『좌전가복주집술(左傳賈服注輯述)』로 일집본이 편찬되었다.

出其卦兆之占耳. 若然, 卜筮實問七八九六之鬼神, 故以六玉禮耳.
而龜筮直能出其卦兆之占, 似無靈者, 各有所對. 若以蓍龜對生數·
成數之鬼神, 則蓍龜直能出卦兆, 不得有神. 若以卦對生成之鬼神,
則蓍龜亦自有神. 是以易·繫辭云"蓍之德圓而神", 又云"定天下之
吉凶, 成天下之亹亹者, 莫善於蓍龜." 又郭璞云: "上有蔭叢蓍, 下有
千齡蔡." 凡蟲之智, 莫善於龜; 凡草之靈, 莫善於蓍. 蓍·龜自有靈
也. 若蓍自有神, 不假廟神也. 不於寢門筮者, 一取成人之禮成子孫,
二兼取鬼神之謀. 故易·繫辭云"人謀鬼謀", 鄭注云: "鬼謀, 謂謀卜
筮於廟門", 是也.

◎鄭注: "不於堂者, 嫌蓍龜之靈由廟神". ○ 이것은 경문에서 관례는
묘의 당상에서 치른다고 했고, 이곳에서는 시초점을 묘문 밖에서 치른다
고 하여 장소가 동일하지 않은 것에 근거한 말이다. 그렇기 때문에 묘문
이라는 것을 통해 당상과 구별한 것이다. 시초 자체에는 영묘함이 있으
니, 길흉의 판별에 있어서 묘에 모신 신의 영묘함을 빌리지 않는다는 사
실을 알 수 있다. 그렇기 때문에 "시초에 깃든 영묘함이 묘의 신으로부터
비롯된다는 혐의를 받기 때문이다."라고 말한 것이다. 『주례』 「천부(天
府)」편의 직무기록을 살펴보면 "계동에 옥을 진설하여 내년의 길흉에 대
해서 점친다."[17]라고 했고, 정현의 주에서는 "내년의 길흉을 점친다는 것
은 거북점을 통해 묻는다는 뜻이다."라고 했다. 거북점을 치고 시초점을
치는 것은 실제로 귀신에게 길흉을 묻는 것이며, 거북껍질과 시초는 괘나
갈라진 조짐을 통해서 점괘를 도출할 수 있을 따름이다. 그렇다면 거북점
과 시초점은 실제로 음양의 귀신에게 묻는 것이다. 그렇기 때문에 천지와
사방에 대해 여섯 종류의 옥[18]으로 예우할 따름이다. 그런데 거북껍질과

---

17) 『주례』 「춘관(春官)·천부(天府)」: 季冬, 陳玉以貞來歲之媺惡.
18) 육옥(六玉)은 천지와 사방의 신들에게 사용하는 여섯 종류의 옥을 뜻한다. 상하
(上下)와 사방(四方)으로 구분하는데, 상에는 규(圭)를 설치하고, 하에는 벽(璧)
을 설치하며, 남쪽에는 장(璋)을 설치하고, 서쪽에는 호(琥)를 설치하며, 북쪽에는

시초는 단지 괘와 갈라진 조짐의 점괘만을 도출할 수 있어서 영묘함이 없는 것처럼 보이는데, 각각에는 대비하는 점이 있다. 만약 시초와 거북 껍질을 통해 생수와 성수를 담당하는 귀신과 대비한다면 시초와 거북껍 질은 단지 괘와 갈라진 조짐만을 도출할 수 있으며, 신의 영묘함이 있을 수 없다. 만약 괘와 갈라진 조짐을 생수와 성수의 귀신에 대비시킨다면 시초와 거북껍질 또한 그 자체에 신의 영묘함이 있는 것이다. 이러한 까 닭으로 『역』「계사전(繫辭傳)」에서는 "시초의 덕은 둥글고 신묘하다."[19] 라고 한 것이고, "천하의 길흉을 정하고 천하의 부지런히 애씀을 이루는 것 중에는 시초와 거북껍질보다 좋은 것이 없다."[20]라고 한 것이며, 또 곽박[21]은 "위에는 다발로 묶여서 자라나는 시초가 있고 밑에는 천 살이 된 거북이가 있다."라고 한 것이다. 동물 중 지혜를 갖춘 것 중 거북이 보다 뛰어난 것이 없고, 식물 중 영묘함을 갖춘 것 중 시초보다 좋은 것이 없다. 시초와 거북껍질에는 그 자체로 영묘함이 있다. 만약 시초 자체에 신묘함이 있다면 묘의 신에게 그 힘을 빌리지 않는다. 침문에서 시초점을 치지 않는 것은 첫 번째 성인의 예법으로 자손과 손자를 성인 으로 만든다는 뜻을 취했기 때문이고, 두 번째 귀신의 계획에 따른다는 뜻을 취했기 때문이다. 그래서 『역』「계사전」에서는 "사람이 계획하고 귀신이 계획한다."[22]라고 했고, 정현의 주에서는 "귀신이 계획한다는

황(璜)을 설치하고, 동쪽에는 규(圭)를 설치한다.

19) 『역』「계사상(繫辭上)」 : 是故蓍之德圓而神, 卦之德方以知, 六爻之義易以貢. 聖人以此洗心, 退藏於密, 吉凶與民同患, 神以知來, 知以藏往. 其孰能與此哉? 古之聰明叡知, 神武而不殺者夫.

20) 『역』「계사상(繫辭上)」 : 是故法象莫大乎天地, 變通莫大乎四時, 縣象著明莫大 乎日月, 崇高莫大乎富貴, 備物致用, 立成器以爲天下利, 莫大乎聖人, 探賾索 隱, 鉤深致遠, 以定天下之吉凶, 成天下之亹亹者, 莫大乎蓍龜.

21) 곽박(郭璞, A.D.276 ~ A.D.324) : =곽경순(郭景純). 진(晉)나라 때의 학자이다. 자(字)는 경순(景純)이다. 저서로는 『이아주(爾雅注)』, 『방언주(方言注)』, 『산해 경주(山海經注)』 등이 있다.

것은 묘문에서 거북점과 시초점을 통해 그 계획을 따지는 것이다."라고
했다.

참고 『예기』「곡례상(曲禮上)」 기록

경문 龜爲卜, 筴爲筮. 卜筮者, 先聖王之所以使民信時日, 敬鬼神,
畏法令也, 所以使民決嫌疑, 定猶與也. 故曰: "疑而筮之, 則弗非也,
日而行事, 則必踐之."

거북껍질로는 거북점을 치고, 시초로는 시초점을 친다. 거북점과 시초점
은 선대 성왕이 이로써 백성들로 하여금 시간과 날짜를 믿게 한 것이고,
귀신을 공경하게 한 것이며, 법령을 두려워하게 했던 것이다. 그리고 거북
점과 시초점을 이용하여, 백성들로 하여금 의심스러운 것을 결정하게 만
들고, 주저하며 망설이는 일을 확정하게 했던 것이다. 그렇기 때문에 "의
문스러우면 시초점을 치되, 그 결과를 부정해서는 안 되며, 점을 쳐서 날
짜를 정하여, 그 일을 시행하기로 했다면, 반드시 그 일을 실천해야 한다."
라고 한 것이다.

鄭注 弗非, 無非之者. 日, 所卜筮之吉日也. 踐讀曰善, 聲之誤也.
筴或爲蓍.

'불비(弗非)'는 그것을 비난하는 자가 없다는 뜻이다. '일(日)'은 거북점과
시초점을 쳐서 나온 길일(吉日)이다. '천(踐)'자는 '선(善)'자로 풀이해야
하니, 소리가 서로 비슷한 데에서 발생한 오자이다. '책(筴)'자를 간혹 '시
(蓍)'자로 기록하기도 한다.

---

22) 『역』「계사하(繫辭下)」: 天地設位, 聖人成能, <u>人謀鬼謀</u>, 百姓與能.

孔疏 ● "龜爲"至"踐之". ○ 正義曰: 解卜筮所用也. 龜處筮後, 龜覆於筮. 筮爲筮者, 筮在龜前爲決也. 謂蓍爲筮者, 筮以謀筮爲義, 言用此物以謀於前事也.

● 經文: "龜爲"~"踐之". ○ 이 문장은 거북점과 시초점의 효용성에 대해서 풀이한 내용이다. 거북점을 치는 시기가 시초점보다 뒤에 놓이는 것은 거북점의 결과가 시초점의 결과를 뒤집게 되기 때문이다. 시초로 시초점을 치는 이유는 시초점은 거북점보다 앞서서 쳐서, 해당 사안을 결정하기 때문이다. 시초를 '책(筮)'이라고 부르는 이유는 책(筮)에는 어떤 일을 도모하고 계획한다는 뜻이 있기 때문이니, 이 말은 곧 시초라는 사물을 이용해서, 어떤 일에 앞서서 도모한다는 뜻이다.

참고 『주례』「춘관(春官) · 대복(大卜)」 기록

경문 掌三易之法, 一曰連山, 二曰歸藏, 三曰周易.

삼역의 법도를 담당하니, 첫 번째는 『연산』이고, 두 번째는 『귀장』이며, 세 번째는 『주역』이다.

정주 易者, 揲蓍變易之數, 可占者也. 名曰連山, 似山出內雲氣也. 歸藏者, 萬物莫不歸而藏於其中. 杜子春云: "連山, 宓戲. 歸藏, 黃帝."

'역(易)'이라는 것은 시초의 변역하는 수를 세는 것으로, 점을 칠 수 있는 것이다. '연산(連山)'이라고 부르는 것은 산이 안에 있는 구름의 기운을 드러내는 것과 유사하기 때문이다. '귀장(歸藏)'은 만물 중 그 안으로 회귀하여 보관되지 않는 것이 없다는 뜻이다. 두자춘[23]은 "연산은 복희[24]

---

23) 두자춘(杜子春, B.C.30? ~ A.D.58?) : 후한(後漢) 때의 학자이다. 유흠(劉歆)에게서 수학하였다. 정중(鄭衆)과 가규(賈逵)에게 학문을 전수하였다.

가 만들었고, 귀장은 황제가 만들었다."고 했다.

買疏 ◎注"易者"至"黃帝". ○釋曰: 云"易者, 揲蓍變易之數可占者也"者, 按易·繫辭云: "分而爲二以象兩, 掛一以象三, 揲之以四以象四時, 歸奇於扐以象閏." 此是揲蓍變易之數, 可占者也. 就易文, 卦畫七八, 爻稱九六, 用四十九蓍. 三多爲交錢, 六爲老陰也. 三少爲重錢, 九爲老陽也. 兩多一少爲單錢, 七爲少陽也. 兩少一多爲拆錢, 八爲少陰也. 夏殷易以七八不變爲占, 周易以九六變者爲占, 按襄九年左傳云: "穆姜薨於東宮, 始往而筮之, 遇艮之八." 注云: "爻在初六, 九三, 六四, 六五, 上九, 惟六二不變. 連山·歸藏之占, 以不變者爲正." 但周易占九六, 而云遇艮之八, 是據夏殷不變爲占之事. 云"名曰連山, 似山出內氣也"者, 此連山易, 其卦以純艮爲首, 艮爲山, 山上山下, 是名連山. 雲氣出內於山, 故名易爲連山. 歸藏者, 萬物莫不歸而藏於其中者, 此歸藏易, 以純坤爲首, 坤爲地, 故萬物莫不歸而藏於中, 故名爲歸藏也. 鄭雖不解周易, 其名周易者, 連山, 歸藏, 皆不言地號, 以義名易, 則周非地號. 以周易以純乾爲首, 乾爲天, 天能周匝於四時, 故名易爲"周"也. 必以三者爲首者, 取三正三統之義. 故律曆志云: "黃鍾爲天統, 黃鍾子爲天正. 林鍾爲地統, 未之衝丑, 故爲地正. 大簇爲人統, 寅爲人正." 周以十一月爲正, 天統, 故以乾爲天首. 殷以十二月爲正, 地統, 故以坤爲首. 夏以十三月爲正, 人統, 人無爲卦首之理, 艮漸正月, 故以艮爲首也. 杜子春云"連山宓戲, 歸藏黃帝"者, 鄭志答趙商云: "非無明文, 改之無據, 且從子

---

24) 복희(伏羲)는 곧 복희씨(宓戲氏)·복희씨(伏羲氏)·포희씨(包犧氏)를 가리킨다. 전설시대에 존재했다고 전해지는 고대 제왕 중 한 명이다. 복(伏)자와 복(宓)자, 그리고 희(羲)자와 희(戲)자는 음이 같아서 통용되었다. 『한서(漢書)』「고금인표(古今人表)」편에는 "太昊帝宓羲氏."라는 기록이 있는데, 이에 대한 안사고(顏師古)의 주에서는 "宓, 音伏, 字本作戲, 其音同."이라고 풀이했다.

春, 近師皆以爲夏殷也."

◎ 鄭注: "易者"~"黃帝". ○ 정현이 "'역(易)'이라는 것은 시초의 변역하는 수를 세는 것으로, 점을 칠 수 있는 것이다."라고 했는데, 『역』「계사전(繫辭傳)」을 살펴보면, "나누어 2로 만들어 양의(兩儀)를 상징하고, 1을 걸어서 삼재(三才)를 상징하며, 4로 세어 사시(四時)를 상징하고, 남는 것을 늑(扐)에 돌려 윤달을 상징한다."[25]라고 했다. 이것이 바로 시초의 변역하는 수를 셈하여 점을 칠 수 있다는 뜻이다. 『역』의 기록에 따르면 괘획은 7·8이고, 효칭은 9·6이며 49개의 시초를 사용한다. 셋 모두 많은 것은 교전(交錢)으로 6이 되어 노음(老陰)이 된다. 셋 모두 적은 것은 중전(重錢)으로 9가 되어 노양(老陽)이 된다. 둘은 많고 하나가 적은 것은 단전(單錢)으로 7이 되어 소양(少陽)이 된다. 둘이 적고 하나가 많은 것은 탁전(拆錢)으로 8이 되어 소음(少陰)이 된다. 하나라와 은나라 때의 『역』에서는 7·8의 변하지 않는 것을 가지고 점을 쳤는데, 주나라의 『역』에서는 9·6의 변하는 것으로 점을 쳤다. 양공(襄公) 9년에 대한 『좌전』의 기록을 살펴보면 "목강이 동궁에서 죽었는데, 목강이 처음 동궁에 가서 시초점을 치자 간괘(艮卦☶)의 8로 변한 괘를 만났다."[26]라 했고, 주에서는 "효가 초육·구삼·육사·육오·상구에 있고, 오직 육이만이 불변한다. 『연산』과 『귀장』의 점에서는 불변하는 것을 바름으로 삼는다."고 했다. 다만 주나라의 『역』에서는 9·6으로 점을 치는데, 간괘의 8을 만났다고 한 것은 하나라와 은나라에서 불변하는 것으로 점을 쳤던 사안에 근거한 것이다. 정현이 "'연산(連山)'이라고 부르는 것은 산이 안에 있는 구름의 기운을 드러내는 것과 유사하기 때문이다."라고 했는데, 이것은 『연산역』으로, 그 괘는 순간(純艮)을 첫 머리로 삼고

---

25) 『역』「계사상(繫辭上)」: 大衍之數五十, 其用四十有九. 分而爲二, 以象兩, 掛一, 以象三, 揲之以四, 以象四時, 歸奇於扐, 以象閏, 五歲再閏. 故再扐而後掛.
26) 『춘추좌씨전』「양공(襄公) 9년」: 穆姜薨於東宮. 始往而筮之, 遇艮之八☶☷.

있는데, 간괘는 산이 되고 산이 위에 있고 산이 아래에 있어서 이러한 이유로 '연산(連山)'이라 부르는 것이다. 구름의 기운은 산의 안에서 나오기 때문에 그 『역』을 『연산』이라 부른다. 정현이 "'귀장(歸藏)'은 만물 중 그 안으로 회귀하여 보관되지 않는 것이 없다는 뜻이다."라고 했는데, 이것은 『귀장역』으로, 순곤(純坤)을 첫 머리로 삼고 있는데, 곤괘는 땅이 된다. 그렇기 때문에 만물 중에는 그 안으로 회귀하여 보관되지 않는 것이 없다. 그래서 '귀장(歸藏)'이라 부르는 것이다. 정현은 비록 '주역(周易)'에 대해서는 풀이하지 않았지만, 그 이름을 '주역(周易)'이라 부르는 것은 『연산』과 『귀장』 모두 지호(地號)로 언급하지 않고 의미에 따라 『역』에 대한 명칭을 붙였으니, '주(周)'자는 지호가 아니다. 『주역』은 순건(純乾)을 첫 머리로 삼고 있는데, 건괘는 하늘이 되고, 하늘은 사계절을 두루 순환하기 때문에 그 『역』에 '주(周)'자를 붙여서 부르는 것이다. 반드시 이 세 가지를 첫 머리로 삼는 것은 삼정(三正)과 삼통(三統)의 뜻에서 의미를 취했기 때문이다. 그래서 『한서』「율력지(律曆志)」에서는 "황종은 천통(天統)이 되고, 황종의 자(子)는 천정(天正)이 된다. 임종은 지통(地統)이 되고, 임종의 미(未)가 축(丑)에 부딪히기 때문에 지정(地正)이 된다. 태주는 인통(人統)이 되고, 태주의 인은 인정(人正)이 된다."고 했다. 주나라는 11월을 정월로 삼아 천통이 되기 때문에 건괘를 하늘의 첫 머리로 삼은 것이다. 은나라는 12월을 정월로 삼아 지통이 되기 때문에 곤괘를 땅의 첫 머리로 삼은 것이다. 하나라는 13월을 정월로 삼아 인통이 되는데, 사람은 괘의 첫 머리가 되는 이치가 없고, 간괘는 정월의 자리로 나아가기 때문에 간괘를 첫 머리로 삼은 것이다. 두자춘이 "연산은 복희가 만들었고, 귀장은 황제가 만들었다."라고 했는데, 『정지』27)에서는 조상28)에게 답변하며, "이와 관련해서는 명확한 기록이 없

---

27) 『정지(鄭志)』는 정현(鄭玄)과 그의 제자들이 오경(五經)에 대해서 문답을 주고받은 내용을 기록한 문헌이다. 『논어』의 형식에 의거하여, 정현의 제자들이 편찬하였다. 『후한서(後漢書)』「장조정열전(張曹鄭列傳)」편에는 "門人相與撰玄答諸

는 것은 아니지만, 수정하기에도 근거로 삼을 것이 없어서 두자춘의 의견
에 따르지만, 근래의 선사들은 모두 하나라와 은나라 때의 것으로 여겼
다."고 했다.

참고　『대대례기』「하소정(夏小正)」기록

경문　綏多女士. 綏, 安也. 冠子取婦之時也.

편안하게 안주하게 해주어 백성들 중 대다수가 관례를 치르고 장가를 들
도록 만든다. '수(綏)'자는 편안하다는 뜻이다. 2월은 자식에게 관례를 치
러주고 딸을 시집보내는 때이다.

解詁　"綏安也"者, 爾雅釋詁文. 云"冠子取婦之時也"者, 博物志冠
辭云: "欽順仲春之吉辰, 始加昭明之元服." 是古者冠以二月也. 媒
氏職曰: "中春之月, 令會男女." 鄭注云: "中春陰陽交, 以成昏禮, 順
天時也."

"'수(綏)'자는 편안하다는 뜻이다."는 말은 『이아』「석고(釋詁)」편의 기록
이다.[29] "자식에게 관례를 치러주고 딸을 시집보내는 때이다."라고 했는
데, 『박물지』「관사(冠辭)」편에서는 "중춘의 길한 시기에 공경스럽게 따
라서 처음으로 밝게 드러나는 원복(元服)을 더해준다."고 했다. 이것은
고대에 관례를 2월에 치렀다는 사실을 나타낸다. 『주례』「매씨(媒氏)」편
의 직무기록에서는 "중춘의 달에는 남녀로 하여금 회합하도록 한다."[30]

弟子問五經, 依論語作鄭志八篇."라는 기록이 있다.

28) 조상(趙商, ? ~ ?) : 정현(鄭玄)의 제자이다. 자(字)는 자성(子聲)이다. 하내(河內)
지역 출신이다.

29) 『이아』「석고(釋詁)」 : 豫·寧·綏·康·柔, 安也.

30) 『주례』「지관(地官)·매씨(媒氏)」 : 中春之月, 令會男女.

고 했고, 정현의 주에서는 "중춘은 음양이 사귀게 되므로 이를 통해 혼례를 이루니, 천시에 따르는 것이다."고 했다.

참고 『예기』「관의(冠義)」기록

경문 古者冠禮: 筮日·筮賓, 所以敬冠事. 敬冠事, 所以重禮, 重禮, 所以爲國本也.

고대의 관례를 설명하자면, 관례를 치르는 날짜에 대해 시초점을 쳤고, 초빙한 손님에 대해서도 시초점을 쳤으니, 이처럼 했던 것은 관례의 사안을 공경스럽게 대했기 때문이다. 관례의 사안을 공경스럽게 대하는 것은 예(禮)를 중시하기 때문이며, 예를 중시하는 것은 나라의 근본이 되기 때문이다.

鄭注 國以禮爲本.

나라에서는 예를 근본으로 삼는다.

孔疏 ●"筮日·筮賓", 重冠禮之事, 又明冠禮三加其冠, 以漸成人之禮.

● 經文: "筮日·筮賓". ○ 관례에 대한 사안을 중시하고, 또한 관례에서 세 종류의 관을 씌워주어서, 점진적으로 성인으로 근접하는 예에 따른다는 사안을 나타내고 있다.

참고 『예기』「관의(冠義)」기록

경문 成人之者, 將責成人禮焉也. 責成人禮焉者, 將責爲人子·爲

人弟・爲人臣・爲人少者之禮行焉. 將責四者之行於人, 其禮可不
重與! 故孝弟忠順之行立, 而后可以爲人; 可以爲人, 而后可以治人
也. 故聖王重禮. 故曰: 冠者禮之始也, 嘉事之重者也. 是故古者重
冠, 重冠故行之於廟; 行之於廟者, 所以尊重事; 尊重事, 而不敢擅重
事; 不敢擅重事, 所以自卑而尊先祖也.

성인(成人)이 된 자에게는 장차 성인으로서 시행해야 할 예(禮)를 요구
하게 된다. 장차 성인으로서 시행해야 할 예를 요구하는 것은 장차 자식
된 자로서 따라야 하는 예, 동생이 된 자로서 따라야 하는 예, 신하된
자로서 따라야 하는 예, 젊은이가 된 자로서 따라야 하는 예를 시행하도
록 요구하는 것이다. 그 사람에 대해서 이러한 네 가지 예의 시행을 요구
하게 된다면, 관례(冠禮)에 대해서 중시하지 않을 수 있겠는가! 그렇기
때문에 효(孝)・제(弟)・충(忠)・순(順)의 행실이 확립된 이후에야 사람
답게 될 수 있는 것이고, 사람답게 될 수 있은 이후에야 다른 사람을 다스
릴 수 있는 것이다. 그러므로 성왕(聖王)은 예를 중시했던 것이다. 또
이러한 이유 때문에 "관례라는 것은 예의 시작이자 경사스러운 일 중에서
도 중대사에 해당한다."라고 말한 것이다. 그리고 이러한 까닭으로 고대
에는 관례를 중시했으니, 관례 자체를 중시했기 때문에 묘(廟)에서 시행
했던 것이고, 묘에서 관례를 시행했던 것은 중대한 사안에 대해서 존귀하
게 여기는 방법이 되며, 중대한 일을 존귀하게 여기면서도 감히 제멋대로
처리하지 않았고, 감히 중대사에 대해 제멋대로 처리하지 않았던 것은
스스로를 낮추며 선조를 높이는 방법이다.

鄭注 言責人以大禮者, 己接之不可以苟. 嘉事, 嘉禮也. 宗伯掌五
禮: 有吉禮, 有凶禮, 有賓禮, 有軍禮, 有嘉禮. 而冠屬嘉禮, 周禮曰:
"以昏冠之禮, 親成男女也".

대례(大禮)로써 남에게 책무를 주는 경우, 본인이 그를 접하며 구차하게
할 수 없다는 뜻이다. '가사(嘉事)'는 가례(嘉禮)를 뜻한다. 종백(宗伯)

은 오례(五禮)를 담당하는데, 오례(五禮)에는 길례(吉禮), 흉례(凶禮), 빈례(賓禮), 군례(軍禮), 가례(嘉禮)가 있고, 관례(冠禮)는 가례(嘉禮)에 해당한다. 『주례』에서는 "혼례(昏禮)와 관례(冠禮)로써 직접 남자와 여자를 성인으로 만들어준다."[31]라고 했다.

참고 『춘추좌씨전』 양공(襄公) 9년 기록

전문 "以金石之樂節之①, 以先君之祧處之②."

계속하여 계무자는 "쇠와 돌로 된 악기를 연주하여 절도를 맞추고, 시조의 묘(廟)에서 치르는 것입니다."라고 했다.

杜注 ① 以鍾磬爲擧動之節.

종과 경을 연주하여 거동의 절도로 삼는다는 뜻이다.

杜注 ② 諸侯以始祖之廟爲祧.

제후는 시조의 묘(廟)를 조(祧)로 삼는다.

孔疏 ◎注"諸侯"至"爲祧". ○正義曰: 祭法云: "遠廟爲祧. 天子有二祧." 鄭玄云: "祧之言超也, 超, 上去意也. 諸侯無祧." 聘禮云: "不腆先君之祧." 是謂始祖廟也. 聘禮注云: "天子七廟, 文·武爲祧." 諸侯五廟. 則祧始祖也, 是亦廟也. 言祧者, 祧尊而廟親, 待賓客者上尊者. 然則彼以始祖之尊, 故特言祧耳. 昭元年傳云"敢愛豐氏之祧". 大夫

---

31) 『주례』「춘관(春官)·대종백(大宗伯)」: 以嘉禮親萬民. 以飮食之禮親宗族兄弟. 以婚冠之禮親成男女. 以賓射之禮親故舊朋友. 以饗燕之禮親四方之賓客. 以脤膰之禮親兄弟之國. 以賀慶之禮親異姓之國.

之廟, 亦以祧言之, 是尊之意也. 不待至魯而假於衛者, 及諸侯賓客
未散故也.

◎ 杜注: "諸侯"~"爲祧". ○『예기』「제법(祭法)」편에서는 "대수가 먼 나
머지 묘는 조묘(祧廟)[32]가 된다. 천자에게는 2개의 조묘가 있다."[33]라고
했고, 정현은 "조(祧)자는 초(超)자의 뜻이니, '초(超)'는 뛰어넘어 위로
간다는 뜻이다. 제후에게는 조묘가 없다."라고 했다. 『의례』「빙례(聘禮)」
편에서는 "선군의 조(祧)가 변변치 못합니다."[34]라고 했으니, 이것은 시
조의 묘를 뜻한다. 「빙례」편의 주에서는 "천자는 7개의 묘를 세우고 문왕
과 무왕의 묘를 조묘로 삼는다."라고 했다. 제후는 5개의 묘를 세우니,
시조의 묘를 조묘로 삼는 것이며, 이 또한 묘(廟)에 해당한다. 그런데도
'조(祧)'라고 부르는 이유는 조(祧)는 상대적으로 존귀한 의미이며, 묘
(廟)는 상대적으로 친근한 의미이니, 빈객을 대우하는 일을 지극히 높인
것일 뿐이다. 그러므로 「빙례」편에서는 시조의 존귀함으로 인해 특별히

---

32) 조묘(祧廟)는 천묘(遷廟)와 같은 뜻이다. '천묘'는 대수(代數)가 다한 신주(神主)
를 모시는 묘(廟)를 뜻한다. 예를 들어 天子의 경우, 7개의 묘(廟)를 설치하는데,
가운데의 묘에는 시조(始祖) 혹은 태조(太祖)의 신주(神主)를 모시며, 이곳의 신
주는 다른 곳으로 옮기지 않는 불천위(不遷位)에 해당한다. 그리고 좌우에는 각각
3개의 묘(廟)를 설치하여, 소목(昭穆)의 순서에 따라 6대(代)의 신주를 모신다.
현재의 천자가 죽게 되어, 그의 신주를 묘에 모실 때에는 소목의 순서에 따라
가장 끝 부분에 있는 묘로 신주가 들어가게 된다. 만약 소(昭) 계열의 가장 끝
묘에 새로운 신주가 들어서게 되면, 밀려나게 된 신주는 바로 위의 소 계열 묘로
들어가게 되고, 최종적으로 밀려나서 더 이상 갈 곳이 없는 신주는 '천묘'로 들어가
게 된다. 또한 '천묘'는 위에서 서술한 것처럼 신구(新舊)의 신주가 옮겨지게 되는
의식 자체를 지칭하기도 하며, '천묘'된 신주 자체를 가리키기도 한다. 주(周)나라
때에는 문왕(文王)과 무왕(武王)의 묘를 '천묘'로 사용하였다.

33) 『예기』「제법(祭法)」: 是故王立七廟, 一壇一墠, 曰考廟, 曰王考廟, 曰皇考廟,
曰顯考廟, 曰祖考廟, 皆月祭之; 遠廟爲祧, 有二祧, 享嘗乃止; 去祧爲壇, 去壇
爲墠, 壇墠有禱焉祭之, 無禱乃止; 去墠曰鬼.

34) 『의례』「빙례(聘禮)」: 至于朝. 主人曰, "不腆先君之祧, 旣拚以俟矣."

'조(祧)'라고 말한 것일 뿐이다. 소공 1년에 대한 전문에서는 "감히 풍씨의 조(祧)를 아끼겠는가."[35]라고 했다. 이것은 대부의 묘(廟)에 대해서도 조(祧)라고 부른다는 뜻을 나타내는데, 이것은 존귀하다는 뜻에 해당한다. 노나라에 당도할 때까지 기다리지 않고 위나라에서 도구를 빌려 관례를 치른 것은 제후와 빈객들이 아직 해산하지 않았기 때문이다.

孔疏 ● "君冠"至"處之". ○ 正義曰: 冠是嘉禮之大者, 當祭以告神, 故有祼享之禮, 以祭祀也. 國君無故不徹縣, 故有金石之樂, 行冠禮之時, 爲擧動之節也. 冠必在廟, 故先君之祧處之也. 旣行祼享, 祭必有樂. 所言金石節之, 謂冠時之樂, 非祭祀之樂也. 諸侯之冠禮亡, 唯有士冠禮在耳. 其禮亦行事於廟, 而不爲祭祀. 士無樂可設, 而唯處祧同耳. 士冠必三加: 始加緇布冠, 次加皮弁, 次加爵弁. 公則四, 大戴禮 · 公冠篇於士三冠後, 更加玄冕是也. 按此傳文, 則諸侯十二加冠也. 文王十三生伯邑考, 則十二加冠, 親迎于渭, 用天子禮. 則天子十二冠也. 晉語柯陵會, 趙武冠見范文子, 冠時年十六七, 則大夫十六冠也. 士庶則二十而冠, 故曲禮云"二十曰弱冠"是也.

● 傳文: "君冠"~"處之". ○ 관례는 가례(嘉禮) 중에서도 성대한 것이니 마땅히 제사를 지내서 신에게 그 사실을 아뢰어야 한다. 그렇기 때문에 관향(祼享)의 예법이 포함되며 이를 통해 제사를 지낸다. 제후국의 군주는 특별한 사유가 없으면 걸어두는 악기를 치우지 않는다. 그렇기 때문에 쇠나 돌로 만든 악기가 포함되는 것이며, 관례를 치를 때 이를 연주하여 거동의 절도로 삼는다. 관례는 반드시 종묘에서 치르기 때문에 시조의 묘에서 시행한다. 이미 관향의 절차를 시행하였다면 제사에는 반드시 음

---

35) 『춘추좌씨전』「소공(昭公) 1년」: 子羽曰, "小國無罪, 恃實其罪. 將恃大國之安靖己, 而無乃包藏禍心以圖之? 小國失恃, 而懲諸侯, 使莫不憾者, 距違君命, 而有所壅塞不行是懼. 不然, 敝邑, 館人之屬也, 其<u>敢愛豊氏之祧</u>?"

악이 포함된다. 쇠나 돌로 된 악기로 절도를 맞춘다고 했는데, 관례를 치를 때의 음악을 뜻하는 것이지, 제사를 지낼 때의 음악을 뜻하는 것은 아니다. 제후의 관례에 대한 기록은 없어졌고 오직 사 계층의 관례를 수록한 『의례』「사관례(士冠禮)」편만이 남아있을 따름이다. 그 예법에서도 역시 종묘에서 의례를 진행하지만 제사는 지내지 않는다. 사는 설치할 수 있는 악기가 없고 오직 조(阼)에서 치르는 것만이 동일할 따름이다. 사의 관례에서는 반드시 삼가(三加)를 시행하니, 처음에는 치포관(緇布冠)을 씌워주고, 그 다음으로 피변(皮弁)을 씌워주며, 그 다음으로 작변(爵弁)을 씌워준다. 제후의 경우는 4차례 관을 씌워주게 되어 있으니, 『대대례기』「공관(公冠)」편에서 사의 3차례 관 씌워주는 것 이후 재차 현면(玄冕)을 씌워준다고 한 기록[36]이 바로 이러한 사실을 나타낸다. 그런데 이곳 전문을 살펴보면 제후는 12살에 관례를 치른다고 했다. 문왕은 13세 때 백읍고를 낳았으니 12살에 관례를 치른 것이고 위수에서 친영(親迎)을 하며 천자의 예법에 따랐다. 따라서 천자도 12살에 관례를 치르는 것이다. 『국어』「진어(晉語)」편에서는 가릉의 회합에서 조무가 관례를 치르고 범문자를 만나보았다고 했으니,[37] 관례를 치른 시기는 그의 나이 16~17세 때이므로, 대부는 16세 때 관례를 치르는 것이다. 사와 서인의 경우라면 20세가 되어서야 관례를 치른다. 그렇기 때문에 『예기』「곡례(曲禮)」편에서는 "20세가 되면 아직 장성한 것이 아니기 때문에 약(弱)이라 부르고 관례를 치러준다."라고 한 것이다.

---

36) 『대대례기(大戴禮記)』「공부(公符)」: 公冠, 四加玄冕.

37) 『국어』「진어육(晉語六)」: 趙文子冠, 見欒武子, 武子曰, "美哉! 昔吾逮事莊主, 華則榮矣, 實之不知, 請務實乎." 見范文子, 文子曰, "而今可以戒矣, 夫賢者寵至而益戒, 不足者爲寵驕. 故興王賞諫臣, 逸王罰之. 吾聞古之王者, 政德旣成, 又聽於民, 於是乎使工誦諫於朝, 在列者獻詩使勿兜, 風聽臚言於市, 辨祆祥於謠, 考百事於朝, 問謗譽於路, 有邪而正之, 盡戒之術也. 先王疾是驕也."

참고 『주례』「춘관(春官)·천부(天府)」 기록

경문 季冬, 陳玉以貞來歲之媺惡.

계동에 옥을 진설하여 내년의 길흉에 대해서 점친다.

鄭注 問事之正曰貞. 問歲之美惡, 謂問於龜, 大卜職大貞之屬. 陳玉, 陳禮神之玉. 凡卜筮實問於鬼神, 龜筮能出其卦兆之占耳. 龜有天地四方, 則玉有六器者與. 言陳者, 旣事藏之, 不必貍之也. 鄭司農云: "貞, 問也. 易曰: '師, 貞丈人吉.' 問於丈人. 國語曰: '貞於陽卜.'"

올바른 사안에 대해 묻는 것을 '정(貞)'이라고 한다. 한 해의 좋음과 나쁨에 대해 묻는다는 것은 거북점을 통해서 묻는 것으로, 『주례』「대복(大卜)」의 직무기록에서 국가의 중대사에 대해 묻는다고 한 부류[38]에 해당한다. '진옥(陳玉)'은 신을 예우하는 옥을 진열한다는 뜻이다. 무릇 거북점과 시초점에서는 실제로 귀신에게 묻는 것이며, 거북껍질과 시초는 괘와 조짐의 점괘를 도출할 수 있을 따름이다. 거북껍질의 경우 천지와 사방에 대한 것이 있으니, 옥에도 여섯 기물이 있는 것이다. 진설한다고 한 것은 그 사안이 끝나면 보관하며 반드시 매장하는 것은 아니기 때문이다. 정사농[39]은 "'정(貞)'자는 묻는다는 뜻이다. 『역』에서 '사(師)는 장인에게 물어야 길하다.'[40]고 했으니, 장인에게 묻는다는 뜻이다. 『국어』에

---

38) 『주례』「춘관(春官)·대복(大卜)」: 凡國大貞, 卜立君, 卜大封, 則眡高作龜.

39) 정중(鄭衆, ? ~ A.D.83): =정사농(鄭司農). 후한(後漢) 때의 경학자이다. 자(字)는 중사(仲師)이다. 부친은 정흥(鄭興)이다. 부친에게 『춘추좌씨전(春秋左氏傳)』의 학문을 전수받았다. 또한 그는 대사농(大司農) 등의 관직을 역임하였기 때문에, '정사농'이라고도 불렸다. 한편 정흥과 그의 학문은 정현(鄭玄)에게 많은 영향을 주었기 때문에, 후대에서는 정현을 후정(後鄭)이라고 불렀고, 정흥과 그를 선정(先鄭)이라고도 불렀다. 저서로는 『춘추조례(春秋條例)』, 『주례해고(周禮解詁)』 등을 지었다고 하지만, 현재는 전해지지 않았다.

40) 『역』「사괘(師卦)」: 師, 貞, 丈人, 吉无咎. (『주역전의』의 해석에 따르면 이 문장

서는 '양복(陽卜)을 통해 묻는다.'[41]"라고 했다.

孔疏 ●"季冬"至"嫩惡". ○釋曰: 季冬, 謂夏之季冬. 歲終當除舊布新, 故此時當有卜筮來歲之美惡者. 將卜筮之時, 先陳玉以禮神, 然後卜筮也.

●經文: "季冬"~"嫩惡". ○'계동(季冬)'은 하나라 정월에 따른 계동을 뜻한다. 한 해가 끝나게 될 때에는 마땅히 옛 것을 제거하고 새로운 것을 펼치게 된다. 그렇기 때문에 이 시기에는 마땅히 거북점과 시초점을 통해서 내년의 좋음과 나쁨에 대해 점치는 일이 있게 된다. 거북점과 시초점을 치려고 할 때에는 먼저 옥을 진설하여 신을 예우해야 하고, 그런 뒤에 거북점과 시초점을 친다.

孔疏 ◎注"問事"至"陽卜". ○釋曰: 云"問事之正曰貞"者, 禮記 · 少儀云: "問卜筮, 曰義與志與", 注云: "義, 正事也. 志, 私意也." 是問卜筮有不正之事, 故云問事之正曰貞, 卽此經云貞者, 問事之正也. 云"問歲之美惡, 謂問於龜, 大卜職大貞之屬"者, 彼大貞之屬, 卽卜立君 · 卜大遷 · 卜大封是也. 今此卜來歲之美惡, 亦彼類, 故云"之屬"兼此也. 云"陳玉, 陳禮神之玉"者, 玉於卜筮無所施, 明以禮神也. 云"凡卜筮實問於鬼神, 龜筮能出其卦兆之占耳"者, 按易 · 繫辭云: "精氣爲物, 游魂爲變, 是故知鬼神之情狀, 與天地相似." 注云"精氣謂七八, 游魂謂九六", 則筮之神自有七八九六成數之鬼神. 春秋左氏傳云"龜象筮數", 則龜自有一二三四五生數之鬼神. 則知吉凶者, 自是生成鬼神, 龜筮直能出卦兆之占耳. 按: 易繫著龜神物, 士冠禮注

은 『정전』은 "사(師)는 바르게 함이니, 장인(丈人)이라야 길하고 허물이 없다."고 풀이했고, 『본의』는 "사(師)는 바르게 하고 장인(丈人)이라야 길하고 허물이 없다."고 풀이했다.)

41) 『국어』「오어(吳語)」: 請貞於陽卜, 收文 · 武之諸侯.

云: "筮不以廟堂者, 嫌著之靈由廟神." 若然, 著龜亦自有神, 而云出
卦兆者, 但所禮者禮生成之鬼神, 神之尊者, 無妨著龜亦自有神也.
云"龜有天地四方, 則玉有六器者與"者, 龜有天地四方, 龜人職文.
龜既有六, 明玉亦有六, 無正文, 故云"與"以疑之. 六器之言, 若大宗
伯云"以玉作六器"之類, 故以六器言之也. 云"言陳者, 既事藏之, 不
必貍之也"者, 七八九六及一二三四五之鬼神, 並非天地之鬼神, 故
云"陳". 言陳, 則藏之, 不必貍也. 先鄭云"貞, 問也"者, 亦是問事之正
曰貞也. 云"易曰師, 貞丈人吉, 問於丈人"者, 此師卦・彖辭. 彼云:
"師, 貞丈人吉, 无咎." 注云: "丈之言長, 能御衆, 有朝正人之德, 以
法度爲人之長, 吉而无咎."謂天子諸侯主軍者. 云"國語曰貞於陽卜"
者, 此吳語黃池之會, 董褐云: "周室既卑, 諸侯失禮於天子, 請貞於
陽卜, 收文武之諸侯." 注云: "貞, 正也. 問卜, 內曰陰, 外曰陽. 言吳
以諸侯失禮於天子, 當問於龜, 言我當收文武之諸侯矣." 引此二文
者, 證"問事之正曰貞"也.

◎ 鄭注: "問事"~"陽卜". ○ 정현이 "올바른 사안에 대해 묻는 것을 '정
(貞)'이라고 한다."라고 했는데, 『예기』「소의(少儀)」편에서는 "거북점과
시초점을 치는 것을 보고 어떤 사안인가 궁금하여 질문을 하게 되면, '올
바른 일인가? 아니면 사적인 것인가?'라고 말한다."[42]라 했고, 주에서는
"'의(義)'는 올바른 사안이다. '지(志)'는 사적인 뜻이다."고 했다. 이것은
거북점과 시초점에 대해 물을 때 바르지 못한 사안도 포함된다는 것을
나타낸다. 그렇기 때문에 "올바른 사안에 대해 묻는 것을 '정(貞)'이라고
한다."라고 말한 것이니, 이곳 경문에서 말한 '貞(정)'이라는 것이 올바른
사안에 대해 묻는 것임을 나타낸다. 정현이 "한 해의 좋음과 나쁨에 대해
묻는다는 것은 거북점을 통해서 묻는 것으로, 『주례』「대복(大卜)」의 직
무기록에서 국가의 중대사에 대해 묻는다고 한 부류에 해당한다."라고

---

42) 『예기』「소의(少儀)」: 不貳問. 問卜筮, 曰: "義與志與?" 義則可問, 志則否.

했는데, 「대복」편에 나온 대정(大貞)의 부류라고 한 것은 군주를 세우는 일에 거북점을 치거나 천도를 하는 것에 거북점을 치거나 제후에 대해 정벌을 하는 일에 거북점을 치는 일 등에 해당한다. 지금 이곳에서는 내 년의 좋음과 나쁨에 대해서 거북점을 친다고 했는데, 이 또한 그 부류에 해당하기 때문에 '지속(之屬)'이라고 기록하여 이곳의 사안까지도 포함시 킨 것이다. 정현이 "'진옥(陳玉)'은 신을 예우하는 옥을 진열한다는 뜻이 다."라고 했는데, 옥은 거북점을 치거나 시초점을 치는 일에는 사용할 곳이 없으니, 이것으로 신을 예우한다는 것을 나타낸다. 정현이 "무릇 거북점과 시초점에서는 실제로 귀신에게 묻는 것이며, 거북껍질과 시초 는 괘와 조짐의 점괘를 도출할 수 있을 따름이다."라고 했는데, 『역』「계 사전(繫辭傳)」을 살펴보면 "정기가 사물이 되고 떠도는 혼이 변이 되니, 이러한 까닭으로 귀신의 정상을 아니, 천지와 더불어 서로 유사하다."[43] 라 했고, 주에서는 "정기(精氣)는 7·8을 뜻하고, 유혼(游魂)은 9·6을 듯한다."라 했으니, 시초점의 신은 그 자체로 7·8·9·6인 성수의 귀신 을 포함하고 있는 것이다. 『춘추좌씨전』에서는 "거북껍질은 형상을 가지 고 점치며 시초는 수를 가지고 점친다."[44]고 했으니, 거북껍질 자체에는 1·2·3·4·5인 생수의 귀신이 포함되어 있다. 그런데 길흉을 알 수 있는 것은 생수와 성수의 귀신에 해당하며, 거북껍질과 시초는 단지 겉으 로 괘와 조짐을 통해 점괘를 드러낼 수 있을 따름이다. 살펴보니, 『역』 「계사전」에서는 시초와 거북껍질과 같은 신물이 나오고, 「사관례」편의 주에서는 "시초점을 묘의 당에서 시행하지 않는 것은 시초에 깃든 영묘함

---

43) 『역』「계사상(繫辭上)」: 仰以觀於天文, 俯以察於地理, 是故, 知幽明之故, 原始 反終, 故, 知死生之説, 精氣爲物, 游魂爲變, 是故, 知鬼神之情状, 與天地相似, 故, 不違, 知周乎萬物而道濟天下, 故, 不過, 旁行而不流, 樂天知命, 故, 不憂, 安土, 敦乎仁, 故, 能愛.

44) 이 말은 『춘추좌씨전』「희공(僖公) 4년」의 "公曰: '從筮.' 卜人曰: '筮短龜長, 不如 從長.'"이라는 말에 대한 두예(杜預)의 주에 나온다.

이 묘의 신으로부터 비롯된다는 혐의를 받기 때문이다."라고 했다. 만약 그렇다면 시초와 거북껍질 자체에도 신적인 요소가 포함된 것인데, 괘와 조짐을 드러낸다고 말한 것은 단지 예우하는 것이 생수와 성수의 귀신을 예우하는 것임을 뜻하며, 신은 존귀한 대상이므로 시초와 거북껍질 자체에도 신적인 요소가 포함되어 있음에 저애가 되지 않는다. 정현이 "거북껍질의 경우 천지와 사방에 대한 것이 있으니, 옥에도 여섯 기물이 있는 것이다."라고 했는데, 거북껍질에 천지와 사방이 있다는 것은 『주례』「귀인(龜人)」편의 직무기록이다.[45] 거북껍질에 이미 여섯 부류가 있으니, 이것은 옥에도 여섯 부류가 있음을 나타내지만, 경문에 기록이 없기 때문에 '여(與)'자를 붙여서 의문시했던 것이다. '육기(六器)'라고 말한 것은 『주례』「대종백(大宗伯)」편에서 "옥으로 여섯 가지 기물을 만든다."[46]고 한 부류와 같다. 그렇기 때문에 육기로 언급을 한 것이다. 정현이 "진설한다고 한 것은 그 사안이 끝나면 보관하며 반드시 매장하는 것은 아니기 때문이다."라고 했는데, 7·8·9·6 및 1·2·3·4·5의 귀신들은 모두 천지의 귀신이 아니다. 그렇기 때문에 "진설하다."고 했다. 진설한다고 말했다면 그것을 보관하는 것이니, 반드시 매장할 필요가 없다. 정사농은 "'정(貞)'자는 묻는다는 뜻이다."고 했는데, 이 또한 바른 사람에 대해 묻는 것을 '정(貞)'이라 한다는 말에 해당한다. 정사농은 "『역』에서 '사(師)는 장인에게 물어야 길하다.'고 했으니, 장인에게 묻는다는 뜻이다."고 했는데, 이것은 『역』「사괘(師卦)」의 단사(彖辭)에 해당한다. 그 기록에서는 "사(師)는 장인에게 물어야 길하니 허물이 없다."고 했고, 주에서는 "장(丈)자는 장(長)자를 뜻하니, 대중들을 제어할 수 있고, 사람을 다스리고 바르게 할 수 있는 덕을 갖춰서, 법도를 사람들의 장(長)으로 삼는다

---

45) 『주례』「춘관(春官) · 귀인(龜人)」: 龜人; 掌六龜之屬, 各有名物. 天龜曰靈屬, 地龜曰繹屬, 東龜曰果屬, 西龜曰雷屬, 南龜曰獵屬, 北龜曰若屬. 各以其方之色與其體辨之.

46) 『주례』「춘관(春官) · 대종백(大宗伯)」: 以玉作六器, 以禮天地四方.

면, 길하여 허물이 없게 된다."고 했다. 이것은 천자와 제후와 같은 군대를 주관하는 자를 뜻한다. 정사농은 "『국어』에서는 '양복(陽卜)을 통해 묻는다.'"고 했는데, 이것은 『국어』「오어(吳語)」중 황지의 회합에 대한 것으로, 동갈은 "주왕실은 권위가 이미 실추되어 제후들이 천자에게 실례를 범하고 있으니, 청컨대 양복에 물어서 문왕과 무왕 시절의 제후들이 따르는 예법을 수습하라고 했습니다."고 했고, 주에서는 "정(貞)자는 바르다는 뜻이다. 거북점을 물을 때에는 내사에 대한 것은 '음(陰)'이라 하고 외사에 대한 것은 '양(陽)'이라 한다. 오나라는 제후들이 천자에게 실례를 범하고 있으므로, 거북껍질에게 물어야 한다고 했다는 뜻으로, 내가 마땅히 문왕과 무왕 때의 제후들이 따르는 예법대로 수습해야만 한다는 의미이다."고 했다. 이 두 문장을 인용한 것은 "올바른 사안에 대해 묻는 것을 '정(貞)'이라고 한다."는 뜻을 증명하기 위한 것이다.

참고 『역』「계사상(繫辭上)」 기록

전문 是故聖人以通天下之志, 以定天下之業, 以斷天下之疑. 是故蓍之德圓而神, 卦之德方以知.

이러한 까닭으로 성인이 이로써 천하의 뜻을 통하게 하며, 천하의 과업을 안정시키고, 천하의 의혹을 결단하였다. 이러한 까닭으로 시초의 덕은 둥글고 신묘하며, 괘의 덕은 모나서 지혜롭다.

王注 圓者運而不窮, 方者止而有分. 言蓍以圓象神, 卦以方象知也. 唯變所適, 無數不周, 故曰圓. 卦列爻分, 各有其體, 故曰方也.

'원(圓)'은 운행하여 다하지 않는 것이고, '방(方)'은 그쳐서 구분이 있는 것이다. 시초는 둥근 것을 통해서 신을 형상화하고, 괘는 모난 것을 통해서 앎을 형상화한 것이라는 뜻이다. 오직 변화하여 나아가며 수에 있어

두루하지 않음이 없기 때문에 '원(圓)'이라고 부른다. 괘가 분리되고 효가 나뉘어 각각 그 체를 가지고 있기 때문에 '방(方)'이라고 부른다.

孔疏 ●"是故聖人"至"以知". ○正義曰: "是故聖人以通天下之志"者, 言易道如此, 是故聖人以其易道通達天下之志, 極其幽深也.

● 傳文: "是故聖人"~"以知". ○ 전문에서 "이러한 까닭으로 성인이 이로써 천하의 뜻을 통하게 한다."고 했는데, 역의 도가 이와 같기 때문에 성인이 역의 도를 통해 천하의 뜻을 두루 소통시켜서 그윽하고 깊음을 다했다는 의미이다.

孔疏 ●"以定天下之業"者, 以此易道定天下之業, 由能研幾成務, 故定天下之業也.

● 傳文: "以定天下之業". ○ 이러한 역의 도를 통해서 천하의 과업을 안정시켰는데, 기미를 연구하고 업무를 완성할 수 있음에 말미암기 때문에 천하의 과업을 안정시킨다.

孔疏 ●"以斷天下之疑"者, 以此易道決斷天下之疑, 用其蓍龜占卜, 定天下疑危也.

● 傳文: "以斷天下之疑". ○ 이러한 역의 도를 통해서 천하의 의혹을 결단하였는데, 시초와 거북껍질의 점괘를 이용하여 천하의 의혹되고 위태로운 것들을 확정한 것이다.

孔疏 ●"是故蓍之德圓而神, 卦之德方以知"者, 神以知來, 是來無方也; 知以藏往, 是往有常也. 物旣有常, 猶方之有止; 數無恒體, 猶圓之不窮. 故蓍之變通則無窮, 神之象也; 卦列爻分有定體, 知之象也. 知可以識前言往行, 神可以逆知將來之事, 故蓍以圓象神, 卦以方象知也.

● 傳文: "是故著之德圓而神, 卦之德方以知". ○ 신은 올 것을 아니, 이것은 찾아옴에 특정한 방소가 없다는 것이고, 지혜는 가는 것을 저장해서 기억하니, 이것은 떠나감에 일정함이 있는 것이다. 사물에 이미 일정함이 있다는 것은 모진 것이 그침이 있는 것과 같고, 수에 항상된 본체가 없는 것은 둥근 것이 무궁한 것과 같다. 그렇기 때문에 시초의 변하여 통함에는 다함이 없으니, 신을 형상화한 것이고, 괘가 분리되고 효가 나뉘어 고정된 본체를 가지게 된 것은 지혜를 형상화한 것이다. 지혜는 이전에 했던 말과 이전의 행실에 대해서 기억할 수 있고, 신은 앞으로 올 사안에 대해 거슬러 알 수 있다. 그렇기 때문에 기초는 둥근 것을 통해 신을 형상화하고, 괘는 모단 것을 통해 지혜를 형상화한다.

孔疏 ◎ 注"圓者"至"方也". ○ 正義曰: "圓者運而不窮"者, 謂團圓之物, 運轉無窮已, 猶阪上走丸也. 著亦運動不已, 故稱圓也. 言"方者止而有分"者, 方謂處所, 旣有處所, 則是止而有分. 且物方者, 著地則安, 其卦旣成, 更不移動, 亦是止而有分, 故卦稱方也.

◎ 王注: "圓者"~"方也". ○ 왕필[47]이 "'원(圓)'은 운행하여 다하지 않는 것이다."라고 했는데, 둥근 사물은 움직임에 다함이 없으니, 판 위에 굴러가는 구슬과 같다. 시초 또한 움직임에 그치지 않기 때문에 '원(圓)'이라 지칭한 것이다. 왕필이 "'방(方)'은 그쳐서 구분이 있는 것이다."라고 했는데, 모난 것은 처한 곳을 뜻하는데, 이미 처한 곳이 있다면 이것은 그쳐서 구분이 생긴 것이다. 또 사물 중 모난 것들은 땅에 붙어서 고정되니, 괘가 이미 완성되어 다시 움직이지 않는 것 또한 그쳐서 구분이 있는 것이다.

---

47) 왕필(王弼, A.D.226 ~ A.D.249) : =왕보사(王輔嗣). 삼국시대 위(魏)나라의 학자이다. 자(字)는 보사(輔嗣)이다. 저서로는 『노자주(老子注)』・『주역주(周易注)』 등이 있다.

그렇기 때문에 괘에 대해서 '방(方)'이라 지칭한 것이다.

참고 『역』「계사상(繫辭上)」 기록

전문 探賾索隱, 鉤深致遠, 以定天下之吉凶, 成天下之亹亹者, 莫大乎蓍龜.

그윽하여 보기 어려운 것을 찾아내고 은밀히 숨은 것을 찾아내며, 깊이 있는 것을 끌어내고 멀리 있는 것을 불러오니, 이를 통해 천하의 길흉을 확정하고, 천하의 부지런히 애씀을 완성하는 것으로 시초와 거북껍질보다 큰 것이 없다.

孔疏 ○正義曰: 探, 謂闚探求取. 賾, 謂幽深難見. 卜筮則能闚探幽昧之理, 故云探賾也. 索, 謂求索. 隱, 謂隱藏. 卜筮能求索隱藏之處, 故云索隱也. 物在深處, 能鉤取之; 物在遠方, 能招致之, 卜筮能然, 故云"鉤深致遠"也. 以此諸事, 正定天下之吉凶, 成就天下之亹亹者, 唯卜筮能然, 故云"莫大乎蓍龜"也. 按釋詁云: "亹亹, 勉也." 言天下萬事, 悉動而好生, 皆勉勉營爲, 此蓍龜知其好惡得失, 人則棄其得而取其好, 背其失而求其得, 是成天下之亹亹也.

○'탐(探)'자는 엿보고 찾아서 구하여 취한다는 뜻이다. '색(賾)'자는 그윽하고 깊어서 보기 어려운 것을 뜻한다. 거북점과 시초점을 치게 되면 그윽하고 어두운 이치를 엿볼 수 있기 때문에 '탐색(探賾)'이라고 말한 것이다. '색(索)'자는 구하여 찾는다는 뜻이다. '은(隱)'자는 은밀하게 숨어있다는 뜻이다. 거북점과 시초점은 은밀히 숨은 곳에서 찾을 수 있기 때문에 '색은(索隱)'이라고 했다. 사물이 깊은 곳에 있는데도 끌어내어 취할 수 있고, 사물이 먼 곳에 있는데도 불러들여 이르게 할 수 있는데, 거북점과 시초점이 그처럼 할 수 있기 때문에 '구심치원(鉤深致遠)'이라고 한 것

이다. 이러한 여러 사안들을 통해서 천하의 길흉을 바르게 확정하여 천하의 부지런히 애씀을 성취하는 것으로, 오직 거북점과 시초점만이 그처럼 할 수 있다. 그렇기 때문에 "시초와 거북껍질보다 큰 것이 없다."라고 했다. 『이아』「석고(釋詁)」편을 살펴보면, "미미(亹亹)는 힘쓴다는 뜻이다."[48]라고 했다. 천하의 모든 사안들은 모두가 움직이며 낳기를 좋아하니, 모두 힘쓰고 힘써서 영위를 하는데, 이러한 시초와 거북껍질은 그 호오와 득실을 알고 있으니, 사람의 입장에서 얻음을 버리고 좋음을 취하며 잃음을 등지고 얻음을 구하니, 이것은 천하의 부지런히 힘씀을 이루는 것이다.

참고 『역』「계사하(繫辭下)」기록

전문 人謀鬼謀, 百姓與能.

사람이 계획하고 귀신이 계획함에 백성들이 능함에 참여한다.

王注 人謀, 況議於衆以定失得也; 鬼謀, 況寄卜筮以考吉凶也. 不役思慮, 而失得自明; 不勞探討, 而吉凶自著. 類萬物之情, 通幽深之故, 故百姓與能, 樂推而不厭也.

'인모(人謀)'는 대중에게 의논하여 실득을 정하는 것을 비유하며, '귀모(鬼謀)'는 거북점과 시초점에 부쳐서 길흉을 살펴보는 것을 비유한다. 힘써 생각하고 염려하지 않아도 득실이 저절로 밝혀지고, 애써서 토론하지 않아도 길흉이 저절로 드러난다. 만물의 정을 분류하고 그윽하고 깊은 것의 까닭을 소통하기 때문에 백성들이 능함에 참여하여 미루기를 즐거워하며 싫어하지 않는 것이다.

---

48) 『이아』「석고(釋詁)」: 亹亹・蠠沒・孟・敦・勖・釗・茂・劭・勔, 勉也.

孔疏 ○正義曰: 謂聖人欲舉事之時, 先與人衆謀圖以定得失, 又卜筮於鬼神以考其吉凶, 是與鬼爲謀也. 聖人旣先與人謀鬼神謀, 不煩思慮與探討, 自然能類萬物之情, 能通幽深之理, 是其能也, 則天下百姓, 親與能人, 樂推爲王也. 自此已上, 論易道之大, 聖人法之而行.

○ 성인은 일을 시행하려고 할 때 우선 사람들과 모의하여 득실을 정하고, 또 거북점과 시초점을 통해 귀신에게 물어 길흉을 살피고자 하는데, 이것이 귀신과 모의한다는 뜻이다. 성인이 이미 사람과 모의하고 귀신과 모의를 하여, 생각과 염려 및 토론 등을 번거롭게 하지 않아도 자연히 만물의 정을 분류할 수 있고 그윽하고 깊은 것의 이치를 통하게 할 수 있으니, 이것이 그 능함이며, 이처럼 한다면 천하의 백성들은 직접 능한 자와 함께 하여 즐거이 그를 추대하여 천자로 삼을 것이다. 여기까지는 역도의 큼에 대해 성인이 그것을 본받아 시행한 것을 논의하였다.

그림 1-1 ◼ 종묘(宗廟) 건물의 각부 명칭

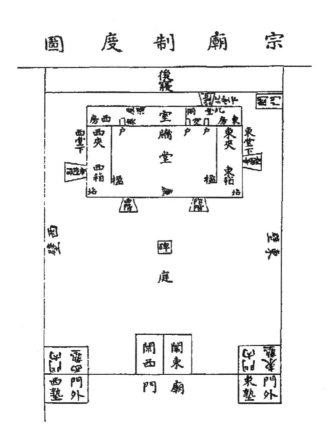

※ 출처: 『향당도고(鄕黨圖考)』 1권

■ 그림 1-2 ◨ 서우묘문지도(筮于廟門之圖)

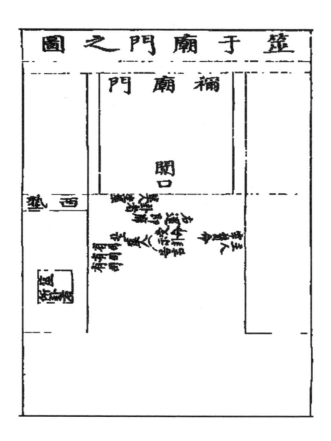

※ 출처: 『의례도(儀禮圖)』 1권

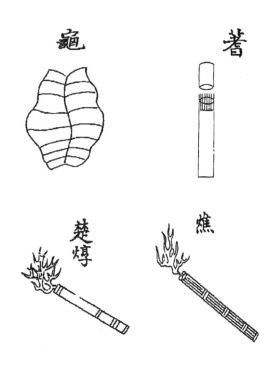

※ 출처:『삼례도집주(三禮圖集注)』17권

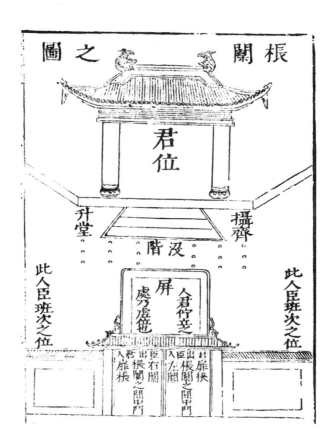

※ 출처:『삼재도회(三才圖會)』「궁실(宮室)」3권

主人玄冠, 朝服, 緇帶, 素韠, 卽位于門東, 西面.

직역 主人은 玄冠하고 朝服하며 緇帶하고 素韠하여, 卽하여 門의 東에 位하며, 西面한다.

의역 주인은 현관(玄冠)을 쓰고 조복(朝服)을 착용하며 검은색의 허리띠를 차고 흰색의 슬갑을 두르고 문의 동쪽으로 나아가 위치하며 서쪽을 바라본다.

鄭注 主人, 將冠者之父兄也. 玄冠, 委貌也. 朝服者, 十五升布衣而素裳也. 衣不言色者, 衣與冠同也. 筮必朝服者, 尊蓍龜之道. 緇帶, 黑繒帶. 士帶博二寸, 再繚四寸, 屈垂三尺. 素韠, 白韋韠, 長三尺, 上廣一尺, 下廣二尺, 其頸五寸, 肩革帶博二寸. 天子與其臣, 玄冕以視朔, 皮弁以日視朝. 諸侯與其臣, 皮弁以視朔, 朝服以日視朝. 凡染黑, 五入爲緅, 七入爲緇, 玄則六入與.

'주인(主人)'은 관례를 치르게 될 자의 부친이나 형을 뜻한다. '현관(玄冠)'은 위모(委貌)[1]이다. '조복(朝服)'은 15승(升)[2]의 포로 상의를 만들고 흰색으로 하의를 만든 옷이다. 상의에 대해 색깔을 언급하지 않은 것은 상의와 관의 색깔이 동일하기 때문이다. 시초점을 칠 때 반드시 조복을 착용하는 이유는 시초와 거북껍질의 도를 존귀하게 여기기 때문이다. '치대(緇帶)'는 흑색 비단으로 만든 허리띠이다. 사의 허리띠는 그 너비가 2촌이니, 2번 두르게 되면 4촌이 되고 끝을 접어 늘어트리는 길이는

---

1) 위모(委貌)는 검은색의 명주로 짠 관(冠)이다. '위(委)'자는 안정시킨다는 뜻으로, 이 관을 착용하여 용모를 안정시키기 때문에 '위모'라고 부른다.

2) 승(升)은 옷감과 관련된 단위이다. 고대에는 포(布) 80가닥[縷]을 1승(升)으로 여겼다. 『의례』「상복(喪服)」편에서는 "冠六升, 外畢."이라는 기록이 있는데, 이에 대한 정현의 주에서는 "布八十縷爲升."이라고 풀이했다.

3척이다. '소필(素韠)'은 백색의 가죽으로 만든 슬갑으로, 길이는 3척이고 윗부분의 너비는 1척이며 아랫부분의 너비는 2척이고 중간 부분의 너비는 5촌이며 양쪽 모서리와 혁대의 너비는 2촌이다. 천자와 그에게 속한 신하는 현면(玄冕)³)을 착용하고 시삭(視朔)⁴)을 하며, 피변복(皮弁服)⁵)을 착용하고 날마다 조정에 참관한다. 제후와 그에게 속한 신하는 피변복을 착용하고 시삭을 하며, 조복을 착용하고 날마다 조정에 참관한다. 흑색으로 염색할 때에는 5번 물들이면 추(緅)가 되고, 7번 물들이면 치(緇)가 되니, 현(玄)은 아마도 6번 물들이는 것이다.

賈疏 ●"主人"至"西面". ○ 釋曰: 此主人將欲謀日之時, 先服, 卽位於禰廟門外, 東西而立, 以待筮事也.

● 經文: "主人"~"西面". ○ 이 문장은 주인이 관례를 치를 날짜에 대해 계획하려고 할 때, 우선 복장을 착용하고 부친의 묘문 밖에 위치하는데, 동서방향으로 서서 시초점을 다 칠 때까지 기다린다는 뜻이다.

---

3) 현면(玄冕)은 현의(玄衣)와 면류관을 뜻한다. 본래 천자 및 제후의 제사복장으로, 비교적 중요성이 덜한 제사 때 입는다. '현의' 중 상의에는 무늬가 들어가지 않고, 하의에만 불(黻)을 수놓는다. 『주례』「춘관(春官)·사복(司服)」편에는 "祭群小祀則玄冕."이라는 기록이 있고, 이에 대한 정현의 주에서는 "玄者, 衣無文, 裳刺黻而已, 是以謂玄焉."이라고 풀이했다.

4) 시삭(視朔)은 본래 천자 및 제후가 매월 초하루에, 종묘(宗廟)에 고하여 해당 월의 달력을 받고, 그곳에서 해당 월에 시행해야 할 정무를 처리하였던 것을 뜻한다. 『춘추좌씨전』「희공(僖公) 5년」편에는 "公旣視朔, 遂登觀臺以望, 而書, 禮也."라는 기록이 있고, 이에 대한 공영달(孔穎達)의 소(疏)에서는 "視朔者, 公旣告廟受朔, 卽聽視此朔之政, 是其親告朔也."라고 풀이했다.

5) 피변복(皮弁服)은 호의(縞衣)라고도 부르며, 주로 군주가 조회를 하거나 고삭(告朔)을 할 때 착용하는 복장이다. 흰색 비단으로 만들었으며, 옷에 착용하는 관(冠) 또한 백색 사슴 가죽으로 만들었다. 『의례』「기석례(旣夕禮)」편에는 "薦乘車, 鹿淺幦, 干笮革靾, 載旜載皮弁服, 纓轡貝勒, 縣于衡."이라는 기록이 있고, 이에 대한 정현의 주에서는 "皮弁服者, 視朔之服."이라고 풀이했다.

賈疏 ◎注"主人"至"八與". ○釋曰: 經直云主人, 當是父兄加冠之禮. 知兼有兄者, 論語云: "出則事公卿, 入則事父兄." 父兄者, 一家之統, 父不在則兄爲主可知, 故兼其兄也. 又按下文"若孤子, 則父兄戒宿. 冠之日, 主人紒而迎賓", 則無親父親兄, 故彼注云"父·兄, 諸父·諸兄", 則知此主人迎賓是親父·親兄也.

◎ 鄭注: "主人"~"八與". ○ 경문에서는 단지 '주인(主人)'이라고 했지만 이것은 부친이나 형이 관을 씌워주는 예법에 해당한다. 형이 주인이 되는 경우도 포함됨을 알 수 있는 이유는 『논어』에서 "집밖을 나가게 되면 공과 경을 섬기고 집으로 들어와서는 부친과 형을 섬긴다."[6]라고 했다. 부친과 형은 한 집안을 통솔하는 자이니, 부친이 부재한 경우라면 형이 주인의 역할을 하게 됨을 알 수 있다. 그렇기 때문에 형까지도 함께 언급한 것이다. 또 아래문장을 살펴보면 "고아의 경우라면 부형이 빈객에게 알리는 계(戒)와 숙(宿)을 한다. 관례를 치르는 날 주인은 상투를 틀고서 빈객을 맞이한다."[7]라고 했는데, 친부와 친형이 없기 때문에 그 주석에서 "여기에서 말한 부(父)와 형(兄)은 제부와 제형들을 뜻한다."라고 한 것이니, 이를 통해 이곳에서 주인이 빈객을 맞이한다고 한 말이 친부나 친형이 하는 것임을 알 수 있다.

賈疏 ◎云"玄冠, 委貌"者, 此云玄冠, 下記云委貌, 彼云委貌, 見其安正容體; 此云玄冠, 見其色; 實一物也.

◎ 鄭注: "玄冠, 委貌". ○ 이곳에서는 '현관(玄冠)'이라 했고, 아래 기문에서는 '위모(委貌)'라고 했다. 기문에서 '위모(委貌)'라고 한 것은 관의

---

6) 『논어』「자한(子罕)」: 子曰, "出則事公卿, 入則事父兄, 喪事不敢不勉, 不爲酒困, 何有於我哉?"

7) 『의례』「사관례」: 若孤子, 則父兄戒·宿. 冠之日, 主人紒而迎賓, 拜, 揖, 讓, 立于序端, 皆如冠主, 禮於阼.

안정된 몸체를 드러내는 말이며, 이곳에서 '현관(玄冠)'이라고 한 것은 관의 색깔을 드러내는 말인데, 실제로는 동일한 사물이다.

賈疏 ◎云"朝服者, 十五升布衣"者, 雜記云"朝服十五升", 布也.

◎鄭注: "朝服者, 十五升布衣". ○『예기』「잡기(雜記)」편에서는 "조복은 15승으로 만든다."[8]라고 했는데, 이것은 포를 뜻한다.

賈疏 ◎云"素裳"者, 雖經不言裳, 裳與韠同色, 云素韠者, 故知裳亦積白素絹爲之也.

◎鄭注: "素裳". ○경문에서 비록 하의를 언급하지 않았지만 하의는 슬갑과 색깔을 동일하게 맞추니, '소필(素韠)'이라고 했기 때문에, 하의 또한 흰색의 비단을 포개서 만들게 됨을 알 수 있다.

賈疏 ◎云"衣不言色者, 衣與冠同也"者, 禮之通例, 衣與冠同色, 故郊特牲云"黃衣黃冠", 是也. 裳與韠同色, 故下爵弁服·纁裳·韎韐, 韎韐卽纁之類是也. 經直云朝服不言色, 與冠同可知也. 若然, 鄭不言裳與韠同色者, 擧衣與冠同, 裳與韠同, 亦明知, 故不言也. 其衣冠色異, 經卽別言之. 是以下云爵弁服純衣是也.

◎鄭注: "衣不言色者, 衣與冠同也". ○예법에 따른 통례상 상의는 관과 동일한 색깔로 맞춘다. 그렇기 때문에 『예기』「교특생(郊特牲)」편에서는 "황색의 상의를 입고 황색의 관을 쓴다."[9]라고 한 것이다. 하의는 슬갑과 색깔이 동일하기 때문에, 아래에서는 작변복(爵弁服)을 착용하며 분홍색의 하의와 매겹(韎韐)을 한다고 했는데,[10] '매겹(韎韐)'이란 분

---

8) 『예기』「잡기상(雜記上)」: <u>朝服十五升</u>, 去其半而緦加灰, 錫也.

9) 『예기』「교특생(郊特牲)」: <u>黃衣黃冠</u>而祭, 息田夫也. 野夫黃冠. 黃冠, 草服也.

10) 『의례』「사관례」: <u>爵弁服, 纁裳</u>, 純衣, 緇帶, <u>韎韐</u>.

홍색의 슬갑이다. 경문에서는 단지 '조복(朝服)'이라고만 말하고 그 색깔을 언급하지 않았는데, 관의 색깔과 동일하므로, 그 색깔을 알 수 있기 때문이다. 만약 그렇다면 정현이 하의의 색깔이 슬갑과 동일한 색임을 언급하지 않았는데, 상의의 색깔이 관의 색깔과 동일하다는 사실에 근거해보면, 하의의 색깔이 슬갑의 색깔과 동일하다는 사실 또한 명확히 알 수 있기 때문에 언급하지 않은 것이다. 상의와 관의 색깔이 다른 경우에는 경문에서 곧바로 그것을 구별해서 말한다. 이러한 까닭으로 아래문장에서 작변복을 착용하며 명주로 만든 상의를 착용한다고 한 것이다.[11]

賈疏 ◎云"筮必朝服者, 尊著龜之道"者, 此決正冠時, 主人服玄端爵韠, 不服此服, 朝服是尊著龜之道也. 若然, 下文云有司如主人服, 又宿賓, 賓如主人服, 又宿贊冠者, 及夕爲期, 皆朝服. 云尊著龜者, 按鄕飮酒主人朝服, 則此有司 · 賓主朝服, 自是尋常相見所服, 非特相尊敬之禮. 此筮而朝服, 決正冠時與. 士之祭禮, 入廟常服玄端. 今此筮亦在廟, 不服玄端, 故云尊著龜之道. 此筮唯有著草, 言龜者, 按周禮小事徒筮而已; 若大事, 先筮而後卜. 龜筮是相將之物, 同著朝服, 故兼言龜, 是以雜記卜筮皆朝服也. 按特牲禮筮日與祭同服玄端, 少牢筮日與祭同服朝服, 不特尊著龜者. 彼爲祭事, 龜不可尊於先祖, 故同服. 此爲冠事, 冠事龜可尊於子孫, 故服異也.

◎鄭注: "筮必朝服者, 尊著龜之道". ○이것은 관례를 치를 때 주인은 현단(玄端)에 작필(爵韠)을 착용하며 이 복장을 착용하지 않으니, 조복은 시초와 거북껍질의 도를 존귀하게 여기기 때문임을 나타낸 것이다. 아래문장에서 유사(有司)[12]는 주인의 복장과 동일하게 따르고, 또 빈객

---

11) 『의례』 「사상례(士喪禮)」: 爵弁服, 純衣.

12) 유사(有司)는 관리를 뜻하는 용어이다. '사(司)'자는 담당한다는 뜻이다. 관리들은 각자 담당하고 있는 업무가 있었으므로, 관리를 '유사'라고 불렀던 것이다. 일반적으로 하위관료들을 지칭하여, 실무자를 뜻하는 용어로 많이 사용된다. 그러나 때

에게 찾아가 알리면, 빈객은 주인의 복장과 동일하게 따르며, 또 관례의 진행을 돕는 자에게 찾아가 알리고, 그 다음날 저녁 관례를 치르는 시간을 정하게 되면 모두 조복으로 갈아입는다고 했다. 시초와 거북껍질을 존귀하게 여긴다고 했는데, 『의례』「향음주례(鄕飮酒禮)」편을 살펴보면 주인은 조복을 착용한다고 했으니, 이곳에서 유사와 빈객 및 주인이 모두 조복을 착용하는 것은 일상적으로 서로 만나볼 때의 복장이 되며 특별히 서로를 존경하는 예법에 따른 것이 아니다. 그런데 시초점을 치며 조복을 착용한다고 한 것은 관례를 치르는 시기를 결정하는 것이다. 사의 제례에서는 묘로 들어갈 때 일상적으로 현단복(玄端服)을 착용한다. 이곳에서는 시초점을 칠 때에도 묘에서 한다고 했는데, 현단복을 착용하지 않았다. 그렇기 때문에 시초와 거북껍질의 도를 존귀하게 여기기 때문이라고 말한 것이다. 이곳에서 서(筮)라고 했으니 오직 시초라는 풀만 사용하는 것인데, 거북껍질을 언급한 것은 『주례』를 살펴보면 비교적 소소한 일이라면 단지 시초점만 칠 따름이지만, 중대한 일이라면 먼저 시초점을 치고 이후에 거북점을 친다. 거북껍질과 시초는 서로 떨어질 수 없는 사물이고 동일하게 둘 모두에 대해서 조복을 착용한다. 그렇기 때문에 거북껍질까지도 함께 말한 것이다. 이러한 까닭으로 『예기』「잡기(雜記)」편에서는 거북점과 시초점을 칠 때 모두 조복을 착용한다고 했다. 『의례』「특생궤식례(特牲饋食禮)」편을 살펴보면 날짜를 점치고 제사를 지낼 때 동일하게 현단복을 착용한다고 했고, 『의례』「소뢰궤식례(少牢饋食禮)」편에서는 날짜를 점치고 제사를 지낼 때 동일하게 조복을 착용한다고 하여, 특별히 시초와 거북껍질만을 존귀하게 높이지 않았다. 그 기록들은 제사를 지내기 위해서이니, 거북껍질은 선조보다 존귀할 수 없다. 그렇기 때문에 복장을 동일하게 착용하는 것이다. 이곳에서 말한 사안은 관례를 치르기 위해서이며, 관례를 치르는 일에 있어서 거북껍질은 자식이나 손자보다

로는 고위관료까지도 지칭하는 용어로 사용되기도 한다.

존귀할 수 있다. 그렇기 때문에 복장을 다르게 착용하는 것이다.

賈疏 ◎云"緇帶, 黑繒帶"者, 按玉藻云"君素帶, 終韠. 大夫素帶, 韠
垂. 士練帶, 率下韠." 注云: "大夫韠其紐及末, 士韠其末而已." 又云
"雜帶, 君朱綠, 大夫玄華, 士緇韠." 鄭云: "君韠帶上以朱, 下以綠終
之. 大夫韠垂外以玄, 內以華. 士韠垂之下, 外內皆以緇, 是謂緇帶."
鄭彼云"是謂"者, 指此文也. 若然, 天子·諸侯帶繞腰及垂者, 皆韠
之. 大夫則不韠其繞腰者, 直韠垂之三尺屈而垂者. 士則韠其末繞三
尺, 所垂者不韠, 在者若然. 大帶所用物: 大夫已上用素; 士練繒爲帶
體, 所韠者用緇. 則此言緇, 據韠者而言也.

◎鄭注: "緇帶, 黑繒帶". ○『예기』「옥조(玉藻)」편을 살펴보면 "제후는
허리띠를 흰 비단으로 만들고, 끝부분에는 가선을 두른다. 대부는 허리띠
를 흰 비단으로 만들고, 늘어뜨리는 띠에는 가선을 두른다. 사는 허리띠
를 명주로 만들고, 홑겹으로 만들고 양쪽 끝부분을 꿰매며, 늘어뜨리는
끈에 가선을 두른다."[13]라 했고, 정현의 주에서는 "대부는 그 매듭과 끝
부분만을 비(韠)로 만들고, 사는 그 끝부분만을 비(韠)로 만들 따름이
다."라고 했다. 또 "대(帶)에는 장식을 하니, 군주의 것은 주색과 녹색으
로 장식하고, 대부의 것은 현색과 황색으로 장식하며, 사의 것은 검은색
으로 한다."[14]라 했고, 정현은 "군주는 대(帶)에 대해서 채색을 하니 상부
는 주색으로 만들고 하부는 녹색을 이용해서 끝부분을 처리한다. 대부는
늘어뜨리는 부분에 채색을 하니 외면은 현색으로 만들고 내면은 황색으
로 만든다. 사는 늘어뜨리는 밑면을 채색하는데 외부와 내부를 모두 검은
색으로 만드니, 이것을 '치대(緇帶)'라고 부른다."라고 했다. 이 주석에서

---

13) 『예기』「옥조(玉藻)」: 而素帶, 終辟. 大夫素帶, 辟垂. 士練帶, 率下辟.
14) 『예기』「옥조(玉藻)」: 大夫大帶四寸. <u>雜帶, 君朱綠, 大夫玄華, 士緇辟</u>二寸, 再
  繚四寸.

정현이 '시위(是謂)'라고 한 말은 바로 이곳의 기록을 가리킨다. 만약 그렇다면 천자와 제후는 허리띠로 허리를 두르고 그 끝을 늘어트릴 때 이 모두를 비단으로 만들며 그 측면을 채색하게 된다. 대부의 경우 허리에 두르는 부분에는 비(裨)로 처리하지 않고 단지 늘어트리는 부분인 3척을 비(裨)로 처리하여 접어서 늘어트리게 된다. 사는 허리에 두르는 끝부분 3척을 비(裨)로 처리하고 늘어트리는 부분에는 비(裨)로 처리하지 않는다. 그렇다면 대대(大帶)에 사용되는 재료는 대부 이상의 계급은 소(素)를 사용하고 사는 누인 비단으로 허리띠의 몸체를 만들고 비(裨)로 처리하는 부분은 치(緇)를 사용한다. 따라서 이곳에서 '치(緇)'라고 말한 것은 바로 비(裨)로 처리하는 부분을 기준으로 말한 것이다.

賈疏 ◎云"士帶博二寸, 再繚四寸, 屈垂三尺"者, 此亦玉藻文. 大夫已上大帶博四寸. 此士卑降於大夫已上, 博二寸, 再繚共爲四寸, 屈垂三尺. 則大夫已上亦屈垂三尺同矣.

◎鄭注: "士帶博二寸, 再繚四寸, 屈垂三尺". ○이 또한 『예기』「옥조(玉藻)」편의 기록이다. 대부 이상의 계층은 대대(大帶)의 너비가 4촌이다. 사는 대부 이상의 계층보다 낮추므로 너비를 2촌으로 하고 2번 두르게 되면 모두 4촌이 되며, 끝을 접어 늘어트리는 것이 3척이다. 따라서 대부 이상의 계층 또한 끝을 접어 늘어트리는 부분은 3척으로 동일하다.

賈疏 ◎云"素韠, 白韋韠"者, 按玉藻云: "韠, 君朱, 大夫素, 士爵韋." 彼以韠爲總目, 而云君朱, 大夫素, 士爵韋, 是韠色不同. 下云韋者, 是君·大夫同用韋也. 但彼是玄端服之韠, 此士用素韋爲之, 故鄭云白韋韠也.

◎鄭注: "素韠, 白韋韠". ○『예기』「옥조(玉藻)」편을 살펴보면 "슬갑은 군주의 것은 주색으로 만들고, 대부의 것은 소(素)로 만들며, 사의 것은 작위(爵韋)로 만든다."[15]라고 했다. 「옥조」편에서는 '필(韠)'이라는 말을

총괄적인 제목으로 기록하였고, 군주는 주색으로 하고 대부는 소로 하며 사는 작위로 한다고 했으니, 슬갑의 색깔이 동일하지 않다는 사실을 나타 낸다. 뒤에서 '위(韋)'라고 한 것은 제후와 대부가 동일하게 가죽을 사용 해서 만든다는 사실을 나타낸다. 다만 「옥조」편에서 말한 슬갑은 현단복 에 착용하는 슬갑이고, 이곳에서 사는 소위(素韋)로 만든다고 했기 때문 에 정현이 백색의 가죽으로 만든 슬갑이라고 했던 것이다.

賈疏 ◎又云"韠, 長三尺"至"博二寸", 亦皆玉藻文. 鄭彼注云: "頸五 寸, 亦謂廣也. 頸中央, 肩兩角, 皆上接革帶, 肩與革帶廣同." 此韠卽 韍也. 祭服謂之韍, 朝服謂之韠也.

◎鄭注: "韠, 長三尺"~"博二寸". ○이 또한 모두 『예기』 「옥조(玉藻)」편 의 기록이다. 「옥조」편에 대한 정현의 주에서는 "'경(頸)'은 5촌이라고 했 는데, 이 또한 그 너비를 뜻한다. '경(頸)'은 중앙 부분을 뜻하며, '견(肩)' 은 양쪽 모서리를 뜻하는데, 모두 위로 혁대(革帶)에 붙여서 결속하니, 양쪽 모서리와 혁대의 너비가 동일하다."라고 했다. 여기에서 말한 '필 (韠)'은 불(韍)에 해당한다. 제복에 착용하는 슬갑은 '불(韍)'이라 부르고, 조복에 착용하는 슬갑은 '필(韠)'이라 부른다.

賈疏 ◎云"天子與其臣, 玄冕以視朔, 皮弁以日視朝"者, 此約玉藻 而知. 按彼云天子玄端, "聽朔於南門之外", "皮弁以日視朝". 又云諸 侯"皮弁以聽朔於大廟, 朝服以日視朝於內朝", 彼注云: "端當爲冕." 謂天子以玄冕聽朔於南門之外·明堂之中. 彼皆不言臣, 此鄭兼言 臣者, 欲見在朝君臣同服. 引之者, 證此玄冕朝服而筮者, 是諸侯之

---

15) 『예기』 「옥조(玉藻)」: 韠, 君朱, 大夫素, 土爵韋. 圜殺直, 天子直, 諸侯前後方, 大夫前方後挫角, 士前後正. 韠下廣二尺, 上廣一尺, 長三尺, 其頸五寸, 肩革 帶博二寸.

士. 則諸侯與其臣與子加冠, 同服皮弁以筮日. 天子與其臣與子加
冠, 同服玄冕以筮日矣. 知天子服玄冕·諸侯服皮弁以筮日者, 鄭既
取君臣同服, 明筮時還君臣同服. 若云天子用玄冕·諸侯用皮弁, 其
臣不得上同于君, 君下就臣同朝服也.

◎ 鄭注: "天子與其臣, 玄冕以視朔, 皮弁以日視朝". ○ 이것은 『예기』
「옥조(玉藻)」편의 기록을 요약해보면 이러한 사실을 알 수 있다. 「옥조」
편의 기록을 살펴보면 천자는 현단복을 착용하고 "남문 밖에서 청삭(聽
朔)16)을 한다."17)라고 했고, "피변복을 착용하고, 매일 아침마다 조회에
참관한다."18)라고 했다. 또 제후에 대해서는 "피변복을 착용하고 태묘에
서 청삭을 하며, 조복을 착용하고 날마다 내조(內朝)19)에서 조정에 참관
한다."20)라고 했으며, 이 문장에 대한 주에서는 "'단(端)'은 마땅히 '면
(冕)'자가 되어야 한다."라고 했다. 즉 천자는 현면을 착용하고 남문 밖과

---

16) 청삭(聽朔)은 천자나 제후가 매월 초하루에 시행했던 고삭(告朔)의 의례를 뜻한
다. 해당 월에 시행해야 할 정사(政事)는 바로 초하루부터 시행되므로, 정무를
처리하기 이전에, 고삭의 의식을 시행하고, 그 이후에야 정사를 펼쳤다. 현단복(玄
端服) 및 피변복(皮弁服)을 착용하고 치렀으며, 남문(南門) 밖이나, 태묘(太廟)에
서 시행하였다. 『예기』「옥조(玉藻)」편에는 "玄端而朝日於東門之外, 聽朔於南
門之外."라는 기록과 "諸侯玄端以祭, 裨冕以朝, 皮弁以聽朔於大廟."라는 기록
이 있다.

17) 『예기』「옥조(玉藻)」: 玄端而朝日於東門之外, 聽朔於南門之外.

18) 『예기』「옥조(玉藻)」: 皮弁以日視朝, 遂以食; 日中而餕, 奏而食. 日少牢, 朔月
大牢. 五飲: 上水, 漿·酒·醴·酏.

19) 내조(內朝)는 천자 및 제후가 정사를 처리하고 휴식을 취하던 장소이다. 외조(外
朝)에 상대되는 말이다. '내조'에는 두 종류가 있었는데, 그 중 하나는 노문(路門)
밖에 위치하던 곳으로, 천자 및 제후가 정사를 처리하던 장소이며, 치조(治朝)라
고도 불렀다. 다른 하나는 노문 안에 위치하던 곳으로, 천자 및 제후가 정사를
처리한 이후, 휴식을 취하던 장소이며, 연조(燕朝)라고도 불렀다.

20) 『예기』「옥조(玉藻)」: 諸侯玄端以祭, 裨冕以朝, 皮弁以聽朔於大廟, 朝服以日
視朝於內朝.

명당(明堂)21) 안에서 청삭을 한다는 뜻이다. 「옥조」편에서는 신하를 언급하지 않았는데, 이곳에서 정현은 신하까지도 함께 언급했다. 그 이유는 조정에 있을 때 군주와 신하가 복장을 동일하게 함을 드러내고자 해서이다. 이러한 기록을 인용한 것은 이곳에서 말한 현면과 조복을 착용하고 시초점을 친다는 자는 제후에게 속한 사임을 증명하기 위해서이다. 따라서 제후와 그의 신하는 자신의 아들에게 관례를 치러줄 때 동일하게 피변복을 착용하고 날짜에 대해 시초점을 치는 것이다. 또한 천자와 그의 신하가 자신의 아들에게 관례를 치러주게 되면 동일하게 현면을 착용하고 날짜에 대해 시초점을 친다. 천자의 경우 현면을 착용하고 제후의 경우 피변을 착용하고서 날짜에 대해 시초점을 친다는 사실을 알 수 있는 이유는 정현은 이미 군주와 신하가 복장을 동일하게 한다고 했는데, 이것은 시초점을 칠 때에도 군주와 신하의 복장이 동일함을 나타내기 때문이다. 만약 천자가 현면을 착용하고 제후가 피변을 착용한다고 했다면, 그의 신하는 위로 자신의 군주와 동일하게 할 수 없어서, 군주가 아래로 낮춰 신하와 동일하게 조복을 착용하는 것이다.

賈疏 ◎云“凡染黑, 五入爲緅, 七入爲緇, 玄則六入與”者, 按爾雅: “一染謂之縓, 再染謂之赬, 三染謂之纁.” 此三者皆是染赤法. 周禮·鍾氏染鳥羽云: “三入爲纁, 五入爲緅, 七入爲緇.” 此是染黑法, 故云凡染黑也. 但爾雅及周禮無四入與六入之文, 禮有色朱玄之色, 故注此玄則六入, 下經注云朱則四入, 無正文, 故皆云“與”以疑之. 但論

---

21) 명당(明堂)은 일반적으로 고대 제왕이 정교(政敎)를 베풀던 장소를 지칭하는 용어로 사용되었다. 이곳에서는 조회(朝會), 제사(祭祀), 경상(慶賞), 선사(選士), 양로(養老), 교학(敎學) 등의 국가 주요 업무가 시행되었다. 『맹자』「양혜왕하(梁惠王下)」편에는 “夫明堂者, 王者之堂也.”라는 용례가 있고, 『옥태신영(玉台新詠)』「목난사(木蘭辭)」편에도 “歸來見天子, 天子坐明堂.”이라는 용례가 있다. '명당'의 규모나 제도는 시대마다 다르다. 또한 '명당'이라는 건물군 중에서 남쪽의 실(室)을 가리키는 용어로도 사용되었다.

語有紺緅連文, 紺又在緅上, 則以纁入赤爲朱, 若以纁入黑則爲紺. 故淮南子云: "以涅染緅則黑于涅." 又以紺入黑汁則爲緅, 故紺緅連言也. 若然, 玄爲六入, 緇爲七入, 深淺不同. 而鄭以衣與冠同, 以緇與玄同色者, 大同小異, 皆是黑色, 故云同也.

◎ 鄭注: "凡染黑, 五入爲緅, 七入爲緇, 玄則六入與". ○『이아』를 살펴보면, "1차례 물들인 것을 '전(縓)'이라 부르고, 2차례 물들인 것을 '정(赬)'이라 부르며, 3차례 물들인 것을 '훈(纁)'이라 부른다."[22]라고 했다. 이러한 세 가지 것들은 모두 적색으로 물들이는 방법에 해당한다. 『주례』「종씨(鍾氏)」편에서는 새의 깃털을 염색하며 "3차례 물들이면 훈(纁)이 되고, 5차례 물들이면 추(緅)가 되며, 7차례 물들이면 치(緇)가 된다."[23]라고 했다. 이것은 흑색으로 물들이는 방법에 해당한다. 그렇기 때문에 '범염흑(凡染黑)'이라고 말했다. 다만 『이아』와 『주례』에는 4차례 물들이는 것이나 6차례 물들이는 것에 대한 기록이 없는데,『예』에는 그 색깔을 기록한 것 중 주색과 현색이 나타난다. 그렇기 때문에 이곳의 현색에 대한 주를 달며 6차례 물들인 것이라 했고, 아래 경문의 주석에서는 주색에 대해서 4차례 물들였다고 했다. 그러나 경문의 기록이 없기 때문에 둘 모두에 대해서 '여(與)'자를 기록하여 단정적으로 말하지 않았다. 다만 『논어』에는 감(紺)자와 추(緅)자가 연이어 기록된 말이 있고,[24] 감(紺)자는 추(緅)자보다 앞에 기록되어 있으니, 분홍색을 적색에 물들이면 주색이 되고 분홍색을 흑색에 물들이면 감색이 되는 것이다. 그래서 『회남자』

---

[22] 『이아』「석기(釋器)」: 一染謂之縓, 再染謂之赬, 三染謂之纁. 靑謂之葱. 黑謂之黝. 斧謂之黼.

[23] 『주례』「동관고공기(冬官考工記)·종씨(鍾氏)」: 三入爲纁, 五入爲緅, 七入爲緇.

[24] 『논어』「향당(鄕黨)」: 君子不以紺緅飾, 紅紫不以爲褻服. 當署, 袗絺綌, 必表而出之. 緇衣, 羔裘, 素衣, 麑裘, 黃衣狐裘. 褻裘長, 短右袂. 必有寢衣, 長一身有半. 狐貉之厚以居. 去喪, 無所不佩. 非帷裳, 必殺之. 羔裘玄冠不以弔. 吉月, 必朝服而朝. 齊必有明衣, 布.

에서는 "열(涅)을 추(緅)에 물들이면 본래의 열(涅)보다 검게 된다."[25]라고 했다. 또한 감색을 흑색의 물에 넣게 되면 추색이 된다. 그렇기 때문에 감과 추를 연이어 말한 것이다. 만약 그렇다면 현색은 6차례 물들인 것이고 치색은 7차례 물들인 것으로, 색의 짙기가 동일하지 않다. 정현은 상의와 관의 색깔을 동일하다고 하여, 치색과 현색을 동일한 색깔로 여겼는데, 이것은 대동소이할 따름으로, 모두 흑색으로 분류된다. 그렇기 때문에 동일하다고 했다.

참고 『논어』「학이(學而)」 기록

경문 子曰: "出則事公卿, 入則事父兄, 喪事不敢不勉, 不爲酒困, 何有於我哉?"

공자는 "밖으로 나와서 군주와 경을 섬기고, 집으로 들어가서 부친과 형을 섬기며, 상사에서 감히 열심히 하지 않음이 없고, 술로 인해 문란하게 되지 않는 것에 있어서 어떤 것이 나에게 있겠는가?"라고 했다.

하주 馬曰: 困, 亂也.

마씨가 말하길, '곤(困)'자는 문란하다는 뜻이다.

형소 ●"子曰: 出則事公卿, 入則事父兄, 喪事不敢不勉, 不爲酒困, 何有於我哉?". ○正義曰: 此章記孔子言忠順孝悌哀喪愼酒之事也. 困, 亂也. 言出仕朝廷, 則盡其忠順以事公卿也; 入居私門, 則盡其孝悌以事父兄也; 若有喪事, 則不敢不勉力以從禮也, 未嘗爲酒亂其性也. 他人無是行於我, 我獨有之, 故曰何有於我哉.

---

25) 『회남자』「숙진훈(俶眞訓)」: 今<u>以涅染緇則黑於涅</u>, 以藍染靑則靑於藍.

● 經文: "子曰: 出則事公卿, 入則事父兄, 喪事不敢不勉, 不爲酒困, 何有於我哉?". ○ 이 문장은 공자가 충심과 순종, 효와 공손, 상사에 애통해 하는 것, 술에 대해 조심하는 것을 설명한 사안을 기록한 것이다. '곤(困)'자는 문란하다는 뜻이다. 출사하여 조정에 들어가게 되면 충심과 순종을 다하여 군주와 경을 섬기고, 자신의 집으로 들어와 머물 때에는 효와 공손을 다하여 부친과 형을 섬긴다. 상사가 발생한다면 감히 힘을 다하여 예법에 따르지 않는 경우가 없고, 일찍이 술로 인해 본성을 잃는 지경에 이르지 않았다는 뜻이다. 다른 사람이 나에게 이처럼 행동한 일이 없지만 나만 홀로 이러한 행실을 지니고 있기 때문에 "어떤 것이 나에게 있겠는가?"라고 했다.

참고 『예기』「잡기상(雜記上)」 기록

경문 朝服十五升, 去其半而緦加灰, 錫也.

조복(朝服)은 15승(升)의 포로 만드는데, 그 중 절반을 제거한 포로는 시마복(緦麻服)[26]을 만들고, 또 여기에 잿물에 담그는 공정을 가미하면, 석최(錫衰)[27]가 된다.

鄭注 緦, 精麤與朝服同. 去其半, 則六百縷而疏也. 又無事其布, 不灰焉.

---

26) 시마복(緦麻服)은 상복(喪服) 중 하나로, 오복(五服)에 속한다. 가장 조밀한 삼베를 사용해서 만든다. 이 복장을 입게 되는 기간은 상황에 따라서 차이가 있지만, 일반적으로 3개월이 된다. 친족의 백숙부모(伯叔父母)나 친족의 형제(兄弟)들 및 혼인하지 않은 친족의 자매(姉妹) 등을 위해서 입는다.

27) 석최(錫衰)는 가는 베로 만든 옷으로, 일종의 상복(喪服)에 해당한다. 천자의 경우, 삼공(三公)이나 육경(六卿)의 상(喪)에 착용했던 복장이다.

시마복(緦麻服)을 만들 때 사용하는 천은 정밀하고 거친 정도가 조복(朝服)의 경우와 동일하다. 그 절반을 덜어내면 600가닥이 되어 성글다. 또 포(布)에 대해서는 가공함이 없으니, 잿물에 담그지 않는다.

<u>孔疏</u> ● "朝服"至"錫也". ○ 正義曰: 朝服精細, 全用十五升布爲之.

● 經文: "朝服"~"錫也". ○ 조복(朝服)을 만들 때 사용하는 천은 정밀하고 가늘어서 모두 15승(升)의 포(布)를 이용해서 만든다.

<u>참고</u> 『예기』「교특생(郊特牲)」 기록

<u>경문</u> 黃衣黃冠而祭, 息田夫也. 野夫黃冠. 黃冠, 草服也.

황색의 옷을 입고 황색의 모자를 쓰고서 제사를 지내는 것은 농부들을 휴식시키는 것이다. 초야에 머무는 자들은 황색의 모자를 쓴다. 황색의 모자는 초야에 머무는 자들이 착용하는 복장에 따른 모자이다.

<u>鄭注</u> 祭, 謂旣蜡, 臘先祖五祀也, 於是勞農以休息之. 論語曰: "黃衣狐裘." 言祭以息民. 服象其時物之色, 季秋而草木黃落.

'제(祭)'라는 것은 사(蜡)[28]제사를 끝내고 나서, 선조(先祖)와 오사(五祀)에 대한 납(臘)[29]제사를 지낸다는 뜻이니, 이 시기에 농부들을 위로

---

28) 사(蜡)는 연말에 지내는 큰 제사를 뜻한다. 제사 대상은 천제(天帝) 등의 주요 신들을 제외한 나머지 하위 신들에 해당한다. 하위 신들은 그 수가 많아서, 일일이 제사를 지낼 수 없기 때문에, 연말에 합동으로 제사를 지냈던 것이다. 『예기』「잡기하(雜記下)」편에는 "子貢觀於蜡."라는 기록이 있는데, 이에 대한 정현의 주에서는 "蜡也者, 索也. 歲十二月, 合聚萬物而索饗之祭也."라고 풀이했다. 또 『예기』「교특생(郊特牲)」편에는 "蜡之祭也, 主先嗇而祭司嗇也, 祭百種, 以報嗇也."라는 기록이 있다.

하며, 휴식을 시키게 된다. 『논어』에서는 "황색의 옷에 여우가죽으로 된 옷을 받쳐 입는다."[30]라고 했다. 황관 등에 대한 내용은 제사를 지내서 백성들을 휴식시킨다는 뜻이다. 복장은 그 당시 사물의 색깔을 따르게 되어 있는데, 계추(季秋)가 되면 초목들은 누렇게 변색되어 낙엽을 떨어뜨린다.

孔疏 ◎注"祭謂"至"狐裘". ○正義曰: 上云"蜡", 此云"祭", 故知旣蜡, 臘先祖五祀. 對文蜡·臘有別, 總其俱名蜡也. 故月令孟冬"祈來年于天宗, 大割祠于公社及門閭, 臘先祖五祀", 鄭注云"此周禮所謂蜡", 是也. 云"於是勞農以休息之"者, 卽經文"息田夫"是也. 勞農, 王制文.

◎鄭注: "祭謂"~"狐裘". ○앞 문장에서는 '사(蜡)'에 대해서 언급하였는데, 이곳 문장에서는 '제(祭)'라고 언급했으므로, 이 제사가 사(蜡)제사를 끝낸 뒤에, 선조(先祖)와 오사(五祀)[31]에게 지내는 납(臘)제사임을 알

---

29) 납(臘)은 엽(獵)이라고도 부른다. 짐승을 사냥하여 조상 및 오사(五祀)에게 지내는 제사를 뜻한다. 고대에는 백신(百神)들에 대한 제사를 사(蜡)라고 불렀고, 조상에 대한 제사를 '납'이라고 불렀는데, 진한대(秦漢代) 이후로는 이 둘을 통칭하여, '납'이라고 불렀다. 『예기』「월령(月令)」편에는 "天子, 乃祈來年于天宗, 大割, 祠于公社及門閭, 臘先祖·五祀, 勞農以休息之."라는 기록이 있고, 이에 대한 공영달(孔穎達)의 소(疏)에서는 "臘, 獵也. 謂獵取禽獸以祭先祖五祀也."라고 풀이했다. 또한 『춘추좌씨전』「희공(僖公) 5년」편에는 "宮之奇以其族行, 曰虞不臘矣."라는 기록이 있는데, 이에 대한 두예(杜預)의 주에서는 "臘, 歲終祭衆神之名."이라고 풀이했다. 즉 '납'은 한 해가 끝날 무렵 뭇 신들에게 지내는 제사의 명칭이라는 뜻이다.

30) 『논어』「향당(鄕黨)」: 君子不以紺緅飾, 紅紫不以爲褻服. 當署, 袗絺綌, 必表而出之. 緇衣, 羔裘, 素衣, 麑裘, 黃衣狐裘. 褻裘長, 短右袂. 必有寢衣, 長一身有半. 狐貉之厚以居. 去喪, 無所不佩. 非帷裳, 必殺之. 羔裘玄冠不以弔. 吉月, 必朝服而朝. 齊必有明衣, 布.

31) 오사(五祀)는 본래 주택 내외에 있는 대문[門], 방문[戶], 방 가운데[中霤], 부뚜막

수 있다. 문장을 대비시킬 때에는 '사(蠟)'와 '납(臘)'이 구별되지만, 총괄적으로 말을 한다면, 둘 모두에 대해서 '사(蠟)'라고 부르게 된다. 그렇기 때문에 『예기』「월령(月令)」편에서는 "천종(天宗)[32]에게 내년 한해의 풍년을 기원하고, 공사(公社)[33]와 문려(門閭)에서 성대한 할사(割祠)[34]를

[竈], 도뢰[行]를 주관하는 다섯 신(神)들을 가리키기도 하며, 이들에게 지내는 제사를 지칭하기도 한다. 한편 계층별로 봤을 때, 통치자 계급은 통치 범위를 자신의 집으로 생각하여, 각각 다섯 대상에 대해서 대표적인 장소에서 제사를 지내기도 한다. 『예기』「월령(月令)」편에는 "天子乃祈來年于天宗, 大割祠于公社及門閭, 臘先祖五祀. 勞農以休息之."라는 기록이 있고, 이에 대한 정현의 주에서는 "五祀, 門, 戶, 中霤, 竈, 行也."라고 풀이했다. 한편 '오사' 중 행(行) 대신 우물[井]를 포함시키기도 한다. 『회남자(淮南子)』「시칙훈(時則訓)」편에는 "其位北方, 其日壬癸, 盛德在水, 其蟲介, 其音羽, 律中應鐘, 其數六, 其味鹹, 其臭腐. 其祀井, 祭先腎."이라는 기록이 있다. 그리고 이들에 대해 제사를 지내는 이유에 대해서, 『논형(論衡)』「제의(祭意)」편에서는 "五祀報門·戶·井·竈·室中霤之功. 門·戶, 人所出入, 井·竈, 人所欲食, 中霤, 人所託處, 五者功鈞, 故俱祀之."라고 설명한다. 즉 '오사'에 대한 제사는 그들에 대한 공덕에 보답을 하는 것으로, 문(門)과 호(戶)는 사람들이 출입을 하는데 편리함을 제공해주었고, 정(井)과 조(竈)는 사람들이 음식을 먹을 수 있도록 해주었으며, 중류(中霤)는 사람이 거처할 수 있도록 해주었기 때문에, 이들에 대해서 제사를 지내는 것이다.

32) 천종(天宗)은 일월(日月)과 성신(星辰)을 가리킨다. 『일주서(逸周書)』「세부(世俘)」편에는 "武王乃翼矢珪矢憲, 告天宗上帝."이라는 기록이 있는데, 이에 대한 주우증(朱右曾)의 교석(校釋)에서는 "天宗, 日月星辰."이라고 풀이했다.

33) 공사(公社)는 국사(國社)라고도 부른다. '공사'는 고대 관가(官家)에서 토신(土神)에게 제사를 지내던 장소를 뜻한다. 또한 토신에 대한 제사 자체를 가리키기도 한다. 그리고 상공(上公)을 배향하여 제사를 지냈기 때문에, '공사'라는 명칭이 붙게 되었다. 『예기』「월령(月令)」편에는 "天子, 乃祈來年于天宗, 大割, 祠于公社及門閭, 臘先祖·五祀, 勞農以休息之."라는 기록이 있고, 이에 대한 공영달(孔穎達)의 소(疏)에서는 "以上公配祭, 故云公社."라고 풀이했다. 또한 『회남자(淮南子)』「시칙훈(時則訓)」편에는 "孟冬之月 …… 天子祈來年於天宗, 大禱祭於公社, 畢饗先祖."라는 기록이 있고, 이에 대한 고유(高誘)의 주에서는 "公社, 國社也, 后土之祭也. 生爲上公, 死爲貴神, 故曰公也."라고 풀이했다. 즉 '공사'는 '국사'라는 것으로, 후토(后土)에 대한 제사를 의미한다. 생전에는 상공의 직위를 가졌다가, 죽어서 존귀한 토지신이 되었기 때문에, 공(公)자를 붙이게 되었다는

시행하고, 선조와 오사에게 납(臘)제사를 지낸다."라고 했던 것이고, 이 문장에 대한 정현의 주에서는 "이것은 『주례』에서 말한 '사(蜡)'제사에 해당한다."라고 한 것이다. 정현이 "이 시기에 농부들을 위로하며, 휴식을 시키게 된다."라고 하였는데, 이것은 경문에 나온 '식전부(息田夫)'의 뜻에 해당한다. 농부를 위로한다는 것은 『예기』「왕제(王制)」편에 기록된 문장이다.[35]

참고 『예기』「옥조(玉藻)」 기록

경문 而素帶, 終辟, 大夫素帶, 辟垂, 士練帶, 率, 下辟, 居士錦帶, 弟子縞帶, 幷紐約用組.

제후는 허리띠를 흰 비단으로 만들고, 끝부분에는 가선을 두른다. 대부는 허리띠를 흰 비단으로 만들고, 늘어뜨리는 띠에는 가선을 두른다. 사는 허리띠를 명주로 만들고, 홑겹으로 만들고 양쪽 끝부분을 꿰매며, 늘어뜨리는 끈에 가선을 두른다. 은둔해 있는 사는 허리띠를 비단으로 만든다. 제자들은 허리띠를 흰색의 생견으로 만든다. 허리띠를 결속할 때에는 조(組)를 이용해서 묶는다.

鄭注 "而素帶, 終辟", 謂諸侯也. 諸侯不朱裏, 合素爲之, 如今衣帶爲之, 下天子也. 大夫亦如之. 率, 繂也. 士以下皆襌, 不合而繂積, 如今作幧頭爲之也. 辟, 讀如"裨冕"之"裨". 裨, 謂以繒采飾其側. 人

뜻이다.

34) 할사(割祠)는 희생물을 죽여서 부위별로 가른 뒤에, 그것을 바쳐 제사를 지내는 것이다.

35) 『예기』「왕제(王制)」: 百官, 各以其成, 質於三官, 大司徒大司馬大司空, 以百官之成, 質於天子, 百官, 齊戒, 受質, 然後休老勞農, 成歲事, 制國用.

君充之, 大夫裨其紐及末, 士裨其末而已. 居士, 道藝處士也. 此自
"而素帶"亂脫在是耳, 宜承"朱裏終辟".

"소(素)로 대(帶)를 만들고, 종벽(終辟)을 한다."라는 말은 제후에게 해
당하는 예법이다. 제후는 적색을 안감으로 대지 않고, 안팎을 모두 소
(素)로 만들게 되니, 오늘날의 의대(衣帶)처럼 만드는 것으로, 천자의 예
법보다 낮추기 위해서이다. 대부 또한 이처럼 만든다. '율(率)'은 밧줄을
뜻한다. 사로부터 그 이하의 계층은 모두 홑겹으로 만들게 되며, 끈을
합하여 밧줄처럼 꼬지 않으니, 마치 오늘날의 조두(絛頭)처럼 만들어서
두르는 것과 같다. '벽(辟)'자는 '비면(裨冕)'이라고 할 때의 '비(裨)'자로
풀이한다. '비(裨)'자는 증(繒)을 이용하되 그 측면을 채색하여 장식한 것
을 뜻한다. 군주의 경우에는 전체를 이처럼 하지만, 대부는 그 매듭과
끝부분만을 비(裨)로 만들고, 사는 그 끝부분만을 비(裨)로 만들 따름이
다. '거사(居士)'는 도덕과 재예를 갖추고 있으면서 은거해 있는 사를 뜻
한다. 이 문장의 '이소대(而素帶)'로부터 그 이하의 문장은 뒤섞이고 누
락되어, 이곳에 기록된 것일 뿐이니, 마땅히 '주리종벽(朱裏終辟)'이라는
문장에 뒤이어 기록되어야 한다.

孔疏 ●"而素帶, 終辟"者, 謂諸侯也, 以素爲帶, 不以朱爲裏, 亦用
朱綠終裨.

●經文: "而素帶, 終辟". ○ 제후에 대한 경우를 뜻하니, 소(素)로 대(帶)
를 만들지만, 적색으로 안감을 대지 않고, 또한 적색의 가선을 이용해서
끝부분을 비(裨)로 처리한다.

孔疏 ●"大夫素帶, 辟垂"者, 大夫亦用素爲帶, 不終裨, 但以玄華裨
其身之兩旁及屈垂者.

●經文: "大夫素帶, 辟垂". ○ 대부 또한 소(素)를 이용해서 대(帶)를

만들지만, 끝부분을 비(紕)로 처리하지 않고, 단지 현황색으로 대(帶)의
양쪽 측면과 굽혀져서 밑으로 늘어지는 부분만 비(紕)로 처리한다.

孔疏 ● "士練帶, 率, 下辟"者, 士用孰帛練爲帶, 其帶用單帛, 兩邊
緶而已. 緶, 謂緶緝也.

● 經文: "士練帶, 率, 下辟". ○ 사(士)는 누인 비단을 이용해서 대(帶)
를 만드는데, 대(帶)를 만들 때에는 홑겹의 비단을 사용하며, 양쪽 측면
을 율(緶)로 할 따름이다. '율(緶)'은 꿰맨 것을 뜻한다.

참고 『예기』「옥조(玉藻)」 기록

경문 大夫大帶四寸. 雜帶, 君朱綠, 大夫玄華, 士緇辟二寸, 再繚四
寸. 凡帶有率, 無箴功.

대부가 차는 대대(大帶)는 그 폭이 4촌이다. 대(帶)에는 장식을 하니,
군주의 것은 주색과 녹색으로 장식하고, 대부의 것은 현색과 황색으로
장식을 하며, 사의 것은 검은색으로 하되, 폭이 2촌이며, 두 번 두르게
되면, 폭이 4촌이다. 범대(凡帶)에는 홑겹으로 만들어서 양쪽 끝부분을
꿰맨 곳이 있지만, 측면을 채색하는 작업이 없다.

鄭注 雜猶飾也, 即上之裨也. 君裨帶, 上以朱, 下以綠終之. 大夫裨
垂, 外以玄, 內以華. 華, 黃色也. 士裨垂之下, 外內皆以緇, 是謂緇
帶. 大夫以上以素, 皆廣四寸. 士以練, 廣二寸, 再繚之. 凡帶, 有司
之帶也, 亦緶之如士帶矣. 無箴功, 則不裨之. 士雖緶帶, 裨亦用箴
功. 凡帶不裨, 下士也. 此又亂脫在是, 宜承"紳·韠·結三齊".

'잡(雜)'자는 "장식하다."는 뜻이니, 상부의 측면을 채색한다는 뜻이다. 군
주는 대(帶)에 대해서 채색을 하니, 상부는 주색으로 만들고, 하부는 녹

색을 이용해서 끝부분을 처리한다. 대부는 늘어뜨리는 부분에 채색을 하니, 외면은 현색으로 만들고, 내면은 황색으로 만든다. '화(華)'자는 황색을 뜻한다. 사는 늘어뜨리는 밑면을 채색하는데, 외부와 내부를 모두 검은색으로 만드니, 이것을 '치대(緇帶)'라고 부른다. 대부로부터 그 이상의 계급은 흰 비단으로 만들며, 그 너비는 모두 4촌이다. 사는 누인 명주로 만드는데, 그 너비는 2촌이며, 두 차례 감는다. '범대(凡帶)'는 유사(有司)가 차는 대(帶)이니, 또한 홑겹으로 만들고 양쪽 끝부분을 꿰매는 율(繂)은 사의 대(帶)처럼 하게 된다. '무잠공(無箴功)'은 채색을 하지 않는다는 뜻이다. 사는 비록 대(帶)에 대해서 율(繂)은 하지만, 채색에 있어서는 바느질을 하는 공정이 포함된다. 범대에는 채색을 하지 않으니, 사보다 낮추기 때문이다. 이 구문 또한 뒤섞이고 누락되어, 이곳에 기록된 것이니, 마땅히 "紳·韠·結三齊"라는 문장 뒤에 와야 한다.

孔疏 ◎注"雜猶"至"三齊". ○正義曰: 上云"裨", 此云"雜", 故知"雜"卽上之"裨"也. 云"君裨帶上以朱, 下以綠"者, 君, 謂天子·諸侯. 崔氏·熊氏並云: "據要爲正, 飾帶外邊, 上畔以朱, 朱是正色, 故在上也. 下畔以綠, 綠是間色, 故在下也." 云"大夫裨垂, 外以玄, 內以華. 華, 黃色也"者, 熊氏云: "近人爲內, 遠人爲外." 玄是天色, 故在外. 以華對玄, 故以爲黃也. 黃是地色, 故在內也. 云"士裨垂之下, 外內皆以緇"者, 士旣練帶, 而士冠禮謂之"緇帶", 濛裨色言之, 故謂之"緇帶", 以裨之外內皆用緇也. 云"宜承紳·韠·結三齊"者, 以下文"三寸, 長齊于帶", 合承上"紐約用組"之後, 則此"大夫大帶"一經, 不得厠在其間, 故知宜承下"紳·韠·結三齊"之後也.

◎鄭注: "雜猶"~"三齊". ○ 앞에서는 '비(裨)'라고 했고, 이곳에서는 '잡(雜)'이라고 했다. 그렇기 때문에 '잡(雜)'이 곧 앞에서 말한 '비(裨)'에 해당함을 알 수 있다. 정현이 "군주는 대(帶)에 대해서 채색을 하니, 상부는 주색으로 만들고, 하부는 녹색으로 만든다."라고 했는데, '군(君)'자는

천자와 제후를 가리킨다. 최영은[36)]과 웅안생[37)]은 모두 "중요 부분을 정색(正色)[38)]으로 만든다는 것에 근거해보면, 허리띠의 외변을 장식할 때, 상부의 반절은 주색으로 하는데, 주색은 정색이 된다. 그렇기 때문에 상부에 하는 것이다. 하부의 반절은 녹색으로 하는데, 녹색은 간색(間色)[39)]이 된다. 그렇기 때문에 하부에 하는 것이다."라고 했다. 정현이 "대부는 늘어뜨리는 부분에 채색을 하니, 외면은 현색으로 만들고, 내면은 황색으로 만든다. '화(華)'자는 황색을 뜻한다."라고 했는데, 웅안생은 "사람과 가까이 있는 부분은 내면이 되고, 사람과 멀리 떨어진 부분은 외면이 된다."라고 했다. 현색은 하늘의 색깔이다. 그렇기 때문에 외면에 하는 것이다. 화(華)는 현(玄)과 대비가 되기 때문에, 황색으로 여긴 것이다. 황색은 땅의 색깔이 된다. 그렇기 때문에 내면에 하는 것이다. 정현이 "사는 늘어뜨리는 밑면을 채색하는데, 외부와 내부를 모두 검은색으로 만든다."라고 했는데, 사 계층은 누인 명주로 대(帶)를 만들게 되는데, 『의례』「사관례(士冠禮)」편에서는 그것을 '치대(緇帶)'[40)]라고 불렀으니, 비(紕)를

---

36) 최영은(崔靈恩, ? ~ ?) : =최씨(崔氏). 남북조(南北朝) 때의 학자이다. 오경(五經)에 능통하였고, 다른 경전에도 두루 해박하였다고 전해진다. 『모시(毛詩)』, 『주례(周禮)』 등에 주석을 달았고, 『삼례의종(三禮義宗)』, 『좌씨경전의(左氏經傳義)』등을 지었다.

37) 웅안생(熊安生, ? ~ A.D.578) : =웅씨(熊氏). 북조(北朝) 때의 경학자이다. 자(字)는 식지(植之)이다. 『주례(周禮)』, 『예기(禮記)』, 『효경(孝經)』 등 많은 전적에 의소(義疏)를 남겼지만, 모두 산일되어 남아 있지 않다. 현재 마국한(馬國翰)의 『옥함산방집일서(玉函山房輯佚書)』에 『예기웅씨의소(禮記熊氏義疏)』 4권이 남아 있다.

38) 정색(正色)은 간색(間色)과 대비되는 말로, 청색(靑色)·적색(赤色)·황색(黃色)·백색(白色)·흑색(黑色) 등 순일한 다섯 종류의 색깔을 뜻한다.

39) 간색(間色)은 정색(正色)과 대비되는 말이다. 순일하지 못한 색깔을 지칭한다. '정색'은 청색(靑色)·적색(赤色)·황색(黃色)·백색(白色)·흑색(黑色) 등이 해당한다. 예를 들어 청색의 색깔이 순일한 경우에는 '정색'이라고 부르고, 순일하지 못한 청색 등에 대해서는 '간색'이라고 부른다.

한 색깔에 따라서 불렀기 때문에, '치대(緇帶)'라고 한 것이니, 비(紕)를 한 내외면에는 모두 치(緇)를 사용한 것이다. 정현이 "마땅히 '紳·韠·結三齊'라는 문장 뒤에 와야 한다."라고 했는데, 아래문장에서는 "三寸, 長齊于帶"라고 한 말은 앞에서 "紐約用組"라고 한 말 뒤에 와야 하므로, 이곳에서 "大夫大帶"라고 한 문장은 그 사이에 끼어들 수 없다. 그렇기 때문에 이 문장이 마땅히 "紳·韠·結三齊"라는 구문 뒤에 와야 함을 알 수 있다.

참고 『예기』「옥조(玉藻)」 기록

경문 韠, 君朱, 大夫素, 士爵韋.

슬갑은 군주의 것은 주색으로 만들고, 대부의 것은 소(素)로 만들며, 사의 것은 작위(爵韋)로 만든다.

鄭注 此玄端服之韠也. 韠之言蔽也. 凡韠, 以韋爲之, 必象裳色, 則天子·諸侯玄端朱裳, 大夫素裳. 唯士玄裳, 黃裳, 雜裳也. 皮弁服皆素韠.

여기에서 말하는 슬갑은 현단복(玄端服)에 착용하는 슬갑이다. '필(韠)'자는 "가리다."는 뜻이다. 모든 슬갑은 다룸가죽[韋]으로 만들게 되는데, 반드시 하의의 색상을 반영하게 되니, 천자와 제후의 현단복에는 주색의 하의를 착용하고, 대부는 흰색의 하의를 착용한다. 오직 사만이 검은색의 하의, 황색의 하의, 색깔이 섞여 있는 하의를 착용한다. 피변복(皮弁服)을 착용하는 경우에는 모두 흰색의 슬갑을 착용한다.

---

40) 『의례』「사관례(士冠禮)」 : 筮于廟門. 主人玄冠·朝服·緇帶·素韠, 卽位于門東, 西面.

孔疏 ◎注“此玄”至“素韠”. ○正義曰: 知“此玄端服之韠也”者, 按士冠禮玄端·玄裳·黃裳·雜裳·爵韠, 謂士玄端之韠. 此云“士爵韋”, 故知是玄端之韠也. 云“天子·諸侯玄端朱裳”者, 以韠從裳色. 君旣用朱, 故知裳亦朱色也. 然天子諸侯祭服, 玄衣纁裳. 知此朱韠非祭服韠者, 若其祭服則君與大夫士無別, 同是赤色, 何得云“大夫素, 士爵韋”? 且祭服之韠, 大夫以上謂之韍, 士爵弁謂之韎韐, 不得稱韠也. 云“大夫素裳”者, 大夫玄端, 以素爲裳, 故素韠也. 此則大夫·士朝君之服. 大夫旣以素裳爲朝服, 又以玄端服, 禮窮則同故也. 云“唯士玄裳, 黃裳, 雜裳也”者, 士冠禮謂玄端之裳也. 士朝服則素裳, 故鄭注士冠禮, 朝服則玄端之衣, 易其裳耳. 云“皮弁服皆素韠”者, 按士冠禮“皮弁服素韠”. 云“皆”者, 君與大夫·士皮弁皆然, 故云“皆”也.

◎鄭注: “此玄”~“素韠”. ○정현이 “여기에서 말하는 슬갑은 현단복(玄端服)에 착용하는 슬갑이다.”라고 했는데, 이 말이 사실임을 알 수 있는 이유는 『의례』「사관례(士冠禮)」편을 살펴보면, 현단(玄端)·현상(玄裳)·황상(黃裳)·잡상(雜裳)·작필(爵韠)에 대해서, 사가 현단복에 착용하는 슬갑이라고 했다. 이곳에서는 “사의 슬갑은 작위(爵韋)로 만든다.”라고 했기 때문에, 이 슬갑이 현단복에 착용하는 슬갑임을 알 수 있다. 정현이 “천자와 제후의 현단복에는 주색의 하의를 착용한다.”라고 했는데, 슬갑은 하의의 색상에 따르게 되어 있기 때문이다. 군주의 슬갑은 이미 주색을 사용하기 때문에, 하의 또한 주색으로 만든다는 사실을 알 수 있다. 그러나 천자와 제후가 착용하는 제복(祭服)은 현색의 상의에 분홍색의 하의를 착용한다. 이곳에서 말하는 주색의 슬갑이 제복에 착용하는 슬갑이 아니라는 사실을 알 수 있는데, 만약 그 복장이 제복인 경우라면, 군주와 대부 및 사는 차이가 없으니, 모두 적색으로 맞추게 되는데, 어떻게 “대부는 흰색으로 하고, 사는 작위로 한다.”라고 할 수 있는가? 또 제복에 착용하는 슬갑의 경우, 대부 이상의 계급에 대한 것은 ‘불(韍)’이라고 부르고, 사의 작변복(爵弁服)에 착용하는 슬갑은 ‘매겹(韎韐)’이

라고 부르게 되니, '필(韠)'이라고 부를 수 없다. 정현이 "대부는 흰색의 하의를 착용한다."라고 했는데, 대부의 현단복에서는 흰색의 옷감으로 하의를 만들게 된다. 그렇기 때문에 흰색의 슬갑을 착용하게 된다. 이것은 대부 및 사가 군주에게 조회를 할 때 착용하는 복장이다. 대부는 이미 흰색의 하의를 조복(朝服)으로 삼고, 또 현단복(玄端服)으로 사용하는데, 예법의 규정이 다하게 되면, 규정을 동일하게 맞추기 때문이다. 정현이 "오직 사만이 검은색의 하의, 황색의 하의, 색깔이 섞여 있는 하의를 착용한다."라고 했는데, 「사관례」편에서 말하는 복장은 현단복에 착용하는 하의를 뜻한다. 사의 조복인 경우라면, 흰색의 하의를 착용한다. 그렇기 때문에 「사관례」편에 대한 정현의 주에서는 조복인 경우, 현단복의 상의를 착용하고, 하의만 바꿀 따름이라고 한 것이다. 정현이 "피변복(皮弁服)을 착용하는 경우에는 모두 흰색의 슬갑을 착용한다."라고 했는데, 「사관례」편을 살펴보면, "피변복을 착용하고, 흰색의 슬갑을 찬다."[41]라고 했다. 정현이 '모두[皆]'라고 말한 이유는 군주와 대부 및 사의 피변복은 모두 이처럼 되어 있기 때문에, '모두'라고 말한 것이다.

참고 『예기』「옥조(玉藻)」 기록

경문 玄端而朝日於東門之外, 聽朔於南門之外. 閏月則闔門左扉, 立于其中.

천자는 현면(玄冕)을 착용하고서 국성의 동문 밖에서 조일(朝日)을 하고, 남문 밖에서 청삭(聽朔)을 한다. 윤달이 되면, 문의 좌측을 닫고, 우측으로 통행하며, 그 중앙에 서서 청삭을 한다.

---

41) 『의례』「사관례(士冠禮)」 : 賓盥, 正纚如初, 降二等, 受皮弁, …… 服素積 · 素韠, 容, 出房, 南面.

鄭注 端當爲"冕", 字之誤也. 玄衣而冕, 冕服之下. 朝日, 春分之時也. 東門·南門, 皆謂國門也. 天子廟及路寢, 皆如明堂制. 明堂在國之陽, 每月就其時之堂而聽朔焉, 卒事反宿路寢亦如之. 閏月, 非常月也. 聽其朔於明堂門中, 還處路寢門, 終月. 凡聽朔, 必以特牲, 告其帝及神, 配以文王·武王.

'단(端)'자는 마땅히 '면(冕)'자가 되어야 하니, 글자가 비슷해서 생긴 오류이다. 검은색의 옷을 입고 면류관을 착용하는 것은 면복(冕服) 중에서도 가장 하등의 복장이다. '조일(朝日)'42)은 춘분(春分)의 시기에 시행한다. '동문(東門)'과 '남문(南門)'은 모두 국성(國城)의 문에 해당한다. 천자의 묘(廟) 및 노침(路寢)은 모두 명당(明堂)을 만드는 제도처럼 만든다. 명당은 국성 중 양(陽)의 방위에 있고, 매월 그 계절에 해당하는 당으로 나아가서 청삭(聽朔)을 하고, 그 일이 끝나면, 되돌아와서 노침(路寢)에 머무는데, 이때에도 또한 이처럼 한다. '윤월(閏月)'은 일상적인 달이 아니다. 명당의 문 중앙에서 초하루에 해야 할 일들을 듣고, 되돌아와서 노침의 문에 위치하여, 종월(終月)을 한다. 무릇 청삭을 할 때에서는 반드시 특생(特牲)을 사용하여, 오제(五帝) 중 해당 하는 제(帝)와 보좌하는 신(神)에게 아뢰고, 문왕(文王)과 무왕(武王)을 배향한다.

---

42) 조일(朝日)은 고대에 제왕이 해에 대해서 지낸 제사를 뜻한다. 해가 떠오를 무렵에 해에게 절을 하였기 때문에 '조(朝)'자를 붙여서 부른 것이다. 『한서(漢書)』「교사지상(郊祀志上)」편에는 "十一月辛巳朔旦冬至. 昒爽, 天子始郊拜泰一, 朝朝旦, 夕夕月, 則揖."이라는 기록에 있고, 이에 대한 안사고(顔師古)의 주에서는 "以朝旦拜日爲朝."라고 풀이하였다. 또한 '조일'은 각 계절의 기운이 도래할 때, 교외(郊外)에서 지낸 제사를 뜻하기도 한다. 『주례』「천관(天官)·장차(掌次)」편에는 "朝旦, 祀五帝, 則張大次小次, 設重帟重案."이라는 기록이 있는데, 이에 대한 정현의 주에서는, "朝日, 春分拜日於東門之外."라고 풀이하였다. 한편 제왕이 조정에서 정사를 듣는 행위 또는 그러한 날을 뜻하기도 한다. 『전국책(戰國策)』「제책육(齊策六)」편에는 "王至朝旦, 宜召田單而揖之於庭, 口勞之."라는 기록이 있다.

孔疏 ◎注"端當"至"武王". ○正義曰: 知"端"當爲"冕"者, 凡衣服, 皮弁尊, 次以諸侯之朝服, 次以玄端. 按: 下諸侯皮弁聽朔, 朝服視朝. 是視朝之服卑於聽朔. 今天子皮弁視朝, 若玄端聽朔, 則是聽朔之服卑於視朝, 與諸侯不類. 且聽朔大, 視朝小, 故知"端"當爲"冕", 謂玄冕也. 是冕服之下. 按宗伯, 實柴祀日月星辰, 則日月爲中祀. 而用玄冕者, 以天神尙質. 按魯語云: "大采朝日, 少采夕月." 孔晁云: "大采, 謂衮冕"·"少采, 謂黼衣." 而用玄冕者, 孔氏之說非也. 故韋昭云: "大采, 謂玄冕也." 少采夕月, 則無以言之. 云"朝日春分之時也"者, 以春分日長, 故朝之. 然則夕月在秋分也. 按書傳略說云: "祀上帝於南郊." 卽春迎日於東郊. 彼謂孟春, 與此春分朝日別. 朝事儀云: "冕而執鎭圭, 帥諸侯朝日於東郊." 此云朝日於東門者, 東郊在東門之外, 遙繼門而言之也. 云"東門·南門, 皆謂國門也"者, 以朝事儀云"朝日東郊", 故東門是國城東郊之門也. 孝經緯云: "明堂在國之陽." 又異義: 淳于登說明堂在三里之外, 七里之內, 故知南門亦謂國城南門也. 云"天子廟及路寢皆如明堂制"者, 按考工記云: "夏后氏世室." 鄭注云: "謂宗廟." "殷人重屋", 注云: "謂正寢也." "周人明堂", 鄭云"三代各擧其一", 明其制同也. 又周書亦云, 宗廟·路寢·明堂, 其制同. 又按明堂位: "大廟, 天子明堂." 魯之大廟如明堂, 則知天子大廟亦如明堂也. 然大廟·路寢旣如明堂, 則路寢之制, 上有五室, 不得有房. 而顧命有東房·西房, 又鄭注樂記云: "文王之廟, 爲明堂制." 按覲禮, 朝諸侯在文王廟, 而記云"凡俟于東箱"者, 鄭答趙商云: "成王崩, 時在西都. 文王遷豐鎬, 作靈臺·辟癰而已. 其餘猶諸侯制度焉, 故知此喪禮, 設衣物有夾有房也. 周公攝政, 制禮作樂, 乃立明堂於王城." 如鄭此言, 是成王崩時, 路寢猶如諸侯之制, 故有左右房也. 覲禮在文王之廟, 而記云"凡俟于東箱"者, 是記人之說誤耳. 或可文王之廟, 不如明堂制, 但有東房·西房, 故魯之大廟如文王廟. 明堂位云"君卷冕立于阼, 夫人副褘立于房中", 是也. 樂記注稱"文王之廟如明堂制", 有"制"字者, 誤也. 然西都宮室既如諸侯制. 按詩·斯于云: "西南其戶." 箋云: "路寢制如明堂." 是宣王之時在鎬京, 而云"路寢制如明堂", 則西都宮室如明堂也. 故張逸疑而致問, 鄭答之云: "周公制于土中, 洛誥云: '王入大室祼.' 是顧命成王崩於鎬京, 承先王宮室耳. 宣王承亂, 又不能如周公之制." 如鄭此言, 則成王崩時, 因先王舊宮室. 至康王已後所營, 依天子制度. 至宣王之時, 承亂之後, 所營宮室, 還依天子制度, 路寢如明堂也, 不復能如周公之時先王之宮室也. 若然, 宣王之後, 路寢制如明堂. 按詩·王風: "右招我由房." 鄭答張逸云: "路寢, 房中所用. 男子而路寢, 又有左右房者." 劉氏云: "謂路寢下之燕寢, 故有房也." 熊氏云: "平王微弱, 路寢不復如明堂也." 異義: "明堂制, 今禮戴說, 禮·盛德記曰: '明堂自古有之, 凡有九室, 室有四戶八牖, 三十六戶, 七十二牖, 以草蓋屋, 上圓下方, 所以朝諸侯, 其外名曰辟廱.' 明堂, 月令書說云: '明堂高三丈, 東西九仞, 南北七筵, 上圓下方, 四堂十二室. 室四戶八牖. 宮方三百步, 在近郊. 近郊三十里.' 講學大夫淳于登說: '明堂在國之陽, 丙巳之地, 三里之外, 七里之內, 而祀之就陽位. 上圓下方, 八窗四闥, 布政之宮. 周公祀文王於明堂, 以配上帝. 上帝, 五精之帝. 大微之庭, 中有五帝座星.' 其古周禮·孝經說: '明堂, 文王之廟, 夏后氏世室, 殷人重屋, 周人明堂, 東西九筵. 筵九尺. 南北七筵. 堂崇一筵, 五室. 凡室二筵, 蓋之以茅.' 謹按: 今禮·古禮, 各以其義說, 說無明文以知之. 玄之聞也, 禮戴所云, 雖出盛德記, 及其下, 顯與本異章. 九室·三十六戶·七十二牖, 似秦相呂不韋作春秋時, 說者所益, 非古制也. '四堂十二室', 字誤, 本書云'九室十二堂'. 淳于登之言, 取義於援神契. 援神契說'宗祀文王於明堂, 以配上帝曰明堂'者, 上圓下方, 八窗四闥, 布政之宮, 在國之陽. 帝者, 諦也, 象上可承五精之神. 五精之神, 實在大微, 於辰爲巳. 是以登云然. 今說立明堂於巳, 由此爲也. 水木用事, 交於東北; 木火用事, 交於東南; 火土用事, 交於中央; 金土用事, 交於西南; 金水用事, 交於西北. 周人明堂五室, 帝一室, 合於數." 如鄭此言, 是明堂用淳于登之說; 禮戴說, 而明堂·辟廱是一; 古周禮·孝經說, 以明堂爲文王廟. 又僖五年公旣視朔, 遂登觀臺. 服氏云: "人君入大廟視朔·告朔, 天子曰靈臺, 諸侯曰觀臺, 在明堂之中." 又文二年服氏云: "明堂祖廟." 並與鄭說不同者, 按王制云: "小學在公宮南之左, 大學在郊." 又云: "天子曰辟廱." 辟廱是學也, 不得與明堂同爲一物. 又天子宗廟在雉門之外. 孝經緯云: "明堂在國之陽." 又此云"聽朔於南門之外", 是明堂與祖廟別處, 不得爲一也. 孟子云: "齊宣王問曰: '人皆謂我毁明堂.' 孟子對曰: '夫明堂者, 王者之堂也. 王欲行王政, 則勿毁之矣.'" 是王者有明堂, 諸侯以下皆有廟, 又知明堂非廟也. 以此, 故鄭皆不用, 具於鄭駁異義也. 云"每月就其時之堂而聽朔焉"者, 月令孟春"居靑陽左个", 仲春"居靑陽大廟", 季春"居靑陽右个". 以下所居, 各有其處, 是每月就其時之堂也. 云"卒事反宿路寢, 亦如之"者, 路寢旣與明堂同制, 故知反居路寢, 亦如明堂每月異所. 反居路寢, 謂視朔之一日也, 其餘日卽在燕寢, 視朝則恒在路門外也. 云"閏月, 非常月也"者, 按文六年云"閏月不告月, 猶朝于廟". 公羊云: "不告月者何? 不告朔也. 曷爲不告朔? 天無是月也, 閏月矣. 何以謂之天無是月? 是月非常月也." 何休云: "不言朔者, 閏月無告朔禮也." 穀梁之義, 與公羊同. 左氏則閏月當告朔. 按異義: "公羊說: '每月告朔朝廟, 至于閏月不以朝者, 閏月, 殘聚餘分之月, 無政, 故不以朝. 經書閏月猶朝廟, 譏之.' 左氏說: '閏以正時, 時以作事, 事以厚生. 生民之道, 於是乎在. 不告閏朔, 棄時政也.' 許君謹按: 從左氏說, 不顯朝廟·告朔之異, 謂朝廟而因告朔." 故鄭駁之, 引堯典以閏月定四時成歲, 閏月當告朔. 又云: "說者不本於經, 所譏者異其是與非, 皆謂朝廟而因告朔, 似俱失之. 朝廟之經在文六年, 冬, '閏月不告月, 猶朝於廟', 辭與宣三年, 春, '郊牛之口傷, 改卜牛, 牛死, 乃不郊, 猶三望'同. 言'猶'者, 告朔然後當朝

廟, 郊然後當三望. 今廢其大, 存其細, 是以加'猶'譏之. 論語曰: '子
貢欲去告朔之餼羊.' 周禮有朝享之禮祭. 然則告朔與朝廟祭異, 亦
明矣." 如此言從左氏說, 又以先告朔而後朝廟. 鄭以公羊閏月不告
朔爲非, 以左氏告朔爲是. 二傳皆以先朝廟而因告朔, 二者皆失, 故
鄭云: "其是與非, 皆謂朝廟而因告朔, 俱失之也." 鄭必知告朔與朝
廟異者, 按天子告朔於明堂, 其朝享從祖廟下至考廟, 故祭法云"曰
考廟, 曰王考廟, 皆月祭之", 是也. 又諸侯告朔在太廟, 而朝享自皇
考至考, 故祭法云: "諸侯自皇考以下, 皆月祭之." 是告朔與朝廟不
同. 又天子告朔以特牛, 諸侯告朔以羊, 其朝享各依四時常禮, 故用
大牢. 故司尊彝朝享之祭用虎彝·蜼彝·大尊·山尊之等, 是其別
也. 云"聽其朔於明堂門中, 還處路寢門, 終月"者, 以閏非常月, 無恒
居之處, 故在明堂門中. 按大史云: "閏月, 詔王居門終月." 是"還處路
寢門, 終月", 謂終竟一月所聽之事, 於一月中耳, 於尋常則居燕寢也.
故鄭注大史云: "於文, 王在門謂之閏." 是閏月聽朔於明堂門, 反居
路寢門. 皇氏云: "明堂有四門, 卽路寢亦有四門. 閏月各居其時當方
之門." 義或然也. 云"凡聽朔, 必以特牲, 告其帝及神, 配以文王·武
王"者, 論語云: "告朔之餼羊." 注曰: "天子特牛與, 以其告朔禮略, 故
用特牛." 按月令每月云其帝·其神, 故知告帝及神, 以其在明堂之
中, 故知配以文王·武王之主, 亦在明堂, 以汎配五帝. 或以武王配
五神於下, 其義非也.

◎鄭注: "端當"~"武王". ○정현의 말처럼 '단(端)'자가 마땅히 '면(冕)'자
가 되어야 한다는 사실을 알 수 있는 이유는 무릇 의복에 있어서, 피변
(皮弁)은 존귀한 복식이 되고, 그 다음으로는 제후(諸侯)의 조복(朝服)
이 있으며, 그 다음으로는 현단(玄端)이 있다. 살펴보니, 아래문장에서는
제후가 피변(皮弁)을 착용하고 청삭(聽朔)을 한다고 했고, 조복(朝服)을
착용하고 조정에 참관한다고 했다.[43] 따라서 이 기록은 조정에 참관할
때 착용하는 복장이 청삭을 할 때의 복장보다 낮다는 사실을 나타낸다.

현재 천자(天子)가 피변(皮弁)을 착용하고 조정에 참관한다고 했는데,
만약 현단(玄端)을 착용하고 청삭을 한다면, 이것은 청삭을 할 때 착용한
복장이 조정에 참관할 때의 복장보다 낮게 되므로, 제후가 따르는 예법의
부류와 달라진다. 또한 청삭은 중대한 일에 해당하고, 조정에 참관하는
일은 상대적으로 사소한 일에 해당한다. 그렇기 때문에 '단(端)'자가 '면
(冕)'자가 되어야 함을 알 수 있는데, 이 복장은 '현면(玄冕)'을 뜻하며,
면복(冕服) 중에서도 가장 하등의 복장이다. 『주례』「종백(宗伯)」편을 살
펴보면, 실시(實柴)[44]를 하여 일월(日月)과 성신(星辰)에게 제사를 지
낸다고 했다면,[45] 해와 달에 대한 제사는 중간 규모의 제사[46]가 된다.
그리고 현면(玄冕)을 착용하는 이유는 천신(天神)은 질박함을 숭상하기
때문이다. 『국어』「노어(魯語)」편을 살펴보면, "대채(大采)를 입고 조일
(朝日)을 하고, 소채(少采)를 입고 석월(夕月)[47]을 한다."[48]라고 했고,

---

43) 『예기』「옥조」: 諸侯玄端以祭, 裨冕以朝, 皮弁以聽朔於大廟, 朝服以日視朝於
內朝.

44) 실시(實柴)는 고대에 시행되었던 제사 절차이다. 희생물을 땔감 위에 올려두고
불을 피워서, 하늘로 올라가는 연기로 신들에게 흠향을 시키는 방법이다. 『주례』
「춘관(春官)·대종백(大宗伯)」편에는 "以實柴祀日月星辰."이라는 기록이 있고,
이에 대한 정현의 주에서는 "實柴, 實牛柴上也."라고 풀이했다.

45) 『주례』「춘관(春官)·대종백(大宗伯)」: 以禋祀祀昊天上帝, 以實柴祀日·月·
星·辰, 以槱燎祀司中·司命·飌師·雨師.

46) 중사(中祀)는 대제(大祭) 다음으로 중대한 제사를 총칭한다. 제사의 대상에 대해
서는 시대마다 차이가 있었다. 『수서(隋書)』「예의지일(禮儀志一)」에서는 "星
辰·五祀·四望等爲中祀."라고 하여, 중사의 대상을 성신(星辰)·오사(五祀)·
사망(四望)으로 여겼고, 청(淸)나라의 경우에는 일월(日月)·선농(先農)·선잠
(先蠶) 및 역대의 제왕과 문창(文昌) 및 태세(太歲) 등을 중사의 대상으로 삼았다.

47) 석월(夕月)은 고대에 제왕이 달에 대해서 지낸 제사를 뜻한다. 춘분(春分) 때에는
조일(朝日)을 하고, 추분(秋分) 때에는 '석월'을 했고, 서쪽 성문 밖에서 지낸 제사
라고 설명하기도 한다. 『국어(國語)』「주어상(周語上)」편에는 "古者, 先王既有天
下, 又崇立於上帝·明神而敬事之, 於是乎有朝日·夕月以教民事君."이라는
기록이 있고, 이에 대한 위소(韋昭)의 주에서는 "禮, 天子搢大圭·執鎮圭, 繰藉

공조49)는 "대채(大采)는 곤면(袞冕)을 뜻한다."라고 했고, "소채(少采)
는 보(黼) 무늬가 새겨진 옷이다."라고 했다. 그러나 이때에는 현면(玄
冕)을 착용하는 것이니, 공조의 주장은 잘못되었다. 그래서 위소50)는 "대
채(大采)는 현면(玄冕)이다."라고 말한 것이다. 소채(少采)를 착용하고,
석월을 한다는 것에 대해서는 증명할 자료가 없다. 정현이 "조일(朝日)은
춘분(春分)의 시기에 시행한다."라고 했는데, 춘분 때에는 낮이 길어지게
된다. 그렇기 때문에 그 기운을 맞이하며 제사를 지내는 것이다. 그렇다
면 석월은 추분(秋分) 때 하게 된다. 『서전략설』을 살펴보면, "남쪽 교외
에서 상제(上帝)에게 제사를 지낸다."라고 했으니, 봄에는 동쪽 교외에서
해를 맞이하는 것이다. 그 기록은 맹춘(孟春)에 대한 것이므로, 이곳에서
춘분 때 조일을 한다는 것과는 구별된다. 『조사의』에서는 "면류관을 쓰
고, 진규(鎭圭)를 들며, 제후들을 통솔하여, 동쪽 교외에서 조일을 한다."
라고 했고, 이곳에서는 동문(東門)에서 조일을 한다고 했는데, 동쪽 교외
는 동문 밖에 있으니, 문과 연계하여 언급한 것이다. 정현이 "'동문(東門)'
과 '남문(南門)'은 모두 국성(國城)의 문에 해당한다."라고 했는데, 『조사
의』에서는 "동쪽 교외에서 조일을 한다."라고 했기 때문에, '동문(東門)'
이 국성의 동쪽 교외에 설치된 문에 해당하는 것이다. 위서(緯書)인『효

五采五就, 以春分朝日, 秋分夕月, 拜日於東門之外, 然則夕月在西門之外也."
라고 풀이했다.
48) 『국어』「노어하(魯語下)」: 是故天子大采朝日, 與三公・九卿祖識地德; 日中考
政, 與百官之政事, 師尹維旅・牧・相宣序民事; 少采夕月, 與大史・司載糾虔
天刑.
49) 공조(孔晁, ? ~ ?) : 생몰년에 대해서는 자세히 알려져 있지 않다. 진(秦)나라
때 오경박사(五經博士)가 되었다고 전해지며, 『일주서주(逸周書注)』를 저술하였
다고 전해진다.
50) 위소(韋昭, A.D.204 ~ A.D.273) : 삼국시대(三國時代) 때 오(吳)나라의 학자이
다. 자(字)는 홍사(弘嗣)이다. 사마소(司馬昭)의 이름을 피휘하여, 요(曜)로 고쳤
다. 저서로는 『국어주(國語注)』 등이 있다.

경위』에서는 "명당(明堂)은 국성(國城) 안에서도 양쪽 방위에 있다."라고 했고, 또『오경이의』[51]에서는 다음과 같이 말했다. 순우등(淳于登)은 명당(明堂)은 3리 밖과 7리 이내에 위치한다고 설명한다. 그렇기 때문에 남쪽 문 또한 국성의 남문에 해당한다는 사실을 알 수 있다. 정현이 "천자(天子)의 묘(廟) 및 노침(路寢)은 모두 명당(明堂)을 만드는 제도처럼 만든다."라고 했는데,『고공기』[52]를 살펴보면, "하후씨 때는 세실(世室)이다."[53]라고 했고, 정현의 주에서는 "종묘(宗廟)를 뜻한다."라고 했다. 또 "은나라 때는 중옥(重屋)이다."[54]라고 했고, 정현의 주에서는 "정침(正寢)[55]을 뜻한다."라고 했다. 또 "주나라 때는 명당(明堂)이다."[56]라고

---

51) 『오경이의(五經異義)』는 후한(後漢) 때의 학자인 허신(許愼)이 지은 책이다. 유실되었는데, 송대(宋代) 때 학자들이 다시 모아서 엮었다. 오경(五經)에 관한 고금(古今)의 유설(遺說)과 이의(異義)를 싣고, 그에 대한 시비(是非)를 판별한 내용들이다.

52) 『고공기(考工記)』는 『동관고공기(冬官考工記)』라고도 부른다. 공인(工人)들에 대한 공예기술(工藝技術) 서적이다. 작자는 미상이다. 강영(江永)은 『고공기』의 작자를 제(齊)나라 사람으로 추정하였고, 곽말약(郭沫若)은 춘추시대(春秋時代) 말기에 제나리에서 제작된 관서(官書)와 관련이 깊다고 추정하였다. 『주례(周禮)』는 천관(天官), 지관(地官), 춘관(春官), 하관(夏官), 추관(秋官), 동관(冬官) 등 육관(六官)의 체제로 구성되어 있는데, 그 중 '동관'에 대한 기록이 누락되어 있어서, 한(漢)나라 무제(武帝) 때, 『고공기』를 가지고 누락된 부분을 보충하게 되었다. 그렇기 때문에 『고공기』를 또한 『동관고공기』라고도 부르는 것이다. 각종 공인들의 직책과 직무들이 기록되어 있다.

53) 『주례』「동관고공기(冬官考工記)·장인(匠人)」: 夏后氏世室, 堂脩二七, 廣四脩一.

54) 『주례』「동관고공기(冬官考工記)·장인(匠人)」: 殷人重屋, 堂脩七尋, 堂崇三尺, 四阿, 重屋.

55) 정침(正寢)은 노침(路寢)과 같은 말이다. 또한 정전(正殿)이라고도 불렀다. 군주가 정무를 처리하던 장소이다. 천자에게는 6개의 침(寢)이 있었는데, 가장 앞쪽에 있는 1개의 침이 바로 정침(正寢)이 되고, 나머지는 5개의 침은 연침(燕寢)이 된다.

56) 『주례』「동관고공기(冬官考工記)·장인(匠人)」: 周人明堂, 度九尺之筵, 東西

했고, 정현은 "삼대(三代)에는 각각 그 중 하나를 따랐다."라고 했으니, 각각의 건물을 만드는 제도가 동일했음을 나타낸다. 또한 『국어』「주서(周書)」에서도 종묘(宗廟)·노침(路寢)·명당(明堂)을 만드는 제도가 동일하다고 했다. 그리고 『예기』「명당위(明堂位)」편을 살펴보면, "태묘(太廟)는 천자(天子)의 명당(明堂)에 해당한다."[57]라고 했으니, 노(魯)나라에서 건설했던 태묘(太廟)가 명당(明堂)과 동일하게 지었다면, 천자의 태묘(太廟) 또한 명당(明堂)과 동일하게 지었음을 알 수 있다. 태묘(太廟)와 노침(路寢)이 이미 명당(明堂)과 동일하다고 했다면, 노침(路寢)을 짓는 제도에 있어서, 그 위에는 5개의 실(室)을 두게 되며, 방(房)을 둘 수 없다. 그런데 『서』「고명(顧命)」편에는 동방(東房)과 서방(西房)이라는 기록이 나오고, 또한 『예기』「악기(樂記)」편에 대한 정현의 주에서도, "문왕(文王)의 묘(廟)는 명당(明堂)의 제도에 따라 지었다."라고 했다. 『의례』「근례(覲禮)」편을 살펴보면, 제후를 조견할 때에는 문왕(文王)의 묘(廟)에서 한다고 했고, 기문(記文)에서는 "모두 동상(東箱)에서 기다린다."[58]라고 하여 차이를 보이고 있다. 그 이유에 대해 정현은 조상에게 대답하며, "성왕(成王)이 붕어했을 때, 당시 서도(西都)에 있었다. 문왕(文王)은 풍호(豐鎬)로 천도하여, 영대(靈臺)와 벽옹(辟癰)을 지었을 따름이다. 나머지 부분에 있어서는 제후(諸侯)가 따르는 제도와 동일하게 했다. 그렇기 때문에 상례(喪禮)를 치렀을 때, 의복과 기물은 협실(夾室)과 방(房)에 차려두게 되었음을 알 수 있다. 주공(周公)이 섭정(攝政)을 하고, 예악(禮樂)의 제도를 만들게 되자, 곧 왕성(王城)에 명당(明堂)을 건립하였다."라고 했다. 이러한 정현의 주장대로라면, 성왕이 붕어했을 때, 노침(路寢)을 제후(諸侯)가 따르는 제도처럼 만들었기 때문에, 좌우측에 방(房)이 있었던 것이다. 근례(覲禮)는 문왕(文王)의 묘

九筵, 南北七筵, 堂崇一筵, 五室, 凡室二筵.

57) 『예기』「명당위(明堂位)」: 大廟, 天子明堂. 庫門, 天子皐門. 雉門, 天子應門.
58) 『의례』「근례(覲禮)」: 記. 几俟于東箱. 偏駕不入王門. 奠圭于繅上.

(廟)에서 실시하였는데, 기문(記文)에서 "모두 동상(東箱)에서 기다린다."라고 했지만, 기문을 작성한 자의 주장이 잘못된 것일 따름이다. 그것이 아니라면 문왕(文王)의 묘(廟)를 명당(明堂)을 만드는 제도처럼 하지 않아서, 단지 동방(東房)과 서방(西房)만 두었기 때문에, 노(魯)나라의 태묘(太廟)를 문왕(文王)의 묘(廟)처럼 만들 수 있었던 것이다. 「명당위」편에서 "군주는 곤면(袞冕)을 착용하고 동쪽 계단 위에 서 있고, 부인(夫人)은 부(副)를 꼽고 위의(褘衣)를 착용하고, 방(房) 중앙에 서 있다."[59]라고 한 말이 바로 이러한 사실을 나타낸다. 「악기」편에 대한 정현의 주에서는 "문왕(文王)의 묘(廟)를 명당(明堂)을 만드는 제도처럼 만든다."라고 하여, '제(制)'자가 기록되어 있는데, 이것은 잘못된 기록이다. 그렇다면 서도(西都)에 있던 궁실(宮室)은 이미 제후가 따르는 제도처럼 만들었던 것이다. 『시』「사우(斯于)」편에서는 "서쪽과 남쪽으로 방문을 냈구나."[60]라고 했고, 전문(箋文)에서는 "노침(路寢)의 제도를 명당(明堂)처럼 한 것이다."라고 했으니, 선왕(宣王)의 시기에는 호경(鎬京)에 머물러 있었는데도, "노침(路寢)의 제도를 명당(明堂)처럼 한 것이다."라고 했다면, 서도(西都)의 궁실(宮室)은 명당(明堂)과 같았던 것이다. 그렇기 때문에 장일은 의심을 하여, 재차 질문을 했던 것이고, 정현은 답변을 하며, "주공(周公)은 그 땅 위에 제도를 마련하였던 것으로, 『서』「낙고(洛誥)」편에서는 '천자가 태실(太室)에 들어가서 신을 강림시키는 의식을 했다.'[61]라고 한 것이니, 이것은 「고명」편의 내용이 성왕(成王)이 호경(鎬京)에서 붕어하였는데, 그때에는 선왕(先王)의 궁실(宮室)을 계

---

59) 『예기』「명당위(明堂位)」: 君卷冕立于阼, 夫人副褘立于房中, 君肉袒迎牲于門, 夫人薦豆籩, 卿大夫贊君, 命婦贊夫人, 各揚其職. 百官廢職服大刑, 而天下大服.

60) 『시』「소아(小雅)・사우(斯于)」: 似續妣祖, 築室百堵, 西南其戶. 爰居爰處, 爰笑爰語.

61) 『서』「주서(周書)・낙고(洛誥)」: 王賓殺禋, 咸格, 王入太室祼.

승한 것일 따름임을 나타낸다. 선왕(宣王)은 혼란기에 지위를 계승하였고, 또한 주공(周公)의 제도처럼 따를 수가 없었다."라고 했다. 이와 같은 정현의 주장대로라면, 성왕(成王)이 붕어했을 때에는 선왕(先王)들이 남긴 옛 궁실(宮室)에 대한 제도를 따랐던 것이다. 그리고 강왕(康王) 이후 번영기에 이르러서는 천자(天子)에게 적용되는 제도에 따르게 되었다. 다시 선왕(宣王) 시기가 되면, 혼란기에 지위를 계승한 것이었지만, 이전에 지어두었던 궁실은 천자의 제도를 따른 것이었으므로, 노침(路寢)을 명당(明堂)처럼 만들었던 것이다. 그러나 다시금 주공(周公) 시기에 선왕(先王)들의 궁실(宮室)을 제정했던 것처럼 할 수 없었다. 만약 그렇다면 선왕(宣王) 이후에는 노침(路寢)의 제도를 명당(明堂)처럼 만들었던 것이다. 『시』「왕풍(王風)」편을 살펴보면, "오른손으로는 방(房)으로부터 나를 부른다."[62]라고 했다. 정현은 장일에게 대답을 하며, "노침(路寢)에 해당하는데, 방(房) 안에서 시행한 것이다. 남자는 노침(路寢)에 머물게 되는데, 이 공간에는 또한 좌우측에 방(房)이 있었던 것이다."라고 했다. 유씨는 "노침(路寢) 뒤에 있는 연침(燕寢)이기 때문에, 방(房)이 있었던 것이다."라고 했다. 웅안생은 "평왕(平王) 때에는 그 세력이 다소 미약해져서, 노침(路寢)을 다시금 명당(明堂)처럼 만들 수 없었다."라고 했다. 『오경이의』에서는 "명당(明堂)을 짓는 제도는 현재의 『대대례기』[63]에

---

62) 『시』「왕풍(王風)·군자양양(君子陽陽)」: 君子陽陽, 左執簧, 右招我由房. 其樂只且.

63) 『대대례기(大戴禮記)』는 『대대례(大戴禮)』·『대대기(大戴記)』라고도 부른다. 대덕(戴德)이 편찬한 예(禮)에 대한 서적이다. 당시 사람들은 그를 대대(大戴)라고 불렀고, 그의 조카 대성(戴聖)을 소대(小戴)라고 불렀기 때문에, 이러한 명칭이 생겨났다. '대성'이 편찬한 『소대례기(小戴禮記)』는 성행을 하였지만, 『대대례기』는 성행하지 못하여, 많은 편들이 없어졌다. 현재는 단지 삼십여 편만이 남아 있다. 정현(鄭玄)의 『육예론(六藝論)』에서는 그가 85편을 전수하였다고 기록하고 있는데, 현재 남아 있는 기록 중에는 1편부터 38편까지의 내용이 모두 없어져서 남아 있지 않다. 남아 있는 편들은 39번 째 「주언(主言)」편부터 81번 째 「역본명

수록되어 있으니, 『대대례기』「성덕기(盛德記)」편에서는 '명당(明堂)은
고대로부터 있어왔으니, 모두 9개의 실(室)이 갖춰져 있고, 실(室)에는
4개의 호(戶)와 8개의 들창이 있으므로, 총 36개의 호(戶)와 72개의 들창
이 있으며, 풀로 그 지붕을 덮었고, 위는 원형으로 만들고 밑은 네모지게
만들었으니, 제후를 조회하는 곳이며, 벽옹(辟雍)이라고도 불렀다.'라고
했다. 그리고 명당(明堂)에 대해서, 『월령서(月令書)』에서는 '명당(明
堂)의 높이는 3장(丈)이고, 동서쪽은 9인(仞)[64]이며, 남북쪽은 7연(
筵)[65]이며, 윗면은 둥글고 아랫면은 네모지고, 4개의 당(堂)에 12개의
실(室)이 있다. 실(室)에는 4개의 호(戶)와 8개의 들창이 있다. 궁(宮)은
사방 300보(步)이며, 근교(近郊)에 위치한다. 근교(近郊)에서 30리(里)
떨어진 지점이다.'라고 했다. 강학대부(講學大夫)인 순우등(淳于登)은
설명을 하며, '명당(明堂)은 국성(國城) 중 양(陽)에 해당하는 방위에 있
다고 했으니, 병사(丙巳) 방위에 해당하는 땅으로, 3리(里) 밖과 7리(里)
안쪽에 위치하며, 제사를 지낼 때에는 양(陽)의 방위로 나아가는 것이다.
위는 둥글고 아래는 네모지게 만들었으며, 8개의 창과 4개의 문을 달았으
며, 정사를 펼쳤던 궁(宮)이다. 주공(周公)은 명당(明堂)에서 문왕(文

(易本命)」편까지인데, 그 중에서도 43~35편, 61편이 없어졌으며, 73편은 특이하
게도 2편으로 구성되어 있다.

64) 인(仞)은 길이를 재는 단위이다. 7척(尺)이 1인(仞)이 된다. 일설에는 8척(尺)을
1인(仞)이라고도 한다. 『논어』「자장(子張)」편에서는 "夫子之牆數仞, 不得其門
而入者, 不見宗廟之美, 百官之富, 得其門者或寡矣."라고 했는데, 이에 대한 하
안(何晏)의 『집해(集解)』에서는 "七尺曰仞也"라고 풀이했고, 『의례』「향사(鄕
射)」편에는 "杠長三仞."이라고 했는데, 이에 대한 정현의 주에서는 "七尺曰仞."이
라고 풀이했다. 한편 『한서(漢書)』「식화지상(食貨志上)」편에는 "神農之教曰: 有
石城十仞, 湯池百步, 帶甲百萬而亡粟, 弗能守也."라고 했는데, 이에 대한 안사
고(顔師古)의 주에서는 "應劭曰: '仞, 五尺六寸也.' 師古曰: '此說非也. 八尺曰
仞, 取人申臂之一尋也.'"라고 풀이했다.

65) 연(筵)은 길이를 재는 단위이다. 1장(丈)을 1연(筵)이라고 부른다. 9척(尺)을 1연
(筵)으로 보는 설도 있다.

王)에 대한 제사를 지내며, 상제(上帝)에게 배향했다. 상제(上帝)는 다
섯 정기를 주관하는 제(帝)이다. 대미(大微)[66]의 마당에는 그 중간에 오
제좌(五帝座)[67]라는 별자리가 있다.'라고 했다. 고문 『주례』와 『효경설』
에서는 '명당(明堂)은 문왕(文王)의 묘(廟)이며, 하후씨(夏后氏) 때의
세실(世室), 은(殷)나라 때의 중옥(重屋), 주(周)나라 때의 명당(明堂)
은 동서쪽을 9연(筵)으로 했다. 1연(筵)은 9척(尺)으로, 남북쪽을 7연
(筵)으로 했다. 당(堂)의 높이는 1연(筵)이며, 5개의 실(室)이 있었다.
모든 실(室)은 2연(筵)의 크기이며, 띠풀을 이용해서 지붕을 덮었다.'라
고 했다. 내가 살펴보니, 현재의 예법과 고대의 예법에서는 각각 그 뜻에
따라서 주장을 펼치고 있으나, 그 주장들은 명확한 기록에 따른 것이 아

---

66) 태미(太微)는 삼원(三垣) 중의 하나이다. 태미원(太微垣)·태미궁(太微宮)으로
부르기도 한다. 고대에는 천체(天體) 상에 나타나는 별들을 '삼원', 28수(宿) 등으
로 분류하였는데, 그 중 '삼원'은 '태미원', 자미원(紫微垣), 천시원(天市垣)을 가리
킨다. 송대(宋代)의 왕응린(王應麟)은 『소학감주(小學紺珠)』 「천도(天道)·삼원
(三垣)」편에서 "三垣, 上垣太微十星, 中垣紫微十五星, 下垣天市二十二星. 三
垣, 四十七星."이라고 기록했다. 즉 '삼원' 중 '태미원'에는 10개의 별들이 속하고,
'자미원'에는 15개의 별들이 속하며, '천시원'에는 22개의 별들이 속하여, '삼원'에
는 모두 47개의 별들이 속해있었다는 설명이다.
67) 오제좌(五帝坐)는 오제좌(五帝座)라고도 부른다. 별자리 이름으로, 태미원(太微
垣)에 속해있다. 5개의 별들로 이루어져 있으며, 그 형태는 정사각형에 가까운데,
정중앙에 1개의 별이 있고, 나머지 4개의 별이 동·서·남·북의 방향에서 둘러싸
고 있는 형태이다. 중앙의 별은 황제(黃帝)의 자리로, 함추뉴(含樞紐)의 신에 해
당하고, 그 위치는 '태미원'의 정중앙이 된다. 나머지 4개의 별은 동쪽에 있는 창제
(蒼帝)인 영위앙(靈威仰), 남쪽의 적제(赤帝)인 적표노(赤熛怒), 서쪽의 백제(白
帝)인 백소구(白昭矩: =白招拒), 북쪽의 흑제(黑帝)인 협광기(叶光紀)에 해당한
다. 『사기(史記)』 「천관서(天官書)」편에는 "衡, 太微, 三光之廷 …… 其內五星,
五帝坐."라는 기록이 있는데, 이에 대한 장수절(張守節)의 『정의(正義)』에서는
"黃帝坐一星, 在太微宮中, 含樞紐之神. 四星夾黃帝坐, 蒼帝東方靈威仰之神,
赤帝南方赤熛怒之神, 白帝西方白昭矩之神, 黑帝北方叶光紀之神. 五帝並設,
神靈集謀者也."라고 풀이했다.

니다. 정현이 들었다고 했던 내용은 『대대례기』에서 말한 것인데, 그 기록이 「성덕기」편에서 나온 것이라고 하더라도, 그 뒤의 내용은 본래의 기록과는 다른 것이다. 9개의 실(室)이 있고, 36개의 호(戶)가 있으며, 72개의 들창이 있다는 것은 진(秦)나라 때의 재상이었던 여불위[68]가 『여씨춘추』[69]를 지었을 때, 학자들에 의해 증가된 부분으로, 고대의 제도를 가리키는 것이 아니다. 그리고 '4개의 당(堂)에 12개의 실(室)이 있다.'라고 한 것에는 글자의 오류가 있으니, 본래의 책에는 '9개의 실(室)에 12개의 당(堂)이 있다.'라고 되어 있다. 순우등의 설명은 위서(緯書)인 『원신계(援神契)』에서 그 뜻을 취한 것이다. 『원신계』에서는 '명당(明堂)에서 문왕(文王)을 종주로 삼아서 제사를 지냈고, 이를 통해 상제(上帝)에게 배향했기 때문에, 명당(明堂)이라고 부른다.'라고 했는데, 위는 원형으로 하고, 아래는 네모지게 하며, 8개의 창과 4개의 문을 두었으며, 정사를 펼치던 궁(宮)으로, 국성(國城) 중 양(陽)에 해당하는 곳에 있다고 했다. '제(帝)'라는 것은 '부르짖다[諦].'는 뜻으로, 위로 다섯 정기를 담당하는 신을 계승할 수 있음을 상징한다. 다섯 정기의 신은 실제로 대미(大微)에 있으며, 천상의 12방위로 나누면 그 별자리는 사(巳) 방위가 된다. 이러한 까닭으로 순우등은 이처럼 말하게 된 것이다. 현재 명당(明堂)을 사(巳) 방위에 짓는다고 설명하는 주장들은 이에 따른 것이다. 수(水)와 목(木)이 용사(用事)[70]를 하게 되면, 동북쪽에서 교차하고, 목(木)과 화

---

68) 여불위(呂不韋. ?~B.C.235) : 전국시대(戰國時代) 말기(末期)의 정치가이다. 진(秦)나라의 상국(相國)을 지낼 때, 여러 학자들을 초빙하여 『여씨춘추(呂氏春秋)』를 작성하였다.

69) 『여씨춘추(呂氏春秋)』는 여불위(呂不韋)가 편찬한 책이다. 『사기(史記)』「문언후열전(文言侯列傳)」편의 기록에 의하면, 여불위가 여러 학자들을 불러 모아서, 학문을 토론하게 하고, 그것을 모아서 『여씨춘추』를 편찬했다고 전해진다. 12개의 기(紀), 8개의 남(覽), 6개의 논(論)으로 구성되어 있다.

70) 용사(用事)는 주관한다는 뜻이다. 『전국책(戰國策)』「진책삼(秦策三)」편에는 "今秦太后穰侯用事, 高陵涇陽佐之."라는 용례가 있고, 『포박자(抱朴子)』「심거(審

(火)가 용사(用事)를 하게 되면, 동남쪽에서 교차하며, 화(火)와 토(土)가 용사(用事)를 하게 되면, 중앙에서 교차하게 되고, 금(金)과 토(土)가 용사(用事)를 하게 되면, 서남쪽에서 교차하게 되며, 금(金)과 수(水)가 용사(用事)를 하게 되면, 서북쪽에서 교차하게 된다. 주(周)나라 때에는 명당(明堂)에 5개의 실(室)을 마련하여, 1명의 제(帝)마다 1개의 실(室)을 마련했던 것이니, 그 수에 합치된다."라고 했다. 정현의 주장대로라면, 명당(明堂)에 대한 것은 순우등의 주장에 따른 것이며, 『대대례기』의 주장에서는 명당(明堂)과 벽옹(辟雍)이 동일한 것이며, 고문 『주례』와 『효경설』에서는 명당(明堂)을 문왕(文王)의 묘(廟)로 여긴 것이다. 또한 희공(僖公) 5년에는 군주가 이미 시삭(視朔)을 했는데, 결국 관대(觀臺)에 올랐다고 했다. 이에 대해 복건[71]은 "군주가 태묘(太廟)에 들어가서 시삭(視朔)과 고삭(告朔)[72]을 하는데, 천자(天子)의 경우에는 영대(靈臺)라고 부르고, 제후(諸侯)의 경우에는 관대(觀臺)라고 부르며, 이것은 명당(明堂)의 중앙에 있다."라고 했다. 또 문공(文公) 2년의 기록에 대해, 복건은 "명당(明堂)과 조묘(祖廟)이다."라고 하여, 모두 정현의 주장과는 다르다. 『예기』「왕제(王制)」편을 살펴보면, "소학(小學)은 공궁(公宮)의

學)」편에도 "靈獻之世, 宦用事, 群姦秉權."이라는 용례가 있다.

71) 복건(服虔, ? ~ ?) : 후한대(後漢代)의 유학자이다. 자(字)는 자신(子愼)이다. 초명은 중(重)이었으며, 기(祇)라고도 불렀다. 후에 이름을 건(虔)으로 고쳤다. 『춘추좌씨전(春秋左氏傳)』에 주석을 남겼지만, 산일되어 전해지지 않는다. 현재는 『좌전가복주집술(左傳賈服注輯述)』로 일집본이 편찬되었다.

72) 고삭(告朔)은 '곡삭'이라고도 읽는다. 천자가 계동(季冬) 때 다음 해의 달력을 내려준 것을 뜻한다. 천자가 제후에게 달력인 삭(朔)을 반포하게 되면, 제후는 그것을 조묘(祖廟)에 보관하였다가 삭일(朔日)에 이르러 묘(廟)에서 고(告)제사를 지내고, 그것을 꺼내서 시행하게 되는데, 이러한 의식 자체를 '고삭'으로 부르기도 했다. 따라서 '고삭'은 매월 초하루마다 지내는 제사를 범칭하는 용어로도 사용된다. 『주례』「춘관(春官)·대사(大史)」편에는 "頒告朔于邦國."이라는 기록이 있고, 이에 대한 정현의 주에서는 "天子頒朔于諸侯, 諸侯藏之祖廟, 至朔朝于廟, 告而受行之."라고 풀이했다.

남쪽 왼편에 위치하고, 대학(大學)은 교(郊)에 위치한다."라고 했고, 또 "천자(天子)가 세운 학교를 '벽옹(辟雍)'이라고 부른다."라고 했다.[73] 따라서 벽옹(辟雍)은 이미 학교를 뜻하는 건물이므로, 명당(明堂)과 동일하게 지을 수 없는 건물이다. 또 천자(天子)의 종묘(宗廟)는 치문(雉門)[74] 밖에 위치한다. 위서(緯書)『효경』에서는 "명당(明堂)은 국성(國城) 중 양(陽)의 방위에 있다."라고 했고, 또한 이곳에서는 "남문 밖에서 청삭(聽朔)을 한다."라고 했으니, 이 말은 곧 명당(明堂)과 조묘(祖廟)가 별개의 장소에 있었으며, 동일한 것으로 여길 수 없음을 나타낸다.『맹자』에서는 "제선왕(齊宣王)이 묻기를 '사람들이 모두 나를 보고 명당(明堂)을 허물라고 말한다.'라고 하자, 맹자(孟子)는 대답을 하며, '무릇 명

---

73) 『예기』「왕제(王制)」: 天子命之敎然後, 爲學, 小學, 在公宮南之左, 大學, 在郊. 天子曰辟雍, 諸侯曰頖宮.

74) 치문(雉門)에 대해서는 크게 두 가지 해설이 있다. 첫 번째는 제후의 궁(宮)에 있는 문으로, 천자의 궁에 있는 응문(應門)에 해당한다는 주장이다. 두 번째는 천자의 궁에는 다섯 개의 문이 있는데, 그 중 네 번째 위치한 문으로, 바깥쪽에 위치한 문을 가리킨다는 주장이다. 첫 번째 주장은 『예기』「명당위(明堂位)」편의 "大廟, 天子明堂. 庫門, 天子皐門. 雉門, 天子應門."이라는 기록에 근거한 해설이다. 이 기록에 대한 손희단(孫希旦)의 『집해(集解)』에서는 유창(劉敞)의 말을 인용하여, "此經有五門之名, 而無五門之實. 以詩書禮春秋考之, 天子有皐, 應, 畢, 無皐, 雉, 路. 諸侯有庫, 雉, 路, 無皐, 應, 畢. 天子三門, 諸侯三門, 門同而名不同."이라고 했다. 즉 천자의 궁에는 5개의 문이 있다고 하지만, 실제적으로 천자나 제후는 모두 3개의 문만을 설치해었다.『시(詩)』,『서(書)』,『예(禮)』,『춘추(春秋)』에 나타난 기록들을 고증해보면, 천자는 고(皐), 응(應), 필(畢)이라는 3개의 문을 설치하고, 고(皐), 치(雉), 노(路)라는 문은 없다. 또한 제후는 고(庫), 치(雉), 노(路)라는 3개의 문을 설치하고, 고(皐), 응(應), 필(畢)이라는 문은 없다. 두 번째 주장은 『주례』「천관(天官)・혼인(閽人)」편의 "閽人掌守王宮之中門之禁."이라는 기록에 근거한 해설이다. 이 기록에 대해 정현은 정사농(鄭司農)의 말을 인용하여, "王有五門, 外曰皐門, 二曰雉門, 三曰庫門, 四曰應門, 五曰路門."이라고 풀이하였다. 즉 천자는 5개의 문을 설치하는데, 가장 안쪽에 있는 노문(路門)으로부터 응문(應門), 고문(庫門), 치문(雉門), 고문(皐門) 순으로 설치해두었다.

당(明堂)이라는 것은 천자(天子)가 사용하는 당(堂)입니다. 왕께서 왕정
(王政)을 시행하고자 하신다면, 허물지 마십시오."75)라고 했다. 이 말은
곧 천자에게는 명당(明堂)이라는 것이 있었으며, 제후(諸侯)로부터 그
이하의 계층에서는 모두 묘(廟)를 가지고 있었다는 사실을 나타내고, 또
한 명당(明堂)이 묘(廟)가 아니라는 사실도 알 수 있다. 이러한 이유 때
문에 정현은 모두 그 주장들을 따르지 않은 것이니, 이 모두는 정현이
『오경이의』의 주장을 반박한 것에 기록되어 있다. 정현이 "매월 그 계절
에 해당하는 당(堂)으로 나아가서 청삭(聽朔)을 한다."라고 했는데, 『예
기』「월령(月令)」편에서는 맹춘(孟春)의 계절에 대해서, "천자는 청양(靑
陽)76)의 좌개(左个)77)에 머문다."78)라고 했고, 중춘(仲春)의 달에는 "천
자는 청양(靑陽)의 중앙에 있는 태묘(太廟)에 머문다."79)라고 했으며,

---

75) 『맹자』「양혜왕하(梁惠王下)」 : 齊宣王問曰, "人皆謂我毁明堂, 毁諸? 已乎?" 孟
子對曰, "夫明堂者, 王者之堂也. 王欲行王政, 則勿毁之矣."
76) 청양(靑陽)은 명당(明堂)에 있는 건물이다. '명당'에는 다섯 개의 실(室)이 있었는
데, 좌측면의 동쪽에 위치한 '실'을 '청양'이라고 불렀다. 제왕이 제사(祭祀)나 정사
(政事)를 처리하던 곳이다. 『자치통감(資治通鑑)』「제무제영명십년(齊武帝永明
十年)」편에는 "己未, 魏主宗祀顯祖於明堂以配上帝, 遂登靈臺以觀雲物, 降居
靑陽左个, 布政事."라는 기록이 있는데, 이에 대한 호삼생(胡三省)의 주에서는
정현의 주를 인용하여, "靑陽左个, 大寢東堂北偏."이라고 풀이하였다. 또한 '청
양'은 '명당' 자체를 지칭하는 용어로도 사용되었다.
77) 좌개(左个)는 실(室)의 좌측에 붙어 있는 편실(偏室)을 뜻한다. 『의례』「향사례(鄕
射禮)」편에는 "左个之西北三步東面設薦俎."라는 용례가 있다. 왕인지(王引之)
는 『경의술문(經義述聞)』「통설상(通說上)」편에서 "案鄭訓个爲偏, 則其字當與
介同."이라고 했다. 즉 정현이 개(个)자의 뜻을 편(偏)으로 하였으니, '좌개'의 '개'
자는 개(介: =끼이다, 편실(偏室))와 같은 것이다. 그리고 『여씨춘추(呂氏春秋)』
「맹하기(孟夏紀)」편에는 "天子居明堂左个."라는 기록이 있는데, 이에 대한 고유
(高誘)의 주에서는 "明堂, 南鄕堂. 左个, 東頭室."이라고 풀이하였다.
78) 『예기』「월령(月令)」 : 天子, 居靑陽左个.
79) 『예기』「월령(月令)」 : 天子, 居靑陽太廟, 乘鸞路, 駕倉龍, 載靑旂, 衣靑衣, 服
倉玉, 食麥與羊, 其器, 疏以達.

계춘(季春)의 달에는 "천자는 청양(靑陽)의의 우개(右个)에 머문다."[80]
라고 했다. 그 이외에도 각 달마다 거처하는 곳은 각각 해당하는 장소가
있으니, 이것이 바로 매월마다 해당하는 계절의 당(堂)으로 나아간다는
뜻이다. 정현이 "그 일이 끝나면, 되돌아와서 노침(路寢)에 머무는데, 이
때에도 또한 이처럼 한다."라고 했는데, 노침(路寢)은 이미 명당(明堂)과
동일한 제도에 따라서 만든 건물이다. 그렇기 때문에 되돌아가서 노침
(路寢)에 머문다는 사실을 알 수 있고, 또한 명당(明堂)에서처럼 매월마
다 각기 다른 장소에 머물게 됨을 알 수 있다. 되돌아가서 노침(路寢)에
머문다는 것은 시삭(視朔)을 하는 하루에만 해당하고, 그 나머지 날들은
연침(燕寢)에 머물게 되니, 조정에 참관할 때에는 항상 노문(路門)[81] 밖
에서 하는 것이다. 정현이 "'윤월(閏月)'은 일상적인 달이 아니다."라고
했는데, 문공(文公) 6년에 대한 기록을 살펴보면, "윤달이어서 고삭(告
朔)을 하지 않았지만, 여전히 묘(廟)에서는 조(朝)를 했다."[82]라고 했다.
이 문장에 대해 『공양전』에서는 "불고월(不告月)이란 무엇인가? 고삭(告
朔)을 하지 않았다는 뜻이다. 어찌하여 고삭(告朔)을 하지 않았는가? 하
늘에는 이 달이 없기 때문이니, 윤달이기 때문이다. 어찌하여 하늘에 이
달이 없다고 하는가? 이 달은 일상적인 달이 아니기 때문이다."[83]라고

---

80) 『예기』「월령(月令)」: 天子, <u>居靑陽右个</u>, 乘鸞路, 駕倉龍, 載靑旂, 衣靑衣, 服
倉玉, 食麥與羊, 其器, 疏以達.
81) 노문(路門)은 고대 궁실(宮室) 건축물 중에서도 가장 안쪽에 있었던 정문이다.
여러 문들 중에서 노침(路寢)에 가장 가까운 위치에 있었기 때문에, '노문'이라는
명칭이 붙게 되었다. 『주례』「동관고공기(冬官考工記)·장인(匠人)」편에는 "路門
不容乘車之五个."라는 기록이 있는데, 이에 대한 정현의 주에서는 "路門者, 大寢
之門."라고 풀이하였고, 가공언(賈公彦)의 소(疏)에서는 "路門以近路寢, 故特小
爲之."라고 풀이하였다.
82) 『춘추』「문공(文公) 6년」: 閏月不告月, 猶朝于廟.
83) 『춘추공양전』「문공(文公) 6년」: 不告月者何? 不告朔也. 曷爲不告朔. 天無是
月也, 閏月矣, 何以謂之天無是月, 非常月也. 猶者何? 通可以已也.

했다. 그리고 하휴[84]는 "삭(朔)에 대해서 언급하지 않은 것은 윤달에는 고삭(告朔)의 예(禮)가 없기 때문이다."라고 했다. 『곡량전』의 주장도 『공양전』의 주장과 동일하다. 그런데 『좌전』에 따르면, 윤달에는 마땅히 고삭(告朔)을 해야 한다. 『오경이의』를 살펴보면, "공양학자들은 '매월 고삭(告朔)을 하고 조묘(朝廟)를 하는데, 윤달이 되어, 조(朝)를 할 수 없는 것은 윤달은 운행의 도수가 남은 잔여의 달이 되므로, 해당하는 정사가 없다. 그렇기 때문에 조(朝)를 하지 않는 것이다. 경문에서 윤달에도 여전히 조묘(朝廟)를 했다고 기록한 것은 그 사실을 기록한 것이다.' 라고 했다. 좌전학자들의 주장에 따르면, '윤달을 설정하여 시기를 바로잡는 것이고, 시기를 통해서는 그 사업을 일으키며, 사업을 통해서는 민생을 두텁게 한다. 백성들을 살리는 도(道)는 여기에 달려 있는 것이다. 윤달에 고삭(告朔)을 하지 않는 것은 해당 시기에 행해야 할 정치를 내버리는 것이다.'라고 했다. 내가[85] 살펴보니, 좌전학자들의 주장에 따르면, 조묘(朝廟)와 고삭(告朔)의 차이점이 드러나지 않으니, 조묘(朝廟)를 하고, 그 의식에 따라서 고삭(告朔)을 하는 것이다."라고 했다. 그래서 정현은 그 주장을 반박하며, 『서』「요전(堯典)」편에서, 윤달을 통해서, 사계절을 바로잡고 1년의 주기를 완성했다는 기록을 인용하여, 윤달에도 마땅히 고삭(告朔)을 해야 한다고 주장한다. 또한 "학자들은 경문에 근본을 두지 않고, 기록하는 내용에 따라서 시비(是非)를 달리하여, 모두들 조묘(朝廟)를 하고, 그 의식을 통해서 고삭(告朔)을 한다고 주장하지만, 아마

---

84) 하휴(何休, A.D.129 ~ A.D.182) : 전한(前漢) 때의 금문경학자(今文經學者)이다. 자(字)는 소공(邵公)이다. 『춘추공양전해고(春秋公羊傳解詁)』를 지었으며, 『효경(孝經)』, 『논어(論語)』 등에 대해서도 주를 달았고, 『춘추한의(春秋漢議)』를 짓기도 하였다.

85) 허신(許愼, A.D.30 ~ A.D.124) : =허숙중(許叔重). 후한(後漢) 때의 학자이다. 자(字)는 숙중(叔重)이다. 『설문해자(說文解字)』의 저자로 널리 알려져 있으며, 다른 저서로는 『오경이의(五經異義)』가 있으나 산일되었다. 『오경이의』는 송대(宋代) 때 다시 편찬되었으나 진위를 따지기 힘들다.

도 이 모두는 그 의미를 놓친 것 같다. 조묘(朝廟)를 하는 것에 대해서, 경문에서는 문공(文公) 6년 기록에 수록하였고, 겨울에는 '윤달이어서 고삭(告朔)을 하지 않고, 여전히 묘(廟)에서 조(朝)를 했다.'라고 했는데, 그 기록은 선공(宣公) 3년 봄에 대해, '교(郊)제사 때 사용될 소의 입에 상처가 나서, 다시 고쳐서 소에 대해서 점을 쳤는데, 소가 죽어서, 곧 교(郊)제사를 지내지 않았지만, 여전히 삼망(三望)[86]을 했다.'라고 한 말과 동일하다. 즉 '유(猶)'라고 말한 것은 고삭(告朔)을 한 연후에는 마땅히 조묘(朝廟)를 해야 하며, 교(郊)제사를 지낸 연후에는 마땅히 삼망(三望)을 해야 한다는 뜻이다. 현재 그 중대한 사안을 버리고, 자질구레한 것만을 시행하였기 때문에, '유(猶)'자를 덧붙여서 기록을 한 것이다. 『논어』에서는 '자공(子貢)이 고삭(告朔) 때 사용되는 희생물인 양을 제외하고자 했다.'[87]라고 했고, 『주례』에는 조향(朝享)[88]의 예법에 따른 제사 기록이 수록되어 있다. 그렇다면 고삭(告朔)과 조묘(朝廟)를 시행하며 지내는 제사가 다르다는 사실이 또한 명백해진다."라고 했다. 정현의 이

---

86) 삼망(三望)은 제사의 명칭이다. 망(望)은 일종의 제사 형식이다. 제사 대상이 여러 산천(山川)들일 경우, 그 중 가장 크고 높은 대상이 있는 지역에 가서, 나머지 여러 산천들을 두루 바라보며 지내는 제사이다. '삼(三)'자를 붙여 부른 것은 제후의 입장에서 '망' 제사를 지내는 대상이 3가지이기 때문이다. 참고로 천자에게는 사망(四望)의 제사가 있다.

87) 『논어』「팔일(八佾)」: 子貢欲去告朔之餼羊. 子曰, "賜也! 爾愛其羊, 我愛其禮."

88) 조향(朝享)은 조향(朝饗)이라고도 부른다. 제사 명칭이며, 협(祫)제사를 뜻한다. 천자는 종묘(宗廟)에서 제사를 지낼 때, 이것을 기회로 조회를 열어 시행해야 할 정령(政令)을 받게 된다. 이러한 뜻에서 '조향'이라는 단어가 생기게 되었고, 『예기』「제법(祭法)」편에서 말하는 월제(月祭)가 바로 '조향'을 가리킨다. 『주례』「춘관(春官)·사존이(司尊彛)」편에는 "凡四時之間祀, 追享·朝享."이라는 기록이 있는데, 이에 대한 정현의 주에서는 "鄭司農云, '追享·朝享, 謂禘祫也.' …… 朝享, 謂朝受政於廟."라고 풀이했고, 가공언(賈公彦)의 소(疏)에서는 "朝享謂朝受政於廟者, 謂天子告朔於明堂, 因卽朝享. 朝享, 卽祭法謂之月祭."라고 풀이했다.

와 같은 주장은 좌전학자들의 주장에 따른 것이고, 또한 먼저 고삭(告朔)을 하고, 그 이후에 조묘(朝廟)를 한다고 여긴 것이다. 정현은 공양학자들이 윤달에 고삭(告朔)을 하지 않은 것을 잘못이라고 여기고, 좌전학자들이 고삭(告朔)을 하지 않은 것은 옳은 일이라라고 여긴 것에 대해, 『공양전』과 『좌전』에서는 모두 먼저 조묘(朝廟)를 하고 이후에 고삭(告朔)을 한다고 여긴 것이니, 둘 모두 그 의미를 놓친 것이라고 했다. 그렇기 때문에 정현은 "옳다고 여기고 잘못되었다고 여긴 주장에서는 모두 조묘(朝廟)를 하고, 그 의식에 따라 고삭(告朔)을 한다고 했는데, 이 모두는 그 의미를 놓친 것이다."라고 말한 것이다. 정현이 고삭(告朔)과 조묘(朝廟)가 다른 것임을 분명히 알 수 있었던 이유는 천자가 명당(明堂)에서 고삭(告朔)을 한다는 내용을 살펴보면, 조향(朝享)에서는 조묘(祖廟)로부터 그 아래로 고묘(考廟)까지 시행하는 것이다. 그렇기 때문에 『예기』「제법(祭法)」편에서는 "첫 번째는 고묘(考廟)라고 부르며, 두 번째는 왕고묘(王考廟)라고 부르니, 모두 달마다 제사를 지낸다."[89]라고 한 것이다. 또한 제후(諸侯)의 경우에는 고삭(告朔)을 태묘(太廟)에서 시행하고, 조향(朝享)은 황고(皇考)로부터 고(考)까지 시행한다. 그렇기 때문에 「제법」편에서는 "제후(諸侯)는 황고(皇考)로부터 그 이하에 대해서는 모두 달마다 제사를 지낸다."[90]라고 한 것이니, 이 말은 고삭(告朔)과 조묘(朝廟)가 동일하지 않다는 사실을 나타낸다. 또한 천자는 고삭(告朔)을 할 때, 한 마리의 소를 이용하고, 제후(諸侯)는 고삭(告朔)을 할 때, 양을 이용하며, 조향(朝享)을 할 때에는 각각 사계절에 따른 일상적인 예법 규정을 준수하게 된다. 그렇기 때문에 태뢰(太牢)[91]를 사용하는

---

89) 『예기』「제법(祭法)」: 是故王立七廟, 一壇, 一墠, <u>曰考廟, 曰王考廟</u>, 曰皇考廟, 曰顯考廟, 曰祖考廟, <u>皆月祭之</u>, 遠廟爲祧, 有二祧, 享嘗乃止.

90) 『예기』「제법(祭法)」: 諸侯立五廟, 一壇, 一墠, 曰考廟, 曰王考廟, 曰皇考廟, 皆月祭之. 顯考廟祖考廟, 享嘗乃止. 去祖爲壇, 去壇爲墠. 壇墠, 有禱焉祭之, 無禱乃止. 去墠爲鬼.

것이다. 그래서 『주례』「사존이(司尊彝)」편에서는 조향(朝享)의 제사 때에는 호이(虎彝)·유이(蜼彝)·대존(大尊)·산존(山尊) 등을 사용한다고 했던 것이니, 이것이 그 차이점이다. 정현이 "명당(明堂)의 문 중앙에서 초하루에 해야 할 일들을 듣고, 되돌아와서 노침(路寢)의 문에 위치하여, 종월(終月)을 한다."라고 했는데, 윤달은 일상적인 달이 아니므로, 항상 거처하게 되는 장소가 없게 된다. 그렇기 때문에 명당(明堂)의 문 중앙에 위치하는 것이다. 『주례』「대사(大史)」편을 살펴보면, "윤달에는 천자에게 문(門)에 머물며, 종월(終月) 할 것을 아뢴다."[92]라고 했으니, 이것이 바로 "노침(路寢)의 문(門)으로 되돌아와서 머물며, 종월(終月)을 한다."는 뜻이다. 즉 그 달에 처리해야 하는 일들을 끝내는 것을 그 달 중에 한다는 뜻일 뿐이며, 평상시 거처하는 경우라면, 연침(燕寢)에서 하게 된다. 그렇기 때문에 「대사」편에 대한 정현의 주에서는 "문자에 따르면, '왕(王)'이 '문(門)'에 있는 것을 '윤(閏)'이라고 한다."라고 했던 것이니, 이 말은 곧 윤달에는 명당(明堂)의 문(門)에서 청삭(聽朔)을 하고, 되돌아와서 노침(路寢)의 문(門)에 있다는 뜻이다. 황간은 "명당(明堂)에는 4개의 문(門)이 있으니, 곧 노침(路寢)에도 또한 4개의 문(門)이 있는 것이다. 윤달에는 각각 그 계절에 해당하는 방위의 문(門)에 위치한다."라고 했다. 그 의미가 혹여 그러하기도 할 것 같다. 정현이 "무릇 청삭을 할 때에서는 반드시 특생(特牲)을 사용하여, 오제(五帝) 중 해당하는 제(帝)와 보좌하는 신(神)에게 아뢰고, 문왕(文王)과 무왕(武王)을 배향한다."라고 했는데, 『논어』에서는 '고삭(告朔)'을 할 때 희생물로 바치는 양이라고 했고, 주에서는 "천자는 한 마리의 소를 사용했을 것이니, 고삭(告朔)의 예가 간소하므로, 한 마리의 소를 사용했던 것이다."라고 했다.

---

91) 태뢰(太牢)는 제사에서 소[牛], 양(羊), 돼지[豕] 3가지 희생물을 갖춘 것을 뜻한다. 『장자』「지악(至樂)」편에는 "具太牢以爲膳."이라는 기록이 있는데, 이에 대한 성현영(成玄英)의 소(疏)에서는 "太牢, 牛羊豕也."라고 풀이하였다.

92) 『주례』「춘관(春官)·대사(大史)」: 閏月, 詔王居門終月.

「월령」편을 살펴보면, 매월마다 해당하는 제(帝)와 그를 보좌하는 신(神)을 언급하고 있다. 그렇기 때문에 제(帝)와 신(神)에게 아뢴다는 사실을 알 수 있으며, 그것을 명당(明堂) 안에서 시행하기 때문에, 문왕(文王)과 무왕(武王)의 신주(神主)를 함께 배향하는 것도 알 수 있고, 배향을 하는 것 또한 명당(明堂)에서 시행하므로, 오제(五帝)에게 두루 배향한다는 사실을 알 수 있다. 혹자는 무왕(武王)의 경우, 오제(五帝)가 아닌 그 휘하에 있는 오신(五神)에게 배향한다고 했는데, 그 주장은 잘못되었다.

참고 『예기』「옥조(玉藻)」 기록

경문 弁以日視朝, 遂以食; 日中而餕, 奏而食. 日少牢, 朔月大牢. 五飲: 上水, 漿 · 酒 · 醴 · 酏.

천자는 피변복(皮弁服)을 착용하고, 매일 아침마다 조회에 참관하고, 그 일이 끝나면 아침식사를 한다. 그리고 점심에는 아침에 먹고 남은 음식들을 먹는데, 음악을 연주하며 식사를 한다. 천자의 식사에서는 날마다 소뢰(少牢)[93]를 사용하고, 매월 초하루에는 태뢰(太牢)를 사용한다. 다섯 가지 마실 것들은 물을 가장 상등으로 치고, 나머지는 장 · 술 · 단술 · 쌀죽이다.

鄭注 餕, 食朝之餘也. 奏, 奏樂也. 上水, 水爲上, 餘其次之.

'준(餕)'은 아침을 먹고 남은 음식들을 먹는다는 뜻이다. '주(奏)'자는 음악을 연주한다는 뜻이다. '상수(上水)'는 물이 상등이 된다는 뜻이며, 나

---

93) 소뢰(少牢)는 제사에서 양(羊)과 돼지[豕] 두 가지 희생물을 사용하는 것을 뜻한다. 『춘추좌씨전』「양공(襄公) 22년」편에는 "祭以特羊, 殷以少牢."라는 기록이 있는데, 이에 대한 두예(杜預)의 주에서는 "四時祀以一羊, 三年盛祭以羊豕. 殷, 盛也."라고 풀이하였다.

머지 것들은 그 다음 서열이 된다.

孔疏 ●"皮弁"至"無樂". ○正義曰: 此一節明天子每日視朝皮弁食
之禮.

● 經文: "皮弁"~"無樂". ○ 이곳 문단은 천자가 매일 조정에 참관할 때
피변(皮弁)을 착용하고, 그런 뒤에 식사를 하는 예(禮)에 대해서 나타내
고 있다.

참고 『예기』「옥조(玉藻)」 기록

경문 諸侯玄端以祭, 裨冕以朝, 皮弁以聽朔於大廟, 朝服以日視朝
於內朝.

제후는 현면(玄冕)을 착용하고 제사를 지내며, 비면(裨冕)을 착용하고
천자에게 조회를 가며, 피변복(皮弁服)을 착용하고 태묘(太廟)에서 청
삭(聽朔)을 하며, 조복(朝服)을 착용하고 날마다 내조(內朝)에서 조정에
참관한다.

鄭注 祭先君也. 端, 亦當爲"冕", 字之誤也. 諸侯祭宗廟之服, 唯魯
與天子同. 朝天子也. 裨冕: 公袞, 侯伯鷩, 子男毳也. 皮弁, 下天子
也. 朝服, 冠玄端素裳也. 此內朝, 路寢門外之正朝也. 天子·諸侯皆
三朝.

선대 군주에게 제사를 지낸다는 뜻이다. '단(端)'자 또한 마땅히 '면(冕)'
자가 되어야 하니, 글자가 비슷해서 생긴 오자이다. 제후가 종묘(宗廟)에
서 제사를 지낼 때 착용하는 복장에 있어서, 오직 노(魯)나라 군주만이
천자와 동일하게 할 수 있었다. '조(朝)'는 천자에게 조회를 간다는 뜻이
다. '비면(裨冕)'의 경우, 공작은 공면(袞冕)이고, 후작·백작은 별면(鷩

冕)이며, 자작·남작은 취면(毳冕)이다. '피변(皮弁)'을 착용하는 것은 천자보다 낮추기 때문이다. '조복(朝服)'은 관(冠)과 현단복(玄端服)을 착용하고, 흰색의 하의를 입는다. 여기에서 말하는 '내조(內朝)'는 노침(路寢)의 문밖에 있는 정식 조정을 뜻한다. 천자와 제후는 모두 3개의 조정을 두었다.

참고 『이아』「석기(釋器)」기록

경문 一染謂之縓①, 再染謂之楨②, 三染謂之纁③. 青謂之蔥④, 黑謂之黝⑤, 斧謂之黼⑥.

1차례 물들인 것을 '전(縓)'이라 부르고, 2차례 물들인 것을 '정(楨)'이라 부르며, 3차례 물들인 것을 '훈(纁)'이라 부른다. 청색인 것을 '총(蔥)'이라 부르고, 흑색인 것을 '유(黝)'라 부르며, 도끼모양인 것을 '보(黼)'라 부른다.

郭注 ① 今之紅也.

지금의 홍색을 뜻한다.

郭注 ② 淺赤.

옅은 적색을 뜻한다.

郭注 ③ 纁, 絳也.

'훈(纁)'자는 진홍색을 뜻한다.

郭注 ④ 淺青.

옅은 청색을 뜻한다.

郭注 ⑤ 黝, 黑貌. 周禮曰: "陰祀用黝牲."

'유(黝)'자는 흑색의 모습을 띤 것을 뜻한다. 『주례』에서는 "음사(陰祀)[94]에서는 유생(黝牲)[95]을 사용한다."[96]고 했다.

郭注 ⑥ 黼文畫斧形, 因名云.

'보(黼)'무늬는 도끼 형상을 그리게 되니, 이로 인해 이처럼 부른 것이다.

邢疏 ●"一染"至"之黼". ○釋曰: 別衆色之名也. 一染謂之縓者, 此述染絳法也. 一染一入色名縓, 今之紅也. 說文云: "帛黃赤色." 喪服記云: "公子爲其母練冠麻衣縓緣." 是也. 再染名赬, 卽淺赤也. 三染名纁. 李巡云: "三染其色已成爲絳." 纁·絳一名也. 考工記云: "三入爲纁." 鄭玄云: "染纁者三入而成." 禹貢云: "厥篚玄纁." 是也. 淺靑一名蔥. 玉藻云: "三命赤韍蔥衡." 是也. 黑色名黝, 以白黑二色畫之爲斧形, 名黼. 考工記云: "白與黑謂之黼." 書云: "黼黻絺繡." 是也.

● 經文: "一染"~"之黼". ○ 여러 색깔의 명칭을 구별한 것이다. "1차례 물들인 것을 '전(縓)'이라 부른다."고 했는데, 이것은 진홍색을 물들이는 방법을 기술한 것이다. 1차례 염색하여 1차례 물을 들이면 그 색깔의 이름을 '전(縓)'이라고 하는데, 지금의 홍색에 해당한다. 『설문해자』에서는

---

94) 음사(陰祀)는 북교(北郊)에서 지내는 지(地)에 대한 제사와 사직(社稷)에 대한 제사를 가리킨다. 『주례』「지관(地官)·목인(牧人)」편의 기록에 대해서, 정현의 주에서는 "陰祀, 祭地北郊及社稷也."라고 풀이했다.

95) 유생(黝牲)은 제사에 사용되는 흑색의 희생물을 뜻한다. '유생'의 '유(黝)'자는 '유(幽)'자로 풀이하는데, '유(幽)'자는 흑색을 뜻한다. 『주례』「지관(地官)·목인(牧人)」편에는 "凡陽祀, 用騂牲毛之; 陰祀, 用黝牲毛."라는 기록이 있는데, 정현의 주에서는 정사농(鄭司農)의 주장을 인용하여, "黝讀爲幽. 幽, 黑也."라고 풀이했다.

96) 『주례』「지관(地官)·목인(牧人)」: 凡陽祀, 用騂牲毛之; 陰祀, 用黝牲毛之; 望祀, 各以其方之色牲毛之.

"비단이 황적색이다."고 했고, 『의례』「상복(喪服)」편의 기문에서는 "공자가 자신의 모친의 상을 치르게 되면 연관(練冠)과 마(麻)로 된 질(絰)과 대(帶)를 차며, 마의(麻衣)에 전(縓)색의 가선을 댄다."[97]고 한 말이 이것을 가리킨다. 2차례 염색한 것을 '정(赬)'이라 부르는데, 옅은 적색에 해당한다. 이순은 "3차례 염색하면, 그 색깔이 이미 진홍색을 완성하게 된다."고 했다. '훈(纁)'자와 '강(絳)'자는 동일한 명칭이다. 『고공기』에서는 "3차례 물들이면 훈(纁)이 된다."[98]고 했고, 정현은 "훈(纁)을 염색하는 경우에는 3차례 물들이면 완성된다."고 했다. 『서』「우공(禹貢)」편에서 "그 광주리에 담는 것은 현(玄)과 훈(纁)이다."[99]고 한 말이 이것을 가리킨다. 옅은 청색인 것을 '총(蔥)'이라고도 부른다. 『예기』「옥조(玉藻)」편에서 "3명(命)의 등급을 가진 자는 적색의 슬갑을 차고, 총(蔥)색의 형을 찬다."[100]고 한 말이 이것을 가리킨다. 흑색을 '유(黝)'라고 부르는데, 백색과 흑색의 2가지 색깔로 그림을 그려서 도끼모양을 그리게 되면 '보(黼)'라고 부른다. 『고공기』에서는 "백색과 흑색의 실로 수놓은 것을 보(黼)라고 부른다."[101]고 했고, 『서』에서는 "보(黼)와 불(黻)로 수놓는다."[102]고 한 말이 이것을 가리킨다.

邢疏 ◎注"周禮曰: 陰祀用黝牲". ○釋曰: 此地官·牧人職文也. 鄭注云: "陰祀, 祭地北郊及社稷也."

---

97) 『의례』「상복(喪服)」: <u>公子爲其母, 練冠·麻, 麻衣縓緣</u>; 爲其妻, 縓冠·葛絰帶·麻衣縓緣. 皆既葬除之.

98) 『주례』「동관고공기(冬官考工記)·종씨(鍾氏)」: <u>三入爲纁</u>, 五入爲緅, 七入爲緇.

99) 『서』「하서(夏書)·우공(禹貢)」: 包匭菁茅. <u>厥篚玄纁璣組</u>.

100) 『예기』「옥조(玉藻)」: 一命縕韍幽衡, 再命赤韍幽衡, <u>三命赤韍蔥衡</u>.

101) 『주례』「동관고공기(冬官考工記)·화궤(畫繢)」: 青與赤謂之文, 赤與白謂之章, <u>白與黑謂之黼</u>, 黑與青謂之黻, 五采備謂之繡.

102) 『서』「우서(虞書)·익직(益稷)」: 日月·星辰·山·龍·華蟲, 作會, 宗彝·藻·火·粉米, <u>黼·黻, 絺繡</u>, 以五采彰施于五色, 作服, 汝明.

◎ 郭注: "周禮曰: 陰祀用黝牲". ○ 이것은 『주례』「지관(地官) · 목인(牧人)」편의 직무기록이다. 정현의 주에서는 "음사(陰祀)는 땅에 대해 북쪽 교외에서 제사를 지내거나 사직에게 제사를 지내는 것을 뜻한다."고 했다.

참고 『주례』「동관고공기(冬官考工記) · 종씨(鍾氏)」 기록

경문 三入爲纁, 五入爲緅, 七入爲緇.

3차례 물들이면 훈(纁)이 되고, 5차례 물들이면 추(緅)가 되며, 7차례 물들이면 치(緇)가 된다.

鄭注 染纁者, 三入而成. 又再染以黑, 則爲緅. 緅, 今禮俗文作爵, 言如爵頭色也. 又復再染以黑, 乃成緇矣. 鄭司農說以論語曰"君子不以紺緅飾", 又曰"緇衣羔裘". 爾雅曰: "一染謂之緅, 再染謂之赬, 三染謂之纁." 詩云: "緇衣之宜兮." 玄謂此同色耳. 染布帛者, 染人掌之. 凡玄色者, 在緅緇之間, 其六入者與.

훈(纁)으로 염색하는 것은 3차례 물들이면 완성된다. 또 여기에 2차례 흑색으로 염색하게 되면 '추(緅)'가 된다. 추(緅)는 지금 예(禮)의 속문에서 작(爵)으로 쓰기도 하는데, 참새의 머리털 색깔과 같다는 뜻이다. 또 여기에 다시 2차례 흑색으로 물들이면 곧 치(緇)를 완성하게 된다. 정사농은 『논어』에서 "군자는 감(紺)색과 추(緅)색으로 옷깃을 두르지 않는다."[103]라 하고 또 "치의(緇衣)에는 검은 양의 가죽으로 만든 옷을 입었다."[104]고 한 말로 설명했다. 『이아』에서는 "1차례 물들인 것을 '전(緅)'이라 부르고, 2차례 물들인 것을 '정(赬)'이라 부르며, 3차례 물들인 것을

---

103) 『논어』「향당(鄕黨)」: <u>君子不以紺緅飾</u>, 紅紫不以爲褻服.
104) 『논어』「향당(鄕黨)」: <u>緇衣羔裘</u>, 素衣麑裘, 黃衣狐裘.

'훈(纁)'이라 부른다."[105]고 했고, 『시』에서는 "치의의 마땅함이여."[106]라고 했다. 내가 생각하기에 이것은 같은 색깔을 뜻할 따름이다. 포와 비단을 염색하는 것은 염인(染人)이 담당한다. 무릇 현(玄)색이라는 것은 추(緅)색과 치(緇)색 중간에 해당하니, 아마도 6번 물들였을 것이다.

賈疏 ◎注"染纁"至"者與". ○釋曰: 凡染纁玄之法, 取爾雅及此相兼乃具. 按爾雅: "一染謂之縓, 再染謂之赬, 三染謂之纁." 三入謂之纁, 卽與此同. 此三者皆以丹秫染之, 此經及爾雅不言四入及六入, 按士冠有"朱紘"之文, 鄭云: "朱則四入與" 是更以纁入赤汁, 則爲朱. 以無正文, 約四入爲朱, 故云"與"以疑之. 云"論語曰'君子不以紺緅飾'"者, 淮南子云: "以涅染紺, 則黑於涅." 涅卽黑色也. 纁若入赤汁, 則爲朱; 若不入赤而入黑汁, 則爲紺矣. 若更以此紺入黑, 則爲緅. 而此五入爲緅是也. 紺緅相類之物, 故連文云君子不以紺緅飾也. 若更以此緅入黑汁, 卽爲玄, 則六入爲玄. 但無正文, 故此注與士冠禮注皆云: "玄則六入與." 更以此玄入黑汁, 則名七入爲緇矣. 但緇與玄相類, 故禮家每以緇布衣爲玄端也. 云"禮俗文作爵, 言如爵頭色"者, 以其爵赤多黑少故也.

◎鄭注: "染纁"～"者與". ○훈(纁)색과 현(玄)색으로 염색하는 법도는 『이아』 및 이곳의 기록을 함께 참고해야만 그 내용이 갖춰지게 된다. 『이아』를 살펴보면 "1차례 물들인 것을 '전(縓)'이라 부르고, 2차례 물들인 것을 '정(赬)'이라 부르며, 3차례 물들인 것을 '훈(纁)'이라 부른다."고 했는데, 3차례 물들인 것을 훈(纁)이라고 한다는 것은 이곳의 내용과 동일하다. 여기에서 3차례 물들인다고 할 때에는 모두 붉은 차조를 이용해서

---

105) 『이아』「석기(釋器)」: 一染謂之縓, 再染謂之赬, 三染謂之纁. 靑謂之葱. 黑謂之黝. 斧謂之黼.

106) 『시』「정풍(鄭風)・치의(緇衣)」: 緇衣之宜兮, 敝, 予又改爲兮. 適子之館兮, 還, 予授子之粲兮.

염색을 하는 것인데, 이곳 경문과 『이아』에서는 4차례 물들이는 것과 6차
례 물들이는 것에 대해서는 언급하지 않았다. 『의례』「사관례(士冠禮)」
편을 살펴보면 '주색의 굉(紘)'이라는 기록이 나오는데, 정현은 "주색은
4차례 물들였을 것이다."고 했으니, 이것은 다시 훈(纁)색인 것을 적색의
즙에 넣으면 적색이 되는 것이다. 다만 경문에 관련 기록이 없어서 대략
적으로 4차례 물들이면 주색이 된다고 여겼기 때문에, '여(與)'자를 덧붙
여서 확정하지 않았던 것이다. 정현이 "『논어』에서 '군자는 감(紺)색과
추(緅)색으로 옷깃을 두르지 않는다.'"고 했는데, 『회남자』에서는 "열(涅)
을 감(紺)에 물들이면 본래의 열(涅)보다 검게 된다."[107]고 했으니, 열
(涅)은 곧 흑색이 된다. 훈(纁)에 해당하는 것을 만약 적색의 즙에 넣게
된다면 주(朱)색이 된다. 만약 적색에 넣지 않고 흑색의 즙에 넣게 된다
면 감(紺)색이 된다. 만약 다시 이러한 감(紺)에 해당하는 것을 흑색에
넣게 된다면 추(緅)색이 된다. 이것이 5차례 물들이면 추(緅)가 된다는
뜻이다. 감(紺)과 추(緅)는 서로 비슷한 부류의 대상이기 때문에 그 말을
연결하여 "군자는 감(紺)색과 추(緅)색으로 옷깃을 두르지 않는다."고 한
것이다. 만약 다시 이러한 추(緅)에 해당하는 것을 흑색의 즙에 넣게 되
면 곧 현(玄)색이 되니, 6차례 물들이면 현(玄)이 되는 것이다. 다만 경문
에는 관련 기록이 없기 때문에 이곳의 주석과 「사관례」편의 주에서는 모
두 "현(玄)은 6번 물들였을 것이다."고 한 것이다. 다시 이러한 현(玄)에
해당하는 것을 흑색의 즙에 넣게 되면 이것을 이름하여 7차례 물들이면
치(緇)가 된다고 부른다. 다만 치(緇)와 현(玄)은 서로 비슷한 부류가
되기 때문에, 예학자들은 매번 치포(緇布)로 만든 옷을 현단(玄端)으로
여겼던 것이다. 정현이 "예(禮)의 속문에서 작(爵)으로 쓰기도 하는데,
참새의 머리털 색깔과 같다는 뜻이다."라고 했는데, 참새의 머리털은 적
색이 많고 흑색이 적기 때문이다.

---

107) 『회남자』「숙진훈(俶眞訓)」: <u>今以涅染緇則黑於涅</u>, 以藍染靑則靑於藍.

참고 『논어』「향당(鄕黨)」 기록

경문 君子不以紺緅飾①, 紅紫不以爲褻服②. 當暑, 袗絺綌, 必表而出之③. 緇衣, 羔裘. 素衣, 麑裘. 黃衣, 狐裘. 褻裘長, 短右袂④. 必有寢衣, 長一身有半⑤. 狐貉之厚以居⑥. 去喪, 無所不佩⑦. 非帷裳, 必殺之⑧. 羔裘玄冠不以弔⑨. 吉月, 必朝服而朝⑩. 齊, 必有明衣, 布⑪.

군자는 감(紺)색과 추(緅)색으로 옷깃과 소매에 가선을 두르지 않고, 홍(紅)색과 자(紫)색으로는 평상복을 만들어 입지 않는다. 더워지면 홑겹으로 된 치(絺)포와 격(綌)포로 만든 옷을 반드시 겉에 입어 드러냈다. 치의(緇衣)에는 검은 양의 가죽으로 만든 옷을 입고, 소의(素衣)에는 새끼 사슴의 가죽으로 만든 옷을 입으며, 황의(黃衣)에는 여우 가죽으로 만든 옷을 입었다. 평상시에 착용하는 가죽옷은 길게 하되 오른쪽 소매는 짧게 했다. 반드시 이불을 두었는데, 길이는 한 몸하고도 반이었다. 두꺼운 여우 가죽옷이나 담비 가죽옷을 입고 거처하였다. 상복을 벗게 되면 패용할 것들에 대해 패용하지 않은 것이 없었다. 유상(帷裳)이 아니라면 반드시 줄여서 꿰매었다. 검은 양의 가죽으로 만든 옷과 현관(玄冠)을 착용하고서는 조문을 하지 않았다. 매월 초하루에는 반드시 조복을 입고 조회를 했다. 재계를 할 때에는 반드시 명의(明衣)[108]를 착용했는데 포로 만들었다.

何注① 孔曰: 一入曰緅. 飾者, 不以爲領袖緣也. 紺者, 齊服盛色, 以爲飾衣, 似衣齊服. 緅者, 三年練以緅飾衣, 爲其似衣喪服, 故皆不以爲飾衣.

---

108) 명의(明衣)는 가장 안쪽에 입는 내의를 뜻한다. 재계를 할 때 목욕을 한 이후에 명의를 착용하며, 시신에 대한 염습(殮襲)을 할 때에도 시신을 닦은 이후 명의를 입혔다.

공씨가 말하길, 1차례 물들이면 '추(緅)'라고 부른다. '식(飾)'이라는 것은 이것으로 옷깃과 소매의 가선을 만들지 않는다는 뜻이다. '감(紺)'이라는 것은 제복(齊服)[109]에 사용하는 융성한 색깔로, 이것으로 옷에 대해 식(飾)을 하게 되면 제복을 입은 것과 비슷하게 된다. '추(緅)'라는 것은 삼년상에서 연제(練祭)[110]를 치르면 추(緅)로 옷에 대해 식(飾)을 하게 되니, 그것이 상복을 입은 것과 비슷하게 되기 때문이다. 그래서 이것들로는 옷에 대해 식(飾)을 하지 않는다.

何注 ② 王曰: 藝服, 私居服, 非公會之服. 皆不正, 藝尚不衣, 正服無所施.

왕씨가 말하길, '설복(藝服)'은 사사로이 거처할 때 착용하는 복장으로, 공식적인 모임에 착용하는 복장이 아니다. 두 색은 모두 정색이 아니므로, 평상복에서도 오히려 옷을 해입지 않으니, 정복에는 적용하는 일이 없다.

何注 ③ 孔曰: 暑則單服. 絺綌, 葛也. 必表而出之, 加上衣.

더워지게 되면 홑겹의 복식을 착용한다. '치(絺)'와 '격(綌)'은 갈포를 뜻한다. 반드시 겉에 입어서 드러냈다는 것은 그 위에 껴입었다는 뜻이다.

何注 ④ 孔曰: 服皆中外之色相稱也. 私家裘長, 主溫. 短右袂, 便作事.

공씨가 말하길, 복식에 있어서는 모두 안에 있는 것과 겉에 입는 옷의

---

109) 제복(齊服)은 재계(齋戒)를 할 때 착용하는 복장이다.

110) 연제(練祭)는 소상(小祥)을 뜻한다. 삼년상에서 1년째에 지내는 제사이다. 소상 때에는 연관(練冠)과 연의(練衣)를 착용하고 제사를 지내기 때문에 '연제'라고 부른다.

색깔이 서로 맞아야 한다. 자기 집에 머물 때 입는 갓옷을 길게 만든 것은 따뜻함에 주안점을 두기 때문이다. 오른쪽 소매를 짧게 하는 것은 일을 하기에 편리하기 때문이다.

何注⑤ 孔曰: 今之被也.

공씨가 말하길, 오늘날의 이불에 해당한다.

何注⑥ 鄭曰: 在家以接賓客.

정씨가 말하길, 집에 있을 때에는 이것을 입고서 빈객을 접대하였다.

何注⑦ 孔曰: 去, 除也. 非喪則備佩所宜佩也.

공씨가 말하길, '거(去)'자는 제거한다는 뜻이다. 상이 아니라면 마땅히 패용해야 할 것들을 모두 찼다.

何注⑧ 王曰: 衣必有殺縫, 唯帷裳無殺也.

왕씨가 말하길, 옷에는 반드시 줄여서 꿰매는 부분이 있는데, 오직 유상(帷裳)만은 줄이는 부분이 없다.

何注⑨ 孔曰: 喪主素, 吉主玄, 吉凶異服.

공씨가 말하길, 상사에서는 흰색을 위주로 하고 길사에서는 현색을 위주로 하니, 길흉에 있어 복장에 차이가 있는 것이다.

何注⑩ 孔曰: 吉月, 月朔也. 朝服, 皮弁服.

공씨가 말하길, '길월(吉月)'은 매월 초하루를 뜻한다. '조복(朝服)'은 피변복을 뜻한다.

孔曰: 以布爲沐浴衣.

공씨가 말하길, 포로 목욕하고 난 뒤에 입는 옷을 만든 것이다.

邢疏 ●"君子"至"明衣布". ○ 正義曰: 此一節記孔子衣服之禮也.

● 經文: "君子"~"明衣布". ○ 이곳 한 단락은 공자가 의복을 착용했던 예법을 기록한 것이다.

邢疏 ●"君子不以紺緅飾"者, 君子, 謂孔子也. 紺, 玄色. 緅, 淺絳色. 飾者, 領緣也. 紺者, 齊服盛色, 以爲飾衣, 似衣齊服. 緅者, 三年練以緅飾衣, 爲其似衣喪服, 故皆不以爲飾衣.

● 經文: "君子不以紺緅飾". ○ '군자(君子)'는 공자를 뜻한다. '감(紺)'은 현색이다. '추(緅)'는 옅은 진홍색이다. '식(飾)'은 옷깃의 가선이다. '감(紺)'은 제복(齊服)의 융성한 색깔인 복장으로, 이것으로 옷에 옷깃의 가선을 두르게 되면 제복을 입은 것과 비슷하게 된다. '추(緅)'는 삼년상에서 연제(練祭)를 치르면 추로 옷에 옷깃의 가선을 두르게 되는데, 그것이 상복을 입은 것과 비슷하게 되기 때문에, 둘 모두에 대해서는 그것으로 옷에 옷깃의 가선을 두르지 않는다.

邢疏 ●"紅紫不以爲褻服"者, 紅, 南方間色. 紫, 北方間色. 褻服, 私居服, 非公會之服. 以其紅紫二色皆不正, 故不以爲褻服. 褻服尚不用, 則正服無所施可知也. 但言紅紫, 則五方間色皆不用也.

● 經文: "紅紫不以爲褻服". ○ '홍(紅)'은 남쪽을 상징하는 간색에 해당한다. '자(紫)'는 북쪽을 상징하는 간색에 해당한다. '설복(褻服)'은 사사로이 거처할 때 착용하는 복장으로, 공식적인 모임에 착용하는 복장이 아니다. 홍색과 자색 두 색깔은 모두 정색이 아니므로, 이 두 색깔로는 설복을 만들지 않는다. 설복에서도 오히려 사용하지 않는다면, 정복에

서는 적용하는 일이 없다는 사실을 알 수 있다. 다만 홍(紅)과 자(紫)를 언급했다면, 오방에 해당하는 간색에 대해서는 모두 사용하지 않는 것이다.

邢疏 ●"當暑, 袗絺綌, 必表而出之"者, 袗, 單也. 絺綌, 葛也, 精曰絺, 麤曰綌. 暑則單服, 必加尙表衣然後出之, 爲其形褻故也.

● 經文: "當暑, 袗絺綌, 必表而出之". ○ '진(袗)'자는 홑겹의 옷을 뜻한다. '치(絺)'와 '격(綌)'은 갈포를 뜻하는데, 촘촘한 것은 '치(絺)'라 부르고 거친 것은 '격(綌)'이라 부른다. 더워지면 홑겹의 옷을 착용하는데 반드시 겉에 입는 옷을 걸친 이후에야 출타를 하니, 속옷이 드러나기 때문이다.

邢疏 ●"緇衣, 羔裘. 素衣, 麑裘. 黃衣, 狐裘"者, 凡祭服, 先加明衣, 次加中衣, 冬則次加袍繭, 夏則不袍繭, 用葛也, 次加祭服. 若朝服, 布衣亦先以明衣親身, 次加中衣, 冬則次加裘, 裘上加裼衣, 裼衣之上加朝服; 夏則中衣之上不用裘而加葛, 葛上加朝服. 凡服必中外之色相稱. 羔裘, 黑羊裘也, 故用緇衣以裼之. 麑裘, 鹿子皮以爲裘也, 故用素衣以裼之. 狐裘黃, 故用黃衣以裼之.

● 經文: "緇衣, 羔裘. 素衣, 麑裘. 黃衣, 狐裘". ○ 제복(祭服)을 착용할 때에는 먼저 명의(明衣)를 걸치고, 그 다음으로 중의(中衣)를 걸치는데, 겨울이라면 그 다음으로 솜을 넣은 웃옷을 입고 여름에는 솜을 넣은 웃옷을 입지 않고 갈포로 만든 옷을 착용하며, 그 다음으로 제복을 착용한다. 조복(朝服)을 착용할 때라면 포의를 또한 우선적으로 명의로 삼아 몸에 직접 닿는 옷으로 입고, 그 다음으로 중의를 걸치는데, 겨울이라면 그 다음으로 갓옷을 입고 갓옷 위에는 석의(裼衣)를 걸치며, 석의 위에 조복을 걸치게 되고, 여름이라면 중의 위에 갓옷을 걸치지 않고 갈포로 만든 옷을 걸치며, 갈포로 만든 옷 위에는 조복을 걸친다. 무릇 복장을

착용할 때에는 반드시 속과 겉에 입는 옷의 색깔이 서로 맞도록 해야 한다. '고구(羔裘)'는 검은 양의 가죽으로 만든 갓옷을 뜻한다. 그렇기 때문에 치의(緇衣)를 이용해서 그 옷을 석(裼)[111]한다. '예구(麑裘)'는 사슴의 새끼 가죽으로 갓옷을 만든 것이다. 그렇기 때문에 소의(素衣)를 이용해서 그 옷을 석한다. 호구(狐裘)는 황색이기 때문에 황의(黃衣)를 이용해서 그 옷을 석한다.

邢疏 ●"褻裘長, 短右袂"者, 此裘私家所著之裘也, 長之者, 主溫也; 袂是裘之袖, 短右袂者, 作事便也.

● 經文: "褻裘長, 短右袂". ○ 여기에서 말하는 갓옷은 자기 집에서 착용하는 갓옷을 뜻하는데, 그것을 길게 만드는 것은 따뜻함에 주안점을 두었기 때문이다. '메(袂)'는 갓옷의 소매를 뜻하는데, 우측 소매를 짧게 하는 것은 일을 하기에 편리하기 때문이다.

邢疏 ●"必有寢衣, 長一身有半"者, 今之被也.

● 經文: "必有寢衣, 長 身有半". ○ 오늘날의 이불에 해당한다.

邢疏 ●"狐貉之厚以居"者, 謂在家接賓客之裘者, 居家主溫, 故厚爲之.

● 經文: "狐貉之厚以居". ○ 집에 있을 때 빈객을 접대하며 착용하는 갓옷을 뜻하는데, 집에 머물 때에는 따뜻함에 주안점을 두기 때문에 두텁게 만든다.

---

111) 석(裼)은 고대에 의례를 시행할 때 하는 복장 방식 중 하나이다. 좌측 소매를 걷어 올려서, 안에 입고 있는 석의(裼衣)를 드러내는 것이다. 한편 '석'은 비교적 성대하지 않은 의식 때 시행하는 복장 방식으로도 사용되어, 좌측 소매를 걷어 올려서 공경의 뜻을 표하기도 했다.

邢疏 ●“去喪, 無所不佩”者, 去, 除也. 居喪無飾, 故不佩. 除喪, 則備佩所宜佩也.

● 經文: “去喪, 無所不佩”. ○ ‘거(去)’자는 제거한다는 뜻이다. 상을 치를 때에는 장식이 없기 때문에 패용하지 않는다. 상복을 제거하면 마땅히 패용해야 할 것들을 모두 차게 된다.

邢疏 ●“非帷裳必殺之”者, 殺謂殺縫. 凡衣必有殺縫, 唯帷裳無也.

● 經文: “非帷裳必殺之”. ○ ‘쇄(殺)’는 줄여서 꿰매는 것을 뜻한다. 모든 옷에는 반드시 줄여서 꿰매는 것이 있는데, 오직 유상(帷裳)에만 없다.

邢疏 ●“羔裘玄冠不以弔”者, 凶主素, 吉主玄, 故羔裘玄冠不以弔喪也.

● 經文: “羔裘玄冠不以弔”. ○ 흉사에서는 흰색을 위주로 하고 길사에서는 현색을 위주로 한다. 그렇기 때문에 검은 양의 가죽으로 만든 갓옷에 현관을 착용하고는 상에 조문하지 않는다.

邢疏 ●“吉月必朝服而朝”者, 吉月, 月朔也. 朝服, 皮弁服. 言每朔日必服皮弁之服以朝於君也.

● 經文: “吉月必朝服而朝”. ○ ‘길월(吉月)’은 매월 초하루를 뜻한다. ‘조복(朝服)’은 피변복을 뜻한다. 즉 매월 초하루에는 반드시 피변의 복장을 착용하고 군주를 조회한다는 뜻이다.

邢疏 ●“齊, 必有明衣, 布”者, 將祭而齊, 則必沐浴, 浴竟而著明衣, 所以明絜其體也. 明衣以布爲之, 故曰“齊, 必有明衣, 布”也.

● 經文: “齊, 必有明衣, 布”. ○ 제사를 지내게 되어 재계를 하게되면 반드시 목욕을 하게 되는데, 목욕이 끝나면 명의(明衣)를 착용하니, 신체

를 청결하게 하기 위해서이다. 명의는 포로 만든다. 그렇기 때문에 "재계를 할 때에는 반드시 명의를 착용했는데 포로 만들었다."고 했다.

邢疏 ◎注"孔曰"至"飾衣". ○正義曰: 云"一入曰緅. 飾者, 不以爲領袖緣也"者, 按考工記云: "三入爲纁, 五入爲緅, 七入爲緇." 注云: "染纁者三入而成. 又再染以黑則爲緅. 緅, 今禮俗文作爵, 言如爵頭色也. 又復再染以黑乃成緇矣. 鄭司農說以論語曰'君子不以紺緅飾', 又曰'緇衣羔裘'. 爾雅曰: '一染謂之縓, 再染謂之禎, 三染謂之纁.' 詩云: '緇衣之宜兮.' 玄謂此同色耳. 染布帛者, 染人掌之. 凡玄色者, 在緅緇之間, 其六入者與." 今孔氏云: "一入曰緅"者, 未知出何書. 又云"緅者, 三年練以緅飾衣", 則似讀緅爲縓. 按檀弓云: "練, 練衣黃裏縓緣." 注云: "小祥, 練冠練中衣, 以黃爲內, 縓爲飾. 黃之色卑於纁, 縓, 纁之類, 明外除." 故曰: "爲其似衣喪服, 故皆不以爲飾衣." 云"紺者, 齊服盛色以爲飾衣, 似衣齊服"者, 說文云: "紺, 帛深靑揚赤色." 是紺爲靑赤色也, 故爲齊服盛色. 若以爲領袖緣飾, 則似衣齊服也.

◎何注: "孔曰"~"飾衣". ○"1차례 물들이면 '추(緅)'라고 부른다. '식(飾)'이라는 것은 이것으로 옷깃과 소매의 가선을 만들지 않는다는 뜻이다."고 했는데, 『고공기』를 살펴보면, "3차례 물들이면 훈(纁)이 되고, 5차례 물들이면 추(緅)가 되며, 7차례 물들이면 치(緇)가 된다."[112]라 했고, 주에서는 "훈(纁)으로 염색하는 것은 3차례 물들이면 완성된다. 또 여기에 2차례 흑색으로 염색하게 되면 '추(緅)'가 된다. 추(緅)는 오늘날의 예(禮) 속문에서 작(爵)으로 쓰기도 하는데, 참새의 머리털 색깔과 같다는 뜻이다. 또 여기에 다시 2차례 흑색으로 물들이면 곧 치(緇)를 완성하게 된다. 정사농은 『논어』에서 '군자는 감(紺)색과 추(緅)색으로 옷깃을 두

---

112) 『주례』「동관고공기(冬官考工記)·종씨(鍾氏)」: 三入爲纁, 五入爲緅, 七入爲緇.

르지 않는다.'113)라 하고 또 '치의(緇衣)에는 검은 양의 가죽으로 만든 옷을 입었다.'114)고 한 말로 설명했다. 『이아』에서는 '1차례 물들인 것을 전(縓)이라 부르고, 2차례 물들인 것을 정(赬)이라 부르며, 3차례 물들인 것을 훈(纁)이라 부른다.'115)고 했고, 『시』에서는 '치의의 마땅함이 여.'116)라고 했다. 내가 생각하기에 이것은 같은 색깔을 뜻할 따름이다. 포와 비단을 염색하는 것은 염인(染人)이 담당한다. 무릇 현(玄)색이라 는 것은 추(緅)색과 치(緇)색 중간에 해당하니, 아마도 6번 물들였을 것 이다."라고 했다. 지금 공씨는 "1차례 물들이면 '추(緅)'라고 부른다."고 했는데, 어느 기록에서 도출했는지 모르겠다. 또 "'추(緅)'라는 것은 삼년 상에서 연제(練祭)를 치르면 추(緅)로 옷에 대해 식(飾)을 하게 된다."고 했는데, 그렇다면 아마도 '추(緅)'자를 전(縓)자로 풀이한 것 같다. 『예 기』「단궁(檀弓)」편을 살펴보면, "소상(小祥)117)에는 연의(練衣)118)를 착용하니, 연의는 황색의 옷감으로 중의(中衣)119)의 속단을 대고, 전(縓)

---

113) 『논어』「향당(鄕黨)」: <u>君子不以紺緅飾</u>, 紅紫不以爲褻服.

114) 『논어』「향당(鄕黨)」: <u>緇衣羔裘</u>, 素衣麑裘, 黃衣狐裘.

115) 『이아』「석기(釋器)」: <u>一染謂之縓, 再染謂之赬, 三染謂之纁</u>. 靑謂之葱. 黑謂 之黝. 斧謂之黼.

116) 『시』「정풍(鄭風)·치의(緇衣)」: <u>緇衣之宜兮</u>, 敝, 予又改爲兮. 適子之館兮, 還, 予授子之粲兮.

117) 소상(小祥)은 본래 부모 및 군주의 상(喪)에서, 부모가 죽은 지 만 1년 만에 지내 는 제사이다. 이 제사가 끝나면, 자식은 3년상을 지낼 때의 복장과 생활방식을 조금씩 덜어내게 된다. 또한 '소상'은 친족 및 타인의 상에서 1년이 지났을 때를 가리키기도 한다.

118) 연의(練衣)는 누이는 공정을 가미한 포(布)로 제작한 옷을 뜻한다. 고대에는 부 모의 상을 치를 때 소상(小祥)을 치른 뒤에 착용했다.

119) 중의(中衣)는 조복(朝服)이나 제복(祭服) 등의 예복(禮服) 안에 착용하는 옷이 다. '중의' 안에는 속옷 등을 착용하고, '중의' 겉에는 예복 등을 착용하므로, 중간 이라는 뜻에서 '중의'라고 부르는 것이다. 또한 모든 복장에 있어서 속옷과 겉옷 중간에 입는 옷을 뜻하기도 한다. 『예기』「교특생(郊特牲)」편에는 "繡黼丹朱<u>中 衣</u>."라는 기록이 있고, 이에 대한 공영달(孔穎達)의 소(疏)에서는 "中衣, 謂以素

색의 옷감으로 옷깃과 소매의 끝단을 댄 것이다."[120]라 했고, 주에서는
"소상 때에는 연관(練冠)[121]을 착용하고, 연중의(練中衣)를 입는데, 황
색의 옷감으로 속감을 대고, 전(縓)으로 장식을 한다. 황색은 전(縓)색보
다 색깔이 연하다. '전(縓)'이라는 것은 분홍색의 부류이니, 외제(外
除)[122]를 나타낸다."고 했다. 그렇기 때문에 "그것이 상복을 입은 것과
비슷하게 되기 때문이다. 그래서 이것들로는 옷에 대해 식(飾)을 하지
않는다."고 했다. "'감(紺)'이라는 것은 제복(齊服)에 사용하는 융성한 색
깔로, 이것으로 옷에 대해 식(飾)을 하게 되면 제복을 입은 것과 비슷하
게 된다."고 했는데, 『설문』에서는 "'감(紺)'은 비단 중 깊은 청색에 적색
이 드러나는 것이다."고 했다. 이것은 감(紺)이 청적색에 해당함을 나타
낸다. 그렇기 때문에 제복은 융성한 색깔이 된다. 만약 이것으로 옷깃과
소매에 대해 가선의 장식을 한다면 제복을 입은 것과 비슷하게 된다.

邢疏 ◎注"服皆中外之色相稱也". ○正義曰: 謂中衣外裘其色皆相
稱也. 此經云"緇衣, 羔裘"者, 謂朝服也. 知者, 按玉藻云: "諸侯朝服
以日視朝於內朝." 士冠禮云: "主人玄冠朝服, 緇帶素韠." 注云: "玄
冠, 委貌. 朝服者, 十五升布衣而素裳. 不言色者, 衣與冠同色." 是朝
衣色玄, 玄卽緇色之小別. 此說孔子之服, 云"緇衣, 羔裘", 玉藻亦云
"羔裘緇衣以裼之", 是羔裘裼用緇衣, 明其上正服亦緇色也. 下文又

爲冕服之裏衣."라고 풀이하였다.

120) 『예기』「단궁상(檀弓上)」: 練, 練衣, 黃裏, 縓緣.

121) 연관(練冠)은 상(喪) 중에 착용하는 관(冠)이다. 부모의 상 중에서 1주기에 지내
는 제사 때 착용을 하였다.

122) 외제(外除)는 내제(內除)와 상반되는 말이다. 부모의 상(喪)을 치를 때, 상복(喪
服)을 점진적으로 제거하게 되더라도, 마음에는 여전히 슬퍼하는 마음이 있다는
것을 뜻한다. 『예기』「잡기하(雜記下)」편에서는 "親喪外除, 兄弟之喪內除."라
는 기록이 있는데, 이에 대한 공영달(孔穎達)의 소(疏)에서는 "親喪外除者, 謂
父母之喪. 外, 謂服也. 服猶外隨日月漸除而深心哀未忘."이라고 풀이했다.

曰"羔裘玄冠不以弔", 是羔裘所用配玄冠, 羔裘之上必用緇布衣爲
裼, 裼衣之上正服亦是緇色, 又與玄冠相配, 故知緇衣羔裘是諸侯君
臣日視朝之服也. 其素衣麑裘, 則在國視朔之服也. 卿大夫士亦皆
然. 故鄭玄注此云"素衣麑裘, 視朔之服", 是也. 其受外國聘享, 亦素
衣麑裘, 故聘禮云: "裼降立." 注引玉藻云: "麑裘靑犴褒, 絞衣以裼
之." 又引此云: "素衣麑裘. 皮弁時或素衣." 如鄭此言, 則裼衣或絞
或素不定也. 熊氏云: "臣用絞, 君用素." 皇氏云: "素衣爲正, 記者亂
言絞耳." 其"黃衣, 狐裘", 謂大蜡息民之祭服也. 人君以歲事成熟, 搜
索群神而報祭之, 謂之大蜡. 又臘祭先祖五祀, 因令民得大飮, 農事
休息, 謂之息民. 於大蜡之後, 作息民之祭, 其時則有黃衣狐裘也.
大蜡之祭與息民異也. 息民用黃衣狐裘, 大蜡則皮弁素服, 二者不同
矣. 以其大蜡之後, 始作息民之祭, 息民大蜡同月, 其事相次, 故連言
之耳. 知者, 郊特牲云: "蜡也者, 索也, 歲十二月, 合聚萬物而索饗之
也. 皮弁素服而祭, 素服以送終. 葛帶榛杖, 喪殺也." 是大蜡之祭用
素服也. 郊特牲旣說蜡祭, 其下又云: "黃衣黃冠而祭, 息田夫也." 注
云: "祭謂旣蜡, 臘先祖五祀也, 於是勞農以休息之." 是息民之祭用
黃衣也. 此說孔子之服云"黃衣, 狐裘", 玉藻云"狐裘黃衣以裼之", 以
此知大蜡息民則有黃衣狐裘也. 是此三者之服, 中衣與外裘其色皆
相稱也.

◎何注: "服皆中外之色相稱也". ○중의(中衣)와 그 겉에 입는 갖옷은
그 색깔이 모두 서로 맞아야 한다. 이곳 경문에서는 "치의(緇衣)에는 검
은 양의 가죽으로 만든 옷을 입는다."고 했는데, 이것은 조복(朝服)을
뜻한다. 이러한 사실을 알 수 있는 이유는 『예기』「옥조(玉藻)」편을 살펴
보면, "제후는 조복을 착용하고 날마다 내조(內朝)에서 조정에 참관한
다."[123]라 했고, 『의례』「사관례(士冠禮)」편에서는 "주인은 현관을 쓰고

123) 『예기』「옥조(玉藻)」: 諸侯玄端以祭, 裨冕以朝, 皮弁以聽朔於大廟, 朝服以日

조복을 착용하며 검은색의 허리띠를 차고 흰색의 슬갑을 두른다."124)라 했으며, 주에서는 "'현관(玄冠)'은 위모(委貌)이다. '조복(朝服)'은 15승(升)의 포로 상의를 만들고 흰색으로 하의를 만든 옷이다. 색깔을 언급하지 않은 것은 상의와 관의 색깔이 동일하기 때문이다."라 했다. 이것은 조복의 상의가 그 색깔이 현색임을 나타내는데, 현(玄)색은 곧 치(緇)색과 조금의 차이만 있다. 이것은 공자의 복장을 설명하여, "치의(緇衣)에는 검은 양의 가죽으로 만든 옷을 입는다."고 한 것인데, 『예기』「옥조(玉藻)」편에서도 "검은 양의 가죽으로 만든 갓옷에는 치의를 껴입어서 석(裼)을 한다."125)라 했으니, 이것은 검은 양의 가죽으로 만든 갓옷에 석을 할 때에는 치의를 사용함을 나타내니, 그 위에 입는 정복 또한 치색이 됨을 나타낸다. 아래문장에서는 또한 "검은 양의 가죽으로 만든 옷과 현관(玄冠)을 착용하고서는 조문을 하지 않았다."라 했는데, 이것은 검은 양의 가죽으로 만든 갓옷에 짝해서 사용하는 것이 현관임을 나타내며, 검은 양의 가죽으로 만든 갓옷 위에 반드시 치색의 포로 만든 옷을 입어 석을 하고, 석의 위에 정복 또한 치색으로 하니, 또한 현관과 서로 짝이 된다. 그렇기 때문에 치의에 검은 양의 가죽으로 만든 옷이 제후에게 있어 군신들이 날마다 조정에 참관할 때 작용하는 복장이 됨을 알 수 있다. 소의(素衣)에는 새끼 사슴의 가죽으로 만든 옷을 입는다면, 나라 안에서 시삭(視朔)을 할 때의 복장이다. 경·대부·사 또한 모두 이러하다. 그렇기 때문에 정현은 이 문장에 대한 주석에서 "소의에 새끼 사슴 가죽으로 만든 옷을 입는 것은 시삭 때의 복장이다."라 한 것이다. 다른 나라에서 빙향(聘享)126)을 받을 때에도 소의에 새끼 사슴 가죽으로 만든 옷을

視朝於內朝.

124) 『의례』「사관례」 : 主人玄冠, 朝服, 緇帶, 素韠, 卽位于門東, 西面.

125) 『예기』「옥조(玉藻)」 : 羔裘豹飾, 緇衣以裼之; 狐裘, 黃衣以裼之. 錦衣狐裘, 諸侯之服也.

126) 빙향(聘享)은 빙문(聘問)의 의례를 시행하며 선물로 가지고 간 폐백을 바치는

입는다. 그렇기 때문에 『의례』「빙례(聘禮)」편에서는 "석을 하고 내려가
서 선다."[127]고 했는데, 주에서는 「옥조」편의 내용을 인용하여, "새끼 사
슴 가죽옷에 청색의 들개 가죽으로 소매를 달고, 교의(絞衣)를 껴입어서
석(裼)을 한다."[128]고 한 것이고, 또 이곳 문장을 인용하여, "소의에 새끼
사슴 가죽옷을 입는다. 피변을 착용할 때 소의를 착용하기도 한다."고
한 것이다. 정현의 이와 같은 말대로라면, 석의는 교의를 하기도 하고
소의를 하기도 하여 고정되지 않은 것이다. 웅안생은 "신하는 교의를 사
용하고, 군주는 소의를 사용한다."고 했다. 황간[129]은 "소의가 바른 복장
이 되는데, 『예기』를 기록한 자가 혼란스럽게 교의를 언급한 것일 뿐이
다."라고 했다. "황의(黃衣)에는 여우 가죽으로 만든 옷을 입었다."고 했
는데, 대사(大蜡)[130]에 백성들을 휴식시키면서 제사를 지내는 복장을 뜻

의식이다. '빙문'을 하게 되면, 폐백을 받은 자는 상대방에게 반드시 연회를 베풀
어주게 된다. 따라서 빙문(聘問)에서의 빙(聘)자와 연회를 뜻하는 향(享)자를
합쳐서, 이러한 의식을 '빙향'이라고 부르게 되었다. 『의례』「빙례(聘禮)」편에는
"受夫人之聘璋, 享玄纁."이라는 기록이 있고, 이에 대한 정현의 주에서는 "享,
獻也. 旣聘又享, 所以厚恩惠也."라고 풀이했다.

127) 『의례』「빙례(聘禮)」 : 公側授宰玉, 裼降立.

128) 『예기』「옥조(玉藻)」 : 麛裘青犴褎, 絞衣以裼之.

129) 황간(皇侃, A.D.488 ~ A.D.545) : =황씨(皇氏). 남조(南朝) 때 양(梁)나라의 경
학자이다. 『주례(周禮)』, 『의례(儀禮)』, 『예기(禮記)』 등에 해박하여, 『상복문구
의소(喪服文句義疏)』, 『예기의소(禮記義疏)』, 『예기강소(禮記講疏)』 등을 지
었지만, 현재는 전해지지 않는다. 그 일부가 마국한(馬國翰)의 『옥함산방집일서
(玉函山房輯佚書)』에 수록되어 있다.

130) 대사(大蜡)는 연말에 농업과 관련된 여러 신들에게 합동으로 제사를 지내서, 내
년에 재해가 닥치지 않도록 기원을 하는 제사이다. '사(蜡)'자는 "찾는대索]."는
뜻으로, 여러 귀신(鬼神)들을 찾아서 제사를 지내기 때문에, 이러한 제사를 '사'라
고 부르는 것이다. 그리고 연말에는 성대하게 제사를 지냈으므로, 성대하다는
뜻에서 '대'자를 붙인 것이다. 『예기』「명당위(明堂位)」편에는 "是故夏礿·秋
嘗·冬烝·春社·秋省, 而遂大蜡, 天子之祭也."라는 기록이 있는데, 이에 대
한 정현의 주에서는 "大蜡, 歲十二月索鬼神而祭之."라고 풀이했다.

한다. 군주는 한해의 농사가 잘 되어서 여러 신들을 찾아 보답하는 제사를 지내는데, 이것을 '대사(大蜡)'라고 부른다. 또 선조 및 오사에 납(臘)제사를 지내는데, 그에 따라 백성들로 하여금 실컷 음주를 하도록 해서 농사를 쉬도록 하는데, 이것을 '식민(息民)'이라고 부른다. 대사를 지낸 이후에는 백성들을 휴식시키는 제사를 시행하며, 그 시기에는 황의에 여우 가죽옷을 입는 일이 있다. 대사의 제사와 백성들을 휴식시키는 것은 차이가 있다. 백성들을 휴식시킬 때에는 황의에 여우 가죽옷을 착용하지만, 대사를 지내게 되면 피변에 소복을 착용하니, 두 경우의 복식이 다르다. 대사를 지낸 이후에 비로소 백성들을 휴식시키는 제사를 시행하니, 백성들을 휴식시키는 제사와 대사는 같은 달에 지내며, 그 사안이 서로 순차를 이루기 때문에 연이어 언급한 것일 뿐이다. 이러한 사실을 알 수 있는 이유는 『예기』「교특생(郊特牲)」편에서 "사(蜡)'라는 것은 찾는다는 뜻이다. 한 해의 12월에 모든 것이 닫히게 되면, 만물을 취합하여, 신을 찾아서 제사를 지내는 것이다.[131] 피변을 쓰고 소복을 입고서 제사를 지내니, 소복을 입고서 제사를 지내는 것은 끝마침에 대해서 잘 전송하는 것이다. 칡을 엮은 띠를 두르고 개암나무로 만든 지팡이를 잡는 것은 정식적인 상례에 따라 낮추는 것이다.[132]"라고 했다. 이것은 대사의 제사에 소복을 사용한다는 사실을 나타낸다. 「교특생」편에서 사제사에 대한 설명을 마치고 그 뒤에서 또한 "황의에 황관을 착용하고 제사를 지내는 것은 농부들을 휴식시키는 것이다.[133]"라 했고, 주에서는 "'제(祭)'라는 것은 사제사를 끝내고 나서, 선조와 오사에 대한 납제사를 지낸다는 뜻이니, 이 시기에 농부들을 위로하며, 휴식을 시키게 된다."고 했다. 이

---

131) 『예기』「교특생(郊特牲)」: 天子大蜡八, 伊耆氏始爲蜡. 蜡也者, 索也. 歲十二月合, 聚萬物而索饗之也.

132) 『예기』「교특생(郊特牲)」: 皮弁素服而祭, 素服以送終也. 葛帶榛杖, 喪殺也. 蜡之祭, 仁之至, 義之盡也.

133) 『예기』「교특생(郊特牲)」: 黃衣黃冠而祭, 息田夫也. 野夫黃冠. 黃冠, 草服也.

것은 백성들을 휴식시키는 제사에서 황의를 사용한다는 사실을 나타낸다. 이곳에서 공자가 착용했던 복장을 설명하며, "황의에 여우 가죽옷을 입는다."고 했고, 「옥조」편에서 "여우 가죽옷에 황의를 껴입어서 석을 한다."[134]고 했는데, 이러한 것을 통해서 대사를 지내고 백성들을 휴식시키는 제사를 지내게 되면 황의에 여우 가죽옷을 입는 경우가 있음을 알수 있다. 이러한 세 복장에 있어서 중의와 겉에 입는 갓옷은 그 색깔을 모두 서로 맞추게 된다.

邢疏 ◎注"孔曰"至"佩也". ○正義曰: 云"非喪則備佩所宜佩也"者, 按玉藻云: "古之君子必佩玉, 右徵角, 左宮羽. 凡帶必有佩玉, 唯喪則否. 佩玉有衝牙, 君子無故, 玉不去身. 君子於玉比德焉. 天子佩白玉而玄組綬, 世子佩瑜玉而綦組綬, 士佩瓀玟而縕組綬, 孔子佩象環五寸而綦組綬." 是非居喪則備佩此所宜佩也.

◎ 何注: "孔曰"~"佩也". ○ "상이 아니라면 마땅히 패용해야 할 것들을 모두 찼다."라 했는데, 『예기』「옥조(玉藻)」편을 살펴보면, "고대의 군자는 반드시 허리에 패옥을 찼으니, 우측에는 치(徵)음과 각(角)음을 내는 옥을 찼고, 좌측에는 궁(宮)음과 우(羽)음을 내는 옥을 찼다.[135] 모든 계층은 대(帶)를 찰 때에는 반드시 패옥을 결속하게 되니, 오직 상사일 경우에만 차지 않는다. 패옥에는 충아(衝牙)가 있고, 군자는 특별한 일이 없으면, 패옥을 몸에서 떼지 않으니, 군자는 옥을 통해서 덕(德)을 비견하기 때문이다. 천자는 백색의 패옥을 차고, 현색의 끈으로 꿰는 줄을 만들며, 세자는 아름다운 패옥을 차고, 무늬가 뒤섞인 끈으로 꿰는 줄을 만들며, 사는 옥돌을 패옥으로 차고, 적황색의 끈으로 꿰는 줄을 만들며,

---

134) 『예기』「옥조(玉藻)」: 羔裘豹飾, 緇衣以裼之; <u>狐裘, 黃衣以裼之</u>. 錦衣狐裘, 諸侯之服也.

135) 『예기』「옥조(玉藻)」: 古之君子必佩玉, 右徵角, 左宮羽.

공자는 한가롭게 거처할 때, 상아를 5촌의 너비로 만든 둥근 옥을 차고, 무늬가 뒤섞인 끈으로 꿰는 줄을 만들었다."136)고 했다. 이것은 상을 치르는 경우가 아니면 이처럼 마땅히 패용해야 할 것들에 대해 모두 찼다는 것을 나타낸다.

邢疏 ◎注"王曰: 衣必有殺縫, 唯帷裳無殺也". ○ 正義曰: 謂朝祭之服, 上衣必有殺縫, 在下之裳, 其制正幅如帷, 名曰帷裳, 則無殺縫. 其餘服之裳, 則亦有殺縫, 故深衣之制, 要在縫半下, 縫齊倍要. 喪服之制, 裳內削幅. 注云: "削猶殺也".

◎ 何注: "王曰: 衣必有殺縫, 唯帷裳無殺也". ○ 조회나 제사 때의 복장에 있어서 상의에는 반드시 줄여서 꿰매는 부분이 있지만, 하의에 있어서는 그 제도가 정폭으로 만들어서 휘장처럼 하므로 '유상(帷裳)'이라 부른다면, 줄여서 꿰매는 부분이 없는 것이다. 나머지 복장에 착용하는 하의에는 또한 줄여서 꿰매는 부분이 있다. 그렇기 때문에 심의(深衣)를 만드는 제도에 있어서 허리부분을 봉합한 것은 하단의 끝부분 길이의 절반이 되고,137) 끝부분을 재봉한 것은 허리부분의 너비보다 2배로 하는 것이다.138) 상복의 제도에 있어서는 하의는 안으로 접어서 폭을 줄인다고 했는데,139) 주에서는 "삭(削)은 줄인다는 뜻이다."라 했다.

---

136) 『예기』「옥조(玉藻)」: 君在不佩玉, 左結佩, 右設佩. 居則設佩, 朝則結佩, 齊則綪結佩而爵韠. 凡帶必有佩玉, 唯喪否. 佩玉有衝牙, 君子無故玉不去身, 君子於玉比德焉, 天子佩白玉而玄組綬, 公侯佩山玄玉而朱組綬, 大夫佩水蒼玉而純組綬, 世子佩瑜玉而綦組綬, 士佩瓀玟而縕組綬, 孔子佩象環五寸而綦組綬.

137) 『예기』「심의(深衣)」: 古者深衣, 蓋有制度, 以應規·矩·繩·權·衡. 短毋見膚, 長毋被土. 續衽, 鉤邊, 要縫半下.

138) 『예기』「옥조(玉藻)」: 深衣三袪, 縫齊倍要, 衽當旁, 袂可以回肘.

139) 『의례』「상복(喪服)」: 凡衰外削幅, 裳內削幅.

邢疏 ◎注"孔曰: 喪主素, 吉主玄, 吉凶異服". ○正義曰: 檀弓云: "奠以素器, 以生者有哀素之心." 注: "哀素, 言哀痛無飾. 凡物無飾曰素." 又禮祭服皆玄衣服. 是喪主素, 吉主玄也.

◎何注: "孔曰: 喪主素, 吉主玄, 吉凶異服". ○『예기』「단궁(檀弓)」편에서는 "전제사에서는 별다른 장식이 없는 소기(素器)를 사용하여 음식을 올리는 것은 전제사를 올리는 자들에게 애통하여 꾸밈을 갖출 수 없는 마음이 있기 때문이다."[140]라 했고, 주에서는 "'애소(哀素)'는 애통하여 법식에 따른 꾸밈이 없다는 뜻이다. 무릇 사물들 중에 꾸밈이 없는 것을 '소(素)'라고 부른다."고 했다. 또 예법에 따르면 제복은 모두 현색의 복장을 착용한다. 이것은 상사에서는 흰색을 위주로 하고, 길사에서는 현색을 위주로 함을 나타낸다.

邢疏 ◎注"孔曰"至"弁服". ○正義曰: 云"吉月, 月朔也"者, 以詩云 "二月初吉", 周禮云"正月之吉", 皆謂朔日, 故知此吉月謂朔日也. 云 "朝服, 皮弁服"者, 士冠禮云: "皮弁, 服素積緇帶素鞸." 注云: "此與 君視朔之服也. 皮弁者, 以白鹿皮爲冠, 象上古也. 積猶辟也. 以素 爲常, 辟蹙其要中. 皮弁之衣用布, 亦十五升, 其色象焉." 魯自文公 不行視朔之禮, 孔子恐其禮廢, 故每於月朔, 必衣此視朔之服而朝於 君, 所謂我愛其禮也.

◎何注: "孔曰"~"弁服". ○"'길월(吉月)'은 매월 초하루를 뜻한다."라 했는데, 『시』에서는 "2월 초길(初吉)이여."[141]라 했고, 『주례』에는 여러 번

---

140) 『예기』「단궁하(檀弓下)」: <u>奠以素器, 以生者有哀素之心也</u>. 唯祭祀之禮, 主人自盡焉爾, 豈知神之所饗? 亦以主人有齊敬之心也!

141) 『시』「소아(小雅)·소명(小明)」: 明明上天, 照臨下土. 我征徂西, 至于丠野. <u>二月初吉</u>, 載離寒暑. 心之憂矣, 其毒大苦. 念彼共人, 涕零如雨. 豈不懷歸, 畏此罪罟.

"정월의 길일."이라는 말이 나오는데, 이 모두는 초하루를 뜻한다. 그렇기 때문에 이곳에 나온 길월(吉月) 또한 초하루를 뜻한다는 사실을 알 수 있다. "'조복(朝服)'은 피변복을 뜻한다."라 했는데, 『의례』「사관례(士冠禮)」편에서는 "피변에 소적을 입고 치대를 차며 소필를 두른다."고 했고, 주에서는 "이것은 군주의 시삭에 참여할 때의 복장이다. '피변(皮弁)'이라는 것은 백색의 사슴 가죽으로 관을 만든 것으로, 상고시대의 것을 본뜬 것이다. '적(積)'은 주름을 잡는다는 뜻으로, 흰색으로 하의를 만들고, 허리 가운데에 주름을 잡는 것이다. 피변복에 착용하는 상의는 포로 만드는데, 또한 15승의 것을 사용하며, 그 색깔은 피변의 색을 본떠서 흰색으로 한다."고 했다. 노나라는 문공 때부터 시삭의 의례를 시행하지 않았는데, 공자는 그 예가 폐지될 것을 염려했기 때문에 매번 매월 초하루가 되면 반드시 이러한 시삭 때의 복장을 착용하고서 군주를 조회했던 것이니, 이른바 "나는 그 예를 아낀다."[142]고 한 말에 해당한다.

---

142) 『논어』「팔일(八佾)」 : 子貢欲去告朔之餼羊. 子曰, "賜也! 爾愛其羊, <u>我愛其禮</u>."

※ 출처:
　상단-『삼례도(三禮圖)』 2권
　중단-『육경도(六經圖)』 8권
　하단-『삼재도회(三才圖會)』「의복(衣服)」 1권

그림 1-6 ▣ 위모(委貌)

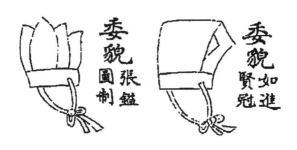

※ 출처:『삼례도집주(三禮圖集注)』3권

※ 출처: 『삼례도집주(三禮圖集注)』 1권

그림 1-8 ◉ 슬갑[韠: =韨·芾]

※ 출처: 『삼례도집주(三禮圖集注)』 8권

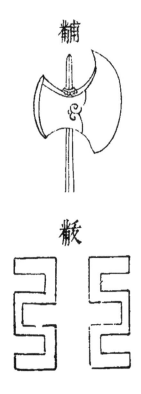

※ 출처: 『삼재도회(三才圖會)』「의복(衣服)」 1권

● 그림 1-10　◼ 현면(玄冕)

※ 출처: 『삼례도집주(三禮圖集注)』 1권

※ 출처:『삼례도집주(三禮圖集注)』 1권

그림 1-12 ▣ 피변복(皮弁服)

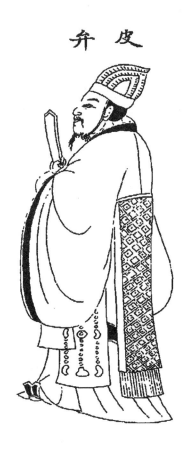

端玄

※ 출처:『삼례도집주(三禮圖集注)』1권

● 그림 1-14 ▣ 사(士)의 현단복(玄端服)

端 士玄

※ 출처: 『삼례도집주(三禮圖集注)』 1권

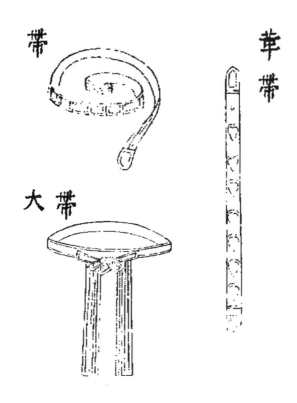

◎ 혁대(革帶): 가죽으로 만든 허리띠로, 대(帶)와 혁대는 옷과 연결하여 결속함
　대대(大帶): 주로 예복(禮服)에 착용하는 것으로, 혁대에 결속함

※ 출처: 『삼재도회(三才圖會)』「의복(衣服)」2권

有司如主人服, 卽位于西方, 東面, 北上.

직역 有司는 主人의 服과 如하며, 卽하여 西方에 位하여, 東面하되 北上한다.

의역 유사는 주인의 복장과 동일하게 착용하고, 서쪽으로 나아가 위치하며 동쪽을
바라보되 북쪽 끝에서부터 정렬한다.

鄭注 有司, 群吏有事者, 謂主人之吏, 所自辟除, 府史以下, 今時卒
吏及假吏是也.

'유사(有司)'는 여러 하급 관리들 중 해당 임무를 맡고 있는 자들이니,
주인에게 소속된 하급 관리들 중 주인이 직접 임명한 자들로, 재화를 담
당하는 부(府)나 기록을 담당하는 사(史) 이하의 자들을 뜻하는데, 오늘
날의 졸리(卒吏)나 가리(假吏)와 같은 자들이 여기에 해당한다.

賈疏 ●"有司"至"北上". ○釋曰: 此論主人有司從主人有事, 故立位
于廟門外西方, 東面以待事也.

●經文: "有司"~"北上". ○이 문장은 주인의 유사는 주인을 따라 해당
업무를 처리하기 때문에, 묘문 밖의 서쪽에 위치하며 동쪽을 바라보며
맡은 임무를 기다린다는 사실을 논의하였다.

賈疏 ◎注"有司"至"是也". ○釋曰: 士雖無臣, 皆有屬吏・胥徒及僕
隷, 故云"有司, 群吏有事者"也.

◎鄭注: "有司"~"是也". ○사에게는 비록 신하가 없지만 모두 속리(屬
吏)・서도(胥徒)・복례(僕隷)와 같은 하인들을 소유하고 있다. 그렇기
때문에 "'유사(有司)'는 여러 하급 관리들 중 해당 임무를 맡고 있는 자들
이다."라고 했다.

賈疏 ◎云“謂主人之吏, 所自辟除, 府史以下”者, 按周禮三百六十
官之下, 皆有府史胥徒, 不得君命, 主人自辟除, 去役賦, 補置之, 是
也. 又按周禮皆云府史, 此云群吏, 吏・史亦一也. 故擧漢法爲證. 又
周禮鄭注云: “官長所自辟除.” 此云主人者, 以此經云主人, 故依經
而直云主人, 主亦爲長者也. 又此注以有司爲群吏, 按特牲以有司爲
士屬吏, 不同者, 言群吏則爲府吏胥徒也; 言屬吏則謂君命之士. 是
以下文“宿贊冠者” 注云: “謂賓若他官之屬, 中士若下士也.” 又主人
贊者, 亦云“其屬中士若下士”, 是言屬者尊之義. 特牲之“有司, 士之
屬吏” 亦親類也. 特牲有司之上有子姓, 此文無者, 彼祭祀事重, 故
子姓皆來; 此冠事稍輕, 故容有不至, 故不言.

◎鄭注: “謂主人之吏, 所自辟除, 府史以下”. ○『주례』를 살펴보면
360개 관직 휘하에는 모두 부(府)・사(史)・서(胥)・도(徒)와 같은 잡무
를 처리하는 자들이 있으며, 이들은 군주의 임명을 받을 수 없고, 주인이
직접 선발하여 그들에게 주어진 부역과 조세를 없애주고 보충하는 자들
이다. 또『주례』를 살펴보면 모두 부사(府史)라고 했는데 이곳에서는 '군
리(群吏)'라고 했다. '이(吏)'와 '사(史)'는 또한 동일한 뜻이다. 그렇기 때
문에 한나라 때의 법도를 제시하여 증거로 삼았다. 또『주례』에 대한 정
현의 주에서는 “관부의 수장이 직접 선발한다.”[1]라고 했는데, 이곳에서는
'주인(主人)'이라고 했다. 그 이유는 이곳 경문에서 '주인(主人)'이라고
했기 때문에 경문에 따라 '주인(主人)'이라고 한 것이니, 여기에서 말하는
'주(主)' 또한 수장이 된 자를 가리킨다. 또 이곳 주석에서는 유사(有司)
를 군리(群吏)라고 여겼는데,『의례』「특생궤식례(特牲饋食禮)」편을 살
펴보면 유사를 사속리(士屬吏)라고 하여 동일하지 않다. '군리(群吏)'라
고 말하면 부(府)・이(吏)・서(胥)・도(徒)를 뜻하고, '속리(屬吏)'라고

---

1) 이것은『주례』「천관총재(天官冢宰)」의 “府六人, 史十有二人.”이라는 문장에 대
한 정현의 주이다.

말하면 군주가 임명한 사를 뜻한다. 이러한 까닭으로 아래문장에서는 '관례의 진행을 돕는 자에게 찾아가 알리는 자[2]'라고 말했는데, 정현의 주에서는 "빈객 및 다른 관리에게 속한 자들로 중사나 하사를 뜻한다."라고 한 것이다. 또 주인에게 속하며 관례의 진행을 돕는 자에 대해서도 "그 휘하에 있는 중사나 하사를 뜻한다."라고 했으니, 이것은 속(屬)이라 말한 것이 존귀한 뜻이 됨을 의미한다. 「특생궤식례」편에서 "유사는 사의 속리이다."라고 했던 말 또한 그 비슷한 부류이다. 「특생궤식례」편에는 유사라는 말 앞에 '자성(子姓)'이라는 기록이 나오는데, 이곳에는 이러한 기록이 없다. 「특생궤식례」편에서 말하는 내용은 제사에 대한 것으로 그 사안이 중대하기 때문에 자손들이 모두 찾아오는 것이다. 그런데 이곳에서 말한 내용은 관례에 대한 사안으로 비교적 덜 중요하기 때문에 오지 않는 자들 또한 허용하고자 해서 언급하지 않은 것이다.

참고 『주례』「천관총재(天官冢宰)」기록

경문 府六人, 史十有二人.

휘하에 부(府)는 6명이고, 사(史)는 12명이다.

鄭注 府, 治藏; 史, 掌書者. 凡府 · 史皆其官長所自辟除.

'부(府)'는 창고를 담당하는 자이며, '사(史)'는 기록을 담당하는 자이다. 부와 사는 모두 그 관부의 수장이 직접 선발한다.

賈疏 ●"府"至"二人". ○釋曰: 府, 治府藏. 史, 主造文書也.

●經文: "府"~"二人". ○'부(府)'는 관부의 창고를 담당한다. '사(史)'는

---

2) 『의례』「사관례」: 宿贊冠者一人, 亦如之.

문서 작성하는 일을 주관한다.

賈疏 ◎注"府治"至"除". ○釋曰: 按下宰夫八職云: "五曰府, 掌官契以治藏. 六曰史, 掌官書以贊治." 故鄭云"府, 治藏; 史, 掌書". 又云"官長所自辟除"者, 官長謂一官之長, 若治官六十, 其下府・史, 皆大宰辟召, 除其課役而使之, 非王臣也. 周禮之內, 府・史大例皆府少而史多, 而府又在史上, 唯有御史百有二十人, 特多而在府上. 鄭云: "以其掌贊書數多也." 又有府兼有史, 以其當職事繁故也. 或空有史而無府者, 以其當職事少, 得史卽足故也. 至於角人・羽人等, 直有府無史, 以其當職文書少, 而有稅物須藏之, 故直有府也. 腊人・食醫之等府・史俱無者, 以其專官行事, 更無所須故也. 周禮之內, 唯有天府一官, 特多於史, 以其所藏物重故也.

◎鄭注: "府治"~"除". ○아래 재부(宰夫)가 담당하는 8개의 직무 기록을 살펴보면, "다섯 번째는 '부(府)'이니 관부를 증명하는 문서를 담당하여 이를 통해 창고를 다스린다. 여섯 번째는 '사(史)'이니 관부의 문서를 담당하여 다스리는 일을 돕는다."3)고 했다. 그렇기 때문에 정현이 "'부(府)'는 창고를 담당하는 자이며, '사(史)'는 기록을 담당하는 자이다."고 했다. 또 정현이 "관부의 수장이 직접 선발한다."라고 했는데, '관장(官長)'은 한 관부의 수장을 뜻하니, 만약 다스리는 관부가 60개라면, 그 휘하에 있는 부와 사는 모두 태재가 선발하여, 본래 그들에게 부여된 세금이나 부역을 면제해주고 그들을 부리게 되니, 천자의 신하는 아니다. 『주례』의 기록 중에서 부와 사는 대체의 경우 모두 부가 적고 사가 많으며, 부는 또한 사보다 상위에 있는데, 오직 어사(御史)라는 관직에만 사가 120명

---

3) 『주례』「천관(天官)・재부(宰夫)」: 掌百官府之徵令, 辨其八職: 一曰正, 掌官法以治要; 二曰師, 掌官成以治凡; 三曰司, 掌官法以治目; 四曰旅, 掌官常以治數; <u>五曰府, 掌官契以治藏; 六曰史, 掌官書以贊治;</u> 七曰胥, 掌官敍以治敍; 八曰徒, 掌官令以徵令.

이 포함되어,[4] 특별히 많고 부보다 상위에 있다. 이에 대해 정현은 "문서 작성을 돕는 일을 담당하는 자의 수가 많기 때문이다."라 했다. 또 부도 있고 사도 있는 것은 맡아야 할 일이 많기 때문이다. 또는 사만 있고 부가 없는 경우도 있는데 이것은 맡아야 할 일이 적어서 사만 있어도 충분하기 때문이다. 각인(角人)이나 우인(羽人) 등에 있어서는 단지 부만 있고 사는 없는데, 그들이 맡아야 할 일 중 문서와 관련된 일이 적고, 세금으로 거둬들인 물건은 보관을 해야만 하기 때문에 부만 있는 것이다. 석인(腊人)이나 식의(食醫) 등의 경우에는 부와 사가 모두 없는데, 그들은 해당 관부의 일만 처리하여 이러한 자들이 필요하지 않기 때문이다. 『주례』의 기록 중에서 오직 천부(天府)라는 한 관직만 특별히 부가 사보다 많은데, 그들이 보관해야 할 물건들은 귀중한 것들이기 때문이다.

---

4) 『주례』「춘관종백(春官宗伯)」: 御史, 中士八人, 下士十有六人, 其史百有二十人, 府四人, 胥四人, 徒四十人.

筮與席·所卦者, 具饌于西塾.

직역 筮와 席과 卦한 所의 者는 西塾에 具히 饌한다.

의역 시초와 자리 및 괘를 그리는 것들은 서쪽 숙(塾)에 모두 진열해둔다.

鄭注 筮, 所以問吉凶, 謂蓍也. 所卦者, 所以畫地記爻, 易曰: "六畫而成卦." 饌, 陳也. 具, 俱也. 西塾, 門外西堂也.

'서(筮)'는 길흉을 묻는 것이니 시초를 뜻한다. '소괘(所卦)'는 바닥에 그림을 그려서 효를 기록하는 것이니, 『역』에서는 "여섯 획으로 괘를 이룬다."[1]라고 했다. '찬(饌)'자는 진열한다는 뜻이다. '구(具)'자는 모두라는 뜻이다. '서숙(西塾)'은 문밖의 서쪽 당을 뜻한다.

賈疏 ●"筮與"至"西塾". ○釋曰: 下云"布席于門中闑西閾外", 彼據筮. 此云西塾, 據陳處.

● 經文: "筮與"~"西塾". ○ 아래문장에서 "문 가운데에 자리를 펴는데, 문 말뚝의 서쪽이자 문턱의 바깥쪽이다."[2]라고 했는데, 이것은 시초를 기준으로 말한 것이다. 이곳에서 '서숙(西塾)'이라고 한 것은 진열하는 장소를 기준으로 말한 것이다.

賈疏 ◎注"筮所"至"堂也". ○釋曰: "筮, 所以問吉凶, 謂蓍也"者, 按

---

1) 『역』「설괘전(說卦傳)」: 昔者聖人之作易也, 將以順性命之理. 是以立天之道曰陰與陽, 立地之道曰柔與剛, 立人之道曰仁與義. 兼三才而兩之, 故易六畫而成卦, 分陰分陽, 迭用柔剛, 故易六位而成章.

2) 『의례』「사관례」: 布席于門中, 闑西閾外, 西面.

曲禮云: "龜爲卜, 策爲筮." 故知問吉凶謂蓍. 按易筮法用四十九蓍, "分之爲二以象兩, 卦一以象三, 揲之以四以象四時. 歸奇于扐以象閏", "十有八變而成卦", 是也.

◎鄭注: "筮所"~"堂也". ○정현이 "'서(筮)'는 길흉을 묻는 것이니 시초를 뜻한다."라고 했는데, 『예기』「곡례(曲禮)」편을 살펴보면 "거북껍질로는 거북점을 치고 시초로는 시초점을 친다."[3]라고 했다. 그렇기 때문에 길흉을 묻는 것이 시초를 뜻한다는 사실을 알 수 있다. 『역』을 살펴보면 시초점을 치는 방법에 있어서 49개의 시초를 사용하여, "둘로 나누어 양의를 본뜨고, 하나를 걸어 삼재를 본뜨며, 네 개씩 세어서 사시를 본뜨고, 남는 것은 손가락 사이에 끼워서 윤달을 본뜬다."[4]라 했고, "18번 변하여 괘를 이룬다."[5]라 했다.

賈疏 ◎云"所卦者, 所以畫地記爻"者, 筮法, 依七八九六之爻而記之, 但古用木畫地, 今則用錢. 以三少爲重錢, 重錢則九也. 三多爲交錢, 交錢則六也. 兩多一少爲單錢, 單錢則七也. 兩少一多爲拆錢, 拆錢則八也. 按少牢云: "卦者在左坐, 卦以木." 故知古者畫卦以木也.

◎鄭注: "所卦者, 所以畫地記爻". ○시초점을 치는 방법에서는 7・8과 9・6의 효에 따라 기록한다. 다만 고대에는 나무를 이용해서 바닥에 그림을 그렸고, 지금은 동전을 사용한다. 셋 모두 적은 것을 중전(重錢)으로 삼으니 중전은 9에 해당한다. 셋 모두 많은 것을 교전(交錢)으로 삼으

---

3) 『예기』「곡례상(曲禮上)」: 龜爲卜, 筴爲筮. 卜筮者, 先聖王之所以使民信時日, 敬鬼神, 畏法令也, 所以使民決嫌疑, 定猶與也. 故曰, "疑而筮之, 則弗非也, 日而行事, 則必踐之."
4) 『역』「계사상(繫辭上)」: 大衍之數五十, 其用四十有九. 分而爲二以象兩, 掛一以象三, 揲之以四以象四時, 歸奇於扐以象閏, 五歲再閏, 故再扐而後掛.
5) 『역』「계사상(繫辭上)」: 是故四營而成易, 十有八變而成卦.

니 교전은 6에 해당한다. 둘은 많고 하나가 적은 것은 단전(單錢)으로 삼으니 단전은 7에 해당한다. 둘은 적고 하나가 많은 것은 탁전(拆錢)으로 삼으니 탁전은 8에 해당한다. 『의례』「소뢰궤식례(少牢饋食禮)」편을 살펴보면 "괘를 그리는 자는 좌측 자리에 있으며 나무로 괘를 그린다."[6]라고 했다. 그러므로 고대에는 괘를 그릴 때 나무를 사용했음을 알 수 있다.

▣**賈疏** ◎云"易曰六畫而成卦"者, 說卦文, 彼云: "昔者聖人之作易也, 將以順性命之理, 是以立天之道曰陰與陽, 立地之道曰柔與剛, 立人之道曰仁與義. 兼三才而兩之, 故易六畫成卦." 注云: 三才, 天·地·人之道, 六畫, 畫六爻. 引之者, 證畫地識爻之法.

◎鄭注: "易曰六畫而成卦". ○ 이것은 『역』「설괘전(說卦傳)」의 기록으로, 「설괘전」에서는 "옛날 성인이 『역』을 지은 것은 성명의 이치에 따르기 위해서이다. 이러한 까닭으로 하늘의 도를 세워 음과 양이라 했고, 땅의 도를 세워 유와 강이라고 했으며, 사람의 도를 세워 인과 의라고 했다. 삼재를 겸하여 두 번 했기 때문에 『역』은 여섯 획으로 괘를 이룬다."라고 했고, 주에서는 삼재(三才)는 하늘·땅·사람의 도를 뜻하고, 여섯 획은 여섯 효를 그린 것이라고 했다. 이 문장을 인용한 것은 땅에 그림을 그려 효를 식별하는 방법을 증명하기 위해서이다.

▣**賈疏** ◎云"西塾, 門外西堂也"者, 按爾雅云: "門側之堂謂之塾." 卽士虞禮云"羞燔俎在內西塾上, 南順", 是也. 筮在門外, 故知此經西塾門外西堂也.

◎鄭注: "西塾, 門外西堂也". ○『이아』를 살펴보면 "문 측면에 있는

---

6) 『의례』「소뢰궤식례(少牢饋食禮)」: <u>卦者在左坐, 卦以木</u>. 卒筮, 乃書卦于木, 示主人, 乃退占.

당을 '숙(塾)'이라 부른다."7)라고 했으니, 『의례』「사우례(士虞禮)」편에서 "구운 고기를 담은 도마는 안의 서쪽 숙(塾)에 놓아두되 남쪽을 향하도록 세로로 둔다."8)라고 한 곳을 가리킨다. 시초점은 묘문 밖에서 치기 때문에 이곳 경문에서 말한 서숙(西塾)이 문밖의 서쪽 당에 해당함을 알 수 있다.

참고 『역』「설괘전(說卦傳)」 기록

전문 昔者聖人之作易也, 將以順性命之理, 是以立天之道曰陰與陽, 立地之道曰柔與剛.

옛날 성인이 『역』을 지은 것은 성명의 이치에 따르기 위해서이다. 이러한 까닭으로 하늘의 도를 세워 음(陰)과 양(陽)이라 했고, 땅의 도를 세워 유(柔)와 강(剛)이라 했다.

王注 在天成象, 在地成形. 陰陽者, 言其氣; 剛柔者, 言其形, 變化始於氣象而後成形. 萬物資始乎天, 成形乎地, 故天曰陰陽, 地曰柔剛也. 或有在形而言陰陽者, 本其始也; 在氣而言柔剛者, 要其終也.

하늘에 있어서는 상(象)을 이루고 땅에 있어서는 형(形)을 이룬다. '음양(陰陽)'이라는 것은 그 기(氣)를 말한 것이고, '강유(剛柔)'라는 것은 그 형(形)을 말한 것인데, 변화는 기(氣)의 상(象)에서 시작한 뒤에야 형(形)을 이룬다. 만물은 하늘에서 쌓여 발생하고 땅에서 형(形)을 이룬다. 그렇기 때문에 하늘에 대해서는 '음양(陰陽)'이라 했고, 땅에 대해서는 '강유(剛柔)'라 했다. 어떤 것은 형(形)에 대한 것인데 음양(陰陽)이라

---

7) 『이아』「석궁(釋宮)」: 門側之堂謂之塾.

8) 『의례』「사우례(士虞禮)」: 羞燔俎在內西塾上, 南順.

말하기도 하는데, 이것은 그 시작됨에 근본한 것이다. 또 어떤 것은 기(氣)에 대한 것인데 강유(剛柔)라 말하기도 하는데, 그 끝맺음을 요약한 것이다.

孔疏 ●"昔者"至"柔與剛". ○正義曰: 八卦小成, 但有三畫. 於三才之道, 陰陽未備, 所以重三爲六, 然後周盡, 故云: "昔者聖人之畫卦作易也."

● 傳文: "昔者"~"柔與剛". ○ 팔괘가 소성했을 때에는 단지 3획만이 있었다. 따라서 삼재의 도에 대해서는 음양이 미비되어 3을 중복해서 6으로 만든 뒤에야 두루 갖춰지게 되었다. 그렇기 때문에 "옛날의 성인이 괘를 그려서 『역』을 지었다."고 했다.

孔疏 ●"將以順性命之理"者, 本意將此易卦, 以順從天地生成萬物性命之理也. 其天地生成萬物之理, 須在陰陽必備. 是以造化關設之時, 其立天之道, 有二種之氣, 曰成物之陰與施生之陽也. 其立地之道, 有二種之形, 曰順承之柔與特載之剛也.

● 傳文: "將以順性命之理". ○ 본래의 의미는 이러한 『역』의 괘를 통해서 천지가 만물을 낳고 이루는 성명의 이치에 순종한다는 뜻이다. 천지가 만물을 낳고 이루는 이치는 음양이 반드시 갖춰져야 한다. 이러한 까닭으로 조화가 열려 갖춰질 때 하늘의 도를 세우는 것에는 2종류의 기(氣)가 있으니, 사물을 이루는 음(陰)과 낳게 하는 양(陽)이다. 또 땅의 도를 세우는 것에는 2종류의 형(形)이 있으니, 유순히 따르는 유(柔)와 지지해서 실어주는 강(剛)이다.

孔疏 ◎注"在形而言陰陽者". ○正義曰: "在形而言陰陽"者, 卽坤 · 象辭云"履霜堅冰, 陰始凝", 是也. "在氣而言柔剛"者, 卽尙書云"高明柔克", 及左傳云"天爲剛德", 是也.

◎ 王注: "在形而言陰陽者". ○ 왕필이 "형(形)에 대한 것인데 음양(陰陽)이라 말한다."고 했는데, 『역』「곤괘(坤卦)」의 「상전」에서 "서리를 밟으면 단단한 얼음이 이른다는 것은 음(陰)이 처음 응결한 것이다."[9]고 한 말에 해당한다. 왕필이 "기(氣)에 대한 것인데 강유(剛柔)라 말한다."고 했는데, 『상서』에서 "하늘은 유(柔)로 다스릴 수 있다."[10]라 하고, 『좌전』에서 "하늘은 강(剛)을 덕으로 삼는다."[11]고 한 말에 해당한다.

전문　立人之道曰仁與義. 兼三才而兩之, 故易六畫而成卦. 分陰分陽, 迭用柔剛, 故易六位而成章.

사람의 도를 세워 인(仁)과 의(義)라고 했다. 삼재를 겸하여 두 번 했기 때문에 『역』은 여섯 획으로 괘를 이룬다. 음(陰)을 나누고 양(陽)을 나누며, 유(柔)와 강(剛)을 번갈아가며 썼기 때문에 『역』이 여섯 자리로 문장을 이룬다.

王注　設六爻以效三才之動, 故六畫而成卦也. 六位, 爻所處之位也. 二·四爲陰, 三·五爲陽, 故曰"分陰分陽"; 六爻升降, 或柔或剛, 故曰"迭用柔剛"也.

여섯 효를 세워서 삼재의 움직임을 본받았기 때문에, 여섯 획을 그어서 괘를 이루었다. 여섯 자리는 효가 처하는 위치를 뜻한다. 이효와 사효는

---

9) 『역』「곤괘(坤卦)」: 象曰, "履霜堅冰, 陰始凝也, 馴致其道, 至堅冰也.

10) 『서』「주서(周書)·홍범(洪範)」: 六, 三德, 一曰正直, 二曰剛克, 三曰柔克, 平康正直, 彊弗友剛克, 燮友柔克, 沈潛剛克, 高明柔克.

11) 『춘추좌씨전』「문공(文公) 5년」: 嬴曰, "以剛. 商書曰, '沈漸剛克, 高明柔克.' 夫子壹之, 其不沒乎! 天爲剛德, 猶不干時, 況在人乎? 且華而不實, 怨之所聚也. 犯而聚怨, 不可以定身. 余懼不獲其利而離其難, 是以去之."

음이 되고 삼효와 오효는 양이 된다. 그렇기 때문에 "음을 나누고 양을 나눴다."고 했고, 여섯 효가 오르고 내리며 유하기도 하고 강하기도 하기 때문에 "유와 강을 번갈아가며 썼다."고 했다.

孔疏 ●"立人之道"至"成章". ○正義曰: 天地旣立, 人生其間. 立人之道, 有二種之性, 曰愛惠之仁; 與斷割之義也. 旣備三才之道, 而皆兩之, 作易本順此道理, 須六畫成卦, 故作易者, 因而重之, 使六畫而成卦也. 六畫所處, 有其六位, 分二·四爲陰位, 三·五爲陽位, 迭用六·八之柔爻·七·九之剛爻而來居之, 故作易者分布六位而成爻卦之文章也.

● 傳文: "立人之道"~"成章". ○ 천지가 자리를 잡게 되면 사람은 그 사이에서 태어난다. 사람의 도를 세울 때에는 2종류의 성(性)이 있게 되니, 자혜롭고 은혜로운 인(仁)과 끊고 자르는 의(義)이다. 삼재의 도를 갖추고서 이 모두를 두 번했고, 『역』을 지은 것은 이러한 도리에 따르는 것에 근본하여 여섯 획으로 괘를 이루어야 한다. 그렇기 때문에 『역』을 지으며 그에 따라 이를 거듭하여 여섯 획으로 괘를 이루도록 한 것이다. 여섯 획에 처함에는 여섯 자리가 있어야 하는데, 이효와 사효는 음의 자리이고 삼효와 오효는 양의 자리가 되며, 6·8의 유효와 7·8의 강효가 번갈아가며 사용되어 찾아와 머문다. 그렇기 때문에 『역』을 지으며 여섯 자리를 분포하여 효와 괘의 문장을 이루었다.

孔疏 ◎注"二四"至"爲陽者". ○正義曰: "二·四爲陰, 三·五爲陽"者, 王輔嗣以爲初·上無陰陽定位, 此注用王之說也.

◎ 王注: "二四"~"爲陽者". ○ 왕필이 "이효와 사효는 음이 되고 삼효와 오효는 양이 된다."라고 했는데, 왕필은 초효와 상효에 대해서 음양으로 자리를 확정하지 않았으니, 이 주는 왕씨의 주장에 따른 것이다.

참고 『예기』「곡례상(曲禮上)」 기록

경문 龜爲卜, 筴爲筮. 卜筮者, 先聖王之所以使民信時日, 敬鬼神, 畏法令也, 所以使民決嫌疑, 定猶與也. 故曰: "疑而筮之, 則弗非也, 日而行事, 則必踐之."

거북껍질로는 거북점을 치고, 시초로는 시초점을 친다. 거북점과 시초점은 선대 성왕이 이로써 백성들로 하여금 시간과 날짜를 믿게 한 것이고, 귀신을 공경하게 한 것이며, 법령을 두려워하게 했던 것이다. 그리고 거북점과 시초점을 이용하여, 백성들로 하여금 의심스러운 것을 결정하게 만들고, 주저하며 망설이는 일을 확정하게 했던 것이다. 그렇기 때문에 "의문스러우면 시초점을 치되, 그 결과를 부정해서는 안 되며, 점을 쳐서 날짜를 정하여, 그 일을 시행하기로 했다면, 반드시 그 일을 실천해야 한다."라고 한 것이다.

鄭注 弗非, 無非之者. 日, 所卜筮之吉日也. 踐讀曰善, 聲之誤也. 筴或爲蓍.

'불비(弗非)'는 그것을 비난하는 자가 없다는 뜻이다. '일(日)'은 거북점과 시초점을 쳐서 나온 길일(吉日)이다. '천(踐)'자는 '선(善)'자로 풀이해야 하니, 소리가 서로 비슷한 데에서 발생한 오자이다. '책(筴)'자를 간혹 '시(蓍)'자로 기록하기도 한다.

孔疏 ●"龜爲"至"踐之". ○正義曰: 解卜筮所用也. 龜處筮後, 龜覆於筮. 筴爲筮者, 筮在龜前爲決也. 謂蓍爲筴者, 筴以謀筴爲義, 言用此物以謀於前事也.

● 經文: "龜爲"~"踐之". ○ 이 문장은 거북점과 시초점의 효용성에 대해서 풀이한 내용이다. 거북점을 치는 시기가 시초점보다 뒤에 놓이는 것은 거북점의 결과가 시초점의 결과를 뒤집게 되기 때문이다. 시초로 시초점

을 치는 이유는 시초점은 거북점보다 앞서서 쳐서, 해당 사안을 결정하기 때문이다. 시초를 '책(筴)'이라고 부르는 이유는 책(筴)에는 어떤 일을 도 모하고 계획한다는 뜻이 있기 때문이니, 이 말은 곧 시초라는 사물을 이 용해서, 어떤 일에 앞서서 도모한다는 뜻이다.

참고 『역』「계사상(繫辭上)」기록

전문 大衍之數五十, 其用四十有九.

대연의 수는 50이고, 그 씀은 49이다.

王注 王弼曰: 演天地之數, 所賴者五十也. 其用四十有九, 則其一 不用也. 不用而用以之通, 非數而數以之成, 斯易之太極也. 四十有 九, 數之極也. 夫無不可以無明, 必因於有, 故常於有物之極, 而必明 其所由之宗也.

왕필이 말하길, 천지의 수를 헤아려보면 의뢰하는 것은 50이다. 그 씀 은 49이니, 그 중 1은 씀이 되지 않는다. 씀이 되지 않으면서도 씀이 되는 것은 이를 통해 통하고, 셈이 되지 않으면서도 셈이 되는 것은 이를 통해 완성되니, 이것은 『역』의 태극이다. 49라는 것은 수의 극이 다. 무(無)는 밝음이 없어서는 안 되니, 반드시 유(有)에서 기인한다. 그렇기 때문에 유물의 지극함에 항상되면서도 반드시 말미암게 되는 종주를 밝혀야 한다.

孔疏 ●"大衍"至"有九". ○正義曰: 京房云: "五十者, 謂十日·十二 辰·二十八宿也, 凡五十. 其一不用者, 天之生氣, 將欲以虛來實, 故 用四十九焉." 馬季長云: "易有太極, 謂北辰也. 太極生兩儀, 兩儀生 日月, 日月生四時, 四時生五行, 五行生十二月, 十二月生二十四氣.

北辰居位不動, 其餘四十九轉運而用也." 荀爽云: "卦各有六爻, 六八四十八, 加乾·坤二用, 凡有五十. 乾初九'潛龍勿用', 故用四十九也." 鄭康成云: "天地之數五十有五, 以五行氣通. 凡五行減五, 大衍又減一, 故四十九也." 姚信·董遇云: "天地之數五十有五者, 其六以象六畫之數, 故減之而用四十九." 但五十之數, 義有多家, 各有其說, 未知孰是. 今按王弼云"演天地之數, 所賴者五十", 據王弼此說, 其意皆與諸儒不同. 萬物之策, 凡有萬一千五百二十. 其用此策推演天地之數, 唯用五十策也. 一謂自然所須策者唯用五十, 就五十策中, 其所用揲蓍者, 唯用四十有九. 其一不用, 以其虛無, 非所用也, 故不數之. 顧懽同王弼此說. 故顧懽云: "立此五十數, 以數神, 神雖非數, 因數而顯. 故虛其一數, 以明不可言之義." 只如此意, 則別無所以, 自然而有此五十也. 今依用之.

● 傳文: "大衍"~"有九". ○ 경방[12]은 "50이란 10일, 12진, 28수를 합하면 총 50이 된다는 뜻이다. 그 중 1은 사용하지 않는데, 하늘의 낳는 기운은 비어 있음으로 채움으로 오고자 하기 때문에 49를 쓴다."라고 했다. 마계장은 "『역』에는 태극이 있으니, 이것을 북극성이라 부른다. 태극은 양의를 낳고 양의는 일월을 낳으며 일월은 사계절을 낳고 사계절은 오행을 낳으며 오행은 12개월을 낳고 12개월은 24기를 낳는다. 북극성은 자신의 자리에 위치하여 움직이지 않고 나머지 49는 운행하며 쓰임이 된다."라고 했다. 순상[13]은 "괘에는 각각 육효가 있고, 6곱하기 8은 48이 되며, 거기에 건괘와 곤괘의 두 쓰임을 합하면 총 50이 된다. 건괘 초구에서는

---

12) 경방(京房, B.C.77 ~ B.C.37) : 전한(前漢) 때의 학자이다. 성(姓)은 이씨(李氏)이며, 자(字)는 군명(君明)이다. 역학(易學)에 뛰어났다.

13) 순상(荀爽, A.D.128 ~ A.D.190) : 후한(後漢) 때의 학자이다. 자(字)는 자명(慈明)이다. '순상'을 포함하여, 그의 형제 8명이 모두 재능이 뛰어나서, 당시 사람들은 '순씨팔룡(荀氏八龍)'이라고 칭송하였다. 『예(禮)』, 『역전(易傳)』, 『시전(詩傳)』 등에 대해 저술을 하였다.

'잠겨 있는 용은 쓰지 말아야 한다.'[14]라고 했기 때문에 쓰임은 49가 된다."라고 했다. 정강성은 "천지의 수는 55가 있으니, 오행으로 기를 통하게 한다. 오행으로 인해 5를 감하고 대연은 또한 1을 감한다. 그렇기 때문에 49가 된다."라고 했다. 요신[15]과 동우[16]는 "천지의 수는 55가 있는데 6으로는 육획의 수를 상징한다. 그렇기 때문에 그것을 감하여 씀은 49가 된다."라고 했다. 다만 50이라는 수에 있어서 그 의미에 대해서는 다양한 학자들이 각기 다른 주장을 했지만 누구의 주장이 옳은지는 모르겠다. 현재 왕필의 주장을 살펴보면 "천지의 수를 헤아려보면 의뢰하는 것은 50이다."라고 했으니, 왕필의 이러한 주장에 따른다면 그 의미는 모두 여러 학자들과는 달라진다. 만물의 책수는 총 11,520이 된다. 이러한 책수를 이용해서 천지의 수를 헤아려보면 오직 50책수만을 사용한다. 1에 있어서는 자연히 책수에 따르는 것은 50을 쓰게 되는데, 50책수에서 설시(揲蓍)로 사용되는 것은 단지 49만을 쓴다. 1을 쓰지 않는 것은 허무하여 쓸 수 있는 것이 아니기 때문이다. 그래서 셈하지 않는다. 고환은 왕필의 이러한 주장에 동의했다. 그렇기 때문에 고환은 "이러한 50이라는 수를 세워서 신을 셈하는데, 신은 비록 셈할 수 있는 대상이 아니지만 이러한 수를 통해서 드러난다. 그렇기 때문에 1이라는 수를 비워두어 말로 표현할 수 없는 뜻을 드러내었다."라고 했다. 다만 이러한 주장에 따른다면 별도로 그렇게 되는 이유가 없으니, 자연히 이러한 50이라는 수가 있게 된다. 이곳에서는 그에 따른다.

전문 分而爲二以象兩, 掛一以象三, 揲之以四, 以象四時, 歸奇於

---

14) 『역』「건괘(乾卦)」: 初九, 潛龍勿用.

15) 요신(姚信, ? ~ ?) : 삼국시대 때 오(吳)나라의 학자이다. 자(字)는 원직(元直)이다. 저서로는 『역주(易注)』 등이 있다.

16) 동우(董遇, ? ~ ?) : 삼국시대 때 위(魏)나라의 학자이다. 자(字)는 계직(季直)이다. 저서로는 『주역장구(周易章句)』 등이 있다.

扐以象閏. 五歲再閏, 故再扐而後掛.

둘로 나누어 양의를 본뜨고, 하나를 걸어 삼재를 본뜨며, 네 개씩 세어서 사시를 본뜨고, 남는 것은 손가락 사이에 끼워서 윤달을 본뜬다. 5년에 2번의 윤달이 있기 때문에 손가락 사이에 2번 끼우고서 거는 것이다.

王注 奇, 況四揲之餘, 不足復揲者也. 分而爲二, 旣揲之餘, 合掛於一, 故曰: "再扐而後掛." 凡閏, 十九年七閏爲一章, 五歲再閏者二, 故略擧其凡也.

'기(奇)'는 네 개씩 세고 난 나머지니, 다시 세기에 부족한 것이다. 나눠서 둘로 하고 다 세고 난 나머지는 합쳐서 하나에 걸기 때문에, "2번 끼우고서 건다."고 했다. 윤달은 19년 동안 7번 윤달이 있는 것이 일장(一章)이 되는데, 5년 동안 2번의 윤달이 있는 경우는 2번이다. 그렇기 때문에 간략히 그 대강을 제시한 것이다.

孔疏 ○正義曰: "分而爲二以象兩"者, 五十之內, 去其一, 餘有四十九, 合同未分, 是象太一也. 今以四十九分而爲二, 以象兩儀也. "掛一以象三"者, 就兩儀之間, 於天數之中, 分掛其一, 而配兩儀, 以象三才也. "揲之以四, 以象四時"者, 分揲其蓍, 皆以四四爲數, 以象四時. "歸奇於扐以象閏"者, 奇謂四揲之餘, 歸此殘奇於所扐之策而成數, 以法象天道. 歸殘聚餘, 分而成閏也. "五歲再閏"者, 凡前閏後閏, 相去大略三十二月, 在五歲之中, 故五歲再閏. "再扐而後掛"者, 旣分天地, 天於左手, 地於右手, 乃四四揲天之數, 最末之餘, 歸之合於扐掛之一處, 是一揲也. 又以四四揲地之數, 最末之餘, 又合於前所歸之扐而總掛之, 是再扐而後掛也.

○"둘로 나누어 양의를 본뜬다."고 했는데, 50 중에서 1을 제거하면 나머지는 49인데, 합하여 나뉘지 않음은 태일을 상징한다. 지금 49개를 나눠

서 둘로 하여 이를 통애 양의를 상징한다. "하나를 걸어 삼재를 본뜬다." 고 했는데, 천수 중 양의의 사이에 나아가서 나눠서 그 하나를 걸고 양의에 짝하여 이를 통해 삼재를 상징한다. "네 개씩 세어서 사시를 본뜬다." 고 했는데, 시초를 나누어 세는데 모두 네 개씩 네 개씩 세어서 사시를 상징한다. "남는 것은 손가락 사이에 끼워서 윤달을 본뜬다."고 했는데, '기(奇)'는 네 개씩 세고 난 나머지로, 이처럼 세기에 모자라서 남은 것을 손가락 사이에 끼우고 있는 책에 돌려서 수를 이루니, 이를 통해 천도를 본받고 본뜬다. 모자란 것을 돌리고 남은 것을 모아서 나눠서 윤달을 이룬다. "5년에 2번의 윤달이 있다."고 했는데, 이전 윤달과 그 뒤의 윤달은 서로의 간극이 대략 32개월 정도 되니, 5년 동안에서 헤아리기 때문에 5년에 2번의 윤달이 있는 것이다. "손가락 사이에 2번 끼우고서 거는 것이다."고 했는데, 이미 천지로 나누고 좌측 손에는 천에 대한 것을 두고 우측 손에는 지에 대한 것을 두면, 네 개씩 네 개씩 천의 수를 세어서 가장 마지막에 남은 것은 되돌려 끼워 걸고 있는 한 곳에 합치니 이것이 일설(一揲)이다. 또 네 개씩 네 개씩 지의 수를 세어서 가장 마지막에 남은 것은 또한 이전에 되돌려 끼웠던 곳에 합쳐서 총괄적으로 걸게 되니, 이것이 2번 끼우고서 건다는 뜻이다.

참고 『역』「계사상(繫辭上)」 기록

전문 十有八變而成卦, 八卦而小成. 引而伸之.

18번 변하여 괘를 이루고, 팔괘가 되어 소성한다. 이끌어서 편다.

王注 伸之六十四卦.

펴서 64괘로 만드는 것이다.

孔疏 ○ 正義曰: "十有八變而成卦"者, 每一爻有三變, 謂初一揲, 不
五則九, 是一變也. 第二揲, 不四則八, 是二變也. 第三揲, 亦不四則
八, 是三變也. 若三者俱多爲老陰, 謂初得九, 第二·第三俱得八也.
若三者俱少爲老陽, 謂初得五, 第二第三, 俱得四也. 若兩少一多爲
少陰, 謂初與二·三之間, 或有四或有五而有八也. 或有二箇四而有
一箇九, 此爲兩少一多也. 其兩多一少爲少陽者, 謂三揲之間, 或有
一箇九, 有一箇八而有一箇四, 或有二箇八, 而有一箇五, 此爲兩多
一少也. 如此三變旣畢, 乃定一爻. 六爻則十有八變, 乃始成卦也.
"八卦而小成"者, 象天地雷風日月山澤, 於大象略盡, 是易道小成.
"引而伸之"者, 謂引長八卦而伸盡之, 謂引之爲六十四卦也.

○ "18번 변하여 괘를 이룬다."고 했는데, 매 1효마다 3번 변하니, 처음
일설(一揲)에서 5가 아니면 9가 되니, 이것이 일변(一變)이다. 이설(二
揲)에서 4가 아니면 8이 되니, 이것이 이변(二變)이다. 삼설(三揲)에서
또한 4가 아니면 8이 되니, 이것이 삼변(三變)이다. 만약 3번 한 것이
모두 많으면 노음(老陰)이 되니, 1번째가 9를 얻고 2번째와 3번째가 모
두 8을 얻은 것이다. 만약 3번 한 것이 모두 적으면 노양(老陽)이 되니,
1번째가 5를 얻고 2번째와 3번째가 모두 4를 얻은 것이다. 만약 2번 한
것이 적고 1번 한 것이 많으면 소음(少陰)이 되니, 1번째와 2번째·3번
째 사이에 4가 있거나 또는 5가 있고 8이 있는 것이다. 또는 2개가 4이고
1개가 9인 경우이니, 이것은 2번 한 것이 적고 1번 한 것이 많은 경우이
다. 그리고 2번 한 것이 많고 1번 한 것이 적은 것은 소양(少陽)이 되는
데, 삼설(三揲)하는 사이에 1개는 9가 되고 1개는 8이고 1개는 4가 되거
나 2개는 8이고 1개는 5가 되는 경우인데, 이것들은 2번 한 것은 많고
1번 한 것은 적은 경우이다. 이와 같이 세 번 변하는 것이 모두 끝나면
곧 하나의 효가 정해진다. 여섯 효를 정하게 되면 18번의 변화가 있게
되며, 이처럼 한 뒤에야 비로소 괘를 이룬다. "팔괘가 되어 소성한다."고
했는데, 천·지·뇌·풍·일·월·산·택을 상징하니, 대상에는 간략히

다하여, 『역』의 도를 조금 완성한 것이다. "이끌어서 편다."고 했는데, 팔괘를 이끌어서 펼쳐 다한다는 뜻으로, 이것을 이끌어서 64괘로 만든다는 의미이다.

참고 『이아』「석궁(釋宮)」기록

경문 閍謂之門①. 正門謂之應門②. 觀謂之闕③. 宮中之門謂之闈④, 其小者謂之閨, 小閨謂之閤⑤. 衖門謂之閎⑥. 門側之堂謂之塾⑦. 橛謂之闑⑧. 闔謂之扉⑨. 所以止扉謂之閎⑩.

팽(閍)을 '문(門)'이라 부른다. 정문(正門)을 '응문(應門)'이라 부른다. 관(觀)을 '궐(闕)'이라 부른다. 궁중의 문을 '위(闈)'라 부르는데, 작은 것은 '규(閨)'라 부르고, 작은 규는 '합(閤)'이라 부른다. 항문(衖門)을 '굉(閎)'이라 부른다. 문 측면에 있는 당을 '숙(塾)'이라 부른다. 궐(橛)을 '얼(闑)'이라 부른다. 합(闔)을 '비(扉)'라 부른다. 비(扉)를 멈추게 하는 것을 '굉(閎)'이라 부른다.

郭注 ① 詩曰: 祝祭于祊.

『시』에서 말하길, 축관이 팽(祊)[17]에서 제사를 지낸다.[18]

---

17) 팽(祊)은 제사의 명칭이다. 정규 제사를 끝낸 뒤에, 시행하는 역제(繹祭)를 가리킨다. 또한 팽에 대한 제사를 지낼 때, 그 장소는 묘문(廟門) 안쪽이 되므로, '팽'은 종묘의 문(門)을 가리키는 용어로도 사용되었고, 묘문 안쪽 제사를 지내는 장소를 뜻하기도 한다.

18) 『시』「소아(小雅)·초자(楚茨)」: 濟濟蹌蹌, 絜爾牛羊, 以往烝嘗. 或剝或亨, 或肆或將. 祝祭于祊, 祀事孔明. 先祖是皇, 神保是饗. 孝孫有慶. 報以介福, 萬壽無疆.

郭注 ② 朝門.

조문(朝門)19)을 뜻한다.

郭注 ③ 宮門雙闕.

궁문 양측에 있는 궐(闕)20)이다.

郭注 ④ 謂相通小門也.

서로 통하게 하는 작은 문을 뜻한다.

郭注 ⑤ 大小異名.

크기에 따라 명칭이 다르다.

郭注 ⑥ 左傳曰: "盟諸僖閎." 閎, 衖頭門.

『좌전』에서는 "희공의 굉(閎)에서 맹세를 하였다."21)고 했다. 굉(閎)은

---

19) 조문(朝門)은 조정에 들어가기 위해 거치는 궁성의 문을 뜻한다. 천자의 경우에는
응문(應門)에 해당한다. 이 문을 통해서 조정으로 들어가기 때문에, 응문을 '조문'
이라고 지칭한다. 또한 '정문(正門)'이라고도 부른다. 천자의 궁성에 있어서, '정
(正)'자는 중(中)자의 뜻으로, 응문은 궁성의 중앙에 위치한 문이 된다. 응문 밖에
는 고문(皐門)이 있어서, 고문을 외문(外門)으로 지칭하기도 하고, 응문 안에는
노문(路門)이 있어서, 노문을 내문(內門)으로 지칭하기도 한다.

20) 궐(闕)은 관(觀)·상위(象魏) 등으로부터 부른다. 고대에 천자나 제후가 자신의
궁문(宮門) 밖에 세워두었던 큰 건축물을 뜻한다. 이곳에 법령을 게시하여, 사람
들이 확인하도록 했다. 『주례』「천관(天官)·대재(大宰)」편에는 "乃縣治象之灋
于象魏, 使萬民觀治象, 挾日而斂之."라는 기록이 있고, 이에 대해 정현의 주에
서는 정사농(鄭司農)의 주장을 인용하여, "象魏, 闕也."라고 풀이했다.

21) 『춘추좌씨전』「양공(襄公) 11년」: 穆子曰, "然則盟諸?" 乃盟諸僖閎, 詛諸五父
之衢.

궁 앞의 문이다.

郭注 ⑦ 夾門堂也.

협문(夾門)의 당이다.

郭注 ⑧ 門閾.

문의 문지방 가운데 턱이다.

郭注 ⑨ 公羊傳曰: 齒著于門闔.

『공양전』에서 말하길, 이빨이 문짝에 날아가 박혔다.[22]

郭注 ⑩ 門辟旁長橛也. 左傳曰: "高其閈閎." 閎, 長杙, 卽門橛也.

문의 측면에 있는 긴 말뚝이다. 『좌전』에서는 "한굉(閈閎)을 높였다."[23]
고 했다. '굉(閎)'은 긴 말뚝으로, 문궐(門橛)에 해당한다.

邢疏 ●"閍謂"至"之閎". ○釋曰: 此別門闕之異名也. 李巡曰: "閍,
廟門名." 其路門之外受朝. 正門一名應門. 應門之外門曰雉門, 雉門
之旁名觀, 又名闕. 宮中相通小門名闈, 闈之小者名闔, 闔之小者名
閤. 衕頭之門名閭. 門側之室, 夾門東西者, 名塾. 門中之橛名闑, 一
名闌. 闔, 門扇也, 一名扉. 於門辟旁樹長橛所以止扉者, 名閎.

● 經文: "閍謂"~"之閎". ○ 이것은 문(門)과 궐(闕)의 이명을 구별한 것
이다. 이순은 "팽(閍)은 묘문의 명칭이다."고 했다. 노문 밖의 조회를 받

---

22) 『춘추공양전』「장공(莊公) 12년」: 萬臂搣仇牧, 碎其首. <u>齒著乎門闔</u>.
23) 『춘추좌씨전』「양공(襄公) 31년」: 敝邑以政刑之不修, 寇盜充斥, 無若諸侯之屬
辱在寡君者何, 是以令吏人完客所館, <u>高其閈閎</u>, 厚其牆垣, 以無憂客使.

는 곳이다. 정문을 '응문(應門)'[24]이라고도 부른다. 응문 밖의 문을 '치문(雉門)'이라 부르고, 치문 측면에 있는 것을 '관(觀)'이라 부르며 또 '궐(闕)'이라고도 부른다. 궁 안에서 서로 통하게 하는 작은 문을 '위(闈)'라 부르고, 위 중에서 작은 것을 '규(闈)'라 부르며, 규 중에서 작은 것을 '합(閤)'이라 부른다. 궁 앞의 문을 '굉(閎)'이라 부른다. 문 측면에 있는 실의 협문 동서로 있는 것을 '숙(塾)'이라 부른다. 문 가운데 있는 말뚝을 '얼(闑)'이라 부르고, '곤(閫)'이라고도 부른다. '합(闔)'은 문짝이니, '비(扉)'라고도 부른다. 문의 측면에 긴 말뚝을 세워서 문짝을 멈추도록 하는데 이것을 '굉(閎)'이라 부른다.

邢疏 ◎注"詩曰: 祝祭於祊". ○釋曰: 小雅·楚茨篇文也. 按祊本廟門之名, 設祭於廟門, 因名其祭亦名祊. 凡祊有二種, 一是正祭之時, 旣設於廟, 又求神於廟門之內. 郊特牲云: "索祭祝於祊." 及詩云: "祝祭於祊." 注云: "祊, 平生門內之旁, 待賓客之處, 與祭同日也." 二是明日繹祭之時, 設饌於廟門外西室, 亦謂之祊. 卽郊特牲注云: "祊之禮宜於廟門外之西室." 及禮器云: "爲祊乎外." 是也. 然則廟門內外皆有祊稱.

◎ 郭注: "詩曰: 祝祭於祊". ○『시』「소아(小雅)·초자(楚茨)」편의 기록이다. 살펴보니, '팽(祊)'은 본래 묘문의 명칭인데, 묘문에서 제사를 시행하여, 이로 인해 그 제사를 또한 '팽(祊)'이라 부른다. 팽(祊)에는 2종류가 있으니, 첫 번째는 정규 제사를 지낼 때 묘에서 시행하는 것이 끝나면 묘문 안쪽에서 신을 찾게 된다. 『예기』「교특생(郊特牲)」편에서 "신을 찾으며 지내는 제사에서는 팽(祊)에서 축사를 아뢴다."[25]라 하고, 『시』에서

---

24) 응문(應門)은 궁(宮)의 정문을 가리킨다. 『시』「대아(大雅)·면(緜)」편에는 "廼立應門, 應門將將."이라는 기록이 있는데, 이에 대한 모전(毛傳)에서는 "王之正門曰應門."이라고 풀이하였다.

25) 『예기』「교특생(郊特牲)」: 魂氣歸于天, 形魄歸于地, 故祭求諸陰陽之義也. 殷

"축관이 팽(祊)에서 제사를 지낸다."라 했는데, 주에서는 "팽(祊)은 생전에 문 안쪽의 측면으로, 빈객을 대하던 장소이니, 제사를 지낸 같은 날에 한다."고 했다. 두 번째는 제사를 지낸 다음날 역제(繹祭)[26]를 지낼 때 묘문 박 서쪽 실에 음식을 진설하니, 이것을 또한 '팽(祊)'이라고 부른다. 즉 「교특생」편의 주에서 "'팽(祊)'을 치르는 예법은 마땅히 묘문(廟門) 밖의 서쪽 협실에서 치러야 하는 것이다."[27]라 하고, 『예기』「예기(禮器)」편에서 "묘문(廟門) 밖에서 팽(祊)을 지낸다."[28]라고 한 말이 이에 해당한다. 그렇다면 묘문의 내외에 대해서 모두 팽(祊)이라는 칭호가 있다.

邢疏 ◎注"朝門". ○釋曰: 按詩·大雅云: "乃立皐門, 皐門有伉. 乃立應門, 應門將將." 鄭箋云: "諸侯之宮外門曰皐門, 朝門曰應門, 內有路門, 天子之宮加以庫·雉." 按鄭玄注周禮·秋官·朝士職: "王五門: 皐·庫·雉·應·路也." 又曰: "天子諸侯皆有三朝: 外朝一·內朝二." 其天子外朝一者, 在皐門之內·庫門之外, 大詢衆庶之朝也, 朝士掌之. 內朝二者, 正朝在路門外, 司士掌之. 燕朝在路門內, 大僕掌之. 諸侯之外朝一者, 在皐門內·應門外. 內朝二者, 亦在路寢門之外內, 以正朝在應門內, 故謂應門爲朝門也.

◎ 郭注: "朝門". ○『시』「대아(大雅)」를 살펴보면, "이에 고문(皐門)[29]

人先求諸陽, 周人先求諸陰. 詔祝於室, 坐尸於堂, 用牲於庭, 升首於室. 直祭祝於主, 索祭祝於祊. 不知神之所在, 於彼乎, 於此乎? 或諸遠人乎? 祭于祊, 尙曰求諸遠者與.

26) 역제(繹祭)는 일종의 제례 의식 중 하나이다. 정규 제사를 지낸 다음날 지내는 제사이다.

27) 이 문장은 『예기』「교특생(郊特牲)」편의 "孔子曰: 繹之於庫門內, 祊之於東方, 朝市之於西方, 失之矣."라는 기록에 대한 정현의 주이다.

28) 『예기』「예기(禮器)」: 設祭於堂, 爲祊乎外, 故曰於彼乎, 於此乎.

29) 고문(皐門)은 천자의 궁(宮)에 설치된 문들 중에서 가장 바깥쪽에 설치하는 문이다. 높다는 의미의 '고(高)'자가 '고(皐)'자와 통용되므로, 붙여진 명칭이다. 『시』

을 세우니, 고문이 높기도 하구나. 이에 응문(應門)을 세우니, 응문이 엄숙하고 단정하구나."[30]라 했고, 정현의 전(箋)에서는 "제후의 궁성에서 바깥의 문을 '고문(皐門)'이라 부르며, 조문을 '응문(應門)'이라 부르고, 안쪽에는 '노문(路門)'이 있는데, 천자의 궁성에는 여기에 고문(庫門)[31]과 치문(雉門)이 추가된다."라고 했다. 『주례』「추관(秋官)·조사(朝士)」편의 직무기록에 대한 정현의 주를 살펴보면, "천자는 5개 문을 세우니, 고문(皐門)·고문(庫門)·치문(雉門)·응문(應門)·노문(路門)이다."라 했고, 또 "천자와 제후는 모두 3개의 조정을 두니, 외조(外朝)[32]가

「대아(大雅)·면(緜)」편에는 "迺立皐門, 皐門有伉."이라는 용례가 있고, 『예기』「명당위(明堂位)」편의 "大廟, 天子明堂. 庫門, 天子皐門. 雉門, 天子應門."이라는 기록에 대해, 정현의 주에서는 "皐之言高也."라고 풀이했다.

30) 『시』「대아(大雅)·면(緜)」: <u>迺立皐門, 皐門有伉. 迺立應門, 應門將將.</u> 迺立冢土, 戎醜攸行.

31) 고문(庫門)에 대해서는 크게 두 가지 해설이 있다. 첫 번째는 치문(雉門)에 대한 해설처럼, 제후의 궁(宮)에 있는 문으로, 천자의 궁에 있는 고문(皐門)에 해당한다고 보는 의견이다. 이것은 치문과 마찬가지로 『예기』「명당위(明堂位)」편의 "大廟, 天子明堂. <u>庫門, 天子皐門.</u> 雉門, 天子應門."이라는 기록에 근거한 해설이다. 손희단(孫希旦)의 『집해(集解)』에서는 이 문장 및 『시(詩)』, 『서(書)』, 『예(禮)』, 『춘추(春秋)』에 나타난 기록들을 근거로, 천자 및 제후는 실제로 3개의 문(門)만 설치했다고 풀이한다. 그러나 정현은 이 문장에 대해서, "言廟及門如天子之制也. 天子五門, 皐庫雉應路. 魯有庫雉路, 則諸侯三門與."라고 풀이하였다. 즉 종묘(宗廟) 및 문(門)에 대한 제도에서, 천자와 제후 사이에는 차등이 있다. 따라서 천자는 5개의 문을 궁에 설치하는데, 그 문들은 고문(皐門), 고문(庫門), 치문(雉門), 응문(應門), 노문(路門)이다. 제후의 경우에는 천자보다 적은 3개의 문을 궁에 설치하는데, 그 문들은 고문(庫門), 치문(雉門), 노문(路門)이다. 두 번째 설명은 천자의 궁에 설치된 문들 중에서, 치문(雉門) 밖에 설치하는 문으로 해석하는 의견이다. 즉 이때의 고문(庫門)은 치문과 고문(皐門) 사이에 설치하는 문이 된다. 『예기』「교특생(郊特牲)」편에는 "獻命庫門之內, 戒百官也."라는 기록이 있는데, 이에 대한 정현의 주에서는 "庫門, 在雉門之外. 入庫門則至廟門外矣."라고 풀이하고 있다.

32) 외조(外朝)는 내조(內朝)와 대비되는 말이며, 천자 및 제후가 정사(政事)를 처리

1개이고 내조(內朝)가 2개이다."33)라 했다. 천자의 외조가 1개라고 한
것은 고문(皋門) 안쪽과 고문(庫門) 바깥쪽에 있는 것으로 대중들에게
크게 의견을 묻게 되는 조정으로, 조사(朝士)가 담당한다. 내조가 2개라
고 했는데, 정조(正朝)34)는 노문 밖에 있고 사사(司士)가 담당한다. 연
조(燕朝)35)는 노문 안쪽에 있던 것으로 대복(大僕)이 담당한다. 제후의
외조가 1개라는 것은 고문(皋門) 안쪽과 응문(應門) 바깥쪽에 있던 것
이다. 내조가 2개라고 했는데, 이 또한 노침의 문 내외에 있던 것으로,
정조는 응문 안쪽에 있었기 때문에, 응문을 '조문(朝門)'이라고 부르는
것이다.

邢疏 ◎注"宮門雙闕". ○釋曰: 周禮·大宰: "正月之吉, 縣治象之

하던 곳이다. 『주례』「춘관(秋官)·조사(朝士)」편에 대한 정현의 주에서는 "周天
子諸侯皆有三朝. 外朝一, 內朝二. 內朝之在路門內者, 或謂之燕朝."라는 기록
이 있다. 즉 천자 및 제후는 3개의 조(朝)를 두는데, 1개는 '외조'이며, 나머지
2개는 내조가 된다. 『국어(國語)』「노어하(魯語下)」편에는 "天子及諸侯合民事於
外朝, 合神事於內朝. 自卿以下, 合官職於外朝, 合家事於內朝."라는 기록이 있
고, 이 문장에 나타난 '외조'에 대해서, 위소(韋昭)는 "言與百官考合民事於外朝
也."라고 풀이했다. 즉 '외조'는 모든 관료들과 함께, 백성들과 관련된 정무를 처리
하던 장소이다.

33) 이 문장은 『주례』「추관(秋官)·조사(朝士)」편의 "朝士; 掌建邦外朝之法, 左九
棘, 孤卿大夫位焉, 群士在其後. 右九棘, 公侯伯子男位焉, 群吏在其後. 面三
槐, 三公位焉, 州長衆庶在其後. 左嘉石, 平罷民焉. 右肺石, 達窮民焉."이라는
기록에 대한 정현의 주이다.

34) 정조(正朝)는 군주가 신하들을 조회하며 정무를 처리하던 곳이다. '치조(治朝)'라
고도 부른다.

35) 연조(燕朝)는 천자 및 제후에게 있었던 내조(內朝) 중 하나를 뜻한다. 천자 및
제후는 3개의 조(朝)를 두는데, 1개는 외조(外朝)이며, 나머지 2개는 내조가 된다.
내조 중에서도 노문(路門) 안쪽에 있던 것을 '연조'라고 부른다. 『주례』「춘관(秋
官)·조사(朝士)」편에 대한 정현의 주에서는 "周天子諸侯皆有三朝. 外朝一, 內
朝二. 內朝之在路門內者, 或謂之燕朝."라고 풀이하고 있다.

法于象魏, 使萬民觀治象." 鄭衆云: "象魏, 闕也." 劉熙釋名云: "闕在門兩旁, 中央闕然爲道也." 白虎通云: "闕是闕疑." 義亦相兼. 然則其上縣法象, 其狀魏魏然高大謂之象魏, 使人觀之謂之觀也. 是觀與象魏·闕一物而三名也. 以門之兩旁相對爲雙, 故云雙闕.

◎ 郭注: "宮門雙闕". ○『주례』「대재(大宰)」편에서는 "정월의 길일에, 정교와 법령을 기록한 문서를 상위(象魏)에 게시하여, 모든 백성들로 하여금 그 문서를 살펴보도록 했다."[36]라 했고, 정중은 "상위(象魏)는 궐(闕)이다."라 했다. 유희[37]의 『석명』에서는 "궐(闕)은 문의 양쪽 측면에 있고, 중앙은 비워두어 길로 삼는다."라 했다. 『백호통』에서는 "궐(闕)은 의심스러운 것을 빼버린다[38]는 뜻이다."라 했는데, 그 의미 또한 포함하고 있다. 그렇다면 정교와 법령을 기록한 문사를 위에 게시하고, 그 모습이 우뚝하게 높고도 커서 '상위(象魏)'라 부르는 것이고, 사람들로 하여금 그것을 살펴보도록 하기 때문에 '관(觀)'이라고도 부르는 것이다. 여기에서 말하는 관(觀)·상위(象魏)·궐(闕)은 동일한 대상인데 세 명칭이 있는 것이다. 문의 양쪽 측면에 서로 마주하여 쌍이 되기 때문에, '쌍궐(雙闕)'이라 부른다.

邢疏 ◎注"左傳曰: 盟諸僖閎". ○釋曰: 襄十一年傳文也. 按彼云: "季武子將作三軍, 叔孫穆子曰: '然則盟諸? 乃盟諸僖閎." 杜注云:

---

36) 『주례』「천관(天官)·대재(大宰)」: 正月之吉, 始和布治于邦國都鄙, 乃縣治象之法于象魏, 使萬民觀治象, 挾日而斂之.

37) 유희(劉熙, A.D.160? ~ ?) : =유희(劉喜). 후한(後漢) 때의 학자이다. 경학과 훈고학(訓詁學) 분야에 뛰어났다. 저서로는 『석명(釋名)』, 『맹자주(孟子注)』 등이 있는데, 『맹자주』는 소실되어 전해지지 않는다. 『석명』은 오래된 훈고학 저작으로, 높은 평가를 받고 있다.

38) 『논어』「위정(爲政)」: 子張學干祿. 子曰, "多聞闕疑, 愼言其餘, 則寡尤, 多見闕殆, 愼行其餘, 則寡悔. 言寡尤, 行寡悔, 祿在其中矣."

"僖宮之門." 是也.

◎ 郭注: "左傳曰: 盟諸僖閎". ○ 이것은 양공 11년에 대한 전문 기록이다. 그 기록을 살펴보면, "계무자가 삼군을 만들려고 하자 숙손목자는 '그렇다면 맹세할 수 있는가?'라 해서, 이에 희굉(僖閎)에서 맹세했다."라 했고, 두예의 주에서는 "희공 묘(廟)의 문이다."라 했다.

邢疏 ◎注"公羊傳曰: 齒著于門闔". ○釋曰: 莊十二年傳文也. 按彼云: "宋萬搏閔公, 絶其脰. 仇牧聞君弒, 趨而至; 遇之于門, 手劍而叱之. 萬臂掖仇牧, 碎其首, 齒著乎門闔." 何休云: "闔, 扇也." 是矣.

◎ 郭注: "公羊傳曰: 齒著于門闔". ○ 장공 12년에 대한 전문 기록이다. 그 기록을 살펴보면, "송만이 민공을 쳐서 그 목을 잘랐다. 구목은 군주가 시해되었다는 소식을 듣고 달려가 그곳에 도달했는데, 문에서 그를 만나 손에 칼을 들고 꾸짖었다. 송만은 옆에서 구목을 쳐서 머리를 부수니, 이빨이 문짝에 날아가 박혔다."고 했고, 하휴는 "합(闔)은 문짝이다."라 했다.

邢疏 ◎注"左傳曰: 高其閈閎". ○釋曰: 襄三十一年傳云: "子産相鄭伯以如晉. 晉侯以我喪故, 未之見也. 子産使盡壞其館之垣而納車馬焉. 士文伯讓之, 曰: '敝邑以政刑之不脩, 寇盜充斥, 無若諸侯之屬 辱在寡君者何, 是以令吏人完客所館, 高其閈閎.'" 是也. 按說文云: "閈, 門也. 汝南平輿里門曰閈." 閈既爲門, 故郭氏以閎爲長杙, 卽門橛也. 杜預云: "閎, 門也." 非郭義也.

◎ 郭注: "左傳曰: 高其閈閎". ○ 양공 31년에 대한 전문에서는 "자산이 정나라 백작을 도와서 진나라로 갔다. 진나라 후작은 우리의 상사를 핑계로 만나주지 않았다. 자산이 사람들을 시켜 그 숙소의 담장을 모두 허물어버리고 수레와 말을 안으로 들였다. 사문백이 꾸짖어 말하길, '우리나

라는 정치와 형벌이 제대로 정비되지 않아 도적이 차고 넘쳐나서, 제후의 속관으로 욕되게도 저희 군주를 존문하기 위해 찾아오신 분들을 위해 어찌할 수 없었으니, 이러한 까닭으로 관리들로 하여금 손님이 머무는 곳을 수선하여 그 한굉(閈閎)을 높였습니다.'"라고 했다. 『설문』을 살펴보니, "한(閈)은 문이다. 여남과 평여현 지역에서는 마을문을 '한(閈)'이라 부른다."고 했다. 한(閈)이 이미 문이 되기 때문에 곽씨는 굉(閎)을 긴 말뚝이라고 여겼으니, 문궐(門橜)에 해당한다. 두예는 "굉(閎)은 문이다."라 했으니, 곽씨의 주장과 다르다.

11上

布席于門中, 闑西閾外, 西面.

직역 門中에 席을 布하되, 闑의 西와 閾의 外로 하며, 西面한다.

의역 자리는 문의 가운데 설치하는데 중앙의 말뚝 서쪽과 문턱 바깥으로 두며 서쪽
을 향하도록 한다.

鄭注 闑, 門橛. 閾, 閫也. 古文闑爲槷, 閾爲蹙.

'얼(闑)'은 문 중앙에 있는 말뚝이다. '역(閾)'은 문턱을 뜻한다. 고문에서
는 '얼(闑)'자를 얼(槷)자로 기록했고, '역(閾)'자를 척(蹙)자로 기록했다.

賈疏 ●"布席"至"西面". ○釋曰: 此所布之席擬卜筮之事. 言在"門
中"者, 以大分言之. 云"闑西閾外"者, 指陳席處也.

●經文: "布席"~"西面". ○ 이곳에서 자리를 설치하는 것은 점치는 일에
견주어서 한다. "문의 중앙에서 한다."라고 말한 것은 대략적으로 말한
것이다. "중앙의 말뚝 서쪽과 문턱 바깥으로 둔다."라고 한 말은 자리 펼
치는 곳을 가리켜서 말한 것이다.

賈疏 ◎注"闑門"至"爲蹙". ○釋曰: 云"闑, 門橛"者, 闑, 一名橛也.
云"閾, 閫也"者, 《曲禮》云"外言不入于閫", 閫, 門限, 與閾爲一也.

◎鄭注: "闑門"~"爲蹙". ○ 정현이 "'얼(闑)'은 문 중앙에 있는 말뚝이다."
라고 했는데, '얼(闑)'의 다른 명칭은 궐(橛)이다. 정현이 "'역(閾)'은 문턱
을 뜻한다."라고 했는데, 『예기』「곡례(曲禮)」편에서는 "집밖의 말이 곤
(閫)으로 들어와서는 안 된다."[1]라고 했는데, 곤(閫)은 문턱을 뜻하니 '역

---

1) 『예기』「곡례상(曲禮上)」: <u>外言不入於梱</u>, 內言不出於梱.

(闑)'과 동일한 것이다.

賈疏 ◎云"古文闑爲槷, 闃爲蹙"者, 遭于暴秦, 燔滅典籍, 漢興, 求錄遺文之後, 有古書·今文. 漢書云: 魯人高堂生爲漢博士, 傳儀禮十七篇, 是今文也. 至武帝之末, 魯恭王壞孔子宅, 得古儀禮五十六篇, 其字皆以篆書, 是爲古文也. 古文十七篇與高堂生所傳者同, 而字多不同, 其餘三十九篇絶無師說, 秘在於館. 鄭注禮之時, 以今·古二字並之. 若從今文不從古文, 即今文在經, 闑闃之等, 是也, 於注內疊出古文, 槷蹙之屬, 是也. 若從古文不從今文, 則古文在經, 注內疊出今文, 即下文"孝友時格", 鄭注云: "今文格爲嘏." 又喪服注"今文無冠布纓"之等, 是也. 此注不從古文槷蹙者, 以槷蹙非門限之義, 故從今不從古也. 儀禮之內, 或從今, 或從古, 皆逐義强者從之. 若二字俱合義者, 則互挽見之, 即下文云"壹揖壹讓升", 注云: "古文壹皆作一." 公食大夫"三牲之肺不離, 贊者辯取之, 一以授賓", 注云: "古文一爲壹." 是大小注皆疊. 今古文二者俱合義, 故兩從之. 又鄭疊古今之文者, 皆釋經義盡乃言之. 若疊今古之文說, 須別釋餘義者, 則在後乃言之, 即下文"孝友時格" 注云"今文格爲嘏", 又云"凡醴不祝"之類, 是也. 若然, 下記云"章甫殷道", 鄭云: "章, 明也. 殷質, 言以表明丈夫也. 甫, 或爲父, 今文爲斧." 事相違, 故因疊出今文也.

◎鄭注: "古文闑爲槷, 闃爲蹙". ○ 난폭한 진나라를 만나 경전이 불타 없어졌고, 한나라가 흥성한 뒤 남아있던 문헌을 구하여 기록한 이후에야 고문으로 기록된 서적과 금문으로 기록된 서적이 생겨났다. 『한서』에서는 노나라 고당생²⁾은 한나라의 박사가 되어 『의례』 17편을 전수하였다고

---

2) 고당생(高堂生, ? ~ ?) : 전한(前漢) 때의 학자이다. 춘추시대(春秋時代) 제(齊)나라의 경(卿)이었던 고혜(高傒)의 후손으로 알려져 있으며, 고혜가 채읍으로 받은 지명을 따서, 후손들의 성(姓)을 고당(高堂)으로 삼게 되었다고 전해진다. 진시황의 분서갱유 이후, 예학(禮學)의 최초 전수자로 알려져 있다. 『사기(史記)』「유림

했는데, 이것은 금문경전에 해당한다. 그리고 무제 말기에 이르면 노나라 공왕이 공자의 가택을 허물다가 고문으로 된 『의례』 56편을 얻었다고 했는데, 그 글자는 모두 전서로 기록되어 있었다고 하니, 이것은 고문경전에 해당한다. 고문경전 중 17개 편은 고당생이 전수한 금문경전의 내용과 동일하지만 글자가 대부분 달랐고, 나머지 39개 편은 사설이 끊겨 창고에 숨겼다고 했다. 정현이 『예』에 대해 주석을 작성했을 때에는 금문과 고문을 아울렀다. 만약 금문의 기록을 따르고 고문의 기록을 따르지 않았을 때에는 금문이 경문에 기록된 것으로 얼(闑)이나 역(閾) 등의 기록이 그에 해당하며, 주에서는 고문을 함께 기술했으니 얼(槷)이나 척(蹙) 등의 기록이 그에 해당한다. 만약 고문을 따르고 금문을 따르지 않는 경우라면, 고문이 경문에 기록된 것이고, 주에서는 금문을 함께 기술했으니 아래문장에서 '효우시격(孝友時格)'[3]이라 했고 정현의 주에서 "금문에서 격(格)은 하(嘏)이다."라고 했으며, 또 『의례』「상복(喪服)」편의 주에서 "금문에는 관포영(冠布纓)이라는 말이 없다."[4]라고 한 등의 기록이 그에 해당한다. 이곳 주석에서는 고문의 얼(槷)이나 축(蹙)을 따르지 않았는데, 얼(槷)이나 축(蹙)은 문지방을 뜻하는 말이 아니기 때문에, 금문을 따르고 고문을 따르지 않은 것이다. 『의례』의 기록 중에는 어떤 것은 금문에 따르고 어떤 것은 고문에 따랐는데, 이 모두는 의미상 더 적합한 것에 따라 기록한 것이다. 만약 두 글자 모두 뜻에 부합하는 경우라면 상호 이끌어 그것을 드러냈으니, 아래문장에서 '일읍일양승(壹

열전(儒林列傳)」의 기록에 따르면, '고당생'이 『사례(士禮)』 17편을 소분(蕭奮)에게 전수하였고, 소분은 맹경(孟卿)에게 전수하였으며, 맹경은 다시 후창(后蒼)에게 전수하여, 이후 대덕(戴德)과 대성(戴聖)에게 전수되었다.

3) 『의례』「사관례」 : 始加元服, 兄弟具來. 孝友時格, 永乃保之.

4) 이 문장은 『의례』「상복(喪服)」편의 "傳曰: 問者曰: 何冠也? 曰: 齊衰・大功, 冠其受也. 緦麻・小功, 冠其衰也. 帶緣各視其冠."이라는 기록에 대한 정현의 주이다.

揖壹讓升)'[5]이라 했고, 정현의 주에서는 "고문에서는 일(壹)자를 모두 일(一)자로 기록했다."라고 했으며, 『의례』「공사대부례(公食大夫禮)」편에서는 "세 희생물의 폐는 떨어트리지 않고 관례의 진행을 돕는 자가 그 중 하나를 구별해서 빈객에게 준다."[6]라 했고, 정현의 주에서 "고문에서 일(一)은 일(壹)이다."라고 했으니, 대다수의 주들이 모두 함께 기록하고 있다. 이것은 금문과 고문 두 글자 모두 뜻에 부합하기 때문에 둘 모두를 따른 것이다. 또 정현이 고문과 금문을 함께 기록했을 때에는 모든 경우 경문의 뜻을 설명하는 일이 다 끝난 뒤에 언급했다. 만약 금문과 고문을 함께 설명할 때 별도로 다른 의미를 해설해야 하는 경우라면, 그 뒤에 언급을 했으니, 아래문장에서 '효우시격(孝友時格)'이라고 한 기록에 대해 주에서 "금문에서 격(格)은 하(嘏)이다."라 말하고, 또 "무릇 초(醮)를 할 때에는 축문을 하지 않는다."라고 한 부류가 이러한 경우에 해당한다. 그렇다면 아래 기문에서 "장보(章甫)를 쓰는 것은 은나라 때의 도이다."[7]라 했고, 정현은 "장(章)은 밝힌다는 뜻이다. 은나라는 질박하였으니, 이를 통해 남자임을 표명한다는 뜻이다. '보(甫)'자는 보(父)자로도 기록하는데 금문에서는 '부(斧)'자로 기록했다."라고 했다. 그 사안이 서로 위배되기 때문에 그것으로 인해 함께 금문도 기술한 것이다.

참고 『예기』「곡례상(曲禮上)」 기록

경문 外言不入於梱, 內言不出於梱.

집밖의 말들이 집안으로 들어와서는 안 되고, 집안의 말들이 집밖으로 나가서는 안 된다.

---

5) 『의례』「사관례」 : 賓盥, 卒, 壹揖, 壹讓, 升. 主人升, 復初位.
6) 『의례』「공사대부례(公食大夫禮)」 : 三牲之肺不離, 贊者辯取之, 壹以授賓.
7) 『의례』「사관례」 : 委貌, 周道也. 章甫, 殷道也. 毋追, 夏后氏之道也.

鄭注 外言·內言, 男女之職也. 不出入者, 不以相問也. 梱, 門限也.

집밖의 말들과 집안의 말들은 남녀의 구별된 영역이다. 그것들을 출입하지 않게 한다는 말은 곧 남녀가 서로에게 집안과 집밖의 일들에 대해서 물어보지 않는다는 뜻이다. '곤(梱)'자는 문턱을 뜻한다.

孔疏 ●"外言不入於梱"者, 外言, 男職也. 梱, 門限也. 男職在於官政, 各有其限域, 不得令婦人預之, 故云"外言不入於梱"也.

● 經文: "外言不入於梱". ○ 집밖의 말들은 남자가 담당하는 영역이다. '곤(梱)'자는 문턱을 뜻한다. 남자가 하는 일은 주로 관청의 정무에 대한 것이며, 또한 각자 그들만이 담당하는 고유의 영역들을 가지고 있으니, 부인들로 하여금 그 일에 관여하게 할 수 없다. 그렇기 때문에 "집밖의 말들이 집 문턱으로 들어오지 않게 한다."라고 말한 것이다.

筮人執筴, 抽上韇, 兼執之, 進受命於主人.

직역 筮人은 筴를 執하고, 上韇을 抽하여, 兼히 執하고, 進하여 主人에게서 命을 受한다.

의역 시초점을 치는 자는 좌측 손으로 시초 담은 통을 잡고 우측 손으로 상단 뚜껑을 뽑아서 함께 쥐고서 나아가 주인으로부터 명령을 받는다.

鄭注 筮人, 有司主三易者. 韇, 藏筴之器. 今時藏弓矢者謂之韇丸也. 兼, 幷也. 進, 前也, 自西方而前. 受命者, 當知所筮也.

'서인(筮人)'은 유사 중 삼역(三易)을 담당하는 자이다. '독(韇)'은 시초를 보관하는 기구이다. 오늘날에는 활과 화살을 보관하는 것을 '독환(韇丸)'이라고 부른다. '겸(兼)'자는 함께라는 뜻이다. '진(進)'자는 앞으로 간다는 뜻으로, 서쪽에서 앞으로 나아가는 것이다. 명령을 받는 것은 시초점을 쳐야 하는 내용에 대해 알아야 하기 때문이다.

賈疏 ●"筮人"至"主人". ○釋曰: 此經所陳, 據筮時之事. 按少牢云: "史左執筮, 右抽上韇, 兼與筮執之, 東面受命于主人". 得主人命訖, "史曰: 諾. 西面于門西, 抽下韇, 左執筮, 右兼執韇以擊筮". 乃立筮. 此云筴, 彼云筮, 一也. 但筮法不殊, 此亦應不異. 少牢具陳, 此不言者, 文不具, 當與彼同. 按三正記, 大夫著五尺, 故立筮; 士之著三尺, 當坐筮. 與彼異也.

●經文: "筮人"~"主人". ○ 이곳 경문에서 진술한 내용은 시초점을 치는 때의 일들을 기준으로 한 말이다. 『의례』「소뢰궤식례(少牢饋食禮)」편을 살펴보면, "사관은 좌측 손으로 시초 담은 통을 잡고 우측 손으로 상단 뚜껑을 뽑아서 시초와 함께 쥐고 동쪽을 바라보며 주인에게 명령을 받는

다."[1]라고 했다. 주인에게 명령 받는 일이 끝나면 "사관은 알았다고 말한다. 그리고 문의 서쪽에서 서쪽을 바라보며 하단의 통을 뽑아 좌측 손으로 산가지를 잡으며 우측 손으로 통을 함께 들고서 시초를 두드린다."[2]라고 했다. 그런 뒤에는 서서 시초점을 친다. 이곳에서는 '협(筴)'이라 했고 「소뢰궤식례」편에서는 '서(筮)'라고 했는데 동일한 사물을 뜻한다. 다만 시초점을 치는 방법은 차이가 없으니 이곳의 방법 또한 차이가 없어야 한다. 「소뢰궤식례」편에서는 모두 진술하였는데, 이곳에서 이러한 사실을 정확히 언급하지 않은 것은 문장을 자세히 기록하지 않아도 「소뢰궤식례」편의 내용과 동일해야하기 때문이다. 『삼정기』를 살펴보면, 대부의 시초는 그 길이가 5척이라고 했다. 그렇기 때문에 서서 시초점을 치는 것이다. 사의 시초는 그 길이가 3척이니 마땅히 앉아서 시초점을 쳐야 한다. 그래서 「소뢰궤식례」편과 차이를 보이는 것이다.

賈疏 ◎注"筮人"至"筮也". ○釋曰: 按周禮‧春官: "筮人掌三易: 一曰連山, 二曰歸藏, 三曰周易." 注云: "問蓍曰筮, 其占易." 是筮人主三易者也.

◎鄭注: "筮人"~"筮也". ○『주례』「춘관(春官)」을 살펴보면 "서인(筮人)은 삼역을 담당하니, 첫 번째는 『연산』이고 두 번째는 『귀장』이며 세 번째는 『주역』이다."[3]라 했고, 주에서는 "시초를 통해 묻는 것을 서(筮)라고 부르며 그 점괘는 『역』에 나온다."라고 했다. 이것은 서인이 삼역을

---

1) 『의례』「소뢰궤식례(少牢饋食禮)」: 筮於廟門之外. 主人朝服, 西面于門東. 史朝服, <u>左執筮, 右抽上韇, 兼與筮執之, 東面受命于主人</u>.

2) 『의례』「소뢰궤식례(少牢饋食禮)」: 史曰: "諾." 西面于門西, 抽下韇, 左執筮, 右兼執韇以擊筮.

3) 『주례』「춘관(春官)‧서인(筮人)」: 筮人掌三易, 以辨九筮之名, <u>一曰連山, 二曰歸藏, 三曰周易</u>. 九筮之名, 一曰巫更, 二曰巫咸, 三曰巫式, 四曰巫目, 五曰巫易, 六曰巫比, 七曰巫祠, 八曰巫參, 九曰巫環, 以辨吉凶.

212 『譯註 儀禮注疏』「士冠禮」 ❶

담당하는 자임을 나타낸다.

賈疏 ◎云"韇, 藏筴之器"者, 韇有二, 其一從下向上承之, 其一從上向下韜之也.

◎鄭注: "韇, 藏筴之器". ○ 독(韇)에는 두 가지가 있다. 그 중 하나는 밑에서부터 위로 되어 있어서 시초를 담는 것이고, 다른 하나는 위로부터 아래로 되어 있어 시초를 덮는 것이다.

賈疏 ◎云"今時藏弓矢者謂之韇丸也"者, 此擧漢法爲況, 亦欲見韜弓矢者以皮爲之, 故詩云"象弭魚服", 是以魚皮爲矢服, 則此韇亦用皮也.

◎鄭注: "今時藏弓矢者謂之韇丸也". ○ 이것은 한나라의 법도를 제시하여 비유한 것이니, 이 또한 활과 화살을 감싸는 것처럼 가죽으로 만들게 됨을 드러내고자 했던 것이다. 그렇기 때문에 『시』에서는 "상아로 만든 활끝이며 어로 만든 화살통이로다."[4]라고 했는데, 어(魚)의 가죽으로 화살통을 만든다면 여기에서 말한 독(韇) 또한 가죽으로 만든 것이다.

賈疏 ◎知"自西方而前"者, 上云"卽位于西方", 故知前向東方受命也.

◎鄭注: "自西方而前". ○ 정현이 "서쪽에서 앞으로 나아가는 것이다."라고 했는데, 이 말이 사실임을 알 수 있는 이유는 앞에서 "서쪽에 나아가 위치한다."[5]라고 했다. 그렇기 때문에 앞으로 향해 동쪽으로 나아가 명령을 받게 됨을 알 수 있다.

---

4) 『시』「소아(小雅)·채미(采薇)」: 駕彼四牡, 四牡騤騤. 君子所依, 小人所腓. 四牡翼翼, 象弭魚服. 豈不日戒, 玁狁孔棘.
5) 『의례』「사관례」: 有司如主人服, 卽位于西方, 東面, 北上.

賈疏 ◎云“受命者, 當知所筮也”者, 謂執之不知以請筮何事, 宰遂命之也. 凡卜筮之法, 按洪範云: “七稽疑, 擇建立卜筮人, 三人占, 從二人之言.” 又按尙書·金滕云: “乃卜三龜, 一習吉.” 則天子·諸侯卜時, 三龜並用, 于玉·瓦·原三人各占一兆也. 筮時, 連山·歸藏·周易, 亦三易並用. 夏殷以不變爲占, 周易以變者爲占, 亦三人各占一易, 筮皆三占從二. 三者, 三吉爲大吉, 一凶爲小吉, 三凶爲大凶, 一吉爲小凶. 按士喪禮筮宅, “卒筮, 執卦以示命筮者, 命筮者受視, 反之, 東面, 旅占”. 注云: “旅, 衆也. 反與其屬共占之, 謂掌連山·歸藏·周易者.” 又卜葬日云: “占者三人在其南.” 注云: “占者三人, 掌玉兆·瓦兆·原兆者也.” 少牢, 大夫禮, 亦云三人占. 鄭旣云反與其屬占之, 則鄭意大夫卜筮同用一龜·一易, 三人共占之矣. 其用一龜·一易, 則三代顆用, 不專一代. 故春秋緯演孔圖云: “孔子脩春秋, 九月而成. 卜之, 得陽豫之卦.” 宋均注云: “陽豫, 夏殷之卦名.” 故今周易無文. 是孔子用異代之筮. 則大夫卜筮, 皆不常據一代者也.

◎鄭注: “受命者, 當知所筮也”. ○ 시초를 들고 있는 자가 그 이유를 알 수 없어서 무슨 일로 인해 시초점을 치느냐고 청해 물으면, 가신의 수장이 그 내용에 대해 명령을 내려 알려준다는 뜻이다. 거북점과 시초점을 치는 방법에 대해서 『서』「홍범(洪範)」편을 살펴보면 “일곱 번째는 계의(稽疑)이니, 거북점과 시초점을 칠 사람을 가려서 세우고, 세 사람이 점을 치면 두 사람의 말을 따른다.”[6]라고 했다. 또 『서』「금등(金滕)」편을 살펴보면 “이에 세 차례 거북점을 치게 하니 한결같이 길한 점괘가 거듭되었다.”[7]라고 했으니, 천자와 제후가 거북점을 칠 때에는 세 차례 거북점 치는 것을 모두 사용하여, 옥(玉)·와(瓦)·원(原)에 대해 세 사

---

6) 『서』「주서(周書)·홍범(洪範)」: 七, 稽疑, 擇建立卜筮人, 乃命卜筮. 曰雨, 曰霽, 曰蒙, 曰驛, 曰克, 曰貞, 曰悔. 凡七, 卜五, 占用二, 衍忒. 立時人作卜筮, 三人占, 則從二人之言.

7) 『서』「주서(周書)·금등(金滕)」: 乃卜三龜, 一習吉, 啓籥見書, 乃幷是吉.

람이 각각 하나의 갈라진 조짐으로 거북점을 친다. 시초점을 칠 때에는 『연산』·『귀장』·『주역』에 대해서 또한 삼역을 모두 사용한다. 하나라와 은나라 때에는 변하지 않는 것으로 점을 쳤는데, 『주역』에서는 변하는 것으로 점을 쳤으니, 이에 대해서도 세 사람이 각각 한 가지 『역』에 대해 점을 치고, 시초점에서는 세 차례 점을 쳐서 동일한 두 가지 결과를 따르게 되어 있다. 세 차례 점을 쳐서 셋 모두 길한 점괘가 나오면 크게 길하다 여기고, 하나가 흉하다고 나오면 조금 길하다 여기며, 셋 모두 흉하다고 나오면 크게 흉하다 여기고, 하나가 길하다고 나오면 조금 흉하다 여긴다. 『의례』「사상례(士喪禮)」편을 살펴보면 무덤으로 쓸 장소에 대해 시초점을 칠 때, "시초점을 마치고 나온 괘를 가지고 시초점을 치라고 명령한 자에게 보여주며, 명령한 자는 그것을 받아서 살펴본 뒤에 다시 돌려주고 동쪽을 바라보며 여러 점치는 자들과 함께 길흉을 점친다."[8]라 했고, 정현의 주에서는 "여(旅)는 무리를 뜻한다. 돌려주어 그 휘하에 있는 자들과 함께 점을 치니, 『연산』·『귀장』·『주역』을 담당하는 자들을 뜻한다."라고 했다. 또 장례를 치르는 날짜에 대해 거북점을 칠 때에는 "점치는 자 세 사람이 그 남쪽에 위치한다."[9]라 했고, 정현의 주에서는 "점치는 자 세 사람은 옥조(玉兆)·와조(瓦兆)·원조(原兆)를 담당하는 자들이다."라고 했다. 『의례』「소뢰궤식례(少牢饋食禮)」편의 내용은 대부의 예법에 해당하는데 여기에서도 세 사람이 점을 친다고 했다. 정현은

---

8) 『의례』「사상례(士喪禮)」: 筮宅. 冢人營之, 掘四隅, 外其壤. 掘中, 南其壤. 旣朝哭, 主人皆往, 兆南, 北面, 免絰. 命筮者在主人之右. 筮者東面抽上韇, 兼執之, 南面受命. 命曰, "哀子某, 爲其父某甫筮宅, 度玆幽宅, 兆基, 無有後艱." 筮人許諾, 不述命, 右還, 北面, 指中封而筮. 卦者在左, 卒筮, 執卦以示命筮者, 命筮者受視, 反之, 東面, 旅占卒, 進告于命筮者與主人, "占之曰從." 主人絰, 哭, 不踊. 若不從, 筮擇如初儀. 歸, 殯前北面哭, 不踊.

9) 『의례』「사상례(士喪禮)」: 卜日. 旣朝哭, 皆復外位. 卜人先奠龜于西塾上, 南首, 有席. 楚焞置于燋, 在龜東. 族長涖卜, 及宗人吉服立于門西, 東面, 南上. 占者三人在其南, 北上.

이미 돌려주어 그 휘하에 있는 자들과 점을 친다고 했으니, 정현의 생각은 대부가 거북점과 시초점을 칠 때에는 모두 하나의 거북껍질과 하나의 『역』을 사용하고, 세 사람이 함께 그것에 대해 점을 친다고 여긴 것이다. 하나의 거북껍질로 점을 치고 하나의 『역』만으로 점을 친다면, 삼대 때의 방법을 각각 사용하는 것이며 한 세대의 것만을 사용하는 것이 아니다. 그렇기 때문에 『춘추』의 위서인 『연공도』에서는 "공자가 『춘추』를 산정하여 9월이 되어서 완성하였다. 점을 쳐서 양예(陽豫)라는 괘를 얻었다."라 했고, 송균[10]의 주에서는 "'양예(陽豫)'는 하나라와 은나라 때의 괘명이다."라고 했다. 그러므로 지금의 『주역』에는 이러한 괘가 없는 것이다. 이것은 공자가 다른 시대의 시초점을 사용했다는 것을 나타내니, 대부가 거북점을 치고 시초점을 칠 때에도 모두 항상 한 세대의 방법만을 따르지 않았던 것이다.

참고 『주례』「춘관(春官)・대복(大卜)」 기록

경문 掌三易之法, 一曰連山, 二曰歸藏, 三曰周易.

삼역의 법도를 담당하니, 첫 번째는 『연산』이고, 두 번째는 『귀장』이며, 세 번째는 『주역』이다.

鄭注 易者, 撲蓍變易之數, 可占者也. 名曰連山, 似山出內雲氣也. 歸藏者, 萬物莫不歸而藏於其中. 杜子春云: "連山, 宓戲. 歸藏, 黃帝."

'역(易)'이라는 것은 시초의 변역하는 수를 세는 것으로, 점을 칠 수 있는 것이다. '연산(連山)'이라고 부르는 것은 산이 안에 있는 구름의 기운을

---

10) 송균(宋均, ? ~ ?) : 후한(後漢) 초기 때의 학자이다. 자(字)는 숙양(叔痒)이다. 부친은 송백(宋伯)이다. 『시(詩)』와 『예(禮)』에 조예가 깊었다고 전해진다.

드러내는 것과 유사하기 때문이다. '귀장(歸藏)'은 만물 중 그 안으로 회
귀하여 보관되지 않는 것이 없다는 뜻이다. 두자춘은 "연산은 복희가 만
들었고, 귀장은 황제가 만들었다."고 했다.

賈疏 ◎注"易者"至"黃帝". ○ 釋曰: 云"易者, 揲蓍變易之數可占者
也"者, 按易·繫辭云: "分而爲二以象兩, 掛一以象三, 揲之以四以象
四時, 歸奇於扐以象閏." 此是揲蓍變易之數, 可占者也. 就易文, 卦
畫七八, 爻稱九六, 用四十九蓍. 三多爲交錢, 六爲老陰也. 三少爲
重錢, 九爲老陽也. 兩多一少爲單錢, 七爲少陽也. 兩少一多爲拆錢,
八爲少陰也. 夏殷易以七八不變爲占, 周易以九六變者爲占, 按襄九
年左傳云: "穆姜薨於東宮, 始往而筮之, 遇艮之八." 注云: "爻在初
六·九三·六四·六五·上九, 惟六二不變. 連山·歸藏之占, 以不變者
爲正." 但周易占九六, 而云遇艮之八, 是據夏殷不變爲占之事. 云
"名曰連山, 似山出內氣也"者, 此連山易, 其卦以純艮爲首, 艮爲山,
山上山下, 是名連山. 雲氣出內於山, 故名易爲連山. 歸藏者, 萬物
莫不歸而藏於其中者, 此歸藏易, 以純坤爲首, 坤爲地, 故萬物莫不
歸而藏於中, 故名爲歸藏也. 鄭雖不解周易, 其名周易者, 連山·歸
藏, 皆不言地號, 以義名易, 則周非地號. 以周易以純乾爲首, 乾爲
天, 天能周匝於四時, 故名易爲"周"也. 必以三者爲首者, 取三正三
統之義. 故律曆志云: "黃鍾爲天統, 黃鍾子爲天正. 林鍾爲地統, 未
之衝丑, 故爲地正. 大簇爲人統, 寅爲人正." 周以十一月爲正, 天統,
故以乾爲天首. 殷以十二月爲正, 地統, 故以坤爲首. 夏以十三月爲
正, 人統, 人無爲卦首之理, 艮漸正月, 故以艮爲首也. 杜子春云"連
山宓戲, 歸藏黃帝"者, 鄭志答趙商云: "非無明文, 改之無據, 且從子
春, 近師皆以爲夏殷也."

◎鄭注: "易者"~"黃帝". ○ 정현이 "'역(易)'이라는 것은 시초의 변역하
는 수를 세는 것으로, 점을 칠 수 있는 것이다."라고 했는데, 『역』「계사

전(繫辭傳)」을 살펴보면, "나누어 2로 만들어 양의(兩儀)를 상징하고, 1을 걸어서 삼재(三才)를 상징하며, 4로 세어 사시(四時)를 상징하고, 남는 것을 늑(扐)에 돌려 윤달을 상징한다."[11]라고 했다. 이것이 바로 시초의 변역하는 수를 셈하여 점을 칠 수 있다는 뜻이다. 『역』의 기록에 따르면 괘획은 7·8이고, 효칭은 9·6이며 49개의 시초를 사용한다. 셋 모두 많은 것은 교전(交錢)으로 6이 되어 노음(老陰)이 된다. 셋 모두 적은 것은 중전(重錢)으로 9가 되어 노양(老陽)이 된다. 둘은 많고 하나가 적은 것은 단전(單錢)으로 7이 되어 소양(少陽)이 된다. 둘이 적고 하나가 많은 것은 탁전(拆錢)으로 8이 되어 소음(少陰)이 된다. 하나라와 은나라 때의 『역』에서는 7·8의 변하지 않는 것을 가지고 점을 쳤는데, 주나라의 『역』에서는 9·6의 변하는 것으로 점을 쳤다. 양공(襄公) 9년에 대한 『좌전』의 기록을 살펴보면 "목강이 동궁에서 죽었는데, 목강이 처음 동궁에 가서 시초점을 치자 간괘(艮卦☶)의 8로 변한 괘를 만났다."[12]라 했고, 주에서는 "효가 초육·구삼·육사·육오·상구에 있고, 오직 육이만이 불변한다. 『연산』과 『귀장』의 점에서는 불변하는 것을 바름으로 삼는다."고 했다. 다만 주나라의 『역』에서는 9·6으로 점을 치는데, 간괘의 8을 만났다고 한 것은 하나라와 은나라에서 불변하는 것으로 점을 쳤던 사안에 근거한 것이다. 정현이 "'연산(連山)'이라고 부르는 것은 산이 안에 있는 구름의 기운을 드러내는 것과 유사하기 때문이다." 라고 했는데, 이것은 『연산역』으로, 그 괘는 순간(純艮)을 첫 머리로 삼고 있는데, 간괘는 산이 되고 산이 위에 있고 산이 아래에 있어서 이러한 이유로 '연산(連山)'이라 부르는 것이다. 구름의 기운은 산의 안에서 나오기 때문에 그 『역』을 『연산』이라 부른다. 정현이 "'귀장(歸藏)'은 만물 중 그 안으로 회귀하여 보관되지 않는 것이 없다는 뜻이다."라고 했는데,

---

11) 『역』「계사상(繫辭上)」: 大衍之數五十, 其用四十有九. 分而爲二, 以象兩, 掛一, 以象三, 揲之以四, 以象四時, 歸奇於扐, 以象閏, 五歲再閏. 故再扐而後掛.
12) 『춘추좌씨전』「양공(襄公) 9년」: 穆姜薨於東宮. 始往而筮之, 遇艮之八☷☷.

이것은 『귀장역』으로, 순곤(純坤)을 첫 머리로 삼고 있는데, 곤괘는 땅이 된다. 그렇기 때문에 만물 중에는 그 안으로 회귀하여 보관되지 않는 것이 없다. 그래서 '귀장(歸藏)'이라 부르는 것이다. 정현은 비록 '주역(周易)'에 대해서는 풀이하지 않았지만, 그 이름을 '주역(周易)'이라 부르는 것은 『연산』과 『귀장』 모두 지호(地號)로 언급하지 않고 의미에 따라 『역』에 대한 명칭을 붙였으니, '주(周)'자는 지호가 아니다. 『주역』은 순건(純乾)을 첫 머리로 삼고 있는데, 건괘는 하늘이 되고, 하늘은 사계절을 두루 순환하기 때문에 그 『역』에 '주(周)'자를 붙여서 부르는 것이다. 반드시 이 세 가지를 첫 머리로 삼는 것은 삼정(三正)과 삼통(三統)의 뜻에서 의미를 취했기 때문이다. 그래서 『한서』「율력지(律曆志)」에서는 "황종은 천통(天統)이 되고, 황종의 자(子)는 천정(天正)이 된다. 임종은 지통(地統)이 되고, 임종의 미(未)가 축(丑)에 부딪히기 때문에 지정(地正)이 된다. 태주는 인통(人統)이 되고, 태주의 인은 인정(人正)이 된다."고 했다. 주나라는 11월을 정월로 삼아 천통이 되기 때문에 건괘를 하늘의 첫 머리로 삼은 것이다. 은나라는 12월을 정월로 삼아 지통이 되기 때문에 곤괘를 땅의 첫 머리로 삼은 것이다. 하나라는 13월을 정월로 삼아 인통이 되는데, 사람은 괘의 첫 머리가 되는 이치가 없고, 간괘는 정월의 자리로 나아가기 때문에 간괘를 첫 머리로 삼은 것이다. 두자춘이 "연산은 복희가 만들었고, 귀장은 황제가 만들었다."라고 했는데, 『정지』에서는 조상에게 답변하며, "이와 관련해서는 명확한 기록이 없는 것은 아니지만, 수정하기에도 근거로 삼을 것이 없어서 두자춘의 의견에 따르지만, 근래의 선사들은 모두 하나라와 은나라 때의 것으로 여겼다."고 했다.

참고 『주례』「춘관종백(春官宗伯)」 기록

경문 大卜, 下大夫二人; 卜師, 上士四人; 卜人, 中士八人, 下士十

有六人; 府二人, 史二人, 胥四人, 徒四十人.

대복(大卜)은 하대부 2명이 담당하고, 복사(卜師)는 상사 4명이 담당하며, 복인(卜人)은 중사 8명이 담당하고 그 휘하에 하사 16명이 있다. 하급관리로는 부(府) 2명, 사(史) 2명, 서(胥) 4명, 도(徒) 40명이 배속되어 있다.

鄭注 問龜曰卜. 大卜, 卜筮官之長.

거북껍질을 통해 점을 치는 것을 '복(卜)'이라 부른다. '대복(大卜)'은 거북점과 시초점을 치는 관부의 수장이다.

賈疏 ●"大卜". ○釋曰: 此大卜有卜師及卜人, 皆士官. 而卜人無別職者, 以其助大卜·卜師行事故也. 其卜師則與大卜別職, 亦是別職同官. 在此者, 按其職曰"掌三兆·三易"之等, 但著龜卦兆有生數成數之鬼神, 是鬼神之事, 故列職於此也.

●經文: "大卜". ○여기에서 말한 대복(大卜) 휘하에는 복사(卜師)와 복인(卜人)이 있는데, 이들은 모두 사가 담당하는 관직이다. 복인에게는 별도로 정해진 직무가 없으니, 그는 대복과 복사가 시행하는 일을 돕기 때문이다. 복사의 경우에는 대복과 직무가 구별되는데, 이 또한 직무는 구별되지만 관부는 같다. 이 기록이 여기에 있는 것은 그 직무를 살펴보면 "삼조(三兆)와 삼역(三易)을 담당한다."는 등의 말이 있고, 시초와 거북껍질을 통해 드러나는 괘와 조짐에는 생수와 성수에 해당하는 귀신이 있으니, 이것은 귀신과 관련된 일이다. 그렇기 때문에 이곳에 그 직무를 나열한 것이다.

賈疏 ◎注"問龜"至"之長". ○釋曰: 卜, 赴也, 赴來者之心, 故曰卜. 對筮, 問也, 謂有疑來問於著. 二者互見爲義. 卜言赴來問之心, 亦

先問乃赴. 筮言問者, 後亦赴來者之心也. 云"卜筮官之長"者, 謂與
下龜人・華氏・占人・筮人等爲之長也.

◎鄭注: "問龜"~"之長". ○'복(卜)'자는 알린다는 뜻이니, 올 것의 심정
을 알리기 때문에 '복(卜)'이라 부른다. '서(筮)'와 대비해보면 서(筮)는
묻는다는 뜻이니, 앞으로 올 것에 대해 의심나는 점이 있어 시초에게 묻
는다는 의미이다. 두 가지는 상호 드러내어 의미가 된다. 복(卜)은 알린
다는 뜻으로 올 것에 대해 물었던 심정을 알리는 것인데, 또한 먼저 묻고
이후에 알려준다. 서(筮)는 묻는다는 뜻인데, 이후에는 또한 올 것의 심
정을 알려준다. 정현이 "거북점과 시초점을 치는 관부의 수장이다."라고
했는데, 그 뒤에 있는 귀인(龜人)・수씨(華氏)・점인(占人)・서인(筮
人) 등에 대해서 그들의 수장이 된다는 뜻이다.

경문 龜人, 中士二人, 府二人, 史二人, 工四人, 胥四人, 徒四十人.
귀인(龜人)은 중사 2명이 담당하며, 하급관리로는 부(府) 2명, 사(史) 2
명, 공(工) 4명, 서(胥) 4명, 도(徒) 40명이 배속되어 있다.

鄭注 工, 取龜攻龜.
'공(工)'은 거북껍질을 채집하고 손질하는 자이다.

賈疏 ●"龜人". ○釋曰: 在此者, 與卜人連類在此.
● 經文: "龜人". ○ 이 기록이 여기에 있는 것은 복인(卜人)과 비슷한
부류로 연결되기 때문에 이곳에 기록한 것이다.

賈疏 ◎注"工取龜攻龜". ○釋曰: 按其職云"取龜用秋時", 用成之時
也. "攻龜用春時", 風氣燥達之時故也.
◎鄭注: "工取龜攻龜". ○ 그 직무를 살펴보면, "거북껍질을 채취할 때에

는 가을철에 한다."고 했는데, 만물이 완성되는 시기에 따르는 것이다. 또 "거북껍질을 다듬을 때에는 봄철에 한다."고 했는데,[13] 바람의 기운이 건조하게 이르는 시기이기 때문이다.

경문 菙氏, 下士二人, 史一人, 徒八人.

수씨(菙氏)는 하사 2명이 담당하며, 하급관리로는 사(史) 1명, 도(徒) 8명이 배속되어 있다.

鄭注 燋焌用荊, 菙之類.

거북껍질을 불로 그슬릴 때 가시나무를 사용하는데, 막대기의 부류이다.

賈疏 ●"菙氏". ○釋曰: 在此者, 鑽龜用燋菙, 故與大卜連類在此.

● 經文: "菙氏". ○ 이 기록이 여기에 있는 것은 거북껍질을 뚫을 때에는 그슬리는 막대기를 사용하기 때문에, 대복(大卜)과 비슷한 부류로 연결되기 때문에 이곳에 기록한 것이다.

賈疏 ◎注"燋菙用荊菙之類". ○釋曰: 按其職云"掌共燋契", 卽士喪禮云"楚焞", 是也. 楚卽荊, 故云"用荊". 云"菙之類"者, 菙, 所以捶笞人馬, 用荊竹爲之. 此亦用荊, 故云菙之類也.

◎鄭注: "燋菙用荊菙之類". ○ 그 직무기록을 살펴보면, "그슬리는 막대기와 뚫는 정 공급하는 일을 담당한다."[14]라 했으니, 『의례』「사상례(士喪禮)」편에서 말한 '초돈(楚焞)'[15]이 이것이다. '초(楚)'는 가시나무에 해

---

13) 『주례』「춘관(春官) · 귀인(龜人)」: 凡取龜用秋時, 攻龜用春時, 各以其物入于龜室.
14) 『주례』「춘관(春官) · 수씨(菙氏)」: 菙氏; 掌共燋契, 以待卜事.
15) 『의례』「사상례(士喪禮)」: 卜日, 旣朝哭, 皆復外位. 卜人先奠龜于西塾上, 南

당한다. 그렇기 때문에 "가시나무를 사용한다."고 말한 것이다. 정현이 "막대기의 부류이다."라고 했는데, '수(棷)'는 사람과 말의 볼기를 치는 것으로, 가시나무나 대나무를 이용해서 만든다. 이곳에서는 또한 가시나무를 사용한다고 했기 때문에, 막대기의 부류라고 말한 것이다.

경문 占人, 下士八人, 府一人, 史二人, 徒八人.

점인(占人)은 하사 8명이 담당하며, 하급관리로는 부(府) 1명, 사(史) 2명, 도(徒) 8명이 배속되어 있다.

鄭注 占蓍龜之卦兆吉凶.

시초와 거북껍질을 통해 나온 괘와 조짐의 길흉을 점친다.

賈疏 ●"占人". ○釋曰: 在此者, 按其職云"掌占龜筮", 亦占筮之類, 故列職於此也.

● 經文: "占人". ○ 이 기록이 여기에 있는 것은 그 직무기록을 살펴보면, "거북점과 시초점치는 일을 담당한다."[16]고 했으니, 시초점을 치는 부류이기 때문에 이곳에 직무를 나열한 것이다.

경문 簭人, 中士二人, 府一人, 史二人, 徒四人.

서인(簭人)은 중사 2명이 담당하며, 하급관리로는 부(府) 1명, 사(史) 2명, 도(徒) 4명이 배속되어 있다.

首, 有席. 楚焞置于燋, 在龜東.

16) 『주례』「춘관(春官)·점인(占人)」: 占人; 掌占龜, 以八簭占八頌, 以八卦占簭之八故, 以眡吉凶.

鄭注 問蓍曰筮, 其占易.

시초를 통해 묻는 것을 '서(筮)'라 부르니, 『역』을 통해 점치는 것이다.

賈疏 ●"筮人". ○釋曰: 在此者, 按其職云"掌九筮", 筮有生成數之鬼神, 故亦列職在此.

●經文: "筮人". ○이 기록이 여기에 있는 것은 그 직무기록을 살펴보면, "구서(九筮)[17]를 담당한다."[18]고 했는데, 서에는 생수와 성수의 귀신이 있기 때문에 또한 이곳에 직무를 나열한 것이다.

賈疏 ◎注"間蓍曰筮其占易". ○釋曰: 云"問蓍曰筮"者, 鄭意以筮爲問, 故易·蒙卦云: "初筮告, 再三瀆, 瀆則不告." 是筮爲問也. 云"其占易", 卽易之九六爻辭是也.

◎鄭注: "間蓍曰筮其占易". ○정현이 "시초를 통해 묻는 것을 '서(筮)'라 부른다."고 했는데, 정현의 의도는 서(筮)를 묻는다는 뜻으로 여긴 것

---

17) 구서(九筮)는 시초점을 칠 때, 그 대상이 되는 9종류의 항목을 뜻한다. 9종류의 항목은 서경(筮更), 서함(筮咸), 서식(筮式), 서목(筮目), 서역(筮易), 서비(筮比), 서사(筮祠), 서삼(筮參), 서환(筮環)이다. '서경'은 천도를 할 때 시초점을 친다는 뜻이다. '서함'은 민심이 기뻐하게 될지 아닐지에 대해서 시초점을 친다는 뜻이다. '서식'은 제도와 법도를 만들 때 시초점을 친다는 뜻이다. '서목'은 사안에 대한 방침이 합당한가에 대해 시초점을 친다는 뜻이다. '서역'은 백성들이 기뻐하지 않는 것에 대해 고쳐야 할지에 대해 시초점을 친다는 뜻이다. '서비'는 백성들과 화목하게 될 것에 대해 시초점을 친다는 뜻이다. '서사는 희생물과 제삿날에 대해 시초점을 친다는 뜻이다. '서삼'은 수레에 함께 오르게 되는 수레를 모는 자와 호위무사에 대해 시초점을 친다는 뜻이다. '서환'은 군대를 되돌려야 할지 아닐지에 대해 시초점을 친다는 뜻이다.

18) 『주례』「춘관(春官)·서인(筮人)」: 筮人; 掌三易, 以辨九筮之名, 一曰連山, 二曰歸藏, 三曰周易. 九筮之名, 一曰巫更, 二曰巫咸, 三曰巫式, 四曰巫目, 五曰巫易, 六曰巫比, 七曰巫祠, 八曰巫參, 九曰巫環, 以辨吉凶.

이다. 그렇기 때문에 『역』「몽괘(蒙卦)」에서는 "처음 시초점을 치면 일러 주고, 두 번 세 번 치는 것이라면 욕되게 하는 것이니, 욕되게 하면 일러 주지 않는다."[19]고 했으니, 이것은 서(筮)가 묻는 것임을 나타낸다. 정현이 "『역』을 통해 점치는 것이다."라고 했는데, 『역』의 양효와 음효의 효사에 해당한다.

경문 占夢, 中士二人, 史二人, 徒四人.

점몽(占夢)은 중사 2명이 담당하며, 하급관리로는 사(史) 2명, 도(徒) 4명이 배속되어 있다.

가소 ●"占夢". ○釋曰: 在此者, 按其職云"以日月星辰占六夢之吉凶", 夢是精神所感, 幷日月星辰等, 是鬼神之事, 故列職於此.

● 經文: "占夢". ○이 기록이 여기에 있는 것은 그 직무기록을 살펴보면, "일·월·성신으로 육몽(六夢)[20]의 길흉에 대해 점친다."[21]고 했는데, 꿈이라는 것은 정신이 느끼는 것이고, 아울러 일·월·성신 등에 대한 것인데, 이것은 귀신의 일에 해당하기 때문에, 이곳에 직무를 나열한 것이다.

---

19) 『역』「몽괘(蒙卦)」: 蒙亨, 匪我求童蒙, 童蒙求我. <u>初筮告, 再三瀆, 瀆則不告.</u> 利貞.

20) 육몽(六夢)은 고대에 꿈을 여섯 종류로 분류했던 것을 뜻한다. 여섯 가지 꿈은 정몽(正夢), 악몽(噩夢), 사몽(思夢), 오몽(寤夢), 희몽(喜夢), 구몽(懼夢)이다. '정몽'은 특별히 마음이 동하는 것이 없이 편안한 상태에서 꾸는 꿈을 뜻한다. '악몽'은 놀라고 충격을 받아서 꾸는 꿈을 뜻한다. '사몽'은 깨어있을 때 생각했던 것을 꾸는 꿈을 뜻한다. '오몽'은 깨어있을 때 말하다가 졸면서 꾸는 꿈을 뜻한다. '희몽'은 기뻐하다가 꾸는 꿈을 뜻한다. '구몽'은 두려워하다가 꾸는 꿈을 뜻한다.

21) 『주례』「춘관(春官)·점몽(占夢)」: 以日·月·星辰占六夢之吉凶.

경문 眠祲, 中士二人, 史二人, 徒四人.

시침(眠祲)은 중사 2명이 담당하며, 하급관리로는 사(史) 2명, 도(徒) 4명이 배속되어 있다.

鄭注 祲, 陰陽氣相侵, 漸成祥者. 魯史梓愼云: "吾見赤黑之祲."

'침(祲)'은 음양의 기가 서로 침투하여 점차 재앙을 이루려고 하는 것을 뜻한다. 노나라 사관 재신은 "내가 적색과 흑색의 요기를 보았다."[22]고 했다.

賈疏 ●"眠祲". ○釋曰: 在此者, 按其職云: "掌十煇之法, 以觀妖祥, 辨吉凶." 亦是陰陽鬼神之事, 故列職於此.

● 經文: "眠祲". ○ 이 기록이 여기에 있는 것은 그 직무기록을 살펴보면, "십휘(十煇)[23]의 법을 담당하여 이를 통해 요사함과 상서로움을 관찰하고 길흉을 변별한다."[24]고 했으니, 또한 음양과 귀신의 사안이 되기 때문에, 이곳에 직무를 나열한 것이다.

참고 『시』「소아(小雅)·채미(采薇)」 기록

경문 四牡翼翼, 象弭魚服.

모전 네 필의 수말이 조용하거늘, 활끝이며 어의 가죽으로 만든 화살통

---

22) 『춘추좌씨전』「소공(昭公) 15년」: 梓愼曰, "禘之日其有咎乎! 吾見赤黑之祲, 非祭祥也, 喪氛也. 其在涖事乎!'

23) 십휘(十煇)는 태양에서 나오는 10종류의 빛의 기운을 뜻한다. 10종류의 빛은 침(祲), 상(象), 휴(鑴), 감(監), 암(闇), 몽(瞢), 미(彌), 서(敍), 제(隮), 상(想)이다.

24) 『주례』「춘관(春官)·시침(眠祲)」: 眠祲; 掌十煇之法, 以觀妖祥, 辨吉凶.

이로다.

정전 네 필의 수말이 조용하거늘, 상아로 만든 활끝이며 어의 가죽으로 만든 화살통이로다.

毛傳 翼翼, 閑也. 象弭, 弓反末也, 所以解紒也. 魚服, 魚皮也.

'익익(翼翼)'은 조용하다는 뜻이다. '상미(象弭)'는 활 끝으로, 매듭을 푸는 것이다. '어복(魚服)'은 어(魚)의 가죽으로 만든 화살통이다.

鄭箋 弭, 弓反末彆者, 以象骨爲之, 以助御者解轡紒, 宜滑也. 服, 矢服也.

'미(弭)'는 활 끝의 뒤틀어진 것으로, 상아로 만들고, 수레를 모는 자가 고삐의 매듭을 푸는 것을 돕는 것으로, 매끄러워야만 한다. '복(服)'은 화살통이다.

孔疏 ◎傳"象弭"至"魚皮". ○正義曰: 釋器云: "弓有緣者謂之弓." 孫炎曰: "緣謂繳束而漆之." 又曰: "無緣者謂之弭." 孫炎曰: "不以繳束骨飾兩頭者也." 然則弭者, 弓稍之名, 以象骨爲之. 是弓之末弭, 弛之則反曲, 故云象弭爲弓反末也. 繩索有結, 用以解之, 故曰所以解紒也. 紒與結義同. 魚服, 以魚皮爲矢服, 故云: "魚服, 魚皮." 左傳曰: "歸夫人魚軒." 服虔云: "魚獸名." 則魚皮又可以飾車也. 陸機疏曰: "魚服, 魚獸之皮也. 魚獸似猪, 東海有之. 其皮背上班文, 腹下純靑, 今以爲弓鞬步又者也. 其皮雖乾燥, 以爲弓鞬矢服, 經年, 海水潮及天將雨, 其毛皆起, 水潮還及天晴, 其毛復如故, 雖在數千里外, 可以知海水之潮, 自相感也."

◎毛傳: "象弭"至"魚皮". ○『이아』「석기(釋器)」편에서는 "활 중에 끈으로 동여매는 것이 있는 것을 '궁(弓)'이라 부른다."라 했고, 손염[25]은 "연

(緣)은 끈을 묶어서 옻칠을 한 것이다."라 했으며, 또 "동여매는 것이 없는 것을 '미(弭)'라 부른다."라 했고,26) 손염은 "끈으로 뼈를 묶어 양쪽 끝을 장식하지 않는 것이다."라 했다. 그렇다면 '미(弭)'는 활 끝의 명칭이 되는데, 상아로 만들게 된다. 이러한 활의 끝을 느슨히 풀어두면 반드로 굽어진다. 그렇기 때문에 '상미(象弭)'는 활 끝이라고 했다. 끈을 꼬아서 매듭이 생기니, 이것을 사용하여 풀게 된다. 그렇기 때문에 매듭을 푸는 것이라고 했다. '계(紒)'자는 결(結)자와 의미가 동일하다. '어복(魚服)'은 어의 가죽으로 화살집을 만든 것이다. 그렇기 때문에 "어복(魚服)은 어피(魚皮)이다."고 했다. 『좌전』에서는 "부인에게 어헌(魚軒)을 보내주었다."27)라 했고, 복건은 "어(魚)는 짐승의 이름이다."라 했으니, 어의 가죽으로 또한 수레를 장식할 수 있는 것이다. 육기28)의 소에서는 "어복(魚服)은 어(魚)라는 짐승의 가죽을 뜻한다. 어라는 짐승은 돼지와 유사한데 동해에 살고 있다. 그 가죽은 등 위로 얼룩 무늬가 있고, 배 아래는 순청색인데, 오늘날에는 이것으로 활집과 화살통을 만든다. 그 가죽이 비록 건조하더라도 활집과 화살통으로 만드는 것은 해를 보내며 바다의 밀물이 밀려오거나 하늘에서 비가 내리려고 할 때 그 털이 모두 일어나고 밀물이 쓸려가거나 하늘이 맑아지게 되면 그 털이 다시 예전처럼 되니, 비록 수천리 밖에 있더라도 바닷물의 밀물에 대해 알아 저절로 반응하게 된다."고 했다.

---

25) 손염(孫炎, ? ~ ?) : 삼국시대(三國時代) 때의 학자이다. 자(字)는 숙연(叔然)이다. 정현의 문도였으며, 『이아음의(爾雅音義)』를 저술하여 반절음을 유행시켰다.

26) 『이아』「석기(釋器)」: 弓有緣者謂之弓, 無緣者謂之弭. 以金者謂之銑, 以蜃者謂之珧, 以玉者謂之珪.

27) 『춘추좌씨전』「민공(閔公) 2년」: 歸公乘馬, 祭服五稱, 牛·羊·豕·鷄·狗皆三百與門材. 歸夫人魚軒, 重錦三十兩.

28) 육기(陸機, A.D.261 ~ A.D.303) : 서진(西晉) 때의 학자이다. 자(字)는 사형(士衡)이다. 저서로는 『변망론(辯亡論)』·『육사형집(陸士衡集)』 등이 있다.

孔疏 ◎箋“弛弓”至“矢服”. ○正義曰: 此申說傳義也. 說文云: “彆, 方結反, 弓戾也.” 言象弭, 謂弓反末彆戾之處, 以象骨爲之也. 傳云 “解紒”, 不知解何繩之紒, 故申之“助御者解轡紒”也. 兵車三人同載, 左人持弓, 中人御車, 各專其事. 尙書: “左不攻於左, 汝不能恭命. 御 非其馬之正, 汝不恭命.” 是職司別矣. 而言助御解轡紒者, 御人自當 佩角, 不專待射者解結. 弭之用骨, 自是弓之所宜, 亦不爲解轡而設. 但巧者作器, 因物取用, 以弓必須滑, 故用象骨. 若轡或有紒, 可以助 解之耳, 非專爲代御者解紒設此象弭也. 夏官 · 司弓矢職曰: “仲秋 獻矢服.” 注云: “服, 盛矢器也, 以獸皮爲之.” 是矢器謂之服也.

◎鄭箋: “弛弓”~“矢服”. ○이것은 전문의 뜻을 거듭 설명한 것이다. 『설 문』에서는 “별(彆)은 ‘方(방)’자와 ‘結(결)’자의 반절음이며, 활이 뒤틀린 것이다.”라 했으니, ‘상미(象弭)’는 활 끝의 뒤틀려진 곳을 상아로 만든 것을 뜻한다. 전문에서는 ‘해계(解紒)’라 했는데, 어느 끈의 매듭을 푸는 것인지 알 수 없으므로, 거듭해서 “수레를 모는 자가 고삐의 매듭을 푸는 것을 돕는다.”고 했다. 전쟁용 수레에는 3명이 함께 타게 되는데, 좌측에 탄 사람은 활을 잡고 가운데 탄 사람은 수레를 몰아서 각각 그 일을 전담 한다. 『상서』에서는 “좌측에 탄 사람이 좌측의 일을 다스리지 않으면 네 가 명령을 공손히 받드는 것이 아니고, 수레를 모는 자가 말을 바르게 몰지 않는다면 네가 명령을 공손히 받드는 것이 아니다.”[29]라 했는데, 이것은 담당하는 직무가 구별됨을 나타낸다. “수레를 모는 자가 고삐의 매듭을 푸는 것을 돕는다.”라 했는데, 수레를 모는 자는 직접 뿔송곳을 차고 있어서 활을 쏘는 자가 매듭을 풀 때까지 기다리지 않는다. 미(弭) 는 짐승의 뼈를 사용하여, 그 자체로 활에 대해서 마땅한 것으로, 또한 고삐를 풀기 위해 설치하는 것이 아니다. 다만 장인이 기물을 만들 때에

---

29) 『서』「하서(夏書) · 감서(甘誓)」: 左不攻于左, 汝不恭命, 右不攻于右, 汝不恭 命, 御非其馬之正, 汝不恭命, 用命賞于祖, 弗用命戮于社, 予則孥戮汝.

는 그 사물에 따라서 쓰임을 취하니, 활은 반드시 매끄러워야 하기 때문에 상아를 사용한다. 고삐에 매듭이 있는 경우에는 그것을 풀 때 도움을 줄 수 있을 따름으로, 전적으로 수레를 모는 자가 매듭을 푸는 것을 대체하기 위해서 이러한 상미(象弭)를 설치한 것이 아니다. 『주례』「하관(夏官)·사궁시(司弓矢)」의 직무기록에서는 "중추에 화살통을 헌상한다."[30]라 했고, 주에서는 "복(服)은 화살을 담는 기물로, 짐승의 가죽으로 만든다."고 했다. 이것은 화살을 담는 기물을 '복(服)'이라 불렀음을 나타낸다.

참고 『서』「주서(周書)·홍범(洪範)」기록

경문 七, 稽疑. 擇建立卜筮人①, 乃命卜筮②. 曰雨, 曰霽③, 曰蒙④, 曰驛⑤, 曰克⑥, 曰貞, 曰悔⑦, 凡七⑧. 卜五, 占用二, 衍忒. 立時人作卜筮, 三人占, 則從二人之言⑨.

일곱 번째는 계의(稽疑)이다. 거북점과 시초점을 칠 사람을 가려서 세우고, 이에 거북점과 시초점을 치라고 명령한다. 비가 오는 듯한 모양이 있고, 비가 그치는 듯한 모양이 있으며, 어둑한 모양이 있고, 드물어 연속되지 않는 모양이 있으며, 서로 뒤섞여 어그러진 모양이 있고, 정(貞)이 있고 회(悔)가 있으니, 모두 일곱 가지이다. 거북점은 다섯 가지이고 시초점은 두 가지이니, 의심나는 것을 추측하는 것이다. 이러한 사람을 세워서 거북점을 치고 시초점을 치는 사람으로 삼으니, 세 사람이 점을 치면 두 사람의 말을 따른다.

孔傳① 龜曰卜, 著曰筮. 考正疑事, 當選擇知卜筮人而建立之.

---

30) 『주례』「하관(夏官)·사궁시(司弓矢)」: 中春獻弓弩, <u>中秋獻矢箙</u>.

거북껍질로 점치는 것을 '복(卜)'이라 부르고, 시초로 점치는 것을 '서(筮)'라 부른다. 의심스러운 사안을 살펴소 바르게 함에는 마땅히 거북점과 시초점을 잘 아는 자를 선택해서 세워야 한다.

孔傳② 建立其人, 命以其職.

그 사람을 세우게 되면 그들의 직무에 따라 명령을 내린다.

孔傳③ 龜兆形有似雨者, 有似雨止者.

거북껍질의 갈라진 조짐의 형태에는 비가 오는 것과 같은 모양이 있고 또 비가 그치는 듯한 모양도 있다.

孔傳④ 蒙, 陰闇.

'몽(蒙)'은 어둡다는 뜻이다.

孔傳⑤ 氣落驛不連屬.

기운이 드물어 연속되지 않는 것을 뜻한다.

孔傳⑥ 兆相交錯. 五者卜兆之常法.

조짐이 서로 뒤섞여 어그러진 것이다. 다섯 가지는 거북점의 조짐에 나타나는 일상적인 법도이다.

孔傳⑦ 內卦曰貞, 外卦曰悔.

내괘를 '정(貞)'이라 부르고, 외괘를 '회(悔)'라 부른다.

孔傳⑧ 卜筮之數.

거북점과 시초점의 수를 뜻한다.

孔傳⑨ 立是知卜筮人, 使爲卜筮之事. 夏殷周卜筮各異, 三法並卜. 從二人之言, 善鈞從衆. 卜筮各三人.

이처럼 거북점과 시초점을 잘 아는 사람을 세워서, 그들로 하여금 거북점과 시초점의 일들을 시행토록 하는 것이다. 하·은·주나라의 거북점과 시초점에서는 각각 차이가 있었는데, 삼대의 점치는 법도를 따라 모두 거북점을 친다. 두 사람의 말을 따르는 것은 선함이 균등하여 다수의 의견에 따른다. 거북점과 시초점을 치는 사람은 각각 세 사람씩이다.

孔疏 ●"七稽"至"之言". ○正義曰: "稽疑"者, 言王者考正疑事. 當選擇知卜筮者而建立之, 以爲卜筮人, 謂立爲卜人筮人之官也. 旣立其官, 乃命以卜筮之職. 云卜兆有五. 曰雨兆, 如雨下也. 曰霽兆, 如雨止也. 曰雺兆, 氣蒙闇也. 曰圛兆, 氣落驛不連屬也. 曰克兆, 相交也. 筮卦有二重, 二體乃成一卦. 曰貞, 謂內卦也. 曰悔, 謂外卦也. 卜筮兆卦其法有七事, 其卜兆用五, 雨·霽·蒙·驛·克也. 其筮占用二, 貞與悔也. 卜筮皆就此七者推衍其變, 立是知卜筮人, 使作卜筮之官. 其卜筮必用三代之法, 三人占之, 若其所占不同, 而其善鈞者, 則從二人之言, 言以此法考正疑事也.

● 經文: "七稽"~"之言". ○'계의(稽疑)'는 천자가 의심스러운 사안을 살펴서 바르게 한다는 뜻이다. 거북점과 시초점을 잘 아는 사람을 잘 선택해서 그를 세워 거북점과 시초점을 치는 사람으로 삼아야 하니, 그를 거북점을 치고 시초점을 치는 관리로 세운다는 의미이다. 그 관리를 세우게 되면 곧 거북점과 시초점에 대한 직무로 명령을 내린다. 가북점의 조짐에는 다섯 가지가 있다고 했다. '우조(雨兆)'이니 비가 떨어지는 것과 같은 것이다. '제조(霽兆)'이니 비가 그치는 것과 같은 것이다. '몽조(雺兆)'이니 기운이 어둑한 것이다. '역조(圛兆)'이니 기운이 드물어 연속되지 않

는 것이다. '극조(克兆)'이니 서로 교차하는 것이다. 시초점으로 나온 괘는 2중이니, 두 몸체가 곧 하나의 괘를 이룬다. '정(貞)'이라 하는 것은 내괘를 뜻한다. '회(悔)'라 하는 것은 외괘를 뜻한다. 거북점과 시초점으로 나온 조짐과 괘에 있어서 그 법도에는 7가지 사안이 있는데, 거북점의 조짐에서는 5가지를 따르니, 우·제·몽·역·극이다. 시초점에서는 2가지를 따르니 정·회이다. 거북점과 시초점에서는 모두 이러한 7가지에 나아가서 그 변화를 추측하니, 거북점과 시초점을 잘 아는 사람을 세워서, 그로 하여금 거북점과 시초점을 치는 관리로 삼는 것이다. 거북점과 시초점을 칠 때에는 반드시 삼대 때의 법도를 사용했고, 세 사람이 점을 쳤는데, 만약 점친 결과가 다르고 좋음이 균등한 경우라면, 같은 의견을 가진 두 사람의 말에 따르니, 이러한 법도를 통해 의심스러운 사안을 살펴서 바르게 한다는 뜻이다.

孔疏 ◎傳"龜曰"至"立之". ○正義曰: "龜曰卜, 蓍曰筮", 曲禮文也. 考正疑事, 當選擇知卜筮人而建立之. 建, 亦立也, 復言之耳. 鄭·王皆以"建"·"立"爲二, 言將考疑事, 選擇可立者, 立爲卜人筮人.

◎孔傳: "龜曰"~"立之". ○"거북껍질로 점치는 것을 '복(卜)'이라 부르고, 시초로 점치는 것을 '서(筮)'라 부른다."라 했는데, 『예기』「곡례(曲禮)」편의 기록이다.[31] 의심스러운 사안을 살펴서 바르게 할 때에는 마땅히 거북점과 시초점을 잘 아는 사람을 선발하여 세워야 한다. '건(建)'자 또한 세운다는 뜻이니, 거듭 언급한 것일 뿐이다. 정씨와 왕씨는 모두 건(建)자와 입(立)자를 두 가지 의미로 여겼으니, 장차 의심스러운 사안을 살피고자 하여 세울 만한 사람을 선발하고, 그를 세워서 거북점을 치

---

31) 『예기』「곡례상(曲禮上)」: <u>龜爲卜, 筴爲筮</u>. 卜筮者, 先聖王之所以使民信時日, 敬鬼神, 畏法令也, 所以使民決嫌疑, 定猶與也. 故曰: "疑而筮之, 則弗非也, 日而行事, 則必踐之."

거나 시초점을 치는 사람으로 삼는다는 의미이다.

孔疏 ◎傳"兆相"至"常法". ○正義曰: 此上五者, 灼龜爲兆, 其璺拆
形狀有五種, 是"卜兆之常法"也. 說文云: "霽, 雨止也." "霽"似雨止,
則"雨"似雨下. 鄭玄曰: "霽如雨止者, 雲在上也." "雺"聲近蒙, 詩云
"零雨其蒙", 則濛是闇之義, 故以雺爲兆, 蒙是陰闇也. "圛"卽驛也,
故以爲兆. "氣落驛不連屬", "落驛", 希稀之意也. 雨·霽旣相對,
則蒙·驛亦相對, 故"驛"爲落驛氣不連屬, 則"雺"爲氣連蒙闇也. 王
肅云: "圛, 霍驛消滅如雲陰. 雺, 天氣下地不應, 闇冥也." 其意如孔
言. 鄭玄以"圛"爲明, 言色澤光明也. "雺"者氣澤鬱鬱冥冥也. 自以
"明"·"闇"相對, 異於孔也. "克"謂兆相交錯. 王肅云: "兆相侵入, 蓋兆
爲二拆, 其拆相交也." 鄭玄云: "克者如雨氣色相侵入." 卜筮之事, 體
用難明, 故先儒各以意說, 未知孰得其本. 今之用龜, 其兆橫者爲土,
立者爲木, 斜向徑者爲金, 背徑者爲火, 因兆而細曲者爲水, 不知與
此五者同異如何. 此五兆不言"一曰"·"二曰"者, 灼龜所遇, 無先後也.

◎孔傳: "兆相"~"常法". ○이상의 다섯 가지는 거북껍질을 불로 지졌을
때 갈라진 조짐에 해당하는데, 금이 갈라지고 터진 형상에 다섯 종류가
있으니, 이것이 거북점의 조짐에 나타나는 일상적인 법도이다. 『설문』에
서는 "제(霽)는 비가 그친다는 뜻이다."라 했는데, '제(霽)'가 비가 그치는
것과 유사하다면, '우(雨)'는 비가 내리는 것과 유사한 것이다. 정현은 "제
(霽)가 비가 그치는 것과 같다는 것은 구름이 그 위에 있기 때문이다."라
했다. '몽(雺)'은 그 소리가 몽(蒙)자와 유사한데, 『시』에서는 "가는 비가
내리길 몽(蒙)했다."32)라 했으니, '몽(濛)'은 어둡다는 뜻이 된다. 그렇기

---

32) 『시』「빈풍(豳風)·동산(東山)」: 我徂東山, 慆慆不歸. 我來自東, 零雨其濛. 我
東曰歸, 我心西悲. 制彼裳衣, 勿士行枚. 蜎蜎者蠋, 烝在桑野. 敦彼獨宿, 亦在
車下.

때문에 몽(雺)을 조짐으로 삼는다면, 몽(蒙)은 그늘지고 어두운 것을 뜻한다. '역(圛)'은 역(驛)에 해당한다. 그렇기 때문에 조짐으로 여긴 것이다. "기운이 드물어 연속되지 않는 것을 뜻한다."라 했는데, '낙역(落驛)'은 드물다는 뜻이다. '우(雨)'와 '제(霽)'가 이미 서로 대비가 된다면, '몽(蒙)'과 '역(驛)' 또한 서로 대비가 된다. 그렇기 때문에 '역(驛)'은 드물어 연속되지 않는 것이 되니, '몽(雺)'은 기운이 서로 연결되어 어두운 것이 된다. 왕숙[33]은 "'역(圛)'은 재빠르고 갑작스럽게 사라짐이 먹구름과 같은 것이다. '몽(雺)'은 하늘의 기가 내려왔으나 땅이 호응하지 않아서 어두운 것이다."라 했다. 그 의미는 공씨의 주장과 같다. 정현은 '역(圛)'을 밝다는 뜻으로 여겼으니, 빛과 광택에 광명이 난다는 뜻이다. '몽(雺)'은 기의 자취가 빽빽하고 어두운 것이다. 명(明)과 암(闇)을 서로 대비시킨 것부터 공씨와 차이를 보인다. '극(克)'은 조짐이 서로 교차하여 어그러진 것을 뜻한다. 왕숙은 "조짐이 서로 침입한 것으로, 아마도 조짐이 두 갈래로 터져서 그 터진 것이 서로 교차하는 것이다."라 했다. 정현은 "극(克)은 우(雨)의 기와 색이 서로 침입한 것과 같다."라 했다. 거북점과 시초점을 치는 사안에 있어 그 본체와 작용에 대해서는 밝히기 어렵기 때문에 선대 학자들은 각자 자신의 뜻에 따라 설명을 했는데, 누가 그 근본을 터득한 것인지는 모르겠다. 지금은 거북껍질을 통해 점을 칠 때 그 조짐이 가로로 갈라지는 것을 토(土)로 삼고, 세워지는 것을 목(木)으로 삼으며, 비스듬히 지름을 향하는 것은 금(金)이 되고, 지름을 등지는 것은 화(火)가 되며, 조짐으로 인해 미세하게 굽어지는 것은 수(水)가 되는데, 여기에서 말한 다섯 가지와 어떤 것이 같고 다른지는 모르겠다. 이러한

---

33) 왕숙(王肅, A.D.195 ~ A.D.256) : =왕자옹(王子雍). 위진남북조(魏晉南北朝) 때의 위(魏)나라 경학자이다. 자(字)는 자옹(子雍)이다. 출신지는 동해(東海)이다. 부친 왕랑(王朗)으로부터 금문학(今文學)을 공부했으나, 고문학(古文學)의 고증적인 해석을 따랐다. 『상서(尙書)』, 『시경(詩經)』, 『좌전(左傳)』, 『논어(論語)』 및 삼례(三禮)에 대한 주석을 남겼다.

다섯 가지 조짐에 대해서 '일왈(一曰)'이나 '이왈(二曰)'이라고 언급하지 않은 것은 거북껍질을 지졌을 때 나타나는 것에는 선후의 순서가 없기 때문이다.

孔疏 ◎傳"內卦"至"曰悔". ○正義曰: 僖十五年左傳云, 秦伯伐晉, 卜徒父筮之. 其卦遇蠱, 蠱卦巽下艮上, 說卦云, 巽爲風, 艮爲山. 其占云: "蠱之貞, 風也; 其悔, 山也." 是內卦爲貞, 外卦爲悔也. 筮法爻從下起, 故以下體爲內, 上體爲外. 下體爲本, 因而重之, 故以下卦爲貞. 貞, 正也, 言下體是其正. 鄭玄云: "悔之言晦, 晦猶終也." 晦是月之終, 故以爲終, 言上體是其終也. 下體言正, 以見上體不正; 上體言終, 以見下體爲始; 二名互相明也.

◎孔傳: "內卦"~"曰悔". ○희공 15년에 대한 『좌전』의 기록에서는 진나라 백작이 진나라를 정벌할 때 복사(卜士)인 도보가 시초점을 쳤다. 그 괘는 고괘(蠱卦䷑)를 만났는데, 고괘는 손괘(巽卦☴)가 아래에 있고 간괘(艮卦☶)가 위에 있는 형상으로, 「설괘전(說卦傳)」에서는 손괘는 바람이 되고[34] 간괘는 산이 된다고 했다.[35] 그 점괘에서는 "고괘의 정(貞)은 바람이고 그 회(悔)는 산이다."[36]라 했다. 이것은 내괘가 정(貞)이 되고 외괘가 회(悔)가 됨을 나타낸다. 서법에 있어서 아래로부터 일어나기 때문에 하단의 몸체를 안으로 삼고 상단의 몸체를 밖으로 삼는다. 하체는

---

34) 『역』「설괘전(說卦傳)」: 巽爲木, 爲風, 爲長女, 爲繩直, 爲工, 爲白, 爲長, 爲高, 爲進退, 爲不果, 爲臭, 其於人也爲寡髮, 爲廣顙, 爲多白眼, 爲近利市三倍, 其究爲躁卦.

35) 『역』「설괘전(說卦傳)」: 艮爲山, 爲徑路, 爲小石, 爲門闕, 爲果蓏, 爲閽寺, 爲指, 爲狗, 爲鼠, 爲黔喙之屬, 其於木也爲堅多節.

36) 『춘추좌씨전』「희공(僖公) 15년」: 晉侯之入也, 秦穆姬屬賈君焉, …… 卜徒父筮之, 吉, "涉河, 侯車敗." 詰之. 對日, "乃大吉也. 三敗, 必獲晉君. 其卦遇蠱䷑, 曰, '千乘三去, 三去之餘, 獲其雄狐.' 夫狐蠱, 必其君也. 蠱之貞, 風也; 其悔, 山也. 歲云秋矣, 我落其實, 而取其材, 所以克也. 實落‧材亡, 不敗, 何待?'

근본이 되는데, 이를 통해 겹치기 때문에 하괘를 정(貞)으로 삼는다. '정(貞)'자는 바르다는 뜻이니, 하체가 바르다는 의미이다. 정현은 "회(悔)는 회(晦)자의 뜻이니, 회(晦)자는 마친다는 뜻이다."라고 했다. 그믐은 한 달의 마지막이다. 그렇기 때문에 마침으로 삼은 것으로, 상체가 마침이 됨을 의미한다. 하체는 바름을 뜻하여, 이를 통해 상체가 바르지 않음을 드러낸 것이고, 상체는 마침을 뜻하여, 이를 통해 하체가 시작이 됨을 드러낸 것이니, 두 명칭이 상호 그 뜻을 드러내는 것이다.

孔疏 ◎傳"立是"至"三人". ○正義曰: 此經"卜五, 占用二, 衍忒", 孔 不爲傳. 鄭玄云: "'卜五占用', 謂雨·霽·蒙·驛·克也, '二衍忒', 謂 貞·悔也." 斷"用"從上句, "二衍忒"者, 指謂筮事. 王肅云: "'卜五'者, 筮短龜長, 故卜多而筮少. '占用二'者, 以貞·悔占六爻. '衍忒'者, 當 推衍其爻義以極其意." "卜五, 占二", 其義當如王解, 其"衍忒"宜總謂 卜筮, 皆當衍其義, 極其變, 非獨筮衍而卜否也. 傳言"立是知卜筮人, 使爲卜筮之事"者, 言經之此文覆述上句"立卜筮人"也. 言"三人占", 是占此卜筮, 法當有三人. 周禮太卜掌三兆之法, 一曰玉兆, 二曰瓦 兆, 三曰原兆. 掌三易之法, 一曰連山, 二曰歸藏, 三曰周易. 杜子春 以爲"玉兆, 帝顓頊之兆. 瓦兆, 帝堯之兆." 又云: "連山, 虙犧. 歸藏, 黃帝. 三兆三易皆非夏殷." 而孔意必以三代夏殷周法者. 以周禮指 言"一曰"·"二曰", 不辯時代之名, 按考工記云, 夏曰世室, 殷曰重屋, 周曰明堂. 又禮記·郊特牲云: "夏收, 殷冔, 周冕." 皆以夏殷周三代 相因, 明三易亦夏殷周相因之法. 子春之言, 孔所不取. 鄭玄易贊亦 云: "夏曰連山, 殷曰歸藏." 與孔同也. 所言三兆三易, 必是三代異法, 故傳以爲夏殷周卜筮各以三代異法, 三法並卜, 法有一人, 故三人 也. "從二人之言"者, 二人爲善旣鈞, 故從衆也. 若三人之內賢智不 等, 雖少從賢, 不從衆也. "善鈞從衆", 成六年左傳文. 旣言"三法並 卜", 嫌筮不然, 故又云"卜筮各三人"也. 經惟言三占從二, 何知不一

法而三占, 而知三法並用者? 金縢云: "乃卜三龜, 一習吉." 儀禮士喪
卜葬, 占者三人, 貴賤俱用三龜, 知卜筮並用三代法也.

◎孔傳: "立是"~"三人". ○이곳 경문에서는 "거북점은 다섯 가지이고 시
초점은 두 가지이니, 의심나는 것을 추측하는 것이다."라 했는데, 공안국
은 이에 대해 전문을 작성하지 않았다. 정현은 "'복오점용(卜五占用)'은
우·제·몽·역·극을 뜻하고, '이연특(二衍忒)'은 정·회를 뜻한다."고
했다. 즉 '용(用)'자까지 끊어서 앞 구문에 붙인 것이고, '이연특(二衍忒)'
은 시초점 치는 일을 가리킨다고 한 것이다. 왕숙은 "'복오(卜五)'는 시초
는 짧고 거북껍질은 길기 때문에, 거북점은 많고 시초점은 적다. '점용이
(占用二)'는 정(貞)과 회(悔)로 여섯 효를 점치는 것이다. '연특(衍忒)'은
그 효의 뜻을 미루어서 그 의미를 지극히 하는 것이다."라고 했다. '복오
점이(卜五占二)'에 대해서 그 의미는 마땅히 왕숙의 해석처럼 해야 하는
데, '연특(衍忒)'이라는 것은 마땅히 거북점과 시초점을 총괄적으로 가리
키는 것으로, 둘 모두에 대해서는 그 의미를 연역하여 그 변화를 지극히
해야 하는 것으로, 단지 시초점에 대해서만 추측하고 거북점은 그렇게
하지 않는 것이 아니다. 전문에서는 "이처럼 거북점과 시초점을 잘 아는
사람을 세워서, 그들로 하여금 거북점과 시초점의 일들을 시행토록 하는
것이다."라 했는데, 경문의 이 구문은 앞의 구문인 '입복서인(立卜筮人)'
이라는 말을 재차 기술한 것이라는 의미이다. '삼인점(三人占)'이라는 것
은 이러한 거북점과 시초점을 점칠 때에는 그 법도에 있어서 마땅히 세
사람이 있어야 한다는 뜻이다. 『주례』에서 태복은 삼조(三兆)의 법을 담
당하니, 첫 번째는 '옥조(玉兆)'이고 두 번째는 '와조(瓦兆)'이며 세 번째
는 '원조(原兆)'라고 했다.[37) 또 삼역의 법을 담당하니, 첫 번째는 '연산
(連山)'이고 두 번째는 '귀장(歸藏)'이며 세 번째는 '주역(周易)'이라고 했

---

37) 『주례』「춘관(春官)·대복(大卜)」: 大卜; 掌三兆之法, 一曰玉兆, 二曰瓦兆, 三
曰原兆.

다.38) 두자춘은 "옥조(玉兆)는 전욱의 조짐이다. 와조(瓦兆)는 요의 조짐이다."라 했다. 또 "연산(連山)은 복희가 만들었다. 귀장(歸藏)은 황제가 만들었다. 삼조와 삼역은 모두 하나라와 은나라 때의 것이 아니다."라 했다. 그러나 공안국의 생각은 분명 삼대인 하·은·주의 것을 법도로 삼았다는 것이다. 『주례』에서는 '일왈(一曰)'이나 '이왈(二曰)'이라 지목해서 언급했고, 시대의 명칭을 구분하지 않았는데, 『고공기』를 살펴보면, 하나라의 것은 세실(世室)이라 부르고,39) 은나라의 것은 중옥(重屋)이라 부르며,40) 주나라의 것은 명당(明堂)이라 부른다고 했다.41) 또 『예기』「교특생(郊特牲)」편에서는 "하나라 때에는 수(收)를 썼고 은나라 때에는 후(冔)를 썼으며 주나라 때에는 면(冕)을 썼다."42)라 했다. 이 모든 기록에서는 하·은·주 삼대가 서로 따르고 있으니, 삼역 또한 하·은·주가 서로 따르던 법도임을 나타낸다. 두자춘의 말을 공안국은 취하지 않은 것이다. 정현의 『역찬』에서도 "하나라의 것을 연산(連山)이라 부르고 은나라의 것을 귀장(歸藏)이라 부른다."고 하였으니, 공안국의 뜻과 같다. 언급한 삼조(三兆)와 삼역(三易)에 있어서는 분명 삼대 때 그 법도를 달리했을 것이다. 그렇기 때문에 전문에서는 하·은·주에서 거북점과 시초점이 각각 삼대가 그 법도를 달리했다고 여기고, 세 법도를 따르며 모두 거북점을 쳤는데, 각 법도마다 한 사람을 두었기 때문에 세 사람이 된다. "두 사람의 말을 따른다."는 것은 두 사람은 선함이 이미 균등하기 때문에 다수를 따르는 것이다. 만약 세 사람 중에서 현명하고 지혜로운

---

38) 『주례』「춘관(春官)·대복(大卜)」: 掌三易之法, 一曰連山, 二曰歸藏, 三曰周易.

39) 『주례』「동관고공기(冬官考工記)·장인(匠人)」: 夏后氏世室, 堂脩二七, 廣四脩一.

40) 『주례』「동관고공기(冬官考工記)·장인(匠人)」: 殷人重屋, 堂脩七尋, 堂崇三尺, 四阿, 重屋.

41) 『주례』「동관고공기(冬官考工記)·장인(匠人)」: 周人明堂, 度九尺之筵, 東西九筵, 南北七筵, 堂崇一筵, 五室, 凡室二筵.

42) 『예기』「교특생(郊特牲)」: 周弁, 殷冔, 夏收.

정도가 동등하지 않으면, 비록 적은 견해라도 현명한 자를 따르고 다수를 따르지 않는다. "선함이 균등하여 다수를 따른다."는 것은 성공 6년에 대한 『좌전』의 기록이다.[43] 이미 "삼대의 점치는 법도를 따르며 모두 거북점을 친다."라 했는데, 시초점에 대해서는 이처럼 하지 않는다고 오해할 것을 염려했기 때문에 "거북점과 시초점을 치는 사람은 각각 세 사람씩이다."라고 말한 것이다. 경문에서는 단지 세 번 점치고 둘을 따른다고 했는데, 어떻게 한 가지 법도에 따라 세 번 점치는 것이 아니고, 세 법도를 모두 사용하는 것임을 알 수 있는가? 『서』「금등(金縢)」편에서는 "이에 세 차례 거북점을 치게 하니 한결같이 길한 점괘가 거듭되었다."[44]라 했고, 『의례』「사상례(土喪禮)」편에서 장례에 대해 거북점을 칠 때 점치는 사람은 세 사람이라고 했는데, 신분에 상관없이 모두 세 가지 거북껍질을 사용한다. 따라서 거북점과 시초점에서 모두 삼대 때의 법도를 모두 사용했음을 알 수 있다.

참고 『서』「주서(周書)·금등(金縢)」 기록

경문 乃卜三龜, 一習吉.

이에 세 차례 거북점을 치게 하니 한결같이 길한 점괘가 거듭되었다.

孔傳 習, 因也. 以三王之龜卜, 一相因而吉.

'습(習)'자는 따르다는 뜻이다. 삼왕 때의 법도에 따라 거북껍질을 이용해서 거북점을 치니, 하나같이 서로 따라서 길하게 나왔다.

---

43) 『춘추좌씨전』「성공(成公) 6년」: 武子曰, "善鈞從衆. 夫善, 衆之主也. 三卿爲主, 可謂衆矣. 從之, 不亦可乎?"

44) 『서』「주서(周書)·금등(金縢)」: 乃卜三龜, 一習吉, 啓籥見書, 乃幷是吉.

孔疏 ◎傳"習因"至"而吉". ○正義曰: "習"則襲也, 襲是重衣之名, 因前而重之, 故以"習"爲因也. 雖三龜並卜, 卜有先後, 後者因前, 故云"因"也. 周禮: "太卜掌三兆之法, 一曰玉兆, 二曰瓦兆, 三曰原兆." 三兆各別, 必三代法也. 洪範卜筮之法, 三人占, 則從二人之言, 是必三代之法並用之矣. 故知三龜, 三王之龜. 龜形無異代之別, 但卜法旣別, 各用一龜, 謂之"三王之龜"耳. 每龜一人占之, 其後君與大夫等, 揔占三代之龜, 定其吉凶. 未見占書知已吉者, 卜有大體, 見兆之吉凶, **麤觀**可識, 故知吉也.

◎孔傳: "習因"~"而吉". ○'습(習)'자는 습(襲)자의 뜻이고, '습(襲)'은 옷을 껴입는다는 명칭이니, 이전 것에 따라서 거듭한 것이다. 그렇기 때문에 '습(習)'자를 따른다는 뜻으로 여겼다. 비록 세 거북껍질에 대해 모두 거북점을 치더라도, 거북점에 있어서는 선후의 차이가 있는데, 이후의 것이 이전의 결과를 따르기 때문에 '인(因)'이라고 했다. 『주례』에서는 "태복은 삼조(三兆)의 법을 담당하니, 첫 번째는 '옥조(玉兆)'이고 두 번째는 '와조(瓦兆)'이며 세 번째는 '원조(原兆)'이다."[45]라 했다. '삼조(三兆)'는 각각 구별되니 분명 삼대 때의 법도에 해당한다. 『서』「홍범(洪範)」편에서는 거북점과 시초점을 치는 법도에 대해서, 세 사람이 점을 치면 두 사람의 말을 따른다고 했는데,[46] 이것은 분명 삼대 때의 법도를 모두 사용함을 나타낸다. 그렇기 때문에 '삼귀(三龜)'가 삼왕의 법도에 따른 거북껍질임을 알 수 있다. 거북껍질의 형태에는 각 시대별 차이가 없는데, 다만 거북점을 치는 방법에 있어서는 이미 구별이 되므로, 각각 하나의 거북껍질을 사용하게 되어, '삼왕지귀(三王之龜)'라고 부른 것일 뿐이다. 매 거북껍질마다 1사람이 점을 치는데, 그 이후에 군주와 대부

---

45) 『주례』「춘관(春官)·대복(大卜)」: 大卜; 掌三兆之法, 一曰玉兆, 二曰瓦兆, 三曰原兆.

46) 『서』「주서(周書)·홍범(洪範)」: 立時人作卜筮, 三人占, 則從二人之言.

등이 총괄적으로 삼대 때의 거북껍질의 점괘를 살펴서 길흉을 판정한다. 아직 점서를 보지 않았음에도 이미 길하다는 사실을 알 수 있는 것은 거북점에는 전체적인 틀이 있으니, 조짐의 길흉을 보면 대략적으로 보아도 알 수 있다. 그렇기 때문에 길함을 안다.

宰自右少退, 贊命.

직역 宰는 右로 自하여 少히 退하고, 命을 贊한다.

의역 가신의 우두머리는 주인의 우측으로부터 조금 뒤로 물러나서 주인을 도와 점치는 이유를 알려준다.

鄭注 宰, 有司主政敎者. 自, 由也. 贊, 佐也. 命, 告也. 佐主人告所以筮也. 少儀曰: "贊幣自左, 詔辭自右."

'재(宰)'는 유사 중 정치와 교화를 담당하는 자이다. '자(自)'자는 "~로부터"라는 뜻이다. '찬(贊)'자는 돕는다는 뜻이다. '명(命)'자는 알려준다는 뜻이다. 주인을 도와 점치는 이유에 대해 알려준다는 뜻이다. 『예기』「소의(少儀)」편에서는 "군주를 대신하여 폐물을 받는 자는 군주의 좌측에서 받고, 군주의 명령을 전달하는 자는 군주의 우측에서 한다."[1]라고 했다.

賈疏 ●"宰自"至"贊命". ◎注"宰有"至"自右". ○釋曰: 知宰是有司主政敎者, 士雖無臣, 以屬吏爲宰, 若諸侯使司徒兼冢宰以出政敎之類, 故云"主政敎者". 引少儀者, 取證贊命在右之義, 以其地道尊右, 故贊命皆在右. 是以士喪禮亦云: "命筮者在主人之右." 注云: "命尊者宜由右出." 特牲云: "宰自主人之左贊命." 不由右者, 爲神求吉變故也. 士喪在右不在左者, 以其始死, 未忍異于生, 故在右也. 少牢宰不贊命, 大夫尊屈, 士卑不嫌, 故使人贊命也.

●經文: "宰自"~"贊命". ◎鄭注: "宰有"~"自右". ○재(宰)가 유사 중 정치와 교화를 담당하는 자임을 알 수 있는 이유는 사에게는 비록 신하가

---

1) 『예기』「소의(少儀)」: 贊幣自左, 詔辭自右.

없지만 휘하의 하급 관리를 재(宰)로 삼으니, 마치 제후가 사도(司徒)[2]를 시켜 총재(冢宰)[3]의 임무를 겸하게 해서 정치와 교화를 내리는 부류와 같다. 그렇기 때문에 "정치와 교화를 담당하는 자이다."라고 했다. 정현이 『예기』「소의(少儀)」편을 인용한 것은 도와서 명령을 전달하는 것을 우측에서 하는 뜻을 증명하기 위해서이니, 땅의 도에서는 우측을 높인다. 그렇기 때문에 도와서 명령을 전달하는 자들은 모두 우측에서 한다. 이러한 까닭으로 『의례』「사상례(士喪禮)」편에서도 "시초점을 치라고 명령하는 자는 주인의 우측에 위치한다."[4]라 했고, 정현의 주에서는 "존귀한 자의 명령을 전달할 때에는 마땅히 우측으로부터 해야 한다."라 했다. 또 『의례』「특생궤식례(特牲饋食禮)」편에서는 "재(宰)는 주인의 좌측으로부터 도와서 명령을 전달한다."[5]라고 하여, 우측으로부터 한다고 하지 않았는데, 신에게 길흉을 묻기 때문이다. 사의 상례에서는 우측에 있고 좌측에는 없는데, 어떤 자가 이제 막 죽었을 때 차마 생전과 차이를 둘

---

2) 사도(司徒)는 대사도(大司徒)라고도 부른다. 본래 주(周)나라 때의 관리로, 국가의 토지 및 백성들에 대한 교화(敎化)를 담당했다. 전설상으로는 소호(少昊) 시대 때부터 설치되었다고 전해진다. 주나라의 육경(六卿) 중 하나였으며, 전한(前漢) 애제(哀帝) 원수(元壽) 2년(B.C. 1)에는 승상(丞相)의 관직명을 고쳐서, 대사도(大司徒)라고 불렀고, 대사마(大司馬), 대사공(大司空)과 함께 삼공(三公)의 반열에 있었다. 후한(後漢) 때에는 다시 '사도'로 명칭을 고쳤고, 그 이후로는 이 명칭을 계속 사용하다가 명(明)나라 때 폐지되었다. 명나라 이후로는 호부상서(戶部尙書)를 '대사도'라고 불렀다.

3) 총재(冢宰)는 대재(大宰)와 같은 말이다. '대재'는 태재(太宰)라고도 부른다. '대재'는 은(殷)나라 때 설치된 관직이라고 전해지며, 주(周)나라에서는 '총재'라고도 불렀다. 『주례(周禮)』의 체제상으로는 천관(天官)의 수장이며, 경(卿) 1명이 담당했다. 『주례』의 체제상으로는 가장 높은 관직이다. 따라서 '대재'가 담당했던 일은 국정 전반에 대한 것이었다.

4) 『의례』「사상례(士喪禮)」: 命筮者在主人之右.

5) 『의례』「특생궤식례(特牲饋食禮)」: 宰自主人之左贊命, 命曰, "孝孫某, 筮來日某, 諏此某事, 適其皇祖某子, 尙饗."

수 없기 때문에 우측에 있는 것이다. 『의례』「소뢰궤식례(少牢饋食禮)」 편에서는 재(宰)가 도와서 명령을 전달하지 않는데, 대부는 존귀함을 낮추기 때문이며, 사는 미천하여 혐의를 받지 않기 때문에 다른 사람을 시켜 자신을 도와 명령을 전달하게 시킨다.

<hr>

참고 『예기』「소의(少儀)」 기록

경문 贊幣自左, 詔辭自右.

군주를 대신하여 폐물을 받는 자는 군주의 좌측에서 받고, 군주의 명령을 전달하는 자는 군주의 우측에서 한다.

鄭注 自, 由也. 謂爲君授幣, 爲君出命也. 立者尊右.

'자(自)'자는 '~로부터'라는 뜻이다. 즉 군주를 대신하여 폐물을 전달하고, 군주를 대신하여 명령을 전달한다는 의미이다. 서 있는 경우에는 우측을 존귀하게 높인다.

孔疏 ●"贊幣"至"自右". ○正義曰: 此一經論贊幣贊辭之異. 自, 由也. 贊, 助也. 謂爲君授幣之時由君左.

●經文: "贊幣"~"自右". ○ 이곳 경문은 폐물에 대해서 돕고, 말을 전달하는 일을 도울 때의 차이점을 논의하고 있다. '자(自)'자는 '~로부터'라는 뜻이다. '찬(贊)'자는 "돕다."는 뜻이다. 즉 군주를 대신하여 폐물을 전달할 때에는 군주의 좌측에서 한다는 의미이다.

孔疏 ●"詔辭自右"者, 詔辭, 謂爲君傳辭也. 君辭貴重, 若傳與人時, 則由君之右也.

● 經文: "詔辭自右". ○ '조사(詔辭)'는 군주를 대신하여 말을 전달한다는 뜻이다. 군주의 말은 존귀한 것이니, 만약 상대에게 전달할 때라면 군주의 우측에서 한다.

筮人許諾, 右還, 卽席坐, 西面. 卦者在左.

직역 筮人이 許諾하면 右히 還하여, 席으로 卽하여 坐하되, 西面한다. 卦者는 左에 在한다.

의역 시초점을 치는 자가 응낙을 하면 우측으로 몸을 돌려 자리로 나아가 앉고 서쪽을 바라본다. 괘를 그리는 자는 그 좌측에 위치한다.

鄭注 卽, 就也. 東面受命, 右還北行就席. 卦者, 有司主畫地識爻者.

'즉(卽)'자는 나아간다는 뜻이다. 동쪽을 바라보며 명령을 받고, 우측으로 몸을 돌려 북쪽으로 걸어가 자리로 나아가는 것이다. '괘자(卦者)'는 유사 중 바닥에 그림을 그려 효 표시하는 일을 담당하는 자이다.

賈疏 ●"筮人"至"在左". ○釋曰: 此言筮人於主人受命訖, 行筮事也. 但卽席坐西面者, 主人[1]爲筮人而言, 作[2]坐文宜在西面下. 今退西面于下者, 欲西面之文下就畫卦者, 亦西向故也.

● 經文: "筮人"~"在左". ○ 이 문장은 시초점을 치는 자가 주인에게서 명령받는 일을 끝내고, 시초점을 치는 사안에 대해 언급하고 있다. 다만 자리로 나아가 앉아서 서쪽을 바라보는 것은 시초점 치는 자를 위주로 언급한 것이니, 자리에 앉는다는 말은 마땅히 서쪽을 바라본다는 구문 뒤로 와야 한다. 그런데 지금은 서쪽을 바라본다는 말을 그 뒤에 기록하였으니, 서쪽을 바라본다는 기록 뒤에 괘를 그리는 자에게 나아갈 때에도

---

1) '인(人)'자에 대하여. 『십삼경주소(十三經注疏)』 북경대 출판본에서는 "노씨는 이 글자를 연문이라고 여겼다."라고 했다.

2) '작(作)'자에 대하여. 『십삼경주소(十三經注疏)』 북경대 출판본에서는 "『진본(陳本)』는 동일하게 기록되어 있는데, 『모본(毛本)』에는 '즉(則)'자로 기록되어 있다."라고 했다.

서쪽을 향하게 됨을 드러내고자 했기 때문이다.

賈疏 ◎注"卽就"至"爻者". ○釋曰: 鄭知"東面受命"者, 以其上文有司在西方東面, 主人在門東西面, 今從門西東面, 主人之宰命之, 故東面受命可知也.

◎鄭注: "卽就"~"爻者". ○정현이 "동쪽을 바라보며 명령을 받는다."라고 했는데, 이 말이 사실임을 알 수 있었던 이유는 앞의 문장에서 유사는 서쪽에서 동쪽을 바라본다고 했고, 주인은 문의 동쪽에서 서쪽을 바라본다고 했는데, 지금 문의 서쪽에서 동쪽을 바라보고 있다가 주인의 재(宰)가 명령을 전달했기 때문에, 동쪽을 바라보며 명령을 받는다는 사실을 알 수 있다.

賈疏 ◎知"右還北行就席"者, 以其主人在門外之東南, 席在門中, 故知右還北行, 乃得西面就席坐也.

◎鄭注: "右還北行就席". ○정현이 "우측으로 몸을 돌려 북쪽으로 걸어가 자리로 나아가는 것이다."라고 했는데, 이 말이 사실임을 알 수 있는 이유는 주인은 문밖의 동남쪽에 있고 그 자리는 문의 가운데에 있다. 그렇기 때문에 우측으로 돌아 북쪽으로 향하게 되면 서쪽을 바라보며 자리로 나아가 앉을 수 있다.

賈疏 ◎云"卦者, 有司主畫地識爻者", 上云所卦者, 謂於此云卦者, 據人以杖畫地, 記識爻之七八九六者也.

◎鄭注: "卦者, 有司主畫地識爻者". ○앞에서 '소괘자(所卦者)'라고 한 사람은 곧 이곳에서 말한 '괘자(卦者)'에 해당하니, 사람이 장대를 가지고 바닥에 그림을 그려 효가 7·8·9·6에 해당함을 기록하는 것에 기준을 둔 것이다.

卒筮, 書卦, 執以示主人.

직역 筮를 卒하면, 卦를 書하고, 執하여 主人에게 示한다.

의역 시초점 치는 일을 마치면 괘를 그리고, 그것을 들고 가서 주인에게 보여준다.

鄭注 卒, 已也. 書卦者, 筮人以方寫所得之卦.

'졸(卒)'자는 마친다는 뜻이다. 괘를 그렸다는 것은 시초점 치는 자가 나무판에 점을 쳐서 얻은 괘를 그린 것이다.

賈疏 ●"卒筮"至"主人". ○釋曰: 此言所筮六爻俱了, 卦體得成, 更以方版畫體示主人之事也.

● 經文: "卒筮"~"主人". ○ 이 문장은 시초점을 쳐서 여섯 개의 효를 모두 얻어 괘의 몸체가 완성되면 재차 나무판에 괘의 몸체를 그려서 주인에게 보여주는 일을 언급하고 있다.

賈疏 ◎注"卒已"至"之卦". ○釋曰: 云"書卦者筮人"者, 下文云"筮人還, 東面旅占", 明此書卦是筮人也. 不使他人書卦者, 筮人尊卦, 亦是尊蓍龜之道也. 按特牲云: "卒筮, 寫卦, 筮者執以示主人." 注云: "卦者主畫地識爻, 六爻備, 乃以方版寫之." 則彼寫卦亦是卦者. 故鄭云卦者畫爻者. 彼爲祭禮, 吉事尚提提, 故卦者寫卦, 筮人執卦以示主人. 士喪禮注云: "卦者寫卦示主人." 經無寫卦之文, 是卦者自畫示主人. 以其喪禮遽于事, 故卦者自畫自示主人也. 此冠禮, 筮者自爲自示主人, 冠禮異于祭禮‧喪禮故也.

◎ 鄭注: "卒已"~"之卦". ○ 정현이 "괘를 그리는 것은 시초점을 치는 자이다."라고 했는데, 아래문장에서 "시초점 치는 자는 되돌아와 동쪽을 바

라보며 휘하의 자들과 함께 점괘를 파악한다."[1]라고 했으니, 여기에서 괘를 기록한 것도 시초점을 치는 자에 해당함을 나타낸다. 다른 사람을 시켜 괘를 그리도록 하지 않는 것은 시초점을 치는 자는 괘를 존귀하게 여기니, 이것은 또한 시초와 거북껍질의 도를 존귀하게 높이는 것이다. 『의례』「특생궤식례(特牲饋食禮)」편을 살펴보면 "시초점 치는 일을 마치면 괘를 그려서 시초점 치는 자가 그것들 들고 주인에게 보여준다."[2]라 했고, 정현의 주에서는 "괘를 그리는 자는 바닥에 그림을 그려 효 표시하는 일을 담당하고, 여섯 효가 모두 그려지면 나무판에 그것을 그린다."라고 했는데, 「특생궤식례」편에서 '사괘(寫卦)'를 한다는 것은 또한 괘자(卦者)가 하는 일이다. 그렇기 때문에 정현은 괘자(卦者)가 효를 그린다고 말한 것이다. 「특생궤식례」편의 내용은 제례에 해당하고, 길한 일에서는 차분하게 하는 것을 숭상한다. 그렇기 때문에 괘자가 괘를 그리는 것이며, 시초점을 치는 자가 괘 그린 것을 들고 가서 주인에게 보여주는 것이다. 『의례』「사상례(士喪禮)」편의 주에서는 "괘자가 괘를 그려서 주인에게 보여준다."[3]라고 했다. 경문에서는 괘를 그린다는 기록이 없는데, 이것은 괘자가 직접 괘를 그려서 주인에게 보여준다는 사실을 나타낸다. 상례는 그 사안을 치를 때 급급하기 때문에 괘자가 직접 그림을 그리고 직접 주인에게 보여주는 것이다. 이곳에서 말하는 내용은 관례에 해당하는데, 시초점을 치는 자가 직접 그리고 또 직접 주인에게 보여주는 것은 관례는 제례나 상례와는 다르기 때문이다.

---

1) 『의례』「사관례」 : 筮人還, 東面旅占, 卒, 進告吉.

2) 『의례』「특생궤식례(特牲饋食禮)」 : 卒筮, 寫卦. 筮者執以示主人.

3) 이 문장은 『의례』「사상례(士喪禮)」편의 "卒筮, 執卦以示命筮者. 命筮者受視, 反之. 東面旅占, 卒, 進告于命筮者與主人: 占之曰從."이라는 기록에 대한 정현의 주이다.

14上

主人受眡, 反之.

직역 主人은 受하여 眡하고, 反한다.

의역 주인은 받아서 살펴본 뒤에 다시 돌려준다.

鄭注 反, 還也.

'반(反)'자는 돌려준다는 뜻이다.

賈疏 ●"主人受眡反之". ○釋曰: 此筮訖, 寫所得卦示主人. 主人受得省視, 雖未辨吉凶, 主人尊, 先受視以知卦體而已. 主人旣知卦體, 反還與筮人, 使人知其占吉凶也.

●經文: "主人受眡反之". ○이것은 시초점 치는 일이 끝나면 얻은 괘를 그려서 주인에게 보여주는 것을 뜻한다. 주인은 그것을 받아서 살펴보는데, 비록 길흉을 아직 판별하지 않았지만 주인은 존귀하기 때문에 먼저 받아서 살펴보고 괘의 몸체가 어떻게 나왔는가를 인지할 따름이다. 주인이 이미 괘의 몸체가 어떻게 나왔는지 알게 되었다면 다시 시초점 치는 자에게 돌려주어, 그로 하여금 길흉에 대한 점괘를 파악하도록 시킨다.

筮人還, 東面旅占, 卒, 進告吉.

직역 筮人은 還하여, 東面하고 旅占하며, 卒하면, 進하여 吉함을 告한다.

의역 시초점 치는 자는 되돌아와 동쪽을 바라보며 휘하의 자들과 함께 점괘를 파악하고, 그것을 마치면 나아가 길한 점괘가 나왔음을 아뢴다.

鄭注 旅, 衆也. 還與其屬共占之. 古文旅作臚也.

'여(旅)'자는 무리를 뜻한다. 되돌아와 자기 휘하에 있는 자들과 함께 길흉을 점친다. 고문에서는 '여(旅)'자를 여(臚)자로 기록했다.

賈疏 ●"筮人"至"告吉". ○釋曰: 此言筮人旣於主人受得卦體, 還于門西東面, 旅共占之, 是吉卦, 乃進向門東, 東面告主人云: 吉也.

●經文: "筮人"~"告吉". ○이 문장은 주인이 나무판을 받아 괘의 몸체가 어떻게 나왔는지 살펴보고 시초점을 치는 자에게 돌려주면 다시 문의 서쪽으로 되돌아와 동쪽을 바라보며 자기 휘하의 무리들과 함께 길흉을 점치는데, 그것이 길한 괘가 나왔다면, 곧 문의 동쪽을 향해 나아가 동쪽을 바라보며 주인에게 고하길, "길한 점괘입니다."라고 말한다는 사실을 나타내고 있다.

若不吉, 則筮遠日, 如初儀.

직역 若히 不吉이라면, 遠日을 筮하되, 初儀와 如한다.

의역 만약 불길한 점괘가 나왔다면 열흘 이후의 날짜에 대해 시초점을 치는데, 처음 점칠 때의 예법처럼 한다.

鄭注 遠日, 旬之外.

'원일(遠日)'은 10일 이후의 날짜를 뜻한다.

賈疏 ●"若不"至"初儀". ○釋曰: 曲禮"吉事先近日", 此冠禮是吉事, 故先筮近日. 不吉, 乃更筮遠日. 是上旬不吉, 乃更筮中旬; 又不吉, 乃更筮下旬.

● 經文: "若不"~"初儀". ○『예기』「곡례(曲禮)」편에서는 "길사(吉事)[1]에서는 가까운 날에 대해서 먼저 점친다."[2]라고 했는데, 이곳에서 말한 관례는 길사에 해당한다. 그렇기 때문에 먼저 가까운 날짜에 대해 시초점을 친 것이다. 불길하다는 점괘가 나왔다면 다시 먼 날에 대해서 시초점을 친다. 이것은 상순경의 날짜가 불길하다는 점괘가 나오면 재차 중순경의 날짜에 대해 시초점을 치고, 재차 불길하다는 점괘가 나오면 다시 하순경의 날짜에 대해 시초점을 친다는 뜻이다.

---

1) 길사(吉事)는 길하고 상서로운 일을 가리킨다. 고대에는 일반적으로 제사, 관례(冠禮), 혼례(婚禮) 등을 가리켜서 '길사'라고 불렀다. 『예기』「곡례상(曲禮上)」편에는 "喪事先遠日, 吉事先近日."이라는 기록이 있고, 이에 대한 정현의 주에서는 "吉事, 祭祀·冠·取之屬也."라고 풀이했다.

2) 『예기』「곡례상(曲禮上)」: 凡卜筮日, 旬之外曰遠某日, 旬之內曰近某日. 喪事先遠日, 吉事先近日.

賈疏 ● 云"如初儀"者, 自"筮于廟門"已下至"告吉", 是也.

● **經文**: "如初儀". ○"묘문(廟門)에서 시초점을 친다."³⁾라고 한 구문으로부터 "길한 점괘가 나왔음을 아뢴다."⁴⁾라는 내용까지를 뜻한다.

賈疏 ◎注"遠日旬之外". ○釋曰: 曲禮云: "旬之內曰近某日, 旬之外曰遠某日." 彼據吉禮而言. 旬之內曰近某日, 據士禮旬內筮, 故云近某日, 是以特牲旬內筮日, 是也. 旬之外曰遠某日者, 據大夫以上禮旬外筮, 故言遠某日, 是以少牢筮旬有一日, 是也. 按少牢云: "若不吉, 則及遠日, 又筮日如初." 鄭注云: "及, 至也. 遠日後丁若後己." 言至遠日, 又筮日如初, 明不幷筮, 則前月卜來月之上旬, 上旬不吉; 至上旬, 又筮中旬, 中旬不吉; 至中旬, 又筮下旬; 下旬不吉則止, 不祭祀也. 若然, 特牲不言及, 則可上旬之內筮, 不吉則預筮中旬, 中旬不吉, 又預筮下旬, 又不吉則止. 若此冠禮亦先近日, 士冠禮亦于上旬之內預筮三旬, 不吉則更筮後月之上旬. 以其祭祀用孟月, 不容入他月. 若冠子, 則年已二十不可止, 然須冠, 故容入後月也. 若然, 大夫已上筮旬外, 士筮旬內. 此士禮, 而注云"遠日, 旬之外"者, 此遠日旬之外, 自是當月上旬之內筮不吉, 更筮中旬. 云遠日, 非謂曲禮文. 大夫以上, 前月預筮來月上旬爲遠某日者, 彼自有遠日, 與此別也.

◎**鄭注**: "遠日旬之外". ○『예기』「곡례(曲禮)」편에서는 "해당 하는 날이 열흘 이후의 날에 해당한다면, '먼 어느 날'이라 부르며, 열흘 이내의 날에 해당한다면, '가까운 어느 날'이라 부른다."⁵⁾라고 했는데, 「곡례」편은 길례(吉禮)⁶⁾에 기준을 두고 말한 것이다. "열흘 이내의 날에 해당한다

---

3) 『의례』「사관례」: 士冠禮. <u>筮于廟門</u>.
4) 『의례』「사관례」: 筮人還, 東面旅占, 卒, 進<u>告吉</u>.
5) 『예기』「곡례상(曲禮上)」: 凡卜筮日, <u>旬之外曰遠某日, 旬之內曰近某日</u>. 喪事先遠日, 吉事先近日.

면, '가까운 어느 날'이라 부른다."라고 했는데, 이것은 사의 예법에서 10일 이내의 날짜에 대해 시초점으로 정하는 것에 근거한 말이다. 그렇기 때문에 '가까운 어느 날'이라고 불렀다. 이러한 까닭으로 『의례』「특생궤식례(特牲饋食禮)」편에서는 10일 이내의 날짜에 대해 시초점을 쳤던 것이다. "열흘 이후의 날에 해당한다면, '먼 어느 날'이라고 부른다."라고 했는데, 이것은 대부 이상의 계층이 따르는 예법에서 10일 이후의 날짜에 대해 시초점을 치는 것에 근거한 말이다. 그렇기 때문에 '먼 어느 날'이라고 불렀다. 이러한 까닭으로 『의례』「소뢰궤식례(少牢饋食禮)」편에서는 10일 중 어느 하루의 날에 대해 시초점을 쳤던 것이다. 「소뢰궤식례」편을 살펴보면 "만약 불길하다는 점괘가 나오면 10일 뒤에 재차 그 날짜에 대해 시초점을 치며 처음처럼 한다."[7]라 했고, 정현의 주에서는 "급(及)자는 ~에 이르다는 뜻이다. 10일 이후 간지에서 정(丁)이나 기(己)가 들어가는 날이다."라고 했다. 즉 10일 뒤에 재차 그 날짜에 대해 시초점을 치며 처음에 했던 것처럼 치니, 이것은 한꺼번에 시초점을 재차 치지 않는다는 사실을 나타내며, 이전 달에 그 다음 달 상순경의 날짜에 대해 점을 쳤는데, 상순경의 날짜가 불길하다는 점괘가 나왔다면 다음 달 상순경이 되었을 때 재차 그 달 중순경의 날짜에 대해 점을 치고, 중순경의 날짜도 불길하다는 점괘가 나왔다면 그 달 중순경이 되었을 때 재차 그 달 하순경의 날짜에 대해 점을 치며, 하순경의 날짜도 불길하다고 나오면 점치는 것을 그치고 제사를 지내지 않는다는 뜻이다. 만약 그렇다면 「특생궤식례」편에서 이러한 내용을 언급하지 않았으니, 상순경의 날짜에 대해 시초점을 쳤는데, 불길하다는 점괘가 나오면 미리 중순경의 날짜에 대해 시초점을 치고, 중순경의 날짜가 불길하다는 점괘가 나오면 또한 미리 하순경의 날짜에 대해 시초점을 치는데, 재차 불길하다고 나오면

---

6) 길례(吉禮)는 오례(五禮) 중 하나로, 제사에 대한 예제(禮制)를 뜻한다. 고대에는 제사 자체를 길(吉)한 일로 여겼기 때문에, 제례(祭禮)를 '길례'로 여겼다.

7) 『의례』「소뢰궤식례(少牢饋食禮)」 : 若不吉, 則及遠日, 又筮日如初.

그치게 된다. 이곳에서 말한 관례 역시 먼저 가까운 날짜에 대해 시초점을 치는데, 「사관례」편에서도 상순경에 미리 상순·중순·하순경의 날짜들에 대해서 시초점을 치고, 불길하다는 점괘가 나오면 재차 그 다음 달 상순경의 날짜에 대해 시초점을 친다. 제사에서는 각 계절의 맹월을 이용하니 다음 달로 넘길 수 없다. 그런데 자식에게 관례를 치러주는 경우라면, 그 나이가 이미 20세가 되었으므로 관례를 그만둘 수 없다. 따라서 관례는 반드시 치러야 하기 때문에 다음 달로 미룰 수 있는 것이다. 만약 그렇다면 대부로부터 그 이상의 계층은 10일 이후의 날짜에 대해 시초점을 치고, 사는 10일 이내의 날짜에 대해 시초점을 친다. 여기에서 말하는 내용은 사 계층의 예법인데, 정현의 주에서는 "'원일(遠日)'은 10일 이후의 날짜를 뜻한다."라고 했다. 여기에서 원일을 10일 이후의 날짜라고 한 것은 관례를 치러야 하는 달 상순경에 상순에 해당하는 날짜에 대해 시초점을 쳤는데 불길하다는 점괘가 나와서 재차 중순경의 날짜에 대해 시초점을 친 것이다. 따라서 '원일(遠日)'이라고 한 것은 「곡례」편에서 말한 내용을 뜻하는 것이 아니다. 대부 이상의 계층은 이전 달에 미리 다음 달 상순경의 날짜에 대해 시초점을 치며 '원모일(遠某日)'이라고 하는데, 그 예법에 따른 '원일(遠日)'이 있는 것으로, 이곳의 내용과는 구별된다.

참고 『예기』 「곡례상(曲禮上)」 기록

경문 凡卜筮日, 旬之外曰遠某日, 旬之內曰近某日. 喪事先遠日, 吉事先近日.

무릇 의식을 치르기 위해 날짜를 점칠 때, 해당 하는 날이 열흘 이후의 날에 해당한다면, '먼 어느 날'이라고 부르며, 열흘 이내의 날에 해당한다면, '가까운 어느 날'이라고 부른다. 상사에서는 먼 날에 대해서 먼저 점을 치고, 길사에서는 가까운 날에 대해서 먼저 점을 친다.

鄭注 旬, 十日也. 孝子之心. 喪事, 葬與練祥也. 吉事, 祭祀冠取之
屬也.

'순(旬)'자는 10일을 뜻한다. 상사에 대해 먼 날부터 점치는 것은 효자의
마음 때문이다. '상사'는 장례와 연상(練祥)[8]을 뜻한다. 길사(吉事)는 제
사·관례·혼례 등을 뜻한다.

孔疏 ●"旬之外曰遠某日"者, 按少牢大夫禮, 今月下旬筮來月上旬,
是旬之外日也. 主人告筮者云, 欲用遠某日, 故少牢云"日用丁己, 筮
旬有一日", 吉乃官戒. 旣云"旬有一日", 是旬外一日. 此謂大夫禮.

●經文: "旬之外曰遠某日". ○『의례』「소뢰궤식례(少牢饋食禮)」편을
살펴보면, 이 내용들은 대부에게 해당하는 내용이며, 이번 달 하순경에
다음 달 상순경에 대한 날짜를 점친다고 하였는데, 이 말은 바로 열흘
이후의 날에 대해 점친다는 뜻이다. 주인은 점치는 자에게 알리며, 의식
을 치를 때 먼 어느 날에 치르고 싶다고 전한다. 그러므로 「소뢰궤식례」
편에서 "그 날짜는 정(丁)자와 기(己)자가 들어간 날로 하니, 열흘 중 어
느 하루에 대해서 점친다."[9]라고 한 것이니, 길하다는 점괘가 나오게 되
면, 관리들에게 알려서 재계를 하도록 하는 것이다. 「소뢰궤식례」편에서

---

8) 연상(練祥)은 소상(小祥)과 대상(大祥)을 뜻한다. '연상'에서의 '연(練)'자는 연제
(練祭)를 뜻하며, '연제'는 곧 '소상'을 가리킨다. '연상'에서의 '상(祥)'자는 '대상'을
뜻한다. 소상은 죽은 지 13개월만에 지내는 제사이며, 대상은 25개월만에 지내는
제사이고, 대상을 지내게 되면 상복과 지팡이를 제거하게 된다. 『주례』「춘관(春
官)·대축(大祝)」편에는 "言旬人讀禱, 付練祥, 掌國事."라는 기록이 있고, 이에
대해 가공언(賈公彦)의 소(疏)에서는 "練, 謂十三月小祥, 練祭. 祥, 謂二十五月
大祥, 除衰杖."이라고 풀이했다.
9) 『의례』「소뢰궤식례(少牢饋食禮)」: 少牢饋食之禮. 日用丁·己, 筮旬有一日.

말한 '열흘 중 어느 하루'는 바로 열흘 뒤의 어느 날에 해당한다. 따라서 이곳 문장의 내용은 곧 대부에 대한 예법을 뜻한다.

孔疏 ●"旬之內曰近某日"者, 按特牲士禮云: "不諏日." 注云: "士賤職褻, 時至事暇, 可以祭, 則筮其日. 不如少牢大夫先與有司於廟門諏丁己之日." 是士於旬初卽筮旬內之日, 是旬之內日也. 主人告筮者云, 用近某日. 此據大夫士, 故有旬內‧旬外之日也. 若天子諸侯, 其有雜祭, 或用旬內, 或用旬外, 其辭皆與此同. 按少牢‧特牲, 其辭皆云"來日丁亥", 不云"遠某日"‧"近某日"者, 彼文不具也.

● 經文: "旬之內曰近某日". ○『의례』「특생궤식례(特牲饋食禮)」편을 살펴보면, 이 내용은 사 계급에게 해당하는 예법인데, "날짜에 대해서 계획하지 않는다."[10]라 하였고, 이 문장에 대한 주에서는 "사는 신분이 낮고 맡은 소임도 보잘것없는 것들이니, 의식을 치를 시기가 다가올 때, 일이 한가하여 제사를 지낼 수 있게 된다면, 그 날짜를 점치는 것이다. 『의례』「소뢰궤식례(少牢饋食禮)」편에서 언급하는 내용처럼, 대부들이 먼저 유사와 함께 묘문에서 정(丁)자와 기(己)자가 들어간 날로 제삿날을 계획하는 것과는 같지 않다."라고 했다. 이것이 바로 사 계급은 열흘 중 초입부에서 곧바로 열흘 이내의 날짜에 대해서 점을 친다는 뜻이니, 바로 경문에서 언급하고 있는 열흘 이내의 날짜를 점친다는 뜻을 가리킨다. 따라서 주인은 점치는 자에게 알리며, 가까운 어느 날에 의식을 치르고자 한다고 말하는 것이다. 이 문장과 앞 문장은 대부와 사에 대한 예법에 근거를 두고 있는 기록이다. 그렇기 때문에 열흘 이내, 또는 열흘 이후의 날짜라는 기록이 있는 것이다. 만약 천자나 제후의 경우라면, 그들은 여러 가지 제사들을 지내게 되므로, 어떤 때는 열흘 이내의 날짜에 치르고, 또 어떤 때는 열흘 이후의 날짜에 치르게 되는데, 그때 점치는 자에게

---

10) 『의례』「특생궤식례(特牲饋食禮)」: 特牲饋食之禮. 不諏日.

하는 말들은 모두 여기에서 말한 내용과 동일하다. 「소뢰궤식례」편과 「특생궤식례」편을 살펴보면, 알리는 말에서 모두 '다가올 정해(丁亥)일'[11]이라고만 하고, '먼 어느 날' 또는 '가까운 어느 날'이라고 언급하지 않았는데, 그 이유는 『의례』의 기록에서는 해당 문장을 모두 기록한 것이 아니기 때문이다.

孔疏 ●"吉事先近日"者, 吉事, 謂祭祀・冠婚之屬, 故少牢云: "若不吉, 則及遠日, 又筮日如初." 是"先近日"也.

● 經文: "吉事先近日". ○ 길사(吉事)는 제사・관례・혼례 등을 뜻한다. 그렇기 때문에 『의례』「소뢰궤식례(少牢饋食禮)」편에서는 "만약 불길하다는 점괘가 나오면, 다시 점을 치되, 먼 날부터 점치고, 또한 그 날짜를 점칠 때에는 처음 점쳤을 때의 의식대로 한다."[12]라고 하였으니, 이 말은 곧 경문에서 말하고 있는 것처럼, 길사에는 가까운 날을 우선적으로 점친다는 사실을 나타낸다.

---

11) 『의례』「소뢰궤식례(少牢饋食禮)」: 主人曰, "孝孫某, 來日丁亥, 用薦歲事于皇祖伯某, 以某妃配某氏, 尙饗."

12) 『의례』「소뢰궤식례(少牢饋食禮)」: 若不吉, 則及遠日, 又筮日如初.

徹筮席.

직역 筮와 席을 徹한다.
의역 시초와 자리를 치운다.

鄭注 徹, 去也, 斂也.

'철(徹)'자는 제거한다는 뜻이며 거둔다는 뜻이다.

賈疏 ●"徹筮席". ◎注"徹去也斂也". ○釋曰: 據席則徹去之, 筮則斂藏之, 故兩訓之也.

●經文: "徹筮席". ◎鄭注: "徹去也斂也". ○자리에 기준하면 치워서 제거하는 것이며, 시초에 기준하면 거둬서 보관하는 것이다. 그렇기 때문에 두 가지로 풀이한 것이다.

宗人告事畢.

직역 宗人은 事가 畢함을 告한다.

의역 종인은 그 사안이 모두 끝났다고 아뢴다.

鄭注 宗人, 有司主禮者.

'종인(宗人)'은 유사 중 의례의 진행을 주관하는 자이다.

賈疏 ●"宗人告事畢". ◎注"宗人"至"禮者". ○釋曰: 士雖無臣, 亦有宗人掌禮, 比于宗伯, 故云"有司主禮者".

● 經文: "宗人告事畢". ◎鄭注: "宗人"~"禮者". ○ 사에게는 비록 소속된 신하가 없지만, 종인이 예법을 주관하여 마치 종백(宗伯)에게 비견된다. 그렇기 때문에 "유사 중 의례의 진행을 주관하는 자이다."라고 했다.

제 2 절

빈객에게 관례에 참여해줄 것을 알리는 절차

主人戒賓, 賓禮辭, 許.

직역 主人이 賓에게 戒하면, 賓은 禮辭하고 許한다.

의역 주인이 빈객의 집으로 찾아가 관례의 날짜를 알리고 참여해줄 것을 청하면, 빈객은 예사(禮辭)[1]하고 난 뒤에 수락한다.

鄭注 戒, 警也, 告也. 賓, 主人之僚友. 古者有吉事, 則樂與賢者歡成之, 有凶事, 則欲與賢者哀戚之. 今將冠子, 故就告僚友使來. 禮辭, 一辭而許. 再辭而許曰固辭. 三辭曰終辭, 不許也.

'계(戒)'자는 주의를 준다는 뜻이며, 알린다는 뜻이다. '빈(賓)'은 주인의 동료나 벗을 뜻한다. 고대에는 길한 일이 생기면 현명한 자와 함께 기뻐하며 그 일을 완성시키길 즐거워하였고, 흉한 일이 생기면 현명한 자와 함께 슬퍼하고자 했다. 현재 자식에게 관례를 치러주려고 하였기 때문에 동료와 벗에게 찾아가 그들이 찾아오게끔 알리는 것이다. '예사(禮辭)'는 한 차례 사양을 하고서 수락하는 것을 뜻한다. 두 차례 사양을 하고서 수락하는 것을 '고사(固辭)'라 부른다. 세 차례 사양하는 것을 '종사(終辭)'라 부르는데, 끝내 수락하지 않는 것이다.

---

1) 예사(禮辭)는 빈객과 주인은 예법에 따라 세 번 사양을 하게 되는데, 처음 사양하는 것을 '예사'라고 부르며, 두 번째 사양하는 것을 '고사(固辭)'라고 부르고, 세 번째 사양하는 것을 '종사(終辭)'라고 부른다.

賈疏 ●"主人"至"辭許". ○釋曰: 自此以下至"賓拜送"一節, 論主人
筮日訖, 三日之前, 廣戒僚友, 使來觀禮之事也.

●經文: "主人"~"辭許". ○이곳 구문으로부터 "빈객이 절을 하며 전송한
다."²⁾라는 문장까지의 한 문단은 주인이 관례 치를 날짜에 대해 시초점
치는 일을 마치고, 그렇게 정해진 관례 날짜 3일 전에 동료와 벗에게 널
리 알려서 그들로 하여금 찾아와서 관례의 예식을 살펴보게끔 하는 일을
논의하고 있다.

賈疏 ●云"主人戒賓"者, 謂主人親至賓大門外之西東面, 賓出大門
外之東西面, 戒之.

●經文: "主人戒賓". ○주인이 직접 빈객의 집에 찾아가 대문 밖의 서쪽
에서 동쪽을 바라보고, 빈객은 밖으로 나와 대문 밖의 동쪽에서 서쪽을
바라보면, 이러한 사실을 알려준다는 뜻이다.

賈疏 ●云"賓禮辭許"者, 卽下云: "戒賓曰: '某有子某, 將加布于其
首, 願吾子之敎之也.' 賓對曰: '某不敏, 恐不能共事, 以病吾子, 敢
辭.' 主人曰: '某猶願吾子之終敎之也.' 賓對曰: '吾子重有命, 某敢不
從.'" 是一度辭, 後乃許之, 是賓禮辭許者也.

●經文: "賓禮辭許". ○아래문장에서 "빈객에게 알리며 '아무개에게는
아들 아무개가 있는데, 아들 머리에 포로 된 관을 씌우고자 하니, 그대께
서 찾아오셔서 그 일을 가르쳐주기를 원합니다.'라고 청하면, 빈객은 '아
무개는 민첩하지 못하여 그 일을 제대로 돕지 못해 그대를 욕되게 하지
않을까 염려되므로 감히 사양하고자 합니다.'라고 대답한다. 주인은 '아
무개는 그래도 그대께서 끝내 오셔서 가르쳐주기를 원합니다.'라고 말하

---

2) 『의례』「사관례」: 主人再拜, 賓答拜. 主人退, 賓拜送.

면, 빈객은 '그대께서 거듭 명을 하시니 아무개가 감히 따르지 않을 수 있겠습니까?'라고 대답한다.")라고 한 말에 해당한다. 이것은 한 차례 사양을 한 이후에 수락한다는 것을 나타내니, 이것이 바로 빈객이 예사를 한 후에 수락한다는 뜻이다.

賈疏 ◎ 注"戒警"至"許也". ○ 釋曰: 同官爲僚, 同志爲友. 此賓與主人同是官, 與爲同志, 故以"僚友"解之. 此謂上·中·下士嘗執摯相見者也. 若未嘗相見, 則不必戒, 故鄭以僚友言之是也.

◎ 鄭注: "戒警"~"許也". ○ 같은 관부에 근무하는 동료는 '요(僚)'가 되고, 뜻을 같이 하는 벗은 '우(友)'가 된다. 여기에서 말한 빈객은 주인과 같은 관부에서 일을 하거나 뜻을 같이 하는 자에 해당한다. 그렇기 때문에 '요우(僚友)'라는 말로 풀이했다. 이 내용은 상사·중사·하사 계층이 일찍이 예물을 들고 찾아가 서로 만나보았던 경우에 해당한다. 만약 일찍이 서로 만나본 적이 없는 경우라면 반드시 알릴 필요가 없다. 그렇기 때문에 정현은 동료와 벗이라는 말로 풀이한 것이다.

賈疏 ◎ 云"古者有吉事則樂與賢者歡成之"者, 則此經戒賓使來者是也.

◎ 鄭注: "古者有吉事則樂與賢者歡成之". ○ 이곳 경문에서 빈객에게 알려서 그로 하여금 찾아오게 한 것이 바로 이러한 경우에 해당한다.

賈疏 ◎ 云"有凶事則欲與賢者哀戚之"者, 則士喪禮始死命赴者使告君及同僚之等是也.

---

3) 『의례』「사관례」: 戒賓, 曰: "某有子某, 將加布於其首, 願吾子之敎之也." 賓對曰: "某不敏, 恐不能共事, 以病吾子, 敢辭." 主人曰: "某猶願吾子之終敎之也." 賓對曰: "吾子重有命, 某敢不從!"

◎鄭注: "有凶事則欲與賢者哀戚之". ○『의례』「사상례(士喪禮)」편에서 어떤 자가 이제 막 죽었을 때, 부고를 알리는 자에게 명령을 하여 군주에게 그 사실을 아뢰고, 동료들에게 사실을 알리도록 한 것 등이 이러한 경우에 해당한다.

賈疏 ◎云"禮辭, 一辭而許"者, 即此文是也.

◎鄭注: "禮辭, 一辭而許". ○이 문장의 내용이 이러한 경우에 해당한다.

賈疏 ◎云"再辭而許曰固辭"者, 則士相見云: "'某也願見, 無由達. 某子以命命某見.' 主人對曰: '某子命某見, 吾子有辱, 請吾子之就家也, 某將走見.' 賓對曰: '某不足以辱命, 請終賜見.' 主人對曰: '某不敢爲儀, 固請吾子之就家也, 某將走見.' 賓對曰: '某不敢爲儀, 固以請.' 主人對曰: '某也固辭, 不得命, 將走見.'" 是其再辭而許, 名爲固辭之義也.

◎鄭注: "再辭而許曰固辭". ○『의례』「사상견례(士相見禮)」편에서 "아무개는 찾아뵙기를 원하지만 소식을 통할 경로가 없습니다. 아무개께서는 주인의 명령이라 칭하여 아무개에게 찾아뵈라고 명하였습니다.'라고 말하면, 주인은 '아무개께서 아무개에게 찾아뵈라고 명하였는데, 그대께서는 욕되이도 직접 찾아오셨습니다. 그대께서 집으로 돌아가 계시기를 청하니, 아무개가 찾아가서 뵙도록 하겠습니다.'라고 대답한다. 빈객이 '아무개는 찾아오시겠다는 명을 욕되이 할 수가 없으니, 은혜를 베풀어주셔서 만나 뵙기를 청합니다.'라고 대답하면, 주인은 '아무개는 감히 겉치레로 하는 것이 아니니, 그대께서 집으로 돌아가 계시기를 거듭 청하니, 아무개가 찾아가서 뵙도록 하겠습니다.'라고 대답한다. 빈객이 '아무개는 감히 겉치레로 하는 것이 아니니, 거듭 만나 뵙기를 청합니다.'라고 대답하면, 주인은 '아무개는 거듭 사양을 하였으나, 끝내 수락을 하지 않으셨

으니, 나가서 뵙도록 하겠습니다.'라고 대답한다."⁴⁾라고 했는데, 이것은
두 차례 사양을 하고서 수락하는 것을 '고사(固辭)'라고 부르는 의미를
나타내고 있다.

賈疏 ◎云“三辭曰終辭不許也”者, 又士相見云: “士見于大夫, 終辭
其摯.” 是三辭不許爲終辭之義也. 若一辭不許, 後辭上許, 則爲禮辭
許. 若再辭不許, 後三辭上許, 則爲再辭而許之曰固辭. 若不許至于
三辭, 又不許, 則爲三辭曰終辭不許也. 又三辭而許則曰三辭, 若三
辭不許乃曰終辭. 是以公食大夫戒賓: “上介出請, 入告, 三辭.” 又司
儀云: “諸公相爲賓, 主君郊勞, 交擯, 三辭, 車逆, 拜辱, 三揖, 三辭.”
注云: “先辭, 辭其以禮來于外. 後辭, 辭升堂.” 皆是三辭而許, 稱三
辭. 若然, 此戒賓, 賓禮辭許, 不固辭. 按鄕飮酒“主人請賓, 賓禮辭
許.” 注云: “不固辭者, 素所有志.” 是賓習道藝, 本望賓擧, 是素所有
志, 故不固辭. 此亦素有志, 樂與主人歡成冠禮, 故不固辭. 諸經云
禮辭許者, 是素有志之類也.

◎ 鄭注: “三辭曰終辭不許也”. ○ 또 『의례』「사상견례(士相見禮)」편에
서는 “사가 대부를 찾아뵙게 되면 끝내 그가 들고 온 예물은 사양한다.”⁵⁾
라고 했는데, 이것은 세 차례 사양하고 끝내 수락하지 않는 것이 '종사(終
辭)'가 되는 뜻을 나타내고 있다. 만약 한 차례 사양하며 수락하지 않았다
가 뒤에 사양할 때 수락한다면, 예사(禮辭)를 하며 수락한 것이 된다.

---

4) 『의례』「사상견례(士相見禮)」: 士相見之禮. 摯, 冬用雉, 夏用腒. 左頭奉之, 曰:
“某也願見, 無由達. 某子以命命某見.” 主人對曰: “某子命某見, 吾子有辱, 請
吾子之就家也, 某將走見.” 賓對曰: “某不足以辱命, 請終賜見.” 主人對曰: “某
不敢爲儀, 固請吾子之就家也, 某將走見.” 賓對曰: “某不敢爲儀, 固以請.” 主
人對曰: “某也固辭, 不得命, 將走見. 聞吾子稱摯, 敢辭摯.”
5) 『의례』「사상견례(士相見禮)」: 賓奉摯入, 主人再拜受. 賓再拜送摯, 出. 主人送
于門外, 再拜. 士見於大夫, 終辭其摯. 於其入也, 一拜其辱也. 賓退, 送, 再拜.

만약 두 차례 사양하며 수락하지 않았다가 뒤에 세 차례 사양할 때 수락을 한다면 두 차례 사양하고 수락한 것이 되어 '고사(固辭)'라고 부른다. 만약 수락하지 않아 세 차례 사양하는 데에 이르렀는데 또 수락하지 않는다면, 세 차례 사양한 것이 되어 '종사(終辭)'라 하며 끝내 수락하지 않는 것이다. 또 세 차례 사양하였지만 수락했다면 '삼사(三辭)'라 부르고, 세 차례 사양하고 끝내 수락하지 않아야만 '종사(終辭)'라고 부른다. 이러한 까닭으로 『의례』「공사대부례(公食大夫禮)」편에서는 빈객에게 알릴 때 "상개(上介)⁶⁾가 밖으로 나와 찾아온 이유를 청해 묻고 들어가서 아뢰며, 빈객이 세 차례 사양한다."⁷⁾라고 했다. 또 『주례』「사의(司儀)」편에서는 "제공들이 상호 빈객이 되었을 때, 빙문을 받는 나라의 군주는 교로(郊勞)⁸⁾를 하고 교빈(交擯)⁹⁾을 하며 세 차례 사양하고 수레로 맞이하고 욕되이 찾아온 것에 절을 하며 세 차례 읍을 하고 세 차례 사양한다."¹⁰⁾라 했고, 주에서는 "앞서 사양한다는 것은 밖에서 예물을 가지고 찾아온 것에 대해 사양하는 것이다. 뒤에서 사양한다는 것은 당에 올라가는 것을 사양하는 것이다."라고 했다. 이 모두는 세 차례 사양했지만 결국 수락한

---

6) 상개(上介)는 개(介) 중에서도 가장 직위가 높았던 자를 뜻한다. 빈객(賓客)이 방문했을 때, 빈객의 부관이 되어, 주인(主人)과의 사이에서 시행해야 할 일들을 도왔던 부관들을 '개'이라고 부른다.

7) 『의례』「공사대부례(公食大夫禮)」: 上介出請, 入告. 三辭.

8) 교로(郊勞)는 교외(郊外)로 나가서, 찾아온 자를 영접하며 그의 노고를 위로한다는 뜻이다. 빈객(賓客)이 근교(近郊)에 당도하면, 군주는 경(卿)을 보내서 그의 노고를 위로하기도 했다. 『춘추좌씨전』「소공(昭公) 2년」편에는 "叔弓聘于 晉, 報 宣子也. 晉侯使郊勞."라는 기록이 있고, 이에 대한 두예(杜預)의 주에서는 "聘禮, 賓至近郊, 君使卿勞之."라고 풀이했다.

9) 교빈(交擯)은 빙문(聘問) 등의 의례에서, 상대방이 도착했을 때, 문 앞에 부관에 해당하는 개(介)나 빈(擯) 등이 도열하여, 명령을 전달하는 것을 뜻한다.

10) 『주례』「추관(秋官)·사의(司儀)」: 凡諸公相爲賓, 主國五積, 三問, 皆三辭拜受, 皆旅擯. 再勞, 三辭, 三揖, 登, 拜受, 拜送. 主君郊勞, 交擯, 三辭, 車逆, 拜辱, 三揖三辭, 拜受, 車送, 三還, 再拜.

것에 대해 '삼사(三辭)'라 지칭하고 있다. 만약 그렇다면 이곳에서 빈객에게 알려주었을 때 빈객이 예사(禮辭)를 하고 수락했다고 했으니, 이것은 고사(固辭)를 한 것이 아니다. 『의례』「향음주례(鄕飮酒禮)」편을 살펴보면 "주인이 빈객이 되어주길 청하면 빈객은 예사(禮辭)를 하고 수락한다."[11]라 했고, 주에서는 "고사(固辭)를 하지 않는 것은 본래부터 참여하려는 뜻이 있었기 때문이다."라고 했다. 이것은 빈객으로 분류되는 자들은 도와 재예를 익혀서 본래부터 빈객으로 선발되기를 기대하는데, 이것이 본래부터 참여하려는 뜻이 있었기 때문에 고사를 하지 않았다는 이유이다. 이곳의 경우에도 본래부터 참여하려는 뜻이 있어서, 주인과 함께 기뻐하며 관례를 완성시키길 즐겨하였기 때문에 고사를 하지 않은 것이다. 경문들에서 "예사를 하고 수락했다."라고 말한 것들은 본래 그에 대한 뜻이 있었던 경우에 해당한다.

참고 『주례』「추관(秋官) · 사의(司儀)」 기록

경문 凡諸公相爲賓,

무릇 제공들이 서로 빈객이 되었을 때,

鄭注 謂相朝也.

서로 조회하는 경우를 뜻한다.

賈疏 ◎注"謂相朝也". ○釋曰: 云"相朝", 則是兩公自相朝, 故下經云諸侯 · 諸伯 · 諸子 · 諸男相爲賓客, 以禮相待, 並是兩諸侯相朝之

---

11) 『의례』「향음주례(鄕飮酒禮)」: 主人戒賓, 賓拜辱. 主人答拜, 乃請賓, 賓禮辭許. 主人再拜, 賓答拜.

事也.

◎鄭注: "謂相朝也". ○ 정현이 "서로 조회하는 경우이다."라 했으니, 이 것은 두 공이 스스로 서로 조회를 하는 것이다. 그렇기 때문에 아래 경문 에서 제후(諸侯)·제백(諸伯)·제자(諸子)·제남(諸男)이 서로 빈객이 되어 예에 따라 서로 대접하는 것을 언급했으니, 두 제후가 서로 조회하 는 사안까지도 아우른다.

경문 主國五積, 三問, 皆三辭拜受, 皆旅擯. 再勞, 三辭, 三揖, 登, 拜受, 拜送.

방문을 받은 나라에서는 5개의 적(積)을 마련하고, 3번의 문(問)을 하는 데, 모두 3번의 사양을 하고 절을 하며 받고, 모두 개(介)와 빈(擯)을 도열만 시킨다. 2번의 노(勞)를 하고, 3번의 사양을 하며, 3번의 읍을 하 고, 올라가며, 절을 하며 받고, 절을 하며 전송한다.

鄭注 賓所停止則積, 間闊則問, 行道則勞. 其禮皆使卿大夫致之, 從來至去, 數如此也. 三辭, 辭其以禮來於外也. 積問不言登, 受之 於庭也. 鄭司農云: "旅讀爲'旅於太山'之旅, 謂九人傳辭, 相授於上 下竟, 問賓從末上行, 介還受, 上傳之." 玄謂旅讀爲鴻臚之臚, 臚陳 之也. 賓之介九人, 使者七人, 皆陳擯位, 不傳辭也. 賓之上介出請, 使者則前對, 位皆當其末擯焉. 三揖, 謂庭中時也, 拜送, 送使者.

빈객이 머무는 곳에 필요한 것들을 마련해주는 것은 '적(積)'이고, 오랜 기간 보지 못해서 안부를 묻는 것은 '문(問)'이며, 여정 중에 힘든 것을 묻는 것은 '노(勞)'이다. 그 예법에서는 모두 경과 대부를 시켜 치르도록 하며, 찾아왔을 때로부터 떠날 때까지 시행하는 수치는 이와 같다. '삼사 (三辭)'라고 했는데, 밖에서 예물을 가지고 찾아온 것에 대해 사양하는 것이다. 적(積)과 문(問)에 대해서는 "오른다."라고 말하지 않았으니, 마당에서 받는 것이다. 정사농은 "'여(旅)'자는 '태산에 여제사를 지냈다.'[12) 라고 했을 때의 여(旅)자로 풀이하니, 9명이 말을 전달하며, 맨 위와 맨 아래에 있는 자가 서로 전달하게 되니, 빈객에게 문(問)을 하며 가장 끝 에서부터 위로 전달되고, 개(介)가 다시 받아서 위에서 전달하게 된다." 라고 했다. 내가 생각하기에, '여(旅)'자는 홍려(鴻臚)라고 할 때의 '여 (臚)'자로 풀이하니, 펼쳐놓는다는 뜻이다. 빈객의 개(介)는 9명이고, 사 자(使者)의 경우 개(介)는 7명인데, 모두 빈(擯)의 자리에 도열하되 말을 전달하지는 않는다. 빈객의 상개(上介)가 나와서 청하니, 사자의 경우에 는 앞으로 나가 응대하게 되어, 그 자리는 모두 말단의 빈(擯)이 위치하 던 곳에 해당한다. 3번의 읍을 하는 것은 마당에 있을 때를 뜻하며, 절을 하며 전송한다는 것은 사자를 전송하는 것이다.

賈疏 ◎注"賓所"至"使者". ○釋曰: 云"賓所停止則積"者, 謂遣人云 "十里有廬, 廬有飮食, 三十里有宿, 宿有委, 五十里有市, 市有積", 是也. 云"間闊則問"者, 上注"問, 問不羞也". 云"行道則勞"者, 謂勞苦 之. 云"皆使卿大夫致之"者, 按聘禮, 遣卿行勞禮. 臣來尙遣卿勞, 明 君來遣卿勞可知. 此再勞, 一勞在境, 一勞在遠郊, 皆使卿. 其近郊 勞, 當主君親爲之也. 其積問, 當使大夫, 故下句云"致飱如致積之 禮", 注云: "俱使大夫, 禮同也." 知致飱使大夫者, 見聘禮宰夫朝服設 飱. 宰夫卽大夫. 問亦小禮, 明亦使大夫也. 云"從來至去數如此也" 者, 五積・三問・再勞, 來去皆有此數, 故云數如此也. 先鄭云"旅讀 爲'旅於大山'之旅, 謂九人傳辭, 相授於上下竟, 問賓從末上行, 介還 受, 上傳之"者, 此先鄭以爲旅擯與交擯同之. 後鄭不從者, 此臣禮云 "旅擯", 下文云"主君郊勞, 交擯三辭", 明其別. 旅直陳擯介, 不傳辭,

---

12) 『논어』「팔일(八佾)」: 季氏旅於泰山. 子謂冉有曰, "女弗能救與?" 對曰, "不能." 子曰, "嗚呼! 曾謂泰山不如林放乎?"

交則一往一來傳辭也. 云"玄謂旅讀爲鴻臚之臚, 臚陳之也"者, 按爾雅 · 釋詁云: "尸 · 旅, 陳也." 釋言云: "豫 · 臚, 敍也." 注云: "皆陳敍也." 後鄭不從旅大山之旅, 從臚者, 欲取敍義也. 云"賓之介九人"者, 自從公介九人之禮. 云"使者七人"者, 自從降二等之禮. 云"皆陳擯位, 不傳辭也. 賓之上介出請, 使者則前對, 位皆當其末擯焉"者, 此皆約聘禮, 主君大門內迎聘賓之位也. 云"三揖, 謂庭中時也"者, 如聘禮, 入門揖, 當曲揖, 當碑揖是也.

◎ 鄭注: "賓所"~"使者". ○ 정현이 "빈객이 머무는 곳에 필요한 것들을 마련해주는 것은 '적(積)'이다."라고 했는데,『주례』「유인(遺人)」편에서 "10리마다 여(廬)를 두니, 여에는 음식이 마련되어 있고, 30리마다 숙(宿)을 두니, 숙에는 위(委)가 마련되어 있고, 50리마다 시(市)를 두니, 시에는 적(積)이 마련되어 있다."[13]라고 했다. 정현이 "오랜 기간 보지 못해서 안부를 묻는 것은 '문(問)'이다."라고 했는데, 앞의 주에서는 "문(問)은 수고롭지 않았는지를 묻는 것이다."라고 했다. 정현이 "여정 중에 힘든 것을 묻는 것은 '노(勞)'이다."라고 했는데, 노고를 위로한다는 뜻이다. 정현이 "그 예법에서는 모두 경과 대부를 시켜 치르도록 한다."라고 했는데,『의례』「빙례(聘禮)」편을 살펴보면, 경을 파견하여 노(勞)의 의례를 시행한다고 했다. 신하가 찾아왔는데 오히려 경을 파견하여 노(勞)를 한다면, 군주가 찾아왔을 때에도 경을 파견하여 노(勞)를 한다는 사실을 알 수 있다. 이곳에서 재로(再勞)라고 했는데, 한 차례의 노(勞)는 국경에서 하는 것이고, 또 한 차례의 노(勞)는 원교에서 시행하는데, 둘 모두에 대해 경을 시키게 된다. 근교에서 노(勞)를 할 때에는 마땅히 빙문을 받는 나라의 군주가 직접 해당 의례를 시행하게 된다. 적(積)과 문

---

13)『주례』「지관(地官) · 유인(遺人)」: 凡賓客 · 會同 · 師役, 掌其道路之委積. 凡國野之道, 十里有廬, 廬有飲食; 三十里有宿, 宿有路室, 路室有委; 五十里有市, 市有候館, 候館有積.

(問)에 대해서는 마땅히 대부를 시켜야 한다. 그렇기 때문에 아래구문에서 "손(飧)14)을 보낼 때에는 적(積)을 보낼 때의 예법처럼 한다."15)라고 했고, 정현의 주에서는 "둘 모두 대부를 시킨다는 점에서 예법이 동일하다."라고 했다. 손(飧)을 보낼 때 대부를 시킨다는 사실을 알 수 있는 것은 「빙례」편을 살펴보면 재부가 조복(朝服)을 입고 손(飧)을 마련한다고 했다. 재부는 대부의 신분이다. 문(問) 또한 약소한 예식에 해당하니, 이러한 의례에서도 대부를 시킨다는 사실을 나타낸다. 정현이 "찾아왔을 때로부터 떠날 때까지 시행하는 수치는 이와 같다."라고 했는데, 5개의 적(積), 3번의 문(問), 2번의 노(勞)에 있어서, 찾아왔을 때와 떠날 때 모두 이와 같은 수치에 맞춘다. 그렇기 때문에 "수치는 이와 같다."라고 했다. 정사농은 "'여(旅)'자는 '태산에 여제사를 지냈다.'라고 했을 때의 여(旅)자로 풀이하니, 9명이 말을 전달하며, 맨 위와 맨 아래에 있는 자가 서로 전달하게 되니, 빈객에게 문(問)을 하며 가장 끝에서부터 위로 전달되고, 개(介)가 다시 받아서 위에서 전달하게 된다."라고 했는데, 이것은 정사농이 여빈(旅擯)을 교빈(交擯)과 동일하게 여겼음을 나타낸다. 정현이 이러한 주장에 따르지 않았던 것은 이곳에서 말한 것은 신하의 예법인데 '여빈(旅擯)'이라고 했고, 아래문장에서 "주군이 교외에서 위로를 할 때, 교빈(交擯)을 하며 3번 사양한다."16)라고 했으니, 이것은 서로 구별됨을 나타낸다. 여빈(旅擯)이라는 것은 단지 빈(擯)과 개(介)만 도열시키고 말을 전달하지 않는 것이니, 교빈(交擯)은 한 차례 가면 한 차례 오며 말을 전달하는 것이다. 정현이 "내가 생각하기에, '여(旅)'자는 홍려(鴻臚)라고 할 때의 '여(臚)'자로 풀이하니, 펼쳐놓는다는 뜻이다."라고 했는데, 『이아』「석고(釋詁)」편을 살펴보면 "시(尸)자와 여(旅)자는 진

---

14) 손(飧)은 빈객이 처음 이르렀을 때, 간단히 음식을 차려서, 접대하는 것을 뜻한다.
15) 『주례』「추관(秋官)·사의(司儀)」: 致飧如致積之禮.
16) 『주례』「추관(秋官)·사의(司儀)」: <u>主君郊勞, 交擯, 三辭</u>, 車逆, 拜辱, 三揖三辭, 拜受, 車送, 三還, 再拜.

(陳)자의 뜻이다."[17]라고 했고, 『이아』「석언(釋言)」편에서는 "예(豫)자와 여(臚)자는 서(敍)자의 뜻이다."[18]라고 했으며, 주에서는 "모두 차례대로 나열한다는 뜻이다."라고 했다. 정현은 태산에서 여제사를 지낸다고 했을 때의 여(旅)자로 풀이하지 않고, 여(臚)자의 뜻에 따랐으니, 서(敍)자의 의미를 취하고자 했기 때문이다. 정현이 "빈객의 개(介)는 9명이다."라고 했는데, 공작의 개(介)가 9명이라고 한 예법에 따른 것이다. 정현이 "사자(使者)의 경우 개(介)는 7명이다."라고 했는데, 자기 군주에 비해 2등급씩 낮추는 예법에 따른 것이다. 정현이 "모두 빈(擯)의 자리에 도열하되 말을 전달하지는 않는다. 빈객의 상개(上介)가 나와서 청하니, 사자의 경우에는 앞서 응대하게 되어, 그 자리는 모두 말단의 빈(擯)이 위치하던 곳에 해당한다."라고 했는데, 이러한 기록들은 모두 「빙례」편을 요약한 것으로, 빙문을 받은 군주가 대문 안에서 빙문으로 찾아온 빈객을 맞이하는 자리에 해당한다. 정현이 "3번의 읍을 하는 것은 마당에 있을 때를 뜻한다."라고 했는데, 「빙례」편에서 대문으로 들어와서 읍을 하고 곡(曲)에 이르면 읍을 하며 비(碑)에 이르면 읍을 한다고 했던 경우와 같다.

경문 主君郊勞, 交擯, 三辭, 車逆, 拜辱, 三揖三辭, 拜受, 車送, 三還, 再拜.

빙문을 받은 나라의 군주는 교외에서 노(勞)를 하고, 상호의 부관들이 늘어서 명령을 전달하며, 3번의 사양을 하고, 수레를 이용해 맞이하며, 욕되이 찾아온 것에 대해 절을 하고, 3번의 읍을 하고 3번의 사양을 하며, 절을 하며 받고, 수레를 이용해 전송하며, 3번 물리고, 재배를 한다.

---

17) 『이아』「석고(釋詁)」: 矢・雉・引・延・順・薦・劉・繹・尸・旅, 陳也.
18) 『이아』「석언(釋言)」: 豫・臚, 敍也.

主君郊勞, 備三勞而親之也. 鄭司農云: "交擯三辭, 謂擯主之擯者俱三辭也. 車逆, 主人以車迎賓於館也. 拜辱, 賓拜謝辱也." 玄謂交擯者, 各陳九介, 使傳辭也. 車迎拜辱者, 賓以主君親來, 乘車出舍門而迎之, 若欲遠就之然. 見之則下拜, 迎謝其自屈辱來也. 至去又出車, 若欲遠送然. 主君三還辭之, 乃再拜送之也. 車送迎之節, 各以其等, 則諸公九十步, 立當車軹也. 三辭重者, 先辭辭其以禮來於外, 後辭辭升堂.

빙문을 받은 나라의 군주가 교외에서 노(勞)를 한다는 것은 3번의 노(勞) 절차를 갖추고 직접 시행하는 것이다. 정사농은 "교빈삼사(交擯三辭)'라는 것은 주군을 돕는 빈(擯)이 모두 3번 사양하는 것을 뜻한다. '거역(車逆)'이라는 것은 주인이 수레를 이용해 숙소에서 빈객을 맞이하는 것이다. '배욕(拜辱)'은 빈객이 절을 하여 욕되이 찾아온 것에 대해 사례하는 것이다."라고 했다. 내가 생각하기에 '교빈(交擯)'이라는 것은 각각 9명의 개(介)를 도열시켜 말을 전달하도록 시킨다는 뜻이다. '거영배욕(車迎拜辱)'이라는 것은 빙문을 받는 군주가 직접 찾아온 것에 대해 빈객이 수레에 타서 임시숙소 문을 빠져나가 맞이하는 것이니, 멀리에서 찾아온 것처럼 보이기 위해서이다. 상대를 보게 되면 수레에서 내려 절을 하니, 자신의 신분을 굽혀 욕되이 찾아온 것에 대해 맞이하며 사례하는 것이다. 떠나갈 때에도 수레를 타고 나가니, 멀리까지 전송하는 것처럼 보이기 위해서이다. 주군이 3번 물리며 사양을 하면 곧 재배를 하고 전송하게 된다. 수레를 이용해 전송하거나 맞이하는 절차에 있어서 각각 그들의 등급에 따르게 되니, 제공(諸公)의 경우 90보를 벌려 서 있는 위치는 수레의 굴대가 있는 지점에 해당한다. 3번 사양한다는 말이 중복되어 있는데, 앞서 사양한 것은 밖에서 예물을 가지고 찾아온 것에 대해 사양하는 것이며, 이후에 사양한 것은 사양을 하여 당상에 오르는 것이다.

●"主君"至"再拜". ○釋曰: 此當近郊勞, 交擯三辭者, 主君至郊, 郊有館舍, 賓在內. 主君至館大門外, 主君北面而陳此九介, 去門九十步, 東面. 賓在大門內, 於門外之東, 亦陳九介, 西面. 不陳五擯者, 非主君, 從賓禮故也. "三辭"者, 賓三辭, 主君以禮來於外. "車迎拜辱"者, 傳辭旣訖, 賓乘車出大門迎主君, 至主君處下車, 拜主君屈辱, 自至郊也. "三揖"者, 入門及當曲・當碑爲三揖. "三辭"者, 辭讓升堂, 拜受, 賓再拜, 乃受幣, 主君亦當拜送, 不言, 省文也. "車送"者, 賓乘車出門就主君, 若欲遠送之. "三還"者, 主君見賓送己, 三還辭之. "再拜"者, 賓見主君辭, 遂再拜送主君也.

● 經文: "主君"~"再拜". ○ 이것은 근교에서 노(勞)를 하는 것에 해당하는데, '교빈삼사(交擯三辭)'라는 것은 빙문을 받은 군주가 교외에 당도하면 교외에는 숙소가 마련되어 있고 빈객은 그 안에 위치하게 된다. 빙문을 받은 군주가 숙소의 대문 밖에 도착하면 빙문을 받은 군주는 북쪽을 바라보며 9명의 개(介)를 도열시키고, 문으로부터 90보가 떨어진 지점에서 동쪽을 바라보게 된다. 빈객은 대문 안쪽에 위치하며, 문밖의 동쪽에 또한 9명의 개(介)를 도열시키며 서쪽을 바라보게 된다. 5명의 빈(擯)을 도열시키지 않는 것은 빙문을 받은 군주가 아니라서 빈객의 예법에 따르기 때문이다. '삼사(三辭)'라고 했는데, 빈객이 3차례 사양하는 것으로, 빙문을 받은 군주가 밖에서 예물을 가지고 찾아왔기 때문이다. '거영배욕(車迎拜辱)'이라고 했는데, 말을 전달하는 절차가 끝나면 빈객은 수레에 올라 대문을 빠져나가 빙문을 받은 군주를 맞이하고, 빙문을 받은 군주가 있는 지점에 도달하면 수레에서 내리고, 빙문을 받은 군주가 자신의 신분을 굽혀 수고롭게 찾아온 것에 대해 절을 하니, 직접 교외까지 찾아왔기 때문이다. '삼읍(三揖)'이라고 했는데, 문으로 들어설 때, 곡(曲)에 당도했을 때, 비(碑)에 당도했을 때 읍을 하는 것이 3번 읍을 하는 것이다. '삼사(三辭)'라고 했는데, 사양하며 당상으로 올라가는 것이고, '배수(拜受)'는 빈객이 재배를 하면 예물을 받는 것인데, 빙문을 받은 군주 또한 마땅히 절을 하며 전송하게 되지만 이러한 사실을 언급하지 않은 것은

문장을 생략했기 때문이다. '거송(車送)'이라고 했는데, 빈객이 수레에 타서 문밖으로 나와 빙문을 받은 군주에게 나아가는 것이니, 멀리까지 전송하는 것처럼 보이고자 한 것이다. '삼환(三還)'이라고 했는데, 빙문을 받은 군주가 빈객이 자신을 전송하는 일을 보게 되면 3번 물려서 사양하는 것이다. '재배(再拜)'라고 했는데, 빈객은 빙문을 받은 군주가 사양하는 것을 보게 되면, 마침내 재배를 하며 빙문을 받은 군주를 전송하는 것이다.

賈疏 ◎注"主君"至"升堂". ○釋曰: 云"備三勞而親之也"者, 大行人有"三問三勞"之文也. 主君身自勞, 是親之也. 先鄭云"車逆, 主人以車迎賓於館也. 拜辱, 賓拜謝辱也." 後鄭不從者, 此直是備三勞, 旣來至國, 何有輒迎賓於館乎? 玄謂"各陳九介"者, 以其在道, 俱不爲主, 故無五擯之事, 故各陳九介也. 云"立當車軹也"者, 賓主俱立當軹, 大行人文. 云"後辭辭升堂"者, 按鄕飮酒禮"主人取爵降洗, 賓降, 主人坐奠爵于階前, 辭", 注云: "事同曰讓, 事異曰辭." 禮, 升堂是事同, 不云讓而云辭者, 此賓主敵者, 主人之意欲有受於庭之心, 故從事異曰辭. 是以下諸公之臣等升堂皆云讓, 依事同曰讓, 非敵. 故聘義云: "三讓而後傳命, 三讓而後入廟門", 並事異, 不云辭者, 欲取致尊讓之意, 變文耳. 又彼記文, 非正經, 故不爲例也.

◎鄭注: "主君"~"升堂". ○정현이 "3번의 노(勞) 절차를 갖추고 직접 시행하는 것이다."라고 했는데, 『주례』「대행인(大行人)」편에는 '삼문삼로(三問三勞)'[19]라는 기록이 있기 때문이다. 빙문을 받은 군주 본인이 직접 노(勞)를 하는 것이 바로 친지(親之)의 뜻이다. 정사농은 "'거역(車

---

19) 『주례』「추관(秋官)·대행인(大行人)」: 上公之禮, 執桓圭九寸, 繅藉九寸, 冕服九章, 建常九斿, 樊纓九就, 貳車九乘, 介九人, 禮九牢, 其朝位, 賓主之間九十步, 立當車軹, 擯者五人, 廟中將幣三享, 王禮再祼而酢, 饗禮九獻, 食禮九擧, 出入五積, <u>三問三勞</u>.

逆)'이라는 것은 주인이 수레를 이용해 숙소에서 빈객을 맞이하는 것이다. '배욕(拜辱)'은 빈객이 절을 하여 욕되이 찾아온 것에 대해 사례하는 것이다."라고 했는데, 정현이 이러한 주장에 따르지 않은 것은 단지 3번의 노(勞)를 갖춘다는 것에 해당하며, 이미 그 나라에 당도하였는데, 갑작스럽게 숙소에서 빈객을 맞이한다는 일이 발생할 수 있겠는가? 정현이 "각각 9명의 개(介)를 도열시킨다."라고 했는데, 도로에 있기 때문으로, 둘 모두 주인을 위해서 하는 것이 아니다. 그렇기 때문에 5명의 빈(擯)이 도열하는 사안이 없다. 그래서 각각 9명의 개(介)를 도열시킨다. 정현이 "서 있는 위치는 수레의 굴대가 있는 지점에 해당한다."라고 했는데, 빈객과 주인 모두 서 있는 지점이 수레의 굴대가 있는 곳에 해당하니, 이것은 「대행인」편에 나오는 기록이다. 정현이 "이후에 사양한 것은 사양을 하여 당상에 오르는 것이다."라고 했는데, 『의례』「향음주례(鄕飮酒禮)」편을 살펴보면 "주인은 술잔을 가져다가 당하로 내려가서 술잔을 씻고, 빈객이 당하로 내려가며, 주인은 앉아서 계단 앞에 술잔을 내려놓고 빈객이 뒤따라 내려오는 것을 사양한다."[20]라고 했고, 정현의 주에서는 "사안이 동일할 때 사양하는 것은 '양(讓)'이라 부르고, 사안이 다를 때 사양하는 것은 '사(辭)'라고 부른다."라고 했다. 예법에 따르면 당상에 올라가는 것은 사안이 동일한 경우에 해당한다. 그런데도 양(讓)이라 부르지 않고 사(辭)라고 부른 것은 빈객과 주인의 신분이 대등한 경우, 주인의 심중에는 마당에서 받고자 하는 마음이 있기 때문에, 사안이 다를 경우에 부르는 용례에 따라 사(辭)라고 한 것이다. 이러한 까닭으로 아래 제공(諸公)의 신하 등이 당상에 올라갈 때에는 모두 양(讓)이라고 했으니, 사안이 같은 경우에 따라 양(讓)이라고 한 것으로, 신분이 대등하지 않기 때문이다. 그래서 「빙의」편에서는 "3번 양(讓)을 한 이후에 군주의 명령을 전달하

---

20) 『의례』「향음주례(鄕飮酒禮)」: 主人坐取爵于篚, 降洗. 賓降. 主人坐奠爵于階前, 辭.

고, 3번 양(讓)을 한 이후에 묘문으로 들어간다."라고 했던 것인데, 이 모두는 사안이 다른데도 사(辭)라고 말하지 않은 것은 지극히 존귀한 자가 양(讓)을 한다는 뜻을 따르고자 했기 때문에 문장을 바꿔서 쓴 것일 뿐이다. 또한 『예기』의 기록은 경문에 해당하는 것이 아니다. 그렇기 때문에 일반적인 용례가 될 수 없다.

主人再拜, 賓答拜. 主人退, 賓拜送.

직역 主人이 再拜하면, 賓은 答拜한다. 主人이 退하면, 賓은 拜하며 送한다.

의역 주인이 재배를 하면 빈객은 답배를 한다. 주인이 떠나게 되면 빈객은 절을 하며 전송한다.

鄭注 退, 去也, 歸也.

'퇴(退)'자는 떠난다는 뜻이며, 돌아간다는 의미이다.

賈疏 ○按鄕飲酒: "主人戒賓, 賓拜辱. 主人答拜, 乃請賓, 賓禮辭 許. 主人再拜, 賓答拜. 主人退, 賓拜辱." 鄕射亦然, 皆與此文不同. 此經文不具, 當依彼文爲正. 但此不言拜辱者, 亦是不爲賓已故也.

○『의례』「향음주례(鄕飲酒禮)」편을 살펴보면, "주인이 빈객으로 정한 자에게 그 사실을 알려주면, 빈객은 자신의 집까지 수고롭게 찾아온 것에 대해 절을 한다. 주인은 답배를 하고 빈객이 되어주길 청하고, 빈객은 예사(禮辭)를 하고서 수락한다. 주인은 재배를 하고 빈객은 답배를 한다. 주인이 떠나게 되면 빈객은 주인이 수고롭게 찾아온 것에 대해 절을 한다."[1]라 했고, 『의례』「향사례(鄕射禮)」에서도 이처럼 기록하였으니, 둘 모두 이곳의 기록과는 차이를 보인다. 이곳 경문은 자세히 기록하지 않은 것이니, 마땅히 「향음주례」편의 기록에 따라 바로잡아야 한다. 다만 이곳 에서 수고롭게 찾아온 것에 대해 절을 했다고 말하지 않았는데, 이것은 또한 정식 빈객이 되지 못했기 때문이다.

---

1) 『의례』「향음주례(鄕飲酒禮)」: 主人戒賓, 賓拜辱. 主人答拜, 乃請賓, 賓禮辭 許. 主人再拜, 賓答拜. 主人退, 賓拜辱.

제 3 절

관을 씌워줄 빈객에 대해 점치는 절차

> 前期三日, 筮賓, 如求日之儀.

직역 期의 前 三日에, 賓에 대해 筮하니, 日을 求하는 儀와 如한다.

의역 관례를 치르기로 정한 날 3일 전에 아들에게 관을 씌워줄 빈객에 대해 시초점을 치니, 날짜를 정하기 위해 시초점을 쳤던 의례처럼 한다.

鄭注 前期三日, 空二日也. 筮賓, 筮其可使冠子者, 賢者恒吉. 冠義曰: "古者冠禮筮日筮賓, 所以敬冠事. 敬冠事所以重禮, 重禮所以爲國本."

관례를 치르기로 정한 날 3일전에 한다는 것은 2일의 공백을 두는 것이다. '서빈(筮賓)'은 아들에게 관을 씌워줄 수 있는 자에 대해서 시초점을 친다는 뜻으로, 현명한 자는 항상 길한 점괘가 나오기 때문이다. 『예기』「관의(冠義)」편에서는 "고대의 관례를 설명하자면, 관례를 치르는 날짜에 대해 시초점을 쳤고, 초빙할 빈객에 대해서도 시초점을 쳤으니, 이처럼 했던 것은 관례의 사안을 공경스럽게 대했기 때문이다. 관례의 사안을 공경스럽게 대하는 것은 예를 중시하기 때문이며, 예를 중시하는 것은 나라의 근본이 되기 때문이다."[1]라고 했다.

---

1) 『예기』「관의(冠義)」: 古者冠禮: 筮日 · 筮賓, 所以敬冠事. 敬冠事, 所以重禮, 重禮, 所以爲國本也.

賈疏 ●"前期"至"之儀". ○釋曰: 此文下盡"宿贊冠者亦如之", 論筮
賓若贊冠者之節.

●經文: "前期"~"之儀". ○이 문장으로부터 뒤로 "관례의 진행을 돕는
자에게 나아가 알릴 때에도 이처럼 한다."[2]라는 구문까지는 빈객과 관례
를 돕는 자에 대해 시초점을 치는 절차를 논의하고 있다.

賈疏 ●云"前期三日"者, 加日爲期, 期前三日也. 筮賓者, 謂於僚友
衆士之中, 筮取吉者爲加冠之賓也.

●經文: "前期三日". ○관례를 치르는 날은 '기(期)'가 되니 기 3일 전을
뜻한다. '서빈(筮賓)'은 동료와 벗 및 뭇 사들 중에서 길한 점괘가 나온
자를 뽑아 관을 씌워주는 빈객으로 삼는다는 뜻이다.

賈疏 ●云"如求日之儀"者, 亦于廟門外, 下至告事畢, 唯命筮別, 其
餘威儀並同, 故云如求日之儀也. 命筮雖無文, 宰·贊蓋云: 主人某
爲適子某加冠, 筮某爲賓, 庶幾從之. 若庶子, 則改"適"爲一"庶", 字
異, 餘亦同. 此經不云命筮, 并上筮日亦不云命筮者, 皆文不具也.

●經文: "如求日之儀". ○빈객에 대해 시초점을 칠 때에도 묘문 밖에서
하며, 그 뒤로 일이 모두 끝났다고 아뢴다고 한 절차까지 동일하게 따르
게 되는데, 오직 시초점 치는 내용에 대해 명령하는 것만 차이가 나며,
나머지 의례절차는 모두 동일하다. 그렇기 때문에 "날짜를 정하기 위해
시초점을 쳤던 의례처럼 한다."라고 했다. 시초점 치는 내용에 대해 명령
하는 말에 대해서는 비록 기록이 없지만, 재(宰)와 관례의 진행을 돕는
자는 아마도 주인 아무개는 적장자 아무개를 위해 관례를 치르려고 하여,
아무개를 빈객으로 삼으려 시초점을 치니 따라도 되겠냐고 했을 것이다.

---

2) 『의례』「사관례」: <u>宿贊冠者</u>一人, <u>亦如之</u>.

만약 서자의 경우라면 '적(適)'자를 서(庶)자로 고쳐서, 한 글자의 차이만 있었을 것이고 나머지는 모두 동일하게 했을 것이다. 이곳 경문에서 시초점 치는 내용에 대해 명령한다고 말하지 않았고, 앞에서도 날짜에 대해 시초점을 치면서 시초점 치는 내용에 대해 명령한다고 말하지 않았는데, 이 모두는 문장을 생략해서 기록했기 때문이다.

賈疏 ◎注"前期"至"國本". ○釋曰: 云"前期三日, 空二日也"者, 謂正加冠日是期日, 冠日之前空二日, 外爲前期三日, 故云空二日也. 二日之中, 雖有宿賓·宿贊冠者, 及夕爲期, 但非加冠之事, 故云空也.

◎鄭注: "前期"~"國本". ○정현이 "관례를 치르기로 정한 날 3일전에 한다는 것은 2일의 공백을 두는 것이다."라고 했는데, 관례를 치르는 당일은 기일(期日)이 되고, 관례를 치르는 날 이전에 2일의 공백을 두니, 그 밖은 관례를 치르기로 정한 날 3일 전이 된다. 그렇기 때문에 "2일의 공백을 둔다."라고 했다. 2일 동안 비록 빈객에게 나아가 알리고 관례의 진행을 돕는 자에게 나아가 알리며, 전날 저녁이 되어 관례를 치르는 시간을 정한다고 했는데, 이것은 관례를 치르는 직접적인 일이 아니다. 그렇기 때문에 "공백을 둔다."라고 했다.

賈疏 ◎云"筮賓, 筮其可使冠子者", 卽下文三加, 皆賓親加冠于首者是也.

◎鄭注: "筮賓, 筮其可使冠子者". ○아래문장에서 삼가(三加)를 하며 모두 빈객이 직접 자식의 머리에 관을 씌워준다고 한 말이 이러한 사실을 나타낸다.

賈疏 ◎云"賢者恒吉"者, 解經先戒後筮之意. 凡取人之法, 先筮後戒. 今以此賓是賢者, 必知吉, 故先戒賓, 賓已許, 方始筮之. 以其賢恒自吉, 故先戒後筮之也. 若賢恒吉, 必筮之者, 取其審愼重冠禮之事, 故鄭引冠義爲證也.

◎ 鄭注: "賢者恒吉". ○ 경문에서 먼저 알리고 이후에 시초점을 친다고 했던 뜻을 풀이한 것이다. 무릇 사람을 택할 때의 법도는 먼저 시초점을 치고 이후에 알리는 것이다. 그런데 이곳에서 말한 빈객은 현명한 자이다. 따라서 그들이 길한 사람임을 분명히 알 수 있다. 그러므로 먼저 빈객에게 알리고 빈객이 허락을 하면 그제야 시초점을 치는 것이다. 현명한 자는 항상 길하기 때문에 먼저 알리고 이후에 시초점을 친다. 현명한 자는 항상 길한데도 기어코 시초점을 치는 것은 관례라는 사안을 신중히 하고 중대하게 여기기 때문이다. 그래서 정현은 『예기』「관의(冠義)」편의 내용을 인용하여 증명한 것이다.

賈疏 ◎ 云"重禮所以爲國本"者, 詩云: "人而無禮, 胡不遄死." 禮運云: "治國不以禮, 猶無耜而耕也." 故云重禮所以爲國本也. 然冠旣筮賓, 特牲 · 少牢不筮賓者, 彼以祭祀之事, 主人自爲獻主, 群臣助祭而已. 天子諸侯之祭, 祭前已射, 于射宮擇取可預祭者, 故不筮之也.

◎ 鄭注: "重禮所以爲國本". ○ 『시』에서는 "사람이 되고서도 예가 없는데, 어찌 빨리 죽지 않는단 말인가."[3]라 했고, 『예기』「예운(禮運)」편에서는 "나라를 다스림에 예로써 하지 않음은 보습이 없는데도 밭을 가는 것과 같다."[4]라 했다. 그렇기 때문에 "예를 중시하는 것은 나라의 근본이 되기 때문이다."라고 말한 것이다. 그런데 관례에서는 이미 빈객에 대해 시초점을 쳤는데, 『의례』「특생궤식례(特牲饋食禮)」편과 「소뢰궤식례

---

3) 『시』「용풍(鄘風) · 상서(相鼠)」: 相鼠有體, 人而無禮. <u>人而無禮, 胡不遄死</u>.
4) 『예기』「예운(禮運)」: 故<u>治國不以禮, 猶無耜而耕也</u>. 爲禮不本於義, 猶耕而弗種也. 爲義而不講之以學, 猶種而弗耨也. 講之以學而不合之以仁, 猶耨而弗穫也. 合之以仁而不安之以樂, 猶穫而弗食也.

(少牢饋食禮)」편에서는 빈객에 대해서 시초점을 치지 않았다. 그 이유는 두 편의 내용은 제사의 사안으로, 주인이 직접 술을 따르는 제주가 되고 뭇 신하들은 제사를 돕기만 할 따름이기 때문이다. 천자와 제후의 제사라면 제사 이전에 이미 활쏘기를 시행하고, 사궁(射宮)[5]에서 제사에 참여할 자들을 선발하게 된다. 그렇기 때문에 시초점을 치지 않는 것이다.

참고 『예기』「관의(冠義)」 기록

경문 古者冠禮: 筮日·筮賓, 所以敬冠事. 敬冠事, 所以重禮, 重禮, 所以爲國本也.

고대의 관례를 설명하자면, 관례를 치르는 날짜에 대해 시초점을 쳤고, 초빙할 손님에 대해서도 시초점을 쳤으니, 이처럼 했던 것은 관례의 사안을 공경스럽게 대했기 때문이다. 관례의 사안을 공경스럽게 대하는 것은 예(禮)를 중시하기 때문이며, 예를 중시하는 것은 나라의 근본이 되기 때문이다.

鄭注 國以禮爲本.

나라에서는 예를 근본으로 삼는다.

孔疏 ●"古者冠禮"者, 此明將冠之時.

● 經文: "古者冠禮". ○ 이 문장은 장차 관례를 치르려고 하는 때에 해당

---

5) 사궁(射宮)은 천자가 대사례(大射禮)를 시행하던 장소이며, 또한 이곳에서 사(士)들을 시험하기도 했다. 『춘추곡량전』「소공(昭公) 8년」편에는 "以習射於射宮."이라는 기록이 있고, 『예기』「사의(射義)」편에는 "諸侯歲獻貢士於天子, 天子試之於射宮."이라는 기록이 있다.

함을 나타낸다.

孔疏 ●“筮日·筮賓”, 重冠禮之事, 又明冠禮三加其冠, 以漸成人
之禮.

● 經文: “筮日·筮賓”. ○ 관례에 대한 사안을 중시하고, 또한 관례에서
세 종류의 관을 씌워주어서, 점진적으로 성인으로 근접하는 예에 따른다
는 사안을 나타내고 있다.

참고 『시』「용풍(鄘風)·상서(相鼠)」

相鼠有皮, (상서유피) : 저 쥐를 보니 가죽이 있는데,
人而無儀. (인이무의) : 사람이 되고서 위엄스러운 거동이 없단 말인가.
人而無儀, (인이무의) : 사람이 되고서도 위엄스러운 거동이 없는데,
不死何爲. (불사하위) : 죽지 않고 무엇을 하는가.

相鼠有齒, (상서유치) : 저 쥐를 보니 이빨이 있는데,
人而無止. (인이무지) : 사람이 되고서 반듯한 행동거지와 용모가 없단
　　　　　　　　　　　　 말인가.
人而無止, (인이무지) : 사람이 되고서도 반듯한 행동거지와 용모가 없
　　　　　　　　　　　　 는데,
不死何俟. (불사하사) : 죽지 않고 무엇을 기다리는가.

相鼠有體, (상서유체) : 저 쥐를 보니 몸뚱이가 있는데,
人而無禮. (인이무례) : 사람이 되고서 예가 없단 말인가.
人而無禮, (인이무례) : 사람이 되고서도 예가 없는데,
胡不遄死. (호불천사) : 어찌 빨리 죽지 않는단 말인가.

毛序　相鼠, 刺無禮也. 衛文公, 能正其群臣, 而刺在位承先君之化, 無禮儀也.

「상서(相鼠)」편은 무례함을 풍자한 시이다. 위(衛)나라 문공은 뭇 신하들을 바르게 할 수 있었지만 군주의 자리에 올라 선대 군주의 교화를 받들면서도 예의가 없었음을 풍자한 것이다.

참고　『예기』「예운(禮運)」 기록

경문　故治國不以禮, 猶無耜而耕也. 爲禮不本於義, 猶耕而弗種也. 爲義而不講之以學, 猶種而弗耨也. 講之以學而不合之以仁, 猶耨而弗穫也. 合之以仁而不安之以樂, 猶穫而弗食也.

공자가 계속해서 말해주길, "그러므로 나라를 다스림에 예(禮)로써 하지 않음은 보습이 없는데도 밭을 가는 것과 같다. 예(禮)를 시행함에 의(義)에 근본을 두지 않음은 밭을 갈되 파종을 하지 않는 것과 같다. 의(義)를 시행하되 학문[學]으로써 강론하지 않는 것은 파종을 하되 김을 매지 않는 것과 같다. 학문으로 강론을 하되 인(仁)에 합치시키지 않는 것은 김을 매되 수확을 하지 않는 것과 같다. 인(仁)에 합치시키되 음악[樂]으로써 편안하게 해주지 않는 것은 수확을 하되 음식을 먹지 않는 것과 같다."라고 했다.

鄭注　無以入也. 嘉穀無由生也. 苗不殖, 草不除. 無以知收之豊荒也. 不知味之甘苦.

보습이 없다면 밭을 갈러 농경지로 들어갈 수 없다. 파종을 하지 않는 것은 곡물이 생장할 수 있는 시작점이 없는 것이다. 묘목이 번성하지 않고, 잡초를 제거하지 않는 것이다. 수확을 하지 않으면 거둬들인 결과물이 풍작인지 흉작인지를 알 수 없다. 음식을 먹지 않으면 그 맛이 좋은지

나쁜지를 알 수 없다.

孔疏　●“故治”至“危也”. ○正義曰: 此以下顯前譬也. 人君治人情若無禮, 猶農夫耕而無耜也.

●經文: “故治”~“危也”. ○이곳 구문부터 그 이하의 내용들은 앞서 언급했던 비유들의 뜻을 나타내고 있다. 군주가 사람의 정감을 다스릴 때 만약 예(禮)가 없다면, 이것은 마치 농부가 밭을 갈 때 보습이 없는 경우와 같다.

제 4 절

관을 씌워줄 빈객에게 참여해줄 것을 재차 청하는 절차

17上

> 乃宿賓. 賓如主人服, 出門左, 西面再拜. 主人東面答拜.

직역 乃히 賓에게 宿한다. 賓은 主人의 服과 如하며, 門을 出하여 左하고, 西面하고 서 再拜한다. 主人은 東面하고서 答拜한다.

의역 관을 씌워줄 빈객에 대해 점치는 일이 끝나면, 곧 빈객에게 찾아가서 빈이 관례를 치르는 날 찾아오도록 청을 한다. 빈객은 주인과 같은 복장을 착용하고, 문 밖으로 나와 좌측으로 가서, 서쪽을 바라보며 재배를 한다. 주인은 동쪽을 바라보며 답배를 한다.

鄭注 宿, 進也. 宿者必先戒, 戒不必宿. 其不宿者爲衆賓, 或悉來或 否. 主人朝服.

'숙(宿)'자는 나아간다는 뜻이다. 숙(宿)을 하는 경우에는 반드시 그보다 먼저 계(戒)를 하지만, 계(戒)를 하는 경우에는 숙(宿)을 반드시 하는 것은 아니다. 숙(宿)을 하지 않는 대상은 빈객 무리들이 되는데, 그들은 모두 찾아오기도 하지만 그렇지 않기도 한다. 주인은 조복(朝服)을 착용한다.

賈疏 ●"乃宿"至"答拜". ○釋曰: 此經爲宿賓, 擯者傳主人辭, 入內 告賓, 賓如主人服, 出門與主人相見之儀也.

●經文: "乃宿"~"答拜". ○이곳 경문은 빈객이 찾아오도록 하는 절차로,

빈객의 집에 가서 빈(擯)[1]이 주인의 말을 전달하여, 안으로 들어가 빈객에게 그 사실을 알리면, 빈객은 주인의 복장과 동일하게 갖춰 입고, 문밖으로 나와 주인과 서로 만나보는 의례 절차에 해당한다.

賈疏 ◎注"宿進"至"朝服". ○ 釋曰: 鄭訓宿爲進者, 謂進之使知冠日當來, 故下文"宿曰: '某將加布于某之首, 吾子將蒞之, 敢宿.' 賓對曰: '某敢不夙興.'" 是宿之使進之義也.

◎ 鄭注: "宿進"~"朝服". ○ 정현이 숙(宿)자를 나아간다는 뜻으로 풀이했는데, 그에게 찾아가서 그로 하여금 관례를 치르는 당일에 찾아오게끔 한다는 뜻이다. 그렇기 때문에 아래문장에서는 "그에게 찾아가 오도록 청하며 '아무개는 아들 아무개의 머리에 포로 된 관을 씌우고자 하니, 그대가 그 일에 임해주시기를 감히 청합니다.'라고 말하면, 빈객은 '아무개가 감히 일찍 일어나서 찾아가지 않을 수 있겠습니까?'라고 대답한다."[2]라고 했다. 이것은 숙(宿)을 한다는 것이 상대로 하여금 찾아오게 한다는 뜻이 됨을 나타낸다.

賈疏 ◎云"宿者必先戒"者, 謂若賓及贊冠同在上戒賓之內, 已戒之矣, 今又宿, 是宿者必先戒也.

◎ 鄭注: "宿者必先戒". ○ 빈객과 관례의 진행을 돕는 자가 앞에서 빈객에게 알린다고 한 대상에 포함된다면, 이미 계(戒)를 한 것이고, 현재 재차 숙(宿)을 하니, 이것은 숙(宿)을 하는 경우에는 반드시 그보다 먼저 계(戒)를 하게 됨을 나타낸다.

---

1) 빈(擯)은 빈객(賓客)이 방문했을 때, 주인(主人)의 부관이 되어, 빈객과의 사이에서 시행해야 할 일들을 도왔던 부관들을 뜻한다.
2) 『의례』「사관례」: 宿曰: "某將加布於某之首, 吾子將蒞之, 敢宿." 賓對曰: "某敢不夙興."

賈疏 ◎云"戒不必宿"者, 卽上文戒賓之中, 除正賓及贊冠者, 但是僚友欲觀禮者, 皆戒之, 使知而已, 後更不宿, 是戒不必宿者也.

◎鄭注: "戒不必宿". ○ 앞에서 빈객에게 알린다고 한 대상 중 관을 씌워줄 주요 빈객과 관례의 진행을 도와줄 자를 제외한다면, 이들은 단지 주인의 동료이자 벗으로 관례를 살펴보고자 하는 자들이며, 이들에 대해서는 모두 관례에 대한 내용을 알려서 그 사실을 인지하게끔만 할 뿐이며, 이후 재차 숙(宿)을 하지 않으니, 이것은 계(戒)를 하는 경우에는 숙(宿)을 반드시 하는 것은 아니라는 사실을 나타낸다.

賈疏 ◎云"不宿者爲衆賓, 或悉來或否"者, 此決賓與贊冠者戒而又宿, 不得不來, 衆賓主來觀禮, 非要須來, 容有不來者, 故直戒不宿也.

◎鄭注: "不宿者爲衆賓, 或悉來或否". ○ 이것은 관을 씌워줄 주요 빈객과 관례의 진행을 도와줄 자들에 대해서는 관례를 치른다고 알리고 재차 찾아오라고 청하여 찾아오지 않을 수 없게 되며, 빈객 무리들은 주로 찾아와서 관례를 살펴보는데 반드시 와야 하는 것은 아니며 오지 못하는 경우도 있다. 그렇기 때문에 계(戒)만 하고 숙(宿)을 하지 않는다는 것을 설명한 말이다.

賈疏 ◎云"主人朝服"者, 是上文筮日時朝服, 至此無改服之文, 則知皆朝服. 凡有戒無宿者, 非止於此. 按鄕飮酒·鄕射主人戒賓及公食大夫各以其爵, 皆是當日之戒, 理無宿也. 又大射"宰戒百官有事于射者, 射人戒諸公卿大夫射, 司士戒士射與贊者. 前射三日, 宰夫戒宰及司馬", 皆有戒而無宿是也. "射人宿視滌", 此言宿者, 謂將射之前, 於宿預視滌濯, 非戒宿之意也. 若然, 特牲禮云前期三日宿尸, 前無戒而直有宿者, 特牲文不具, 其實亦有戒也. 又禮記·祭統云: "先期旬有一日, 宮宰宿夫人, 夫人亦散齊七日, 致齊三日." 注云: "宿, 讀爲肅. 肅, 猶戒也. 戒輕·肅重也"者, 彼以夫人尊, 故不得言戒, 而變言宿. 讀爲肅者, 肅亦戒之意. 彼以宿當戒處, 非謂祭前三日之宿也. 大宰云"祀五帝則掌百官之誓戒"者, 謂戒百官使之散齊, 至祭前三日, 當致齊也. 凡宿賓之法, 按特牲云前期三日筮尸, 乃宿尸, 厥明夕, 陳鼎. 則前期二日宿之也. 少牢"筮吉"下云"宿", 鄭注云: "大夫尊, 儀益多, 筮日旣戒諸官以齊戒矣. 至前祭一日, 又戒以進之, 使知祭日當來." 又云: "前宿一日, 宿戒尸." 注云: "先宿尸者, 重所用爲尸者, 又爲將筮." 吉則乃遂宿尸. 是前祭二日筮尸訖宿尸, 至前祭一日又宿尸. 天子‧諸侯祭前三日宿之, 使致齊也.

◎ 鄭注: "主人朝服". ○ 앞에서 관례를 치를 날짜에 대해 시초점을 칠 때 조복을 착용한다고 했는데,[3] 이곳 문장에 이르기까지 복장을 바꾼다는 기록이 없으니, 모든 절차에서 조복을 착용한다는 사실을 알 수 있다. 계(戒)만 있고 숙(宿)이 없는 경우는 여기에서 그치지 않는다. 『의례』「향음주례(鄕飮酒禮)」와 「향사례(鄕射禮)」편에서 주인이 빈객에게 계(戒)를 하고, 「공사대부례(公食大夫禮)」편에서 대부를 시켜 알릴 때에는 각각 그들과 동등한 작위로 한다고 했는데,[4] 모두 행사를 치르는 당일에 계(戒)를 하여, 이치상 숙(宿)이 없게 된다. 또 『의례』「대사(大射)」편에서는 "재(宰)가 백관(百官)[5]들에게 활쏘기에서 맡아볼 일이 있다고 알리고, 사인(射人)은 제공‧경‧대부에게 활쏘기를 한다고 알리며, 사사(司士)는 사와 진행을 도와줄 자들에게 알린다. 활쏘기를 하기 3일 전에 재부(宰夫)는 재와 사마(司馬)에게 알린다."[6]라고 했는데, 이러한 절차에

---

3) 『의례』「사관례」: 主人玄冠, 朝服, 緇帶, 素韠, 卽位于門東, 西面.

4) 『의례』「공사대부례(公食大夫禮)」: 公食大夫之禮. 使大夫戒, 各以其爵.

5) 백관(百官)은 공경(公卿) 이하의 관리들을 뜻한다. 또한 각 부서의 하급 관리들을 총칭하는 용어로도 사용되었다. 『예기』「교특생(郊特牲)」편에는 "獻命庫門之內, 戒百官也."라는 기록이 있고, 이에 대한 정현의 주에서는 "百官, 公卿以下也."라고 풀이하였다.

6) 『의례』「대사례(大射禮)」: 宰戒百官有事於射者. 射人戒諸公‧卿‧大夫射. 司

는 모두 계(戒)만 있고 숙(宿)이 없다. "사인은 숙(宿)에 청소 상태를 살핀다."라고 해서 숙(宿)이라고 말했는데, 활쏘기를 하기 하루 전날 저녁에 미리 청소 상태를 살핀다는 뜻이지 알리고 거듭 청한다고 할 때의 의미가 아니다. 만약 그렇다면 『의례』「특생궤식례(特牲饋食禮)」편에서는 기약한 날 3일 전에 시동에게 숙(宿)을 한다고 하여,[7] 그보다 앞서 계(戒)를 한다는 기록이 없고 단지 숙(宿)을 한다고 기록했는데, 「특생궤식례」편의 기록이 상세히 기록되지 않았기 때문이니, 실제로는 이러한 경우에도 계(戒)를 먼저 하게 된다. 또 『예기』「제통(祭統)」편에서는 "정해진 기한보다 11일 앞서, 궁재(宮宰)는 군주의 부인에게 숙(宿)을 하니, 부인 또한 7일 동안 산제(散齊)[8]를 하고 3일 동안 치제(致齊)[9]를 한다."[10]라 했고, 주에서는 "'숙(宿)'자는 숙(肅)자로 풀이한다. '숙(肅)'자는 계(戒)와 같다. 계(戒)는 상대적으로 수위가 낮고 숙(肅)은 수위가

士戒士射與贊者. 前射三日, 宰夫戒宰及司馬. 射人宿視滌.

7) 『의례』「특생궤식례(特牲饋食禮)」: 前期三日之朝, 筮尸, 如求日之儀. 命筮曰: "孝孫某, 諏此某事, 適其皇祖某子, 筮某之某爲尸. 尙饗!" 乃宿尸.

8) 산제(散齊)는 산재(散齋)라고도 부른다. '산제'는 제사를 지낼 때 제사보다 앞서 7일 동안 수레도 몰지 않고, 음악도 연주하지 않으며, 조문도 하지 않으면서, 재계를 하는 것이다. 『예기』「제의(祭義)」편에는 "致齊於內, 散齊於外."라는 기록이 있고, 이에 대한 정현의 주에서는 "散齊, 七日不御不樂不弔耳."라고 풀이했다. 또한 『예기』「제통(祭統)」편에도 "散齊七日以定之, 致齊三日以齊之."라는 기록이 있다.

9) 치제(致齊)는 치재(致齋)라고도 부른다. '치제'는 제사를 지내기 이전 3일 동안 몸과 마음을 정숙하게 재계하는 의식이다. '치제' 이전에는 '산제(散齊)'를 하여 7일 동안 정숙하게 한다. '치제'는 그 이후 3일 동안 몸과 마음을 더욱 정숙하게 재계하여, 신과 소통할 수 있도록 준비하는 것이다. 『예기』「제통(祭統)」편에는 "故散齊七日以定之, 致齊三日以齊之. 定之之謂齊, 齊者精明之至也, 然後可以交于神明也."라는 기록이 있다.

10) 『예기』「제통(祭統)」: 是故先期旬有一日, 宮宰宿夫人, 夫人亦散齊七日, 致齊三日. 君致齊於外, 夫人致齊於內, 然後會於大廟. 君純冕立於阼, 夫人副褘立於東房. 君執圭瓚祼尸, 大宗執璋瓚亞祼. 及迎牲, 君執紖, 卿大夫從, 士執芻; 宗婦執盎從, 夫人薦況水; 君執鸞刀羞嚌, 夫人薦豆. 此之謂夫婦親之.

높다."라고 했는데, 「제통」편에서는 부인의 신분이 존귀하기 때문에 계(戒)라고 말할 수 없어서 말을 바꿔 숙(宿)이라고 한 것이다. 숙(肅)자로 풀이한 이유는 '숙(肅)'자 또한 계(戒)자의 뜻에 해당하기 때문이다. 따라서 「제통」편에서는 숙(宿)이라는 말로 계(戒)를 했던 것으로 제사 3일 전에 하는 숙(宿)을 뜻하는 것이 아니다. 『주례』「대재(大宰)」[11]편에서는 "오제(五帝)[11]에게 제사를 지내게 되면 백관들에 대한 서(誓)와 계(戒)를 담당한다."[12]라고 했는데, 백관들에게 알려서 그들로 하여금 산제를 시행하도록 만들고 제사 3일 전이 되면 치제를 하도록 한다는 뜻이다. 빈객에게 숙(宿)을 하는 법도에 있어서, 「특생궤식례」편을 살펴보면, 해당 기일 3일 전에 시동에 대해 시초점을 치고, 그리고서 시동에게 숙(宿)을 하며, 그 다음날 저녁에 솥을 진설한다고 했다. 따라서 기일 2일 전에 숙(宿)을 하는 것이다. 『의례』「소뢰궤식례(少牢饋食禮)」편에서는 "시초점을 쳤는데 길하다고 나왔다."라 했고, 그 뒤에서 '숙(宿)'이라고 했는데,[13] 정현의 주에서는 "대부는 존귀한 신분으로 해당하는 의례절차가 더욱 많으니, 날짜에 대해 점을 쳤을 때 이미 관리들에게 재계를 하도록 계(戒)를 했다. 그리고 제사 1일 전이 되면 재차 계(戒)를 하여 찾아오도록 한 것으로, 그들로 하여금 제사 당일에는 마땅히 와야 함을 인지하게끔 하는 것이다."라고 했다. 또 "숙(宿)을 하기 1일 전에 시동에게 숙계(宿戒)[14]를 한다."[15]라 했고, 주에서는 "먼저 시동에게 숙(宿)을 하는 것

---

11) 오제(五帝)는 천상(天上)의 다섯 신(神)을 가리킨다. 오행설(五行說)과 참위설(讖緯說)에 영향을 받은 것으로, 중앙의 황제(黃帝)인 함추뉴(含樞紐), 동쪽의 창제(蒼帝)인 영위앙(靈威仰), 남쪽의 적제(赤帝)인 적표노(赤熛怒), 서쪽의 백제(白帝)인 백소구(白昭矩: =白招拒), 북쪽의 흑제(黑帝)인 협광기(叶光紀)를 가리킨다.

12) 『주례』「천관(天官)·대재(大宰)」: 祀五帝, 則掌百官之誓戒, 與其具脩.

13) 『의례』「소뢰궤식례(少牢饋食禮)」: 吉, 則史韇筮, 史兼執筮與卦以告于主人: "占曰從." 乃官戒, 宗人命滌, 宰命爲酒, 乃退. 若不吉, 則及遠日, 又筮日如初. 宿.

14) 숙계(宿戒)는 제사에 참여하기 전 재계를 하는 것을 뜻한다. 고대에는 제사를

은 그를 시동으로 세웠음을 중시하기 때문이며, 또한 점을 치고자 해서이다."라고 했다. 길한 점괘가 나오면 뒤이어 시동에게 숙(宿)을 한다. 이것은 제사 2일 전에 시동에 대해 시초점을 치고, 그 일을 마치면 시동에게 숙(宿)을 하며, 제사 1일 전이 되면 재차 시동에게 숙(宿)을 한다는 사실을 나타낸다. 천자와 제후의 경우라면 제사 3일 전에 숙(宿)을 하여, 치제를 시행토록 한다.

『예기』「제통(祭統)」 기록

경문 是故先期旬有一日, 宮宰宿夫人, 夫人亦散齊七日, 致齊三日. 君致齊於外, 夫人致齊於內, 然後會於大廟. 君純冕立於阼, 夫人副褘立於東房. 君執圭瓚祼尸, 大宗執璋瓚亞祼. 及迎牲, 君執紖, 卿大夫從, 士執芻; 宗婦執盎從, 夫人薦涗水; 君執鸞刀羞嚌, 夫人薦豆. 此之謂夫婦親之.

이러한 까닭으로 정해진 기한보다 11일 앞서, 궁재(宮宰)는 군주의 부인에게 재계를 해야 한다고 아뢰니, 부인 또한 7일 동안 산제(散齊)를 하고 3일 동안 치제(致齊)를 한다. 군주는 바깥채에서 치제를 하고, 부인은 안채에서 치제를 하는데, 치제가 끝나면 태묘에 모인다. 군주는 제복을 입고 동쪽 계단 위에 서 있게 되고, 부인은 머리장식과 위의(褘衣)를 입고 동쪽 방에 서 있게 된다. 군주는 규찬(圭瓚)을 들고 술을 따라 시동 앞에서 술을 땅에 뿌리고, 대종(大宗)은 부인을 대신하여 장찬(璋瓚)을 들고 술을 따라 군주 다음으로 땅에 술을 뿌린다. 희생물을 맞이할 때가 되면, 군주는 고삐를 잡고 경과 대부는 군주를 따르며 사는 짚을 들고

시행할 때, 1차적으로 10일 전에 재계를 하고, 2차적으로 3일 전에 재계를 하는데, 2차적으로 실시하는 재계를 '숙계'라고 부른다.

15) 『의례』「소뢰궤식례(少牢饋食禮)」: 前宿一日, 宿戒尸.

따른다. 종부는 앙제(盎齊)를 담은 술동이를 들고 부인을 따르고, 부인은 앙제를 맑게 거른 술을 바친다. 군주가 난도(鸞刀)를 들고 희생물을 갈라 폐와 간을 잘라 바치면, 부인은 두(豆)를 바친다. 이처럼 하는 것을 부부가 직접 시행한다고 부른다.

鄭注 宮宰, 守宮官也. 宿, 讀爲肅. 肅猶戒也, 戒輕肅重也. 大廟, 始祖廟也. 圭瓚·璋瓚, 祼器也, 以圭·璋爲柄, 酌鬱鬯曰祼. 大宗亞祼, 容夫人有故攝焉. 紖, 所以牽牲也, 周禮作絼. 芻, 謂藁也, 殺牲時用薦之. 周禮·封人"祭祀, 飾牲, 共其水藁". 涗, 盎齊也. 盎齊, 涗酌也. 凡尊有明水, 因兼云水爾. 嚌, 嚌肺·祭肺之屬也. 君以鸞刀割制之. 天子諸侯之祭禮, 先有祼尸之事, 乃後迎牲. 芻, 或爲穖.

'궁재(宮宰)'는 궁실을 지키는 관리이다. '숙(宿)'자는 숙(肅)자로 풀이한다. '숙(肅)'자는 계(戒)자의 뜻인데, 계(戒)는 상대적으로 수위가 낮고 숙(肅)은 수위가 높다. '대묘(大廟)'는 시조의 묘(廟)이다. 규찬(圭瓚)과 장찬(璋瓚)은 땅에 술을 뿌릴 때 사용하는 기구들인데, 규(圭)와 장(璋)으로 자루를 만들고, 울창주를 따라서 땅에 뿌리는 것을 '관(祼)'이라고 부른다. 대종(大宗)이 두 번째로 관(祼)을 하는 것은 부인에게 사정이 생겨서 대신하는 것까지를 수용하기 위해서이다. '진(紖)'은 희생물을 끌 때 사용하는 끈인데, 『주례』에서는 '진(絼)'자로 기록했다.[16] '추(芻)'는 짚[藁]이니, 희생물을 도축할 때 이것을 이용하여 바닥에 깐다. 『주례』「봉인(封人)」편에서는 "제사를 지내게 되면 희생물을 꾸미고, 물에 젖은 짚을 공급한다."[17]라고 했다. '세(涗)'자는 앙제(盎齊)[18]를 뜻한다. 앙제

---

16) 『주례』「지관(地官)·봉인(封人)」: 凡祭祀, 飾其牛牲, 設其楅衡, 置其<u>絼</u>, 共其水藁.

17) 『주례』「지관(地官)·봉인(封人)」: 凡<u>祭祀, 飾其牛牲</u>, 設其楅衡, 置其絼, <u>共其水藁</u>.

18) 앙제(盎齊)는 오제(五齊) 중 하나이다. '오제'는 술의 맑고 탁한 정도에 따라서

는 맑게 걸러서 따르는 술이다. 무릇 술동이 중에는 명수(明水)19)를 담은 것도 있으므로, 그에 따라 '수(水)'자를 함께 언급한 것일 뿐이다. '제(嚌)'자는 희생물의 폐를 맛보고, 폐로 제사를 지내는 부류를 뜻한다. 군주가 난도(鸞刀)를 들고 희생물을 갈라서 제제(制祭)20)를 한다. 천자와 제후의 제례에서는 앞서 시동 앞에서 술을 땅에 뿌리는 절차가 포함되고, 그 일을 시행한 뒤에 희생물을 맞이한다. '추(芻)'자를 다른 판본에서는 '추(蒭)'자로 기록하기도 한다.

참고 『주례』「천관(天官)·대재(大宰)」기록

경문 祀五帝, 則掌百官之誓戒, 與其具脩.

오제(五帝)에게 제사를 지내게 되면 백관들에 대한 서(誓)와 계(戒)를 담당하고, 제수가 갖춰진 것과 청결상태 감독하는 일을 담당한다.

정주 祀五帝, 謂四郊及明堂. 誓戒, 要之以刑, 重失禮也. 明堂位所謂"各揚其職, 百官廢職, 服大刑", 是其辭之略也. 具, 所當共. 脩, 掃

다섯 가지 등급으로 분류한 술로, 주로 제사 때 사용한다. '앙제'는 오제 중에서도 중간에 해당하는 술로, '앙제'부터 맑은 술이 된다. '앙제'는 술이 익고 나서 새파란 빛깔을 보이는 것으로 찬백(酇白)과 같은 술이다.

19) 명수(明水)는 제사 때 사용하는 깨끗한 물을 뜻한다. 현주(玄酒)를 뜻하기도 하며, '현주'와 구분해서 별도로 '명수'를 진설하기도 한다.

20) 제제(制祭)는 울창주로 희생물의 간장을 씻어서 굽고, 이것을 신주 앞에서 손질을 하는 등의 절차를 뜻한다. 『예기』「예운(禮運)」편에는 "故玄酒在室, 醴醆在戶, 粢醍在堂, 澄酒在下, 陳其犧牲, 備其鼎俎, 列其琴瑟管磬鐘鼓, 脩其祝嘏, 以降上神與其先祖, 以正君臣, 以篤父子, 以睦兄弟, 以齊上下, 夫婦有所, 是謂承天之祜."라는 기록이 있는데, 이에 대한 공영달(孔穎達)의 소(疏)에서는 "王乃洗肝於鬱鬯而燔之, 以制於主前, 所謂制祭."라고 풀이했다.

除糞洒.

오제(五帝)에게 제사를 지낸다는 것은 사방 교외 및 명당에서 지내는 제사를 뜻한다. 서계(誓戒)는 형벌로 규찰하는 것으로, 실례를 범하는 사안을 중시여기기 때문이다. 『예기』「명당위(明堂位)」편에서 "각자 그들의 직무를 실행하니, 모든 관료들이 각자 자신의 임무를 시행하는데, 만약 직무를 시행하지 않는 자가 있다면 큰 형벌을 받게 된다."[21]라 했는데, 이것은 그 말을 요약한 것이다. '구(具)'는 마땅히 바쳐야 하는 것이다. '수(脩)'는 더러운 것을 청소하여 제거한 것이다.

賈疏 ●"祀五"至"具脩". ○釋曰: "祀五帝, 則掌百官之誓戒"者, 謂祭前十日已前, 誓戒百官, 則大宰掌之. "與其具脩"者, 使百官供祭祀之具及脩之掃除也.

● 經文: "祀五"~"具脩". ○ "오제(五帝)에게 제사를 지내게 되면 백관들에 대한 서(誓)와 계(戒)를 담당한다."라 했는데, 제사 전 10일 이전에 백관들에게 서와 계를 하게 된다면, 대재가 담당한다. '여기구수(與其具脩)'라 했는데, 백관들로 하여금 제사에 갖춰야 하는 것들을 공급하게 하고 그것들을 다듬어 청소하고 더러운 것을 제거하는 것이다.

賈疏 ◎注"祀五"至"糞洒". ○釋曰: 五帝者, 東方靑帝靈威仰, 南方赤帝赤熛怒, 中央黃帝含樞紐, 西方白帝白招拒, 北方黑帝汁光紀. 依月令, 四時迎氣, 及季夏六月迎土氣於南郊, 其餘四帝各於其郊, 幷夏正祭所感帝於南郊, 故云祀五帝於四郊也. 鄭云"及明堂"者, 總饗五帝於明堂. 依月令, 秦用季秋. 鄭云: "未知周以何月." 按下曲禮

---

21) 『예기』「명당위(明堂位)」 : 君卷冕立於阼, 夫人副褘立於房中. 君肉袒迎牲於門, 夫人薦豆籩, 卿大夫贊君, 命婦贊夫人, <u>各揚其職, 百官廢職</u>, 服大刑, 而天下大服.

云: "大饗不問卜." 鄭云: "祭五帝於明堂, 莫適卜也." 彼明堂不卜, 此下經云"帥執事而卜日", 則此祀五帝, 不合有明堂. 鄭云及明堂者, 廣解祀五帝之處, 其實此處無明堂. 云"誓戒要之以刑, 重失禮"者, 言要之以刑, 則服大刑是也. 言"重失禮"者, 以失禮爲重, 故要之以刑. 引明堂位, 彼在祭祀之下陳之, 謂祭日, 此是未祭前, 引之者, 欲見祭前誓戒還用祭日之辭以敕之, 故或前或後, 其辭同. 云"是其辭之略"者, 謂誓戒之時, 其辭應多, 不應唯有此言, 故云辭之略也. 又云"具, 所當供"者, 祭祀之連事, 祭祀之具, 百官共供, 故云具謂所當供. 又云"脩, 埽除糞洒"者, 按宮人云"掌六寢之脩", 守祧云"其廟有司脩除之", 是其脩埽除糞洒也.

◎ 鄭注: "祀五"~"糞洒". ○ '오제(五帝)'는 동방의 청제(靑帝)[22]인 영위앙, 남방의 적제(赤帝)[23] 적표노, 중앙의 황제 함추뉴(含樞紐),[24] 서방

---

22) 청제(靑帝)는 창제(蒼帝) 또는 창제(倉帝)라고도 하며, 동방(東方)을 주관하는 오제(五帝) 중 하나이다. 영위앙(靈威仰)을 가리킨다. 동쪽은 오행(五行)으로 따지면, 목(木)에 해당하는데, 나무의 색깔은 청색에 해당하여 '창(蒼)'자를 붙여서 부르는 것이다. 『사기(史記)』「천관서(天官書)」편에는 "蒼帝行德, 天門爲之開."라는 기록이 있고, 이에 대한 장수절(張守節)의 『정의(正義)』에서는 "蒼帝, 東方靈威仰之帝也."라고 풀이했다.

23) 적제(赤帝)는 남방(南方)을 주관하는 오제(五帝) 중 하나이다. 적표노(赤熛怒)를 가리킨다. 남쪽은 오행(五行)으로 따지면, 화(火)에 해당하는데, 불의 색깔은 붉은 색에 해당하기 때문에, '적(赤)'자를 붙여서 부르는 것이다. 또한 '적제'는 불과 관련되므로 염제(炎帝)라고도 부르는데, 염제는 신농(神農)을 뜻한다. 한편 '적제'는 축융(祝融)을 가리키는 용어로도 사용되었다.

24) 함추뉴(含樞紐)는 참위설(讖緯說)을 주장했던 자들이 섬기던 오제(五帝) 중 하나이다. 중앙(中央)을 주관하는 신(神)이자 계절 중 중앙 계절을 주관하는 신이다. 『예기』「대전(大傳)」편에는 "禮, 不王不禘, 王者禘其祖之所自出, 以其祖配之."라는 기록이 있는데, 이에 대한 정현의 주에서는 "王者之先祖皆感大微五帝之精以生. 蒼則靈威仰, 赤則赤熛怒, 黃則含樞紐, 白則白招拒, 黑則汁光紀."라고 풀이하였다.

의 백제(白帝)25) 백초거, 북방의 흑제(黑帝)26) 즙광기이다. 『예기』「월령
(月令)」편에 따르면, 사계절에 대해 각각 해당하는 계절의 기운을 맞이
하거나 계하인 6월에 남쪽 교외에서 토의 기운을 맞이하게 되는데, 그
나머지 4명의 상제에 대해서는 각각 해당하는 교외에서 제사를 치르게
되며, 아울러 남쪽 교외에서는 하정(夏正)27)에 따라서 감생제(感生
帝)28)에게 제사를 지낸다. 그렇기 때문에 "사방 교외에서 오제에게 제사
를 지낸다."라 말한 것이다. 정현이 "~및 명당"이라고 했는데, 명당에서
오제에게 통괄적으로 제사지내는 것을 뜻한다. 「월령」편에 따르면 진나
라는 계추에 지냈다. 정현은 "주나라는 어느 달에 지냈는지 알 수 없다."
라 했다. 『예기』「곡례하(曲禮下)」편을 살펴보면 "큰 제사에서는 점을 쳐

---

25) 백제(白帝)는 오제(五帝) 중 하나로, 서방(西方)을 담당하는 신(神)이다. 백초거
(白招拒: =白招矩)를 가리킨다. 서쪽은 오행(五行)으로 따지면, 금(金)에 해당하
는데, 쇠의 색깔은 백색에 해당하여, '백(白)'자를 붙여서 부르는 것이다.

26) 흑제(黑帝)는 흑정(黑精)이라고도 부른다. 오제(五帝) 중 하나로, 북방(北方)을
담당하는 신(神)이다. 즙광기(汁光紀: =叶光紀)를 가리킨다. 북쪽은 오행(五行)
으로 따지면, 수(水)에 해당하는데, 물의 색깔은 검은색에 해당하여, '흑(黑)'자를
붙여서 부르는 것이다.

27) 하정(夏正)은 하(夏)나라의 정월(正月)을 뜻한다. 이러한 뜻에서 파생되어 하나라
의 역법(曆法)을 지칭하기도 한다. 하력(夏曆)을 기준으로 두었을 때, 은(殷)나라
는 12월을 정월로 삼았으며, 주(周)나라는 11월을 정월로 삼았다. 『사기(史記)』
「역서(曆書)」편에서는 "秦及漢初曾一度以夏曆十月爲正月, 自漢武帝改用夏正
后, 曆代沿用."이라고 하여, 진(秦)나라와 전한초기(前漢初期)에는 하력에서의
10월을 정월로 삼았다가, 한무제(漢武帝)부터는 다시 하력을 따랐다고 전해진다.
또한 '하력'은 농력(農曆)이라고도 부르는데, '하력'에 기준을 두었을 때, 농사의
시기와 가장 잘 맞았기 때문이다. 따라서 역대 왕조에서 역법을 개정할 때에는
'하력'에 기준을 두게 되었다.

28) 감생제(感生帝)는 감제(感帝)·감생(感生)이라고도 부른다. 태미오제(太微五
帝)의 정기를 받아서 태어난 인간세상의 제왕을 뜻한다. 고대에는 각 왕조의 선조
들이 모두 상제(上帝)의 기운을 받아서 태어났다고 여겼기 때문에, '감생제'라는
명칭이 생기게 되었다.

서 날짜를 묻지 않는다."29)라 했고, 정현은 "명당에서 오제에 대한 제사를 지낼 때에는 각각 점을 쳐서 묻지 않는다."라 했다. 「곡례하」편에서는 명당에서 오제에게 제사를 지낼 때 거북점을 치지 않는다고 했는데, 이곳 아래 경문에서는 "일을 담당하는 자들을 통솔하여 날짜에 대해 거북점을 친다."30)라 했으니, 이곳에서 오제에게 제사를 지낸다고 한 것은 명당에서 지내는 제사는 포함하지 않은 것이다. 그런데도 정현이 명당에서 제사 지내는 것까지 언급한 것은 오제에게 제사지내는 장소를 폭넓게 설명한 것이니, 실제로 이곳의 상황은 명당에 대한 것은 없다. 정현이 "서계(誓戒)는 형벌로 규찰하는 것으로, 실례를 범하는 사안을 중시여기기 때문이다."라 했는데, "형벌로 규찰한다."고 말한 것은 바로 "큰 형벌을 받게 된다."는 말에 해당한다. "실례를 범하는 사안을 중시여기기 때문이다." 라 했는데, 실례를 중시한 것이다. 그렇기 때문에 형벌로 규찰한다. 정현이 『예기』「명당위(明堂位)」편을 인용했는데, 「명당위」편의 기록은 제사를 지낸다고 한 내용 뒤에 기술되어 있으니, 제사를 지내는 날에 해당한다. 그런데 이곳의 내용은 아직 제사를 지내기 이전인데도, 이 내용을 인용한 것은 제사 이전에 서계를 할 때에는 다시 제사를 지내는 날 하게 되는 말을 이용해서 신칙을 하게 됨을 드러내고자 한 것이다. 그렇기 때문에 어떤 것은 이전에 하고 어떤 것은 이후에 하지만 그 말은 동일하다. 정현이 "이것은 그 말을 요약한 것이다."라 했는데, 서계를 할 때 그 말은 마땅히 많게 되므로, 이곳에서 기록한 말만 하지는 않았을 것이다. 그렇기 때문에 말을 요약한 것이라 했다. 또 정현이 "'구(具)'는 마땅히 바쳐야 하는 것이다."라 했는데, 제사는 함께 준비하고 시행해야 하는 일이니, 제사에서 갖춰야 하는 것들도 백관들이 함께 공급한다. 그렇기 때문에 '구(具)'는 마땅히 바쳐야 하는 것이라고 했다. 또 정현이 "'수(脩)'는 더러

---

29) 『예기』「곡례하(曲禮下)」 : 大享不問卜, 不饒富.
30) 『주례』「천관(天官)·대재(大宰)」 : 前期十日, 帥執事而卜日, 遂戒.

운 것을 청소하여 제거한 것이다."라 했는데, 『주례』「궁인(宮人)」편을 살펴보면 "육침(六寢)에 대한 수(脩)를 담당한다."[31]라 했고, 『주례』「수조(守祧)」편에서는 "그 묘에 대해서는 유사가 수제(脩除)한다."[32]라 했으니, 이것은 수(脩)가 더러운 것을 청소하여 제거하는 것임을 나타낸다.

---

31) 『주례』「천관(天官)·궁인(宮人)」: 宮人; 掌王之六寢之脩.
32) 『주례』「춘관(春官)·수조(守祧)」: 其廟, 則有司脩除之; 其祧, 則守祧黝堊之.

乃宿賓. 賓許, 主人再拜, 賓答拜. 主人退, 賓拜送.

직역 乃히 賓에게 宿한다. 賓히 許하면, 主人은 再拜하고, 賓은 答拜한다. 主人이
退하면, 賓은 拜送한다.

의역 이어서 주인은 직접 빈객에게 관례를 치르는 날 찾아오도록 청을 한다. 빈객이
수락하면 주인은 재배를 하고, 빈객은 답배를 한다. 주인이 떠나게 되면 빈객은
절을 하며 전송한다.

鄭注 乃宿賓者, 親相見, 致其辭.

'내숙빈(乃宿賓)'이라는 것은 직접 서로 만나보고서 청하는 말을 전한다
는 뜻이다.

賈疏 ●"乃宿"至"拜送". ○釋曰: 上據擯者傳辭, 賓出與主人相見.
此經據主人自致辭, 故再舉宿賓之文也.

●經文: "乃宿"~"拜送". ○앞의 문장은 빈(擯)이 말을 전달하여 빈객이
밖으로 나와 주인과 서로 만나보는 것에 기준을 둔 것이다. 이곳 경문은
주인이 직접 말을 전달하는 것에 기준을 두었기 때문에 재차 빈객에게
숙(宿)을 한다는 문장을 제시한 것이다.

제 5 절

관례의 진행을 도와줄 자에게 참여해줄 것을 재차 청하는 절차

18下

> 宿贊冠者一人, 亦如之.

직역 冠을 贊하는 者 一人에게 宿을 함에도 亦히 如한다.

의역 관례의 진행을 도와줄 한 사람에게 찾아가서 관례를 치르는 날 찾아오도록 청을 할 때에도 관을 씌워줄 빈객에게 청을 했던 것처럼 한다.

鄭注 贊冠者, 佐賓爲冠事者, 謂賓若他官之屬, 中士若下士也. 宿之以筮賓之明日.

'찬관자(贊冠者)'는 빈객을 도와서 관례를 진행하는 자이니, 빈객 및 다른 관부에 소속된 부류로 중사나 하사에 해당한다. 그에게 찾아오도록 청을 하는 것은 빈객에 대해 시초점을 친 다음날 한다.

賈疏 ●"宿贊"至"如之". ◎注"贊冠"至"明日". ○釋曰: 按下文冠子之時, 贊者坐櫛·設纚·卒紘之類, 是贊冠者佐賓爲冠事者. 以其佐賓爲輕, 故不筮也.

● 經文: "宿贊"~"如之". ◎鄭注: "贊冠"~"明日". ○아래문장을 살펴보면, 자식에게 관례를 치러줄 때 관례의 진행을 돕는 자는 앉아서 관례를 치를 자의 머리를 빗고 머리싸개를 감싸주며,[1] 굉(紘) 결속하는 것을 마

---

1) 『의례』「사관례」: 賓揖將冠者, 將冠者卽筵坐. <u>贊者坐, 櫛, 設纚</u>.

무리한다[2])는 등의 일들을 하는데, 이것은 '찬관자(贊冠者)'가 빈객을 도
와서 관례를 진행하는 자임을 나타낸다. 그는 빈객을 돕는 자로 상대적으
로 덜 중요하기 때문에, 그에 대해서는 시초점을 치지 않는다.

賈疏 ◎ 云"謂賓若他官之屬"者, 此所取本由主人之意, 或取賓之屬,
或取他官之屬, 故鄭兩言之. 按周禮三百六十官, 每官之下皆有屬
官. 假令上士爲官首, 其下有中士·下士爲之屬. 若中士爲官首, 其
下卽有下士爲之屬也.

◎ 鄭注: "謂賓若他官之屬". ○이들을 택하는 것은 본래 주인의 뜻에
따르는 것인데, 어떤 경우에는 빈객들 중에서 선택하기도 하고 또 어떤
경우에는 다른 관부의 사람들 중에서 선택하기도 한다. 그렇기 때문에
정현이 둘 모두에 대해서 언급한 것이다. 『주례』를 살펴보면 360개의 관
부가 있고, 매 관부마다 그 휘하에는 모두 소속된 관리들이 있다. 가령
상사가 관부의 수장이라면, 그 휘하에는 중사나 하사가 있게 되어 이들을
소속된 관리들로 삼게 된다. 또 중사가 관부의 수장이라면, 그 휘하에는
하사가 있게 되어 이들을 소속된 관리들로 삼게 된다.

賈疏 ◎ 云"中士若下士也"者, 此據主人是上士而言之. 贊冠者皆降
一等. 假令主人是上士, 賓亦是上士, 則取中士爲之贊. 假令主人是
下士, 賓亦是下士, 則亦取下士爲之贊. 禮窮則同故也.

◎ 鄭注: "中士若下士也". ○이것은 주인이 상사의 신분인 경우를 기준
으로 말한 것이다. 관례의 진행을 돕는 자는 모든 경우 1등급을 낮추게
된다. 가령 주인이 상사인 경우에는 빈객 또한 상사의 신분이 되니, 중사
중에서 선발하여 그를 진행을 돕는 자로 삼게 된다. 또 주인이 하사의

---

2) 『의례』「사관례」 : 賓揖之, 卽筵坐, 櫛, 設笄. 賓盥, 正纚如初. 降二等, 受皮弁,
右執項, 左執前, 進祝, 加之如初, 復位. 贊者卒紘.

신분인 경우에는 빈객 또한 하사의 신분이 되지만, 이러한 경우에는 또한 하사 중에서 선발하여 그를 진행을 돕는 자로 삼게 된다. 예법은 차등을 다하게 되면 동일하게 적용하기 때문이다.

賈疏 ◎云"宿之以筮賓之明日"者, 以下有"厥明夕爲期", 是冠前一日宿賓. 宿贊在厥明之上, 則去冠前二日矣. 筮賓是前期三日, 則知宿賓贊冠者是筮賓之明日. 可知不在宿賓下, 而在宿贊冠之下言之者, 欲取爲厥明相近故也.

◎鄭注: "宿之以筮賓之明日". ○아래문장에 "그 다음날 저녁에 시기를 정한다."³⁾라고 했으니, 이것은 관례를 치르기 1일 전에 빈객에게 숙(宿)을 한다는 사실을 나타낸다. 그런데 관례의 진행을 돕는 자에게 숙(宿)을 한다는 것이 '궐명(厥明)'이라는 말 앞에 있으니, 이것은 관례를 치르는 날로부터 2일 전이 된다. 그리고 빈객에 대해 시초점을 치는 것은 기일 3일 전이 되니, 빈객과 관례의 진행을 돕는 자에게 숙(宿)을 하는 것이 빈객에 대해 시초점을 친 다음날에 해당함을 알 수 있다. 그리고 이 주석을 빈객에게 숙(宿)을 한다는 기록 뒤에 두지 않고, 관례의 진행을 돕는 자에게 숙(宿)을 한다는 말 뒤에 기록한 것은 그 다음날이라는 것과 시기적으로 서로 가깝다는 뜻을 취하고자 했기 때문임을 알 수 있다.

---

3) 『의례』「사관례」: 厥明夕, 爲期于廟門之外. 主人立于門東, 兄弟在其南, 少退, 西面, 北上. 有司皆如宿服, 立于西方, 東面, 北上.

제 6 절

관례 치르는 시기를 정하고 알리는 절차

19上

厥明夕, 爲期于廟門之外. 主人立于門東, 兄弟在其南, 少退, 西面, 北上. 有司皆如宿服, 立于西方, 東面, 北上.

직역 厥明의 夕에, 廟門의 外에서 期를 爲한다. 主人은 門東에 立하고, 兄弟는 其南에 在하며, 少히 退하고, 西面하고, 北上한다. 有司는 皆히 宿服과 如하며, 西方에 立하고, 東面하며, 北上한다.

의역 그 다음날 저녁에 묘문 밖에서 관례를 치를 시기를 정한다. 주인은 문의 동쪽에 서고 형제들은 그 남쪽에 위치하는데, 조금 뒤로 물러서서 서쪽을 바라보며 북쪽 끝에서부터 차례대로 정렬한다. 유사는 모두 빈객에게 숙(宿)을 했을 때의 복장과 동일한 복장을 갖춰 입고서 서쪽에 서며 동쪽을 바라보고 북쪽 끝에서부터 차례대로 정렬한다.

鄭注 厥, 其也. 宿服, 朝服.

'궐(厥)'자는 그[其]라는 뜻이다. '숙복(宿服)'은 조복(朝服)을 뜻한다.

賈疏 ●"厥明"至"北上". ○釋曰: 自此至"賓之家", 論冠前一日之夕爲明日加冠之期告賓之事也.

●經文: "厥明"~"北上". ○이 구문으로부터 '빈객의 집'[1]이라는 구문까지는 관례를 치르기 1일 전 저녁에 다음날 관례를 치를 시기를 정해서

---

1) 『의례』「사관례」: 擯者告期于賓之家.

빈객에게 알려주는 사안을 논의하고 있다.

● 云"厥明夕爲期"者, 謂宿賓與贊冠明日向暮爲加冠之期. 必於廟門者, 以冠在廟, 知亦在廟爲期也. 主人之類在門東, 賓之類在門西者, 各依賓主之位, 夾處東西也.

● 經文: "厥明夕爲期". ○ 빈객과 관례의 진행을 도와줄 자에게 숙(宿)을 한 다음날 저녁 무렵에는 관례를 치를 시기를 정한다는 뜻이다. 반드시 묘문에서 정하는 이유는 관례는 묘에서 치르게 되니, 이러한 경우에도 묘에서 시기를 정하게 됨을 알 수 있다. 주인의 무리들이 문의 동쪽에 있고, 빈객의 무리들이 문의 서쪽에 있는 이유는 각각 빈객과 주인의 자리에 따라서 동쪽과 서쪽에서 양쪽으로 끼며 위치하기 때문이다.

◎ 注"厥其"至"朝服". ○ 釋曰: 知"宿服, 朝服"者, 以其宿服如筮日之服, 筮日朝服, 轉相如, 故知是朝服也.

◎ 鄭注: "厥其"~"朝服". ○ 정현이 "'숙복(宿服)'은 조복(朝服)을 뜻한다."라고 했는데, 이 말이 사실임을 알 수 있는 이유는 빈객에게 숙(宿)을 했을 때의 복장은 관례 치를 날짜에 대해 시초점을 쳤을 때의 복장과 같고, 날짜에 대해 시초점을 치며 조복을 착용했고 절차가 진행되며 그 복장이 같았기 때문에, 여기에서의 복장도 조복에 해당함을 알 수 있다.

擯者請期, 宰告曰: "質明行事."

직역 擯者는 期를 請하고, 宰는 告하여 曰: "質明에 事를 行이라."

의역 빈(擯)은 관례를 치르는 시기에 대해 청해 묻고, 재(宰)는 "내일 날이 밝아올 때 관례를 시행한다."라고 일러준다.

鄭注 擯者, 有司佐禮者, 在主人曰擯, 在客曰介. 質, 正也. 宰告曰, 旦日正明行冠事.

'빈자(擯者)'는 유사 중 관례의 진행을 돕는 자로, 주인에게 소속된 자를 '빈(擯)'이라 부르고, 빈객에게 소속된 자를 '개(介)'라 부른다. '질(質)'자는 처음[正]이라는 뜻이다. 재는 "아침에 해가 밝아오려고 할 때 관례를 시행한다."고 일러주는 것이다.

賈疏 ●"擯者"至"行事". ○釋曰: 上經布位已訖, 故此經見爲期之事. 言請期者, 謂請主人加冠之期. 言告曰者, 卽是宰贊命告之也.

● 經文: "擯者"~"行事". ○ 앞의 경문에서는 자리를 배치하는 일이 끝났기 때문에 이곳 경문에서는 시기를 정한 사안에 대해 드러낸 것이다. '청기(請期)'라는 것은 주인에게 관례를 치르는 시기에 대해서 청해 묻는다는 뜻이다. '고왈(告曰)'이라는 것은 재(宰)가 주인을 도와서 명하여 일러주는 것에 해당한다.

賈疏 ◎注"擯者"至"冠事". ○釋曰: 上云有司, 此言擯者, 故知擯者是有司佐主人行冠禮者也.

◎ 鄭注: "擯者"~"冠事". ○ 앞에서는 '유사(有司)'라 했고, 이곳에서는 '빈자(擯者)'라 했다. 그렇기 때문에 빈자(擯者)가 유사 중 주인을 도와

서 관례를 진행하는 자임을 알 수 있다.

賈疏 ◎云"在主人曰擯, 在客曰介"者, 按聘禮及大行人皆以在主人曰擯, 在客稱介, 亦曰相, 司儀云"每門止一相", 是也.

◎鄭注: "在主人曰擯, 在客曰介". ○『의례』「빙례(聘禮)」편과 『주례』「대행인(大行人)」편을 살펴보면, 모두 주인에게 소속된 부관을 '빈(擯)'이라 부르고, 빈객에게 소속된 부관을 '개(介)'라고 불렀는데, 이를 또한 '상(相)'이라고도 부르니, 『주례』「사의(司儀)」편에서 "매 문마다 한 명의 상(相)을 멈추게 한다."[1]라고 한 말이 이러한 사실을 나타낸다.

賈疏 ◎云"旦日正明行冠事"者, 按特牲"請期曰羹飪", 鄭注云: "肉謂之羹. 飪, 熟也. 謂明日質明時, 而曰肉熟, 重豫勞賓." 此無羹飪, 故云質明. 少牢云"旦明行事", 故此注取彼而言旦日正明行冠事也.

◎鄭注: "旦日正明行冠事". ○『의례』「특생궤식례(特牲饋食禮)」편을 살펴보면, "시기를 청해 묻자 '고기를 익힐 때이다.'"[2]라 했고, 정현의 주에서는 "고기를 갱(羹)이라고 부른 것이다. '임(飪)'은 익힌다는 뜻이다. 다음날 날이 밝아올 때를 뜻하는데, 고기를 익히는 때라고 말한 것은 미리 빈객의 노고를 위로하려고 하는 일을 중시했기 때문이다."라고 했다. 여기에서는 고기를 익히는 일이 없기 때문에 '질명(質明)'이라고 말했다. 『의례』「소뢰궤식례(少牢饋食禮)」편에서는 "아침 해가 떠오를 때 일을 시행한다."[3]라고 했다. 그렇기 때문에 이곳 주석에서는 그 기록에 따라

---

1) 『주례』「추관(秋官)·사의(司儀)」: 及將幣, 交擯, 三辭, 車逆, 拜辱, 賓車進, 答拜, 三揖三讓, <u>每門止一相</u>, 及廟, 唯上相入. 賓三揖三讓, 登, 再拜, 授幣, 賓拜送幣. 每事如初, 賓亦如之. 及出, 車送, 三請三進, 再拜, 賓三還三辭, 告辟.

2) 『의례』「특생궤식례(特牲饋食禮)」: 請期, 曰"羹飪".

3) 『의례』「소뢰궤식례(少牢饋食禮)」: 宗人曰: "<u>旦明行事</u>." 主人曰: "諾." 乃退.

서 아침에 해가 밝아오려고 할 때 관례를 시행한다고 말한 것이다.

참고 『주례』「추관(秋官)·대행인(大行人)」 기록

경문 上公之禮, 執桓圭九寸, 繅藉九寸, 冕服九章, 建常九斿, 樊纓九就, 貳車九乘, 介九人, 禮九牢, 其朝位, 賓主之間九十步, 立當車軹, 擯者五人, 廟中將幣三享, 王禮再祼而酢, 饗禮九獻, 食禮九擧, 出入五積, 三問三勞. 諸侯之禮, 執信圭七寸, 繅藉七寸, 冕服七章, 建常七斿, 樊纓七就, 貳車七乘, 介七人, 禮七牢, 朝位賓主之間七十步, 立當前疾, 擯者四人, 廟中將幣三享, 王禮壹祼而酢, 饗禮七獻, 食禮七擧, 出入四積, 再問再勞. 諸伯執躬圭, 其他皆如諸侯之禮. 諸子執穀璧五寸, 繅藉五寸, 冕服五章, 建常五斿, 樊纓五就, 貳車五乘, 介五人, 禮五牢, 朝位賓主之間五十步, 立當車衡, 擯者三人, 廟中將幣三享, 王禮壹祼不酢, 饗禮五獻, 食禮五擧, 出入三積, 壹問壹勞. 諸男執蒲璧, 其他皆如諸子之禮.

상공(上公)4)의 예법에 있어서 환규(桓圭)5)는 9촌으로 된 것을 잡고, 소

---

4) 상공(上公)은 주(周)나라 제도에 있었던 관직 등급이다. 본래 신하의 관직 등급은 8명(命)까지이다. 주나라 때에는 태사(太師), 태부(太傅), 태보(太保)와 같은 삼공(三公)들이 8명의 등급에 해당했다. 그런데 여기에 1명을 더하게 되면 9명이 되어, 특별직인 '상공'이 된다. 『주례』「춘관(春官)·전명(典命)」편에는 "上公九命爲伯, 其國家宮室車旗衣服禮儀, 皆以九爲節."이라는 기록이 있고, 이에 대한 정현의 주에서는 "上公, 謂王之三公有德者, 加命爲二伯, 二王之後亦爲上公."이라고 풀이하였다. 즉 '상공'은 삼공 중에서도 유덕(有德)한 자에게 1명을 더해주어, 제후들을 통솔하는 '두 명의 백(伯)[二伯]'으로 삼았다. 또한 제후의 다섯 등급을 나열할 경우, 공작(公爵)을 '상공'이라고 부르기도 한다.
5) 환규(桓圭)는 조회 때 천자 및 각 신하들이 잡게 되는 육서(六瑞) 중의 하나이다. 공작이 잡던 규(圭)이다. 한 쌍의 기둥을 '환(桓)'이라고 부르는데, 이 무늬를 '규'에 새겼기 때문에, '환규'라고 부른다. '규'의 길이는 9촌(寸)으로 만들었다.

자(繅藉)는 9촌으로 된 것을 사용하며, 면복에는 9개의 무늬[6]가 들어가고, 깃발을 세우며 9개의 유(斿)를 달며, 반영(樊纓)[7]은 9취(就)로 하고, 이거(貳車)[8]는 9대이며, 개(介)는 9명이고, 성대한 예식에서는 9뢰(牢)를 사용하며, 조위(朝位)에 있어서 빈객과 주인의 거리는 90보이고, 서 있게 되는 위치는 수레의 굴대가 있는 지점에 해당하며, 늘어서는 빈(擯)은 5명이고, 묘(廟) 안에서는 폐물을 가지고 세 차례 향(享)을 하며, 천자는 예우를 하며 두 차례 관(祼)[9]을 하고 술잔을 돌리고, 향례(饗禮)에서는 9번 헌(獻)을 하며, 사례(食禮)에서는 9번 밥을 뜨고, 찾아오고 떠날 때에는 5개의 적(積)을 마련하여 보내며, 3번의 문(問)과 3번의 노(勞)를 한다. 후작의 예법에 있어서는 신규(信圭)[10]는 7촌으로 된 것을 잡고,

---

6) 구장(九章)은 의복에 수 놓았던 9가지의 문양을 말한다. 『주례』 「춘관(春官)·사복(司服)」편에는 "享先王則袞冕"이란 기록이 있는데, 이에 대한 정현의 주에서는 "冕服九章, 登龍於山, 登火於宗彝, 尊其神明也. 九章, 初一曰龍, 次二曰山, 次三曰華蟲, 次四曰火, 次五曰宗彝, 皆畫以爲繢, 次六曰藻, 次七曰粉米, 次八曰黼, 次九曰黻, 皆希以爲繡, 則袞之衣五章, 裳四章, 凡九也."이라고 풀이했다. 즉 '구장'은 용(龍), 산(山), 화충(華蟲), 화(火), 종이(宗彝)라는 상의에 수 놓는 5가지 문양과 조(藻), 분미(粉米), 보(黼), 불(黻)이라는 하의에 수 놓는 4가지 문양이다.

7) 반영(樊纓)은 말을 수레에 연결할 때 사용하는 기물로, '반(樊)'은 말의 배를 감싸며 묶어두는 것이고, '영(纓)'은 말의 가슴 쪽에 걸어서 연결하는 가죽 끈이다.

8) 이거(貳車)는 해당 주인이 타는 수레를 뒤따르는 수레이다. '부거(副車)'라고 부른다. 조회나 제사 등에 사용하는 부거를 '이거'라고 부르며, 전쟁과 사냥 등에 사용하는 부거를 '좌거(佐車)'라고 부른다. 『예기』 「소의(少儀)」편에는 "乘貳車則式, 佐車則否."라는 기록이 있고, 이에 대한 정현의 주에서는 "貳車·佐車, 皆副車也. 朝祀之副曰貳, 戎獵之副曰佐."라고 풀이했다.

9) 관(祼)은 본래 향기로운 술을 땅에 부어서 신을 강림시키는 의식인데, 조회를 온 제후 등을 대면하며 관(祼)을 시행하면, 술잔에 향기로운 술을 따라서 빈객을 공경한다는 뜻을 나타내기도 했다. 즉 본래는 제사의 절차였지만, 이러한 절차에 기인하여 빈객에게 따라준 술을 빈객이 마시는 것까지도 관(祼)이라고 불렀다.

10) 신규(信圭)는 신규(身圭)이다. '신(信)'자와 '신(身)'자의 소리가 비슷하기 때문에 잘못 전이된 것이다. '신규'는 후작이 들게 되는 규(圭)이다. 사람의 형상을 새겨

소자는 7촌으로 된 것을 사용하며, 면복에는 7개의 무늬가 들어가고, 깃발을 세우며 7개의 유를 달며, 반영은 7취로 하고, 이거는 7대이며, 개는 7명이고, 성대한 예식에서는 7뇌를 사용하며, 조위에 있어서 빈객과 주인의 거리는 70보이고, 서 있게 되는 위치는 수레 끌채의 앞부분에 해당하며, 늘어서는 빈은 4명이고, 묘 안에서는 폐물을 가지고 세 차례 향을 하며, 천자는 예우를 하며 한 차례 관을 하고 술잔을 돌리고, 향례에서는 7번 헌을 하며, 사례에서는 7번 밥을 뜨고, 찾아오고 떠날 때에는 4개의 적을 마련하여 보내며, 2번의 문과 2번의 노를 한다. 백작의 예법에 있어서는 궁규(躬圭)11)를 잡고, 나머지 절차는 모두 후작의 예법처럼 한다. 자작은 5촌으로 된 곡벽(穀璧)12)을 잡고 소자는 5촌으로 된 것을 사용하며, 면복에는 5개의 무늬가 들어가고, 깃발을 세우며 5개의 유를 달며, 반영은 5취로 하고, 이거는 5대이며, 개는 5명이고, 성대한 예식에서는 5뇌를 사용하며, 조위에 있어서 빈객과 주인의 거리는 50보이고, 서 있게 되는 위치는 수레의 가로대에 해당하며, 늘어서는 빈은 3명이고, 묘 안에

넣었기 때문에 '신규'라고 부르는 것이며, 그 무늬는 궁규(躬圭)에 비해 세밀하다. 신중하게 행동하여 자신의 몸을 잘 보호하고자 이러한 형상을 새겨 넣은 것이다. 그리고 '신규'의 길이는 7촌(寸)이 된다. 『주례』「춘관(春官)·대종백(大宗伯)」편에는 "侯執信圭, 伯執躬圭."라는 기록이 있고, 이에 대한 정현의 주에서는 "信當爲身, 聲之誤也. 身圭·躬圭, 蓋皆象以人形爲琢飾, 文有麤縟耳. 欲其愼行以保身. 圭皆長七寸."이라고 풀이했다.

11) 궁규(躬圭)는 백작이 들게 되는 규(圭)이다. 사람의 형상을 새겨 넣었기 때문에 '궁규'라고 부르는 것이며, 그 무늬는 신규(信圭)에 비해 거칠다. 신중하게 행동하여 자신의 몸을 잘 보호하고자 이러한 형상을 새겨 넣은 것이다. 그리고 '궁규'의 길이는 7촌(寸)이 된다. 『주례』「춘관(春官)·대종백(大宗伯)」편에는 "侯執信圭. 伯執躬圭."라는 기록이 있고, 이에 대한 정현의 주에서는 "信當爲身, 聲之誤也. 身圭·躬圭, 蓋皆象以人形爲琢飾, 文有麤縟耳. 欲其愼行以保身. 圭皆長七寸."이라고 풀이했다.

12) 곡벽(穀璧)은 조회 때 천자 및 각 신하들이 잡게 되는 육서(六瑞) 중의 하나이다. 자작이 잡던 벽(璧)이다. 곡식을 무늬로 새겨 넣었기 때문에 '곡(穀)'자를 붙여서 '곡벽'이라고 부르는 것이다. '벽'의 지름은 5촌(寸)이었다.

서는 폐물을 가지고 세 차례 향을 하며, 천자는 예우를 하며 한 차례 관을 하지만 술잔을 돌리지 않고, 향례에서는 5번 헌을 하며, 사례에서는 5번 밥을 뜨고, 찾아오고 떠날 때에는 3개의 적을 마련하여 보내며, 1번의 문과 1번의 노를 한다. 남작은 포벽(蒲璧)13)을 잡고, 나머지 절차는 모두 자작의 예법처럼 한다.

鄭注 繅藉, 以五采韋衣板, 若奠玉, 則以藉之. 冕服, 著冕所服之衣也. 九章者, 自山龍以下. 七章者, 自華蟲以下. 五章者, 自宗彝以下也. 常, 旌旂也. 旂, 其屬縿垂者也. 樊纓, 馬飾也, 以罽飾之, 每一處五采備爲一就. 就, 成也. 貳, 副也. 介, 輔己行禮者也. 禮, 大禮饗餼也. 三牲備爲一牢. 朝位, 謂大門外賓下車及王車出迎所立處也. 王始立大門內, 交擯三辭乃乘車而迎之, 齊僕爲之節. 上公立當軹, 侯伯立當疾, 子男立當衡, 王立當軫與. 廟, 受命祖之廟也. 饗, 設盛禮以飮賓也. 問, 問不恙也. 勞, 謂苦倦之也. 皆有禮, 以幣致之. 故書"祼"作"果". 鄭司農云: "車軹, 軹也. 三享, 三獻也. 祼讀爲灌. 再灌, 再飮公也. 而酢, 報飮王也. 舉, 舉樂也. 出入五積, 謂饋之芻米也. 前疾, 謂駟馬車轅前胡下垂柱地者." 玄謂三享皆束帛加璧, 庭實惟國所有. 朝士儀曰: "奉國地所出重物而獻之, 明臣職也." 朝先享, 不言朝者, 朝正禮, 不嫌有等也. 王禮, 王以鬱鬯禮賓也. 鬱人職曰: "凡祭祀賓客之祼事, 和鬱鬯以實彝而陳之." 禮者使宗伯攝酌圭瓚而祼, 王旣拜送爵, 又攝酌璋瓚而祼, 后又拜送爵, 是謂再祼. 再祼賓乃酢王也. 禮侯伯一祼而酢者, 祼賓, 賓酢王而已, 后不祼也. 禮子男一祼不酢者, 祼賓而已, 不酢王也. 不酢之禮, 聘禮禮賓是與. 九舉, 舉

---

13) 포벽(蒲璧)은 조회 때 천자 및 각 신하들이 잡게 되는 육서(六瑞) 중의 하나이다. 남작이 잡던 벽(璧)이다. '포(蒲)'는 자리를 짜는 왕골을 뜻하는데, 왕골이 만개하여 꽃을 피운 모습을 무늬로 새겨 넣었기 때문에 '포벽'이라고 부르는 것이다. '벽'의 지름은 5촌(寸)이었다.

牲體九飯也. 出入, 謂從來訖去也. 每積有牢禮米禾芻薪, 凡數不同
者, 皆降殺.

'소자(繅藉)'는 다섯 가지 채색을 한 가죽으로 나무판에 옷을 입힌 것이
니, 만약 옥을 바치게 된다면 이것으로 옥을 받친다. '면복(冕服)'은 면류
관을 쓰고 그에 해당하는 의복을 입는 것이다. '구장(九章)'은 산과 용의
무늬로부터 그 이하의 무늬를 뜻한다. '칠장(七章)'은 화충(華蟲)으로부
터 그 이하의 무늬를 뜻한다. '오장(五章)'은 종이(宗彝)로부터 그 이하
의 무늬를 뜻한다. '상(常)'은 깃발을 뜻한다. '유(斿)'는 깃발에 매달아
휘날리도록 하는 것이다. '반영(樊纓)'은 말에 하는 장식이니, 모직물로
장식을 하며, 한 지점마다 다섯 가지 채색을 갖추게 되면 1취(就)[14]가
된다. '취(就)'자는 완성한다는 뜻이다. '이(貳)'자는 돕는다는 뜻이다. '개
(介)'는 자신을 도와 의례를 진행하는 자이다. '예(禮)'는 성대한 예식인
옹희(饗餼)[15]를 뜻한다. 3가지 희생물이 갖춰지면 1뇌(牢)로 삼는다. '조
위(朝位)'는 대문 밖에서 빈객이 수레에서 내리고 천자가 수레를 타고
나와서 맞이할 때 서게 되는 위치를 뜻한다. 천자는 최초 대문 안쪽에
서 있게 되고, 빈(擯)과 개(介)가 서로 세 차례 사양을 하게 되면 수레를
타고 나가 빈객을 맞이하며, 제복(齊僕)이라는 관리가 그에 대한 절도를
정하게 된다. 상공(上公)이 서 있는 위치는 수레의 굴대가 있는 지점이
며, 후작과 백작이 서 있는 위치는 수레 끌채의 앞부분에 해당하고, 자작
과 남작이 서 있는 위치는 수레의 가로대에 해당하니, 천자가 서 있는

---

14) 취(就)는 고대의 복식과 장식에 있어서, 다섯 가지 채색의 끈을 이용하여, 한 번
   두르는 것을 뜻한다.

15) 옹희(饗餼)는 빈객(賓客)과 상견례(相見禮)를 하고 나서 성대하게 음식을 마련해
   접대하는 것을 뜻한다. 『주례』「추관(秋官)・사의(司儀)」편에는 "致飧如致積之
   禮."라는 기록이 있는데, 이에 대한 정현의 주에서는 "小禮曰飧, 大禮曰饗餼."라
   고 풀이하였다. 즉 '옹희'와 '손'은 모두 빈객 등을 접대하는 예법들인데, '옹희'는
   성대한 예법에 해당하여, '손'보다도 융숭하게 대접하는 것이다.

위치는 수레의 뒤턱에 해당할 것이다. '묘(廟)'는 명령을 받게 되는 조상의 묘(廟)를 뜻한다. '향(饗)'은 성대한 예식과 기물을 설치하여 빈객에게 술을 대접하는 것이다. '문(問)'은 수고롭지 않았는지를 묻는 것이다. '노(勞)'는 고충에 대해 위로한다는 뜻이다. 모두 관련 예법을 시행하여 예물을 바치게 된다. 그렇기 때문에 '관(祼)'자를 관(果)자로 기록한 것이다. 정사농은 "거지(車軹)는 수레의 굴대를 뜻한다. 삼향(三享)은 3번 헌(獻)을 한다는 뜻이다. 관(祼)자는 관(灌)자로 풀이한다. 재관(再灌)은 공에게 두 차례 술을 마시게 하는 것이다. 이초(而酢)는 보답하는 의미에서 천자에게 술을 마시게 하는 것이다. 거(擧)는 음악을 연주한다는 뜻이다. 출입오적(出入五積)은 말에게 먹이는 꼴과 사람이 먹는 양식을 보낸다는 뜻이다. 전질(前疾)은 네 마리의 말이 끄는 수레에 있어서 끌채 앞에 밑으로 늘어트려 지면과 닿게 되는 부위를 뜻한다."라고 했다. 내가 생각하기에 삼향(三享)에는 모두 속백(束帛)에 벽(璧)을 추가해서 올리며 마당에 채워 넣는 것은 그 나라에서 소유하고 있는 것으로 한다. 「조사의」에서는 "봉지에서 산출된 중대한 사물을 받들어 바쳐서 신하의 직분을 드러낸다."라고 했다. 조(朝)는 향(享)보다 먼저 하게 되는데, '조(朝)'를 언급하지 않은 것은 조(朝)는 정규 예법에 해당하여 등급에 따른 차등이 있다는 것에 대해 혐의를 두지 않기 때문이다. '왕례(王禮)'는 천자가 울창주를 따라서 빈객을 예우하는 것이다. 『주례』「울인(鬱人)」편의 직무기록에서는 "제사를 지내거나 빈객을 대접함에 있어서 관(祼)의 절차를 치르게 되면 울금초를 창주에 섞어 맛을 낸 뒤 이것을 술동이에 채우고 진설한다."[16]라고 했다. 예법에 따르면 종백을 시켜 규찬(圭瓚)으로 술을 따라 관(祼)하는 절차를 대신하도록 하는데, 천자가 절을 하여 술잔을 건네게 되면, 또한 장찬(璋瓚)으로 술을 따라 관(祼)하는 절차를 대신하고, 왕후가 재차 절을 하여 술잔을 건네게 되는데, 이것을 '재관(再

---

16) 『주례』「춘관(春官)·울인(鬱人)」: 凡祭祀·賓客之祼事, 和鬱鬯, 以實彝而陳之.

裸)'이라고 부른다. 빈객에게 재관을 하게 되면 천자에게 술잔을 돌린다. 예법에 따르면 후작과 백작은 한 차례 관(裸)을 하고서 술잔을 돌리게 되는데, 빈객에게 관(裸)을 하고 빈객이 천자에게 술잔을 돌리고서 그치며 왕후는 관(裸)을 하지 않는다. 예법에 따르면 자작과 남작은 한 차례 관(裸)만 하고 술잔을 돌리지 않으니, 빈객에게 관(裸)만 할 따름이며, 천자에게 술잔을 돌리지 않는다. 술잔을 돌리지 않는 예법이란『의례』「빙례(聘禮)」편에서 빈객을 예우한다는 것을 뜻할 것이다. '구거(九擧)'는 희생물의 고기를 들며 아홉 차례 밥을 뜬다는 뜻이다. '출입(出入)'은 찾아와서 만나보는 절차를 끝내고 떠난다는 뜻이다. 적(積)마다 뇌례(牢禮)와 쌀알 및 꼴이 포함되는데, 그 수치가 다른 것은 모두 등급에 따라 낮췄기 때문이다.

賈疏 ●"上公"至"之禮". ○釋曰: 此一經總列五等諸侯來朝天子, 天子以禮迎待之法. 云"上公之禮"至"三問三勞", 徧論上公之禮. 但上公之禮一句, 總與下爲目. "執桓圭九寸, 繅藉九寸", 此主行朝禮, 於朝所執, 其服則皮弁. 若行三享, 則執璧瑞. 自"冕服九章"已下至"將幣三享", 見行三享已前之事. 自"王禮"已下至"三勞", 見王禮上公之禮. 云"執桓圭九寸"者, 以桓楹爲飾. "繅藉九寸"者, 所以藉玉. "冕服九章"者, 袞龍已下, 衣五章, 裳四章. "建常九斿"者, 但對文, 日月爲常, 交龍爲旂, 而云"常"者, 常, 總稱, 故號旂爲常也. "樊纓九就"者, 樊, 馬腹帶. 纓, 馬鞅, 以五采罽飾之而九成. "貳車九乘"者, 按覲禮記云"偏駕不入王門", 鄭云: "在傍與己同曰偏, 同姓金路, 異姓象路, 四衛革路, 蕃國本路." 此等不入王門, 舍於館, 乘墨車龍旂以朝. 彼據覲禮. 覲禮天子不下堂而見諸侯, 故諸侯不得申偏駕. 今此春夏受贄在朝, 無迎法, 亦應偏駕不來. 今行朝後, 行三享在廟, 天子親迎, 並申上服, 明乘金路之等. 若不申上車, 何得有樊纓九就之等, 以此知皆乘所得之車也. 但貳車所飾無文, 未知諸侯貳車得與上車同否.

但數依命, 九乘・七乘・五乘. "介九人"者, 陳於大門外, 賓北面時, 介皆西北陳之也. "禮九牢"者, 此謂饔餼大禮, 朝享後乃陳於館, 以數有九, 故進之與介同在上. "其朝位, 賓主之間九十步"者, 上公去門九十步, 王未迎之時, 在大門內與賓相去之數也. "立當車軹"者, 軹, 謂轂末. 車轅北向, 在西邊, 亦去大門九十步. 公於車東, 東西相望, 當轂末. "擯者五人"者, 大宗伯爲上擯, 小行人爲承擯, 嗇夫爲末擯, 其餘二人是士. "廟中將幣三享"者, 此謂行朝禮在朝訖, 乃行三享在廟, 乃有此迎賓之法也. "王禮"者, 此與下爲目, 則自此已下皆王禮耳. "再祼而酢"者, 大宗伯代王祼賓, 君不酌臣故也. 次宗伯又代后祼賓. 祼訖, 賓以玉爵酢王. 是再祼而酢也. "饗禮九獻"者, 謂後日王速賓, 賓來就廟中行饗. 饗者, 亨大牢以飲賓, 設几而不倚, 爵盈而不飲. 饗以訓恭儉. 九獻者, 王酌獻賓, 賓酢主人, 主人酬賓, 酬後更八獻, 是爲九獻. "食禮九擧"者, 亦享大牢以食賓, 無酒, 行食禮之時, 九擧牲體而食畢. "出入五積"者, 謂在路供賓, 來去皆五積, 視飧牽, 但牽牲布之於道. "三問"者, 按司儀, 諸公相爲賓, 云: "主國五積三問, 皆三辭, 拜受, 皆旅擯." 注云: "間闊則問, 行道則勞, 其禮皆使卿大夫致之." 若然, 天子於諸侯之禮, 亦當使卿大夫問之, 亦有禮以致之, 所行三處, 亦當與三勞同處也. "三勞"者, 按小行人, 逆勞於畿. 按覲禮云: "至于郊, 王使人皮弁用璧勞." 注云: "郊謂近郊." 其遠郊勞無文, 但近郊與畿, 大小行人勞, 則遠郊勞, 亦使大行人也. 按書傳略說云: "天子太子年十八, 授孟侯. 孟侯者, 四方諸侯來朝, 迎於郊." 或可遠郊勞, 使世子爲之, 是以孝經注亦云"世子郊迎". 郊迎, 卽郊勞也. 彼雖據夏法, 周亦然. 諸侯之禮者, 餘文云"諸侯"者兼五等, 而此諸侯, 惟據單侯也. 其禮皆降上公二等. 又自擯者已下, 亦皆降殺.

● 經文: "上公"~"之禮". ○ 이곳 경문은 다섯 등급의 제후들이 찾아와 천자를 조회하고, 천자가 예법에 따라 그들을 맞이하고 대접하는 법도를 총괄적으로 나타내고 있다. '상공지례(上公之禮)'라고 한 말로부터 '삼문

삼로(三問三勞)'라는 말까지는 상공(上公)의 예법에 대해 두루 논의한 것이다. 다만 '상공지례(上公之禮)'라는 한 구문은 아래문장까지도 포함해서 총괄적인 항목이 된다. "환규(桓圭)는 9촌(寸)으로 된 것을 잡고, 소자(繅藉)는 9촌으로 된 것을 사용한다."라고 했는데, 이것은 조례(朝禮)를 시행하는 것에 주안점을 둔 것이니, 조례를 시행할 때 잡는 것이고, 그때의 복장은 피변복(皮弁服)이 된다. 세 차례의 향(享)을 하게 되면 둥근 옥으로 된 부절을 잡는다. '면복구장(冕服九章)'이라는 말로부터 그 이하로 '장폐삼향(將幣三享)'이라는 말까지는 세 차례의 향(享)을 하기 이전의 사안에 대해 나타내고 있다. '왕례(王禮)'라는 말로부터 그 이하로 '삼로(三勞)'라는 말까지는 천자가 상공을 예우하는 예법을 나타내고 있다. "환규는 9촌으로 된 것을 잡는다."라고 했는데, 몸체를 크게 만들어서 장식으로 삼는다. "소자는 9촌으로 된 것을 사용한다."라고 했는데, 옥을 받치기 위한 것이다. "면복(冕服)에는 9개의 무늬가 들어간다."라고 했는데, 곤룡(袞龍) 이하로, 상의에는 5개의 무늬가 들어가고 하의에는 4개의 무늬가 들어간다. "깃발을 세우며 9개의 유(斿)를 단다."라고 했는데, 이것은 단지 문구를 대비한 것이니, 해와 달을 그린 깃발은 상(常)이 되고, 두 마리의 용이 교차하도록 그린 깃발은 기(旂)가 된다. 그런데도 '상(常)'이라고 말한 것은 상(常)은 총괄하는 명칭이기 때문에 기(旂)를 상(常)이라고 부른 것이다. "반영(樊纓)은 9취(就)로 한다."라고 했는데, '반(樊)'은 말의 복대를 뜻한다. '영(纓)'은 말의 가슴걸이를 뜻하는데, 다섯 가지 채색의 모직물로 장식하여 9성(成)을 한다. "이거(貳車)는 9대이다."라고 했는데, 『의례』「근례(覲禮)」편의 기문을 살펴보면 "편가(偏駕)[17]는 천자의 궁성 문으로 들어가지 못한다."[18]라고 했고, 정현은 "측면에 해당하지만 본체와 동일한 경우를 편(偏)이라고 부르니, 동성의 제

---

17) 편가(偏駕)는 제후가 타는 수레를 뜻하는 용어이다.
18) 『의례』「근례(覲禮)」 : 偏駕不入王門.

후는 금로(金路)¹⁹⁾를 타고, 이성의 제후는 상로(象路)²⁰⁾를 타며, 사위
(四衛)²¹⁾는 혁로(革路)²²⁾를 타고, 번국(蕃國)²³⁾은 목로(木路)²⁴⁾를 탄

---

19) 금로(金路)는 금로(金輅)라고도 부른다. 천자가 사용하는 다섯 가지 수레 중 하나
   이다. 금(金)으로 수레를 치장했기 때문에, '금로'라고 부르게 되었다. 대기(大旂)
   라는 깃발을 세웠고, 빈객(賓客)을 접대하거나, 동성(同姓)인 자를 분봉할 때 사용
   하였다. 『주례』「춘관(春官)・건거(巾車)」편에는 "金路, 鉤樊纓九就, 鉤, 樊纓九
   就, 建大旂, 以賓, 同姓以封."라는 기록이 있고, 이에 대한 정현의 주에서는 "金
   路, 以金飾諸末."이라고 풀이했다.

20) 상로(象路)는 상로(象輅)라고도 부른다. 천자가 사용하는 다섯 가지 수레 중 하나
   이다. 상아로 수레를 치장했기 때문에, '상로'라고 부르게 되었다. 대적(大赤)이라
   는 깃발을 세웠으며, 조회를 보거나, 이성(異姓)인 자를 분봉할 때 사용하였다.
   『주례』「춘관(春官)・건거(巾車)」편에는 "象路, 朱樊纓, 七就, 建大赤, 以朝, 異
   姓以封."이라는 기록이 있고, 이에 대한 정현의 주에서는 "象路, 以象飾諸末."이
   라고 풀이했다.

21) 사위(四衛)는 사방의 위복(衛服)에 속한 제후국을 뜻한다. 위복은 채복(采服)과
   요복(要服: =蠻服) 사이에 있는 땅을 뜻한다. 천자의 수도 밖으로 사방 2000리
   (里)와 2500리 사이에 있었던 땅을 가리킨다. '위복'의 '위(衛)'자는 수호한다는
   뜻으로, 천자를 위해서 외부의 침입을 막는다는 의미이다. 따라서 이 지역에 속한
   제후국들을 '사위'라고 부르는 것이다.

22) 혁로(革路)는 혁로(革輅)라고도 부른다. 천자가 사용하는 다섯 가지 수레 중 하나
   이다. 전쟁용으로 사용했던 수레인데, 간혹 제후의 나라에 순수(巡守)를 갈 때
   사용하기도 하였다. 가죽으로 겉을 단단하게 동여매서 고정시키고, 옻칠만 하고,
   다른 장식을 하지 않았기 때문에, '혁로'라고 부르는 것이다. 『주례』「춘관(春官)・
   건거(巾車)」편에는 "革路, 龍勒, 條纓五就, 建大白, 以卽戎, 以封四衛."라는 기
   록이 있고, 이에 대한 정현의 주에서는 "革路, 鞔之以革而漆之, 無他飾."이라고
   풀이했다.

23) 번국(蕃國)은 본래 주(周)나라 때의 구주(九州) 밖의 나라들을 지칭하는 말이다.
   후대에는 오랑캐 나라들을 범칭하는 용어로도 사용되었다. 주나라 때에는 구복
   (九服)으로 천하의 땅을 구획하였는데, 구복 중 육복(六服)까지는 중원 지역으로
   구분되며, 육복 이외의 세 개의 지역은 오랑캐 땅으로 분류하였다. 이 세 개의
   지역은 이복(夷服)・진복(鎭服)・번복(藩服)이며, 이 지역에 세운 나라를 '번국'
   이라고 부른다. 『주례』「추관(秋官)・대행인(大行人)」편에는 "九州之外, 謂之蕃
   國."이라는 기록이 있는데, 이에 대한 손이양(孫詒讓)의 『정의(正義)』에서는 "職

다."라고 했다. 이러한 수레들은 천자의 궁성 문으로 들어가지 못하니, 객사에 남겨두고 묵거(墨車)[25]를 타고 용기(龍旂)[26]를 세우고서 조회를 한다. 「근례」편의 기록은 근례(覲禮)에 기준을 둔 것이다. 근례에서 천자는 당하로 내려가지 않고서 제후를 만나본다. 그렇기 때문에 제후도 편가를 이용할 수 없는 것이다. 그런데 이곳에서 말하는 의례는 봄과 여름에 조정에서 예물을 받는 것이며, 맞이하는 예법이 없으므로 이러한 경우에도 편가를 타고 올 수 없다. 그런데 조회를 마친 이후 묘(廟)에서 세 차례

方氏九服, 蠻服以外, 有夷・鎭・藩三服. …… 是此蕃國卽職方外三服也."라고 풀이했다.

24) 목로(木路)는 목로(木輅)라고도 부른다. 천자가 사용하는 다섯 가지 수레 중 하나 이다. 단지 옻칠만 하고, 가죽으로 덮지 않았으며, 다른 치장을 하지 않았기 때문에, '목로'라고 부르게 되었다. 대휘(大麾)라는 깃발을 세웠고, 사냥을 하거나, 구주(九州) 지역 이외의 나라를 분봉해줄 때 사용하였다. 『주례』「춘관(春官)・건거(巾車)」편에는 "木路, 前樊鵠纓, 建大麾, 以田, 以封蕃國."이라는 기록이 있고, 이에 대한 정현의 주에서는 "木路, 不鞔以革, 漆之而已."라고 풀이했다.

25) 묵거(墨車)는 별다른 장식을 하지 않고, 흑색으로 칠하기만 한 수레를 뜻한다. 주(周)나라 때에는 주로 대부(大夫)들이 탔다. 『주례』「춘관(春官)・건거(巾車)」편에는 "大夫乘墨車."라는 기록이 있고, 이에 대한 정현의 주에서는 "墨車, 不畫也."라고 풀이했다.

26) 용기(龍旂)는 기(旂)를 뜻한다. '기'에는 교룡(交龍)을 수놓았기 때문에, '기'를 또한 '용기'라고도 부르는 것이다. '기'는 본래 제후가 세우는 깃발을 뜻한다. 제후는 그 깃발에 두 마리의 용(龍)이 한 쌍을 이루고 있는 교룡(交龍)을 수놓는다. 이때 '머리를 하늘로 하고 있는 1마리 용[升龍]'은 승천하여 천자에게 조회를 하는 모습을 형상화한 것이고, '머리를 땅으로 하고 있는 다른 1마리 용[降龍]'은 천자의 명령을 받아서 복종하는 것을 형상화한 것이다. 천자의 깃발에는 해[日]・달[月]・별[星辰] 등을 수놓았는데, 제후는 천자와 동일하게 할 수 없기 때문에, 대신 승룡(升龍)과 강룡(降龍)을 수놓았던 것이다. 『주례』「춘관(春官)・사상(司常)」편에 기록된 '기'에 대해서, 정현의 주에서는 "諸侯畫交龍, 一象其升朝, 一象其下復也."라고 풀이했고, 가공언(賈公彦)의 소(疏)에서는 "至於天子旌旗有日月星辰, 故諸侯旌旗無日月星, 故龍有升降也. 象升朝天子, 象下復還國也."라고 풀이했다. 한편 깃발 자체를 뜻하는 용어로 사용되기도 했다.

향(享)을 하게 되면 천자가 직접 맞이하게 되므로 상등의 복장을 착용할 수 있게 되니, 이것은 금로 등을 탈 수 있음을 나타낸다. 만약 상등의 수레를 사용할 수 없다면 어떻게 반영 등을 9취로 한다는 등의 규정에 따를 수 있겠는가? 이러한 사실을 통해서 그들이 본래 소유하고 있는 수레를 탈 수 있음을 알 수 있다. 다만 이거에 대해 어떻게 장식했는지는 기록이 남아있지 않아서, 제후의 이거가 상등의 수레와 동일한 장식을 했는지 아닌지는 알 수 없다. 다만 그 수는 명(命)의 등급에 따르게 되어 9대, 7대, 5대가 된다. "개(介)는 9명이다."라고 했는데, 대문 밖에 도열을 하니, 빈객이 북쪽을 바라볼 때, 개는 모두 서북쪽으로 도열하게 된다. "성대한 예식에서는 9뇌(牢)를 사용한다."라고 했는데, 이것은 옹희(饔餼) 등의 성대한 예식을 뜻하니, 조례에서 향(享)을 한 이후에는 숙소에 진설을 하는데, 그 수에 있어서 9개가 동원된다. 그렇기 때문에 그 내용을 앞당겨서 개(介)에 대한 내용과 동일하게 앞부분에 기록한 것이다. "조위(朝位)에 있어서 빈객과 주인의 거리는 90보이다."라고 했는데, 상공은 대문과 90보 떨어진 곳에 위치하니, 천자가 아직 맞이하지 않았을 때, 대문 안쪽에서 빈객과 서로 거리를 벌리는 수치에 해당한다. "서 있게 되는 위치는 수레의 굴대가 있는 지점에 해당한다."라고 했는데, '지(軹)'는 수레바퀴의 중심부 끝부분을 뜻한다. 수레의 끝채는 북쪽을 향해 있으며 서쪽 측면에 있게 되는데, 이 또한 대문과 90보 떨어진 곳에 있게 된다. 상공은 수레의 동쪽에 위치하여 동서 방향으로 서로 바라보게 되니, 굴대의 끝부분에 해당한다. "늘어서는 빈(擯)은 5명이다."라고 했는데, 대종백(大宗伯)은 상빈(上擯)[27]이 되고 소행인(小行人)은 승빈(承擯)[28]이 되며, 색부(嗇夫)는 말단 빈(擯)이 되며 나머지 2명은 사가 담당

---

27) 상빈(上擯)은 빈(擯)들 중에서도 가장 직위가 높았던 자를 뜻한다. 빈객(賓客)이 방문했을 때, 주인(主人)의 부관이 되어, 빈객과의 사이에서 시행해야 할 일들을 도왔던 부관들을 '빈'이라고 부른다.
28) 승빈(承擯)은 상빈(上擯)의 부관 역할을 하는 자로써, 상빈을 돕는 빈(擯)을 뜻한

하게 된다. "묘(廟) 안에서는 폐물을 가지고 세 차례 향(享)을 한다."라고 했는데, 이것은 조정에서 조례(朝禮) 시행하는 일이 끝나면 곧 묘(廟)에서 세 차례 향(享)을 시행하게 되는데, 이러한 절차에는 여기에서 말한 것과 같은 빈객을 맞이하는 예법이 포함되어 있었다는 뜻이다. '왕례(王禮)'라고 했는데, 이것은 이 문장과 아래문장에 대한 항목이 되니, 이곳 구문으로부터 그 이하의 내용은 모두 천자에게 적용되는 예법일 따름이다. "두 차례 관(祼)을 하고 술잔을 돌린다."라고 했는데, 대종백이 천자를 대신해서 빈객에게 관(祼)을 하니, 군주는 신하에게 술을 따라주지 않기 때문이다. 그 다음에 종백은 재차 왕후를 대신해서 빈객에게 관(祼)을 한다. 관(祼)하는 것이 끝나면 빈객은 옥작(玉爵)[29]을 이용해서 천자에게 술을 권한다. 이것이 바로 두 차례 관(祼)을 하고 술잔을 돌린다는 뜻이다. "향례(饗禮)에서는 9번 헌(獻)을 한다."라고 했는데, 후일에 천자는 빈객을 초대하고 빈객이 찾아오면 묘(廟) 안에서 향례를 시행한다. '향(饗)'이라는 것은 태뢰(太牢)를 삶아서 빈객에게 술을 대접하니, 안석을 설치하지만 기대지 않고 잔을 채우지만 마시지는 않는다. 향례에서는 이러한 행사를 통해 공손함과 검소함을 가르치기 때문이다. '구헌(九獻)'이라고 했는데, 천자가 술을 따라 빈객에게 바치고, 빈객이 주인에게 술을 권하며, 주인이 빈객에게 여수(旅酬)[30]를 하고, 여수를 한 이후에 재차 8번 술을 따라 바치니, 이것을 구헌(九獻)이라고 한다. "사례(食禮)에서는 9번 밥을 뜬다."라고 했는데, 이것 또한 태뢰를 삶아서 빈객에게

다. '승(承)'자는 '승(丞)'자와 통용되므로, 승빈(丞擯)이라고도 부른다. 또한 부관 역할을 한다는 뜻에서, 좌빈(佐儐)이라고도 부른다.

29) 옥작(玉爵)은 옥(玉)을 가공하여 만든 술잔이다. 『예기』「곡례상(曲禮上)」편에는 "飮玉爵者弗揮."라는 기록이 있는데, 이에 대한 공영달(孔穎達)의 소(疏)에서는 "玉爵, 玉杯也."라고 풀이했다.

30) 여수(旅酬)는 본래 제사가 끝난 후에, 제사에 참가했던 친족 및 빈객(賓客)들이 술잔을 들어 술을 마시고, 서로 공경의 예(禮)를 표하며, 잔을 권하는 의례(儀禮)이다. 연회에서도 서로에게 술을 권하는 절차를 '여수'라고 부른다.

음식을 대접하는 것이며 술은 포함되지 않는데, 사례를 시행할 때 아홉 차례 희생물의 고기를 들어 밥을 먹고서 끝낸다. "찾아오고 떠날 때에는 5개의 적(積)을 마련하여 보낸다."라고 했는데, 도로에 있을 때 빈객에게 공급하는 것으로, 찾아올 때와 떠날 때 모두 5개의 적(積)을 마련하니, 익힌 음식과 희생물의 수에 견주어서 하게 된다. 다만 끌고 가는 희생물 은 도로에 묶어둔다. '삼문(三問)'이라는 것은 『주례』「사의(司儀)」편을 살펴보면 제공(諸公)이 상호 빈객이 되었을 때, "방문을 받은 나라에서는 5개의 적(積)을 마련하고 3번의 문(問)을 하는데 모두 3번의 사양을 하고 절을 하며 받고 모두 빈(擯)을 도열시킨다."[31]라고 했고, 정현의 주에서 는 "오랜 기간 보지 못해서 묻는 것은 문(問)이고 여정 중에 힘든 것을 묻는 것은 노(勞)인데, 그 예법에서는 모두 경과 대부를 시켜 치르도록 한다."라고 했다. 만약 그렇다면 천자가 제후를 대하는 예법에서도 경과 대부를 시켜서 문(問)을 해야 하는 것이며, 예법을 갖춰서 치르도록 하 니, 문(問)을 시행하는 세 지점은 또한 3번의 노(勞)를 하는 지점과 동일 하게 해야 한다. '삼로(三勞)'라는 것은 『주례』「소행인(小行人)」편을 살 펴보면 기(畿)에서 맞이하며 노고를 위로한다고 했다.[32] 『의례』「근례(覲 禮)」편을 살펴보면 "교(郊)에 당도하면, 천자는 사신을 보내 피변복을 입 고 벽(璧)을 가지고 가서 노고를 위로토록 한다."[33]라고 했고, 정현의 주 에서는 "교(郊)자는 근교(近郊)를 뜻한다."라고 했다. 원교(遠郊)에서 노 고를 위로한다는 일에 대해서는 관련 기록이 없는데, 근교와 기에서 대행 인과 소행인이 노고를 위로한다고 했다면, 원교에서 노고를 위로하는 일 또한 대행인(大行人)을 시켰을 것이다. 『사전약설』을 살펴보면 "천자의

31) 『주례』「추관(秋官)·사의(司儀)」: 主國五積, 三問, 皆三辭拜受, 皆旅擯. 再勞, 三辭, 三揖, 登, 拜受, 拜送.
32) 『주례』「추관(秋官)·소행인(小行人)」: 凡諸侯入王, 則逆勞于畿.
33) 『의례』「근례(覲禮)」: 覲禮. 至于郊, 王使人皮弁用璧勞. 侯氏亦皮弁, 迎于帷 門之外, 再拜.

태자는 나이가 18세가 되면 맹후(孟侯)라는 직함을 받는다. '맹후(孟侯)'라는 것은 사방의 제후들이 찾아와서 조회를 할 때 교(郊)에서 맞이하는 자이다."라고 했다. 따라서 원교에서 노고를 위로할 때에는 세자를 시켜서 했을 수도 있으니, 이러한 이유로 『효경』의 주에서도 "세자가 교(郊)에서 맞이한다."라고 했던 것이다. '교영(郊迎)'이라는 것은 교(郊)에서 노고를 위로하는 것을 뜻한다. 『효경』의 주가 비록 하나라 때의 예법에 기준을 둔 것이지만, 주나라 때에도 이처럼 했다. '제후지례(諸侯之禮)'라고 했는데, 다른 기록에서 '제후(諸侯)'라고 한 말은 다섯 등급의 제후들을 모두 포함하는 용어이지만, 이곳에서 말한 '제후(諸侯)'는 단지 후작만을 가리키는 것이다. 그 예법은 모두 상공에 비해 2등급씩 낮추게 된다. 또 빈(擯)에 대한 내용으로부터 그 이하의 것들 또한 모두 등급별로 낮추게 된다.

賈疏 ◎注"繅藉"至"降殺". ○釋曰: 云"繅藉, 以五采韋衣板"者, 按聘禮記云: "公侯伯三采, 朱·白·倉. 子男二采, 朱·綠." 典瑞天子乃五采, 此諸侯禮而言五采者, 此注合三采二采而言五, 非謂得有五采也. 云"若奠玉, 則以藉之"者, 按覲禮"侯氏入門右, 奠圭, 再拜稽首", 此時奠玉則以藉之. 若然, 未奠之時, 於廟門外, 上介授時, 已有繅藉矣. 云"冕服, 著冕所服之衣也"者, 凡服皆以冠冕表衣, 故言衣先言冕. 鄭恐冕服是服此冕, 故云著冕所服之衣也. 云"九章者, 自山龍以下. 七章者, 自華蟲以下. 五章者, 自宗彝以下", 已具於司服. 云"常, 旐旗也"者, 鄭欲見常與旐旗皆總稱, 非日月爲常者. 云"旐, 其屬幓垂者也"者, 爾雅云"繼帛緣, 練旒九", 正幅爲緣, 謂旐旗之幅也, 其下屬旒, 故云屬緣垂者也. 云"樊纓, 馬飾也, 以罽飾之, 每一處五采備爲一就. 就, 成也"者, 此云五采備, 卽巾車注五采罽, 一也. 此等諸侯皆用五采罽, 與繅藉異, 似繅藉之上絢組, 亦同五采也. 云"三牲備爲一牢"者, 聘禮致饔餼云"牛一·羊一·豕一爲一牢", 故知也. 云"朝位, 謂大門外賓下車及王車出迎所立處也"者, 約聘禮, 在大門外, 去門有立位·陳介之所. 云"王始立大門內"者, 亦約聘禮. 聘禮雖後亦不出迎, 要陳擯介時, 主君在大門內. 云"交擯三辭乃乘車而迎之"者, 王與諸侯行禮, 與諸侯待諸侯同. 按司儀云: "諸公相爲賓, 及將幣, 交擯三辭, 車迎拜辱." 玄謂"旣三辭, 主君則乘車, 出大門而迎賓", 是也. 必知天子待諸侯敵禮者, 按下文, 大國之孤, 繼小國之君, 不交擯, 其他皆視小國之君, 則諸侯於天子交擯. 交擯是敵禮也. 是以齊僕云: "朝覲宗遇饗食, 皆乘金路, 其法儀, 各以其等爲車送逆之節", 亦是敵禮, 故鄭此卽取之爲證也. 言"王立當軫與"者, 差約小向後爲尊, 故疑云"與"也. 云"廟, 受命祖之廟也"者, 此約覲禮. 覲在文王廟, 故覲禮云"前朝皆受舍于朝", 注云: "受舍, 受次於文王廟門之外." 聘禮受朝聘於先君之祧, 故知王受覲在受命祖廟, 在文王廟, 不在武王廟可知, 是於受命祖廟也. 云"饗, 設盛禮以飮賓也"者, 云"盛禮"者, 以其饗有食有酒, 兼燕與食, 故云盛禮也. "問, 問不恙也"者, 恙, 憂也, 問賓得無憂也. 云"皆有禮, 以幣致之"者, 按聘禮勞以幣, 覲禮使人以璧, 璧則兼幣, 是有幣致之也. 先鄭云"擧, 擧樂也"者, 按襄二十六年左氏傳云: "將刑, 爲之不擧, 不擧, 則徹樂." 後鄭易之以爲"擧牲體"者, 但此經食禮九擧, 與饗禮九獻相連, 故以食禮九擧爲擧牲體. 其實擧中可以兼樂, 以其彼傳亦因擧食而言也. 先鄭云"前疾, 謂駟馬車轅前胡下垂柱地"者, 謂若輈人"輈深四尺七寸, 軹前曲中", 是也. "玄謂三享皆束帛加璧庭實惟國所有"者, 聘禮與覲禮, 行享皆有庭實, 鄭又引朝士儀, 爲證貢國所有也. 云"朝先享, 不言朝者, 朝正禮, 不嫌有等也"者, 按覲禮, 行朝訖, 乃行享. 此經"冕服九章"以下唯言享, 不見朝禮, 故鄭言之. 云"朝正禮, 不嫌有等"者, 朝屬路門外, 正君臣尊卑之禮, 不嫌有九十·七十·五十步之差等相迎之法, 故云不嫌有等也. 旣有等, 故不言之也. 宗伯攝祼, 王與后皆同拜送爵者, 恭敬之事不可使人代也. 云"不酢之禮, 聘禮禮賓是與"者, 聘禮禮賓用醴. 子男雖一祼不酢, 與聘禮禮賓同. 子男用鬱鬯, 不用醴, 則別.
約同之, 故云"與"以疑之也. 云"九擧, 擧牲體九飯也"者, 見特牲饋食
禮, 尸食擧, 尸三飯, 佐食擧肝, 尸又三飯, 擧骼及獸·魚, 公食不云
擧, 文不具也. 王日一擧, 亦謂擧牲體, 故知生人食有擧法, 故爲"九擧,
擧牲體", 不爲擧樂也. 云"出入, 從來訖去也"者, 謂從來時有積, 訖去
亦有積, 不謂從來訖去共五積. 若然, 來去皆五積也. 知積皆有芻·
薪·米·禾者, 掌客積視飧牽, 飧有米禾芻薪, 明在道致積者可知. 云
"凡數不同者皆降殺"者, 五等諸侯爲三等者, 以依命數爲差故也.

◎ 鄭注: "繅藉"~"降殺". ○ 정현이 "'소자(繅藉)'는 다섯 가지 채색을 한
가죽으로 나무판에 옷을 입힌 것이다."라고 했는데, 『의례』「빙례(聘禮)」
편의 기문을 살펴보면 "공작·후작·백작은 세 가지 채색을 사용하니 주
색·백색·푸른색이다. 자작과 남작은 두 가지 채색을 사용하니 주색과
녹색이다."[34]라고 했다. 『주례』「전서(典瑞)」편에서 천자의 경우 다섯 가
지 채색을 사용한다고 했는데, 이곳에서는 제후의 예법을 언급하며 다섯
가지 채색이라고 했다. 이곳 주석은 세 가지 채색을 쓰는 경우와 두 가지
채색을 쓰는 경우를 합쳐서 다섯 가지라고 말한 것이니, 다섯 가지 채색
을 모두 쓸 수 있다는 뜻이 아니다. 정현이 "만약 옥을 바치게 된다면
이것으로 옥을 받친다."라고 했는데, 『의례』「근례(覲禮)」편을 살펴보면
"제후가 문으로 들어가 오른쪽으로 가서 자리에 앉아 규(圭)를 내려놓고
재배를 하며 머리를 조아린다."[35]라고 했다. 이러한 시기에 옥을 내려놓
게 된다면 이것을 이용해서 옥을 받치게 된다. 만약 그렇다면 아직 옥을
내려놓지 않았을 때, 묘문의 밖에서 상개(上介)가 건네는 시기에 이미
소자가 포함되어 있는 것이다. 정현이 "'면복(冕服)'은 면류관을 쓰고 그

---

34) 『의례』「빙례(聘禮)」: 所以朝天子, 圭與繅皆九寸, 剝上寸半, 厚半寸, 博三寸.
繅三采六等, 朱白倉. 問諸侯, 朱綠繅八寸. 皆玄纁繫, 長尺, 絢組. 問大夫之幣
俟于郊, 爲肆, 又齎皮馬.

35) 『의례』「근례(覲禮)」: 侯氏入門右, 坐奠圭, 再拜稽首.

에 해당하는 의복을 입는 것이다."라고 했는데, 모든 복장에서는 면류관을 써서 해당하는 의복을 드러내게 된다. 그렇기 때문에 의복에 앞서 면류관에 대해 언급한 것이다. 정현은 아마도 이곳에 나온 '면복(冕服)'이라는 말을 단순히 면류관을 착용한다는 뜻으로 오해할 것을 염려했기 때문에, "면류관을 쓰고 그에 해당하는 의복을 입는 것이다."라고 말한 것이다. 정현이 "'구장(九章)'은 산과 용의 무늬로부터 그 이하의 무늬를 뜻한다. '칠장(七章)'은 화충(華蟲)으로부터 그 이하의 무늬를 뜻한다. '오장(五章)'은 종이(宗彝)로부터 그 이하의 무늬를 뜻한다."라고 했는데, 이것에 대한 설명은 이미 『주례』「사복(司服)」편에서 했다. 정현이 "'상(常)'은 깃발을 뜻한다."라고 했는데, 정현은 상(常)이라는 말이 상(常)이라는 깃발과 다른 깃발들을 모두 총칭하는 용어이며, 해와 달이 새겨진 상(常)이라는 깃발을 가리키는 것이 아님을 드러내고자 한 것이다. 정현이 "'유(斿)'는 깃발에 매달아 휘날리도록 하는 것이다."라고 했는데, 『이아』에서는 "분홍색의 비단으로 삼(縿)을 만들고, 진홍색의 누인 천으로 유(旒) 9개를 만든다."[36]라고 했는데, 정폭을 삼(縿)이라고 하니, 깃발의 폭을 의미하며, 그 밑에 유(旒)를 단다. 그렇기 때문에 삼(縿)에 달아서 늘어트리는 것이라고 했다. 정현이 "'번영(樊纓)'은 말에 하는 장식이니, 모직물로 장식을 하며, 한 지점마다 다섯 가지 채색을 갖추게 되면 1취(就)가 된다. '취(就)'자는 완성한다는 뜻이다."라고 했는데, 여기에서는 다섯 가지 채색이 갖춰진다고 했으니, 『주례』「건거(巾車)」편의 주에서 '오채계(五采罽)'라고 한 것과 동일하다. 이러한 것들에 대해서 제후는 모두 다섯 가지 채색이 들어간 모직물을 사용하니, 소자의 경우와 차이를 보이는데, 소자에 다는 끈이 또한 동일하게 다섯 가지 채색을 사용하는 것과 유사하다. 정현이 "3가지 희생물이 갖춰지면 1뇌(牢)로 삼는다."라고 했는데, 「빙례」편에서는 옹희(饔餼)를 하며, "소 1마리, 양 1마리, 돼지 1마

---

36) 『이아』「석천(釋天)」: 素錦綢杠, 纁帛縿, 素陞龍于縿, 練旒九, 飾以組, 維以縷.

리를 1뇌(牢)로 삼는다."라고 했기 때문에 이러한 사실을 알 수 있다. 정현이 "'조위(朝位)'는 대문 밖에서 빈객이 수레에서 내리고 천자가 수 레를 타고 나와서 맞이할 때 서게 되는 위치를 뜻한다."라고 했는데, 이것 은 「빙례」편의 기록을 요약한 것으로, 대문 밖에 있을 때 대문과 거리를 벌리며 서게 되는 위치와 개(介)가 도열하는 장소를 의미한다. 정현이 "천자는 최초 대문 안쪽에 서 있는다."라고 했는데, 이 또한 「빙례」편의 내용을 요약한 것이다. 「빙례」편에서는 비록 그 이후의 기록에서 밖으로 나가서 맞이하지 않는다고 했지만, 요점은 빈(擯)과 개(介)가 도열할 때, 빙문을 받는 군주는 대문 안쪽에 있다는 것이다. 정현이 "빈(擯)과 개 (介)가 서로 세 차례 사양을 하게 되면 수레를 타고 나가 빈객을 맞이한 다."라고 했는데, 천자와 제후가 의례를 시행하는 것은 제후가 제후를 대접하는 경우와 동일하다. 『주례』「사의(司儀)」편을 살펴보면 "제공(諸 公)이 서로 빈객이 되어, 폐물을 가지고 갈 때가 되면 빈(擯)과 개(介)가 서로 세 차례 사양하고, 수레를 이용해 맞이하며 수고롭게 찾아온 것에 대해 절을 한다."[37]라고 했고, 정현은 "세 차례 사양을 하게 되면 방문을 받은 나라의 군주는 수레에 타고 대문 밖으로 나가서 빈객을 맞이한다." 라고 했다. 천자가 제후를 대접하며 신분이 대등할 때의 예법에 따른다는 사실을 분명히 알 수 있는 것은 아래문장을 살펴보면 대국에 속한 고(孤) 는 소국의 군주 뒤에 서며 교빈(交擯)을 하지 않는데, 나머지 것들은 모 두 소국의 군주가 시행하는 것에 견주어 한다고 했다.[38] 따라서 제후는 천자에 대해서 교빈(交擯)을 하는 것이다. '교빈(交擯)'은 신분이 서로

---

37) 『주례』「추관(秋官)·사의(司儀)」: 及將幣, 交擯, 三辭, 車逆, 拜辱, 賓車進, 答 拜, 三揖三讓, 每門止一相, 及廟, 唯上相入. 賓三揖三讓, 登, 再拜, 授幣, 賓拜 送幣. 每事如初, 賓亦如之. 及出, 車送, 三請三進, 再拜, 賓三還三辭, 告辟.

38) 『주례』「추관(秋官)·대행인(大行人)」: 凡大國之孤, 執皮帛以繼小國之君, 出 入三積, 不問, 壹勞, 朝位當車前, 不交擯, 廟中無相, 以酒禮之. 其他皆視小國 之君.

대등할 때 따르는 예법이다. 이러한 까닭으로 『주례』「제복(齊僕)」편에서는 "조(朝)·근(覲)·종(宗)·우(遇)·향(饗)·사(食)를 할 때에는 모두 금로(金路)에 타며, 법도와 의례는 각각 그들의 등급에 따라서 수레로 전송하고 맞이하는 절도로 삼는다."[39]라고 했으니, 이 또한 신분이 대등할 때의 예법에 해당한다. 그렇기 때문에 정현은 이곳에서 그 내용을 가져다가 증거로 삼은 것이다. 정현이 "천자가 서 있는 위치는 수레의 뒤턱에 해당할 것이다."라고 했는데, 등차에 따라 요약해보면 조금 뒤에 위치하는 것이 존귀한 자의 것이 된다. 그렇기 때문에 추측한다는 뜻에서 '여(與)'자를 붙인 것이다. 정현이 "'묘(廟)'는 명령을 받게 되는 조상의 묘(廟)를 뜻한다."라고 했는데, 이것은 「근례」편의 내용을 요약한 것이다. 근례는 문왕의 묘에서 시행된다. 그렇기 때문에 「근례」편에서는 "조근을 하기에 앞서 모두들 조(朝)에서 임시로 머물 장소를 지정받는다."[40]라고 했고, 정현의 주에서는 "수사(受舍)는 문왕의 묘문 밖에 임시로 머물 장소를 지정받는 것이다."라고 했다. 또 「빙례」편에서는 선군의 조(祧)에서 조빙(朝聘)[41]을 받는다고 했다. 그렇기 때문에 천자가 근례를 받는 것은 명령을 받게 되는 조상의 묘(廟)라는 사실을 알 수 있고, 아울러 이것은

---

39) 『주례』「하관(夏官)·제복(齊僕)」: 朝·覲·宗·遇·饗·食皆乘金路, 其法儀各以其等, 爲車送逆之節.

40) 『의례』「근례(覲禮)」: 諸侯前朝, 皆受舍于朝. 同姓西面北上, 異姓東面北上.

41) 조빙(朝聘)은 본래 제후가 주기적으로 천자를 찾아뵙는 것을 뜻한다. 고대에는 제후가 천자에 대해서 매년 1번씩 소빙(小聘)을 했고, 3년에 1번씩 대빙(大聘)을 했으며, 5년에 1번씩 조(朝)를 했다. '소빙'은 제후가 직접 찾아가지 않았고, 대부(大夫)를 대신 파견하였으며, '대빙' 때에는 경(卿)을 파견하였다. '조'에서만 제후가 직접 찾아갔는데, 이것을 합쳐서 '조빙'이라고 부른다. 춘추시대(春秋時代) 때에는 진(晉)나라 문공(文公)과 같은 패주(霸主)에게 '조빙'을 하기도 하였다. 『예기』「왕제(王制)」편에는 "諸侯之於天子也, 比年一小聘, 三年一大聘, 五年一朝."라는 기록이 있고, 이에 대한 정현의 주에서는 "比年, 每歲也. 小聘, 使大夫, 大聘, 使卿, 朝, 則君自行. 然此大聘與朝, 晉文霸時所制也."라고 풀이했다. 후대에는 서로 찾아가서 만나보는 것을 '조빙'이라고 범칭하기도 했다.

구체적으로 문왕의 묘이고 무왕의 묘가 아니라는 사실도 알 수 있으니, 이것이 바로 명령을 받게 되는 조상의 묘에서 시행한다는 사실을 나타낸다. 정현이 "'향(饗)'은 성대한 예식과 기물을 설치하여 빈객에게 술을 대접하는 것이다."라고 했는데, '성례(盛禮)'라고 하는 이유는 향례(饗禮)에는 밥과 술이 포함되니, 연례(燕禮)와 사례(食禮)를 아우르는 것이다. 그렇기 때문에 성대한 예식이라고 했다. 정현이 "'문(問)'은 수고롭지 않았는지를 묻는 것이다."라고 했는데, '양(恙)'자는 괴롭다는 뜻이니, 빈객이 괴로웠는지 아닌지를 묻는 것이다. 정현이 "모두 관련 예법을 시행하여 예물을 바치게 된다."라고 했는데, 「빙례」편을 살펴보면 폐물을 가지고 노고를 위로하고, 「근례」편에서는 사신이 벽(璧)을 가지고 가는데, 벽(璧)이라고 했다면 폐물도 함께 가져가는 것이다. 이것은 곧 폐물을 가져가서 상대에게 전한다는 사실을 나타낸다. 정사농은 "거(擧)는 음악을 연주한다는 뜻이다."라고 했는데, 양공 26년에 대한 『좌전』의 기록을 살펴보면 "형벌을 시행하려고 할 때에는 형벌 받는 자를 위해 성찬을 들지 않고, 성찬을 들지 않는다면 음악을 연주하지 않는다."[42]라고 했다. 그런데 정현은 이 문장을 바꿔서 "희생물의 고기를 먹는다."라고 했다. 그 이유는 이곳 경문에서 사례에서 아홉 차례 거(擧)를 한다는 기록은 향례에서 아홉 차례 헌(獻)을 한다는 기록과 연이어 있다. 그렇기 때문에 사례에서 아홉 차례 거(擧)를 한다는 것을 희생물의 고기를 먹는다는 뜻으로 여긴 것이다. 실제로 거(擧)라는 말은 음악을 연주하는 일까지도 포함할 수 있으니, 『좌전』의 기록 또한 음식을 먹는 것에 연유해서 음악에 대한 일까지도 언급했기 때문이다. 정사농은 "전질(前疾)은 네 마리의 말이 끄는 수레에 있어서 끌채 앞에 밑으로 늘어트려 지면과 닿게 되는 부위를 뜻한다."라고 했는데, 『주례』「주인(輈人)」편에서 "끌채의 깊이는 4척 7

---

42) 『춘추좌씨전』「양공(襄公) 26년」: 將刑, 爲之不擧, 不擧則徹樂, 此以知其畏刑也.

촌으로, 식(軾)의 앞으로 굽은 부위 중앙을 뜻한다."라고 했다. 정현이 "내가 생각하기에 삼향(三享)에는 모두 속백(束帛)에 벽(璧)을 추가해서 올리며 마당에 채워 넣는 것은 그 나라에서 소유하고 있는 것으로 한다." 라고 했는데, 「빙례」편과 「근례」편에서는 향(享)을 시행하며 모두 마당에 물건들을 늘어놓게 되는데, 정현은 또한 「조사의」의 기록을 인용하여, 공납품이 그 나라에서 소유했던 것임을 증명하였다. 정현이 "조(朝)는 향(享)보다 먼저 하게 되는데, '조(朝)'를 언급하지 않은 것은 조(朝)는 정규 예법에 해당하여 등급에 따른 차등이 있다는 것에 대해 혐의를 두지 않기 때문이다."라고 했는데, 「근례」편을 살펴보면, 조(朝)를 시행하고 그 일이 끝나면 향(享)을 시행한다. 이곳 경문에서는 '면복구장(冕服九章)'이라는 구문 뒤에 오직 향(享)에 대해서만 언급했고, 조례(朝禮)에 대한 항목은 나타나지 않는다. 그렇기 때문에 정현이 이 사실을 지적한 것이다. 정현이 "조(朝)는 정규 예법에 해당하여 등급에 따른 차등이 있다는 것에 대해 혐의를 두지 않기 때문이다."라고 했는데, 조정은 노문(路門) 밖에 위치하고, 조례는 군주와 신하에 대해 존비의 층위를 바르게 하는 예법이니, 90보·70보·50보 등의 차등을 두어 서로 맞이한다는 예법이 있음을 의심하지 않는다. 그렇기 때문에 "차등이 있다는 것에 대해 혐의를 두지 않기 때문이다."라고 했다. 즉 그 자체에 이미 등급이 정해지기 때문에 언급하지 않은 것이다. 종백이 대신 관(祼)을 하지만, 천자와 왕후는 모두 동일하게 절을 하며 잔을 전하게 되는데, 이것은 공손함을 표하는 일이니, 다른 사람을 대신 시킬 수 없다. 정현이 "술잔을 돌리지 않는 예법이란 「빙례」편에서 빈객을 예우한다는 것을 뜻할 것이다."라고 했는데, 「빙례」편에서 빈객을 예우할 때에는 예(醴)를 한다. 자작과 남작은 비록 한 차례 관(祼)을 하지만 초(酢)를 하지 않으니, 「빙례」편에서 빈객을 예우하는 경우와 동일하다. 자작과 남작은 울창주를 사용하고 예(醴)를 사용하지 않는다는 점이 구별된다. 그러나 대략적으로 동일하기 때문에 '여(與)'자를 붙여서 확정하지 않은 것이다. 정현이 "구거(九擧)'

는 희생물의 고기를 들며 아홉 차례 밥을 뜬다는 뜻이다."라고 했는데,
『의례』「특생궤식례(特牲饋食禮)」편에 나오는 것으로, 시동이 밥을 먹고
음식을 뜰 때, 시동이 세 차례 밥을 뜨면 좌식(佐食)은 희생물의 간을
들어 권하고, 시동이 재차 세 차례 밥을 뜨면 희생물이 넓적다리 고기
및 다른 육고기와 물고기 등을 들어 권하게 되며, 군주가 밥을 먹을 때에
는 '거(擧)'라는 말을 하지 않았는데, 이것은 문장을 생략해서 기록했기
때문이다. 천자는 날마다 한 차례 거(擧)를 하는데, 이 또한 희생물의
고기를 먹는다는 뜻이다. 그렇기 때문에 살아있는 사람들이 밥을 먹을
때에는 거(擧)를 하는 법도가 있었음을 알 수 있다. 그렇기 때문에 "구거
(九擧)는 희생물의 고기를 드는 것이다."라고 말하고, 음악을 연주한다는
뜻으로 여기지 않은 것이다. 정현이 "'출입(出入)'은 찾아와서 만나보는
절차를 끝내고 떠난다는 뜻이다."라고 했는데, 찾아왔을 때에도 적(積)을
마련하고, 그 일이 끝나 떠날 때에도 적(積)을 마련한다는 뜻이니, 찾아
와서 일을 끝낸 뒤 떠날 때에만 5개의 적(積)을 공급한다는 의미가 아니
다. 만약 그렇다면 찾아왔을 때와 떠날 때에는 모두 5개의 적(積)을 마련
해서 주는 것이다. 적(積)이라는 것에 모두 꼴이나 땔감 및 곡식 등이
포함된다는 사실을 알 수 있는 이유는 『주례』「장객(掌客)」편에서 적(積)
은 손견(飧牽)에 견준다고 했는데, 손(飧)에는 곡식과 꼴 및 땔감이 포함
되니, 이것은 여정 중에 있을 때 적(積)을 보내게 된다는 사실을 나타낸
다. 정현이 "그 수치가 다른 것은 모두 등급에 따라 낮췄기 때문이다."라
고 했는데, 다섯 등급의 제후를 세 부류로 구분하니, 명(命)의 등급에
따라 차등으로 삼았기 때문이다.

참고 『주례』「추관(秋官) · 사의(司儀)」 기록

경문 及將幣, 交擯, 三辭, 車逆, 拜辱, 賓車進, 答拜, 三揖三讓, 每
門止一相, 及廟, 唯上相入. 賓三揖三讓, 登, 再拜, 授幣, 賓拜送幣.

每事如初, 賓亦如之. 及出, 車送, 三請三進, 再拜, 賓三還三辭, 告辟.

예물을 가지고 가게 되면 교빈(交擯)을 하고 세 차례 말을 전달하며,
수레로 맞이하고, 욕되이 찾아온 것에 대해 절을 하며, 빈객의 수레는
앞으로 나와서 답배를 하고, 세 차례 읍을 하고 세 차례 사양을 하며,
매 문마다 1명의 상(相)을 멈추게 하며, 묘에 이르러서는 오직 상상(上
相)만 들어간다. 빈객은 세 차례 읍을 하고 세 차례 사양을 하며, 올라가
게 되면 주인인 군주가 재배를 하고 예물을 받고, 빈객은 절을 하며 예물
을 전한다. 매 사안을 처음과 같이 하며 예우할 때에도 이처럼 한다.
밖으로 나가게 되면 수레로 전송하며 세 차례 청을 하고 세 차례 나아가
며 재배를 하고 빈객은 세 차례 돌아서서 세 차례 사양을 하고 떠나감을
아뢴다.

鄭注 鄭司農云: "交擯, 擯者交也. 賓車進答拜, 賓上車進, 主人乃
答其拜也. 及出車送三請, 主人三請留賓也. 三進, 進隨賓也. 賓三
還三辭告辟, 賓三還辭謝, 言已辟去也." 玄謂旣三辭, 主君則乘車出
大門而迎賓, 見之而下拜其辱, 賓車乃前下答拜也. 三揖者, 相去九
十步, 揖之使前也. 至而三讓, 讓入門也. 相謂主君擯者及賓之介也.
謂之相者, 於外傳辭耳, 入門當以禮詔侑也. 介紹而傳命者, 君子於
其所尊, 不敢質, 敬之至也. 每門止一相, 彌相親也. 君入門, 介拂闑,
大夫中棖與闑之間, 士介拂棖, 此爲介鴈行相隨也. 止之者, 絶行在
後耳. 賓三揖三讓, 讓升也. 登再拜授幣, 授當爲受, 主人拜至且受
玉也. 每事如初, 謂享及有言也. 賓當爲儐, 謂以鬱鬯禮賓也. 上於
下曰禮, 敵者曰儐. 禮器曰: "諸侯相朝, 灌用鬱鬯, 無籩豆之薦." 謂
此朝禮畢儐賓也. 三請三進, 請賓就車也. 主君每一請, 車一進, 欲
遠送之也. 三還三辭者, 主君一請, 賓亦一還一辭.

정사농이 말하길, "교빈(交擯)은 빈(擯)이 교차하여 서는 것이다. 빈객의
수레가 나아가 답배를 하니, 빈객이 수레에 타서 나아가면 주인은 그가

절한 것에 대해 답배를 한다. 떠나게 되면 수레를 보내 3차례 청을 하니, 주인이 3차례 청을 하여 빈객이 머물도록 하는 것이다. 3차례 나아가는 것은 나아가 빈객을 따르는 것이다. 빈객이 3차례 돌아서 3차례 사양하고 물러나길 고하는 것은 빈객이 3차례 돌아서 사절하는 것으로, 물러나서 떠나감을 뜻한다."고 했다. 내가 생각하기에 이미 3차례 사양을 했다면 주인이 되는 군주는 수레에 타고 대문 밖으로 나가서 빈객을 맞이하고, 그가 보이면 수레에서 내려 그가 욕되게 찾아온 것에 대해 절을 하며, 빈객의 수레는 그 앞에 와서 수레에서 내려 답배를 한다. 3차례 읍을 한다는 것은 서로의 거리가 90보일 때 읍을 하여 앞으로 나오도록 하는 것이다. 또 이르게 되어 3차례 사양을 하는 것은 문으로 들어가는 것을 사양하는 것이다. '상(相)'은 주인이 되는 군주의 빈(擯)과 빈객의 개(介)를 뜻한다. 그를 '상(相)'이라 부르는 이유는 밖에서는 말을 전달만 할 뿐이지만, 문으로 들어와서는 마땅히 예법에 따라 알려주고 권해야 하기 때문이다. 개(介)가 연이어 늘어서서 명령을 주고받는 것은 군자는 존귀하게 높이는 대상에 대해 감히 마주할 수 없는 것이며, 이처럼 하는 것은 공경함을 지극히 나타내는 것이다. 매 문마다 1명의 상(相)을 멈추게 하는 것은 더욱 서로 친근하게 대하고자 하기 때문이다. 군주가 문으로 들어설 때 얼(闑)과 정(棖) 사이로 들어가며, 개(介)는 얼(闑)을 스칠 듯한 곳에 위치하고, 대부는 정(棖)과 얼(闑) 사이에 위치하며, 사 중의 개(介)가 된 자는 정(棖)을 스칠 듯한 곳에 위치하니, 이것은 개(介)가 기러기처럼 대형을 짜서 서로 뒤따르기 때문이다. 그치게 하는 것은 행동을 멈춰서 그 뒤에 있는 것일 따름이다. 빈객이 3차례 읍을 하고 3차례 사양을 하는 것은 계단으로 올라가는 것을 사양하는 것이다. 올라가서 재배를 하고 예물을 수(授)한다고 했는데, '수(授)'자는 마땅히 수(受)자가 되어야 하니, 주인이 도달한 것에 대해 절을 하고 또 옥을 받기 때문이다. 매 사안을 처음과 같이 한다는 것은 향(享)과 대화를 나눌 때를 뜻한다. '빈(賓)'자는 마땅히 빈(儐)자가 되어야 하니, 울창주로 빈객을 예우한다는 뜻이다. 윗사람이 아랫사람에게 해주는 것을 '예(禮)'라 부르고, 신분이 대등한 경우에는 '빈(儐)'이라 부른다. 『예기』「예기(禮器)」편에서는 "제후들끼리 서로 찾아가 만나볼 때에는 울창주를 이용해서 술을 따르지만, 변이나 두와 같은 그릇들에 음식물을 담아서 올리는 일은 없다."[43]라 했으니, 이러한 조례가 끝났을 때 빈객에게 빈(儐)하는 것을 뜻한다. 3차례 청하고 3차례 나아가는 것은 빈객에게 청하며 수레로 나아가는 것을 뜻한다. 주인인 군주가 매 번 한 차례 청할 때마다 수레는 한 차례 나아가게 되니, 멀리까지 그를 전송하고자 해서이다. 3차례 돌아가서 3차례 사양한다는 것은 주인인 군주가 한 차례 청하게 되면 빈객 또한 한 차례 돌아서서 한 차례 사양하는 것이다.

賈疏 ●"及將"至"告辟". ○釋曰: 及, 至也. 至將幣, 謂賓初至館, 後日行朝禮之時. 故云至將幣. 幣卽圭璋也. 云"交擯, 三辭, 車逆, 拜辱, 賓車進, 答拜"者, 此並在主君大門外, 賓去門九十步而陳九介, 主君在大門外之東陳五擯. 上擯入受命, 出請事, 傳辭與承擯, 承擯傳與末擯, 末擯傳與末介, 末介傳與承介, 承介傳與上介, 上介傳與賓, 賓又傳與上介, 上介傳與承介, 承介傳與末介, 末介傳與末擯, 末擯傳與承擯, 承擯傳與上擯, 上擯入告君. 如是者三, 謂之交擯三辭. 諸交擯者, 例皆如此也. 車逆拜辱者, 傳辭既訖, 主君乘車出大門, 至賓所下車, 拜賓屈辱來此也. 賓車進答拜者, 賓初升車進就主君, 主君下, 賓亦下車答主君拜也. "三揖"者, 主君遙揖賓使前, 北面三讓, 入大門也. 云"每門止一相"者, 既入門, 迴面東至祖廟之時, 祖廟西仍有二廟. 以其諸侯五廟, 始祖廟在中, 兩廂各有二廟, 各別院爲之, 則有二門, 門傍皆有南北隔牆, 隔牆皆通門, 故得有每門. 若不然, 從

---

43) 『예기』「예기(禮器)」: 天子適諸侯, 諸侯膳以犢. <u>諸侯相朝, 灌用鬱鬯, 無籩豆之</u><u>薦</u>. 大夫聘禮以脯醢.

大門內卽至祖廟之門, 何得有每門, 而云門止一相乎? 故爲此解也.
云"上相入"者, 相入, 卽上擯上介, 須詔禮, 故須入. 云"三揖"者, 亦謂
入門揖·當曲揖·當碑揖也. 云"三讓, 登"者, 至階, 主君讓賓, 賓讓
主君, 如是者三, 主君先升. 云"再拜, 授幣"者, 授當爲受. 賓主俱升,
主人在阼階上北面拜, 乃就兩楹間南面, 賓亦就主君, 賓授玉, 主君
受之, 故云再拜受幣也. 云"賓拜送幣"者, 賓旣受, 乃退向西階上, 北
面拜送幣, 乃降也.

● 經文: "及將"~"告辟". ○ '급(及)'자는 "~에 이르다."는 뜻이다. '지장폐
(至將幣)'는 빈객이 처음에 숙소에 이르렀다가 이후 조례를 시행할 때를
뜻한다. 그렇기 때문에 예물을 가지고 갈 때가 되었다고 한 것이다. '폐
(幣)'는 규(圭)와 장(璋)에 해당한다. "교빈(交擯)하고 세 차례 사양을
하며 수레로 맞이하고 욕되이 찾아온 것에 대해 절을 하며, 빈객의 수레
는 앞으로 나와서 답배를 한다."라 했는데, 이것은 모두 주인인 군주의
궁성 대문 밖에서 빈객이 문과 90보 떨어진 곳에서 9명의 개(介)를 나열
시키고, 주인인 군주는 대문 밖의 동쪽에서 5명의 빈(擯)을 나열시킨 것
에 해당한다. 상빈(上擯)이 안으로 들어가서 명령을 받고, 나와서 그 사
안에 대해 청해 묻고, 말을 전달하여 승빈(承擯)에게 전하고, 승빈(承擯)
은 말을 전달하여 말빈(末擯)에게 전하고, 말빈(末擯)은 말을 전달하여
말개(末介)에게 전하고, 말개(末介)는 말을 전달하여 승개(承介)에게 전
하고, 승개(承介)는 말을 전달하여 상개(上介)에게 전하고, 상개(上介)
는 말을 전달하여 빈객에게 전하면, 빈객은 또한 말을 전달하여 상개(上
介)에게 전하고, 상개(上介)는 말을 전달하여 승개(承介)에게 전하고,
승개(承介)는 말을 전달하여 말개(末介)에게 전하고, 말개(末介)는 말을
전달하여 말빈(末擯)에게 전하고, 말빈(末擯)은 말을 전달하여 승빈(承
擯)에게 전하고, 승빈(承擯)은 말을 전달하여 상빈(上擯)에게 전하고,
상빈(上擯)은 들어가서 군주에게 그 사실을 아뢴다. 이와 같이 하길 세
차례 반복하는 것을 '교빈삼사(交擯三辭)'라고 부른다. 여러 경우에 교빈

(交擯)하는 것들은 그 예시가 모두 이와 같다. '거역배욕(車逆拜辱)'은 말 전단하는 일이 끝나면, 주인인 군주는 수레에 타서 대문 밖으로 나오고 빈객이 있는 곳까지 와서 수레에서 내리며, 빈객이 욕되이 이곳까지 찾아온 것에 대해 절을 한다. '빈거진답배(賓車進答拜)'는 빈객은 최초 수레에 타서 주인인 군주가 있는 곳까지 나아가고 주인인 군주가 수레에서 내리면, 빈객 또한 수레에서 내려 주인인 군주가 절을 한 것에 대해 답배를 하는 것이다. '삼읍(三揖)'은 주인인 군주가 멀리서 빈객에게 읍을 하여 빈객으로 하여금 앞으로 나오게끔 하고, 북쪽을 바라보며 세 차례 사양을 하여 대문으로 들어가는 것이다. '매문지일상(每門止一相)'이라고 했는데, 문으로 들어가고 나면 몸을 돌려 동쪽으로 가서 조묘에 당도했을 때, 조묘의 서쪽에는 곧 2개의 묘가 있게 된다. 제후에게는 5개의 묘가 있는데, 시조묘가 중앙에 있고, 양쪽 행랑에 각각 2개의 묘가 있는데, 각각에 대해서는 별도로 담장을 둘러서 만들게 되니, 2개의 문이 있게 되며, 문 측면에는 모두 남북 방향으로 가로막는 담장이 있고, 가로막는 담장에는 모두 통문이 있다. 그렇기 때문에 '매문(每門)'이라 할 수 있는 것이다. 만약 그렇지 않다면 대문 안에서는 곧바로 조묘의 문으로 가게 되는데 어떻게 '매문(每門)'이라는 것이 있어 문마다 1명의 상(相)을 멈추게 한다고 말할 수 있겠는가? 그렇기 때문에 이와 같이 풀이되는 것이다. '상상입(上相入)'이라고 했는데, 상(相)이 들어간다는 것은 곧 상빈(上擯)과 상개(上介)에 해당하는 것으로, 예법에 대해 일러주어야 하기 때문에 들어가야 한다. '삼읍(三揖)'이라고 했는데, 이 또한 문으로 들어가며 읍을 하고 굽어지는 지점에 도달하여 읍을 하고 비(碑)가 있는 곳에 당도하여 읍하는 것을 뜻한다. "세 차례 사양하고 올라간다."라 했는데, 계단에 도달하면 주인인 군주는 빈객에게 사양하고, 빈객은 주인인 군주에게 사양하는데, 이와 같이 하길 세 차례 반복하면 주인인 군주가 먼저 올라가게 된다. "재배를 하고 예물을 수(授)한다"라 했는데, '수(授)'자는 마땅히 수(受)자가 되어야 한다. 빈객과 주인이 모두 올라가게 되

면, 주인은 동쪽 계단 위에서 북쪽을 바라보며 절을 하고, 곧 양쪽 기둥 사이로 나아가서 남쪽을 바라보며, 빈객 또한 주인인 군주에게 나아가며, 빈객이 옥을 건네면 주인인 군주가 그것을 받는다. 그렇기 때문에 "재배를 하고 예물을 받는다."라고 한 것이다. '빈배송폐(賓拜送幣)'라고 했는데, 빈객이 수(受)를 하게 되면 물러나서 서쪽 계단 위로 가며 북쪽을 바라보고 절을 하며 예물을 건네고 곧 내려간다.

賈疏 ◎注"鄭司"至"一辭". ○釋曰: 先鄭云"賓車進答拜, 賓上車進, 主人乃答其拜也", 後鄭不從者, 車送拜辱, 已是主人, 今云車進答, 當是客, 何得主人再度拜? 故不從也. 云"及出, 車送三請, 主人三請, 留賓也", 後鄭亦不從者, 行朝享禮賓訖, 送賓出, 禮旣有限, 何因更有留賓之事? 故不從也. 云"介紹而傳命"者, 此聘義文. 按彼介紹而傳命, 謂聘者旅擯法. 引證此交擯者, 但紹繼也, 謂介相繼而陳, 則交擯旅擯皆得爲紹, 故此交擯亦得紹介而傳命也. 按彼注, 質謂正自相當, 賓主不敢正自相當, 故須擯介通情也. 云"君入門, 介拂闑, 大夫中棖與闑之間, 士介拂棖"者, 玉藻文. 君入門不言所拂者, 朝君入由闑西亦拂闑, 不言之者, 君特行, 不與介連類, 故不言也. 介拂闑者, 上介隨君后, 與大夫士介自爲鴈行於後也. 云"止之者, 絶行在後耳"者, 知不全入而爲絶行在後者, 以聘禮介皆入廟門門西, 北面西上, 故知此君介, 亦入門門西北面西上可知, 故云絶行在後, 後亦入廟也. 云"登再拜授幣, 授當爲受"者, 欲見登再拜受玉者, 主君止得爲受, 不得爲授之義故也. 云"拜至且受玉也"者, 拜中含此二事故也. 云"每事如初, 謂享及有言也"者, 按聘禮享夫人下云"若有言, 束帛如享禮", 是也. 云"上於下曰禮, 敵者曰擯"者, 大行人云"王禮再祼而酢"之屬, 是上於下曰禮. 此諸侯云擯, 是敵者曰擯也. 云"禮器曰: 諸侯相朝, 灌用鬱鬯, 無籩豆之薦", 引之者, 證擯亦用鬱鬯也. 云"主君一請, 賓亦一還一辭"者, 則主君三請三進, 其賓三還三辭, 一一相將,但別言之耳.

◎ 鄭注: "鄭司"~"一辭". ○ 정사농은 "빈객의 수레가 나아가 답배를 하니, 빈객이 수레에 타서 나아가면 주인은 그가 절한 것에 대해 답배를 한다."라 했는데, 정현이 그 말에 따르지 않은 것은 수레를 보내 욕되게 찾아온 것에 대해 절을 하는 것은 주인에게 해당하고, 지금 수레가 나아가 답배를 한다고 했으니, 이것은 빈객에게 해당하는 일인데, 어떻게 주인이 재차 절을 할 수 있는가? 그러므로 따르지 않은 것이다. 정사농은 "떠나게 되면 수레를 보내 3차례 청을 하니, 주인이 3차례 청을 하여 빈객이 머물도록 하는 것이다."라고 했는데, 정현은 또한 이 말에도 따르지 않았으니, 조향(朝享)을 하여 빈객을 예우하는 일이 끝나서 빈객을 전송하여 밖으로 나갔고, 예법에는 이미 제한이 있는데, 어떻게 다시 빈객을 머물게 하는 사안이 있겠는가? 그러므로 따르지 않은 것이다. 정현이 "개(介)가 연이어 늘어서서 명령을 주고받는다."고 했는데, 이것은 『예기』「빙의(聘義)」편의 기록이다.[44] 「빙의」편의 기록을 살펴보면, "개가 연이어 늘어서서 명령을 주고받는다."는 것은 빙문을 하는 자가 여빈(旅擯)[45]하는 방법을 뜻한다. 이 문장을 인용하여 이곳에 나온 '교빈(交擯)'이라는 말이 단지 연이어 늘어선다는 것임을 증명한 것으로, 개(介)가 서로 연이어 나열한다는 의미로, 교빈(交擯)과 여빈(旅擯) 모두 연이어 늘어서는 뜻이 될 수 있다. 그렇기 때문에 교빈(交擯)에 대해서도 개(介)가 연이어 늘어서서 명령을 주고받는다고 할 수 있는 것이다. 「빙의」편의 주를 살펴보면, '질(質)'자는 정면으로 서로 마주한다는 뜻이라고 했으니, 빈객과 주인은 감히 정면으로 서로 마주할 수 없는 것이다. 그렇기 때문에 빈(擯)과 개(介)를 두어서 그 정감을 소통시켜야만 한다. 정현이 "군

---

44) 『예기』「빙의(聘義)」 : 介紹而傳命, 君子於其所尊弗敢質, 敬之至也.

45) 여빈(旅擯)은 빙문(聘問) 등의 의례에서, 상대방이 도착했을 때, 문 앞에 부관에 해당하는 개(介)나 빈(擯) 등이 도열하는 것을 뜻한다. 그러나 개나 빈을 통해 말을 전달하지는 않는다.

주가 문으로 들어설 때 얼(闑)과 정(根) 사이로 들어가며, 개(介)는 얼(闑)을 스칠 듯한 곳에 위치하고, 대부는 정(根)과 얼(闑) 사이에 위치하며, 사 중의 개(介)가 된 자는 정(根)을 스칠 듯한 곳에 위치한다."라 했는데, 이것은 『예기』「옥조(玉藻)」편의 기록이다.[46] 군주가 문으로 들어설 때 스치는 곳에 대해 언급하지 않은 것은 조회를 온 군주가 들어설 때에는 얼(闑)의 서쪽을 경유하기 때문에 얼(闑)을 스치게 되는데, 이러한 사실을 언급하지 않은 것은 군주는 홀로 이동하니, 연이어 서게 되는 개(介)들과 함께 가지 않는다. 그렇기 때문에 언급하지 않은 것이다. 개(介)는 얼(闑)을 스칠 듯한 곳에 위치한다고 했는데, 상개(上介)는 군주의 뒤를 따르게 되어, 대부나 사 중 개가 된 자들과 제 스스로 기러기처럼 대형을 짜서 그 뒤에서 이동하는 것이다. 정현이 "그치게 하는 것은 행동을 멈춰서 그 뒤에 있는 것일 따름이다."라 했는데, 완전히 들어가지 않고 행동을 멈춰서 그 뒤에 있게 된다는 사실을 알 수 있는 것은 『의례』「빙례(聘禮)」편에서 개(介)는 모두 묘문으로 들어서면 문의 서쪽으로 이동하여 북쪽을 바라보며 서쪽 끝에서부터 차례대로 정렬한다. 그렇기 때문에 이곳에서 말한 군주의 개(介) 또한 문으로 들어서면 문의 서쪽으로 가서 북쪽을 바라보며 서쪽 끝에서부터 차례대로 정렬한다는 사실을 알 수 있다. 그렇기 때문에 행동을 멈춰서 그 뒤에 있다고 했는데, 이후에는 또한 묘로 들어가게 된다. 정현이 "올라가서 재배를 하고 예물을 수(授)한다고 했는데, '수(授)'자는 마땅히 수(受)자가 되어야 한다."라 했는데, 올라가서 재배를 하고 옥을 받는데, 주인인 군주는 단지 받기만 할 수 있고 줄 수 있는 뜻이 성립되지 않는다는 사실을 드러내고자 했기 때문이다. 정현이 "찾아온 것에 대해 절을 하고 또 옥을 받는다."라 했는데, 절하는 가운데에는 이러한 두 가지 사안이 포함되어 있기 때문이다. 정현이 "매 사안을 처음과 같이 한다는 것은 향(享)과 대화를 나눌 때를 뜻한다."라고

---

46) 『예기』「옥조(玉藻)」: 君入門, 介拂闑, 大夫中根與闑之間, 士介拂根.

했는데, 「빙례」편을 살펴보면, 부인에게 향(享)을 한다고 했고 그 뒤에서는 "만약 할 말이 있다면 속백(束帛)을 사용하여 향례(享禮)와 같이 한다."[47]라고 한 말이 이러한 사실을 나타낸다. 정현이 "윗사람이 아랫사람에게 해주는 것을 '예(禮)'라 부르고, 신분이 대등한 경우에는 '빈(儐)'이라 부른다."라고 했는데, 『주례』 「대행인(大行人)」편에서 "천자가 예우할 때에는 두 차례 관(祼)을 하고서 술잔을 돌린다."[48]라고 한 부류들이 바로 윗사람이 아랫사람에게 해주는 것을 '예(禮)'라 부른다는 사실을 나타낸다. 이곳에서는 제후에 대해 '빈(儐)'이라 했는데, 이것은 신분이 대등한 경우에는 '빈(儐)'이라 부른다는 사실을 나타낸다. 정현이 "『예기』 「예기(禮器)」편에서는 제후들끼리 서로 찾아가 만나볼 때에는 울창주를 이용해서 술을 따르지만, 변이나 두와 같은 그릇들에 음식물을 담아서 올리는 일은 없다."라고 하여, 이 문장을 인용하고 있는데, 이것은 빈(儐)에서도 울창주를 사용한다는 사실을 증명하기 위한 것이다. 정현이 "군주가 한 차례 청하게 되면 빈객 또한 한 차례 돌아서서 한 차례 사양하는 것이다."라고 했는데, 주인인 군주가 세 차례 청하고 세 차례 나아가게 되면, 빈객은 세 차례 돌아서서 세 차례 사양하는데, 하나하나 서로 함께 하는 것이지만, 구별해서 언급한 것일 뿐이다.

---

47) 『의례』 「빙례(聘禮)」 : 若有言, 則以束帛, 如享禮.
48) 『주례』 「추관(秋官)·대행인(大行人)」 : 上公之禮, 執桓圭九寸, 繅藉九寸, 冕服九章, 建常九斿, 樊纓九就, 貳車九乘, 介九人, 禮九牢, 其朝位, 賓主之間九十步, 立當車軹, 儐者五人, 廟中將幣三享, 王禮再祼而酢, 饗禮九獻, 食禮九舉, 出入五積, 三問三勞.

告兄弟及有司.

직역 兄弟와 有司에게 告한다.

의역 빈(擯)이 형제 및 유사에게 관례를 치르는 시기를 알린다.

鄭注 擯者告也.

빈자(擯者)가 알려주는 것이다.

賈疏 ●"告兄弟及有司". ◎注"擯者告也". ○釋曰: 上文陳兄弟及有
司位次, 此告訖, 下乃云告事畢, 則兄弟及有司亦廟門之外矣. 必告
之者, 禮取審愼之義故也. 必知擯者告者, 上擯者請期, 此卽云告, 明
還是擯者告可知.

●經文: "告兄弟及有司". ◎鄭注: "擯者告也". ○앞 문장에서는 형제
와 유사의 자리 순서를 진술하였고, 여기에서는 관례를 치르는 시기를
알리는데, 그 일이 끝나면 뒤에서는 "일을 모두 마쳤음을 알린다."라고
했으니, 형제와 유사 또한 묘문 밖에 있는 것이다. 반드시 이들에게 알리
는 이유는 예를 시행하며 조심하며 신중을 기한다는 뜻을 따르기 때문이
다. 빈(擯)이 알려준다는 사실을 분명히 알 수 있는 이유는 앞에서 빈
(擯)은 관례를 치르는 시기에 대해서 청해 물었고, 이곳에서는 곧 알린다
고 했으니, 다시 이 빈(擯)이 알린다는 사실을 확인할 수 있다.

告事畢.

직역 事가 畢함을 告한다.

의역 종인(宗人)은 관례 치르는 시기를 정하는 일이 끝났음을 주인에게 아뢴다.

鄭注 宗人告也.

종인(宗人)이 아뢰는 것이다.

賈疏 ●"告事畢". ◎注"宗人告也". ○釋曰: 知宗人告者, 亦約上文筮日時宗人告事得知也.

● 經文: "告事畢". ◎ 鄭注: "宗人告也". ○ 종인(宗人)이 알린다는 사실을 알 수 있는 이유는 앞 문장에서 관례를 치르는 날짜에 대해 시초점을 칠 때 종인이 그 사안을 알렸다는 사실을 요약해보면, 이러한 사실을 알 수 있다.

擯者告期于賓之家.

직역 擯者는 賓의 家에서 期를 告한다.

의역 빈(擯)이 빈객의 집으로 찾아가서 관례를 치르는 시기에 대해서 알린다.

賈疏 ●"擯者"至"之家". ○釋曰: 有司是家之屬吏者, 則告期皆得在位. 賓是同僚之等, 爲期時不在, 故就家告之. 於夕爲期, 當暮卽得告之者, 以其共仕於君, 其家必在城郭之內相近, 故得告也.

●經文: "擯者"~"之家". ○그 집에 소속된 아전들인 유사라면 관례 치르는 시기를 알릴 때 모두 그 자리에 있게 된다. 빈객은 동료 등으로, 관례 치르는 시기를 정할 때 그 자리에 없었기 때문에, 그의 집으로 찾아가 알리는 것이다. 그런데 저녁에 그 시기를 정하였는데, 해가 저물었을 때 곧바로 알릴 수 있는 것은 빈객과 주인이 모두 군주에게서 벼슬을 하고 있어서, 그들의 집은 분명 성곽 안쪽에 있어 서로 거리가 가깝다. 그렇기 때문에 곧바로 알릴 수 있는 것이다.

제 7 절
기물들을 진설하는 절차

20上

夙興, 設洗, 直于東榮, 南北以堂深. 水在洗東.

직역 夙興, 設洗, 直于東榮, 南北以堂深. 水在洗東.

의역 관례를 치르는 당일에는 아침 일찍 일어나서 세(洗)를 진설하며 동서 방향으로는 동쪽 처마 부근에 두고, 남북 방향으로는 당의 깊숙한 곳에 둔다. 물은 세의 동쪽에 둔다.

鄭注 夙, 早也. 興, 起也. 洗, 承盥洗者棄水器也, 士用鐵. 榮, 屋翼也. 周制, 自卿大夫以下, 其室爲夏屋. 水器, 尊卑皆用金罍, 及大小異.

'숙(夙)'자는 일찍[早]이라는 뜻이다. '흥(興)'자는 일어난다는 뜻이다. '세(洗)'는 씻은 물을 담는 것으로 물을 버릴 때 사용하는 기물인데, 사 계층은 철로 만든 것을 사용한다. '영(榮)'은 새의 날개처럼 펼쳐진 처마이다. 주나라의 제도에 따르면 경과 대부로부터 그 이하의 계층은 그 건물을 하나라 때의 지붕구조로 만들었다. 물을 담는 기물은 신분의 차이와 상관없이 모두 금으로 된 뇌(罍)를 사용했는데, 크기에 있어서는 차이가 났다.

賈疏 ●"夙興"至"洗東". ○釋曰: 自此至"賓升則東面", 論將冠子豫陳設冠與服 · 器物之事也.

●經文: "夙興"~"洗東". ○이곳 구문으로부터 "빈객이 당상으로 오르면

동쪽을 바라본다."[1]라는 구문까지는 자식에게 관례를 치러주고자 하여 미리 관과 의복 및 기타 기물들을 진설하는 사안에 대해 논의하고 있다.

賈疏 ◎注"夙早"至"小異". ○ 釋曰: 云"洗, 承盥洗者棄水器也"者, 謂盥手洗爵之時, 恐水穢地, 以洗承盥洗水而棄之, 故云棄水器也.

◎鄭注: "夙早"~"小異". ○ 정현이 "'세(洗)'는 씻은 물을 담는 것으로 물을 버릴 때 사용하는 기물이다."라고 했는데, 손을 씻고 술잔을 씻을 때, 물이 땅을 더럽히게 될까 염려하여, 세(洗)를 이용하여 씻은 물을 받아 그곳에 버리도록 한다. 그렇기 때문에 "물을 버릴 때 사용하는 기물이다."라고 했다.

賈疏 ◎云"士用鐵"者, 按漢禮器制度, 洗之所用, 士用鐵, 大夫用銅, 諸侯用白銀, 天子用黃金也.

◎鄭注: "士用鐵". ○『한예기제도』를 살펴보면, '세(洗)'를 만들 때 사용하는 것으로, 사는 철을 사용하고, 대부는 동을 사용하며, 제후는 백은을 사용하고, 천자는 황금을 사용한다고 했다.

賈疏 ◎云"榮屋翼也"者, 卽今之博[2]風. 云榮者, 與屋爲榮飾; 言翼者, 與屋爲翅翼也.

◎鄭注: "榮屋翼也". ○ 오늘날의 단풍(搏風)이라는 건축 양식에 해당한

---

1) 『의례』「사관례」: 爵弁·皮弁·緇布冠各一匴, 執以待于西坫南, 南面, 東上. <u>賓升則東面</u>.

2) '박(博)'자에 대하여. 『십삼경주소(十三經注疏)』 북경대 출판본에서는 "『진본(陳本)』·『통해(通解)』·『요의(要義)』에서는 모두 동일하게 기록하였는데, 다른 판본에서는 이 글자를 '단(搏)'자로 고쳤다. 완원(阮元)의 『교감기(校勘記)』에서는 '위씨(衛氏)의 『예기집설(禮記集說)』「향음주의(鄕飮酒義)」편을 살펴보면 이 문장을 인용하며 단자로 바로잡았다.'"라고 했다.

다. '영(榮)'이라고 한 것은 지붕에 대해서 화려한 장식이 되기 때문이며, '익(翼)'이라고 한 것은 지붕에 대해서 날개 모양처럼 펼쳐지도록 만들기 때문이다.

賈疏 ◎云"周制自卿大夫以下, 其室爲夏屋"者, 言周制者, 夏·殷卿大夫以下屋無文, 故此經是周法, 卽以周制而言也. 按此經是士禮而云榮, 鄕飮酒卿大夫禮, 鄕射·喪大記大夫士禮, 皆云榮. 又按匠人云: "夏后氏世室, 堂修二七, 廣四修一, 五室." 此謂宗廟. 路寢同制, 則路寢亦然. 雖不云兩下爲之, 彼下文云殷人重屋四阿, 鄭云: 四阿, 四注屋. 重屋謂路寢. 殷之路寢四阿, 則夏之路寢不四阿矣, 當兩下爲之. 是以檀弓孔子云: "見若覆夏屋者矣." 鄭注云: "夏屋, 今之門廡." 漢時門廡也, 兩下爲之, 故擧漢法以況. 夏屋兩下爲之, 或名兩下屋爲夏屋. 夏后氏之屋亦爲夏屋. 鄭云卿大夫以下其室爲夏屋兩下, 而周之天子諸侯皆四注. 故喪大記云"升自屋東榮", 鄭以爲卿大夫士, 其天子諸侯當言東霤也. 周天子路寢, 制似明堂五室十二堂, 上圓下方, 明四注也. 諸侯亦然. 故燕禮云"洗當東霤", 鄭云: "人君爲殿屋也."

◎ 鄭注: "周制自卿大夫以下, 其室爲夏屋". ○ '주제(周制)'라고 말한 것은 하나라와 은나라에서 경과 대부로부터 그 이하의 계층이 거주했던 건물의 지붕에 대한 관련 기록이 없다. 이곳 경문은 주나라의 예법에 해당하므로, 주나라의 제도로 설명한 것이다. 살펴보니 이곳 경문은 사 계층의 예법에 해당하는데 '영(榮)'이라 했고, 『의례』「향음주례(鄕飮酒禮)」의 내용은 경과 대부에 대한 예법이고, 『의례』「향사례(鄕射禮)」와 『예기』「상대기(喪大記)」의 내용은 대부와 사에 대한 예법인데, 모두 '영(榮)'이라고 했다.[3] 또 『주례』「장인(匠人)」편을 살펴보면 "하후씨 때의

---

3) 『예기』「상대기(喪大記)」: 小臣復, 復者朝服. 君以卷, 夫人以屈狄, 大夫以玄

세실(世室)4)은 당의 남북 방향의 깊이가 2곱하기 7인 14보(步)이고, 너비는 남북 방향의 깊이에 다시 4분의 1만큼을 더한 17.5보이며, 5개의 방을 둔다."5)라고 했다. 이것은 종묘에 대한 내용이다. 노침(路寢)6)도 동일한 제도로 만든다면, 노침 또한 이처럼 만들게 된다. 비록 양쪽으로 처마를 단다고 말하지 않았지만, 「장인」편의 아래문장에서는 은나라 때의 중옥(重屋)7)은 네 방면으로 빗물이 떨어지도록 한다고 했고,8) 정현은

積, 世婦以襢衣, 士以爵弁, 士妻以稅衣, 皆升自東榮, 中屋履危, 北面三號, 捲衣投于前, 司服受之, 降自西北榮.

4) 세실(世室)은 명당(明堂) 또는 종묘(宗廟)를 가리킨다. 『예기』 「명당위(明堂位)」편에 대한 공영달(孔穎達)의 제해(題解)에서는 "蔡邕明堂月令章句, 明堂者, 天子大廟, 所以祭祀. 夏后氏世室, 殷人重屋, 周人明堂."이라고 설명했다. 즉 채옹(蔡邕)의 『명당월령장구(明堂月令章句)』에서는 '명당'을 하후씨(夏后氏) 때에는 '세실'로 부르고, 은(殷)나라 때에는 중옥(重屋)으로 불렀으며, 주(周)나라 때에는 '명당'으로 불렀다. 또 『주례』 「동관고공기(冬官考工記)・장인(匠人)」편에는 "夏后氏世室, 堂脩二七, 廣四脩一."이라는 기록이 있는데, 이에 대한 정현의 주에서는 "世室者, 宗廟也."라고 풀이했다. 즉 '세실'은 '종묘'를 뜻하는 용어이다.

5) 『주례』 「동관고공기(冬官考工記)・장인(匠人)」 : 夏后氏世室, 堂脩二七, 廣四脩一, 五室, 三四步, 四三尺.

6) 노침(路寢)은 천자나 제후가 정무를 처리하던 정전(正殿)이다. 『시』 「노송(魯頌)・민궁(閟宮)」편에는 "松桷有舃, 路寢孔碩."이라는 기록이 있는데, 이에 대한 모전(毛傳)에서는 "路寢, 正寢也."라고 풀이했고, 『문선(文選)』에 수록된 장형(張衡)의 '서경부(西京賦)'에는 "正殿路寢, 用朝群辟."이라는 기록이 있는데, 이에 대한 설종(薛綜)의 주에서는 "周曰路寢, 漢曰正殿."이라고 하여, 주(周)나라에서는 '정전'을 '노침'으로 불렀다고 풀이했다.

7) 중옥(重屋)은 처마가 겹으로 된 옥(屋)을 말하며, 명당(明堂)에 해당한다. 『주례』 「동관고공기(冬官考工記)・장인(匠人)」편에는 "殷人重屋, 堂脩七尋, 堂崇三尺, 四阿重屋."이라는 기록이 있는데, 이에 대한 정현의 주에서는 "重屋者, 王宮正堂, 若大寢也."라고 하여, 은(殷)나라 때의 '중옥'은 대침(大寢)과 같은 건물로 설명하였고, 대진(戴震)의 『고공기보주(考工記圖補注)』에서는 "世室, 重屋, 制皆如明堂."라고 하고, 손이양(孫詒讓)의 『정의(正義)』에서도 "殷人重屋者, 亦殷之明堂也."라고 하여, '중옥'은 명당과 같은 것으로 설명하였다.

8) 『주례』 「동관고공기(冬官考工記)・장인(匠人)」 : 殷人重屋, 堂脩七尋, 堂崇三

사아(四阿)는 네 방면으로 빗물이 떨어지도록 하는 지붕이라고 했다. 그리고 중옥은 노침에 해당한다. 은나라의 노침은 네 방면으로 빗물이 떨어지도록 만들었으니, 하나라의 노침은 네 방면으로 빗물이 떨어지도록 만든 것이 아니며, 양쪽 처마를 달게 된다. 이러한 까닭으로 『예기』「단궁(檀弓)」편에서 공자는 "또한 하나라 때의 지붕처럼 옆면을 넓고 낮게 만드는 것도 보았다."[9]라 했고, 정현의 주에서는 "'하옥(夏屋)'은 오늘날의 문무(門廡)라는 것이다."라고 했다. 한나라 때의 문무(門廡)는 양쪽으로 처마를 달아서 만든다. 그렇기 때문에 한나라 때의 법도를 제시해서 비유한 것이다. 하나라 때의 지붕은 양쪽으로 처마를 달아서 만들었기 때문에, 간혹 양쪽으로 처마를 단 지붕에 대해 하옥(夏屋)이라 부르기도 한다. 그리고 하후씨 시대 때의 지붕 또한 하옥(夏屋)이 된다. 정현은 경과 대부로부터 그 이하의 계층은 건물을 하옥인 양쪽으로 처마를 단 형태로 만든다고 했는데, 주나라 때의 천자와 제후는 모두 네 방면으로 빗물이 떨어지도록 만들었다. 그렇기 때문에 『예기』「상대기(喪大記)」편에서는 "동쪽 처마를 통해서 지붕으로 올라간다."[10]라 했고, 정현은 이것이 경·대부·사에 대한 내용이라고 여기고, 천자와 제후의 경우라면 마땅히 동류(東霤)라고 말해야 한다고 했다. 주나라 천자의 노침은 그 제작방법이 명당과 비슷하여 5개의 실에 12개의 당이 있고, 위는 둥글고 아래는 네모지니 네 방면으로 빗물이 떨어지도록 했다는 사실을 나타낸다. 제후 또한 이처럼 만든다. 그렇기 때문에 『의례』「연례(燕禮)」편에서는 "세(洗)는

尺, 四阿, 重屋.

9) 『예기』「단궁상(檀弓上)」: 昔者夫子言之曰: '吾見封之若堂者矣, 見若坊者矣, 見若覆夏屋者矣, 見若斧者矣. 從若斧者焉.' 馬鬣封之謂也. 今一日而三斬板, 而已封, 尙行夫子之志乎哉!

10) 『예기』「상대기(喪大記)」: 小臣復, 復者朝服. 君以卷, 夫人以屈狄, 大夫以玄赬, 世婦以襢衣, 士以爵弁, 士妻以稅衣, 皆升自東榮, 中屋履危, 北面三號, 捲衣投于前, 司服受之, 降自西北榮.

동류(東霤)가 있는 곳에 둔다."11)라 했고, 정현은 "군주는 전옥(殿屋)으로 짓기 때문이다."라고 했다.

賈疏 ◎云"水器, 尊卑皆用金罍, 及大小異"者, 此亦按漢禮器制度, 尊卑皆用金罍, 及其大小異. 此篇與昏禮‧鄕飮酒‧鄕射‧特牲皆直言水, 不言罍. 大射雖云罍水, 不云枓. 少牢云: "司宮設罍水於洗東, 有枓." 鄭注云: "設水用罍, 沃盥用枓, 禮在此也." 欲見罍‧枓俱有, 餘文無者, 不具之意也. 儀禮之內, 設洗與設尊, 或先或後, 不同者, 若先設洗則兼餘事. 此士冠, 賓與贊共洗, 昏禮有夫婦與御滕之等, 少牢‧特牲兼擧鼎, 不專爲酒, 以是皆先設洗. 鄕飮酒‧鄕射先設尊者, 以其專爲酒. 燕禮‧大射自相對, 大射辨尊卑, 故先設尊; 燕禮不辨尊卑, 故先設洗. 又儀禮之內或有尊無洗, 或尊‧洗皆有, 文不言設之者, 是不具也.

◎鄭注: "水器, 尊卑皆用金罍, 及大小異". ○이 또한 『한예기제도』를 살펴보면, 신분의 차등에 상관없이 모두 금으로 된 뇌(罍)를 사용했는데, 크기에 있어서만 차이가 났다. 「사관례」편과 『의례』「사혼례(士昏禮)」‧「향음주례(鄕飮酒禮)」‧「향사례(鄕射禮)」‧「특생궤식례(特牲饋食禮)」편에서는 모두 '수(水)'라고만 말하고 뇌(罍)는 언급하지 않았다. 『의례』「대사(大射)」편에서 비록 '뇌수(罍水)'12)라고 말했지만 물을 뜨는 기구인 두(枓)는 언급하지 않았다. 『의례』「소뢰궤식례(少牢饋食禮)」편에서는 "사궁이 뇌수(罍水)를 세(洗)의 동쪽에 진설하며 두를 둔다."13)라

---

11) 『의례』「연례(燕禮)」: 設<u>洗</u>篚于阼階東南, <u>當東霤</u>. 罍水在東, 篚在洗西, 南肆. 設膳篚在其北, 西面.

12) 『의례』「대사례(大射禮)」: 設洗于阼階東南, <u>罍水</u>在東, 篚在洗西, 南陳. 設膳篚在其北, 西面.

13) 『의례』「소뢰궤식례(少牢饋食禮)」: <u>司宮設罍水于洗東, 有枓</u>. 設篚于洗西, 南肆.

했고, 정현의 주에서는 "물을 진설할 때에는 뇌(罍)를 사용하고, 씻을 물을 따를 때에는 두(枓)를 사용하는데, 관련 예법이 여기에 상세히 기록되어 있다."라고 했다. 즉 뇌(罍)와 두(枓)를 모두 갖춰야 하며, 다른 기록에서 이러한 기록들이 없는 것은 상세히 기록하지 않은 것이라는 뜻을 드러내고자 한 것이다. 『의례』의 기록에서 세(洗)와 준(尊)을 진설할 때, 어떤 것은 앞에 기록되어 있고 또 어떤 것은 뒤에 기록되어 있어서 동일하지 않은데, 만약 세(洗)를 먼저 진설한다면 나머지 사안들도 함께 시행되는 것이다. 여기에서 말한 것은 사 계층의 관례이고, 빈객과 관례의 진행을 돕는 자는 세(洗)를 함께 사용하며, 「사혼례」편에는 부부와 어 및 잉 등이 있고, 「소뢰궤식례」와 「특생궤식례」에는 함께 솥을 든다고 했는데, 전적으로 술을 위해서가 아니니, 이러한 까닭으로 이러한 경우에는 우선적으로 세(洗)를 진설한다. 「향음주례」와 「향사례」에서는 먼저 준(尊)을 진설하는데, 전적으로 술을 위해서이다. 「연례」와 「대사」는 그 자체로 서로 대비가 되는데, 「대사」에서는 신분을 구별한다. 그렇기 때문에 먼저 준(尊)을 진설한다. 반면 「연례」에서는 신분을 구별하지 않는다. 그렇기 때문에 먼저 세(洗)를 진설한다. 또 『의례』의 기록 중에는 간혹 준(尊)만 있고 세(洗)가 없는 경우가 있고, 또 준(尊)과 세(洗) 둘 모두 있는 경우가 있는데, 기록에 있어서 그것들을 진설한다고 말하지 않은 것은 문장을 상세히 기록하지 않았기 때문이다.

참고 『예기』「상대기(喪大記)」 기록

경문 小臣復, 復者朝服. 君以卷, 夫人以屈狄, 大夫以玄赬, 世婦以襢衣, 士以爵弁, 士妻以稅衣, 皆升自東榮, 中屋履危, 北面三號, 捲衣投于前, 司服受之, 降自西北榮.

주군을 가까이 모시는 자가 초혼을 하는데, 초혼을 하는 자는 조복(朝服)

을 착용한다. 군주에 대해 초혼을 하면 곤복(卷服)을 사용해서 흔들고, 군주의 부인에 대해서는 굴적(屈狄)을 사용하며, 대부에 대해서는 현정(玄赬)을 사용하고, 세부(世婦)에 대해서는 단의(襢衣)를 사용하며, 사에 대해서는 작변(爵弁)을 사용하고, 사의 처에 대해서는 세의(稅衣)를 사용하는데, 모든 경우에 있어서 초혼을 하는 자는 동쪽 처마를 통해서 지붕으로 올라가고, 지붕에 올라가서는 지붕 중앙의 등마루를 밟고서, 북쪽을 향한 뒤 세 차례 부르게 되고, 그 일이 끝나면 옷을 말아서 앞으로 던지니, 사복(司服)이 밑에서 그 옷을 받으며, 초혼을 했던 자는 내려갈 때 서북쪽 처마를 통해서 내려간다.

鄭注 小臣, 君之近臣也. 朝服而復, 所以事君之衣也. 用朝服而復之者, 敬也. 復用死者之祭服, 以其求於神也. 君以卷, 謂上公也. 夫人以屈狄, 互言耳. 上公以袞, 則夫人用褕衣; 而侯伯以鷩, 其夫人用揄狄; 子・男以毳, 其夫人乃用屈狄矣. 赬, 赤也. 玄衣赤裳, 所謂卿大夫自玄冕而下之服也, 其世婦亦以襢衣. 桀, 屋翼. 升東桀者, 謂卿・大夫・士也. 天子・諸侯言東霤. 危, 棟上也. 號, 若云"皋某復"也. 司服以篋待衣於堂前.

'소신(小臣)'은 주군을 가까이에서 모시는 신하이다. 조복(朝服)을 착용하고 초혼을 하는 것은 군주를 섬길 때 착용하는 복장이기 때문이다. 조복을 착용하고 초혼을 하는 것은 공경스러운 태도이다. 초혼을 할 때 죽은 자의 제사 복장을 사용하는 것은 신령에게 돌아오기를 구하기 때문이다. '군이권(君以卷)'이라고 했을 때의 '군(君)'은 상공(上公)을 뜻한다. '부인이굴적(夫人以屈狄)'은 상호 그 뜻을 나타내도록 말한 것일 뿐이다. 상공에 대해서 곤면(袞冕)을 사용한다면, 그의 부인에 대해서는 위의(褕衣)를 사용하고, 후작과 백작에 대해서는 별면(鷩冕)을 사용하며, 그들의 부인에 대해서는 유적(揄狄)을 사용하고, 자작과 남작에 대해서는 취면(毳冕)을 사용하며, 그들의 부인에 대해서는 굴적(屈狄)을 사용한다. '정(赬)'자는 적색을 뜻한다. 현색의 상의와 적색의 하의는 경과 대부가 착용하는 현면(玄冕)으로부터 그 이하의 복장을 뜻하는데, 그들의 세부(世婦)에 대해서는 또한 단의(襢衣)를 사용한다. '영(榮)'은 지붕의 처마이다. 동쪽 처마로 오른다는 말은 경·대부·사에 대한 내용을 뜻한다. 천자와 제후에 대한 경우에는 동류(東霤)라고 했다. '위(危)'는 마룻대 위를 뜻한다. '호(號)'는 마치 "아아! 아무개여 돌아오소서."라고 말하는 경우와 같다. 사복(司服)은 상자를 이용해 당(堂) 앞에서 옷이 떨어지기를 기다린다.

孔疏 ● "皆升自東榮"者, 此復者初上屋時也. 榮, 屋翼也. 天子·諸侯, 四注爲屋. 而大夫以下, 不得四注, 但南北二注, 而爲直頭, 頭卽屋翼也. 復者, 升東翼而上也. 賀瑒云: "以其體下於屋, 故謂上下在屋, 兩頭似翼. 故名屋翼也."

● 經文: "皆升自東榮". ○ 이것은 초혼을 하는 자가 최초 지붕으로 올라가는 때를 뜻한다. '영(榮)'은 지붕에 달려 있는 날개처럼 생긴 처마이다. 천자와 제후의 경우에는 네 방면에 빗물이 흘러내리는 것을 대서 지붕을 만든다. 대부로부터 그 이하의 경우에는 네 방면에 모두 빗물이 내려가는 것을 둘 수 없고, 단지 남쪽과 북쪽 두 군데에만 달며, 두(頭)가 직선이 되도록 하는데, 두(頭)는 곧 옥익(屋翼)이 된다. 초혼을 하는 자는 동쪽 처마를 통해서 위로 올라간다. 하창[14]은 "그 몸체가 지붕보다 낮기 때문에 위아래가 지붕에 있다고 말한 것이고, 양쪽 두(頭)는 새의 날개와 유사하기 때문에 '옥익(屋翼)'이라고 부른다."라고 했다.

---

14) 하창(賀瑒, A.D.452 ~ A.D.510) : 남조(南朝) 때의 학자이다. 남조의 제(齊)나라와 양(梁)나라에서 각각 활동하였다. 자(字)는 덕연(德璉)이다. 『예기신의소(禮記新義疏)』 등을 찬술하였다.

孔疏 ●"降自西北榮"者, 復者投衣畢, 而回往西北榮而下也. 初復是求生, 故升東榮而上. 求旣不得, 不忍虛從所求不得之道還, 故自陰幽而下也. 不正西而西北者, 因徹西北厞爲便也, 必徹西北厞者, 亦用陰殺之所也. 故鄭注士喪禮云"不由前降, 不以虛反也". 降因徹西北厞, 若云此室凶不可居然也.

● 經文: "降自西北榮". ○ 초혼을 하는 자는 옷 던지는 일이 끝나면, 우회하여 서북쪽 처마로 가서 그곳으로 내려온다. 최초 초혼을 할 때에는 살아나기를 구하는 것이다. 그렇기 때문에 동쪽 처마를 통해서 올라간다. 그러나 살아나기를 구했는데도 얻지 못했으니, 차마 공허하게 구한 것을 얻지 못했던 길을 통해 되돌아올 수 없다. 그렇기 때문에 음(陰)과 그윽함에 해당하는 장소를 통해서 내려온다. 정서 방향이 아닌 서북 방향으로 내려오는 것은 서북쪽은 저장해두었던 땔감을 꺼내서 내려가기에 편리하기 때문이며, 반드시 서북쪽에 저장해둔 땔감을 빼나는 것은 또한 음의 숙살하는 장소에 따르는 것이다. 그래서 『의례』「사상례(士喪禮)」편에 대한 정현의 주에서는 "앞을 통해 내려가지 않은 것은 허망하게 왔던 장소로 되돌아갈 수 없기 때문이다."[15]라고 말한 것이다. 내려올 때 서북쪽 땔감을 빼난 곳을 이용하는 것은 마치 이 실(室)이 흉사를 치르게 되어 살아있는 자가 머물 수 없다고 말하는 것과 같다.

참고 『주례』「동관고공기(冬官考工記)・장인(匠人)」기록

경문 夏后氏世室, 堂脩二七, 廣四脩一.

하후씨 때의 세실은 당의 남북 방향의 깊이가 2곱하기 7인 14보(步)이고,

---

15) 이 문장은 『의례』「사상례(士喪禮)」편의 "復者降自後西榮."이라는 기록에 대한 정현의 주이다.

너비는 남북 방향의 깊이에 다시 4분의 1만큼을 더한 17.5보이다.

鄭注 世室者, 宗廟也. 魯廟有世室, 牲有白牡, 此用先王之禮. 脩, 南北之深也. 夏度以步, 令堂脩十四步, 其廣益以四分脩之一, 則堂廣十七步半.

'세실(世室)'은 종묘를 뜻한다. 노나라의 종묘에는 세실이 있었고, 희생물은 백모(白牡)16)를 사용했는데, 이것은 선왕의 예법을 따른 것이다. '수(脩)'자는 남북 방향의 깊이를 뜻한다. 하나라의 척도는 보(步)를 사용했으니, 아마도 당의 남북 방향 깊이를 14보로 했고, 그 너비는 4분의 1을 더했으니, 당의 너비는 17.5보가 된다.

賈疏 ◎注"世室"至"步半". ○釋曰: 鄭云"此用先王之禮"者, 世室用此經夏法, 白牡用殷法, 皆是用先王之禮也. 云"夏度以步"者, 下文云"三四步", 明此"二七", 是十四步也. 云"令堂脩十四步"者, 言假令, 以此堂云二七約之, 知用步, 無正文, 故鄭以假令言之也. 知"堂廣十七步半"者, 以南北爲脩十四步, 四分之, 取十二步, 益三步爲十五步. 餘二步, 益半步, 爲二步半, 添前十五步, 是十七步半也.

◎鄭注: "世室"~"步半". ○ 정현이 "이것은 선왕의 예법을 따른 것이다."라고 했는데, '세실(世室)'은 이곳 경문에서 말한 하나라 때의 법도에 따

---

16) 백모(白牡)는 고대에 천자 및 제후가 제사 때 사용했던 흰색의 소를 뜻한다. 『시』「노송(魯頌)·비궁(閟宮)」편에는 "白牡騂剛, 犧尊將將."이라는 기록이 있는데, 이에 대한 모전(毛傳)에서는 "白牡, 周公牲也."라고 풀이했다. 즉 노(魯)나라에서는 주공(周公)에 대한 제사 때, '백모'를 사용했다는 뜻이다. 한편 『예기』「교특생(郊特牲)」편에는 "諸侯之宮縣, 而祭以白牡, 擊玉磬, 朱干設錫, 冕而舞大武, 乘大路, 諸侯之僭禮也."라는 기록이 있는데, 이에 대한 정현의 주에서는 "白牡·大路, 殷天子禮也."라고 풀이했다. 즉 '백모'를 사용하여 제사를 지내는 것은 은(殷)나라 때 천자(天子)만이 사용할 수 있었던 예법이라는 뜻이다.

른 것이고, '백모(白牡)'는 은나라 때의 법도에 따른 것이니, 이 모두는 선왕의 예법에 따른 것이다. 정현이 "하나라의 척도는 보(步)를 사용했다."라고 했는데, 아래문장에서 '삼사보(三四步)'라고 했으니, 이곳에서 말한 '이칠(二七)'이 14보임을 나타낸다. 정현이 "아마도 당의 남북 방향 깊이를 14보로 했다."라고 했는데, 가령 이곳의 당에 대해서 '이칠(二七)' 이라고 한 말로 요약해보면, 보(步)를 척도로 사용한다는 사실을 알고 있지만, 정확한 경문의 기록이 없기 때문에, 정현이 추정을 해서 말한 것이다. 정현이 "당의 너비는 17.5보가 된다."라고 했는데, 이러한 사실을 알 수 있었던 것은 남북 방향의 깊이를 14보로 했고, 이것을 4등분하여, 12보에서 3보를 더하여 15보가 된다. 나머지 2보에서 0.5보를 더하여 2.5 보가 되고, 이것을 앞의 15보에 더하게 되면 17.5보가 된다.

경문 五室, 三四步, 四三尺.

5개의 실(室)이 있는데, 깊이는 3보 또는 4보이고, 너비는 4척 3척을 더 한다.

鄭注 堂上爲五室, 象五行也. 三四步, 室方也. 四三尺, 以益廣也. 木室於東北, 火室於東南, 金室於西南, 水室於西北, 其方皆三步, 其 廣益之以三尺. 土室於中央, 方四步, 其廣益之以四尺. 此五室居堂, 南北六丈, 東西七丈.

당 위에서 5개의 실(室)을 만든 것은 오행을 본뜬 것이다. '삼사보(三四 步)'는 실의 깊이를 뜻한다. '사삼척(四三尺)'은 이를 통해 너비를 늘린다 는 뜻이다. 목실(木室)은 동북쪽에 있고 화실(火室)은 동남쪽에 있으며 금실(金室)은 서남쪽에 있고 수실(水室)은 서북쪽에 있는데, 그 깊이는 모두 3보에 해당하고, 그 너비는 여기에 3척을 더 늘린다. 토실(土室)은 중앙에 있는데 깊이는 4보이고 그 너비는 여기에 4척을 더 늘린다. 이러한 5개의 실이 당에 있게 되는데, 남북 방향의 길이는 6장이 되고 동서 방향의 길이는 7장이 된다.

賈疏 ◎注"堂上"至"七丈". ○釋曰: 云"五室象五行"者, 以其宗廟制如明堂, 明堂之中有五天帝·五人帝·五人神之坐, 皆法五行, 故知五室象五行也. 東北之室言木, 東南之室言火, 西南之室言金, 西北之室言水. 五行先起東方, 故東北方之室言木. 其實東北之室兼水矣, 東南之室兼木矣, 西南之室兼火矣, 西北之室兼金矣. 以其中央大室有四堂, 四角之室皆有堂, 故知義然也. 中央之室大一尺者, 以其在中, 號爲大室, 故多一尺也. 云"此五室居堂, 南北六丈, 東西七丈"者, 以其大室居中, 四角之室皆於大室外, 接四角爲之. 大室四步, 四角室各三步, 則南北三室十步, 故六丈. 東西三室六丈, 外加四三尺, 又一丈, 故七丈也.

◎鄭注: "堂上"~"七丈". ○정현이 "5개의 실(室)을 만든 것은 오행을 본뜬 것이다."라고 했는데, 종묘의 제도는 명당(明堂)과 같고, 명당 안에는 5명의 천제, 5명의 인제, 5명의 인신의 자리가 있으니, 이 모두는 오행을 본받은 것이다. 그렇기 때문에 5개의 실이 오행을 본뜬 것임을 알 수 있다. 동북쪽에 있는 실에 대해서 목(木)이라 했고, 동남쪽에 있는 실에 대해서 화(火)라 했으며, 서남쪽에 있는 실에 대해서 금(金)이라 했고, 서북쪽에 있는 실에 대해서 수(水)라 했다. 오행은 먼저 동쪽에서 일어나기 때문에 동북쪽에 있는 실에 대해 목(木)이라 한 것이다. 실제로는 동북쪽에 있는 실은 수(水)를 겸하고, 동남쪽에 있는 실은 목(木)을 겸하며, 서남쪽에 있는 실은 화(火)를 겸하고 서북쪽에 있는 실은 금(金)을 겸한다. 중앙에 있는 큰 실에는 4개의 당이 있고, 4 모퉁이의 실에는 모두 당이 있다. 그렇기 때문에 의미가 그러함을 알 수 있다. 중앙에 있는 실은 1척이 더 큰데, 중앙에 있고 '대실(大室)'이라 부르기 때문에 1척이 더 큰 것이다. 정현이 "이러한 5개의 실이 당에 있게 되는데, 남북 방향의

길이는 6장이 되고 동서 방향의 길이는 7장이 된다."라고 했는데, 대실이 중앙에 있고, 네 모퉁이의 실들은 모두 대실 밖에 있고, 4 모퉁이에 접해서 만들게 된다. 대실이 4보이고, 4 모퉁이에 있는 실은 각각 3보라면, 남북 방향에 있는 3개의 실은 10보가 된다. 그렇기 때문에 6장이 되는 것이다. 동서 방향의 3개의 실은 6장이 되는데, 그 외에 4척이나 3척씩을 더하게 되면 또 1장이 늘어나기 때문에 7장이 된다.

참고 「주례」「동관고공기(冬官考工記)·장인(匠人)」 기록

경문 殷人重屋, 堂脩七尋, 堂崇三尺, 四阿, 重屋.

은나라 때의 중옥은 당의 남북 방향의 깊이가 7심(尋)[17]이고, 당의 높이는 3척을 더하며 사아(四阿)를 하고 중옥(重屋)으로 한다.

정주 重屋者, 王宮正堂若大寢也. 其脩七尋五丈六尺, 放夏周, 則其廣九尋七丈二尺也. 五室各二尋. 崇, 高也. 四阿若今四柱屋. 重屋, 複笮也.

'중옥(重屋)'이라는 것은 천자의 궁성에 있는 정당(正堂)이나 대침(大寢)과 같은 것이다. 그 깊이는 7심으로 5장 6척이 되며, 하나라와 주나라의 법도를 따랐으니, 그 너비는 9심이 되어 7장 2척이 된다. 5개의 실은 각각 2심이 된다. '숭(崇)'자는 높이를 뜻한다. '사아(四阿)'는 지금의 네 방면에 있는 지붕의 물 떨어지는 기둥과 같은 것이다. '중옥(重屋)'은 복착(複笮)과 같은 것이다.

----

17) 심(尋)은 자리의 크기가 반상(半常)인 것으로, 8척(尺)이 되는 것을 뜻한다. 『의례』「공사대부례(公食大夫禮)」편에는 "司宮具几與蒲筵常, 緇布純. 加萑席尋, 玄帛純. 皆卷自末."이라는 기록이 있는데, 이에 대한 정현의 주에서는 "半常曰尋."이라고 풀이했다.

◎注"重屋"至"笮也". ○釋曰: 云"王宮正堂若大寢也"者, 謂對
燕寢側室非正, 故以此爲正堂大寢也. 言"放夏周"者, 夏在殷前, 可
得言放, 其周在殷後, 亦言放者, 此非謂殷人放周而爲之. 鄭直據上
文夏法下文周法言放, 猶言約夏周者也. 雖言放夏周, 經云"堂脩七
尋", 則其廣九尋. 若周言南北七筵, 則東西九筵. 是偏放周法, 而言
放夏者, 七九偏據周, 夏后氏南北狹, 東西長, 亦是放之, 故得兼言放
夏也. 云"四阿, 若今四柱屋"者, 燕禮云: "設洗當東霤." 則此四阿, 四
霤者也. 云"重復, 復笮也"者, 若明堂位云: "復廟重檐屋."鄭注云: "重
檐, 重承壁材也."則此復笮亦重承壁材, 故謂之重屋.

◎鄭注: "重屋"~"笮也". ○정현이 "천자의 궁성에 있는 정당(正堂)이나
대침(大寢)과 같은 것이다."라고 했는데, 연침(燕寢)의 측실(側室)이 바
른 방향이 아니라는 것과 대비를 했기 때문에, 이것을 정당과 대침이라고
한 것이다. 정현이 "하나라와 주나라의 법도를 따른다."라고 했는데, 하나
라는 은나라 이전에 있었으므로, '방(放)'이라는 말을 쓸 수 있는데, 주나
라는 은나라 이후에 있었는데도 '방(放)'이라는 말을 썼던 것은 은나라가
주나라를 본떠서 만들었다는 말이 아니다. 정현은 단지 앞에 나오는 은나
라 때의 법도와 뒤에 나오는 주나라 때의 법도에 근거해서 '방(放)'이라고
말한 것이니, 하나라와 주나라 때의 법도로 요약해본다는 말과 같다. 비
록 '방하주(放夏周)'라고 했지만, 경문에서는 "당의 깊이는 7심이다."라
고 했으니, 그 너비는 9심이 된다. 만약 주나라를 기준으로 말한다면 남
북 방향의 길이는 7연(筵)이 되니, 동서 방향의 길이는 9연이 된다. 이것
은 주나라의 법도를 일방적으로 따른 것인데도, 하나라의 법도도 따른
것이라고 말한 것은 7이나 9는 일방적으로 주나라의 것에 따른 것이지만,
하후씨 때에는 남북 방향으로 좁고 동서 방향으로 길었으니, 이 또한 따
른 것이 된다. 그렇기 때문에 하나라도 따랐다고 함께 언급한 것이다.
정현이 "'사아(四阿)'는 지금의 네 방면에 있는 지붕의 물 떨어지는 기둥
과 같은 것이다."라고 했는데,『의례』「연례(燕禮)」편에서는 "세(洗)를 진

설하며 동류(東霤)가 있는 곳에 둔다."[18]라고 했으니, 여기에서 말하는 사아(四阿)는 사류(四霤)에 해당한다. 정현이 "'중옥(重屋)'은 복착(複笮)과 같은 것이다."라고 했는데, 『예기』「명당위(明堂位)」편에서 "위아래로 지붕을 중첩되게 올렸고, 처마 밑에 다시 처마를 댔다."[19]라 하고, 정현의 주에서 "'중첨(重檐)'은 담벼락을 가리는 나무를 중첩되게 받치게 한다는 뜻이다."라고 한 말과 같은 것이니, 여기에서 말하는 '복착(複笮)' 또한 담벼락을 가리는 나무를 중첩되게 받치게 하는 것이다. 그렇기 때문에 '중옥(重屋)'이라고 했다.

참고 『예기』「단궁상(檀弓上)」기록

경문 "昔者夫子言之曰: '吾見封之若堂者矣, 見若坊者矣, 見若覆夏屋者矣, 見若斧者矣. 從若斧者焉.' 馬鬣封之謂也. 今一日而三斬板, 而已封, 尚行夫子之志乎哉!"

계속하여 자하가 연(燕)나라 사람에게 말해주길, "나는 예전에 선생님께 들은 이야기가 있는데, 선생님께서는 '나는 봉분을 쌓을 때, 마치 당의 터를 만들듯이 네 면을 네모지게 하여 높게 쌓는 것을 본 적이 있다. 그리고 제방을 쌓는 것처럼 만드는 것도 보았으니, 남북 방향으로 높고 길게 만드는 방법이다. 또한 하나라 때의 지붕처럼 옆면을 넓고 낮게 만드는 것도 보았다. 한편 도끼의 칼날처럼 윗면을 좁게 만드는 것을 보았는데, 이것은 다른 방법들에 비해 검소하고 적은 노력으로도 완성시킬 수 있으니, 나는 이 방법에 따르겠다.'라고 하셨소. 선생님께서 말씀하신 봉분의 형태는 오늘날 세속에서 마렵봉(馬鬣封)이라고 부르는 것이오.

---

18) 『의례』「연례(燕禮)」: <u>設洗篚于阼階東南</u>, <u>當東霤</u>. 罍水在東, 篚在洗西, 南肆. 設膳篚在其北, 西面.

19) 『예기』「명당위(明堂位)」: 復廟重檐.

이것은 하루 사이에 만들 수 있으니, 판축을 쌓아올리길 세 차례만 하게 되면, 봉분이 다 만들어지게 되므로, 아마도 거의 선생님의 뜻대로 시행하는 것이 될 것이오!"라고 했다.

鄭注 封, 築土爲壟. 堂形四方而高. 坊形旁殺, 平上而長. 覆謂茨瓦也. 夏屋, 今之門廡也, 其形旁廣而卑. 斧形旁殺, 刃上而長. 孔子以爲刃上難登, 狹又易爲功. 俗間名. 板, 蓋廣二尺, 長六尺. 斬板, 謂斷其縮也. 三斷止之, 旁殺, 蓋高四尺, 其廣袤未聞也. 詩云: "縮板以載." 尙, 庶幾也.

'봉(封)'자는 흙을 쌓아서 무덤을 만든다는 뜻이다. 당의 형태는 사면이 네모지고 높다. 방(坊)의 형태는 옆면이 깎아져 있고, 윗면은 평평하며 길다. '복(覆)'자는 풀을 엮어서 만든 지붕을 뜻한다. '하옥(夏屋)'은 오늘날의 문무(門廡)라는 것으로, 그 형태는 옆면이 넓고 낮다. 부(斧)의 형태는 옆면이 깎아져 있고, 윗면은 칼날처럼 뾰족하고 길다. 공자는 윗면을 칼날처럼 만드는 것이 그곳에 올라가기 어렵고, 좁게 만들게 되면 또한 만들기가 쉽다고 여겼다. '마렵봉(馬鬣封)'이라는 말은 세속에서 부르는 명칭이다. '판(板)'의 경우 아마도 그 너비는 2척(尺)이며, 길이는 6척(尺)이었을 것이다. '참판(斬板)'은 연결했던 끈을 끊는다는 뜻이다. 세 차례 판축을 떼어내고 멈추게 되면, 옆면은 깎아지듯 만들어지고, 그 높이는 4척에 이르게 되는데, 그 너비와 길이에 대해서는 확인할 수 없다. 『시』에서는 "새끼줄로 축판을 엮어서 세워둔다."[20]라고 했다. '상(尙)'자는 거의[庶幾]라는 뜻이다.

孔疏 ●"見若覆夏屋者矣", 殷人以來, 始屋四阿. 夏家之屋, 唯兩下

---

20) 『시』「대아(大雅)·면(緜)」: 乃召司空, 乃召司徒, 俾立室家. 其繩則直, <u>縮版以載</u>, 作廟翼翼.

而已, 無四阿, 如漢之門廡. 又言見其封墳如覆夏屋, 唯兩下而殺, 卑而寬廣. 又見封如斧之形, 其刃嚮上, 長而高也. 既言四墳之異, 夫子之意, 從若斧者焉. 以爲刃上難登, 狹又易爲功力. 子夏既道從若斧形, 恐燕人不識, 故擧俗稱馬鬣封之謂也, 以語燕人. 馬鬣鬛之上, 其肉薄, 封形似之.

● 經文: "見若覆夏屋者矣". ○은나라 이래로 처음으로 지붕에 네 기둥을 두어 빗물이 사면으로 떨어지게 하였다. 하나라 때 가옥에 얹었던 지붕은 오직 양쪽만 낮게 했을 뿐으로, 네 기둥을 두어 사면을 기울어지게 하지 않았으니, 한나라 때 있었던 문무(門廡)와 같은 것이다. 즉 이 말은 또한 봉분을 쌓는 것을 하나라 때 지붕을 덮었던 것처럼 하여, 오직 양쪽만 낮춰서 비스듬하게 만들고, 낮고 넓게 만들었다는 뜻이다. 또한 공자는 도끼모양의 형태로 봉분을 쌓은 것도 보았는데, 위쪽은 칼날처럼 되어 있고, 길고 높았다. 이미 네 가지 봉분의 형태가 다르다는 것을 언급하였는데, 공자의 뜻은 도끼모양처럼 봉분을 만드는 것을 따르고자 했다. 윗면을 칼날처럼 만들어서 오르기가 힘들고, 좁게 만들어서 또한 만들기가 쉽다고 판단한 것이다. 자하는 봉분을 도끼모양처럼 만들겠다고 말했는데, 연(燕)나라 사람이 알아듣지 못할 것을 염려하였기 때문에, 세속에서는 마렵봉(馬鬣封)이라고 지칭한다는 말을 하여, 연나라 사람에게 일러준 것이다. 말의 갈기 표면은 그 살이 얇은데, 봉분의 형태가 이와 유사하다.

그림 7-1 ◙ 진복기급즉위도(陳服器及卽位圖)

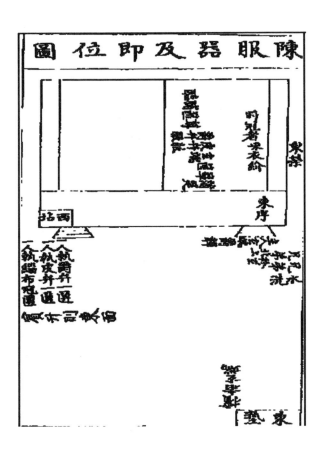

※ 출처: 『의례도(儀禮圖)』 1권

※ 출처:
　　상좌-『삼례도집주(三禮圖集注)』13권 ; 상우-『삼례도(三禮圖)』4권
　　하좌-『육경도(六經圖)』6권 ; 하우-『삼재도회(三才圖會)』「기용(器用)」1권

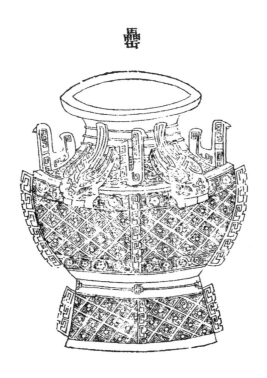

※ 출처: 『삼재도회(三才圖會)』「기용(器用)」 1권

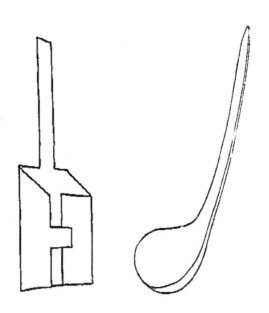

※ 출처:
  우-『삼재도회(三才圖會)』「기용(器用)」 1권
  좌-『삼례도(三禮圖)』 3권

그림 7-5 ▣ 준(尊)

尊

※ 출처: 『삼재도회(三才圖會)』 「기용(器用)」 1권

陳服于房中西墉下, 東領北上.

직역 房中의 西墉下에 服을 陳하며, 領을 東하고 北上한다.

의역 방안의 서쪽 벽 아래에 관례를 치를 때 착용하는 옷을 진설하며, 옷깃을 동쪽으로 두고 북쪽 끝에서부터 차례대로 정렬한다.

鄭注 墉, 牆.

'용(墉)'은 벽을 뜻한다.

賈疏 ●"陳服"至"北上". ○釋曰: 自此至"東面", 論陳設衣服器物之等, 以待冠者. 喪大記與士喪禮服或西領, 或南領, 此東領者, 此嘉禮異於凶禮, 故士之冠特先用卑服. 北上, 便也.

●經文: "陳服"~"北上". ○이곳 구문으로부터 "동쪽을 바라본다."[1]는 구문까지는 의복과 기물 등을 진설하여 관례를 준비하는 일을 논의하고 있다. 『예기』「상대기(喪大記)」편과 『의례』「사상례(士喪禮)」편에서는 의복에 대해서 간혹 옷깃을 서쪽으로 둔다고 하거나[2] 남쪽으로 둔다고 했는데,[3] 이곳에서 옷깃을 동쪽으로 둔다고 한 것은 여기에서 말한 것은

---

1) 『예기』「사관례」: 爵弁·皮弁·緇布冠各一匴, 執以待于西坫南, 南面, 東上. 賓升則<u>東面</u>.

2) 『예기』「상대기(喪大記)」: 小斂: 布絞, 縮者一, 橫者三. 君錦衾, 大夫縞衾, 士緇衾, 皆一. 衣十有九稱. 君陳衣于序東, 大夫士陳衣于房中, 皆<u>西領</u>北上. 絞·紟不在列. / 『예기』「상대기」: 大斂: 布絞, 縮者三, 橫者五; 布紟, 二衾. 君·大夫·士一也. 君陳衣于庭, 百稱, 北領西上. 大夫陳衣于序東, 五十稱, <u>西領</u>南上. 士陳衣于序東, 三十稱, <u>西領</u>南上. 絞·紟如朝服. 絞一幅爲三, 不辟. 紟五幅, 無紞. / 『의례』「사상례(士喪禮)」: 陳襲事于房中, <u>西領</u>, 南上, 不績.

3) 『의례』「사상례(士喪禮)」: 厥明, 陳衣于房, <u>南領</u>, 西上, 績. 絞橫三縮一, 廣終

가례(嘉禮)에 해당하여 흉례(凶禮)와는 차이를 두기 때문이다. 그리고 사 계층이 시행하는 관례에서는 특별히 우선적으로 낮은 복장을 사용한다. 북쪽 끝에서부터 정렬하는 것은 편리에 따르기 때문이다.

참고 『예기』「상대기(喪大記)」기록

경문 小斂: 布絞, 縮者一, 橫者三. 君錦衾, 大夫縞衾, 士緇衾, 皆一. 衣十有九稱. 君陳衣于序東, 大夫士陳衣于房中, 皆西領北上. 絞·紟不在列.

소렴(小斂)[4]을 치를 때에는 포(布)로 만든 묶는 끈을 사용하는데, 세로로 묶는 끈은 1개이고, 가로로 묶는 끈은 3개이다. 묶는 끈을 깐 뒤에는 그 위에 이불을 덮는데, 군주의 경우에는 비단으로 만든 이불을 사용하고, 대부의 경우에는 명주로 짠 이불을 사용하며, 사의 경우에는 치포(緇布)로 만든 이불을 사용하니, 모두 1개의 이불을 사용한다. 의복은 총 19칭(稱)[5]을 사용한다. 군주의 경우에는 서(序)의 동쪽에 시신에게 입히는 옷들을 진열하고, 대부와 사의 경우에는 방안에 옷들을 진열하는데, 모두 옷깃을 서쪽으로 두되 북쪽 끝에서부터 진열한다. 묶는 끈과 홑겹으로 된 이불은 19칭(稱)의 수에 포함되지 않는다.

幅, 析其末.

4) 소렴(小斂)은 상례(喪禮) 절차 중 하나이다. 죽은 자의 시신을 목욕시키고, 의복을 착용시키며, 그 위에 이불 등으로 감싸는 절차를 뜻한다.

5) 칭(稱)은 수량을 나타내는 양사(量詞)이다. 즉 짝을 지어 갖추는 일련의 의복 등을 헤아리는 단위이다. 예를 들어 포(袍)라는 옷에는 반드시 겉에 걸치는 옷이 있어야 하며, 홑옷으로 입어서는 안 되고, 상의에는 반드시 그에 맞는 하의가 있어야 하는데, 이처럼 포(袍)에 겉옷을 갖추고, 상의에 맞게 하의까지 갖추는 것을 1칭(稱)이라고 부른다. 『예기』「상대기(喪大記)」편에는 "袍必有表不禪, 衣必有裳, 謂之一稱."이라는 기록이 있다.

鄭注 絞, 既斂所用束堅之者. 縮, 從也. 衣十有九稱, 法天地之終數也. 士喪禮"小斂陳衣於房中, 南領, 西上", 與大夫異. 今此同, 亦蓋天子之士也. 絞·紟不在列, 以其不成稱, 不連數也. 小斂無紟, 因絞不在列見之也. 或曰縮者二.

'교(絞)'는 염(斂)을 끝내고서 이것을 사용하여 결속시키는 것이다. '축(縮)'자는 세로[從]를 뜻한다. 의복은 19칭(稱)을 사용하니, 천지의 끝나는 수를 본받은 것이다. 『의례』「사상례(士喪禮)」편에서는 "소렴(小斂)을 하며 방안에 옷을 진열하는데, 옷깃을 남쪽으로 두고 서쪽 끝에서부터 정렬한다."[6]라고 하여, 대부의 경우와 차이를 보인다. 그런데 이곳에 나타난 사는 대부의 경우와 동일하게 하니, 여기에서 말하는 사 또한 천자에게 소속된 사일 것이다. "묶는 끈과 홑겹으로 된 이불은 그 범주에 들어가지 않는다."는 말은 칭(稱)을 이루지 못하기 때문에, 그 수에 포함시키지 않는 것이다. 소렴을 치를 때에는 금(紟)이라는 것이 포함되지 않는데, 묶는 끈을 언급하는 것에 따라서, 묶는 끈과 함께 그 수에 포함되지 않음을 나타낸 것이다. 혹자는 세로로 묶는 끈은 2개라고 말한다.

참고 『예기』「상대기(喪大記)」기록

경문 大斂: 布絞, 縮者三, 橫者五; 布紟, 二衾. 君·大夫·士一也. 君陳衣于庭, 百稱, 北領西上. 大夫陳衣于序東, 五十稱, 西領南上. 士陳衣于序東, 三十稱, 西領南上. 絞·紟如朝服. 絞一幅爲三, 不辟. 紟五幅, 無紞.

대렴(大斂)[7]을 치를 때에는 포(布)로 만든 묶는 끈을 사용하는데, 세로

---

6) 『의례』「사상례(士喪禮)」: 厥明, <u>陳衣于房, 南領, 西上</u>. 緒. 絞橫三, 縮一, 廣終幅, 析其末. 緇衾䄄裏, 無紞. 祭服次, 散衣次, 凡有十九稱. 陳衣繼之, 不必盡用.

로 묶는 끈은 3개이고, 가로로 묶는 끈은 5개이며, 포(布)로 만든 홑이불이 사용하고, 소렴(小斂) 때 사용한 이불보다 1개를 더하여 2개의 이불을 사용한다. 이것은 군주·대부·사가 모두 동일하다. 군주의 경우 의복은 마당에 진열해두는데, 총 100칭(稱)이고, 옷깃은 북쪽으로 두되 서쪽 끝에서부터 정렬한다. 대부의 경우 의복은 서(序)의 동쪽에 진열해두는데, 총 50칭(稱)이고, 옷깃은 서쪽으로 두되 남쪽 끝에서부터 정렬한다. 사의 경우 의복은 서(序)의 동쪽에 진열해두는데, 총 30칭(稱)이고, 옷깃은 서쪽으로 두되 남쪽 끝에서부터 정렬한다. 묶는 끈과 홑이불에 사용하는 포(布)는 조복(朝服)에 사용하는 포(布)와 같다. 묶는 끈은 1폭(幅)으로 하되 끝을 갈라서 3가닥으로 만들지만, 가운데는 가르지 않는다. 홑이불은 5폭(幅)으로 하되, 가에 붙이는 술이 없다.

鄭注 二衾者, 或覆之, 或薦之. 如朝服者, 謂布精麤朝服十五升. 小斂之絞也, 廣終幅, 析其末, 以爲堅之强也. 大斂之絞, 一幅三析用之, 以爲堅之急也. 紞, 以組類爲之, 綴之領側, 若今被識矣. 生時禪被有識, 死者去之, 異於生也. 士喪禮"大斂亦陳衣於房中, 南領, 西上", 與大夫異, 今此又同, 亦蓋天子之士. 紞, 或爲點.

'이금(二衾)'이라고 했는데, 하나는 덮는 것이고 다른 하나는 밑을 받치는 것이다. '여조복(如朝服)'은 포(布)의 거친 정도가 조복(朝服)을 만들 때 사용하는 15승(升)의 포(布)와 같다는 뜻이다. 소렴(小斂)을 할 때 사용하는 교(絞)는 너비가 종폭이 되며, 끝을 갈라서 단단히 묶게 된다. 대렴(大斂)을 할 때 사용하는 교(絞)는 1폭으로 된 것을 3가닥으로 나눠서 사용하며, 이것을 통해 겹겹이 결속한다. '담(紞)'은 끈 등의 부류로 만들게 되니, 가장자리에 연결하는 것으로, 오늘날의 이불 술과 같은 것이다.

---

7) 대렴(大斂)은 상례(喪禮) 절차 중 하나이다. 소렴(小斂)을 끝낸 뒤, 의복과 이불 등으로 재차 시신을 감싸 관에 안치하는 절차이다.

살아있을 때 사용하는 홑이불에는 술이 달려 있는데, 죽은 자에게 사용하는 홑이불에서 이것을 제거하는 것은 생전과 다르게 하기 위해서이다. 『의례』「사상례(士喪禮)」편에서는 "대렴을 할 때에는 또한 방안에 의복을 진열하되 옷깃을 남쪽으로 두고 서쪽 끝에서부터 진열한다."[8]라고 하여, 대부와 차이를 보이고 있지만, 이곳에서는 동일하다고 했다. 이것 또한 천자에게 소속된 사의 예법이기 때문일 것이다. '담(紞)'자를 다른 판본에서는 '점(點)'자로 기록하기도 한다.

孔疏 ●"大夫·士陳衣于序東, 西領, 南上", 異於小斂北上者, 小斂衣少, 統於尸, 故北上. 大斂衣多, 故南上, 取之便也.

● 經文: "大夫·士陳衣于序東, 西領, 南上". ○ 소렴(小斂)을 치르며 북쪽 끝에서부터 둔 것과 차이가 나는 이유는 소렴을 치를 때의 옷은 적고 그것들은 모두 시신을 위한 것이기 때문에 북쪽 끝에서부터 둔다. 그러나 대렴 때의 옷은 많기 때문에 남쪽 끝에서부터 두니, 가져갈 때 편리하기 때문이다.

---

8) 『의례』「사상례(士喪禮)」: 厥明, <u>陳衣于房, 南領, 西上</u>. 綪. 絞橫三, 縮一, 廣終幅, 析其末. 緇衾赬裏, 無紞. 祭服次, 散衣次, 凡有十九稱. 陳衣繼之, 不必盡用.

爵弁服, 纁裳, 純衣, 緇帶, 韎韐.

직역 爵弁服에는 纁裳하고 純衣하며 緇帶하고 韎韐한다.

의역 작변복에는 옅은 홍색의 하의, 검은 명주로 만든 상의, 검은색의 허리띠, 적황색의 슬갑을 찬다.

鄭注 此與君祭之服. 雜記曰: "士弁而祭於公." 爵弁者, 冕之次, 其色赤而微黑, 如爵頭然, 或謂之緅. 其布三十升. 纁裳, 淺絳裳. 凡染絳, 一入謂之縓, 再入謂之赬, 三入謂之纁, 朱則四入與. 純衣, 絲衣也. 餘衣皆用布, 唯冕與爵弁服用絲耳. 先裳後衣者, 欲令下近緇, 明衣與帶同色. 韎韐, 緼韍也. 士緼韍而幽衡, 合韋爲之. 士染以茅蒐, 因以名焉. 今齊人名蒨爲韎韐. 韍之制似韠. 冠弁者不與衣陳而言於上, 以冠名服耳. 今文纁皆作熏.

이것은 군주의 제사에 참여할 때 착용하는 복장이다. 『예기』「잡기(雜記)」편에서는 "사는 작변을 착용하고서 군주의 제사를 돕는다."[1]라고 했다. '작변(爵弁)'은 면류관 다음으로 높은 등급이고, 그 색깔은 적색에 약간의 흑색이 도니, 마치 참새의 머리색깔처럼 되어 있고, 간혹 이것을 '추(緅)'라고도 부른다. 그 옷을 만드는 포는 30승(升)이다. '훈상(纁裳)'은 옅은 홍색의 하의를 뜻한다. 무릇 진홍색으로 염색을 할 때, 한 차례 물들이게 되면 '전(縓)'이라 부르고, 두 차례 물들이면 '정(赬)'이라 부르며, 세 차례 물들이면 '훈(纁)'이라 부르는데, 주(朱)는 아마도 네 차례 물들이는 것이다. '순의(純衣)'는 명주로 지은 상의이다. 나머지 의복들은 모두 포를

---

1) 『예기』「잡기상(雜記上)」: 大夫冕而祭於公, 弁而祭於己. <u>士弁而祭於公</u>, 冠而祭於己. 士弁而親迎, 然則士弁而祭於己可也.

제7절 기물들을 진설하는 절차 **373**

이용해서 만드는데, 오직 면복(冕服)2)과 작변복(爵弁服)만은 명주를 이용해서 만든다. 먼저 하의에 대해 기술하고 이후에 상의에 대해 기술한 것은 뒤에 있는 '치(緇)'자와 가까이 두어 상의와 허리띠의 색깔이 동일함을 드러내고자 했기 때문이다. '매겹(韎韐)'은 적황색의 슬갑이다. 사는 적황색의 슬갑을 차고 흑색의 옥인 형(衡)을 차는데, 무두질한 가죽을 합쳐서 만든다. 사는 염색을 할 때 꼭두서니[茅蒐]라는 풀을 이용하는데, 이로 인해 이러한 명칭이 생겼다. 현재 제나라 지역 사람들은 꼭두서니[蒨] 풀을 매겹(韎韐)이라고 부른다. 불(韍)을 만드는 제도는 필(韠)과 유사하다. 관(冠)과 변(弁)은 의복과 함께 진열하지 않는데도, 그 앞에 이것을 언급한 것은 관의 이름으로 의복을 지칭하기 때문이다. 금문에서는 '훈(纁)'자를 모두 훈(熏)자로 기록했다.

賈疏 ●"爵弁"至"韎韐". ○釋曰: 此所陳從北而南, 故先陳爵弁服.

● 經文: "爵弁"~"韎韐". ○ 여기에서 진설하는 의복은 북쪽에서 남쪽으로 진설한다. 그렇기 때문에 먼저 작변복을 진설하는 것이다.

賈疏 ◎注"此與"至"作熏". ○釋曰: 士禮玄冠3)自祭, 以爵弁服助君祭, 故云"與君祭之服"也.

◎ 鄭注: "此與"~"作熏". ○ 사의 예법에서는 현단복(玄端服)4)을 착용하

---

2) 면복(冕服)은 대부(大夫) 이상의 계층이 착용하는 예관(禮冠)과 복식을 뜻한다. 무릇 길례(吉禮)를 시행할 때에는 모두 면류관[冕]을 착용하는데, 복장의 경우에는 시행하는 사안에 따라서 달라진다.

3) '관(冠)'자에 대하여. 『십삼경주소(十三經注疏)』 북경대 출판본에서는 "『진본(陳本)』・『민본(閩本)』에서는 동일하게 기록했는데, 『모본(毛本)』에서는 '단(端)'자로 기록했다."라고 했다.

4) 현단(玄端)은 고대의 예복(禮服) 중 하나이다. 흑색으로 만든 옷이다. 주로 제사 때 사용했으며, 천자 및 제후로부터 대부(大夫)와 사(士) 계급에 이르기까지 모두

고서는 직접 제사를 지내고, 작변복(爵弁服)을 착용하고서는 군주의 제사를 돕는다. 그렇기 때문에 "군주의 제사에 참여할 때 착용하는 복장이다."라고 했다.

賈疏 ◎云"爵弁者, 冕之次"者, 凡冕以木爲體, 長尺六寸, 廣八寸, 績麻三十升布, 上以玄, 下以纁, 前後有旒. 其爵弁制大同, 唯無旒, 又爲爵色爲異. 又名冕者, 俛也, 低前一寸二分, 故得冕稱. 其爵弁則前後平, 故不得冕名. 以其尊卑次於冕, 故云爵弁冕之次也.

◎鄭注: "爵弁者, 冕之次". ○ 면류관은 나무로 몸체를 만드는데, 그 길이는 1척 6촌이며, 너비는 8촌이고, 마 30승의 포로 만드는데, 상단부는 검은색으로 하고 하단부는 옅은 홍색으로 하며, 앞뒤로 끈 장식이 달려 있다. 작변(爵弁)을 만드는 방법도 크게는 같은데, 다만 끈 장식이 없고, 또 참새 머리의 색깔로 한다는 점에서 차이가 난다. 또 면류관[冕]이라고 부르는 것은 굽어[俛]있기 때문으로, 앞으로 1촌 2분 정도 기울어져 있다. 그렇기 때문에 '면(冕)'이라 지칭할 수 있는 것이다. 작변(爵弁)의 경우에는 앞뒤가 평평하다. 그렇기 때문에 면류관이라 부를 수 없다. 이 관의 층위는 면류관 다음으로 높기 때문에 "작변(爵弁)은 면류관 다음으로 높은 등급이다."라고 했다.

이 복장을 착용할 수 있었다. '현단'은 상의와 하의 및 관(冠)까지 포함하는 용어이다. 한편 손이양(孫詒讓)의 주장에 따르면, '현단'은 의복에만 해당하는 용어이며, 관(冠)은 포함하지 않는다고 주장한다. 그리고 천자로부터 사 계급에 이르기까지 이 복장을 제복(齊服)으로 사용했다고 설명한다. 『주례』「춘관(春官)・사복(司服)」편에는 "其齊服有玄端素端."이라는 기록이 있는데, 손이양의 『의정(正義)』에서는 "玄端素端是服名, 非冠名, 蓋自天子下達至於士通用爲齊服, 而冠則尊卑所用互異."라고 풀이하였다. 그리고 '현단'은 천자가 평소 거처할 때 착용했던 복장을 가리키기도 한다. 『예기』「옥조(玉藻)」편에는 "卒食, 玄端而居."라는 기록이 있고, 이에 대한 정현의 주에서는 "天子服玄端燕居也."라고 풀이하였다.

賈疏 ◎云"其色赤而微黑, 如爵頭然, 或謂之䵂"者, 七入爲緇, 若以
纁入黑則爲紺, 以紺入黑則爲䵂, 是三入赤, 再入黑, 故云其色赤而
微黑也. 云"如爵頭然"者, 以目驗爵頭, 赤多黑少, 故以爵頭爲喻也.
以䵂再入黑汁, 與爵同, 故取鍾氏䵂色解之. 故鄭注鍾氏云: "今禮俗
文作爵, 言如爵頭色也." 玄此言赤者, 對文爲赤. 若將䵂比纁, 則又
黑多矣. 故淮南子云: "以涅染紺則黑於涅." 況更一入黑爲䵂乎! 故
巾車云"雀飾", 鄭注云"雀, 黑多赤少之色", 是也.

◎鄭注: "其色赤而微黑, 如爵頭然, 或謂之䵂". ○ 일곱 차례 물들이게
되면 '치(緇)'가 되는데, 만약 분홍색을 흑색에 섞으면 감(紺)색이 되고,
감(紺)색을 흑색에 섞으면 추(䵂)색이 되니, 이것은 세 차례 적색에 물들
이고 두 차례 흑색에 물들인 것이다. 그렇기 때문에 "그 색깔은 적색에
약간의 흑색이 돈다."라고 말한 것이다. 정현이 "마치 참새의 머리색깔처
럼 되어 있다."라고 했는데, 참새의 머리를 눈으로 살펴보면, 적색은 많은
데 흑색은 적다. 그렇기 때문에 참새의 머리로 비유를 한 것이다. 추(䵂)
색을 흑색의 물에 두 차례 넣게 되면 참새의 머리색깔과 같아진다. 그렇
기 때문에 『주례』「종씨(鍾氏)」편에 나온 추(䵂)색으로 풀이한 것이다.
그래서 「종씨」편에 대한 정현의 주에서는 "오늘날 『예』에 대한 세속의
기록에서는 '작(爵)'이라고도 기록하는데, 이것은 참새의 머리색깔과 같
다는 뜻이다."[5]라고 했다. 정현이 이곳에서 '적(赤)'이라고 말한 것은 문
장을 대비해서 기록해서 적(赤)이라고 한 것이다. 만약 추(䵂)를 훈(纁)
과 비교한다면, 흑색이 더 많다. 그렇기 때문에 『회남자』에서는 "열(涅)
을 추(䵂)에 물들이면 본래의 열(涅)보다 검게 된다."[6]라고 한 것인데,
하물며 다시 한 차례 흑색에 물들여서 추(䵂)가 된 것에 있어서는 어떠하

---

5) 이 문장은 『주례』「동관고공기(冬官考工記) · 종씨(鍾氏)」편의 "三入爲纁, 五入
爲䵂, 七入爲緇."라는 기록에 대한 정현의 주이다.
6) 『회남자』「숙진훈(俶眞訓)」: 今以涅染緇則黑於涅, 以藍染靑則靑於藍.

겠는가! 그래서 『주례』「건거(巾車)」편에서는 '작식(雀飾)'[7]이라고 했고, 정현의 주에서는 "'작(雀)'은 흑색이 많고 적색이 적은 색깔이다."라고 한 것이다.

賈疏 ◎云"其布三十升"者, 取冠倍之義. 是以喪服衰三升, 冠六升, 朝服十五升, 故冕三十升也.

◎鄭注: "其布三十升". ○관의 승(升)수는 배로 한다는 뜻에 따른 것이다. 그러므로 상복에 있어서 의복은 3승인데 관은 6승으로 만들고, 조복은 15승으로 만들기 때문에 면류관은 30승으로 만든다.

賈疏 ◎云"纁裳, 淺絳裳"者, 絳則一染至三染, 同云淺絳. 詩云: "我朱孔陽." 毛傳云: "朱, 深纁也." 故從一染至三染皆謂之淺絳也.

◎鄭注: "纁裳, 淺絳裳". ○강(絳)의 경우 한 차례 염색하는 것으로부터 세 차례 염색하는 것에 이르기까지, 모두 옅은 홍색이라고 부른다. 『시』에서는 "우리 주(朱)색이 매우 밝구나."[8]라고 했고, 모씨의 전문에서는 "주(朱)는 짙은 분홍색이다."라고 했다. 그러므로 한 차례 염색하는 것으로부터 세 차례 염색하는 것에 이르기까지 이 모두를 옅은 홍색이라고 부르는 것이다.

賈疏 ◎云"朱則四入與"者, 爾雅及鍾氏皆無四入之文. 經有朱色, 故鄭約之, 若以纁入黑則爲紺, 若以纁入赤則爲朱, 無正文, 故云"與"以疑之也. 然上注以解玄緇, 故引鍾氏染黑法; 此注解纁, 故引爾雅染赤法也.

---

7) 『주례』「춘관(春官) · 건거(巾車)」: 漆車, 藩蔽, 豻襒, 雀飾.
8) 『시』「빈풍(豳風) · 칠월(七月)」: 七月流火, 八月萑葦. 蠶月條桑, 取彼斧斨, 以伐遠揚, 猗彼女桑. 七月鳴鵙, 八月載績. 載玄載黃, 我朱孔陽, 爲公子裳.

◎鄭注: "朱則四入與". ○『이아』 및 『주례』「종씨(鍾氏)」편에는 모두 네 차례 물들인다는 기록이 없다. 경문에는 주(朱)색이 나오기 때문에 정현이 이처럼 설명을 한 것인데, 만약 훈(纁)색을 흑(黑)색에 넣으면 감(紺)색이 되고, 훈(纁)색을 적(赤)색에 넣으면 주(朱)색이 되는데, 경문에는 관련 기록이 없기 때문에 '여(與)'자를 붙여서 확정하지 않은 것이다. 그런데 앞의 주는 현(玄)과 치(緇)를 풀이한 것이기 때문에 「종씨」편에서 흑(黑)색으로 물들이는 방법을 인용한 것이고, 이곳의 주는 훈(纁)을 풀이한 것이기 때문에 『이아』에서 적(赤)색으로 물들이는 방법을 인용한 것이다.

賈疏 ◎云"純衣, 絲衣也"者, 按鄭解純字或爲絲, 或爲色, 兩解不同者, 皆望經爲注. 若色理明者, 以絲解之; 若絲理明者, 以色解之. 此經玄衣與纁裳相對, 上玄下纁, 色理自明. 絲理不明, 則以絲解之. 昏禮"女次純衣", 注云"絲衣", 以下文有女從者畢袗玄, 色理自明, 則亦絲理不明, 故亦以絲理解之. 周禮 · 媒氏云: "純帛無過五兩." 注云: "純, 實緇字也. 古緇以才爲聲, 納幣用緇, 婦人陰也." 以經云純帛, 絲理自明, 故爲色解之. 祭統云: "蠶於北郊, 以共純服." 絲理自明, 故鄭亦以色解也. 論語云: "麻冕, 禮也. 今也純, 儉." 以純對麻, 絲理自明, 故鄭亦以色解之. 是況9)有不同之事. 但古緇 · 紂二字並行. 若據布爲色者, 則爲緇字. 若據帛爲色者, 則爲紂字. 但緇布之緇多在, 本字不誤, 紂帛之紂, 則多誤爲純.

◎鄭注: "純衣, 絲衣也". ○ 정현의 풀이를 살펴보면 '순(純)'자를 해석하며 어떤 경우에는 사(絲)라 말하고, 또 어떤 경우에는 그 색깔을 말하고

----

9) '황(況)'자에 대하여. 『십삼경주소(十三經注疏)』 북경대 출판본에서는 "'황'자를 『모본(毛本)』에서는 동일하게 기록하고 있는데, 『요의(要義)』에서는 '주(注)'자로 기록했다."라고 했다.

있어서 두 풀이가 일치하지 않는데, 이 모두는 경문에 따라 주를 달았기 때문이다. 만약 색깔에 대한 것이 분명히 드러난 경우라면 사(絲)로 풀이한 것이고, 만약 사(絲)라는 것이 분명하게 드러난 경우라면 색깔로 풀이한 것이다. 이곳 경문의 기록은 현의(玄衣)와 훈상(纁裳)이 서로 대비가 되는데, 상의가 현(玄)이고 하의가 훈(纁)이라고 하여 색깔이 분명하게 드러난다. 그러나 사(絲)라는 것이 드러나지 않으니, 사(絲)로 풀이한 것이다. 『의례』「사혼례(士昏禮)」편에서는 "여자는 머리장식인 차(次)를 하고 순의(純衣)를 착용한다."[10]라 했고, 주에서는 "사의(絲衣)이다."라고 했는데, 뒤의 문장에서 여자의 조카나 여동생은 모두 상의와 하의를 현(玄)으로 한다고 하여,[11] 색깔이 분명하게 드러나지만, 이 경우에도 사(絲)에 대한 것은 드러나지 않는다. 그렇기 때문에 여기에 대해서도 사(絲)로 풀이한 것이다. 『주례』「매씨(媒氏)」편에서는 "순백(純帛)을 사용하되 5양(兩)을 넘지 못하도록 한다."[12]라고 했고, 주에서는 "순(純)이라는 것은 실제적으로는 치(緇)자의 뜻이다. 고자에서 치(緇)자는 재(才)자를 소리부로 삼는데, 납폐(納幣)[13]를 하며 치색의 것을 사용하는 것은 부인은 음에 해당하기 때문이다."라고 했다. 경문에서는 '순백(純帛)'이라고 했는데, 사(絲)라는 것이 분명하게 드러난다. 그렇기 때문에 색깔로 풀이한 것이다. 『예기』「제통(祭統)」편에서는 "북쪽 교외에 마련된 잠실(蠶室)에서 직접 누에를 쳐서 천자의 순복(純服)을 만든다."[14]라고 했는

---

10) 『의례』「사혼례(士昏禮)」: <u>女次, 純衣纁袡</u>, 立于房中, 南面.

11) 『의례』「사혼례(士昏禮)」: <u>女從者畢袗玄</u>, 纚笄, 被頴黼, 在其後.

12) 『주례』「지관(地官)·매씨(媒氏)」: 凡嫁子娶妻, 入幣<u>純帛, 無過五兩</u>.

13) 납징(納徵)은 납폐(納幣)라고도 부른다. 혼인과 관련된 육례(六禮) 중 하나이다. 혼인 약속을 증명하기 위해, 여자 집안에 폐백을 보내는 일을 뜻한다.

14) 『예기』「제통(祭統)」: 是故天子親耕於南郊, 以共齊盛; 王后<u>蠶於北郊, 以共純服</u>; 諸侯耕於東郊, 亦以共齊盛; 夫人蠶於北郊, 以共冕服. 天子·諸侯非莫耕也, 王后·夫人非莫蠶也, 身致其誠信, 誠信之謂盡, 盡之謂敬, 敬盡然後可以事神明, 此祭之道也.

데, 사(絲)라는 것이 분명하게 드러난다. 그렇기 때문에 정현은 여기에 대해서도 색깔로 풀이한 것이다. 『논어』에서는 "마(麻)로 만든 면류관은 본래의 예법이다. 그런데 지금은 순(純)으로 만들고 있으니, 검소하다."[15]라고 했다. 순(純)을 마(麻)와 대비시켜서 사(絲)라는 것이 분명하게 드러난다. 그렇기 때문에 정현은 여기에 대해서도 색깔로 풀이했다. 이것이 주의 설명에 차이가 생긴 이유이다. 다만 고대에는 '치(緇)'자와 '치(紂)'자가 함께 사용되었다. 포(布)의 색깔을 제시하는 경우라면 치(緇)자를 사용했고, 백(帛)의 색깔을 제시하는 경우라면 치(紂)자를 사용했다. 다만 '치포(緇布)'라고 할 때의 치(緇)자가 많이 나타나는데, 본래부터 글자를 잘못 기록한 것이 아니지만, '치백(紂帛)'이라고 할 때의 치(紂)자는 대부분 순(純)자로 잘못 기록하였다.

賈疏 ◎云"餘衣皆用布"者, 此據朝服·皮弁服·玄端服及深衣·長衣之等, 皆以布爲之, 是以雜記云朝服十五升布. 玄端亦服之類, 則皮弁亦是天子朝服. 深衣或名麻衣, 故知用布也.

◎鄭注: "餘衣皆用布". ○이것은 조복(朝服)·피변복(皮弁服)·현단복(玄端服) 및 심의(深衣)·장의(長衣) 등이 모두 포(布)로 만든다는 것에 근거한 말이다. 이러한 까닭으로 『예기』「잡기(雜記)」편에서는 조복은 15승의 포로 만든다고 했다.[16] 현단복 또한 조복의 부류가 되니, 피변복 또한 천자의 조복에 해당한다. 심의는 간혹 마의(麻衣)라고도 부른다. 그렇기 때문에 포(布)를 사용해서 만든다는 사실을 알 수 있다.

賈疏 ◎云"唯冕與爵弁服用絲耳"者, 祭統云: "王后蠶於北郊, 以供

---

15) 『논어』「자한(子罕)」: 子曰, "麻冕, 禮也, 今也純, 儉. 吾從衆. 拜下, 禮也, 今拜乎上, 泰也. 雖違衆, 吾從下."
16) 『예기』「잡기상(雜記上)」: 朝服十五升, 去其半而緦加灰, 錫也.

純服." 爵弁服是冕服之次, 故知亦用絲也.

◎鄭注: 云"唯冕與爵弁服用絲耳". ○『예기』「제통(祭統)」편에서는 "왕후가 북쪽 교외에 마련된 잠실(蠶室)에서 직접 누에를 쳐서 천자의 순복(純服)을 만든다."[17]라고 했다. 작변복(爵弁服)은 면복(冕服) 다음으로 높은 복장이다. 그렇기 때문에 이 또한 사(絲)를 이용해서 만든다는 사실을 알 수 있다.

[賈疏] ◎云"先裳後衣者, 欲令下近緇, 明衣與帶同色"者, 衣在上, 宜與冠相近, 應先言衣. 今退衣在裳下者, 若衣與冠同色者, 先言衣, 後言裳. 今爵弁與衣異, 故退純衣於下, 使與帶同色也.

◎鄭注: "先裳後衣者, 欲令下近緇, 明衣與帶同色". ○상의에 대한 것은 앞에 기술되어 마땅히 관과 서로 가까이 있어야 한다. 그래서 먼저 상의에 대해서 언급해야 한다. 그런데 이곳에서는 상의에 대한 것이 하의에 대한 기술 뒤에 기록되어 있다. 만약 상의와 관이 같은 색깔인 경우라면 먼저 상의에 대해서 언급하고 뒤에 하의에 대해서 언급한다. 그런데 작변(爵弁)의 색깔은 상의의 색깔과 다르기 때문에, 순의(純衣)에 대한 것을 뒤로 물려 기술하여 허리띠와 같은 색깔임을 드러낸 것이다.

[賈疏] ◎云"韎韐, 縕韍也"者, 此經云韎韐, 二者一物, 故鄭合爲一物解之也.

◎鄭注: "韎韐, 縕韍也". ○이곳 경문에서 '매겹(韎韐)'이라고 했는데, 두 글자는 동일한 사물을 나타낸다. 그렇기 때문에 정현은 두 말을 합쳐

---

17) 『예기』「제통(祭統)」: 是故天子親耕於南郊, 以共齊盛; <u>王后蠶於北郊, 以共純服</u>; 諸侯耕於東郊, 亦以共齊盛; 夫人蠶於北郊, 以共冕服. 天子·諸侯非莫耕也, 王后·夫人非莫蠶也, 身致其誠信, 誠信之謂盡, 盡之謂敬, 敬盡然後可以事神明, 此祭之道也.

서 하나의 사물로 풀이한 것이다.

賈疏 ◎云"士縕韍而幽衡"者, 玉藻文. 言幽衡者, 同繫於革帶, 故連引之也.

◎鄭注: "士縕韍而幽衡". ○『예기』「옥조(玉藻)」편의 기록이다.[18] '유형(幽衡)'이라고 말한 것은 혁대에 함께 결속하는 것이다. 그렇기 때문에 함께 인용했다.

賈疏 ◎云"合韋爲之"者, 鄭卽因解名縕韍之字, 言韐者韋旁著合, 謂合韋爲之, 故名韐也.

◎鄭注: "合韋爲之". ○정현은 곧 앞의 기록에 따라서 '온불(縕韍)'이라는 말을 풀이한 것으로, '겹(韐)'이라는 말은 무두질한 가죽을 뜻하는 위(韋)자에 합친다는 뜻의 합(合)자를 붙여서 만든 글자이니, 무두질한 가죽을 합쳐서 만든다는 뜻이다. 그렇기 때문에 '겹(韐)'이라고 부른다.

賈疏 ◎云"士染以茅蒐, 因以名焉"者, 按爾雅云: "茹藘, 茅蒐." 孫氏注: "一名蒨, 可以染絳." 若然, 則一草有此三名矣. 但周公時名蒨草爲韎草, 以此韎染韋, 合之爲韐, 因名韍爲韎韐也.

◎鄭注: "士染以茅蒐, 因以名焉". ○『이아』를 살펴보면 "여려(茹藘)는 모수(茅蒐)라는 풀이다."[19]라 했고, 손씨의 주에서는 "천(蒨)이라고도 부르며, 이 풀로는 진홍색으로 물들일 수 있다."라고 했다. 만약 그렇다면 하나의 풀에 대해서 세 가지 명칭이 있었던 것이다. 다만 주공 당시에는 천(蒨)이라는 풀을 매(韎)라는 풀로 불렀고, 이러한 매(韎)풀로 무두질한

---

18) 『예기』「옥조(玉藻)」: 一命<u>縕韍幽衡</u>, 再命赤韍幽衡, 三命赤韍葱衡.
19) 『이아』「석초(釋草)」: 茹藘, 茅蒐.

가죽을 물들였고, 그것을 합쳐서 겹(韐)을 만든 것이다. 그래서 슬갑에 대해서 매겹(靺韐)이라 부르게 되었다.

賈疏 ◎云"韍之制似韠"者, 按上注已釋韠制, 其韍之制亦如之, 但有飾無飾爲異耳. 祭服謂之韍, 其他服謂之韠. 易・困卦: "九二, 困於酒食, 朱韍方來, 利用享祀." 是祭服之韍也. 又按明堂位云: "有虞氏服韍, 夏后氏山, 殷火, 周龍章." 鄭云: "後王彌飾, 天子備焉. 諸侯火而下, 卿大夫山, 士韎韋而已." 是士無飾則不得單名韍, 一名韎韐, 一名縕韍而已. 是韍有與縕異, 以制同飾異. 故鄭云韍之制似韠也. 但染韋爲韍之體, 天子與其臣及諸侯與其臣有異. 詩云: "朱芾斯黃." 鄭云: "天子純朱, 諸侯黃朱." 詩又云"赤芾在股", 是諸侯用黃朱. 玉藻再命・三命皆云赤韍, 是諸侯之臣亦用赤韍. 易・困卦九二云: "困於酒食, 朱韍方來, 利用享祀." 鄭注云: 二據初辰在未, 未爲土, 此二爲大夫有地之象. 未上值天廚, 酒食象. 困於酒食者, 采地薄, 不足已用也. 二與日爲體離, 爲鎭霍. 爻四爲諸侯有明德, 受命當王者. 離爲火, 火色赤. 四爻辰在午時, 離氣赤又朱是也. 文王將王, 天子制用朱韍, 故易・乾鑿度云: "孔子曰, 天子・三公・諸侯同色." 困卦: "困于酒食, 朱韍方來." 又云天子・三公・大夫不朱韍. 諸侯亦同色者, 其染之法, 同以淺絳爲名, 是天子與其臣純朱, 諸侯與其臣黃朱, 爲異也.

◎鄭注: "韍之制似韠". ○앞의 주에서는 이미 필(韠)의 제도에 대해서 풀이를 했는데, 불(韍)을 만드는 방식 또한 이와 같다. 다만 장식이 있거나 없다는 것이 차이점일 뿐이다. 제복에 차는 슬갑은 '불(韍)'이라 부르고, 다른 복장에 차는 슬갑은 '필(韠)'이라 부른다. 『역』「곤괘(困卦)」에서는 "구이는 술과 음식 때문에 어렵지만 주색의 불(韍)이 오리니, 제사에 이용하면 이롭다."[20]라고 했다. 이것은 제복에 차는 슬갑 불(韍)에 해당한다. 또 『예기』「명당위(明堂位)」편을 살펴보면 "유우씨 때에는 슬갑 불

(韍)을 찼는데 슬갑에 별다른 장식이 없었고, 하후씨 때 착용하던 슬갑에
는 산을 그려 넣었으며, 은나라 때 착용하던 슬갑에는 불을 그려 넣었고,
주나라 때 착용하던 슬갑에는 용을 그려 넣었다."²¹⁾라 했고, 정현은 "후
대의 제왕들은 점차 장식을 늘린 것인데, 천자는 모든 무늬들을 갖추게
된다. 제후는 화(火)로부터 그 이하의 무늬를 갖추고, 경과 대부는 산(山)
의 무늬만 새기며, 사는 가죽으로 된 슬갑만 찰 따름이다."라고 했다. 이
것은 사의 슬갑에 장식이 없으므로, '불(韍)'이라고만 말할 수 없어서 매
겹(韎韐)이나 온불(縕韍)이라고 부른다는 사실을 나타낸다. 여기에서 말
한 불(韍)은 온(縕)과 차이가 있는데, 제작하는 방식이 동일하며 장식에
있어서만 차이가 날 따름이다. 그렇기 때문에 정현이 "불(韍)을 만드는
제도는 필(韠)과 유사하다."라고 말한 것이다. 다만 무두질한 가죽을 염
색하여 불(韍)의 몸체를 만들게 되는데, 천자와 그에게 소속된 신하 그리
고 제후와 그에게 소속된 신하 사이에는 차이가 있다. 『시』에서는 "주색
의 슬갑이 휘황찬란하구나."²²⁾라고 했고, 정현은 "천자는 순수한 주색으
로 만들고 제후는 황색과 주색을 섞어서 만든다."라고 했다. 『시』에서는
또한 "적색의 슬갑이 넓적다리를 가린다."²³⁾라고 했는데, 이것은 제후가
황색과 주색으로 된 것을 사용함을 나타낸다. 『예기』「옥조(玉藻)」편에서
는 2명(命)과 3명(命)의 등급이 차는 것에 대해서 모두 '적불(赤韍)'이라
고 했는데,²⁴⁾ 이것은 제후에게 소속된 신하 또한 적불(赤韍)을 사용함을
나타낸다. 『역』「곤괘」 구이의 효사에서는 "구이는 술과 음식 때문에 어렵

---

20) 『역』「곤괘(困卦)」: 九二, 困于酒食, 朱紱方來, 利用享祀, 征凶, 无咎.

21) 『예기』「명당위(明堂位)」: 有虞氏服韍, 夏后氏山, 殷火, 周龍章.

22) 『시』「소아(小雅)·채기(采芑)」: 薄言采芑, 于彼新田, 于此中鄕. 方叔涖止, 其
車三千, 旂旐央央. 方叔率止, 約軧錯衡, 八鸞瑲瑲. 服其命服, 朱芾斯皇, 有瑲
葱珩.

23) 『시』「소아(小雅)·채숙(采菽)」: 赤芾在股, 邪幅在下. 彼交匪紓, 天子所予. 樂
只君子, 天子命之. 樂只君子, 福祿申之.

24) 『예기』「옥조(玉藻)」: 一命縕韍幽衡, 再命赤韍幽衡, 三命赤韍蔥衡.

지만 주색의 불(韍)이 오리니, 제사에 이용하면 이롭다."라 했고, 정현의 주에서는 이효는 초효에 의지하며 그 자리는 미(未)가 되는데, 미(未)는 토(土)가 되니, 이효는 대부가 땅을 소유한 상이 된다. 미(未) 위에 군주의 부엌을 두니 술과 음식의 상이 된다. 술과 음식에 곤궁하다는 것은 채지가 박해서 자기를 위해 쓰기에도 부족하다는 뜻이다. 이효와 해는 리괘(離卦)의 몸체가 되어 진곽(鎭霍)이 된다. 사효는 제후 중 명덕을 가지고 있어 천명을 받아 천자가 될 자에 해당한다. 리괘는 불이 되고, 불의 색은 적색이다. 사효의 자리는 오(午)가 되고, 리괘의 기는 적색도 되고 주색도 된다. 문왕이 천자가 되려고 하는 것이며, 천자에 대한 제도에서는 주색의 불(韍)을 사용한다고 했다. 그래서 『역』에 대한 위서인 『건착도』에서는 "곤자는 천자·삼공[25]·제후는 색깔을 같이 한다."라고 말한 것이다. 「곤괘」에서 "술과 음식 때문에 어렵지만 주색의 불(韍)이 오려고 한다."라 했고, 또 천자·삼공·대부는 주색의 불(韍)을 하지 않는다고 했다. 제후 또한 색깔을 동일하게 한다는 것은 염색을 하는 방법에 있어서 동일하게 옅은 홍색으로 명명한다는 것이니, 이것은 천자와 그의 신하는 순수한 주색으로 만들고, 제후와 그의 신하는 황색과 주색을 섞어서 만들어 차이가 난다는 사실을 나타낸다.

賈疏 ◎ 云"冠弁不與衣陳而言於上, 以冠名服耳"者, 按此文上下陳

---

25) 삼공(三公)은 중앙정부의 가장 높은 관직자 3명을 합쳐서 부르는 말이다. '삼공'에 속한 관직명에 대해서는 각 시대별로 차이가 있다. 『사기(史記)』「은본기(殷本紀)」편에는 "以西伯昌, 九侯, 鄂侯, 爲三公."이라는 기록이 있다. 즉 은나라 때에는 서백(西伯)인 창(昌), 구후(九侯), 악후(鄂侯)들을 '삼공'으로 삼았다. 또한 주(周)나라 때에는 태사(太師), 태부(太傅), 태보(太保)를 '삼공'으로 삼았다. 『서』「주서(周書)·주관(周官)」편에는 "立太師·太傅·太保, 玆惟三公, 論道經邦, 燮理陰陽."이라는 기록이 있다. 한편 『한서(漢書)』「백관공경표서(百官公卿表序)」에 따르면 사마(司馬), 사도(司徒), 사공(司空)을 '삼공'으로 삼았다는 기록이 있다.

服, 則於房緇布冠及皮弁在堂下, 是冠弁不與服同陳. 今以弁在服上
幷言之者, 以冠弁表明其服耳, 不謂同陳之也.

◎鄭注: "冠弁不與衣陳而言於上, 以冠名服耳". ○이 문장 앞뒤로 의
복을 진열하는 것을 살펴보면, 방에 있어서 치포관과 피변 등은 당하에
있게 되니, 이것은 관(冠)과 변(弁)을 의복과 함께 진열하지 않는다는
것을 나타낸다. 현재 변(弁)에 대한 것을 의복 앞에 함께 기술하고 있는
데, 관(冠)과 변(弁)으로 그 복장을 드러내기 위해서일 뿐이며, 함께 진열
한다는 뜻이 아니다.

賈疏 ◎云"今文纁皆作熏"者, 纁是色, 當從絲旁爲之, 故疊今文. 不
從熏從經文古纁也.

◎鄭注: "今文纁皆作熏". ○'훈(纁)'자는 색깔에 해당하는 글자이니, 마
땅히 '사(絲)'자를 부수로 해서 기록해야 한다. 그렇기 때문에 금문에 대
해서도 거듭 드러낸 것으로, '훈(熏)'자를 따르지 않고 경문에 나온 고문
의 훈(纁)자를 따른 것이다.

참고 『예기』「잡기상(雜記上)」기록

경문 大夫冕而祭於公, 弁而祭於己. 士弁而祭於公, 冠而祭於己.
士弁而親迎, 然則士弁而祭於己可也.

대부는 치면(絺冕)을 착용하고서 군주의 제사를 돕고, 작변(爵弁)을 착
용하고서 자신의 묘(廟)에서 제사를 지낸다. 사는 작변을 착용하고서 군
주의 제사를 돕고, 현관(玄冠)을 착용하고서 자신의 묘(廟)에서 제사를
지낸다. 사는 작변을 착용하고서 친영(親迎)을 하므로, 그렇다면 이 시
기에 사가 작변을 착용하고서 자신의 묘(廟)에서 제사를 지내는 것도
괜찮다.

鄭注 弁, 爵弁也. 冠, 玄冠也. 祭於公, 助君祭也. 大夫爵弁而祭於己, 唯孤爾. 緣類欲許之也. 親迎雖亦己之事, 攝盛服爾, 非常也.

'변(弁)'은 작변(爵弁)이다. '관(冠)'은 현관(玄冠)이다. '제어공(祭於公)'은 군주의 제사를 돕는다는 뜻이다. 대부는 작변을 착용하고 자신의 묘(廟)에서 제사를 지낸다고 했는데, 이것은 단지 고(孤)에 대한 내용을 뜻할 뿐이다. 친영(親迎)과 관련된 내용은 같은 부류의 것에 연유하여 허용하고자 한 것이다. 친영이 비록 자신과 관련된 사안이지만, 융성한 복장을 빌려서 쓸 따름이며, 일반적인 것은 아니다.

孔疏 ●"士弁而祭於公, 冠而祭於己"者, 弁謂爵弁也. 士以爵弁爲上, 故用助祭也. 冠玄冠爲卑也, 自祭不敢同助君之服, 故用玄冠也.

● 經文: "士弁而祭於公, 冠而祭於己". ○ '변(弁)'은 작변(爵弁)을 뜻한다. 사는 작변을 가장 상등의 복장으로 삼는다. 그렇기 때문에 이 복장을 착용하고서 군주의 제사를 돕는다. 현관(玄冠)을 착용하는 것은 상대적으로 미천한 것이 된다. 직접 제사를 지낼 때에는 감히 군주의 제사를 도울 때 착용했던 복장과 동일하게 따를 수 없다. 그렇기 때문에 현관을 사용한다.

참고 『주례』「동관고공기(冬官考工記)·종씨(鍾氏)」 기록

경문 三入爲纁, 五入爲緅, 七入爲緇.

3차례 물들이면 훈(纁)이 되고, 5차례 물들이면 추(緅)가 되며, 7차례 물들이면 치(緇)가 된다.

鄭注 染纁者, 三入而成. 又再染以黑, 則爲緅. 緅, 今禮俗文作爵, 言如爵頭色也. 又復再染以黑, 乃成緇矣. 鄭司農說以論語曰"君子

제7절 기물들을 진설하는 절차 **387**

不以紺緅飾", 又曰"緇衣羔裘". 爾雅曰: "一染謂之縓, 再染謂之赬, 三染謂之纁." 詩云: "緇衣之宜兮." 玄謂此同色耳. 染布帛者, 染人掌之. 凡玄色者, 在緅緇之間, 其六入者與.

훈(纁)으로 염색하는 것은 3차례 물들이면 완성된다. 또 여기에 2차례 흑색으로 염색하게 되면 '추(緅)'가 된다. 추(緅)는 지금 예(禮)의 속문에서 작(爵)으로 쓰기도 하는데, 참새의 머리털 색깔과 같다는 뜻이다. 또 여기에 다시 2차례 흑색으로 물들이면 곧 치(緇)를 완성하게 된다. 정사농은 『논어』에서 "군자는 감(紺)색과 추(緅)색으로 옷깃을 두르지 않는다."[26]라 하고 또 "치의(緇衣)에는 검은 양의 가죽으로 만든 옷을 입었다."[27]고 한 말로 설명했다. 『이아』에서는 "1차례 물들인 것을 '전(縓)'이라 부르고, 2차례 물들인 것을 '정(赬)'이라 부르며, 3차례 물들인 것을 '훈(纁)'이라 부른다."[28]고 했고, 『시』에서는 "치의의 마땅함이여."[29]라고 했다. 내가 생각하기에 이것은 같은 색깔을 뜻할 따름이다. 포와 비단을 염색하는 것은 염인(染人)이 담당한다. 무릇 현(玄)색이라는 것은 추(緅)색과 치(緇)색 중간에 해당하니, 아마도 6번 물들였을 것이다.

賈疏 ◎注"染纁"至"者與". ○釋曰: 凡染纁玄之法, 取爾雅及此相兼乃具. 按爾雅: "一染謂之縓, 再染謂之赬, 三染謂之纁." 三入謂之纁, 卽與此同. 此三者皆以丹秫染之, 此經及爾雅不言四入及六入, 按士冠有"朱紘"之文, 鄭云: "朱則四入與" 是更以纁入赤汁, 則爲朱. 以無正文, 約四入爲朱, 故云"與"以疑之. 云"論語曰'君子不以紺緅飾'"者,

---

26) 『논어』「향당(鄕黨)」: <u>君子不以紺緅飾</u>, 紅紫不以爲褻服.

27) 『논어』「향당(鄕黨)」: <u>緇衣羔裘</u>, 素衣麑裘, 黃衣狐裘.

28) 『이아』「석기(釋器)」: <u>一染謂之縓, 再染謂之赬, 三染謂之纁.</u> 靑謂之葱. 黑謂之黝. 斧謂之黼.

29) 『시』「정풍(鄭風)·치의(緇衣)」: <u>緇衣之宜兮</u>, 敝, 予又改爲兮. 適子之館兮, 還, 予授子之粲兮.

淮南子云: "以涅染紺, 則黑於涅." 涅卽黑色也. 纁若入赤汁, 則爲朱; 若不入赤而入黑汁, 則爲紺矣. 若更以此紺入黑, 則爲緅. 而此五入爲緅是也. 紺緅相類之物, 故連文云君子不以紺緅飾也. 若更以此緅入黑汁, 卽爲玄, 則六入爲玄. 但無正文, 故此注與士冠禮注皆云: "玄則六入與." 更以此玄入黑汁, 則名七入爲緇矣. 但緇與玄相類, 故禮家每以緇布衣爲玄端也. 云"禮俗文作爵, 言如爵頭色"者, 以其爵赤多黑少故也.

◎ 鄭注: "染纁"~"者與". ○ 훈(纁)색과 현(玄)색으로 염색하는 법도는 『이아』 및 이곳의 기록을 함께 참고해야만 그 내용이 갖춰지게 된다. 『이아』를 살펴보면 "1차례 물들인 것을 '전(線)'이라 부르고, 2차례 물들인 것을 '정(䞓)'이라 부르며, 3차례 물들인 것을 '훈(纁)'이라 부른다."고 했는데, 3차례 물들인 것을 훈(纁)이라고 한다는 것은 이곳의 내용과 동일하다. 여기에서 3차례 물들인다고 할 때에는 모두 붉은 차조를 이용해서 염색을 하는 것인데, 이곳 경문과 『이아』에서는 4차례 물들이는 것과 6차례 물들이는 것에 대해서는 언급하지 않았다. 『의례』 「사관례(士冠禮)」 편을 살펴보면 '주색의 굉(紘)'이라는 기록이 나오는데, 정현은 "주색은 4차례 물들였을 것이다."고 했으니, 이것은 다시 훈(纁)색인 것을 적색의 즙에 넣으면 적색이 되는 것이다. 다만 경문에 관련 기록이 없어서 대략적으로 4차례 물들이면 주색이 된다고 여겼기 때문에, '여(與)'자를 덧붙여서 확정하지 않았던 것이다. 정현이 "『논어』에서 '군자는 감(紺)색과 추(緅)색으로 옷깃을 두르지 않는다.'"고 했는데, 『회남자』에서는 "열(涅)을 감(紺)에 물들이면 본래의 열(涅)보다 검게 된다."[30]고 했으니, 열(涅)은 곧 흑색이 된다. 훈(纁)에 해당하는 것을 만약 적색의 즙에 넣게 된다면 주(朱)색이 된다. 만약 적색에 넣지 않고 흑색의 즙에 넣게 된다면 감(紺)색이 된다. 만약 다시 이러한 감(紺)에 해당하는 것을 흑색에 넣게

---

30) 『회남자』 「숙진훈(俶眞訓)」: <u>今以涅染緇則黑於涅</u>, 以藍染靑則靑於藍.

된다면 추(緅)색이 된다. 이것이 5차례 물들이면 추(緅)가 된다는 뜻이다. 감(紺)과 추(緅)는 서로 비슷한 부류의 대상이기 때문에 그 말을 연결하여 "군자는 감(紺)색과 추(緅)색으로 옷깃을 두르지 않는다."고 한 것이다. 만약 다시 이러한 추(緅)에 해당하는 것을 흑색의 즙에 넣게 되면 곧 현(玄)색이 되니, 6차례 물들이면 현(玄)이 되는 것이다. 다만 경문에는 관련 기록이 없기 때문에 이곳의 주석과 「사관례」편의 주에서는 모두 "현(玄)은 6번 물들였을 것이다."고 한 것이다. 다시 이러한 현(玄)에 해당하는 것을 흑색의 즙에 넣게 되면 이것을 이름하여 7차례 물들이면 치(緇)가 된다고 부른다. 다만 치(緇)와 현(玄)은 서로 비슷한 부류가 되기 때문에, 예학자들은 매번 치포(緇布)로 만든 옷을 현단(玄端)으로 여겼던 것이다. 정현이 "예(禮)의 속문에서 작(爵)으로 쓰기도 하는데, 참새의 머리털 색깔과 같다는 뜻이다."라고 했는데, 참새의 머리털은 적색이 많고 흑색이 적기 때문이다.

참고 『주례』「춘관(春官) · 건거(巾車)」 기록

경문 漆車, 藩蔽, 犴▼(衤+冥), 雀飾.

칠거(漆車)에는 번(藩)의 가리개를 하고 한(犴)의 덮개를 하며 작(雀)으로 장식한다.

鄭注 漆車, 黑車也. 藩, 今時小車藩, 漆席以爲之. 犴, 胡犬. 雀, 黑多赤少之色韋也. 此禫所乘.

'칠거(漆車)'는 흑색의 수레를 뜻한다. '번(藩)'은 오늘날 작은 수레에 하는 가리개이니, 옻칠을 한 자리로 만든다. '한(犴)'은 오랑캐 지역에 사는 들개이다. '작(雀)'은 흑색이 많고 적색이 적은 색깔의 다룸가죽이다. 이것은 담제(禫祭)[31] 때 타는 수레이다.

賈疏 ◎注"漆車"至"所乘". ○釋曰: 知漆是黑者, 凡漆不言色者, 皆黑. 且大夫所乘黑32)車, 及33)篆緩之節, 直得黑名, 是凡車皆黑漆也. 鄭知"漆席以爲之"者, 以其席卽上文萑, 上注云"漆卽成藩", 是也. 云"豻, 胡犬"者, 謂胡地之野犬. 或作狐字者, 謂狐與犬合所生之犬也. 云"雀, 黑多赤少之色韋也"者, 鄭以目驗雀頭黑多赤少, 雀卽緅也. 此禪所乘者, 以二十七月釋祥之節, 素縞麻衣而服禪服, 朝服緅冠, 故知當禪所乘也. 按下文大夫乘墨車, 士乘棧車, 皆吉時所乘之車. 旣言天子至士喪車五乘尊卑等, 則大夫士禪亦得乘漆車, 所以大夫士禪卽乘漆車, 與吉同者, 禮窮則同也.

◎鄭注: "漆車"~"所乘". ○ '칠(漆)'이 흑색을 뜻한다는 사실을 알 수 있는 이유는 무릇 칠(漆)이라 말할 때 그 색깔을 언급하지 않는 경우에는 모두 흑색을 뜻한다. 또 대부가 타게 되는 묵거에는 전만(篆緩) 등의 장식이 없고, 단지 흑색을 뜻하는 명칭만 사용하였으니, 이것은 이 수레들이 모두 흑색으로 옻칠을 한 것임을 나타낸다. 정현이 "옻칠을 한 자리로 만든다."라고 했는데, 이 말이 사실임을 알 수 있는 이유는 이 자리라는 것은 앞에서 말한 환석(萑席)에 해당하는 것으로, 앞의 주에서는 "옻칠을 해서 번(藩)을 완성한다."고 한 말이 이러한 사실을 나타낸다. 정현이 "'한(豻)'은 오랑캐 지역에 사는 들개이다."라고 했는데, 오랑캐 지역에 사는 들개를 뜻한다. 혹은 '호(狐)'자로도 기록하는데, 여우와 개가 교배해서 낳은 개를 뜻한다. 정현이 "'작(雀)'은 흑색이 많고 적색이 적은 색깔의 다룸가죽이다."라고 했는데, 정현은 참새의 머리가 흑색이 많고 적색이 적은 것을 보아서 이를 통해 증명한 것으로, '작(雀)'은 추(緅)색에

---

31) 담제(禪祭)는 상복(喪服)을 벗을 때 지내는 제사이다.

32) '흑(黑)'자에 대하여, 『십삼경주소(十三經注疏)』 북경대 출판본에서는 "'흑(黑)'자를 『주례정의(周禮正義)』에서는 '묵(墨)'자로 기록했다."라고 했다.

33) '급(及)'자에 대하여, 『십삼경주소(十三經注疏)』 북경대 출판본에서는 "'급(及)'자를 『주례정의(周禮正義)』에서는 '무(無)'자로 기록했다."라고 했다.

해당한다. 이 수레는 담제 때 타는 수레라고 했는데, 27개월이 되어 상복을 벗는 절차에 있어서 소호(素縞)에 마의(麻衣)를 하고 담복(禫服)을 착용하는데, 조복에 섬관을 착용한다. 그렇기 때문에 담제 때 타게 되는 수레에 해당함을 알 수 있다. 아래문장을 살펴보면 대부는 묵거(墨車)를 타고 사는 잔거(棧車)를 탄다고 했는데,[34] 이 모두는 길한 시기에 타게 되는 수레이다. 이미 천자로부터 사 계급에 이르기까지 상에서 타는 다섯 가지 수레의 등급을 언급했다면, 대부와 사는 담제 때 또한 칠거를 탈 수 있으니, 대부와 사가 담제에 칠거를 타는 것은 길한 시기와 동일하게 하는 것으로, 예법이 다하게 되면 동일하게 따르기 때문이다.

참고 『시』「빈풍(豳風)·칠월(七月)」 기록

경문 七月鳴鵙, 八月載績. 載玄載黃, 我朱孔陽, 爲公子裳.

모전 7월에 격새가 울어, 8월에 길쌈을 하는구나. 현색을 물들이고 황색을 물들이니, 우리 주색이 매우 밝게 빛나거든 공자의 하의를 짓노라.

정전 7월에 격새가 울어, 8월에 길쌈을 하는구나. 현색을 물들이고 황색을 물들이니, 우리 주색이 매우 밝게 빛나거든 공자의 하의를 짓노라.

毛傳 鵙, 伯勞也. 載績, 絲事畢而麻事起矣. 玄, 黑而有赤也. 朱, 深纁也. 陽, 明也. 祭服玄衣纁裳.

'격(鵙)'은 백로이다. '재적(載績)'은 실 뽑는 일이 끝나면 마 짜는 일이 시작된다는 뜻이다. '현(玄)'은 흑색에 적색이 섞여 있는 것이다. '주(朱)'는 짙은 홍색이다. '양(陽)'자는 밝다는 뜻이다. 제복은 현색의 상의에

---

34) 『주례』「춘관(春官)·건거(巾車)」: 服車五乘: 孤乘夏篆, 卿乘夏縵, <u>大夫乘墨車, 士乘棧車</u>, 庶人乘役車.

훈색의 하의이다.

鄭箋 伯勞鳴, 將寒之候也, 五月則鳴. 豳地晚寒, 鳥物之候從其氣焉. 凡染者, 春暴練, 夏纁玄, 秋染夏. 爲公子裳, 厚於其所貴者說也.

백로가 우는 것은 추워지려는 조짐에 해당하는데, 5월이 되면 운다. 빈땅은 늦게까지 추운데, 새나 사물의 조짐은 그 기에 따르게 된다. 무릇 염색을 할 때, 봄에는 말리고 불리며, 여름에는 훈(纁)색과 현(玄)색을 염색하고, 가을에는 다섯 가지 색깔을 염색한다. 공자의 하의를 만든다는 것은 존귀한 것에 대해 두텁게 여겨서 특별히 말한 것이다.

孔疏 ◎傳"鵙伯"至"纁裳". ○正義曰: "鵙, 伯勞", 釋鳥文. 李巡曰: "伯勞, 一名鵙." 樊光曰: "春秋云少皞氏以鳥名官, 伯趙氏, 司至. 伯趙, 鵙也, 以夏至來, 冬至去." 郭璞曰: "似鶷鶡而大. 陳思王惡鳥論云: '伯勞以五月鳴, 應陰氣之動. 陽氣爲仁養, 陰爲殺殘, 賊伯勞, 蓋賊害之鳥也. 其聲鵙鵙, 故以其音名云.'" 陳風云"不績其麻", 績, 緝麻之名. 八月絲事畢而麻事起, 故始績也. 玄, 黑而有赤, 謂色有赤黑雜者. 考工記 · 鍾氏說染法云: "三入爲纁, 五入爲緅, 七入爲緇." 注云: "染纁者三入而成, 又再染以黑則爲緅. 緅, 今禮記作爵, 言如爵頭色也. 又復再染以黑, 乃成緇矣. 凡玄色者, 在緅 · 緇之間, 其六入者與." 染法互入數, 禮無明文, 故鄭約之以爲六入, 謂三入赤, 三入黑, 是黑而有赤也. 士冠禮云: "爵弁服纁裳." 注云: "凡染絳, 一入謂之縓, 再入謂之赬, 三入謂之纁, 朱則四入矣." 以上染朱入數, 書傳無文, 故約之以爲四入也. 三則爲纁, 四入乃成朱色, 深於纁, 故云: "朱, 深纁也." 陰陽相對, 則陰闇而陽明矣. 朱色無陰陽之義, 故以陽爲明, 謂朱爲光明也. 易 · 下繫云: "黃帝 · 堯 · 舜垂衣裳, 蓋取諸乾坤." 注云: "乾爲天, 坤爲地, 天色玄, 地色黃, 故玄以爲衣, 黃以爲裳, 象天在上, 地在下. 士託位於南方, 南方故云用纁." 是祭服用玄衣纁裳之義. 染色多矣, 而特擧玄黃, 故傳解其意, 由祭服尊故也.

◎ 毛傳: "鳰伯"~"纁裳". ○ "'격(鳰)'은 백로이다."라고 했는데, 이것은
『이아』「석조(釋鳥)」편의 기록이다.35) 이순은 "백로를 일명 '격(鳰)'이라
고도 한다."라 했다. 번광은 "『춘추』에서 소호씨36)는 새의 이름을 관직명
을 정했는데, 백조씨(伯趙氏)는 동지와 하지를 맡는 사지(司至)라고 했
다.37) 여기에서 말하는 '백조(伯趙)'는 곧 격(鳰)에 해당하는데, 하지 때
도래했다가 동지 때 떠나간다."라 했다. 곽박이 말하길, "할(鶷)이나 할
(鶡)이라는 새와 유사하지만 크기가 크다. 진사옥의 「악조론」에서는 '백
로는 5월에 우니, 음기의 움직임에 응하기 때문이다. 양기는 인자하고
길러주는데, 음기는 죽이고 잔학하니, 사악한 백로는 아마도 사악하고
해로움을 끼치는 새일 것이다. 그 소리가 격격(鳰鳰)으로 들리기 때문에
그 소리에 따라 이름을 붙인 것이다.'"라고 했다. 『시』「진풍(陳風)」에서
는 "마를 길쌈하지 않는다."38)라 했는데, '적(績)'은 마를 길쌈한다는 명칭
이다. 8월에는 실 뽑는 일이 끝나서 마 짜는 일이 시작된다. 그렇기 때문
에 길쌈을 시작하는 것이다. "'현(玄)'은 흑색에 적색이 섞여 있는 것이

---

35) 『이아』「석조(釋鳥)」 : 鳰, 伯勞也.

36) 소호씨(少皞氏)는 소호씨(少昊氏)라고도 부르며, 전설상의 인물이다. 소호(少昊)
라고도 부른다. 고대 동이족의 제왕으로, 황제(黃帝)의 아들이었다고도 전해진다.
이름은 지(摯)인데, 질(質)이었다고도 한다. 호(號)는 금천씨(金天氏)이다. 소호
(少皞)는 새의 이름으로 관직명을 지었다고 전해지며, 사후에는 서방(西方)의 신
(神)이 되었다고 전해진다. 『춘추좌씨전』「소공(昭公) 17년」편에는 "郯子曰 我高
祖少皞摯之立也, 鳳鳥適至, 故紀於鳥, 爲鳥師而鳥名."이라는 기록이 있는데,
이에 대한 두예(杜預)의 주에서는 "少皞, 金天氏, 黃帝之子, 己姓之祖也."라고
풀이했다.

37) 『춘추좌씨전』「소공(昭公) 17년」 : 昭子問焉, 曰, 少皞氏鳥名官, 何故也? 郯子
曰, 吾祖也, 我知之. …… 伯趙氏, 司至者也.

38) 『시』「진풍(陳風)·동문지분(東門之枌)」 : 穀旦于差, 南方之原. 不績其麻, 市也
婆娑.

다."라는 말은 색깔에 있어 적색과 흑색이 섞여 있는 것이 있다는 뜻이다. 『고공기』「종씨(鍾氏)」편에서는 염색하는 방법을 설명하며, "3차례 물들이면 훈(纁)이 되고, 5차례 물들이면 추(緅)가 되며, 7차례 물들이면 치(緇)가 된다."39)라 했고, 주에서는 "훈(纁)으로 염색하는 것은 3차례 물들이면 완성된다. 또 여기에 2차례 흑색으로 염색하게 되면 '추(緅)'가 된다. 추(緅)는 현재의 『예기』에서는 작(爵)으로 쓰기도 하는데, 참새의 머리털 색깔과 같다는 뜻이다. 또 여기에 다시 2차례 흑색으로 물들이면 곧 치(緇)를 완성하게 된다. 무릇 현(玄)색이라는 것은 추(緅)색과 치(緇)색 중간에 해당하니, 아마도 6번 물들였을 것이다."라 했다. 염색의 방법에서는 상호 물들이는 수를 드러내는데, 『예』에는 정확한 기록이 없기 때문에, 정현이 이를 요약하여 6번 물들였을 것이라 여겼으니, 3번은 적색에 물들이고 3번은 흑색에 물들이는 것으로, 이것이 바로 흑색인데 적색이 있는 것이다. 『의례』「사관례(士冠禮)」편에서는 "작변복에는 훈(纁)색의 하의를 착용한다."40)라 했고, 주에서는 "무릇 강(絳)색으로 염색을 할 때, 한 차례 물들이게 되면 '전(縓)'이라 부르고, 두 차례 물들이면 '정(䞓)'이라 부르며, 세 차례 물들이면 '훈(纁)'이라 부르는데, 주(朱)는 아마도 네 차례 물들이는 것이다."라 했다. 여기까지가 주색으로 염색하며 물들이는 수치에 해당하는데, 『서전』에는 관련 기록이 없다. 그렇기 때문에 요약하여 4차례 물들인다고 여긴 것이다. 3차례 물들이면 훈(纁)색이 되고, 4차례 물들이면 주(朱)색을 완성하게 되는데, 훈(纁)색 보다 색이 짙다. 그렇기 때문에 "주(朱)'는 짙은 홍색이다."라 했다. 음양이 서로 대비가 되면 음은 어둡고 양은 밝다. 주색에는 음양의 뜻이 없기 때문에, 양을 밝음으로 여긴 것이니, 주색이 밝게 빛난다는 의미이다. 『역』「계사하(繫辭下)」편에서는 "황제 · 요 · 순은 의복을 드리웠는데, 건

---

39) 『주례』「동관고공기(冬官考工記) · 종씨(鍾氏)」: 三入爲纁, 五入爲緅, 七入爲緇.
40) 『의례』「사관례(士冠禮)」: <u>爵弁服, 纁裳</u>, 純衣, 緇帶, 韎韐.

괘와 곤괘에서 취했다."41)라 했고, 주에서는 "건괘는 하늘이 되고 곤괘는 땅이 되는데, 하늘의 색은 현색이고 땅의 색은 황색이다. 그렇기 때문에 현색으로는 상의를 만들고 황색으로는 하의를 만들어서 하늘이 위에 있고 땅이 밑에 있는 것을 본뜬 것이다. 사는 남쪽에 그 자리를 의탁하고 있는데, 남쪽이기 때문에 훈색을 사용한다고 했다."라 했다. 이것은 제복에서 현색의 상의와 훈색의 하의를 사용하는 뜻에 해당한다. 염색한 것이 많은데도 특별히 현색과 황색을 제시했기 때문에 전문에서는 그 뜻을 풀이했으니, 제복이 존귀하기 때문이다.

孔疏 ◎箋"伯勞"至"者說". ○正義曰: 五月陰氣動而伯勞鳴, 是將寒之候也. 月令仲夏鵙始鳴, 是中國正氣, 五月則鳴. 今豳地晚寒, 鳥初鳴之候, 從其鄉土之氣焉, 故至七月鵙始鳴也. 此篇箋・傳三云晚寒, 上言于耜・舉趾, 下云載纘武功, 唯校中國一月, 此獨校兩月者, 豳處西北, 遠於諸華, 寒氣之來, 大率晚耳, 未必皆與中國常校一月. 何則? 蠶月條桑, 八月其穫, 七月食瓜, 八月剝棗, 九月肅霜, 十月滌場, 如此之類, 皆與中國同也. 旣云同於中國, 不得齊校一月, 自然有大晚者得校兩月也. 王肅云: "蟬及鵙皆以五月始鳴, 今云七月, 其義不通也. 古五字如七." 肅之此說, 理亦可通, 但不知經文實誤不耳. 豳地大率晚寒, 箋・傳略舉三事, 又以月令校之, 豳地之寒晚於中國者, 非徒此三事而已. 月令仲春之月倉庚鳴, 此云蠶月始鳴; 月令季秋草木黃落, 此云十月隕蘀; 月令季秋令民云寒氣總至, 其皆入室, 此云"曰爲改歲, 入此室處"; 月令季秋天子嘗稻, 此云"十月穫稻"; 月令仲秋云天子嘗麻, 此云"九月叔苴"; 月令季冬命取冰, 此云"三之日納于凌陰", 皆是晚寒所致. 箋・傳不說者, 已舉三事, 其餘從可知也.

---

41) 『역』「계사하(繫辭下)」: 神農氏沒, 黃帝堯舜氏作, 通其變, 使民不倦, 神而化之, 使民宜之, 易窮則變, 變則通, 通則久. 是以自天祐之, 吉无不利, 黃帝堯舜, 垂衣裳而天下治, 蓋取諸乾坤.

上云"三之日于耜", 言晚寒者, 猶寒氣晚至, 故耕田晚也. "七月鳴鵙",
言晚寒者, 謂溫氣晚則鵙鳴晚也. 上傳言晚寒, 則此箋當言晚溫, 而
亦言晚寒者, 鄭答張逸云: "晚寒亦晚溫, 其意言寒來旣晚, 故順上傳
舉晚寒以明晚溫耳." 孫毓以爲, 寒鄕率早寒, 北方是也. 熱鄕乃晚
寒, 南方是也. 毛傳言晚寒者, 豳土寒多, 雖晚猶寒, 非謂寒來晚也.
毓之此言, 似欲有理, 但按經上下言"九月肅霜", 與中國氣同, 穫稻乃
晚於中國, 非是寒來早也, 明是寒來晚, 故溫亦晚也. "凡染, 春暴練,
夏纁玄, 秋染夏", 天官 · 染人文. 彼注云: "暴練, 練其素而暴之. 纁
玄者, 可以染此色. 玄纁者, 天地之色, 以爲祭服. 石染當及盛暑熱
潤, 浸湛硏之, 三月而後可用. 考工記鍾氏則染纁術也, 染玄則史傳
闕矣. 染夏者, 染五色, 謂之夏者, 其色以夏翟爲飾, 夏翟毛羽五色皆
備成章, 染者擬以爲深淺之度, 是以放而取名." 引此者證經"載玄載
黃", 謂以夏日染之, 非八月染也. 實在夏而文承八月之下者, 以養蠶
績麻, 是造衣之始, 故先言之. 染色作裳, 是爲衣之終, 故後言之. 言
蠶績所得, 民亦自衣, 而特言"公子裳", 厚重於其貴者, 故特說之. 以
下"于貉"不言爲民之裘, 而狐狸云"爲公子裘", 亦是厚於貴者, 與此同.

◎ 鄭箋: "伯勞"~"者說". ○ 5월은 음기가 움직여서 백로가 울게 되니, 이
것은 추워지려는 조짐에 해당한다. 『예기』「월령(月令)」편에서는 중하에
격(鵙)이 처음으로 울게 되니,[42] 중원의 정상적인 기운에 따라 5월이 되
면 울게 된다는 사실을 나타낸다. 현재 빈땅은 늦게까지 추워서 새가 처
음 우는 조짐도 그 지역의 기운에 따르게 된다. 그렇기 때문에 7월이 되
어서야 격이 처음으로 울게 되는 것이다. 「칠월」편에 대한 전문(箋文)과
전문(傳文)에서는 3차례 '만한(晚寒)'이라고 했는데, 앞에서는 쟁기와 발
꿈치를 든다는 것[43]에 대해서 언급했고, 뒤에서는 무와 관련된 일을 계속

---

42) 『예기』「월령(月令)」: 小暑至, 螳螂生, 鵙始鳴, 反舌無聲.
43) 『시』「빈풍(豳風) · 칠월(七月)」: 三之日于耜, 四之日擧趾. 同我婦子, 饁彼南

한다는 것44)에 대해서 언급했는데, 다만 중원과 비교를 해보면 1개월의 차이가 나는데, 이곳에서만 유독 2개월의 차이가 나는 것은 빈땅은 서북쪽에 처해 있어서 중화와 거리가 머니, 차가운 기운이 도래할 때에도 대체적으로 늦게 될 따름으로, 반드시 모두가 중원과 1개월의 차이만 나는 것이 아니다. 어째서인가? 누에치는 달에 뽕나무의 가지를 치고,45) 8월에 곡식을 수확하며,46) 7월에 오이를 먹고,47) 8월에 대추를 털며,48) 9월에 서리가 내리고, 10월에 마당을 쓰는데,49) 이와 같은 부류들은 모두 중원과 동일하다. 이미 중원과 동일하다고 했다면, 1개월의 차이로 모두를 가늠할 수 없으니, 자연히 크게 늦는 경우에는 2개월의 차이도 있을 수 있는 것이다. 왕숙은 "매미와 격(鶪)은 모두 5월이 되어야 비로소 울게 되는데, 지금 7월이라고 한 것은 그 의미가 통하지 않는다. 고자의 오(五)자는 칠(七)자처럼 생겼다."라고 했다. 왕숙의 이러한 주장은 이치상 또한 통할 수 있다. 다만 경문에서 실제로 잘못 기록된 것인지 아닌지를 알 수 없을 따름이다. 빈땅은 대략적으로 늦게까지 추운데, 정전과 모전에서는 대략적으로 3가지 사안을 제시했고, 또 「월령」편을 통해 비교해 보면, 빈땅의 추위가 중원보다 늦게까지 진행되는 것은 단지 여기에서 말한 3가지 사안만이 아니다. 「월령」편에서는 중춘의 달에 창경(倉庚)이라는 새가 운다고 했는데,50) 이곳에서는 누에를 치는 달에 비로소 운다고

畝. 田畯至喜.

44) 『시』「빈풍(豳風)·칠월(七月)」: 二之日其同, 載纘武功. 言私其豵, 獻豜于公.

45) 『시』「빈풍(豳風)·칠월(七月)」: 蠶月條桑, 取彼斧斨, 以伐遠揚, 猗彼女桑.

46) 『시』「빈풍(豳風)·칠월(七月)」: 四月秀葽, 五月鳴蜩. 八月其穫, 十月隕蘀.

47) 『시』「빈풍(豳風)·칠월(七月)」: 七月食瓜, 八月斷壺, 九月叔苴. 采荼薪樗, 食我農夫.

48) 『시』「빈풍(豳風)·칠월(七月)」: 六月食鬱及薁, 七月亨葵及菽, 八月剝棗. 十月穫稻, 爲此春酒, 以介眉壽.

49) 『시』「빈풍(豳風)·칠월(七月)」: 九月肅霜, 十月滌場. 朋酒斯饗, 曰殺羔羊.

50) 『예기』「월령(月令)」: 始雨水, 桃始華, 倉庚鳴, 鷹化爲鳩.

했고, 「월령」편에서는 계추에 초목이 누렇게 시들어 떨어진다고 했는데,[51] 이곳에서는 10월에 초목이 말라서 떨어진다고 했으며, 「월령」편에서는 계추에 백성들에게 명령을 내리며 추운 기운이 응축되어 거세게 몰려드니, 모두들 집에 들어가서 쉬게 하라고 했는데,[52] 이곳에서는 "해가 바뀌게 되었으니 이 집에 들어와서 거처하라."라 했고, 「월령」편에서는 계추에 천자가 쌀을 맛본다고 했는데,[53] 이곳에서는 "10월에 벼를 수확한다."라 했으며, 「월령」편에서는 중추에 천자가 마의 열매를 맛본다고 했는데,[54] 이곳에서는 "9월에 삼씨를 턴다."라 했고, 「월령」편에서는 계동에 얼음을 채취하라고 명령한다고 했는데,[55] 이곳에서는 "삼양의 날에 석빙고에 얼음을 넣는다."라 했으니, 이 모두는 늦게까지 추운 기후로 인해 생긴 것들이다. 정전과 모전에서 이러한 것들을 설명하지 않은 것은 이미 3가지 사안을 제시했으니, 그 나머지 것들도 이를 통해 알 수 있기 때문이다. 앞에서 "삼양의 날에 쟁기를 손본다."라고 한 기록에 대해 '만한(晩寒)'이라 말한 것은 추운 기운이 늦게 도래하기 때문에 밭을 경작하는 것도 늦어졌다는 뜻이다. "7월에 격(鵙)이 운다."라고 한 기록에 대해 '만한(晩寒)'이라 말한 것은 따뜻한 기운이 늦게까지 남아 있어서 격이 우는 것도 늦다는 뜻이다. 앞의 모전에서 '만한(晩寒)'이라고 했다면, 이곳 정전에서는 마땅히 '만온(晩溫)'이라 말해야 하는데도 또한 '만한(晩寒)'이라 말한 이유에 대해, 정현은 장일에게 대답하며, "만한(晩寒) 또한 만온(晩溫)에 해당하니, 그 뜻은 추위가 찾아오는 것이 늦었다는 것으로,

---

51) 『예기』 「월령(月令)」 : 是月也, <u>草木黃落</u>, 乃伐薪爲炭.

52) 『예기』 「월령(月令)」 : 是月也, 霜始降, 則百工休. 乃命有司, 曰寒氣總至, 民力不堪, <u>其皆入室</u>.

53) 『예기』 「월령(月令)」 : 是月也, <u>天子</u>, 乃以犬嘗稻, 先薦寢廟. 季秋, 行夏令, 則其國大水.

54) 『예기』 「월령(月令)」 : <u>天子</u>乃難, 以達秋氣. 以犬嘗麻, 先薦寢廟.

55) 『예기』 「월령(月令)」 : 冰方盛, 水澤腹堅, <u>命取冰</u>, 冰以入.

앞의 모전에서 만한(晚寒)이라고 말한 것에 따라서 이를 통해 만온(晚溫)의 의미를 드러낸 것일 뿐이다."라고 했다. 손육56)은 추운 지역은 대체적으로 빨리 추워지는데 이것은 북방 지역에 해당한다. 더운 지역은 늦게 추워지니 남방 지역에 해당한다. 모전에서 '만한(晚寒)'이라고 한 것은 빈땅은 추위가 많으니, 비록 늦은 시기라도 여전히 춥다는 뜻으로, 추위가 도래하는 것이 늦다는 의미가 아니라고 했다. 손육의 이 말은 아마도 일리가 있는 것처럼 보이려는 것 같지만, 경문의 앞뒤 문장을 살펴보면 "9월에 서리가 내린다."라고 하여, 중원과 기후가 같고, 벼를 수확하는 것은 중원보다 늦으니, 이것은 추위가 도래한 것이 이른 시기가 아니며, 추위가 도래한 것이 늦은 시기임을 나타낸다. 그렇기 때문에 따뜻한 기운 또한 늦게까지 남아있는 것이다. 정현이 "무릇 염색을 할 때, 봄에는 말리고 불리며, 여름에는 훈(纁)색과 현(玄)색을 염색하고, 가을에는 다섯 가지 색깔을 염색한다."라고 했는데, 이것은 『주례』「천관(天官)·염인(染人)」편의 기록이다.57) 「염인」편의 주에서는 "폭련(暴練)은 명주를 불리고 말린다는 뜻이다. '훈현(纁玄)'은 이 색깔로 염색할 수 있다는 뜻이다. 현색과 훈색은 천지의 색깔에 해당하니, 이를 통해 제복을 만든다. 광물을 이용해 염색할 때에는 한창 더워졌을 때 적시고 담가서 연마하게 되니 3월 이후에나 활용할 수 있다. 『고공기』 종씨(鍾氏)의 기록은 훈색을 염색하는 방법에 해당하는데, 현색을 염색하는 것에 있어서는 기록이 빠져있다. '염하(染夏)'라는 것은 다섯 가지 색깔을 염색하는 것을 '하(夏)'라고 부르니, 그 색깔은 하적(夏翟)으로 장식을 하는 것으로, 하적의 털과 깃털은 다섯 가지 색깔을 모두 갖춰서 무늬를 이루니, 염색하는 자

---

56) 손육(孫毓, ? ~ A.D.265?) : 위(魏)나라 말기와 진(晉)나라 초기 때의 유학자이다. 출신지를 비롯한 자세한 행적은 전해지지 않는다. 관직은 여남태수(汝南太守)까지 올랐다고 전해진다.

57) 『주례』「천관(天官)·염인(染人)」 : 染人; 掌染絲帛. <u>凡染, 春暴練, 夏纁玄, 秋染夏</u>, 冬獻功.

가 이에 견주어서 짙고 옅은 도수로 삼았는데, 이러한 까닭으로 이를 따라 명칭으로 삼은 것이다."라고 했다. 이 말을 인용해서 경문에서 "현색을 물들이고 황색을 물들인다."고 한 말을 증명한 것이니, 여름철을 이용해서 염색을 한다는 뜻으로, 8월에 염색한다는 뜻이 아니다. 실제로 여름에 해당하는데 문장이 8월에 대한 기록을 이어서 그 뒤에 기록되어 있는 것은 양잠과 길쌈을 하는 것은 옷을 짓는 시작이 된다. 그렇기 때문에 먼저 언급한 것이다. 염색을 해서 하의를 만드는 것은 옷을 짓는 끝이 된다. 그렇기 때문에 뒤에 언급한 것이다. 양잠과 길쌈을 통해 얻게 되는 것은 백성들 또한 제 스스로 옷을 해입는 것을 뜻하는데, 특별히 공자의 하의를 언급한 것은 귀한 것에 대해서 두텁게 중시 여겼기 때문에 특별히 언급한 것이다. 뒤에 있는 '우학(于貉)'에 대해서도 백성들의 갓옷을 만든다 말하지 않고, 호리(狐貍)에 대해서 공자의 갓옷을 만든다"고 말한 것[58] 또한 귀한 것에 대해서 두텁게 한 것이니, 이곳의 뜻과 동일하다.

참고 『주례』「지관(地官) · 매씨(媒氏)」 기록

경문 凡嫁子娶妻, 入幣純帛, 無過五兩.

무릇 딸자식을 시집보내고 아들의 처를 들일 때, 납폐를 하며 순백(純帛)을 사용하되 5양(兩)을 넘지 못하도록 한다.

鄭注 純, 實緇字也. 古緇以才爲聲. 納幣用緇, 婦人陰也. 凡於娶禮, 必用其類. 五兩, 十端也. 必言兩者, 欲得其配合之名. 十者, 象五行十日相成也. 士大夫乃以玄纁束帛, 天子加以穀圭, 諸侯加以大璋. 雜記曰: "納幣一束, 束五兩, 兩五尋." 然則每端二丈.

---

58) 『시』「빈풍(豳風) · 칠월(七月)」: 一之日于貉, 取彼狐貍, 爲公子裘.

'순(純)'자는 실제로는 치(緇)자이다. 고자에서 '치(緇)'자는 재(才)자를 소리부로 삼는다. 납폐를 하며 치색의 것을 사용하는 것은 부인은 음에 해당하기 때문이다. 무릇 장가보내는 예법에서는 반드시 해당 부류의 것을 사용한다. 5양(兩)은 10단(端)이다. 기어코 '양(兩)'이라 말한 것은 짝이 되어 합한다는 명칭을 취하고자 했기 때문이다. '십(十)'이라는 것은 오행이 10일이 되어 서로 이루어주는 것을 본뜬 것이다. 사와 대부는 현훈의 속백(束帛)을 사용하고, 천자는 곡규(穀圭)를 추가하며, 제후는 대장(大璋)을 추가한다. 『예기』「잡기(雜記)」편에서는 "납폐를 할 때에는 1속(束)의 비단을 사용하니, 1속은 5양(兩)이 되고, 1양은 5심(尋)이 된다."[59]라고 했다. 그렇다면 매 단(端)은 2장(丈)이 된다.

賈疏 ◎注"純實"至"二丈". ○釋曰: 凡嫁子娶妻, 含尊卑, 但云緇帛, 文主庶人耳. 注"純實緇字也, 古緇以才爲聲"者, 緇以絲爲形, 才爲聲, 故誤爲純字. 但古之緇有二種: 其緇布之緇, 糸旁甾, 後不誤, 故禮有緇布冠·緇布衣, 存古字; 若以絲帛之緇, 則糸旁才, 此字諸處不同. 絲理明者卽破爲色, 此純帛及祭統甕事以爲純服, 故論語云: "麻冕, 禮也, 今也純儉." 如此之類, 皆絲理自明, 卽爲色解之. 昏禮云: "女次純衣", 鄭云: "純衣, 絲衣." 以昏禮直云純衣, 絲理不明, 故爲絲衣解之也. 云"五兩十端"者, 古者二端相向卷之, 共爲一兩, 五兩故十端也. 云"十者象五行十日相成"者, 左傳云"天有六氣", 降生五行, 行各有二日. 東方木爲甲乙, 南方火爲丙丁, 中央土爲戊己, 西方金爲庚辛, 北方水爲壬癸, 是十日. 言相成者, 木八爲金九妻, 火七爲水六妻, 土十爲木八妻, 金九爲火七妻, 水六爲土五妻, 所克者爲妻, 是夫妻相成之數. 云"士大夫乃以玄纁束帛"者, 按: 士昏禮玄纁束帛, 大夫昏禮而有改娶者, 依士禮用玄纁, 故云士大夫用玄纁. 云

---

59) 『예기』「잡기하(雜記下)」: 納幣一束, 束五兩, 兩五尋.

"天子加以穀圭, 諸侯加以大璋"者, 玉人文. 謂加於玄纁束帛之上以行禮. 引雜記者, 證五兩, 兩五尋四十尺之意. 云"納幣一束, 束五兩, 兩五尋"者, 尋八尺, 則一兩四十尺. 五兩, 四五二十, 總二百尺, 故鄭玄云: "然則每端二丈." 若餘行禮, 則用制幣丈八尺, 取儉易共, 此昏禮每端二丈, 取誠實之義, 故以二丈整數爲之也.

◎ 鄭注: "純實"~"二丈". ○ "무릇 딸자식을 시집보내고 아들의 처를 들인다."는 말은 존귀한 신분이나 미천한 신분을 모두 포함하는 것이다. 다만 '치백(緇帛)'이라고 했으니, 이 문장은 서인에 주안점을 둔 것일 따름이다. 주에서 "'순(純)'자는 실제로는 치(緇)자이다. 고자에서 '치(緇)'자는 재(才)자를 소리부로 삼는다."라고 했는데, '치(緇)'자는 사(絲)를 형체로 삼고 '재(才)'를 소리부로 삼는다. 그렇기 때문에 잘못하여 '순(純)'자로 기록한 것이다. 다만 고자에서 '치(緇)'자는 두 종류가 있으니, 그 중 하나는 치포(緇布)라고 할 때의 치(緇)자로, 사(糸)자 변에 치(甾)자를 붙인 것으로, 후대에는 이에 대해 잘못 표기하지 않았다. 그렇기 때문에 『예』에서 치포관(緇布冠)이나 치포의(緇布衣)라는 말이 나오니, 이것은 고자를 보존하고 있는 것이다. 만약 사백(絲帛)의 치(緇)라고 한다면, 사(糸)자 변에 재(才)자를 붙인 것으로, 이 글자는 여러 곳에서 동일하지 않게 나타난다. 사(絲)라는 것이 분명한 경우에는 파자하여 색깔을 나타내게 되니, 이곳의 순백(純帛)과 『예기』 「제통(祭統)」편에서 누에를 쳐서 순복(純服)을 만든다고 한 것에 해당한다. 그렇기 때문에 『논어』에서는 "마(麻)로 만든 면류관은 본래의 예법이다. 그런데 지금은 순(純)으로 만들고 있으니, 검소하다."[60]라고 한 것이다. 이와 같은 부류들은 모두 사(絲)라는 것이 저절로 드러나니 색깔로 풀이를 한 것이다. 『의례』 「사혼례(士昏禮)」편에서는 "여자는 머리장식인 차(次)를 하고 순의(純衣)를

---

60) 『논어』 「자한(子罕)」: 子曰, "麻冕, 禮也, 今也純, 儉, 吾從衆. 拜下, 禮也, 今拜乎上, 泰也. 雖違衆, 吾從下."

착용한다."[61]라 했고, 주에서는 "순의(純衣)는 사의(絲衣)이다."라고 했는데, 「사혼례」편에서는 단지 '순의(純衣)'라고만 하여 사(絲)라는 것이 드러나지 않기 때문에 사의(絲衣)로 풀이한 것이다. 정현이 "5양(兩)은 10단(端)이다."라고 했는데, 고대에는 2단을 서로를 향하는 방향으로 접어서 이를 함께 1양(兩)으로 삼았으니, 5양(兩)이므로 10단(端)이 된다. 정현이 "'십(十)'이라는 것은 오행이 10일이 되어 서로 이루어주는 것을 본뜬 것이다."라고 했는데, 『좌전』에서는 "하늘에는 육기(六氣)[62]가 있다."[63]라 했는데, 이것이 내려와서 오행을 낳고, 오행은 각각 2일을 거느리게 된다. 동방에 해당하는 목(木)은 갑일과 을일이 되고, 남방에 해당하는 화(火)는 병일과 정일이 되며, 중앙에 해당하는 토(土)는 무일과 기일이 되고, 서방에 해당하는 금(金)은 경일과 신일이 되며, 북방에 해당하는 수(水)는 임일과 계일이 되니, 이것이 10일이다. '상성(相成)'이라고 말한 것은 목(木)의 8은 금(金) 9의 처가 되고, 화(火)의 7은 수(水) 6의 처가 되며, 토(土)의 10은 목(木) 8의 처가 되고, 금(金)의 9는 화(火) 7의 처가 되며, 수(水)의 6은 토(土) 5의 처가 되니, 이기는 바의 것은 처가 되어, 이것이 바로 남편과 아내가 서로를 완성시키는 수에 해당한다. 정현이 "사와 대부는 현훈의 속백(束帛)을 사용한다."라고 했는데, 『의례』「사혼례(士昏禮)」편을 살펴보면, 현훈의 속백을 사용하고, 대

---

61) 『의례』「사혼례(士昏禮)」 : <u>女次, 純衣纁袡</u>, 立于房中, 南面.

62) 육기(六氣)는 자연 기후의 변화 속에 나타나는 여섯 가지 주요 현상을 뜻한다. 음기(陰氣), 양기(陽氣), 바람[風], 비[雨], 어둠[晦], 밝음[明]을 뜻한다. 『춘추좌씨전』「소공(昭公) 1년」편에는 "六氣曰陰·陽·風·雨·晦·明也."라는 기록이 있고, 『장자(莊子)』「재유(在宥)」편에는 "天氣不和, 地氣鬱結, <u>六氣</u>不調, 四時不節."이라는 기록이 있는데, 이에 대한 성현영(成玄英)의 소(疏)에서는 "陰·陽·風·雨·晦·明, 此六氣也."라고 풀이했으며, 또 『국어(國語)』「주어하(周語下)」편에 대한 위소(韋昭)의 주에서는 "六氣, 陰陽風雨晦明也."라고 풀이했다.

63) 『춘추좌씨전』「소공(昭公) 1년」 : <u>天有六氣</u>, 降生五味, 發爲五色, 徵爲五聲. 淫生六疾.

부의 혼례 중 재취를 하는 경우에는 사의 예법에 따라서 현훈을 사용한다. 그렇기 때문에 사와 대부가 현훈을 사용한다고 말한 것이다. 정현이 "천자는 곡규(穀圭)를 추가하며, 제후는 대장(大璋)을 추가한다."라고 했는데, 이것은 『주례』「옥인(玉人)」편의 기록이다.[64] 즉 현훈의 속백 위에 이것들을 추가하여 해당 의례를 시행한다는 뜻이다. 정현이 『예기』「잡기(雜記)」편의 문장을 인용한 것은 5양(兩)에서 1양(兩)이 5심(尋) 40척(尺)이라는 뜻을 증명하기 위해서이다. "납폐를 할 때에는 1속(束)의 비단을 사용하니, 1속은 5양(兩)이 되고, 1양은 5심(尋)이 된다."라고 했는데, 1심(尋)은 8척이 되니, 1양(兩)은 40척(尺)이 되어, 총 200척(尺)이 된다. 그렇기 때문에 정현이 "그렇다면 매 단(端)은 2장(丈)이 된다."라고 말한 것이다. 만약 나머지 다른 의례를 시행하는 경우라면, 제폐(制幣)[65]인 1장 8척의 것을 사용하니, 검소하여 쉽게 공급할 수 있는 뜻에 따르는 것이다. 그런데 이러한 혼례에서는 매 단마다 2장의 것을 사용하니 성실의 뜻에 따르기 때문이다. 그래서 2장이라는 가지런한 수로 만드는 것이다.

참고 『예기』「제통(祭統)」 기록

경문 是故天子親耕於南郊, 以共齊盛; 王后蠶於北郊, 以共純服; 諸侯耕於東郊, 亦以共齊盛; 夫人蠶於北郊, 以共冕服. 天子·諸侯

---

64) 『주례』「동관고공기(冬官考工記)·옥인(玉人)」: 穀圭七寸, 天子以聘女. ……
大璋亦如之, 諸侯以聘女.
65) 제폐(制幣)는 고대의 제사 때 바치게 되는 비단을 뜻한다. 제물로 사용되는 비단에는 일정한 규격이 있었기 때문에 '제(制)'자를 붙여서 부른 것이다. 『의례』「기석례(旣夕禮)」편에는 "贈用制幣玄纁束."이라는 기록이 있는데, 이에 대한 정현의 주에서는 "丈八尺曰制."라고 풀이했다. 즉 1장(丈) 8척(尺)의 길이로 재단한 비단을 '제(制)'라고 부른다.

非莫耕也, 王后・夫人非莫蠶也, 身致其誠信, 誠信之謂盡, 盡之謂
敬, 敬盡然後可以事神明, 此祭之道也.

이러한 까닭으로 천자는 남쪽 교외에 마련된 적전(藉田)66)에서 직접 경
작하여 자성(粢盛)67)을 공급하고, 왕후는 북쪽 교외에 마련된 잠실(蠶
室)에서 직접 누에를 쳐서 천자의 제사복장을 만든다. 제후는 동쪽 교외
에 마련된 자전에서 직접 경작하여 자성을 공급하고, 제후의 부인은 북쪽
교외에 마련된 잠실에서 직접 누에를 쳐서 제후의 제사복장을 만든다.
천자와 제후에게는 경작을 할 수 있는 아랫사람이 없는 것이 아니고, 왕
후와 부인에게는 누에를 칠 수 있는 아랫사람이 없는 것이 아니지만, 직
접 정성과 신의를 지극히 하니, 정성과 신의를 지극히 하는 것을 '진(盡)'
이라고 부르고, 이처럼 다하는 것을 '경(敬)'이라고 부른다. 따라서 공경
을 다하고 정성과 신의를 지극히 한 뒤에야 신명을 섬길 수 있으니, 이러
한 것을 제사의 도라고 한다.

鄭注 純服, 亦冕服也, 互言之爾. 純以見繒色, 冕以著祭服. 東郊,
少陽, 諸侯象也. 夫人不蠶於西郊, 婦人禮少變也. 齊, 或爲粢.

'순복(純服)' 또한 면복(冕服)을 뜻하니, 상호 그 뜻을 드러내도록 기록한
것일 뿐이다. '순(純)'자는 비단의 색깔을 드러내고, '면(冕)'자는 제사의

---

66) 적전(藉田)은 적전(籍田)이라고도 부른다. 천자와 제후가 백성들을 동원해서 경
작하는 땅이다. 처음 농사일을 시작할 때, 천자와 제후는 이곳에서 직접 경작에
참여함으로써, 농업을 중시한다는 뜻을 보이게 된다.

67) 자성(粢盛)은 제성(齊盛)이라고도 부른다. 자(粢)자는 곡식의 한 종류인 기장을
뜻하고, 성(盛)자는 그릇에 기장을 풍성하게 채워놓은 모양을 뜻한다. 따라서 '자
성'은 제기(祭器)에 곡물을 가득 채워놓은 것을 뜻하며, 제물(祭物)로 사용되었다.
『춘추공양전』「환공(桓公) 14년」편에는 "御廩者何, 粢盛委之所藏也."라는 기록
이 있는데, 이에 대한 하휴(何休)의 주에서는 "黍稷曰粢, 在器曰盛."이라고 풀이
하였다.

복장을 드러낸다. 동쪽 교외는 소양(少陽)에 해당하니 제후의 상이 된다. 제후의 부인은 서쪽 교외에서 양잠을 하지 않으니, 부인들에게 적용되는 예법은 변화가 적기 때문이다. '제(齊)'자를 다른 판본에서는 '자(粢)'자로 기록하기도 한다.

孔疏 ●"是故天子親耕於南郊, 以共齊盛. 王后蠶於北郊, 以共純服"者, 此覆結上文也. 必夫婦親之及盡物·盡志之事, 祭須盡物·志, 故人君·夫人各竭力從事於耕·蠶也. 鄭云: "王藉田在遠郊, 故甸師氏掌之." 內宰云: "中春, 詔后帥內外命婦始蠶于北郊." 注云"婦人以純陰爲尊", 故也. 純服者, 亦冕服也. 純以見繒色, 冕以著祭服.

● 經文: "是故天子親耕於南郊, 以共齊盛. 王后蠶於北郊, 以共純服". ○ 이곳 문장은 앞의 문장들에 대해서 재차 결론을 맺은 것이다. 반드시 남편과 부인이 직접 시행하고, 사물을 모두 갖추고 뜻을 모두 다하는 일에 있어서, 제사에서는 반드시 사물을 모두 갖추고 뜻을 모두 다해야 한다. 그렇기 때문에 군주와 부인은 각각 힘을 다하여 경작과 양잠에 종사한다. 정현은 "천자의 적전(藉田)은 원교(遠郊)에 위치하기 때문에, 전사씨(甸師氏)가 담당한다."라고 했다. 『주례』「내재(內宰)」편에서는 "중춘이 되면 왕후에게 내명부와 외명부를 이끌고 북쪽 교외에서 비로소 양잠을 치도록 아뢴다."[68]라 했고, 정현의 주에서는 "부인들은 순음(純陰)을 존귀하게 여긴다."라고 했기 때문이다. '순복(純服)'이라는 것 또한 면복(冕服)을 뜻한다. '순(純)'자는 비단의 색깔을 드러내며, '면(冕)'자는 제사의 복장을 드러낸다.

---

68) 『주례』「천관(天官)·내재(內宰)」: 中春, 詔后帥外內命婦始蠶于北郊, 以爲祭服.

경문 子曰: "麻冕, 禮也. 今也純, 儉, 吾從衆①. 拜下, 禮也. 今拜乎上, 泰也. 雖違衆, 吾從下②."

공자가 말하길, "마로 된 치포관은 본래의 예법이다. 그런데 지금은 순(純)으로 만들고 있어 검소하니, 나는 대중들을 따르겠다. 당하에서 절을 하는 것이 본래의 예법이다. 지금은 당상에서 절을 하여 교만하다. 비록 대중들을 어기는 것일지라도 나는 당하에서 절하는 것을 따르겠다."라고 했다.

何注① 孔曰: 冕, 緇布冠也, 古者績麻三十升布以爲之. 純, 絲也. 絲易成, 故從儉.

공씨가 말하길, '면(冕)'은 치포관을 뜻한다. 고대에는 마에서 실을 뽑아 30승(升)의 포로 만들었다. '순(純)'은 명주를 뜻한다. 사(絲)는 쉽게 완성되기 때문에 검소함을 따르는 것이다.

何注② 王曰: 臣之與君行禮者, 下拜然後升成禮. 時臣驕泰, 故於上拜. 今從下, 禮之恭也.

왕씨가 말하길, 신하가 군주와 함께 예법을 시행하는 경우 당하에서 절을 한 연후에 당상으로 올라가서 예법을 완성한다. 당시의 신하들은 교만하였기 때문에 당상에서 절을 했다. 지금 당하에서 절하는 방법을 따르겠다고 한 것은 예의 공손함에 해당하기 때문이다.

邢疏 ●"子曰"至"從下". ○正義曰: 此章作孔子從恭儉. "麻冕, 禮也. 今也純, 儉, 吾從衆"者, 冕, 緇布冠也. 古者績麻三十升布以爲之, 故云"麻冕, 禮也." 今也, 謂當孔子時. 純, 絲也. 絲易成, 故云: "純, 儉." 用絲雖不合禮, 以其儉易, 故孔子從之也. "拜下, 禮也. 今

拜乎上, 泰也. 雖違衆, 吾從下"者, 禮, 臣之與君行禮者, 下拜然後升
成拜, 是禮也. 今時之臣, 皆拜於上長驕泰也. 孔子以其驕泰則不孫,
故違衆而從下拜之禮也. 下拜, 禮之恭故也.

● 經文: "子曰"~"從下". ○ 이 장은 공자가 공손함과 검소함에 따랐다는
것을 나타낸다. "마로 된 치포관은 본래의 예법이다. 그런데 지금은 순
(純)으로 만들고 있어 검소하니, 나는 대중들을 따르겠다."라 했는데, '면
(冕)'은 치포관을 뜻한다. 고대에는 마에서 실을 뽑아 30승(升)의 포로
만들었다. 그렇기 때문에 "마로 된 치포관은 본래의 예법이다."라 한 것
이다. '금야(今也)'는 공자 당시를 뜻한다. '순(純)'은 명주를 뜻한다. 사
(絲)는 쉽게 완성되기 때문에 "순(純)은 검소하다."라 했다. 즉 사(絲)를
사용하는 것이 비록 본래의 예법에는 합치되지 않지만, 그것이 검소하며
쉽게 완성할 수 있는 것이기 때문에 공자가 따른 것이다. "당하에서 절을
하는 것이 본래의 예법이다. 지금은 당상에서 절을 하여 교만하다. 비록
대중들을 어기는 것일지라도 나는 당하에서 절하는 것을 따르겠다."라
했는데, 예법에 따르면 신하가 군주와 함께 예법을 시행할 때, 당하에서
절을 한 이후에 당상으로 올라가서 절하는 절차를 마무리하니, 이것이
본래의 예법이다. 지금의 신하들은 모두 당상에서 절을 하니, 너무 교만
한 것이다. 공자는 그것이 교만하여 공손하지 못하기 때문에 대중들이
따르는 것을 어기더라도 당하에서 절하는 예법을 따르겠다고 한 것이다.
당하에서 절을 하는 것은 예의 공손함에 해당하기 때문이다.

邢疏 ◎ 注"孔曰"至"從儉". ○ 正義曰: 云"冕, 緇布冠也"者, 冠者, 首
服之大名; 冕者, 冠中之別號, 故冕得爲緇布冠也. 士冠禮曰: "陳服,
緇布冠頬項, 青組纓屬于頬." 記曰: "始冠, 緇布之冠也. 大古冠布,
齊則緇之, 其緌也, 孔子曰: '吾未之聞也. 冠而敝之, 可也.'" 云"古者
績麻三十升布以爲之"者, 鄭注喪服云: "布八十縷爲升."

◎ 何注: "孔曰"~"從儉". ○ "'면(冕)'은 치포관을 뜻한다."라 했는데, '관

(冠)'자는 머리에 착용하는 것을 부르는 큰 범주의 명칭이고, '면(冕)'은 관 중에서도 개별 호칭에 해당한다. 그렇기 때문에 면(冕)자가 치포관을 뜻할 수 있는 것이다. 『의례』「사관례(士冠禮)」편에서는 "의복을 진설하며, 치포관을 결속하는 것은 규항이고, 청색 끈으로 만든 관의 끈 영은 규항에 결속한다."[69]라 했고, 기문에서는 "처음 관을 씌워줄 때에는 치포로 만든 관을 씌워준다. 태고 때에는 관을 포로 만들었는데, 재계를 하게 되면 검게 만들었으며, 갓끈에 대해서 공자는 '나는 그것에 대해 들어보지 못했다. 관례를 치르고서 사용하지 않는 것이 옳다.'"[70]라고 했다. "고대에는 마에서 실을 뽑아 30승(升)의 포로 만들었다."라 했는데, 『의례』「상복(喪服)」편에 대한 정현의 주에서는 "포 80가닥이 승(升)이 된다."[71]라 했다.

邢疏 ◎注"王曰"至"恭也". ○正義曰: 云"臣之與君行禮者, 下拜然後升成禮"者, 按燕禮, 君燕卿大夫之禮也. 其禮云: "公坐取大夫所媵觶, 興以酬賓. 賓降, 西階下再拜稽首. 公命小臣辭, 賓升成拜." 鄭注: "升成拜, 復再拜稽首也. 先時君辭之, 於禮若未成然." 又覲禮: "天子賜侯氏以車服. 諸公奉篋服, 加命書于其上. 升自西階東面, 大史是右. 侯氏升西面立, 大史述命. 侯氏降兩階之間, 北面再拜稽首, 升成拜." 皆是臣之與君行禮, 下拜然後升成禮也.

◎ 何注: "王曰"~"恭也". ○ "신하가 군주와 함께 예법을 시행하는 경우 당하에서 절을 한 연후에 당상으로 올라가서 예법을 완성한다."라 했는

---

69) 『의례』「사관례(士冠禮)」: <u>緇布冠缺項, 青組纓屬于缺</u>; 緇纚, 廣終幅, 長六尺; 皮弁笄; 爵弁笄; 緇組紘, 纁邊; 同篋.

70) 『의례』「사관례(士冠禮)」: 始冠, 緇布之冠也. 大古冠布, 齊則緇之. 其緌也, 孔子曰: "吾未之聞也, 冠而敝之可也."

71) 이 문장은 『의례』「상복(喪服)」편의 "傳曰: 斬者何? 不緝也. …… 既練, 舍外寢, 始食菜果, 飯素食, 哭無時."라는 기록에 대한 정현의 주이다.

데, 『의례』「연례(燕禮)」편을 살펴보면, 군주가 경·대부에게 연회를 베푸는 예법에 해당한다. 그 예법에서는 "군주는 앉아서 대부가 잉작한 치(觶)를 잡고 일어나서 빈객에게 여수(旅酬)를 시행한다. 빈객은 내려가서 서쪽 계단 아래에서 재배를 하며 머리를 조아린다. 군주는 소신에게 명령하여 사양하도록 하고, 빈객은 당으로 올라가서 절하는 절차를 마무리한다."[72]라 했고, 정현의 주에서는 "당으로 올라가서 절하는 절차를 마무리한다는 것은 재차 재배를 하며 머리를 조아린다는 뜻이다. 앞서 군주가 사양을 하여 예법상 아직 완성되지 못한 것처럼 되기 때문이다."라 했다. 또 『의례』「근례(覲禮)」편에서는 "천자가 제후에게 수레와 의복을 하사한다. 제공이 옷이 담긴 상자를 받들고 그 위에 명서를 올려둔다. 서쪽 계단을 통해 당상으로 올라가서 동쪽을 바라보고, 태사가 그 우측에 선다. 제후가 당상으로 올라가서 서쪽을 바라보며 서고 태사가 명서를 읽는다. 제후는 내려와 양쪽 계단 사이에서 북쪽을 바라보며 재배를 하고 머리를 조아리며, 당상으로 올라가서 절하는 절차를 완성한다."[73]라 했다. 이 모두는 신하가 군주와 함께 예를 시행하는 것인데, 당하에서 절을 한 뒤에 당상으로 올라가서 예법을 완성한다.

참고 『예기』「잡기상(雜記上)」 기록

경문 朝服十五升, 去其半而緦加灰, 錫也.

조복(朝服)은 15승(升)의 포로 만드는데, 그 중 절반을 제거한 포로는

---

72) 『의례』「연례(燕禮)」: 公坐, 取大夫所媵觶, 興以酬賓. 賓降, 西階下再拜稽首. 公命小臣辭, 賓升成拜.

73) 『의례』「근례(覲禮)」: 天子賜侯氏以車服. 迎于外門外, 再拜. …… 諸公奉篋服, 加命書于其上, 升自西階, 東面, 大史是右, 侯氏升, 西面立, 大史述命, 侯氏降兩階之間, 北面再拜稽首, 升成拜.

시마복(緦麻服)을 만들고, 또 여기에 잿물에 담그는 공정을 가미하면, 석최(錫衰)가 된다.

鄭注 緦, 精麤與朝服同. 去其半, 則六百縷而疏也. 又無事其布, 不灰焉.

시마복(緦麻服)을 만들 때 사용하는 천은 정밀하고 거친 정도가 조복(朝服)의 경우와 동일하다. 그 절반을 덜어내면 600가닥이 되어 성글다. 또 포(布)에 대해서는 가공함이 없으니, 잿물에 담그지 않는다.

孔疏 ●"朝服"至"錫也". ○正義曰: 朝服精細, 全用十五升布爲之.

● 經文: "朝服"~"錫也". ○ 조복(朝服)을 만들 때 사용하는 천은 정밀하고 가늘어서 모두 15승(升)의 포(布)를 이용해서 만든다.

참고 「예기」「옥조(玉藻)」 기록

경문 一命縕韍幽衡, 再命赤韍幽衡, 三命赤韍蔥衡.

1명(命)의 등급을 가진 자는 적황색의 슬갑을 차고, 흑색의 형(衡)을 차며, 2명(命)의 등급을 가진 자는 적색의 슬갑을 차고, 흑색의 형을 차며, 3명(命)의 등급을 가진 자는 적색의 슬갑을 차고, 청색의 형을 찬다.

鄭注 此玄冕爵弁服之韠, 尊祭服異其名耳. 韍之言亦蔽也. 縕, 赤黃之間色, 所謂韎也. 衡, 佩玉之衡也. 幽, 讀爲"黝". 黑謂之黝, 靑謂之蔥. 周禮"公侯伯之卿三命, 其大夫再命, 其士一命, 子男之卿再命, 其大夫一命, 其士不命".

이것은 현면(玄冕) 및 작변복(爵弁服)을 착용할 때 두르는 슬갑을 가리키니, 제복(祭服)을 존귀하게 여겨서, 그 명칭을 달리한 것일 뿐이다. '불

(戟)'자의 뜻 또한 "가린다[蔽]."는 의미이다. '온(縕)'자는 적색과 황색이 섞인 간색(乾色)으로, 이른바 '매(韎)'라는 것을 뜻한다. '형(衡)'은 패옥에 달려 있는 형(衡)을 뜻한다. '유(幽)'자는 '유(黝)'자로 풀이한다. 흑색을 '유(黝)'라고 부르고, 청색을 '총(蔥)'이라고 부른다. 『주례』에서는 "공작·후작·백작에게 소속된 경은 그 등급이 3명(命)이고, 대부는 2명(命)이며, 사는 1명(命)이고, 자작·남작에게 소속된 경은 그 등급이 2명(命)이고, 대부는 1명(命)이며, 사는 명(命)의 등급이 없다."[74]고 했다.

참고 『이아』「석초(釋草)」 기록

경문 茹藘, 茅蒐.

여려(茹藘)는 모수(茅蒐)라는 풀이다.

郭注 今之蒨也. 可以染絳.

지금의 천(蒨)이라는 풀이다. 이것으로는 진홍색으로 염색할 수 있다.

邢疏 ●"茹藘, 茅蒐". ○釋曰: 今染絳蒨也. 一名茹藘, 一名茅蒐. 詩·鄭風云: "茹藘在阪." 陸機云: "一名地血, 齊人謂之牛蔓, 卽今之蒨草是也."

● 經文: "茹藘, 茅蒐". ○ 지금은 진홍색으로 염색할 때 천(蒨)이라는 풀을 사용한다. 이것은 여려(茹藘)라고도 부르고 모수(茅蒐)라고도 부른다.

---

74) 『주례』「춘관(春官)·전명(典命)」: 公之孤四命, 以皮帛視小國之君, 其卿三命, 其大夫再命, 其士一命, 其宮室·車旗·衣服·禮儀, 各視其命之數. 侯伯之卿大夫士亦如之. 子男之卿再命, 其大夫一命, 其士不命, 其宮室·車旗·衣服· 禮儀, 各視其命之數.

『시』「정풍(鄭風)」에서는 "여려가 산비탈에 있도다."[75]라 했고, 육기는 "일명 지혈(地血)이라고도 부르는데, 제나라 사람들은 이것을 우만(牛蔓)이라 부르니, 오늘날의 천(蒨)이라는 풀이 이것에 해당한다."라 했다.

[참고] 『역』「곤괘(困卦)」 기록

[경문] 九二: 困于酒食, 朱紱方來, 利用享祀. 征凶, 无咎.

구이는 술과 음식 때문에 어렵지만 주색의 불(紱)이 오리니, 제사에 이용하면 이롭다. 가면 흉하지만 허물은 없다.

[王注] 以陽居陰, 尙謙者也. 居困之時, 處得其中. 體夫剛質, 而用中履謙, 應不在一, 心無所私, 盛莫先焉. 夫謙以待物, 物之所歸; 剛以處險, 難之所濟. 履中則不失其宜, 無應則心無私恃, 以斯處困, 物莫不至, 不勝豐衍, 故曰"困于酒食", 美之至矣. 坎, 北方之卦也. 朱紱, 南方之物也. 處困以斯, 能招異方者也, 故曰"朱紱方來"也. 豐衍盈盛, 故"利用享祀". 盈而又進, 傾之道也. 以此而征, 凶誰咎乎? 故曰: "征凶无咎."

양이 음의 자리에 있어서 오히려 겸손한 것이다. 곤궁한 시기에 머물며 처함에 그 알맞음을 얻었다. 강함과 질박함을 체로 삼고 알맞음을 쓰고 겸손함을 밟으며 응함이 하나에 있지 않고 마음에 사사로운 바가 없어서 융성함에 이보다 앞서는 것이 없다. 겸손함으로 사물을 대하여 사물이 회귀하는 바이고, 강함으로 험난함에 대처하여 혼란함이 구제되는 바이다. 알맞음을 밟는다면 마땅함을 잃지 않고, 응함이 없다면 마음에 사사

---

75) 『시』「정풍(鄭風)・동문지선(東門之墠)」: 東門之墠, 茹藘在阪. 其室則邇, 其人甚遠.

로이 믿는 것이 없으니, 이로써 곤궁함에 처하여 사물 중 이르지 않는 것이 없어서 풍요롭고 넉넉함을 감당하지 못한다. 그렇기 때문에 "술과 음식 때문에 어렵다."고 했는데, 이것은 아름다움이 지극한 것이다. '감 (坎)'은 북방에 해당하는 괘이다. '주불(朱紱)'은 남방에 해당하는 사물이다. 곤궁함에 처함에 이로써 하여 다른 방위의 것을 불러올 수 있기 때문에 "주색의 불(紱)이 온다."라 했다. 풍요롭고 넉넉함이 가득차서 융성하기 때문에 "제사에 이용하면 이롭다."라 했다. 가득 찼는데도 또 나아가니 기울어지는 도이다. 이로써 가게 되면 흉하지만 누가 허물하겠는가? 그러므로 "가면 흉하지만 허물은 없다."라 했다.

孔疏 ●"九二困于酒食"至"无咎". ○正義曰: "困于酒食"者, 九二體剛居陰, 處中無應. 體剛則健, 能濟險也. 居陰則謙, 物所歸也. 處中則不失其宜, 無應則心無私黨. 處困以斯, 物莫不至, 不勝豐衍, 故曰 "困于酒食"也. "朱紱方來, 利用享祀"者, 紱, 祭服也. 坎, 北方之卦也. 紱, 南方之物. 處困用謙, 能招異方者也. 故曰"朱紱方來"也. 擧異方者, 明物無不至, 酒食豐盈, 異方歸向, 祭則受福, 故曰: "利用享祀." "征凶无咎"者, 盈而又進, 傾敗之道, 以征必凶, 故曰: "征凶." 自進致凶, 無所怨咎, 故曰"无咎"也.

● 經文: "九二困于酒食"~"无咎". ○ "술과 음식 때문에 어렵다."라 했는데, 구이의 본체는 강함으로 음의 자리에 머무니, 알맞음에 처하여 호응함이 없다. 본체가 강하다면 강건하여 험난함을 구제할 수 있다. 음의 자리에 머문다면 겸손하니 사물이 귀의하는 바이다. 알맞음에 처한다면 마땅함을 잃지 않고 호응함이 없으면 마음에 사사로이 편당함이 없다. 곤궁함에 대처하길 이로써 하여 사물 중 이르지 않는 것이 없으니 풍요롭고 넉넉함을 이겨내지 못한다. 그렇기 때문에 "술과 음식 때문에 어렵다." 라 했다. "주색의 불(紱)이 오리니, 제사에 이용하면 이롭다."라 했는데, '불(紱)'은 제복에 해당한다. '감(坎)'은 북방에 해당하는 괘이다. '불(紱)'

은 남방에 해당하는 사물이다. 곤궁함에 처하여 겸손함을 사용하여 다른 방위의 것을 불러올 수 있다. 그렇기 때문에 "주색의 불(韍)이 온다."라 했다. 다른 방위의 것을 제시한 것은 사물 중 이르지 않는 것이 없음을 드러낸 것으로, 술과 음식이 풍요롭고 가득차며 다른 방위의 것이 회귀하여 향하니, 제사를 지내면 복을 받게 된다. 그렇기 때문에 "제사에 이용하면 이롭다."라 했다. "가면 흉하지만 허물은 없다."라 했는데, 가득찼는데 또 나아가면 기울고 엎어지는 길이 되니, 가면 반드시 흉하게 된다. 그렇기 때문에 "가면 흉하다."라 했다. 스스로 나아가면 흉함에 이르게 되지만 원망과 허물할 것이 없다. 그렇기 때문에 "허물은 없다."라 했다.

참고 『예기』「명당위(明堂位)」 기록

경문 有虞氏服韍, 夏后氏山, 殷火, 周龍章.

노나라에는 사대(四代) 때의 슬갑을 갖추고 있었다. 유우씨 때에는 슬갑을 찼는데, 슬갑에 별다른 장식이 없었고, 하후씨 때 착용하던 슬갑에는 산을 그려 넣었으며, 은나라 때 착용하던 슬갑에는 불을 그려 넣었고, 주나라 때 착용하던 슬갑에는 용을 그려 넣었다.

鄭注 韍, 冕服之韠也, 舜始作之, 以尊祭服, 禹湯至周, 增以畫文, 後王彌飾也. 山, 取其仁可仰也. 火, 取其明也. 龍, 取其變化也. 天子備焉, 諸侯火而下, 卿大夫山, 士韎韋而已. 韍, 或作韨.

'불(韍)'은 면복(冕服)에 착용하는 슬갑이니, 순임금이 처음으로 이것을 만들었는데, 제복(祭服)을 존숭하기 때문이며, 우와 탕을 거쳐 주나라에 이르게 되면, 그림을 그려서 무늬를 더하게 되었으니, 후대의 제왕들은 점차 장식을 늘린 것이다. '산(山)'은 우러러 볼 수 있는 인(仁)함에서 그 의미를 취한 것이다. '화(火)'는 그 밝음에서 의미를 취한 것이다. 용

(龍)은 변화무쌍함에서 의미를 취한 것이다. 천자는 모든 무늬들을 갖추게 되지만, 제후는 화(火)로부터 그 이하의 무늬를 갖추고, 경과 대부는 산(山)의 무늬만 새기며, 사는 가죽으로 된 슬갑만 찰 따름이다. '불(韍)' 자를 다른 판본에서는 '불(韍)'자로 기록하기도 한다.

孔疏 ●"有虞"至"龍章". ○正義曰: 此一經論魯有四代韍制.

● 經文: "有虞"~"龍章". ○ 이곳 경문은 노나라에서 사대(四代) 때 사용하던 슬갑의 제도를 갖추고 있었음을 논의하고 있다.

孔疏 ●"有虞氏服韍"者, 直以韋爲韍, 未有異飾, 故云"服韍". 夏后氏畫之以山, 殷人增之以火, 周人加龍以爲文章.

● 經文: "有虞氏服韍". ○ 단지 가죽으로만 슬갑을 만든 것이며, 별다른 장식이 없었다. 그렇기 때문에 "슬갑을 찼다."라고 말한 것이다. 하후씨 때에는 그곳에 산(山)을 그려 넣었고, 은나라 때에는 추가적으로 화(火)를 그렸으며, 주나라 때에는 용(龍)을 더 그려서 무늬로 삼았다.

孔疏 ◎注"韍冕"至"而已". ○正義曰: 易·困卦·九二爻辭: "朱韍方來, 利用享祀." 是韍爲祭服也. 云"天子備焉, 諸侯火而下, 卿大夫山, 士韎韋而已"者, 按士冠禮: "士韎韐." 是士無飾. 推此卽尊者飾多, 此有四等, 天子至士亦爲四等, 故知卿大夫加山, 諸侯加火, 天子加龍.

◎ 鄭注: "韍冕"~"而已". ○ 『역』「곤괘(困卦)」의 구이 효사에서는 "주색의 불(韍)이 오리니, 제사에 이용하면 이롭다."[76]라고 했는데, 이 말은 '불(韍)'이 제복(祭服)이 됨을 뜻한다. 정현이 "천자는 모든 무늬들을 갖

---

76) 『역』「곤괘(困卦)·효사(爻辭)」: 九二, 困于酒食, <u>朱韍方來, 利用享祀</u>, 征凶, 无咎.

추게 되지만, 제후는 화(火)로부터 그 이하의 무늬를 갖추고, 경과 대부
는 산(山)의 무늬만 새기며, 사는 가죽으로 된 슬갑만 찰 따름이다."라고
했는데, 『의례』「사관례(士冠禮)」편을 살펴보면, "사는 매겹(韎韐)을 찬
다."77)라고 했으니, 이 말은 사가 차는 슬갑에는 장식이 없었음을 나타낸
다. 이를 통해 추론해보면, 존귀한 자의 것은 장식이 많아지게 되는데,
여기에는 네 가지 등급이 나타나고, 천자로부터 사에 이르기까지도 또한
네 등급이 된다. 그렇기 때문에 경과 대부는 산의 무늬를 더하게 되고,
제후는 불의 무늬를 추가하게 되며, 천자는 용의 무늬를 추가하게 됨을
알 수 있다.

参고 『시』「소아(小雅)・채기(采芑)」 기록

경문 服其命服, 朱芾斯皇, 有瑲蔥珩.

모전 명복을 입으니, 주색의 슬갑이 휘황찬란하며, 창창하게 울리는 푸
른 형(珩)이여.

정전 천자가 명한 의복을 입으니, 주색의 슬갑이 휘황찬란하며, 창창하
게 울리는 푸른 형(珩)이여.

毛傳 朱芾, 黃朱芾也. 皇, 猶煌煌也. 瑲, 珩聲也. 蔥, 蒼也. 三命蔥
珩, 言周室之强, 車服之美也. 言其强美, 斯劣矣.

'주필(朱芾)'은 황색과 주색이 섞여 있는 슬갑이다. '황(皇)'자는 휘황찬란
하다는 뜻이다. '창(瑲)'자는 형(珩)의 소리를 뜻한다. '총(蔥)'자는 푸르
다는 뜻이다. 3명(命)의 등급에 푸른색의 형(珩)을 차니, 주왕실의 강성

----

77) 『의례』「사관례(士冠禮)」: 爵弁服, 纁裳, 純衣, 緇帶, 韎韐.

함과 수레와 의복의 아름다움을 뜻한다. 강성함과 아름다움에 대해 언급한 것은 용렬해짐을 나타낸다.

鄭箋　命服者, 命爲將, 受王命之服也. 天子之服, 韋弁服, 朱衣裳也.

'명복(命服)'은 명하여 장수로 삼고자 해서 천자가 명한 의복을 받는다는 뜻이다. 천자의 의복은 위변복(韋弁服)으로 주색의 상의와 주색의 하의이다.

孔疏　◎傳"朱芾"至"斯劣矣". ○正義曰: 以言"斯皇", 故知黃朱也. 斯干傳曰: "天子純朱, 諸侯黃朱." 皆朱芾. 據天子之服言之耳. 於諸侯之服, 則謂之朱芾耳. 玉藻云: "一命縕韍黝珩, 再命赤韍黝珩, 三命赤韍蔥珩." 是據諸侯而言也. 又彼文累一命至三命而止, 而云"蔥珩", 則三命以上皆蔥珩也, 故云"三命蔥珩", 明至九命皆蔥珩, 非謂方叔唯三命也. 此上三章, 皆云其車三千, 言周室之强. 路車朱芾, 言車服之美也. 必言其强美者, 斯劣弱矣. 老子曰: "國家昏亂有忠臣, 六親不和有孝慈", 明名生於不足. 詩人所以盛矜於强美者, 斯爲宣王承亂劣弱矣而言之也.

◎毛傳: "朱芾"~"斯劣矣". ○'사황(斯皇)'이라고 했기 때문에 황색과 주색이 섞여있는 것임을 알 수 있다. 『시』「사간(斯干)」편의 전문에서는 "천자는 순수한 주색의 것으로 하고, 제후는 황색과 주색이 섞인 것으로 한다."[78]라 했는데, 이 모두는 주색의 슬갑이라 한다. 천자의 의복에 기준을 두고 말한 것이다. 제후의 의복에 대해서라면 '주필(朱芾)'이라 부를 따름이다. 『예기』「옥조(玉藻)」편에서는 "1명(命)의 등급을 가진 자는 적황색의 슬갑을 차고, 흑색의 형(衡)을 차며, 2명(命)의 등급을 가진 자는

---

78) 이 문장은 『시』「소아(小雅)·사간(斯干)」편의 "其泣喤喤, 朱芾斯皇, 室家君王."이라는 기록에 대한 정전(鄭箋)이다.

적색의 슬갑을 차고, 흑색의 형을 차며, 3명(命)의 등급을 가진 자는 적색의 슬갑을 차고, 청색의 형을 찬다."79)라 했다. 이것은 제후에 기준을 두고 말한 것이다. 또 「옥조」편의 문장에서는 거듭하여 1명(命)의 등급에서 3명(命)의 등급에 이르러 그쳤고, '총형(蔥珩)'이라고 했으니, 3명(命) 이상의 등급도 모두 총형(蔥珩)을 하는 것이다. 그렇기 때문에 "3명(命)의 등급에 푸른색의 형(珩)을 찬다."라 하여, 9명(命)의 등급에 이르기까지 모두 총형(蔥珩)을 차게 됨을 나타낸 것이지, 방숙이 단지 3명(命)의 등급이라는 말이 아니다. 앞의 3개 장에서는 모두 "그 수레가 3천이다."라고 했으니, 주왕실의 강성함을 말한 것이다. 수레와 주색의 슬갑은 수레와 의복의 아름다움을 뜻한다. 기어코 강성함과 아름다움에 대해 언급한 것은 못하고 약해짐을 뜻한다. 『노자』에서는 "국가가 혼란스러우면 충신이 생기고, 육친이 화목하지 못하면 효와 자애가 생긴다."80)라 했으니, 명칭은 부족한 데에서 생겨남을 뜻한다. 시를 지은 자가 강성함과 아름다움에 대해 지나치게 과시한 것은 선왕이 혼란스러운 상황을 이어받아 용렬해지고 약해졌음을 말한 것이다.

孔疏 ◎箋"命服"至"衣裳". ○正義曰: 鄭解服其命服之節, 言此命服者, 今方叔爲受王命之服也. 言受王命之時, 王以此服命之, 故方叔服之而受命也. 知者, 春官・司服云: "凡兵事韋弁." 注云: "韋弁以韎韋爲弁, 又以爲衣裳." 是朱之淺者, 故得以朱表之. 周禮志云: "韋, 韋弁素裳." 此連言朱裳者, 以經云"朱芾", 芾從裳色, 故知裳亦朱也. 不用戎服素裳者, 以其命將, 非在軍, 不可純如之也. 亦變爲美, 故雜以祭服之節焉. 此本或云"天子之服, 韋弁服, 朱衣纁裳"者, 誤. 定本亦無"纁"字.

---

79) 『예기』 「옥조(玉藻)」: 一命縕韍幽衡, 再命赤韍幽衡, 三命赤韍蔥衡.
80) 『노자』 「18장」: 大道廢有仁義, 慧智出有大僞, 六親不和有孝慈, 國家昏亂有忠臣.

◎鄭箋: "命服"~"衣裳". ○ 정현은 명복(命服)을 입는다는 구절을 풀이한 것으로, 여기에서 말한 '명복(命服)'이라는 것은 현재 방숙이 천자가 명한 복장을 받게 되었다는 뜻이다. 즉 천자의 명령을 받을 때, 천자가 이 복장을 가지고 명령했기 때문에, 방숙이 그 복장을 착용하고 명령을 받았다는 의미이다. 이러한 사실을 알 수 있는 이유는 『주례』「춘관(春官)·사복(司服)」편에서 "무릇 군대와 관련된 일에서는 위변복(韋弁服)을 담당한다."[81]라 했고, 정현의 주에서는 "위변(韋弁)은 붉은 가죽으로 변을 만들고, 또 이것으로 상의와 하의를 만든다."라 했는데, 이것은 주색보다 옅은 것이다. 그렇기 때문에 주색으로 표시를 한 것이다. 『주례지』에서는 "위(韋)는 위변(韋弁)에 소상(素裳)을 착용하는 것이다."라 했는데, 이곳에서 연이어 주상(朱裳)이라 말한 것은 경문에서 '주필(朱芾)'이라 했으니, 슬갑은 하의의 색깔에 따르게 되어 있다. 그렇기 때문에 하의 또한 주색이 됨을 알 수 있다. 융복의 소상(素裳)을 착용하지 않았던 것은 장수로 명을 하여 군대에 있는 것이 아니므로, 완전히 똑같이 할 수 없기 때문이다. 또한 복식에 변화를 주어 아름다움으로 삼았기 때문에 제복의 복식을 섞었던 것이다. 이 판본에 대해 간혹 "천자의 의복은 위변복(韋弁服)으로 주색의 상의와 훈색의 하의이다."라 기록한 것도 있는데 잘못된 기록이다. 정본에는 또한 '훈(纁)'자가 없다.

참고 『시』「소아(小雅)·채숙(采菽)」 기록

경문 赤芾在股, 邪幅在下. 彼交匪紓, 天子所予.

모전 적색의 슬갑이 넓적다리를 가리고 행전이 그 아래에 있구나. 그의 사귐은 느릿하지 아니하니, 천자가 하사한 바로다.

---

81) 『주례』「춘관(春官)·사복(司服)」 : 凡兵事, 韋弁服.

정전 적색의 슬갑이 정강이뼈를 가리고 행전이 그 아래에 있구나. 그의 사귐은 느릿하지 아니하니, 천자가 하사한 바로다.

毛傳 諸侯赤芾. 邪幅, 偪也, 偪所以自偪束也. 紓, 緩也.

제후는 적색의 슬갑을 찬다. '사필(邪幅)'은 행전을 뜻하니, 행전은 그 자체로 좁히고 묶는 것이다. '서(紓)'자는 느리다는 뜻이다.

鄭箋 芾, 大古蔽膝之象也. 冕服謂之芾, 其他服謂之韠. 以韋爲之, 其制上廣一尺, 下廣二尺, 長三尺, 其頸五寸, 肩革帶, 博二寸. 脛本曰股. 邪幅, 如今行縢也, 偪束其脛, 自足至膝, 故曰在下. 彼與人交接, 自偪束如此, 則非有解怠紓緩之心, 天子以是故賜予之.

'필(芾)'은 태고 때 무릎 가리개를 본뜬 것이다. 면복에 차는 것을 '필(芾)'이라 부르고, 기타 복장에 차는 것을 '필(韠)'이라 부른다. 다룸가죽으로 만들며, 그 제작 방법은 상단의 너비는 1척이고 하단의 너비는 2척이며 길이는 3척이고, 중간 부분의 너비는 5촌이며, 양쪽 모서리와 혁대는 그 너비가 2촌이다. 정강이뼈를 '고(股)'라 부른다. '사필(邪幅)'은 지금의 행등(行縢)과 같은 것으로, 정강이를 좁히며 묶는 것으로, 발부터 무릎까지 이여져 있기 때문에 '재하(在下)'라 했다. 그가 사람들과 사귐에 스스로 좁히고 묶는 것을 이와 같이 한다면, 나태하고 느슨한 마음가짐을 가진 것이 아니니, 천자가 이러한 까닭으로 하사한 것이다.

孔疏 ◎傳"諸侯"至"偪束". ○正義曰: 以赤芾對朱爲異, 故云諸侯赤芾也. 桓二年左傳曰: "帶裳幅舃." 內則亦單云偪. 則此服名偪而已. 杜·鄭皆云今之行縢, 然則邪纏於足謂之邪幅, 故傳辨之云: "邪幅, 正是偪也. 名曰偪者, 所以自偪束也."

◎毛傳: "諸侯"~"偪束". ○'적필(赤芾)'을 주(朱)와 대비해보면 차이가

있기 때문에 "제후는 적색의 슬갑을 찬다."라 말한 것이다. 환공 2년에
대한 『좌전』의 기록에서는 "대·상·핍·석이다."[82]라 했고, 『예기』「내
칙(內則)」편에서도 '핍(偪)'이라고만 했으니,[83] 이 복식에 대해서는 '핍
(偪)'이라 이름할 따름이다. 두예와 정현은 모두 지금의 행등(行縢)이라
고 했는데, 그렇다면 발에 비스듬하게 묶어서 이를 '사핍(邪幅)'이라 부른
것이다. 그렇기 때문에 전문에서는 이를 변별하여, "사핍(邪幅)은 바로
핍(偪)이니, '핍(偪)'이라 부르는 것은 이것 자체로 좁히고 묶는 것이기
때문이다."라 한 것이다.

孔疏 ◎箋"芾太古"至"予之". ○正義曰: 箋本其有芾之由, 故言太古
蔽膝之象. 易·乾鑿度注云: "古者田漁而食, 因衣其皮. 先知蔽前,
後知蔽後. 後王易之以布帛, 而猶存其蔽前者, 重古道, 不忘本." 是
亦說芾之元由也. 繫辭云: "包犧氏之王天下, 作結繩而爲網罟, 以佃
以漁." 則佃漁而食, 伏犧時也. 禮運曰: "飮其血, 茹其毛, 衣其羽皮."
是因衣其皮也. 以人情而論, 在前爲形體之褻, 宜所先蔽, 故先知蔽
前, 後知蔽後. 且服芾於前, 明是重其先蔽而存之也. 禮運又曰: "後
聖有作, 治其絲麻, 以爲布帛." 繫辭又云: "黃帝·堯·舜垂衣裳而天
下治." 則易之以布帛, 自黃帝以後. 推此則太古蔽膝, 伏犧時也. 後
王爲芾, 象太古之蔽膝, 故云"芾, 太古蔽膝之象". 垂衣裳, 服布帛,
必始於黃帝. 其存此象, 未知起自何代也. 明堂位曰: "有虞氏服韍."
注云: "舜始作之, 以尊祭服." 言始尊祭服, 異其名, 未必此時始存象
也. 知冕服謂之芾, 其他服謂之韠者, 以士之有爵弁, 猶大夫以上有
冕也. 士有韎韐, 猶大夫以上有芾也. 士冠禮: "陳服於房中, 爵弁韎
韐·皮弁素韠, 玄端爵韠." 雜記云: "士弁而祭於公", 卽爵弁也. 士服

---

82) 『춘추좌씨전』「환공(桓公) 2년」: 袞·冕·黻·珽, 帶·裳·幅·舃, 衡·紞·
紘·綖, 昭其度也.
83) 『예기』「내칙(內則)」: 偪.

爵弁, 以韎韐配之, 則服冕者以芾配之, 故知冕服謂之芾. 士服皮弁・玄端皆服韠, 是他服謂之韠. 以冕爲主, 非冕謂之他也. 韍・韠俱是蔽膝之象, 其制則同, 俱尊祭服, 異其名耳. 古者衣皮, 此存其象, 故知以韋爲之. 故禮記・玉藻: "韠, 君朱, 大夫素, 士爵韋." 上云韠, 下總以韋結之, 故知以韋. "上廣一尺, 下廣二尺, 長三尺, 其頸五寸, 肩革帶, 博二寸", 此玉藻文也. 彼論韠, 此言韍而引之者, 明此二者色異而制同也. 又言"脛本曰股"者, 明邪幅在下, 在股之下, 古今名異, 欲以今曉人, 故云: "邪幅, 如今行縢." 說文云: "縢, 緘也." 名"行縢"者, 言行而緘束之, 故云"偪其脛也". 又解在下之義, 故云: "自足至膝, 故曰在下." 因在下之文, 從下而上言之, 故云: "自足." 足卽脚跗也. "彼交匪舒", 文在"邪幅"之下, 明非舒之義. 出於邪幅之下, 故云: "彼與人交接, 自偪束如此, 則非有解怠舒緩之心." 天子以其如此, 故賜予之. 言上章所得車服, 由諸侯非有舒緩故也. 此芾幅說諸侯服之而來, 非天子賜以芾幅也. 天子所賜之服, 亦必有芾幅隨之, 要此據諸侯自服爲文, 非天子所賜, 故云: "自偪束如此." 此芾幅之服, 禮之所制, 縱使心實解惰, 亦將服之, 而以其服幅, 卽云自偪束者, 作者欲美其事, 因其衣服而美之, 能依禮不失, 亦是自偪束矣.

◎鄭箋: "芾太古"~"予之". ○ 정전은 본래 필(芾)의 유래를 기록하고 있었기 때문에 "태고 때 무릎 가리개를 본뜬 것이다."라 말한 것이다. 『역』의 위서인 『건착도』의 주에서는 "수렵을 통해서 먹고 살았는데, 이로 인해 그 가죽으로 옷을 해입었다. 먼저 앞을 가려야 한다는 사실을 알았고, 이후에 뒤를 가려야 한다는 사실을 알았다. 후대의 왕들은 이를 포와 비단으로 바꿨는데, 여전히 앞을 가렸던 것을 남겨두었던 것은 고대의 도리를 중시하고 근본을 잊지 않았기 때문이다."라 했다. 이 또한 필(芾)의 태초 유래를 설명한 것이다. 『역』「계사전(繫辭傳)」에서는 "포희씨가 천하에 왕노릇을 할 때 노끈을 매듭지어서 그물을 만들어 이로써 사냥하고 고기를 잡았다."[84]라 했으니, 사냥과 고기를 잡아 먹고 살았던 것은 복희

씨 때였다. 『예기』「예운(禮運)」편에서는 "그 피를 마시고 털이 붙어 있는 상태에서 그대로 먹었으며, 짐승들의 털이나 가죽을 옷 대신 걸쳤다."[85]라고 했다. 이것이 "이로 인해 그 가죽으로 옷을 해입었다."는 뜻이다. 인정에 따라 논의한다면, 전면은 형체 중 은밀한 부위에 해당하므로, 마땅히 먼저 가려야만 한다. 그렇기 때문에 먼저 앞을 가려야 한다는 사실을 알았고, 이후에 뒤를 가려야 한다는 사실을 알았다. 또 앞면에 필(韍)을 착용한 것은 먼저 가렸던 것을 중시하여 남겨두었음을 나타낸다. 「예운」편에서는 또 "후대에 성인이 나타나 천을 가공하여 옷감을 만들었다."[86]라 했고, 「계사전」에서는 또 "황제·요·순은 의복을 드리워 천하가 다스려졌다."[87]라 했으니, 포와 비단으로 바꿨던 것은 황제로부터 그 이후가 된다. 이를 통해 추산해보면 태고 때 무릎을 가렸던 것은 복희 때였다. 후대 왕이 필(韍)을 만들었던 것은 태고 때의 무릎 가리개를 본뜬 것이다. 그렇기 때문에 "'필(韍)'은 태고 때 무릎 가리개를 본뜬 것이다."라 말했다. 의복을 드리워서 포와 비단으로 된 옷을 입었던 것은 분명 황제 때부터 시작된 것이다. 그러나 이러한 태고 때의 것을 본뜬 것을 남겨두었던 것은 어느 때로부터 시작되었는지는 알 수 없다. 『예기』「명당위(明堂位)」편에서는 "유우씨 때에는 슬갑을 찼다."[88]라 했고, 주에서

---

84) 『역』「계사하(繫辭下)」: 古者包犧氏之王天下也, 仰則觀象於天, 俯則觀法於地, 觀鳥獸之文與地之宜, 近取諸身, 遠取諸物, 於是始作八卦, 以通神明之德, 以類萬物之情. 作結繩而爲罔罟, 以佃以漁, 蓋取諸離.

85) 『예기』「예운(禮運)」: 昔者先王未有宮室, 冬則居營窟, 夏則居橧巢. 未有火化, 食草木之實鳥獸之肉, 飮其血茹其毛. 未有麻絲, 衣其羽皮.

86) 『예기』「예운(禮運)」: 後聖有作, 然後修火之利, 范金合土, 以爲臺榭宮室牖戶. 以炮, 以燔, 以亨, 以炙, 以爲醴酪. 治其麻絲, 以爲布帛. 以養生送死, 以事鬼神上帝, 皆從其朔.

87) 『역』「계사하(繫辭下)」: 神農氏沒, 黃帝堯舜氏作, 通其變, 使民不倦, 神而化之, 使民宜之, 易窮則變, 變則通, 通則久. 是以自天祐之, 吉无不利, 黃帝堯舜, 垂衣裳而天下治, 蓋取諸乾坤.

는 "순임금이 처음으로 이것을 만들었는데, 제복을 존숭하기 위해서이다."라 했다. 즉 처음 제복을 존숭하기 위해서 시작된 것인데, 그 명칭을 달리하고 있으니, 이 시기에 태고 때의 것을 본뜬 것을 남겨둔 것이 시작되었다고는 기필할 수 없다. "면복에 차는 것을 '필(韠)'이라 부르고, 기타 복장에 차는 것을 '필(韠)'이라 부른다."라 했는데, 이 말이 사실임을 알 수 있는 이유는 사에게 작변(爵弁)이 있는 것은 대부 이상의 계층에게 면(冕)이 있는 것과 같다. 사에게 매겹(韎韐)이 있는 것은 대부 이상의 계층에게 필(韠)이 있는 것과 같기 때문이다. 『의례』「사관례(士冠禮)」편에서는 "방안에 복장을 진설하니, 작변복에는 매겹(韎韐), 피변복에는 소필(素韠), 현단복에는 작필(爵韠)이다."[89]라 했고, 『예기』「잡기(雜記)」편에서는 "사는 변(弁)을 착용하고 군주의 제사를 돕는다."[90]라 했는데, 작변(爵弁)에 해당한다. 사는 작변복을 착용하며 매겹(韎韐)으로 짝을 이루었다면, 면복을 착용하는 경우에는 필(韠)로 짝을 이룬다. 그렇기 때문에 "면복에 차는 것을 '필(韠)'이라 부른다."는 말이 사실임을 알 수 있다. 사는 피변복과 현단복을 입을 때 모두 필(韠)을 착용한다고 했으니, 이것은 "기타 복장에 차는 것을 '필(韠)'이라 부른다."는 말을 나타낸다. 면복을 위주로 하여 면복이 아닌 것을 '타(他)'라 부른 것이다. '불(韍)'과 '필(韠)'은 모두 무릎 가리개를 본뜬 것이니, 그 제도는 동일하며, 모두 제복을 존귀하게 높이기 위한 것으로, 명칭만 달리한 것일 뿐이다. 고대에는 가죽으로 옷을 해입었고, 이것은 태고 때의 것을 본뜬 것을 남겨둔 것이기 때문에 다룸가죽으로 만든다는 사실을 알 수 있다. 그러므로 『예

---

88) 『예기』「명당위(明堂位)」: 有虞氏服韍, 夏后氏山, 殷火, 周龍章.

89) 『의례』「사관례(士冠禮)」: 陳服于房中西墉下, 東領, 北上. 爵弁服, 纁裳, 純衣, 緇帶, 韎韐. 皮弁服, 素積, 緇帶, 素韠. 玄端, 玄裳·黃裳·雜裳可也, 緇帶, 爵韠.

90) 『예기』「잡기상(雜記上)」: 大夫冕而祭於公, 弁而祭於己. 士弁而祭於公, 冠而祭於己. 士弁而親迎, 然則士弁而祭於己可也.

기」「옥조(玉藻)」편에서는 "슬갑은 군주의 것은 주색으로 만들고, 대부의 것은 소(素)로 만들며, 사의 것은 작위(爵韋)로 만든다."[91]라 했는데, 앞에서 '필(韠)'이라 말했고, 뒤에서는 총괄적으로 '위(韋)'로 결론을 맺었기 때문에 모두 다룸가죽으로 만든다는 사실을 알 수 있다. "상단의 너비는 1척이고 하단의 너비는 2척이며 길이는 3척이고, 중간 부분의 너비는 5촌이며, 양쪽 모서리와 혁대는 그 너비가 2촌이다."라 했는데, 이것은 「옥조」편의 기록이다.[92] 「옥조」편에서는 '필(韠)'에 대해 논의한 것이고, 이곳에서는 '불(韍)'에 대해 언급했는데 이 기록을 인용했으니, 두 가지는 색깔이 다르고 제작방법은 동일함을 나타낸다. 또 "정강이뼈를 '고(股)'라 부른다."라 했는데, '사핍재하(邪幅在下)'라는 말이 정강이 밑에 있다는 뜻임을 나타내기 위해서이고, 고금에 명칭의 차이가 있어서 지금의 것으로 사람들을 깨우쳐주고자 했기 때문에 "'사핍(邪幅)'은 지금의 행등(行滕)과 같은 것이다."라 했다. 『설문』에서는 "등(滕)은 묶는다는 뜻이다."라 했다. '행등(行滕)'이라 말한 것은 움직일 때 이것으로 묶는다는 뜻이다. 그렇기 때문에 "정강이를 좁히며 묶는 것이다."라 했다. 또 '재하(在下)'라는 뜻을 풀이했기 때문에 "발부터 무릎까지 이어져 있기 때문에 '재하(在下)'라 했다."라 했다. '재하(在下)'라는 기록으로 인해서 아래로부터 위로 말했기 때문에 '자족(自足)'이라 한 것이다. 이때의 '족(足)'은 곧 발등 부분에 해당한다. '피교비서(彼交匪舒)'라는 말은 그 문장이 '사핍(邪幅)'이라는 말 뒤에 있으니, 이것은 느릿하게 하지 않는다는 뜻을 나타낸다. '사핍(邪幅)'이라는 말 뒤에 나오기 때문에, "그가 사람들과 사귐에 스스로 좁히고 묶는 것을 이와 같이 한다면, 나태하고 느슨한 마음가짐을 가진 것이 아니다."라 했다. 천자는 그가 이와 같기 때문에 하사를 한 것이다. 즉 앞 장에서 얻은 수레와 의복은 제후가 나태하고 느슨한

---

91) 『예기』「옥조(玉藻)」: 韠, 君朱, 大夫素, 士爵韋.
92) 『예기』「옥조(玉藻)」: 韠下廣二尺, 上廣一尺, 長三尺, 其頸五寸, 肩, 革帶, 博二寸.

마음을 가지고 있지 않은 것에서 비롯된 일이다. 이곳에서 말한 필(芾)과 핍(幅)은 제후가 이것을 착용하고 찾아옴을 말한 것이지 천자가 필(芾)과 핍(幅)을 하사했다는 뜻이 아니다. 천자가 하사한 복장에는 또한 분명 필(芾)과 핍(幅)이 따르게 되어 있는데, 요점은 이 문장은 제후가 스스로 복장을 착용하여 격식을 갖추는데 기준을 두고 있는 것으로 천자가 하사한 것을 뜻하는 것이 아니다. 그렇기 때문에 "스스로 좁히고 묶는 것이 이와 같다."라 했다. 이러한 필(芾)과 핍(幅)이라는 복식은 예가 제어하는 것으로, 설령 마음이 실제로 풀어지고 태만하더라도 이것을 착용하게 되니, 핍(幅)을 착용하는 것은 곧 스스로 좁히며 묶는 것에 해당하므로, 이 시를 지은 자는 그 사안을 아름답게 하고자 해서 그 의복에 따라 찬미를 한 것으로, 예법에 따라 실수를 하지 않을 수 있는 것 또한 스스로 좁히고 묶는 것에 해당한다.

그림 7-6 ▣ 작변복(爵弁服)

弁爵

※ 출처:『삼례도집주(三禮圖集注)』1권

그림 7-7 ▣ 작변(爵弁)

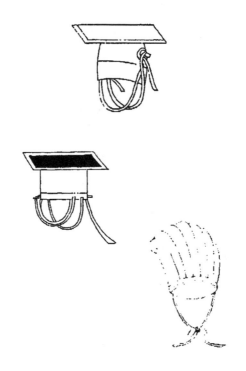

※ 출처:
　상단 - 『삼례도집주(三禮圖集注)』 3권
　중단 - 『육경도(六經圖)』 8권
　하단 - 『삼재도회(三才圖會)』 「의복(衣服)」 1권

그림 7-8 ◉ 주(周)나라 때의 변(弁)과 작변(爵弁)

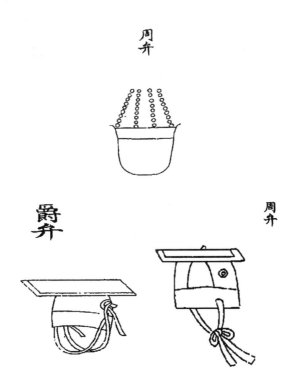

周弁

爵弁

周弁

※ 출처:
   상단 – 『삼례도(三禮圖)』 2권
   하단 – 『삼례도집주(三禮圖集注)』 3권

그림 7-9 ▣ 피변(皮弁)과 작변(爵弁)

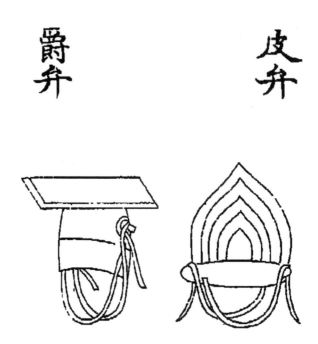

爵弁　　　　　　皮弁

※ 출처:『삼례도집주(三禮圖集注)』3권

◎ 정중앙 하단에 있는 옥이 형(衡)이다. 정중앙 상단의 옥은 형(珩)이고, 정중앙
의 옥은 우(瑀)이며, 중앙 좌우측의 옥은 거(琚)이고, 하단 좌우측의 옥은 황
(璜)이다.

※ 출처:『삼재도회(三才圖會)』「의복(衣服)」1권

	천자(天子) 신하	대국(大國) 신하	차국(次國) 신하	소국(小國) 신하
9명(九命)	상공(上公=二伯) 하(夏)의 후손 은(殷)의 후손			
8명(八命)	삼공(三公) 주목(州牧)			
7명(七命)	후작[侯] 백작[伯]			
6명(六命)	경(卿)			
5명(五命)	자작[子] 남작[男]			
4명(四命)	부용군(附庸君) 대부(大夫)	고(孤)		
3명(三命)	원사(元士=上士)	경(卿)	경(卿)	
2명(再命)	중사(中士)	대부(大夫)	대부(大夫)	경(卿)
1명(一命)	하사(下士)	사(士)	사(士)	대부(大夫)
0명(不命)				사(士)

◎ 『예기』와 『주례』의 기록에는 다소 차이가 있다.

※ 참조: 『주례』「춘관(春官) · 전명(典命)」및 『예기』「왕제(王制)」

皮弁服, 素積, 緇帶, 素韠.

직역 皮弁服에는 素積하고 緇帶하며 素韠한다.

의역 피변복에는 흰색의 주름치마, 검은색의 허리띠, 흰색의 슬갑을 찬다.

鄭注 此與君視朔之服也. 皮弁者, 以白鹿皮爲冠, 象上古也. 積猶辟也, 以素爲裳, 辟蹙其要中. 皮弁之衣用布亦十五升, 其色象焉.

이것은 군주의 시삭(視朔)에 참여할 때의 복장이다. '피변(皮弁)'이라는 것은 백색의 사슴 가죽으로 관을 만든 것으로, 상고시대의 것을 본뜬 것이다. '적(積)'은 주름을 잡는다는 뜻으로, 흰색으로 하의를 만들고, 허리 가운데에 주름을 잡는 것이다. 피변복에 착용하는 상의는 포(布)로 만드는데, 또한 15승(升)의 것을 사용하며, 그 색깔은 피변의 색을 본떠서 흰색으로 한다.

賈疏 ●"皮弁"至"素韠". ○釋曰: 此皮弁服卑於爵弁, 故陳之次在爵弁之南. 上爵弁服·下玄端服皆言衣, 此獨不言衣者, 以其上爵弁服與爵弁異, 故言衣; 下玄端服但冠時用緇布冠, 不用玄冠, 旣不言冠, 故言衣也. 今此皮弁之服用白布, 衣與冠同色, 故不言衣也.

● 經文: "皮弁"~"素韠". ○ 여기에서 말한 피변복(皮弁服)은 작변복(爵弁服)보다 등급이 낮다. 그렇기 때문에 작변복의 의복을 진열해둔 곳 남쪽에 진열한다. 앞의 피변복과 뒤의 현단복(玄端服)에 대한 항목에서는 모두 상의[衣]에 대해 언급을 했는데, 이곳에서는 유독 상의를 언급하지 않았다. 그 이유는 앞에서 언급한 작변복의 상의 색깔은 작변의 색깔과 차이가 있기 때문에 상의에 대해서 언급한 것이고, 뒤에서 언급한 현단복의 경우 관을 쓸 때 치포관을 쓰고 현관을 사용하지 않는데, 이미 관에

대해서 언급을 하지 않았기 때문에 상의에 대해서 언급한 것이다. 이곳에서 말한 피변에 착용하는 의복은 백색의 포를 사용해서 만드는데, 상의와 관의 색깔이 동일하기 때문에 상의에 대해서 언급하지 않은 것이다.

賈疏 ◎注"此與"至"象焉". ○釋曰: 按玉藻云: "諸侯皮弁, 聽朔於大廟." 又按鄕黨說孔子之服云"素衣, 麑裘". 鄭云"視朔之服", 視朔之時, 君臣同服也.

◎ 鄭注: "此與"~"象焉". ○『예기』「옥조(玉藻)」편을 살펴보면 "제후는 피변복(皮弁服)을 착용하고 태묘에서 청삭(聽朔)을 한다."[1]라 했고, 또 『논어』「향당(鄕黨)」편을 살펴보면 공자의 의복에 대해 설명하며 "흰색의 옷에는 새끼 사슴의 가죽으로 만든 갓옷을 입었다."[2]라고 했다. 정현이 "시삭(視朔)할 때의 복장이다."라고 했는데, 시삭을 할 때 군주와 신하가 같은 복장을 입는다는 뜻이다.

賈疏 ◎云"皮弁者, 以白鹿皮爲冠, 象上古也"者, 謂三皇時冒覆頭, 句領繞項, 至黃帝則有冕, 故世本云"黃帝作旒冕". 禮運云"先王未有宮室", 又云"食草木之實, 鳥獸之肉", "未有麻絲, 衣其羽皮", 鄭云: "此上古之時." 則此象上古, 謂象三皇時. 以五帝爲大古, 以三皇爲上古也. 若然, 黃帝雖有絲麻·布帛·皮弁, 至三王不變, 是以下記云"三王共皮弁", 鄭注云: "質不變." 鄭注郊特牲云: "所不易於先代." 故孝經緯云"百王同之不改易"也. 按禮圖仍以白鹿皮爲冠, 故云: "以

---

1) 『예기』「옥조(玉藻)」: 諸侯玄端以祭, 裨冕以朝, <u>皮弁以聽朔於大廟</u>, 朝服以日視朝於內朝.

2) 『논어』「향당(鄕黨)」: 君子不以紺緅飾, 紅紫不以爲褻服. 當暑, 袗絺綌, 必表而出之. 緇衣, 羔裘, <u>素衣, 麑裘</u>, 黃衣狐裘. 褻裘長, 短右袂. 必有寢衣, 長一身有半. 狐貉之厚以居. 去喪, 無所不佩. 非帷裳, 必殺之. 羔裘玄冠不以弔. 吉月, 必朝服而朝. 齊必有明衣, 布.

白鹿皮爲冠, 象上古也."

◎ 鄭注: "皮弁者, 以白鹿皮爲冠, 象上古也". ○ 삼황3) 때에는 덮개로
머리를 덮고 턱 쪽으로 굽혀서 목에서 묶어 결속을 했는데, 황제4) 때에

---

3) 삼황(三皇)은 전설시대에 존재했다고 전해지는 세 명의 제왕을 뜻한다. 그러나
   세 명이 누구였는지에 대해서는 이설(異說)이 많다. 첫 번째 주장은 복희(伏羲),
   신농(神農), 황제(黃帝)를 '삼황'으로 보는 견해이다. 『장자(莊子)』「천운(天運)」
   편에는 "余語汝三皇五帝之治天下."라는 기록이 있는데, 이에 대한 성현영(成玄
   英)의 주에서는 "三皇者, 伏羲·神農·黃帝也."라고 풀이했다. 두 번째 주장은
   복희(伏羲), 신농(神農), 여왜(女媧)로 보는 견해이다. 『여씨춘추(呂氏春秋)』「용
   중(用衆)」편에는 "此三皇五帝之所以大立功名也."라는 기록이 있는데, 이에 대
   한 고유(高誘)의 주에서는 "三皇, 伏羲·神農·女媧也."라고 풀이했다. 세 번째
   주장은 복희(伏羲), 신농(神農), 수인(燧人)으로 보는 견해이다. 『백호통(白虎
   通)』「호(號)」편에는 "三皇者, 何謂也? 謂伏羲·神農·燧人也."라는 기록이 있
   다. 네 번째 주장은 복희(伏羲), 신농(神農), 축융(祝融)으로 보는 견해이다. 『백
   호통』「호」편에는 "禮曰, 伏羲·神農·祝融, 三皇也."라는 기록이 있다. 다섯 번
   째 주장은 천황(天皇), 지황(地皇), 태황(泰皇)으로 보는 견해이다. 『사기(史記)』
   「진시황본기(秦始皇本紀)」편에는 "古有天皇, 有地皇, 有泰皇. 泰皇最貴."라는
   기록이 있다. 여섯 번째 주장은 천황(天皇), 지황(地皇), 인황(人皇)으로 보는 견
   해이다. 『예문유취(藝文類聚)』에서는 『춘추위(春秋緯)』를 인용하며, "天皇, 地
   皇, 人皇, 兄弟九人, 分九州, 長天下也."라고 기록하였다.

4) 황제(黃帝)는 헌원씨(軒轅氏), 유웅씨(有熊氏)이라고도 부른다. 전설시대에 존재
   했다고 전해지는 고대 제왕(帝王)이다. 소전(少典)의 아들이고, 성(姓)은 공손(公
   孫)이다. 헌원(軒轅)이라는 땅의 구릉 지역에 거주하였기 때문에, 그를 '헌원씨'라
   고도 부르는 것이다. 또한 '황제'는 희수(姬水) 지역에도 거주를 하였기 때문에,
   이 지역의 이름을 따서 성(姓)을 희(姬)로 고치기도 하였다. 그리고 수도를 유웅
   (有熊) 땅에 마련하였기 때문에, 그를 '유웅씨'라고도 부르는 것이다. 한편 오행(五
   行) 관념에 따라서, 그는 토덕(土德)을 바탕으로 제왕이 되었다고 여겼는데, 흙
   [土]이 상징하는 색깔은 황(黃)이므로, 그를 '황제'라고 부르는 것이다. 『역』「계사
   하(繫辭下)」편에는 "神農氏沒, 黃帝·堯·舜氏作, 通其變, 使民不倦."이라는
   기록이 있는데, 이에 대한 공영달(孔穎達)의 소(疏)에서는 "黃帝, 有熊氏少典之
   子, 姬姓也."라고 풀이했다. 한편 '황제'는 오제(五帝) 중 하나를 뜻한다. 오행(五
   行)으로 구분했을 때 토(土)를 주관하며, 계절로 따지면 중앙 계절을 주관하고,
   방위로 따지면 중앙을 주관하는 신(神)이다. 『여씨춘추(呂氏春秋)』「계하기(季夏

이르게 되면 면(冕)이 생겼다. 그렇기 때문에 『세본』5)에서는 "황제가 면류관과 끈 장식을 만들었다."라고 했다. 『예기』「예운(禮運)」편에서는 "선왕 때에는 아직 궁실이 제대로 갖춰지지 않았다."라 했고, 또 "초목의 과실을 먹고 짐승들의 고기를 날것으로 먹었다."라 했으며, "견직물이 아직 없어서, 짐승들의 털이나 가죽을 옷 대신 걸쳤다."라 했고,6) 정현은 "이것은 상고시대 때의 일들에 해당한다."라고 했으니, 이곳에서 "상고시대의 것을 본뜬 것이다."라고 한 말은 삼황 때를 본떴다는 뜻이다. 오제7)

紀)」편에는 "其帝黃帝, 其神后土."라는 기록이 있고, 이에 대한 고유(高誘)의 주에서는 "黃帝, 少典之子, 以土德王天下, 號軒轅氏, 死託祀爲中央之帝."라고 풀이했다.

5) 『세본(世本)』은 『세(世)』·『세계(世系)』 등으로 일컬어지기도 한다. 선진시대(先秦時代) 때의 사관(史官)이 기록한 문헌이라고 전해지지만, 진위여부를 확인할 수 없다. 『세본』은 고대의 제왕(帝王), 제후(諸侯) 및 경대부(卿大夫)들의 세계도(世系圖)를 기록한 서적이다. 일실되어 현존하지 않지만, 후대 학자들이 다른 문헌 속에 남아 있는 기록들을 수집하여, 일집본(佚輯本)을 남겼다. 이러한 일집본에는 여덟 종류의 주요 판본이 있는데, 각 판본마다 내용상의 차이를 보이고 있다. 1959년에는 상무인서관(商務印書館)에서 이러한 여덟 종류의 판본을 모아서 『세본팔종(世本八種)』을 출판하였다.

6) 『예기』「예운(禮運)」: 昔者先王未有宮室, 冬則居營窟, 夏則居橧巢. 未有火化, 食草木之實鳥獸之肉, 飮其血茹其毛. 未有麻絲, 衣其羽皮.

7) 오제(五帝)는 전설시대에 존재했다고 전해지는 다섯 명의 제왕(帝王)을 뜻한다. 그러나 다섯 명이 누구였는지에 대해서는 이설(異說)이 많다. 첫 번째 주장은 황제(黃帝: =軒轅), 전욱(顓頊: =高陽), 제곡(帝嚳: =高辛), 당요(唐堯), 우순(虞舜)으로 보는 견해이다. 『사기정의(史記正義)』「오제본기(五帝本紀)」편에는 "太史公依世本·大戴禮, 以黃帝·顓頊·帝嚳·唐堯·虞舜爲五帝. 譙周·應劭·宋均皆同."이라는 기록이 있고, 『백호통(白虎通)』「호(號)」편에도 "五帝者, 何謂也? 禮曰, 黃帝·顓頊·帝嚳·帝堯·帝舜也."라는 기록이 있다. 두 번째 주장은 태호(太昊: =伏羲), 염제(炎帝: =神農), 황제(黃帝), 소호(少昊: =摯), 전욱(顓頊)으로 보는 견해이다. 이 주장은 『예기』「월령(月令)」편에 나타난 각 계절별 수호신들의 내용을 종합한 것이다. 세 번째 주장은 소호(少昊), 전욱(顓頊), 고신(高辛), 당요(唐堯), 우순(虞舜)으로 보는 견해이다. 『서서(書序)』에는 "少昊·顓頊·高辛·唐·虞之書, 謂之五典, 言常道也."라는 기록이 있다. 또 『제

때는 태고시대로 보고 삼황 때는 상고시대로 보기 때문이다. 만약 그렇다면 황제 때 비록 사마(絲麻)·포백(布帛)·피변(皮弁)이 있었다 하더라도 삼왕[8] 때에 이르기까지 변하지 않았다. 이러한 까닭으로 아래 기문에서는 "삼왕 때에는 모두 피변(皮弁)을 사용하였다."[9]라 한 것이고, 정현의 주에서는 "질박하여 바꾸지 않았다."라 말한 것이다. 『예기』「교특생(郊特牲)」편에 대한 정현의 주에서는 "이전 왕조에서 바뀌지 않은 부분이다."[10]라고 했다. 그래서 『효경』의 위서에서는 "모든 왕들이 동일하게 따랐고 바꾸지 않았다."라고 했다. 『예도』를 살펴보면 백색의 사슴 가죽으로 관을 만든다고 했다. 그렇기 때문에 "백색의 사슴 가죽으로 관을 만든 것으로, 상고시대의 것을 본뜬 것이다."라고 말한 것이다.

賈疏 ◎云"積, 猶辟也, 以素爲裳, 辟蹙其要中"者, 經典云素者有三義: 若以衣裳言素者, 謂白繒也, 卽此文之等是也; 畫繢言素者, 謂白色, 卽論語云"繢事後素"之等是也; 器物無飾亦曰素, 則檀弓云"奠以素器"之等是也. 是以鄭云以素爲裳辟蹙其要中也.

왕세기(帝王世紀)』에는 "伏羲·神農·黃帝爲三皇, 少昊·高陽·高辛·唐·虞爲五帝."라는 기록이 있다. 네 번째 주장은 복희(伏羲), 신농(神農), 황제(黃帝), 당요(唐堯), 우순(虞舜)으로 보는 견해이다. 이 주장은 『역』「계사하(繫辭下)」편의 내용에 근거한 주장이다.

8) 삼왕(三王)은 하(夏), 은(殷), 주(周) 삼대(三代)의 왕을 뜻한다. 『춘추곡량전』「은공(隱公) 8年」편에는 "盟詛不及三王."이라는 기록이 있고, 이에 대한 범녕(範寧)의 주에서는 '삼왕'을 하나라의 우(禹), 은나라의 탕(湯), 주나라의 무왕(武王)을 지칭한다고 풀이했다. 그리고 『맹자』「고자하(告子下)」편에는 "五覇者, 三王之罪人也."이라는 기록이 있고, 이에 대한 조기(趙岐)의 주에서는 '삼왕'을 범녕의 주장과 달리, 주나라의 무왕 대신 문왕(文王)을 지칭한다고 풀이했다.

9) 『의례』「사관례」: 三王共皮弁·素積.

10) 이 문장은 『예기』「교특생(郊特牲)」편의 "三王共皮弁·素積."이라는 기록에 대한 정현의 주이다.

◎鄭注: "積, 猶辟也, 以素爲裳, 辟蹙其要中". ○ 경전에서 '소(素)'라고 한 것에는 세 가지 의미가 있다. 상의나 하의에 '소(素)'라고 말한 것은 흰색의 비단을 뜻하니, 이곳 문장의 기록 등이 여기에 해당한다. 그림을 그리고 수를 놓을 때 '소(素)'라고 말한 것은 흰색을 뜻하니, 『논어』에서 "그림을 그리는 것은 흰색 바탕을 마련한 뒤의 일이다."[11]라고 한 기록 등이 여기에 해당한다. 기물 중 장식이 없는 것을 또한 '소(素)'라고 부르니, 『예기』「단궁(檀弓)」편에서 "전제사[12]에서는 별다른 장식이 없는 소기(素器)를 사용하여 음식을 올린다."[13]라고 한 기록 등이 여기에 해당한다. 이러한 까닭으로 정현은 "흰색으로 하의를 만들고, 허리 가운데에 주름을 잡는 것이다."라고 말한 것이다.

賈疏 ◎知"皮弁之衣亦用十五升布"者, 雜記云"朝服十五升", 此皮弁亦天子之朝服, 故亦十五升布也. 然喪服注云: "祭服·朝服, 辟積無數." 則祭服·皮弁, 皆辟積無數. 餘不云者, 擧皮弁可知, 不並言也. 唯喪服裳幅三袧有數耳.

◎鄭注: "皮弁之衣亦用十五升布". ○ 정현이 "피변복에 착용하는 상의는 포(布)로 만드는데, 또한 15승(升)의 것을 사용한다."라고 했는데, 이 말이 사실임을 알 수 있는 이유는 『예기』「잡기(雜記)」편에서 "조복(朝服)은 15승의 포로 만든다."[14]라 했고, 여기에서 말한 피변복(皮弁服)이

---

11) 『논어』「팔일(八佾)」: 子夏問曰, "'巧笑倩兮, 美目盼兮, 素以爲絢兮.'何謂也?" 子曰, "繪事後素." 曰, "禮後乎?" 子曰, "起予者商也! 始可與言詩已矣."

12) 전제(奠祭)는 죽은 자 및 귀신들에게 음식을 헌상하는 제사이다. 상례(喪禮)를 치를 때, 빈소를 차리고 나면, 매일 아침과 저녁에 음식을 바치며 제사를 지내게 되는데, '전제'는 주로 이러한 제사를 뜻한다.

13) 『예기』「단궁하(檀弓下)」: 奠以素器, 以生者有哀素之心也. 唯祭祀之禮, 主人自盡焉爾, 豈知神之所饗? 亦以主人有齊敬之心也!

14) 『예기』「잡기상(雜記上)」: 朝服十五升, 去其半而緦加灰, 錫也.

라는 것 또한 천자의 조복에 해당한다. 그렇기 때문에 이 또한 15승의 포로 만든다. 그런데 『의례』「상복(喪服)」편에 대한 주에서는 "제복과 조복에서만 주름을 잡는 것에 있어서 정해진 수치가 없다."15)라고 했으니, 제복과 피변복에는 모두 주름을 잡을 때 정해진 수치가 없다. 나머지 것들에 대해 언급하지 않은 것은 피변복을 기준으로 두면 이러한 사실을 알 수 있기 때문에 함께 언급하지 않은 것이다. 다만 상복에 있어서 하의에는 1폭에 3개의 주름을 잡아서 정해진 수치가 있다.

賈疏 ◎云"其色象焉"者, 謂象皮弁之色, 用白布也. 以此言之, 論語注云素用繒者, 彼上服裼衣用素也.

◎鄭注: "其色象焉". ○피변(皮弁)의 색깔을 본떠서 백색의 포를 이용해서 만든다는 뜻이다. 이를 통해 말해보자면 『논어』의 주에서 "소(素)는 증(繒)을 이용하는 것이다."라고 한 것은 그 위에는 석의(裼衣)16)를 착용하여 소(素)를 이용하는 것이다.

참고 『예기』「옥조(玉藻)」 기록

經文 諸侯玄端以祭, 裨冕以朝, 皮弁以聽朔於大廟, 朝服以日視朝於內朝.

제후는 현면(玄冕)을 착용하고 제사를 지내며, 비면(裨冕)을 착용하고 천자에게 조회를 가며, 피변복(皮弁服)을 착용하고 태묘(太廟)에서 청

---

15) 이 문장은 『의례』「상복(喪服)」편의 "凡衰, 外削幅. 裳, 內削幅, 幅三袧."라는 기록에 대한 정현의 주이다.

16) 석의(裼衣)는 고대에 의례를 시행할 때 입는 옷이다. 가죽옷이나 갈옷 위에 걸쳤던 외투 중 하나이다. '석의' 위에는 습의(襲衣)를 걸쳤기 때문에, 중간에 입는 옷이라는 뜻에서 '중의(中衣)'라고도 부른다.

삭(聽朔)을 하며, 조복(朝服)을 착용하고 날마다 내조(內朝)에서 조정에
참관한다.

鄭注 祭先君也. 端, 亦當爲"冕", 字之誤也. 諸侯祭宗廟之服, 唯魯
與天子同. 朝天子也. 裨冕: 公袞, 侯伯鷩, 子男毳也. 皮弁, 下天子
也. 朝服, 冠玄端素裳也. 此內朝, 路寢門外之正朝也. 天子·諸侯皆
三朝.

선대 군주에게 제사를 지낸다는 뜻이다. '단(端)'자 또한 마땅히 '면(冕)'
자가 되어야 하니, 글자가 비슷해서 생긴 오자이다. 제후가 종묘(宗廟)에
서 제사를 지낼 때 착용하는 복장에 있어서, 오직 노(魯)나라 군주만이
천자와 동일하게 할 수 있었다. '조(朝)'는 천자에게 조회를 간다는 뜻이
다. '비면(裨冕)'의 경우, 공작은 공면(袞冕)이고, 후작·백작은 별면(鷩
冕)이며, 자작·남작은 취면(毳冕)이다. '피변(皮弁)'을 착용하는 것은
천자보다 낮추기 때문이다. '조복(朝服)'은 관(冠)과 현단복(玄端服)을
착용하고, 흰색의 하의를 입는다. 여기에서 말하는 '내조(內朝)'는 노침
(路寢)의 문밖에 있는 정식 조정을 뜻한다. 천자와 제후는 모두 3개의
조정을 두었다.

孔疏 ◎注"祭先"至"子同". ○正義曰: 知"祭先君"者, 與上"天子龍卷
以祭"其文相類, 故知"祭先君"也. 云"端, 亦當爲冕"者, 以玄端賤於皮
弁, 下文"皮弁聽朔於大廟", 不應玄端以祭先君, 故知亦當爲玄冕.
云"唯魯與天子同"者, 按明堂位云"君卷冕立于阼, 夫人副褘立于房
中", 是也. 熊氏云: "此謂祭文王周公之廟, 得用天子之禮. 其祭魯公
以下, 則亦玄冕. 故公羊云: '周公白牡, 魯公騂犅, 群公不毛.' 是魯公
以下, 與周公異也. 二王之後, 祭其先王, 亦是用以上之服. 二王之
後不得立始封之君廟, 則祭微子以下亦玄冕."

◎ 鄭注: "祭先"~"子同". ○ 정현이 "선대 군주에게 제사를 지낸다는 뜻이다."라고 했는데, 이 말이 사실임을 알 수 있는 이유는 이 기록이 앞서 "천자가 용곤(龍袞)을 착용하고 제사를 지낸다."라고 했던 기록과 문장이 유사하기 때문에, "선대 군주에게 제사를 지낸다는 뜻이다."라는 말이 사실임을 알 수 있는 것이다. 정현이 "'단(端)'자 또한 마땅히 '면(冕)'자가 되어야 한다."라고 했는데, 현단(玄端)은 피변(皮弁)보다 등급이 낮은 복장이고, 아래문장에서 "피변(皮弁)을 착용하고 태묘(太廟)에서 청삭(聽朔)을 한다."라고 했으니, 마땅히 현단(玄端)을 착용하고는 선대 군주에 대한 제사를 지낼 수 없다. 그렇기 때문에 이 또한 마땅히 현면(玄冕)이 되어야 함을 알 수 있는 것이다. 정현이 "오직 노나라 군주만이 천자와 동일하게 할 수 있었다."라고 했는데, 『예기』「명당위(明堂位)」편을 살펴보면, "제후는 곤면(袞冕)을 하고 동쪽 계단 위에 서며, 부인은 부(副)를 꼽고, 위의(褘衣)를 착용하고 방안에 선다."[17]라고 한 말이 바로 이러한 사실을 나타낸다. 웅안생은 "이것은 문왕과 주공의 묘(廟)에서 제사를 지내는 경우에는 천자의 예를 사용할 수 있었음을 뜻한다. 노공에 대한 제사로부터 그 이후의 군주에 대한 제사라면, 또한 현면(玄冕)을 착용한다. 그렇기 때문에 『공양전』에서는 '주공(周公)에 대한 제사에서는 백모(白牡)를 사용하고, 노공(魯公)에 대한 제사에서는 성강(騂犅)[18]을 사용하며, 나머지 군주들에 대한 제사에서는 불모(不毛)[19]를 사용한다.'[20]

---

17) 『예기』「명당위(明堂位)」: <u>君卷冕立于阼, 夫人副褘立于房中</u>, 君肉袒迎牲于門, 夫人薦豆籩, 卿大夫贊君, 命婦贊夫人, 各揚其職. 百官廢職服大刑, 而天下大服.

18) 성강(騂犅)은 제사 때 사용된 적색의 소를 뜻한다. 희생물을 관리하는 관청에서 사육을 한 소이다.

19) 불모(不毛)는 털색이 순일하지 않고, 색깔이 섞여 있는 가축을 뜻한다. 『춘추공양전』「문공(文公) 13년」에는 "<u>魯祭周公, 何以爲牲? 周公用白牡, 魯公用騂犅, 群公不毛.</u>"라는 기록이 있는데, 이에 대한 하휴(何休)의 주에서는 "不毛, 不純色."이라고 풀이했다.

라고 한 것이니, 이 말은 노공으로부터 그 이하의 군주에 대한 제사는 주공의 경우와는 다르게 했다는 사실을 나타낸다. 하나라와 은나라 후손들은 그들의 선왕에 대해 제사를 지내게 되면, 또한 상등의 복장을 사용한다. 두 왕조의 후손들은 처음 분봉을 받은 군주의 묘(廟)를 세울 수 없으니, 미자 이후의 선대에 대해서 제사를 지낼 때에도 또한 현면(玄冕)을 착용한다."라고 했다.

참고 『논어』「향당(鄕黨)」 기록

경문 緇衣, 羔裘. 素衣, 麑裘. 黃衣, 狐裘. 褻裘長, 短右袂.

치의(緇衣)에는 검은 양의 가죽으로 만든 옷을 입고, 소의(素衣)에는 새끼 사슴의 가죽으로 만든 옷을 입으며, 황의(黃衣)에는 여우 가죽으로 만든 옷을 입었다. 평상시에 착용하는 가죽옷은 길게 하되 오른쪽 소매는 짧게 했다.

何注 孔曰: 服皆中外之色相稱也. 私家裘長, 主溫. 短右袂, 便作事.

공씨가 말하길, 복식에 있어서는 모두 안에 있는 것과 겉에 입는 옷의 색깔이 서로 맞아야 한다. 자기 집에 머물 때 입는 갓옷을 길게 만든 것은 따뜻함에 주안점을 두기 때문이다. 오른쪽 소매를 짧게 하는 것은 일을 하기에 편리하기 때문이다.

邢疏 ●"緇衣, 羔裘. 素衣, 麑裘. 黃衣, 狐裘"者, 凡祭服, 先加明衣, 次加中衣, 冬則次加袍繭, 夏則不袍繭, 用葛也, 次加祭服. 若朝服,

---

20) 『춘추공양전』「문공(文公) 13년」: 魯祭周公, 何以爲牲. 周公用白牲. 魯公用騂犅. 群公不毛. 魯祭周公何以爲盛. 周公盛. 魯公燾. 群公廩.

布衣亦先以明衣親身, 次加中衣, 冬則次加裘, 裘上加裼衣, 裼衣之
上加朝服; 夏則中衣之上不用裘而加葛, 葛上加朝服. 凡服必中外之
色相稱. 羔裘, 黑羊裘也, 故用緇衣以裼之. 麑裘, 鹿子皮以爲裘也,
故用素衣以裼之. 狐裘黃, 故用黃衣以裼之.

● 經文: "緇衣, 羔裘. 素衣, 麑裘. 黃衣, 狐裘". ○ 제복(祭服)을 착용
할 때에는 먼저 명의(明衣)를 걸치고, 그 다음으로 중의(中衣)를 걸치는
데, 겨울이라면 그 다음으로 솜을 넣은 웃옷을 입고 여름에는 솜을 넣은
웃옷을 입지 않고 갈포로 만든 옷을 착용하며, 그 다음으로 제복을 착용
한다. 조복(朝服)을 착용할 때라면 포의를 또한 우선적으로 명의로 삼아
몸에 직접 닿는 옷으로 입고, 그 다음으로 중의를 걸치는데, 겨울이라면
그 다음으로 갓옷을 입고 갓옷 위에는 석의(裼衣)를 걸치며, 석의 위에
조복을 걸치게 되고, 여름이라면 중의 위에 갓옷을 걸치지 않고 갈포로
만든 옷을 걸치며, 갈포로 만든 옷 위에는 조복을 걸친다. 무릇 복장을
착용할 때에는 반드시 속과 겉에 입는 옷의 색깔이 서로 맞도록 해야
한다. '고구(羔裘)'는 검은 양의 가죽으로 만든 갓옷을 뜻한다. 그렇기
때문에 치의(緇衣)를 이용해서 그 옷을 석(裼)한다. '예구(麑裘)'는 사슴
의 색끼 가죽으로 갓옷을 만든 것이다. 그렇기 때문에 소의(素衣)를 이용
해서 그 옷을 석한다. 호구(狐裘)는 황색이기 때문에 황의(黃衣)를 이용
해서 그 옷을 석한다.

참고 『예기』「예운(禮運)」 기록

경문 昔者先王未有宮室, 冬則居營窟, 夏則居橧巢. 未有火化, 食
草木之實鳥獸之肉, 飮其血茹其毛. 未有麻絲, 衣其羽皮.

공자가 계속해서 말해주길, "먼 옛날에는 선왕들도 아직 궁실이 제대로
갖춰지지 않아서, 겨울에는 동굴에서 살았고, 여름에는 나뭇가지들을 엮

어 만든 움막에서 살았다. 아직 불로 음식을 익혀먹는 방법이 없어서, 초목의 과실을 먹고 짐승들의 고기를 날것으로 먹었고, 그 피를 마시고 털이 붙어 있는 상태에서 그대로 먹었다. 견직물이 아직 없어서, 짐승들의 털이나 가죽을 옷 대신 걸쳤다."라고 했다.

鄭注 寒則累土, 暑則聚薪柴居其上. 食腥也. 此上古之時也.

춥기 때문에 흙을 쌓았던 것이고, 더웠기 때문에 땔나무를 쌓고 그 위에서 거주했던 것이다. 생식으로 먹었다는 뜻이다. 이러한 일들은 상고(上古)시대에 해당한다.

孔疏 ●"冬則居營窟"者, 營累其土而爲窟, 地高則穴於地, 地下則窟於地上, 謂於地上累土而爲窟.

● 經文: "冬則居營窟". ○ 흙을 포개서 토굴을 만들었다는 뜻이니, 지대가 높은 지형에서는 땅에 굴을 팠으며, 지대가 낮은 지형에서는 땅 위에 토굴을 만들었으니, 땅 위에 흙을 쌓아서 토굴을 만들었다는 뜻이다.

孔疏 ●"夏則居橧巢"者, 謂橧聚其薪以爲巢.

● 經文: "夏則居橧巢". ○ 땔나무 등을 쌓아서 둥지처럼 만든다는 뜻이다.

孔疏 ●"飮其血, 茹其毛"者, 雖食鳥獸之肉, 若不能飽者, 則茹食其毛以助飽也. 若漢時蘇武以雪雜羊毛而食之, 是其類也.

● 經文: "飮其血, 茹其毛". ○ 비록 짐승들의 고기를 먹었다고는 하지만, 배불리 먹을 수 없었던 경우에는 그 털가죽까지 먹어서 포만감이 들도록 하였다. 마치 한나라 때 명신인 소무(蘇武)가 눈으로 더렵혀진 양의 털가죽까지도 먹었던 일화가 바로 이러한 부류에 해당한다.

참고 「예기」「교특생(郊特牲)」 기록

경문 三王共皮弁 · 素積.

삼왕 때에는 모두 피변(皮弁)에 소적(素積)을 착용했다.

鄭注 所不易於先代.

이전 왕조에서 바뀌지 않은 부분이다.

孔疏 ●"三王共皮弁 · 素積"者, 以其質素, 故三王同服, 無所改易也.

● 經文: "三王共皮弁 · 素積". ○ 질박하고 소박하기 때문에, 삼왕 때 모두 복식을 동일하게 사용하여, 고치거나 바꾼 것이 없다.

참고 「논어」「팔일(八佾)」 기록

경문 子夏問曰: "巧笑倩兮, 美目盼兮, 素以爲絢兮.' 何謂也?①" 子曰: "繪事後素.②" 曰: "禮後乎?③" 子曰: "起予者商也! 始可與言詩已矣.④"

자하가 묻기를 "'아름다운 미소로 웃으며, 아름다운 눈동자의 움직임이여, 소(素)로 무늬를 만들었구나.'라 했는데 무슨 뜻입니까?"라 하자 공자는 "그림을 그릴 때에는 흰색을 뒤에 쓴다."라 대답했다. 자하가 "예가 나중이란 뜻입니까?"라고 하자 공자는 "나를 일으키는 자는 상이로구나! 비로서 너와 더불어 시를 말할 수 있게 되었다."라 했다.

何注① 馬曰: 倩, 笑貌. 盼, 動目貌. 絢, 文貌. 此上二句在衛風 · 碩人之二章, 其下一句逸也.

마씨가 말하길, '천(倩)'은 웃는 모습을 뜻한다. '반(盼)'은 움직이는 눈의 모습을 뜻한다. '현(絢)'은 무늬가 있는 모습을 뜻한다. 여기에서 앞의 2구문은 『시』「위풍(衛風)·석인(碩人)」편의 두 장인데,[21] 그 뒤의 한 구문은 일실되었다.

何注 ② 鄭曰: 繪, 畫文也. 凡繪畫先布衆色, 然後以素分布其間, 以成其文, 喩美女雖有倩盼美質, 亦須禮以成之.

정씨가 말하길, '회(繪)'자는 무늬를 그린다는 뜻이다. 무릇 그림을 그릴 때에는 우선 여러 색깔들을 그려넣고 그런 뒤에 흰색으로 그 사이를 구분하여 무늬를 완성하니, 미녀가 비록 미소와 눈동자의 아름다운 본질을 가지고 있더라도, 또한 예를 통해 완성해야 함을 비유한 것이다.

何注 ③ 孔曰: 孔子言繪事後素, 子夏聞而解, 知以素喩禮, 故曰禮後乎.

공씨가 말하길, 공자는 그림을 그리는 일에서는 흰색을 뒤에 쓴다고 말했는데, 자하가 그 말을 듣고 이해하여 흰색이 예를 비유한다는 사실을 알았다. 그렇기 때문에 "예가 나중이란 뜻입니까?"라 말한 것이다.

何注 ④ 包曰: 予, 我也. 孔子言, 子夏能發明我意, 可與共言詩.

포씨가 말하길, '여(予)'는 나를 가리킨다. 공자는 자하가 나의 뜻을 밝혀 드러낼 수 있으니, 더불어서 함께 시를 말할 수 있다고 한 것이다.

邢疏 ●"子夏"至"詩已矣". ○正義曰: 此章言成人須禮也.

---

21) 『시』「위풍(衛風)·석인(碩人)」: 手如柔荑. 膚如凝脂. 領如蝤蠐. 齒如瓠犀. 螓首蛾眉. 巧笑倩兮. 美目盼兮.

● 經文: "子夏"~"詩已矣". ○ 이 장은 사람을 완성시킬 때에는 예가 필요함을 말하고 있다.

邢疏 ●"子夏問曰: '巧笑倩兮, 美目盼兮, 素以爲絢兮.' 何謂也"者, 倩, 笑貌; 盼, 動目貌; 絢, 文貌. 此衛風 · 碩人之篇, 閔莊姜美而不見答之詩也. 言莊姜既有巧笑美目倩盼之容, 又能以禮成文絢然. 素, 喻禮也. 子夏讀詩, 至此三句, 不達其旨, 故問夫子何謂也.

● 經文: "子夏問曰: '巧笑倩兮, 美目盼兮, 素以爲絢兮.' 何謂也". ○ '천(倩)'은 웃는 모습을 뜻한다. '반(盼)'은 움직이는 눈의 모습을 뜻한다. '현(絢)'은 무늬가 있는 모습을 뜻한다. 이것은 『시』「위풍(衛風) · 석인(碩人)」편으로, 장강이 아름다웠으나 답례를 받지 못한 것을 가엾게 여긴 시이다. 즉 장강은 이미 아름다운 미소와 아름다운 눈동자의 빼어난 용모를 갖추고 있었는데, 또한 예를 통해 문식을 완성할 수 있었다는 뜻이다. '소(素)'자는 예를 비유한 말이다. 자하는 『시』를 읽으면서 이 세 구문에 이르러서 그 뜻을 깨우치지 못했다. 그렇기 때문에 공자에게 어떤 뜻인지 물어보았던 것이다.

邢疏 ●"子曰: 繪事後素"者, 孔子擧喻以答子夏也. 繪, 畵文也. 凡繪畵先布衆色, 然後以素分布其間, 以成其文, 喻美女雖有倩盼美質, 亦須禮以成之也.

● 經文: "子曰: 繪事後素". ○ 공자는 비유를 제시해서 자하에게 대답한 것이다. '회(繪)'자는 무늬를 그린다는 뜻이다. 무릇 그림을 그릴 때에는 우선 여러 색깔들을 그려넣고 그런 뒤에 흰색으로 그 사이를 구분하여 무늬를 완성하니, 미녀가 비록 미소와 눈동자의 아름다운 본질을 가지고 있더라도, 또한 예를 통해 완성해야 함을 비유한 것이다.

邢疏 ●"曰: 禮後乎"者, 此子夏語. 子夏聞孔子言繪事後素, 即解其旨, 知以素喻禮, 故曰禮後乎.

● 經文: "曰: 禮後乎". ○ 이것은 자하의 말이다. 자하는 공자가 '회사후소(繪事後素)'라고 한 말을 듣고 곧바로 그 뜻을 이해하였으니, 소(素)자로 예를 비유했음을 안 것이다. 그렇기 때문에 "예가 나중이란 뜻입니까?"라 말한 것이다.

邢疏 ●"子曰: 起予者商也! 始可與言詩已矣"者, 起, 發也; 予, 我也; 商, 子夏名. 孔子言, 能發明我意者, 是子夏也, 始可與共言詩也.

● 經文: "子曰: 起予者商也! 始可與言詩已矣". ○ '기(起)'자는 밝힌다는 뜻이다. '여(予)'자는 나를 뜻한다. '상(商)'자는 자하의 이름이다. 공자는 나의 뜻을 밝혀 드러낼 수 있는 자하이니, 비로소 더불어서 함께 시를 말할 수 있다고 한 것이다.

邢疏 ◎注"馬曰"至"逸也". ○ 正義曰: 云: "此上二句在衛風·碩人之二章"者, 按今毛詩·碩人四章, 章七句, 其二章曰"手如柔荑, 膚如凝脂. 領如蝤蠐, 齒如瓠犀. 螓首蛾眉, 巧笑倩兮, 美目盼兮", 是也. 云"其下一句逸"者, 今毛詩無此一句, 故曰逸, 言亡逸也.

◎ 何注: "馬曰"~"逸也". ○ "여기에서 앞의 2구문은 『시』「위풍(衛風)·석인(碩人)」편의 두 장이다."라 했는데, 지금의 『모시』「석인(碩人)」편 4개 장을 살펴보면, 장마다 7개의 구문으로 되어 있는데, 2장에서는 "손은 부드러운 제(荑)와 같고, 피부는 엉켜있는 기름과 같다. 목은 굼벵이와 같고, 치아는 박씨와 같다. 매미의 머리에 나방의 눈썹이여, 아름다운 미소로 웃으며, 아름다운 눈동자의 움직임이로다."라 했다. "그 뒤의 한 구문은 일실되었다."라 했는데, 현재의 『모시』에는 이 한 구문이 없다. 그렇기 때문에 '일(逸)'이라 말했으니, 없어졌다는 의미이다.

邢疏 ◎注"鄭曰"至"成之". ○ 正義曰: 按考工記云"畫繪之事, 雜五

色", 下云: "畫繢之事, 後素功", 是知凡繪畫先布衆色, 然後以素分布
其間, 以成其文章也.

◎ 何注: "鄭曰"~"成之". ○『고공기』를 살펴보면 "그림을 그리고 수를 놓
는 일에 있어서는 오색을 섞는다."[22]라 했고, 아래문장에서는 "그림을 그
리고 수를 놓는 일에서는 흰색의 공정을 뒤에 한다."[23]라 했으니, 무릇
그림을 그리는 일에 있어서는 먼저 여러 색깔들을 그려넣고 그런 뒤에
흰색으로 그 사이를 구분하여 무늬를 완성한다는 사실을 알 수 있다.

참고 『예기』「단궁하(檀弓下)」 기록

경문 奠以素器, 以生者有哀素之心也. 唯祭祀之禮, 主人自盡焉爾,
豈知神之所饗? 亦以主人有齊敬之心也!

전제사에서는 별다른 장식이 없는 소기(素器)를 사용하여 음식을 올린
다. 그 이유는 전제사를 올리는 자들에게 애통하여 꾸밈을 갖출 수 없는
마음이 있기 때문이다. 오직 제사의 예에서만 주인은 제 스스로 문식을
극진히 꾸미게 될 따름이다. 그런데 어떻게 신이 흠향하게 될 것을 알
수 있는가? 그 이유는 또한 주인이 재계를 하고 공경스러운 마음을 지니
고 있기 때문이다.

정주 哀素, 言哀痛無飾也. 凡物無飾曰素. 哀則以素, 敬則以飾, 禮
由人心而已.

---

22) 『주례』「동관고공기(冬官考工記)·화궤(畫繢)」: <u>畫繢之事, 雜五色</u>, 東方謂之
青, 南方謂之赤, 西方謂之白, 北方謂之黑, 天謂之玄, 地謂之黃. 青與白相次
也, 赤與黑相次也, 玄與黃相次也.
23) 『주례』「동관고공기(冬官考工記)·화궤(畫繢)」: 凡畫繢之事, 後素功.

'애소(哀素)'는 애통하여 법식에 따른 꾸밈이 없다는 뜻이다. 무릇 사물들 중에 꾸밈이 없는 것을 '소(素)'라고 부른다. 애통하다면 소(素)한 것을 사용하고, 공경한다면 꾸밈을 가미하게 되는데, 예는 사람의 마음에서 비롯될 따름이다.

孔疏 ●"奠以"至"心也". ○正義曰: "奠", 謂始死至葬之時祭名, 以其時無尸, 奠置於地, 故謂之"奠"也. 悉用素器者, 表主人有哀素之心. 旣因用素表孝子哀素, 遂論虞祭之後, 及卒哭練祥之祭, 故云此等祭祀之禮, 旣見親終, 於主人自盡致孝養之道焉爾, 豈知神之所饗須設此祭? 所以設之者, 亦以主人有齊敬之心, 若親存然, 故設祭亦如生存之有齊敬, 今死亦齊敬, 故云"亦"也.

●經文: "奠以"~"心也". ○'전(奠)'자는 어떤 자가 이제 막 죽었을 때부터 장례를 치를 때까지 지내게 되는 제사의 명칭으로, 제사를 지낼 때에는 시동을 세우지 않고, 땅에다 음식을 차려둘 뿐이다. 그렇기 때문에 '전(奠)'이라고 부르는 것이다. 이때에는 항상 '소기(素器)'를 사용하는데, 그 이유는 상주에게 애통하여 문식을 꾸밀 수 없는 마음이 있음을 나타내기 위해서이다. 이미 상주의 마음으로 인해 소기를 사용하여, 자식된 자의 애통하고 문식을 꾸밀 수 없음을 드러낸다고 하였으므로, 그 연장선에서 우제(虞祭)를 지낸 이후부터 졸곡(卒哭)·소상(小祥)·대상(大祥) 때 지내는 제사에 대해서 논의를 한 것이다. 그렇기 때문에 이러한 제사의 예에서는 이미 부모의 생이 마감되었다는 사실을 드러내게 되므로, 상주는 제 스스로 효로써 봉양하는 도리를 다할 따름인데, 어떻게 귀신이 흠향을 하는 것을 알아서, 이처럼 제사를 차린단 말인가? 제사를 차리는 이유 또한 상주에게 재계하고 공경하는 마음이 있어서, 마치 부모가 직접 계신 것처럼 치르게 된다. 그렇기 때문에 제사를 차리는 것에서도 또한 부모가 생존해 계실 때, 그를 섬기며 재계하고 공경했던 것처럼 하여, 현재 죽은 부모를 위해서도 또한 재계를 하고 공경을 하는 것이다. 그렇

기 때문에 '또한[亦]'이라고 말한 것이다.

참고 『예기』「잡기상(雜記上)」 기록

경문 朝服十五升, 去其半而緦加灰, 錫也.

조복(朝服)은 15승(升)의 포로 만드는데, 그 중 절반을 제거한 포로는 시마복(緦麻服)을 만들고, 또 여기에 잿물에 담그는 공정을 가미하면, 석최(錫衰)가 된다.

鄭注 緦, 精麤與朝服同. 去其半, 則六百縷而疏也. 又無事其布, 不灰焉.

시마복(緦麻服)을 만들 때 사용하는 천은 정밀하고 거친 정도가 조복(朝服)의 경우와 동일하다. 그 절반을 덜어내면 600가닥이 되어 성글다. 또 포(布)에 대해서는 가공함이 없으니, 잿물에 담그지 않는다.

孔疏 ●"朝服"至"錫也". ○正義曰: 朝服精細, 全用十五升布爲之.

● 經文: "朝服"~"錫也". ○ 조복(朝服)을 만들 때 사용하는 천은 정밀하고 가늘어서 모두 15승(升)의 포(布)를 이용해서 만든다.

玄端, 玄裳·黃裳·雜裳可也. 緇帶, 爵韠.

직역　玄端에는 玄裳·黃裳·雜裳이 可하다. 緇帶하고, 爵韠한다.

의역　현단복에는 계급에 따라 검은색의 하의나 황색의 하의나 잡색의 하의를 착용해도 괜찮다. 검은색의 허리띠, 검붉은 슬갑을 찬다.

鄭注　此莫夕於朝之服. 玄端卽朝服之衣, 易其裳耳. 上士玄裳, 中士黃裳, 下士雜裳. 雜裳者, 前玄後黃. 易曰: "夫玄黃者, 天地之雜色, 天玄而地黃." 士皆爵韋爲韠, 其爵同. 不以玄冠名服者, 是爲緇布冠陳之. 玉藻曰: "韠, 君朱, 大夫素, 士爵韋."

이것은 저녁에 조정에서 조회할 때 착용하는 복장이다. '현단(玄端)'은 조복(朝服)의 상의에 해당하며, 계급에 따라 하의를 바꿀 따름이다. 상사는 검은색의 하의를 착용하고, 중사는 황색의 하의를 착용하며, 하사는 잡색의 하의를 착용한다. '잡상(雜裳)'은 전면은 검은색이고 후면은 황색이다. 『역』에서는 "검고 누런 것은 천지의 색깔이 섞인 것으로, 하늘은 검고 땅을 누렇다."[1]라고 했다. 사는 모두 검붉은 가죽으로 슬갑을 만드는데, 검붉다는 점에서 동일하다. '현관(玄冠)'으로 복장의 명칭을 정하지 않은 것은 치포관(緇布冠)을 진설하기 때문이다. 『예기』「옥조(玉藻)」편에서는 "슬갑은 군주의 것은 주색으로 만들고, 대부의 것은 소(素)로 만들며, 사의 것은 작위(爵韋)로 만든다."[2]라고 했다.

賈疏　●"玄端"至"爵韠". ○釋曰: 此玄端服, 服之下, 故後陳於皮弁

---

1) 『역』「곤괘(坤卦)·문언전(文言傳)」: 陰疑於陽必戰. 爲其嫌於无陽也, 故稱"龍"焉, 猶未離其類也, 故稱"血"焉. 夫玄黃者, 天地之雜也, 天玄而地黃.

2) 『예기』「옥조(玉藻)」: 韠, 君朱, 大夫素, 士爵韋.

之南. 陳三等裳者, 凡諸侯之下皆有二十七士, 公侯伯之士一命, 子
男之士不命, 不同一命·不命皆分爲三等, 故服分爲三等之裳以當
之. 上下經三等之服同用緇帶者, 以其士唯有一幅禪之帶, 故三服共
用之. 大帶, 所以束衣. 革帶, 所以珮韠及佩玉之等. 不言革者, 擧韠
有革帶可知, 故略不言耳. 三裳之下云"可也"者, 欲見三等之士各有
所當. 當者卽服之, 故言可以許之也.

● 經文: "玄端"~"爵韠". ○ 여기에서 말하는 현단복(玄端服)은 의복 중
에서도 등급이 낮은 것이다. 그렇기 때문에 가장 뒤에 피변복(皮弁服)을
진설한 곳 남쪽에 진설한다. 3등급의 하의를 서술하였는데, 제후의 휘하
에는 모두 27명의 사가 있고, 공작·후작·백작에게 소속된 사는 1명(命)
의 등급이며, 자작과 남작에게 소속된 사는 명(命)의 등급이 없다. 1명과
명의 등급이 없다는 차이가 있는데, 이들에 대해서는 모두 3등급으로 나
누게 된다. 그렇기 때문에 복장에 대해서도 3등급의 하의를 나눠서 해당
계층에 맞게끔 하는 것이다. 사 계급의 상하 계층이 3등급의 하의를 각각
따르게 되지만, 동일하게 검은색의 허리띠를 착용하는 것은 사는 오직
1폭의 채색한 허리띠를 사용한다. 그렇기 때문에 3등급의 사가 모두 이
것을 차게 된다. 대대(大帶)[3]는 의복을 결속하기 위한 것이다. 혁대(革
帶)는 슬갑이나 패옥(佩玉)[4] 등을 차기 위한 것이다. 혁대를 언급하지
않은 것은 슬갑을 거론했다면 혁대도 포함된다는 사실을 알 수 있다. 그

---

3) 대대(大帶)는 예복(禮服)에 사용하는 허리띠이다. 허리띠에는 혁대(革帶)와 '대
대'가 있는데, 혁대는 가죽으로 만들어서 패옥 등을 차는 것이며, '대대'는 혁대
위에 흰 비단이나 누인 명주 등으로 만든 띠를 뜻한다. 대부(大夫) 이상의 계급은
흰 비단으로 만들었으며, 폭을 4촌(寸)으로 만들었고, 사(士)는 누인 명주로 만들
었으며, 폭은 2촌으로 만들었다. 『예기』「옥조(玉藻)」편에는 "大夫大帶四寸."이
라는 기록이 있고, 이에 대한 정현의 주에서는 "大夫以上以素, 皆廣四寸, 士以
練, 廣二寸."이라고 풀이했다.
4) 패옥(佩玉)은 의대(衣帶)에 매달아서 장식품으로 삼았던 옥(玉)을 뜻한다. 『예기』
「옥조(玉藻)」편에는 "古之君子必佩玉."이라는 기록이 있다.

렇기 때문에 생략하여 언급하지 않은 것일 뿐이다. 3등급의 하의에 대한 기록 뒤에는 '가야(可也)'라는 말이 있는데, 3등급의 사 계층에게는 각각 해당하는 하의가 있음을 드러내고자 한 것이다. 해당하는 것을 착용한다. 그렇기 때문에 '가(可)'라고 말하여 허용한 것이다.

賈疏 ◎注"此莫"至"爵韋". ○釋曰: 云"此莫夕於朝之服"者, 當是莫夕於君之朝服也. 按玉藻云: "君朝服以日視朝于內朝." "夕深衣, 祭牢肉." 是君朝服朝服, 夕服深衣矣. 下又云"朝玄端, 夕深衣". 朝時不服, 與君不同, 故鄭注云謂大夫士也. 則彼朝玄端·夕深衣, 是大夫·士家私朝也. 若然, 大夫·士旣服玄端·深衣以聽私朝矣. 此服注云莫夕於朝之服, 是士向莫之時夕君之服. 必以莫爲夕者, 朝禮備, 夕禮簡, 故以夕言之也. 若卿大夫莫夕於君, 當亦朝服矣. 按春秋左氏傳成十二年晉郤至謂子反曰: "百官承事, 朝而不夕." 此云莫夕者, 無事則無夕法, 若夕有事, 須見君則夕. 故昭十二年子革云夕, 哀十四年子我亦云夕者, 皆是有事見君, 非常朝夕之事也.

◎鄭注: "此莫"~"爵韋". ○정현이 "이것은 저녁에 조정에서 조회할 때 착용하는 복장이다."라고 했는데, 저녁이 되어 군주에게 조회를 할 때의 조복(朝服)에 해당한다는 뜻이다. 『예기』「옥조(玉藻)」편을 살펴보면 "군주는 조복을 착용하고 날마다 내조(內朝)에서 조정에 참관한다."5)라 했고, "저녁식사 때에는 심의(深衣)6)를 착용하고, 특생으로 마련했던 고기로 제사를 지낸다."7)라고 했다. 이것은 군주가 아침에는 조복을 착용하

---

5) 『예기』「옥조(玉藻)」: <u>諸侯玄端以祭</u>, 裨冕以朝, 皮弁以聽朔於大廟, <u>朝服以日視朝於內朝.</u>

6) 심의(深衣)는 일반적으로 상의와 하의가 서로 연결된 옷을 뜻한다. 제후, 대부(大夫), 사(士)들이 평상시 집안에 거처할 때 착용하던 복장이기도 하며, 서인(庶人)에게는 길복(吉服)에 해당하기도 한다. 순색에 채색을 가미하기도 했다.

7) 『예기』「옥조(玉藻)」: 又朝服以食, 特牲三俎祭肺; <u>夕深衣, 祭牢肉.</u> 朔月少牢,

고 저녁에는 심의를 착용한다는 사실을 나타낸다. 아래문장에서는 또 "아침에는 현단(玄端)을 착용하고, 저녁에는 심의(深衣)를 착용한다."[8]라고 했다. 아침에 조복을 착용하지 않는다는 것은 군주와 다른 점이다. 그렇기 때문에 정현의 주에서는 "대부와 사에 대한 내용이다."라고 말한 것이니, 「옥조」편에서 아침에 현단복을 착용하고 저녁에 심의를 착용한다고 한 것은 대부와 사가 자신의 집에 있는 사조(私朝)[9]에서 착용하는 복장에 해당한다. 만약 그렇다면 대부는 현단복과 심의를 착용하고 사조에서 조회를 받는 것이다. 이 복장에 대한 주에서는 "저녁에 조정에서 조회할 때 착용하는 복장이다."라고 했으니, 이것은 사가 저녁이 되었을 때, 군주에게 조회를 하는 복장이라는 뜻이다. 반드시 저녁에 하는 것을 저녁 조회인 석례(夕禮)로 여기는 것은 조례는 예법을 제대로 갖추지만 석례는 간략하게 한다. 그렇기 때문에 '석(夕)'이라고 말한 것이다. 만약 경과 대부가 군주에 대해서 저녁에 석례를 하는 경우라면, 마땅히 조복을 착용해야 한다. 『춘추좌씨전』을 살펴보면 성공 12년에 진나라 극지가 자반에게 "백관들이 일을 시행하며 조례만 하고 석례는 하지 않는다."[10]라고 했다. 이곳에서 '막석(莫夕)'이라고 한 것은 특별한 일이 없다면 석례의 법도가 없게 되는데, 만약 저녁에 특별한 일이 있어서 군주를 찾아뵈어야 한다면 석례를 한다. 그렇기 때문에 소공 12년에 자혁에 대해서 석(夕)을 했다고 했고,[11] 애공 14년에 자아에 대해서도 또한 석(夕)을 했다고 했는

五俎四簋. 子卯稷食菜羹. 夫人與君同庖.

8) 『예기』「옥조(玉藻)」 : 朝玄端, 夕深衣.

9) 사조(私朝)는 가조(家朝)와 같은 말이다. 대부(大夫)가 자신의 가(家)에 갖추고 있는 조정으로, 이곳에서 업무를 집행한다. 국가의 공적인 업무를 처리하는 군주의 조정과 대비가 되므로, '사조'라고 부르는 것이다. 대부는 통치 단위가 가(家)이므로, 대부가 가지고 있는 조정을 '가조'라고 부르는 것이다.

10) 『춘추좌씨전』「성공(成公) 12년」 : <u>百官承事, 朝而不夕</u>, 此公侯之所以扞城其民也.

11) 『춘추좌씨전』「소공(昭公) 12년」 : 右尹子革夕, 王見之, 去冠・被, 舍鞭, 與之語, 曰, "昔我先王熊繹與呂伋・王孫牟・燮父・禽父並事康王, 四國皆有分, 我

데,[12) 이 모두는 특별한 일이 있어서 군주를 찾아뵙는 것이며, 고정적으로 아침과 저녁에 하는 조회의 일이 아니다.

賈疏 ◎云"玄端卽朝服之衣, 易其裳耳"者, 上云"玄冠, 朝服, 緇帶, 素韠", 此玄端亦緇帶. 彼云朝服, 卽此玄端也. 但朝服亦得名端, 故論語云"端章甫", 鄭云: 端, 諸侯視朝之服耳. 皆以十五升布爲緇色, 正幅爲之同名也. 云"易其裳耳"者, 彼朝服素韠, 韠同裳色, 則裳亦素. 此旣易其裳, 以三等裳同爵韠, 則亦易之矣. 不言者, 朝服言素韠, 不言裳, 故須言易. 彼言素韠, 此云爵韠, 於文自明, 故不須言易也.

◎鄭注: "玄端卽朝服之衣, 易其裳耳". ○ 앞에서는 "현관(玄冠)을 쓰고 조복(朝服)을 착용하며 검은색의 허리띠를 차고 흰색의 슬갑을 두른다."[13)라 했고, 이곳에서 현단(玄端)을 언급하며 또한 치대(緇帶)를 찬다고 했다. 따라서 앞에서 '조복(朝服)'이라고 말한 것은 여기에서 말한 현단(玄端)에 해당한다. 다만 조복에 대해서는 또한 '단(端)'이라고 부를 수 있다. 그렇기 때문에 『논어』에서는 "단(端)을 입고 장보관을 쓴다."[14)라 했고, 정현은 단(端)은 제후가 조정에 참관할 때의 복장일 뿐이라고 했다. 이 모두는 15승의 포로 만들고 검은색으로 만드는데, 정폭이 되어 같은 명칭으로 부르는 것이다. 정현이 "하의를 바꿀 따름이다."라고 했는데, 앞에서 조복에 소필(素韠)을 한다고 했을 때, 슬갑은 하의의 색깔과 같으니, 하의 또한 흰색이 된다. 이곳에서는 이미 하의를 바꾼다고 했는데, 3등급의 하의에는 동일하게 작필(爵韠)을 차게 되므로 또한 바꾸게 된다. 이러한 사실을 언급하지 않은 것은 조복에 대해서 소필을 언급했고

獨無有. 今吾使人於周, 求鼎以爲分, 王其與我乎?"

12) 『춘추좌시전』「애공(哀公)」14년: 子我夕, 陳逆殺人, 逢之, 遂執以入.

13) 『의례』「사관례」: 主人玄冠, 朝服, 緇帶, 素韠, 卽位于門東, 西面.

14) 『논어』「선진(先進)」: 對曰, "非曰能之, 願學焉. 宗廟之事, 如會同, 端章甫, 願爲小相焉."

하의에 대해서는 언급하지 않았다. 그러므로 바꾼다는 말을 할 필요가 있다. 앞에서는 소필이라고 했고 이곳에서는 작필이라고 했는데, 문장에서 자명하게 드러난다. 그렇기 때문에 바꾼다는 말을 할 필요가 없다.

賈疏 ◎云"上士玄裳, 中士黃裳, 下士雜裳"者, 此無正文, 直以諸侯之士皆有三等之裳, 故還以三等之士記之. 但玄是天色, 黃是地色, 天尊而地卑, 故上士服玄, 中士服黃, 下士當雜裳. 雜裳者, 還用此玄黃, 但前陽後陰, 故知"前玄後黃"也.

◎鄭注: "上士玄裳, 中士黃裳, 下士雜裳". ○ 이것과 관련해서는 경문에 기록이 없고, 단지 제후에게 소속된 사에게는 모두 3등급의 하의가 있다. 그렇기 때문에 다시 3등급의 사를 기준으로 기록한 것이다. 다만 검은색은 하늘의 색에 해당하고, 황색은 땅의 색에 해당하는데, 하늘은 높고 땅은 낮다. 그렇기 때문에 상사는 검은색으로 된 하의를 착용하고, 중사는 황색으로 된 하의를 착용하며, 하사는 잡색의 하의를 착용하게 된다. '잡상(雜裳)'이라는 것은 여기에서 말한 검은색과 황색을 사용해서 만드는 것인데, 다만 앞은 양에 해당하고 뒤는 음에 해당한다. 그렇기 때문에 정현이 "전면은 검은색이고 후면은 황색이다."라고 한 말이 사실임을 알 수 있다.

賈疏 ◎云"易曰"者, 是文言文, 引之者, 證此裳等是天地二色爲之.

◎鄭注: "易曰". ○『역』「문언전(文言傳)」의 기록이다. 이 기록을 인용한 것은 여기에서 말한 하의들이 천지의 두 색깔에 따라 만든 것임을 증명하기 위해서이다.

賈疏 ◎云"士皆爵韋爲韠, 其爵同"者, 三裳同云爵韠, 故知三等之士同用爵韋爲韠也. 其爵韋者, 所引玉藻文是也.

◎鄭注: "士皆爵韋爲韠, 其爵同". ○3등급의 하의에 대해서는 동일하기 '작필(爵韠)'이라고 했다. 그렇기 때문에 3등급의 사들은 동일하게 검붉은 가죽을 이용해서 슬갑을 만든다는 사실을 알 수 있다. '작위(爵韋)'에 대해『예기』「옥조(玉藻)」편을 인용했는데, 그 내용이 바로 이러한 사실을 나타낸다.

賈疏 ◎云"不以玄冠名服者, 是爲緇布冠陳之"者, 今不以玄冠表此服者, 此爲冠時緇布冠陳之, 冠旣不用玄冠, 故不言也.

◎鄭注: "不以玄冠名服者, 是爲緇布冠陳之". ○이곳에서는 현관(玄冠)을 통해서 이 복장을 표시하지 않았는데, 관을 씌워줄 때 치포관을 진설하게 된다. 관에 대해서 이미 현관을 사용하지 않고 있기 때문에 언급하지 않은 것이다.

賈疏 ◎云"玉藻"者, 按彼注云: "此玄端服之韠也." 云"韠"者, 與下君・大夫・士爲總目. 韋者, 又總三者用韋爲之, 言君朱, 大夫素, 士爵者, 韠之韋色也. 云"君朱"者, 見五等諸侯, 則天子亦朱矣. 韠同裳色, 則天子諸侯朱裳. 士言爵, 則此經爵韠亦一也. 以其裳有三等, 爵亦雜色, 故同爵韠. 若然, 大夫素裳則與朝服不異者, 禮窮則同也.

◎鄭注: "玉藻". ○『예기』「옥조(玉藻)」편의 주를 살펴보면 "이것은 현단복(玄端服)에 착용하는 슬갑이다."[15]라고 했다. '필(韠)'이라고 한 것은 그 뒤에 있는 군주・대부・사에 대한 총괄적인 제목이 된다. '위(韋)'는 또한 세 가지 모두 무두질한 가죽을 이용해서 만드는 것을 나타내는데, 군주에 대해서는 주(朱)라 말했고, 대부에 대해서는 소(素)라 말했으며, 사에 대해서는 작(爵)이라 말했는데, 이것들은 슬갑의 가죽 색깔에 해당

---

15) 이 문장은『예기』「옥조(玉藻)」편의 "韠, 君朱, 大夫素, 士爵韋."라는 기록에 대한 정현의 주이다.

한다. '군주(君朱)'라고 했는데, 다섯 등급의 제후가 모두 이와 같다는 것을 드러낸다면, 천자 또한 주색으로 만드는 것이다. 슬갑은 하의의 색깔과 같으니, 천자와 제후는 주색의 하의를 착용하게 된다. 사에 대해서 '작(爵)'이라고 말했으니, 이곳 경문에서 말한 작필(爵韠) 또한 이와 같은 것이다. 하의에 3등급이 있고, 작(爵)라는 것 또한 색깔이 섞인 것이다. 그렇기 때문에 모두 작필을 사용하게 된다. 만약 그렇다면 대부가 흰색의 하의를 착용하는 것은 조복과 차이가 없게 되는데, 예법은 차등을 다하게 되면 동일하게 적용하기 때문이다.

참고 『역』「곤괘(坤卦)·문언전(文言傳)」 기록

전문 夫玄黃者天地之雜也, 天玄而地黃.

무릇 검고 누런 것은 천지의 색깔이 섞인 것으로, 하늘은 검고 땅을 누렇다.

孔疏 ○ 正義曰: 釋"其血玄黃"之義. 莊氏云: "上六之爻, 兼有天地雜氣, 所以上六被傷, 其血玄黃也. 天色玄, 地色黃, 故血有天地之色." 今輔嗣注云"猶與陽戰而相傷", 是言陰陽俱傷也. 恐莊氏之言, 非王之本意, 今所不取也.

○"그 피가 검고 누렇다."16)는 뜻을 풀이한 것이다. 장씨는 "상육의 효는 천지의 뒤섞인 기운을 겸하고 있어서 상육이 상처를 입어서 그 피가 검고 누렇게 되는 것이다. 하늘의 색은 검은색이고 땅의 색은 누런색이다. 그렇기 때문에 피에 천지의 색깔이 포함된 것이다."라 했다. 지금 왕보사의 주에서는 "양과 싸워서 서로 상처를 입는 것과 같다."라 했으니, 음과 양

---

16) 『역』「곤괘(坤卦)」: 上六, 龍戰于野, 其血玄黃.

이 모두 상처를 입는다는 뜻이다. 아마도 장씨의 말은 왕필의 본래 의도
는 아닌 것 같으므로, 여기에서는 취하지 않는다.

참고 『예기』「옥조(玉藻)」 기록

경문 韠, 君朱, 大夫素, 士爵韋.

습갑은 군주의 것은 주색으로 만들고, 대부의 것은 소(素)로 만들며, 사
의 것은 작위(爵韋)로 만든다.

鄭注 此玄端服之韠也. 韠之言蔽也. 凡韠, 以韋爲之, 必象裳色, 則
天子·諸侯玄端朱裳, 大夫素裳. 唯士玄裳, 黃裳, 雜裳也. 皮弁服皆
素韠.

여기에서 말하는 습갑은 현단복(玄端服)에 착용하는 습갑이다. '필(韠)'
자는 "가리다."는 뜻이다. 모든 습갑은 다룸가죽[韋]으로 만들게 되는데,
반드시 하의의 색상을 반영하게 되니, 천자와 제후의 현단복에는 주색의
하의를 착용하고, 대부는 흰색의 하의를 착용한다. 오직 사만이 검은색의
하의, 황색의 하의, 색깔이 섞여 있는 하의를 착용한다. 피변복(皮弁服)
을 착용하는 경우에는 모두 흰색의 습갑을 착용한다.

孔疏 ◎注"此玄"至"素韠". ○正義曰: 知"此玄端服之韠也"者, 按士
冠禮玄端·玄裳·黃裳·雜裳·爵韠, 謂士玄端之韠. 此云"士爵韋",
故知是玄端之韠也. 云"天子·諸侯玄端朱裳"者, 以韠從裳色. 君旣
用朱, 故知裳亦朱色也. 然天子諸侯祭服, 玄衣纁裳. 知此朱韠非祭
服韠者, 若其祭服則君與大夫士無別, 同是赤色, 何得云"大夫素, 士
爵韋"? 且祭服之韠, 大夫以上謂之韍, 士爵弁謂之韎韐, 不得稱韠
也. 云"大夫素裳"者, 大夫玄端, 以素爲裳, 故素韠也. 此則大夫·士

朝君之服. 大夫旣以素裳爲朝服, 又以玄端服, 禮窮則同故也. 云"唯士玄裳, 黃裳, 雜裳也"者, 士冠禮謂玄端之裳也. 士朝服則素裳, 故鄭注士冠禮, 朝服則玄端之衣, 易其裳耳. 云"皮弁服皆素韠"者, 按士冠禮"皮弁服素韠". 云"皆"者, 君與大夫·士皮弁皆然, 故云"皆"也.

◎鄭注: "此玄"~"素韠". ○정현이 "여기에서 말하는 슬갑은 현단복(玄端服)에 착용하는 슬갑이다."라고 했는데, 이 말이 사실임을 알 수 있는 이유는 『의례』「사관례(士冠禮)」편을 살펴보면, 현단(玄端)·현상(玄裳)·황상(黃裳)·잡상(雜裳)·작필(爵韠)에 대해서, 사가 현단복에 착용하는 슬갑이라고 했다. 이곳에서는 "사의 슬갑은 작위(爵韋)로 만든다."라고 했기 때문에, 이 슬갑이 현단복에 착용하는 슬갑임을 알 수 있다. 정현이 "천자와 제후의 현단복에는 주색의 하의를 착용한다."라고 했는데, 슬갑은 하의의 색상에 따르게 되어 있기 때문이다. 군주의 슬갑은 이미 주색을 사용하기 때문에, 하의 또한 주색으로 만든다는 사실을 알 수 있다. 그러나 천자와 제후가 착용하는 제복(祭服)은 현색의 상의에 분홍색의 하의를 착용한다. 이곳에서 말하는 주색의 슬갑이 제복에 착용하는 슬갑이 아니라는 사실을 알 수 있는데, 만약 그 복장이 제복인 경우라면, 군주와 대부 및 사는 차이가 없으니, 모두 적색으로 맞추게 되는데, 어떻게 "대부는 흰색으로 하고, 사는 작위로 한다."라고 할 수 있는가? 또 제복에 착용하는 슬갑의 경우, 대부 이상의 계급에 대한 것은 '불(韍)'이라고 부르고, 사의 작변복(爵弁服)에 착용하는 슬갑은 '매겹(韎韐)'이라고 부르게 되니, '필(韠)'이라고 부를 수 없다. 정현이 "대부는 흰색의 하의를 착용한다."라고 했는데, 대부의 현단복에서는 흰색의 옷감으로 하의를 만들게 된다. 그렇기 때문에 흰색의 슬갑을 착용하게 된다. 이것은 대부 및 사가 군주에게 조회를 할 때 착용하는 복장이다. 대부는 이미 흰색의 하의를 조복(朝服)으로 삼고, 또 현단복(玄端服)으로 사용하는데, 예법의 규정이 다하게 되면, 규정을 동일하게 맞추기 때문이다. 정현이 "오직 사만이 검은색의 하의, 황색의 하의, 색깔이 섞여 있는 하의를

착용한다.”라고 했는데, 「사관례」편에서 말하는 복장은 현단복에 착용하는 하의를 뜻한다. 사의 조복인 경우라면, 흰색의 하의를 착용한다. 그렇기 때문에 「사관례」편에 대한 정현의 주에서는 조복인 경우, 현단복의 상의를 착용하고, 하의만 바꿀 따름이라고 한 것이다. 정현이 “피변복(皮弁服)을 착용하는 경우에는 모두 흰색의 슬갑을 착용한다.”라고 했는데, 「사관례」편을 살펴보면, “피변복을 착용하고, 흰색의 슬갑을 찬다.”[17]라고 했다. 정현이 ‘모두[皆]’라고 말한 이유는 군주와 대부 및 사의 피변복은 모두 이처럼 되어 있기 때문에, ‘모두’라고 말한 것이다.

참고 『예기』「옥조(玉藻)」 기록

경문 諸侯玄端以祭, 裨冕以朝, 皮弁以聽朔於大廟, 朝服以日視朝於內朝.

제후는 현면(玄冕)을 착용하고 제사를 지내며, 비면(裨冕)을 착용하고 천자에게 조회를 가며, 피변복(皮弁服)을 착용하고 태묘(太廟)에서 청삭(聽朔)을 하며, 조복(朝服)을 착용하고 날마다 내조(內朝)에서 조정에 참관한다.

정주 祭先君也. 端, 亦當爲“冕”, 字之誤也. 諸侯祭宗廟之服, 唯魯與天子同. 朝天子也. 裨冕: 公袞, 侯伯鷩, 子男毳也. 皮弁, 下天子也. 朝服, 冠玄端素裳也. 此內朝, 路寢門外之正朝也. 天子·諸侯皆三朝.

선대 군주에게 제사를 지낸다는 뜻이다. ‘단(端)’자 또한 마땅히 ‘면(冕)’

---

17) 『의례』「사관례(士冠禮)」: 賓盥, 正纚如初, 降二等, 受皮弁, …… 服素積·素韠, 容, 出房, 南面.

자가 되어야 하니, 글자가 비슷해서 생긴 오자이다. 제후가 종묘(宗廟)에서 제사를 지낼 때 착용하는 복장에 있어서, 오직 노(魯)나라 군주만이 천자와 동일하게 할 수 있었다. '조(朝)'는 천자에게 조회를 간다는 뜻이다. '비면(裨冕)'의 경우, 공작은 공면(袞冕)이고, 후작·백작은 별면(鷩冕)이며, 자작·남작은 취면(毳冕)이다. '피변(皮弁)'을 착용하는 것은 천자보다 낮추기 때문이다. '조복(朝服)'은 관(冠)과 현단복(玄端服)을 착용하고, 흰색의 하의를 입는다. 여기에서 말하는 '내조(內朝)'는 노침(路寢)의 문밖에 있는 정식 조정을 뜻한다. 천자와 제후는 모두 3개의 조정을 두었다.

孔疏 ◎注"祭先"至"子同". ○正義曰: 知"祭先君"者, 與上"天子龍卷以祭"其文相類, 故知"祭先君"也. 云"端, 亦當爲冕"者, 以玄端賤於皮弁, 下文"皮弁聽朔於大廟", 不應玄端以祭先君, 故知亦當爲玄冕. 云"唯魯與天子同"者, 按明堂位云"君卷冕立于阼, 夫人副褘立于房中", 是也. 熊氏云: "此謂祭文王周公之廟, 得用天子之禮. 其祭魯公以下, 則亦玄冕. 故公羊云: '周公白牡, 魯公騂犅, 群公不毛.' 是魯公以下, 與周公異也. 二王之後, 祭其先王, 亦是用以上之服. 二王之後不得立始封之君廟, 則祭微子以下亦玄冕."

◎鄭注: "祭先"~"子同". ○정현이 "선대 군주에게 제사를 지낸다는 뜻이다."라고 했는데, 이 말이 사실임을 알 수 있는 이유는 이 기록이 앞서 "천자가 용곤(龍袞)을 착용하고 제사를 지낸다."라고 했던 기록과 문장이 유사하기 때문에, "선대 군주에게 제사를 지낸다는 뜻이다."라는 말이 사실임을 알 수 있는 것이다. 정현이 "'단(端)'자 또한 마땅히 '면(冕)'자가 되어야 한다."라고 했는데, 현단(玄端)은 피변(皮弁)보다 등급이 낮은 복장이고, 아래문장에서 "피변(皮弁)을 착용하고 태묘(太廟)에서 청삭(聽朔)을 한다."라고 했으니, 마땅히 현단(玄端)을 착용하고는 선대 군주에 대한 제사를 지낼 수 없다. 그렇기 때문에 이 또한 마땅히 현면(玄冕)이

되어야 함을 알 수 있는 것이다. 정현이 "오직 노나라 군주만이 천자와
동일하게 할 수 있었다."라고 했는데, 『예기』「명당위(明堂位)」편을 살펴
보면, "제후는 곤면(袞冕)을 하고 동쪽 계단 위에 서며, 부인은 부(副)를
꽂고, 위의(褘衣)를 착용하고 방안에 선다."[18]라고 한 말이 바로 이러한
사실을 나타낸다. 웅안생은 "이것은 문왕과 주공의 묘(廟)에서 제사를
지내는 경우에는 천자의 예를 사용할 수 있었음을 뜻한다. 노공에 대한
제사로부터 그 이후의 군주에 대한 제사라면, 또한 현면(玄冕)을 착용한
다. 그렇기 때문에 『공양전』에서는 '주공(周公)에 대한 제사에서는 백모
(白牡)를 사용하고, 노공(魯公)에 대한 제사에서는 성강(騂犅)을 사용하
며, 나머지 군주들에 대한 제사에서는 불모(不毛)를 사용한다.'[19]라고 한
것이니, 이 말은 노공으로부터 그 이하의 군주에 대한 제사는 주공의 경
우와는 다르게 했다는 사실을 나타낸다. 하나라와 은나라 후손들은 그들
의 선왕에 대해 제사를 지내게 되면, 또한 상등의 복장을 사용한다. 두
왕조의 후손들은 처음 분봉을 받은 군주의 묘(廟)를 세울 수 없으니, 미
자 이후의 선대에 대해서 제사를 지낼 때에도 또한 현면(玄冕)을 착용한
다."라고 했다.

참고 『예기』「옥조(玉藻)」 기록

경문 又朝服以食, 特牲三俎祭肺; 夕深衣, 祭牢肉. 朔月少牢, 五俎
四簋. 子卯稷食菜羹. 夫人與君同庖.

---

18) 『예기』「명당위(明堂位)」: <u>君卷冕立于阼, 夫人副褘立于房中,</u> 君肉袒迎牲于門,
　　夫人薦豆籩, 卿大夫贊君, 命婦贊夫人, 各揚其職. 百官廢職服大刑, 而天下大
　　服.
19) 『춘추공양전』「문공(文公) 13년」: 魯祭周公, 何以爲牲. <u>周公用白牡, 魯公用騂</u>
　　<u>犅, 群公不毛.</u> 魯祭周公何以爲盛. 周公盛. 魯公燾. 群公廩.

또한 조복(朝服)을 착용하고서 아침식사를 하며, 식사를 할 때에는 특생을 사용하여 3개의 도마를 차리고, 희생물의 폐로 음식에 대한 제사를 지내며, 저녁식사 때에는 심의(深衣)를 착용하고, 특생으로 마련했던 고기로 제사를 지낸다. 매월 초하루에는 소뢰를 사용하고, 5개의 도마와 4개의 궤를 마련한다. 갑자일(甲子日)이나 을묘일(乙卯日)에는 메기장밥을 먹고 채소국만 먹는다. 부인은 군주와 부엌을 함께 쓴다.

鄭注 食必復朝服, 所以敬養身也. 三俎: 豕・魚・腊. 祭牢肉, 異於始殺也. 天子言"日中", 諸侯言"夕"; 天子言"餕", 諸侯言"祭牢肉", 互相挾. 五俎, 加羊與其腸胃也. 朔月四簋, 則日食粱・稻, 各一簋而已. 忌日貶也. 不特殺也.

식사를 할 때에는 반드시 조복(朝服)으로 다시 갈아입으니, 몸을 봉양하는 절차를 공경하기 때문이다. '삼조(三俎)'는 돼지고기・물고기・석(腊)을 올리는 것이다. 뇌육(牢肉)으로 제사를 지낸다는 것은 처음 도축을 했을 때와는 다르게 하기 때문이다. 천자에 대한 경우에서는 '점심식사'를 언급했고, 제후에 대한 경우에서는 '저녁식사'를 언급했으며, 천자에 대한 경우에서는 '남은 음식'을 언급했고, 제후에 대한 경우에서는 "뇌육(牢肉)으로 제사를 지낸다."라고 했는데, 상호 보완이 되는 기록이다. '오조(五俎)'에는 양고기 및 창자와 위장이 추가된다. 매월 초하루에 먹는 식사라면, 4개의 궤(簋)를 차리니, 날마다 먹는 식사에서는 조와 벼로 지은 밥을 각각 1개의 궤에 담을 따름이다. 기일(忌日)에는 낮추기 때문이다. 부인에게는 특생을 도축하지 않기 때문이다.

참고 『예기』「옥조(玉藻)」 기록

경문 朝玄端, 夕深衣.

대부와 사는 아침에는 현단(玄端)을 착용하고, 저녁에는 심의(深衣)를 착용한다.

鄭注 謂大夫·士也.

대부와 사에게 해당하는 내용이다.

孔疏 ●"朝玄端, 夕深衣"者, 謂大夫·士早朝在私朝, 服玄端, 夕服 深衣, 在私朝及家也.

● 經文: "朝玄端, 夕深衣". ○ 대부와 사가 아침 일찍 사조(私朝)에 머물게 되면, 현단(玄端)을 착용하고, 저녁에는 심의(深衣)를 착용하여, 사조 및 가(家)에 머물게 된다.

참고 『춘추좌씨전』 성공(成公) 12년 기록

전문 共儉以行禮, 而慈惠以布政. 政以禮成, 民是以息. 百官承事, 朝而不夕.

공손함과 검소함으로는 예를 시행하고 자혜로움으로는 정치를 펼쳤기 때문입니다. 정치는 예를 통해 완성되고 백성들은 이로 인해 휴식을 취하게 됩니다. 또 모든 관리들이 정무를 처리할 때에는 낮에만 하고 저녁에는 하지 않았습니다.

杜注 不夕, 言無事.

저녁에는 하지 않았다는 말은 일이 없었다는 뜻이다.

孔疏 ●"朝而不夕". ○ 正義曰: 旦見君謂之朝, 莫見君謂之夕. 哀十四年傳稱"子我夕", 晉語稱"叔向夕", 皆謂夕見君也. 人息事少, 故百官承奉職事, 皆朝朝而莫不夕. 不夕, 言無事也.

● 傳文: "朝而不夕". ○ 아침에 군주를 알현하는 것을 '조(朝)'라 부르고, 저녁에 군주를 알현하는 것을 '석(夕)'이라 부른다. 애공 14년에 대한 전문에서는 "자아가 석(夕)을 했다."[20]라고 했고, 『국어』 「진어(晉語)」에서는 "숙향이 석(夕)을 했다."[21]라고 했으니, 이 모두는 저녁에 군주를 알현했다는 뜻이다. 사람들이 휴식을 취하고 업무가 적었기 때문에 모든 관리들이 자신의 직무에 종사하며 모두 아침에만 군주를 알현하고 저녁에는 알현하지 않았다. 저녁에 알현하지 않았다는 말은 일이 없었다는 의미이다.

참고 『춘추좌씨전』 소공(昭公) 12년 기록

전문 右尹子革夕①, 王見之, 去冠被舍鞭②. 與之語曰: "昔我先王熊繹③, ……."

우윤 자혁이 석(夕)을 하여, 초왕(楚王)이 그를 만나보며 관의 덮개를 벗기고 채찍을 내려놓았다. 그와 함께 말을 하며, "옛날 나의 선왕 웅역(熊繹)께서, ……."라 했다.

杜注① 子革, 鄭丹. 夕, 莫見.

'자혁(子革)'은 정단(鄭丹)이다. '석(夕)'은 저녁에 알현하는 것이다.

杜注② 敬大臣.

---

20) 『춘추좌씨전』 「애공(哀公) 14년」: 子我夕, 陳逆殺人, 逢之, 遂執以入.
21) 『국어』 「진어팔(晉語八)」: 叔向聞之, 夕, 君告之.

대신을 공경하기 때문이다.

杜注 ③ 楚始封君.

초나라에 처음으로 분봉받은 군주를 뜻한다.

孔疏 ◎注"楚始封君". ○正義曰: 此與呂級·王孫牟·燮父·禽父,
杜所注者, 皆是世家文也. 燮父·禽父, 亦王孫. 傳於牟言王孫, 燮·
禽亦蒙之.

◎杜注: "楚始封君". ○이 기록과 여급·왕손모·섭보·금보에 대해 두
예가 주를 단 것들은 모두 「세가」의 기록이다. 섭보와 금보 또한 왕손이
다. 전문에서는 모(牟)에 대해 왕손(王孫)이라 언급하였으니, 섭보와 금
보 또한 그에 해당한다.

참고 「춘추좌씨전」 애공(哀公) 14년 기록

전문 齊簡公之在魯也, 闞止有寵焉①. 及卽位, 使爲政. 陳成子憚
之, 驟顧諸朝②. 諸御鞅言於公③曰: "陳·闞不可並也, 君其擇焉④."
弗聽. 子我夕⑤, 陳逆殺人, 逢之⑥, 遂執以入⑦. 陳氏方睦⑧,
使疾而遺之潘沐, 備酒肉焉⑨, 饗守囚者, 醉而殺之而逃. 子我盟諸陳於
陳宗⑩.

제나라 간공이 노나라에 있었을 때 감지는 총애를 받았다. 간공이 즉위를
하게 되자 그로 하여금 정사를 시행토록 했다. 진성자는 그를 두려워하여
조정에서 자주 그를 돌아보았다. 제어 앙이 간공에게 말하길, "진성자와
감지는 함께할 수 없으니, 군주께서는 선택하셔야 합니다."라고 했으나
듣지 않았다. 자아가 석(夕)을 함에 진역이 사람을 죽였는데, 자아가 그
를 맞닥뜨려서, 마침내 그를 잡아 함께 조정으로 들어왔다. 진씨가 화목

해지려고 하여, 진역으로 하여금 병을 사칭토록 하고 그에게 머리를 감을 쌀뜨물을 보내며 함께 술과 고기도 갖춰서 보냈고, 죄수를 지키던 자에게 대접토록 해서 그가 취하자 그를 죽이고 도주하였다. 자아는 진씨의 종자 집에서 여러 진씨들과 맹약을 맺었다.

杜注 ① 簡公, 悼公陽生子壬也. 闞止, 子我也. 事在六年.

'간공(簡公)'은 도공 양생(陽生)의 아들인 임(壬)이다. '감지(闞止)'는 자아(子我)이다. 이 사건은 6년에 일어났다.

杜注 ② 成子, 陳常. 心不安, 故數顧之.

'성자(成子)'는 진상(陳常)이다. 마음이 불안했기 때문에 자주 돌아본 것이다.

杜注 ③ 鞅, 齊大夫.

'앙(鞅)'은 제나라의 대부이다.

杜注 ④ 擇用一人.

택하여 한 사람만 써야 한다는 뜻이다.

杜注 ⑤ 夕視事.

저녁에 일을 처리하는 것이다.

杜注 ⑥ 陳逆, 子行, 陳氏宗也. 子我逢之.

'진역(陳逆)'은 자항(子行)으로 진씨의 종인이다. 자아가 그것을 맞닥뜨린 것이다.

杜注 ⑦ 執逆至朝.

진역을 잡아서 조정에 도달한 것이다.

杜注 ⑧ 欲謀齊國, 故宗族和.

제나라를 도모하고자 하였기 때문에 종족이 화목했던 것이다.

杜注 ⑨ 使詐病, 因內潘沐, 幷得內酒肉. 潘, 米汁, 可以沐頭.

병을 사칭토록 하고, 그것을 인용해 머리를 감을 쌀뜨물을 들여보내고 아울러 술과 고기도 들여보낸 것이다. '반(潘)'은 쌀을 씻은 물이니 이것으로 머리를 감을 수 있다.

杜注 ⑩ 失陳逆, 懼其反爲患, 故盟之.

진역을 놓쳐서 그가 반대로 환란을 일으키게 될까 두려웠기 때문에 그와 맹약을 맺은 것이다.

孔疏 ●"盟諸陳於陳宗". ○正義曰: 陳宗, 陳氏宗主, 謂陳成子也. 盡集陳氏宗族, 就成子家盟也.

● 傳文: "盟諸陳於陳宗". ○ '진종(陳宗)'은 진씨의 종주를 뜻하니, 진성자를 가리킨다. 진씨의 종족들을 모두 모으고, 성자의 집에 찾아가서 맹약을 맺은 것이다.

참고 『논어』「선진(先進)」 기록

경문 "赤, 爾何如?" 對曰: "非曰能之, 願學焉. 宗廟之事, 如會同, 端章甫, 願爲小相焉."

공자가 말하길, "적아 너는 어떻게 하겠느냐?"라고 하자 대답하길, "제가 잘한다는 말이 아니니, 배우기를 원합니다. 종묘의 일과 회맹 등의 일이나 군주가 단(端)을 착용하고 장보(章甫)를 쓸 일이 있을 때 작게 일을 맡아 도와주는 자가 되기를 원합니다."라고 했다.

何注 鄭曰: 我非自言能, 願學爲之. 宗廟之事, 謂祭祀也. 諸侯時見曰會. 殷覜曰同. 端, 玄端也. 衣玄端, 冠章甫, 諸侯日視朝之服. 小相, 謂相君之禮.

정씨가 말하길, 내가 내 스스로 잘한다고 말하는 것이 아니라 배워서 그것을 하고자 한다는 뜻이다. '종묘지사(宗廟之事)'는 제사를 뜻한다. 제후들이 때에 따라 알현하는 것은 '회(會)'라 부른다. 대규모로 찾아뵙는 것은 '동(同)'이라 한다. '단(端)'은 현단복(玄端服)을 뜻한다. 현단복을 착용하고 장보라는 관을 쓰는 것은 제후들이 날마다 조정에 참관할 때의 복장이다. '소상(小相)'은 군주의 예법을 돕는다는 뜻이다.

邢疏 ●"赤, 爾何如"者, 又問公西華也.

● 經文: "赤, 爾何如". ○ 이 또한 공서화에게 묻는 말이다.

邢疏 ●"對曰, 非曰能之, 願學焉. 宗廟之事, 如會同, 端章甫, 願爲小相焉"者, 此赤也之志也. 曰, 言也. 我非自言能之, 願學爲焉. 宗廟祭祀之事, 如有諸侯會同, 及諸侯衣玄端, 冠章甫, 日視朝之時, 己願爲其小相君之禮焉.

● 經文: "對曰, 非曰能之, 願學焉. 宗廟之事, 如會同, 端章甫, 願爲小相焉". ○ 이것은 적의 뜻에 해당한다. '왈(曰)'자는 말한다는 뜻이다. 내가 내 스스로 그것을 잘한다고 말하는 것이 아니라, 배워서 하고자 한다는 의미이다. 종묘에서 치르는 제사의 일이나 제후들이 회동하는 일이

있을 때나 제후가 현단복을 착용하고 장보를 쓰고서 날마다 조정에 참관할 때, 본인은 군주의 예법을 작게 돕는 자가 되고자 한다는 의미이다.

邢疏 ◎注"鄭曰"至"之禮". ○正義曰: 云"宗廟之事, 謂祭祀也"者, 謂禴·祠·烝·嘗及追享·朝享·禘·祫之類皆是也. 云"諸侯時見曰會. 殷覜曰同"者, 周禮·春官·大宗伯職文, 但彼作殷見, 此作殷覜, 覜則見也. 鄭玄注云: "此禮以諸侯見王爲文. 時見者, 言無常期. 諸侯有不順服者, 王將有征討之事. 則旣朝覲, 王爲壇於國外, 合諸侯而命事焉. 春秋傳曰'有事而會, 不協而盟', 是也. 殷猶衆也. 十二歲王如不巡守, 則六服盡朝. 朝禮旣畢, 王亦爲壇, 合諸侯以命政焉. 所命之政, 如王巡守. 殷見, 四方四時分來, 終歲則徧", 是也. 云"端, 玄端也. 衣玄端, 冠章甫, 諸侯日視朝之服"者, 其衣正幅染之玄色, 故曰玄端. 按王制云: "周人玄衣而養老." 注云: "玄衣, 素裳." 天子之燕服, 爲諸侯朝服. 彼云玄衣, 則此玄端也. 若以素爲裳, 卽是朝服. 此朝服素裳皆得謂之玄端, 故此注云"端, 玄端", 諸侯朝服. 若上士以玄爲裳, 中士以黃爲裳, 下士以雜色爲裳, 天子·諸侯以朱爲裳, 則皆謂之玄端, 不得名爲朝服也. 云"小相, 謂相君之禮"者, 按周禮·秋官·司儀職云: "掌九儀之賓客擯相之禮, 以詔儀容辭令揖讓之節." 注云: "出接賓曰擯, 入贊禮曰相." 又曰: "凡諸公相爲賓, 及將幣交擯, 三辭, 車逆拜辱, 賓車進答拜, 三揖三讓, 每門止一相." 注曰: "相爲主君擯者及賓之介也. 謂之相者, 於外傳辭耳, 入門當以禮詔侑也. 介紹而傳命者, 君子於其所尊不敢質, 敬之至也. 每門上一相, 彌相親也." 是相謂相君之禮也. 聘禮云: "卿爲上擯, 大夫爲承擯, 士爲紹擯." 玉藻曰: "君入門, 介拂闑, 大夫中根與闑之間, 上介拂根." 則卿爲上介, 大夫爲次介, 士爲末介也. 此云願爲小相者, 謙, 不敢爲上擯上介之卿, 願爲承擯紹擯次介末介之大夫士耳.

◎何注: "鄭曰"~"之禮". ○"'종묘지사(宗廟之事)'는 제사를 뜻한다."라

했는데, 약(禴)22) · 사(祠)23) · 증(烝)24) · 상(嘗)25) 및 추향(追享)26) · 조

22) 약(礿)은 약(禴)이라고도 부른다. 하(夏)나라와 은(殷)나라 때에는 봄에 종묘(宗廟)에서 지내는 제사를 뜻하는 용어로 사용하였지만, 주(周)나라 때에는 명칭을 고쳐서, 여름에 지내는 제사의 명칭으로 삼았다. '약(礿)'이 봄 제사를 뜻하는 용어로 사용될 때에는 적대薄]라는 뜻으로, 봄에는 만물이 아직 성숙하지 않았으므로, 제사 때 차려내는 제수(祭需)들이 적게 된다. 그렇기 때문에 그 제사를 '약(礿)'이라고 부르는 것이다. 『예기』「왕제(王制)」편에는 "天子諸侯宗廟之祭, 春曰礿, 夏曰禘, 秋曰嘗, 冬曰烝."이라는 기록이 있고, 이에 대한 정현의 주에서는 "此蓋夏殷之祭名. 周則春曰祠, 夏曰礿, 以禘爲殷祭."라고 풀이했고, 진호(陳澔)의 『집설(集說)』에서는 "礿, 薄也. 春物未成, 祭品鮮薄也."라고 풀이했다. 한편 '약(礿)'자가 여름 제사를 뜻하는 용어로 사용될 때에는 삶대汋=礿]의 뜻으로, 여름 4월에는 보리가 익어서, 삶아서 밥을 지을 수가 있다. 여름 제사 때에는 이처럼 보리밥을 헌상하기 때문에, 그 제사를 '약(礿)'이라고 부르는 것이다. 『춘추공양전』「환공(桓公) 8년」편에는 "夏曰礿."이라는 기록이 있는데, 이에 대한 하휴(何休)의 주에서는 "薦尙麥苗, 麥始熟可礿, 故曰礿."이라고 풀이했다. 그리고 『주례』「춘관(春官) · 사준이(司尊彝)」편에서는 "春祠夏禴, 祼用雞彝 · 鳥彝, 皆有舟."라고 하여, 약(礿)을 '약(禴)'자로 기록하고 있다.

23) 사(祠)는 봄에 종묘(宗廟)에서 지내는 제사를 뜻한다. '사'자는 음식[食]을 뜻하는 글자로, 선왕(先王)들에게 음식을 대접한다는 의미에서, 봄의 제사를 '사'라고 부르는 것이다. 『이아』「석천(釋天)」편에는 "春祭曰祠."라는 기록이 있는데, 이에 대한 곽박(郭璞)의 주에서는 "祠之言食."이라고 풀이했다. 한편 『예기』「왕제(王制)」편에는 "天子諸侯宗廟之祭, 春曰礿, 夏曰禘, 秋曰嘗, 冬曰烝."이라는 기록이 있고, 이에 대한 정현의 주에서는 "此蓋夏殷之祭名. 周則春曰祠, 夏曰礿, 以禘爲殷祭."라고 풀이했다. 즉 하(夏)나라와 은(殷)나라에서는 봄에 종묘에서 지내는 제사를 약(礿)이라고 불렀는데, 주(周)나라에 이르러, '약'이라는 명칭을 '사'로 고치게 되었다는 뜻이다.

24) 증(烝)은 겨울에 종묘(宗廟)에서 지내는 제사를 뜻한다. '증'자는 중(衆)자의 뜻으로, 겨울에는 만물 중에 성숙한 것이 많다는 의미에서 붙여진 말이다. 『백호통(白虎通)』「종묘(宗廟)」편에는 "冬曰烝者, 烝之爲言衆也, 冬之物成者衆."이라는 기록이 있다.

25) 상(嘗)은 가을에 종묘(宗廟)에서 지내는 제사를 뜻한다. 『이아』「석천(釋天)」편에는 "春祭曰祠, 夏祭曰礿, 秋祭曰嘗, 冬祭曰烝."이라는 기록이 있다. 즉 봄에 지내는 제사를 '사(祠)'라고 부르며, 여름에 지내는 제사를 '약(礿)'이라고 부르고,

제7절 기물들을 진설하는 절차　475

향(朝享) · 체(禘)27) · 협(祫)28) 등의 부류가 모두 여기에 해당한다. "제

가을에 지내는 제사를 '상(嘗)'이라고 부르며, 겨울에 지내는 제사를 '증(烝)'이라
고 부른다. 한편 '상'제사는 성대한 규모로 거행하였기 때문에, '대상(大嘗)'이라고
도 불렸으며, 가을에 지낸다는 뜻에서, '추상(秋嘗)'이라고도 불렸다. 또한 『춘추
번로(春秋繁露)』「사제(四祭)」편에서는 "四祭者, 因四時之所生孰而祭其先祖父
母也. 故春曰祠, 夏曰礿, 秋曰嘗, 冬曰烝. …… 嘗者, 以七月嘗黍稷也."이라
고 하여, 가을 제사인 상(嘗)제사는 7월에 시행하며, 서직(黍稷)을 흠향하도록
지낸다는 뜻에서 맛본다는 뜻의 '상'자를 붙였다고 설명한다.

26) 추향(追享)은 추향(追饗)이라고도 부른다. 제사 명칭이며, 체(禘)제사를 뜻한다.
『주례』「춘관(春官) · 사준이(司尊彝)」편에는 "凡四時之間祀, 追享 · 朝享."이라
는 기록이 있는데, 이에 대한 정현의 주에서는 "鄭司農云, '追享 · 朝享, 謂禘祫
也.' 杜子春云, '追享, 謂追祭遷廟之主, 以事有所請禱.'"라고 풀이했다. 즉 '추향'
은 체(禘)제사를 뜻하는데, 천묘(遷廟)된 신주에게도 거슬러 올라가 제사를 지내
며, 기도를 드리기 때문에, '추향'이라고 부르는 것이다. 한편 손이양(孫詒讓)의
『정의(正義)』에서는 "任啟運曰, '追享, 大禘也, 以追所自出, 故曰追享. …… 陸
淳春秋纂例, '古者喪除, 朝廟合群祖而祭焉, 故祫謂之朝享; 明年又禘其祖之
所自出, 故禘謂之追享.'"이라고 풀이했다. 즉 임계운(任啟運)의 주장에 따르면,
'추향'은 성대하게 지내는 체(禘)제사를 뜻하는데, 자신의 혈통이 비롯된 오래된
선조들에 대해서도 거슬러 올라가 제사를 지내기 때문에, '추향'이라고 부르는 것
이다. 그리고 육순(陸淳)의 『춘추찬례(春秋纂例)』에 따르면, 고대에는 상(喪)을
끝내고 난 뒤, 여러 조상들의 신주들을 한곳에 합사하여 제사를 지냈는데, 이것을
협(祫)제사 또는 조향(朝享)이라고 부르며, 그 다음 해에는 자신의 선조가 비롯된
오래된 선조에 대해서도 성대한 제사를 지내게 되는데, 이것을 체(禘)제사 또는
'추향'이라고 부른다는 뜻이다.

27) 체제(禘祭)는 천신(天神) 및 조상신(祖上神)에게 지내는 '큰 제사[大祭]'를 뜻한
다. 『이아』「석천(釋天)」편에는 "禘, 大祭也."라는 기록이 있고, 이에 대한 곽박(郭
璞)의 주에서는 "五年一大祭."라고 풀이하여, 대제(大祭)로써의 체제사는 5년마
다 1번씩 지낸다고 설명한다. 그러나 『예기』「왕제(王制)」에 수록된 각종 제사들
에 대한 기록을 살펴보면, 체제사는 큰 제사임에는 분명하나, 반드시 5년마다 1번
씩 지내는 제사는 아니었다.

28) 협제(祫祭)는 협(祫)이라고도 부른다. 신주(神主)들을 태조(太祖)의 묘(廟)에 모
두 모셔놓고 지내는 제사이다. 『춘추공양전』「문공(文公) 2년」에 "八月, 丁卯, 大
事于大廟, 躋僖公, 大事者何. 大祫也. 大祫者何. 合祭也, 其合祭奈何. 毀廟之

후들이 때에 따라 알현하는 것은 '회(會)'라 부른다."라 했는데, 이것은 『주례』「춘관(春官)・대종백(大宗伯)」편의 직무기록이다.[29] 다만 「대종백」편에서는 '은현(殷見)'이라 했고, 이곳에서는 은조(殷覜)라 기록했는데, '조(覜)'는 곧 알현한다는 뜻이다. 정현의 주에서는 "이 예법에서는 제후가 천자를 알현하는 것으로 문장을 작성한 것이다. '시현(時見)'은 고정된 기간이 없다는 뜻이다. 제후는 제후들 중 복종하지 않는 자가 생겨서 천자가 장차 정벌의 일을 시행하게 되면 조견을 끝내고서 천자는 국성 밖에 제단을 만들고 제후들을 모아놓고 남쪽을 바라보며 해당 일을 명령하게 된다. 『춘추전』에서 '일이 있으면 회(會)를 하고 화합되지 못하면 맹(盟)을 한다.'[30]라고 한 말이 이것을 가리킨다. '은(殷)'자는 많다는 뜻이다. 12년 동안 천자가 만약 순수(巡守)[31]를 하지 않는다면, 육복(六

主, 陳于大祖."라는 기록이 있다.

29) 『주례』「춘관(春官)・대종백(大宗伯)」 : 春見曰朝, 夏見曰宗, 秋見曰覲, 冬見曰遇, 時見曰會, 殷見曰同.

30) 『춘추좌씨전』「소공(昭公) 3년」 : 將得已乎! 昔文・襄之霸也, 其務不煩諸侯, 令諸侯三歲而聘, 五歲而朝, 有事而會, 不協而盟.

31) 순수(巡守)는 '순수(巡狩)'라고도 부른다. 천자가 수도를 벗어나 제후의 나라를 시찰하는 것을 뜻한다. '순수'의 '순(巡)'자는 그곳으로 행차를 한다는 뜻이고, '수(守)'자는 제후가 지키는 영토를 뜻한다. 제후는 천자가 하사해준 영토를 대신 맡아서 수호하는 것이기 때문에, 천자가 그곳에 방문하여, 자신의 영토를 어떻게 관리하고 있는지를 시찰하게 된다. 『서』「우서(虞書)・순전(舜典)」편에는 "歲二月, 東巡守, 至于岱宗, 柴."라는 기록이 있고, 이에 대한 공안국(孔安國)의 전(傳)에서는 "諸侯爲天子守土, 故稱守. 巡, 行之."라고 풀이했으며, 『맹자』「양혜왕하(梁惠王下)」편에서는 "天子適諸侯曰巡狩. 巡狩者, 巡所守也."라고 기록하였다. 한편 『예기』「왕제(王制)」편에는 "天子, 五年, 一巡守."라는 기록이 있고, 『주례』「추관(秋官)・대행인(大行人)」편에는 "十有二歲王巡守殷國."이라는 기록이 있다. 즉 「왕제」편에서는 천자가 5년에 1번 순수를 시행하고, 「대행인」편에서는 12년에 1번 순수를 시행한다고 기록하고 있는데, 이러한 차이점에 대해서 정현은 「왕제」편의 주에서 "五年者, 虞夏之制也. 周則十二歲一巡守."라고 풀이했다. 즉 5년에 1번 순수를 하는 제도는 우(虞)와 하(夏)나라 때의 제도이며, 주

服)32)에 속한 자들은 모두 조회를 오게 된다. 조례가 끝나게 되면 천자는 또한 제단을 만들고 제후들을 모아서 정사에 대해 명령한다. 명령하는 정령들은 천자가 순수를 했을 때처럼 한다. '은현(殷見)'은 사방의 제후들이 사계절에 따라 각각 나눠서 찾아오니, 한 해가 끝나게 되면 두루 찾아오는 것이다."라 한 말이 이러한 사실을 나타낸다. "'단(端)'은 현단복(玄端服)을 뜻한다. 현단복을 착용하고 장보라는 관을 쓰는 것은 제후들이 날마다 조정에 참관할 때의 복장이다."라 했는데, 그 의복은 정폭이며

(周)나라에서는 12년에 1번 순수를 했다.

32) 육복(六服)은 천자의 수도를 제외하고, 그 이외의 땅을 9개의 지역으로 구분한 구복(九服) 중에서 6개 지역을 뜻하는데, 천자의 수도로부터 6개 복(服)까지는 주로 중국의 제후들에게 분봉해주는 지역이었고, 나머지 3개의 지역은 주로 오랑캐들에게 분봉해주는 지역이었다. 따라서 중국(中國)이라는 개념을 거론할 때 주로 '육복'이라고 말한다. 천하의 정중앙에는 천자의 수도인 왕기(王畿)가 있고, 그 외에는 순차적으로 6개의 '복'이 있는데, 후복(侯服), 전복(旬服), 남복(男服), 채복(采服), 위복(衛服), 만복(蠻服)이 여기에 해당한다. '후복'은 천자의 수도 밖으로 사방 500리(里)의 크기이며, 이 지역에 속한 제후들은 1년에 1번 천자를 알현하며, 제사 때 사용하는 물건을 바친다. '전복'은 '후복' 밖으로 사방 500리의 크기이며, 이 지역에 속한 제후들은 2년에 1번 천자를 알현하고, 빈객(賓客)을 접대할 때 사용하는 물건을 바친다. '남복'은 '전복' 밖으로 사방 500리의 크기이며, 이 지역에 속한 제후들은 3년에 1번 천자를 알현하고, 각종 기물(器物)들을 바친다. '채복'은 '남복' 밖으로 사방 500리의 크기이며, 이 지역에 속한 제후들은 4년에 1번 천자를 알현하고, 의복류를 바친다. '위복'은 '채복' 밖으로 사방 500리의 크기이며, 이 지역에 속한 제후들은 5년에 1번 천자를 알현하고, 각종 재목들을 바친다. '만복'은 '요복(要服)'이라고도 부르는데, '만복'이라는 용어는 변경 지역의 오랑캐들과 접해 있으므로, 붙여진 용어이다. '만복'은 '위복' 밖으로 사방 500리의 크기이며, 이 지역에 속한 제후들은 6년에 1번 천자를 알현하고, 각종 재화들을 바친다. 『주례』「추관(秋官)·대행인(大行人)」편에는 "邦畿方千里, 其外方五百里謂之侯服, 歲壹見, 其貢祀物, 又其外方五百里謂之旬服, 二歲壹見, 其貢嬪物, 又其外方五百里謂之男服, 三歲壹見, 其貢器物, 又其外方五百里謂之采服, 四歲壹見, 其貢服物, 又其外方五百里謂之衛服, 五歲壹見, 其貢材物, 又其外方五百里謂之要服, 六歲壹見, 其貢貨物."이라는 기록이 있다.

현색으로 염색을 하기 때문에 '현단(玄端)'이라 부른다. 『예기』「왕제(王制)」편을 살펴보면 "주나라 때에는 현의를 착용하고 노인을 봉양했다."[33]라 했고, 주에서는 "현색의 상의에 흰색의 하의이다."라 했다. 천자의 연복(燕服)[34]은 제후에게 있어 조복(朝服)이 된다. 「왕제」편에서는 현의(玄衣)라 했는데, 이곳에서 말한 '현단(玄端)'에 해당한다. 만약 흰색으로 하의를 만든다면, 조복(朝服)이 된다. 이러한 조복에 흰색의 하의를 착용하는 것을 모두 '현단(玄端)'이라 부를 수 있다. 그렇기 때문에 이곳의 주에서는 "'단(端)'은 현단복(玄端服)을 뜻한다."라 말한 것이니, 제후의 조복이 된다. 만약 상사의 경우라면 현색으로 하의를 만들고, 중사라면 황색으로 하의를 만들며, 하사라면 잡색으로 하의를 만들고, 천자와 제후는 주색으로 하의를 만드는데, 이들에 대해서는 모두 '현단(玄端)'이라 부를 수 있지만 '조복(朝服)'이라고 부를 수는 없다. "'소상(小相)'은 군주의 예법을 돕는다는 뜻이다."라 했는데, 『주례』「추관(秋官)·사의(司儀)」편의 직무기록을 살펴보면, "구의(九儀)[35]의 빈객에 대해 돕는 예법을 담당하여, 의례의 행동거지, 말과 명령, 읍과 사양하는 절차를 아뢴다."[36]라 했고, 주에서는 "밖으로 나가서 빈객을 영접하게 되면 '빈(擯)'이라 부르고, 들어와서 예법의 절차를 돕게 되면 '상(相)'이라 부른다."라 했다. 또 "무릇 제공들이 서로 빈이 되었을 때 예물을 가지고 가게 되면 교빈(交擯)을 하고 세 차례 말을 전달하며, 수레로 맞이하고, 욕되이 찾아온 것에 대해 절을 하며, 빈객의 수레는 앞으로 나와서 답배를 하고,

---

33) 『예기』「왕제(王制)」: 周人, 冕而祭, <u>玄衣而養老</u>.

34) 연복(燕服)은 평상시 한가하게 거처할 때 착용하는 복장을 뜻한다. 또한 연회를 할 때 착용하는 복장을 뜻하기도 한다.

35) 구의(九儀)는 천자가 제후들이 조빙(朝聘)하러 찾아왔을 때 접대하는 아홉 가지 의례절차를 뜻한다. 명(命)에는 공(公), 후(侯), 백(伯), 자(子), 남(男) 다섯 종류가 있고, 작(爵)에는 공(公), 경(卿), 대부(大夫), 사(士) 네 종류가 있다.

36) 『주례』「추관(秋官)·사의(司儀)」: 司儀; 掌九儀之賓客擯相之禮, 以詔儀容·辭令·揖讓之節.

세 차례 읍을 하고 세 차례 사양을 하며, 매 문마다 1명의 상(相)을 멈추게 한다."37)라 했고, 주에서는 "'상(相)'은 주인이 되는 군주의 빈(擯)과 빈객의 개(介)를 뜻한다. 그를 '상(相)'이라 부르는 이유는 밖에서는 말을 전달만 할 뿐이지만, 문으로 들어와서는 마땅히 예법에 따라 알려주고 권해야 하기 때문이다. 개(介)가 연이어 늘어서서 명령을 주고받는 것은 군자는 존귀하게 높이는 대상에 대해 감히 마주할 수 없는 것이며, 이처럼 하는 것은 공경함을 지극히 나타내는 것이다. 매 문마다 1명의 상(相)을 멈추게 하는 것은 더욱 서로 친근하게 대하고자 하기 때문이다."라 했으니, 이것은 '상(相)'이 군주의 예법을 돕는 자임을 나타낸다. 『의례』「빙례(聘禮)」편에서는 "빙문을 받은 나라의 경은 상빈(上擯)이 되고, 대부는 승빈(承擯)이 되며, 사는 소빈(紹擯)이 된다."38)라 했고, 『예기』「옥조(玉藻)」편에서는 "양국의 제후가 접견을 하면, 군주가 문으로 들어설 때 얼(闑)과 정(棖) 사이로 들어가며, 개(介)는 얼(闑)을 스칠 듯한 곳에 위치하고, 대부는 정(棖)과 얼(闑) 사이에 위치하며, 사 중의 개(介)가 된 자는 정(棖)을 스칠 듯한 곳에 위치한다."39)라고 했으니, 경은 상개(上介)가 되고, 대부는 차개(次介)가 되며, 사는 말개(末介)가 된다. 여기에서는 소상(小相)이 되고자 원한다고 했는데, 이것은 겸사로, 감히 상빈이나 상개와 같은 경이 되고자 하지 않고, 승빈·소빈·차개·말개에 해당하는 대부나 사가 되고자 원한 것일 뿐이다.

---

37) 『주례』「추관(秋官)·사의(司儀)」 : 凡諸公相爲賓, …… 及將幣, 交擯, 三辭, 車逆, 拜辱, 賓車進, 答拜, 三揖三讓, 每門止一相, 及廟, 唯上相入. 賓三揖三讓, 登, 再拜, 授幣, 賓拜送幣. 每事如初, 賓亦如之. 及出, 車送, 三請三進, 再拜, 賓三還三辭, 告辟.

38) 『의례』「빙례(聘禮)」 : 卿爲上擯, 大夫爲承擯, 士爲紹擯. 擯者出請事.

39) 『예기』「옥조(玉藻)」 : 君入門, 介拂闑, 大夫中棖與闑之間, 士介拂棖.

경문 韠, 君朱, 大夫素, 士爵韋.

슬갑은 군주의 것은 주색으로 만들고, 대부의 것은 소(素)로 만들며, 사의 것은 작위(爵韋)로 만든다.

鄭注 此玄端服之韠也. 韠之言蔽也. 凡韠, 以韋爲之, 必象裳色, 則天子·諸侯玄端朱裳, 大夫素裳. 唯士玄裳, 黃裳, 雜裳也. 皮弁服皆素韠.

여기에서 말하는 슬갑은 현단복(玄端服)에 착용하는 슬갑이다. '필(韠)'자는 "가리다."는 뜻이다. 모든 슬갑은 다룸가죽[韋]으로 만들게 되는데, 반드시 하의의 색상을 반영하게 되니, 천자와 제후의 현단복에는 주색의 하의를 착용하고, 대부는 흰색의 하의를 착용한다. 오직 사만이 검은색의 하의, 황색의 하의, 색깔이 섞여 있는 하의를 착용한다. 피변복(皮弁服)을 착용하는 경우에는 모두 흰색의 슬갑을 착용한다.

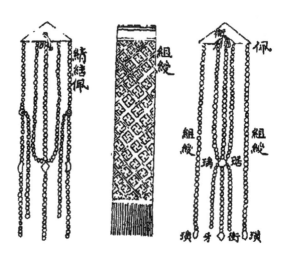

圖 之 玉 佩 子 君

※ 출처: 『가산도서(家山圖書)』

緇布冠缺項, 青組纓屬于缺; 緇纚, 廣終幅, 長六尺; 皮弁
笄; 爵弁笄; 緇組紘, 纁邊; 同篋.

직역 緇布冠의 缺項에는 青組의 纓을 缺에 屬하고; 緇纚는 廣이 終幅이고, 長이 六尺
이며; 皮弁의 笄와 爵弁의 笄에는 緇組의 紘하고, 邊을 纁하며; 篋을 同한다.

의역 치포관을 결속하는 것은 규항(缺項)이고, 청색 끈으로 만든 관의 끈 영(纓)은
규항에 결속한다. 검은색의 머리싸개[纚]는 너비가 1폭(幅)1)이고 길이는 6척
이다. 피변에 착용하는 비녀가 있고, 작변에 착용하는 비녀가 있는데, 둘에 대
해서는 검은색 끈으로 만든 관의 끈 굉(紘)을 비녀에 연결하게 되며, 굉의 측면
은 분홍색으로 만든다. 이러한 기물들은 직사각형의 상자에 함께 넣어둔다.

鄭注 缺讀如"有頍者弁"之頍. 緇布冠無笄者, 著頍, 圍髮際, 結項
中, 隅爲四綴, 以固冠也. 項中有▼(糸+屈), 亦由固頍爲之耳. 今未
冠笄者著卷幘, 頍象之所生也. 滕・薛名蔮爲頍. 屬猶著. 纚, 今之幘
梁也. 終, 充也. 纚一幅, 長六尺, 足以韜髮而結之矣. 笄, 今之簪. 有
笄者, 屈組爲紘, 垂爲飾. 無笄者, 纓而結其條. 纁邊, 組側赤也. 同
篋, 謂此上凡六物. 隋方曰篋.

'규(缺)'자는 "우뚝 솟아 있는 변이여."2)라고 할 때의 규(頍)자처럼 풀이
한다. 치포관에는 비녀가 없어서 규를 착용해서 머리 가장자리를 감싸고
목 앞쪽에서 매듭을 묶고, 모퉁이에는 4개의 연결 끈을 만들어서, 이것으
로 관을 고정시킨다. 목 앞쪽 부근에는 고리가 있는데, 이 또한 규를 고정

---

1) 폭(幅)은 옷감의 너비를 재는 단위이다. 고대의 제도에서는 2척(尺) 2촌(寸)을
1폭으로 여겼다.

2) 『시』「소아(小雅)・규변(頍弁)」: 有頍者弁, 實維伊何. 爾酒既旨, 爾殽既嘉. 豈
伊異人, 兄弟匪他. 蔦與女蘿, 施于松柏. 未見君子, 憂心弈弈. 既見君子, 庶幾
說懌.

시키기 위해서 두는 것일 뿐이다. 오늘날 아직 관례나 계례를 치르지 않은 아이들은 권책(卷幘)이라는 것을 착용하는데, 규의 형태에서 파생된 것이다. 등과 설 지역 사람들은 치포관[虇]을 규(頍)라고 부른다. '촉(屬)' 자는 붙인다는 뜻이다. '이(纚)'는 오늘날의 책량(幘梁)에 해당한다. '종(終)'자는 채운다는 뜻이다. 이는 1폭이며 길이는 6척으로, 이것으로는 머리카락을 감싸서 결속시키기에 충분하다. '계(笄)'는 오늘날의 비녀에 해당한다. 비녀가 포함된 경우 끈을 구부려서 관의 끈인 굉(紘)을 만들고, 비녀에 묶고 난 나머지 끈은 늘어트려서 장식으로 삼는다. 비녀가 없는 경우 관의 끈인 영(纓)을 착용하는데 양쪽 가닥의 끈을 묶는다. '훈변(纁邊)'은 끈의 측면을 적색으로 만든다는 뜻이다. 상자에 함께 둔다는 말은 앞에 나온 총 6가지의 기물들을 가리킨다. 직사각형으로 된 상자를 '협(篋)'이라고 부른다.

賈疏 ●"緇布"至"同篋". ◎注"缺讀"至"曰篋". ○釋曰: 云"缺讀如'有頍者弁'之頍"者, 讀從頍弁詩, 義取在首, 頍者, 弁貌之意也.

● 經文: "緇布"~"同篋". ◎ 鄭注: "缺讀"~"曰篋". ○ 정현이 "규(缺)'자는 우뚝 솟아 있는 변이라고 할 때의 규(頍)자처럼 풀이한다."라고 했는데, 「규변(頍弁)」이라는 시에 따라 풀이한 것이며, 그 의미는 머리에 착용한다는 것에 따른 것으로, '규(頍)'라는 것은 변(弁)의 모양처럼 되어 있다는 의미이다.

賈疏 ◎云"緇布冠無笄"者, 按經皮弁·爵弁言笄, 緇布冠不言笄, 故云無笄也.

◎ 鄭注: "緇布冠無笄". ○ 경문을 살펴보면 피변(皮弁)과 작변(爵弁)에 대해서는 '계(笄)'자를 붙여서 말했는데, 치포관(緇布冠)에 대해서는 계(笄)를 언급하지 않았다. 그렇기 때문에 "비녀가 없다."라고 했다.

賈疏 ◎云"著頍, 圍髮際"者, 無正文, 約漢時卷幘亦圍髮際, 故知也.

◎鄭注: "著頍, 圍髮際". ○ 이것과 관련된 경문의 기록이 없지만, 한나라 때의 권책(卷幘)이라는 것 또한 머리 가장자리를 감쌌으므로, 이것을 요약해보면 규가 머리 가장자리를 감싸는 것임을 알 수 있다.

賈疏 ◎云"結項"者, 此亦無正文, 以經云頍3), 明于項上結之也.

◎鄭注: "結項". ○ 이것과 관련해서도 경문의 기록이 없는데, 경문에서는 '항(項)'이라고 말했으니, 이것은 목 부근에서 매듭을 짓는 것임을 나타낸다.

賈疏 ◎云"隅爲四綴, 以固冠也"者, 此亦無正文, 以義言之. 既武以下別有頍項, 明于首四隅爲綴, 上綴于武, 然後頍項得安穩也.

◎鄭注: "隅爲四綴, 以固冠也". ○ 이것과 관련해서도 경문의 기록이 없는데, 의미에 따라 설명을 한 것이다. 이미 무(武)라는 관의 테 밑에 별도로 규항(頍項)이라는 것이 있으니, 머리를 두르고 있는 규항의 네 모퉁이에는 연결 끈이 있어서 위로 관의 무에 연결시킨다는 사실을 나타내니, 이처럼 한 뒤에라야 규항이 고정될 수 있다.

賈疏 ◎云"項中有▼(糸+屈), 亦由固頍爲之耳"者, 此亦無正文, 以義言之. 頍之兩頭皆爲▼(糸+屈), 別以繩穿▼(糸+屈)中結之, 然後頍得牢固, 故云亦由固頍爲之也.

◎鄭注: "項中有▼(糸+屈), 亦由固頍爲之耳". ○ 이것과 관련해서도

---

3) '규(頍)'자에 대하여. 『십삼경주소(十三經注疏)』 북경대 출판본에서는 "'규'자에 대해 손이양(孫詒讓)의 『교기(校記)』에서는 '규자는 아마도 항(項)자가 되어야 할 것 같다.'"라고 했다.

경문의 기록이 없는데, 의미에 따라 설명을 한 것이다. 규(頍)의 양쪽 끝은 모두 고리 모양으로 만들고, 별도의 끈으로 고리 가운데를 통과시켜 결속을 하니, 이처럼 한 뒤에라야 규가 단단히 고정된다. 그렇기 때문에 "이 또한 규를 고정시키기 위해서 두는 것이다."라고 말한 것이다.

賈疏 ◎云"今之未冠笄者著卷幘, 頍象之所生"者, 此擧漢法以況義耳. 漢時男女未冠笄者, 首著卷幘之狀雖不智, 知旣言頍圍髮際, 故以冠之, 明漢時卷幘亦以布帛之等圍繞髮際爲之矣.

◎鄭注: "今之未冠笄者著卷幘, 頍象之所生". ○이것은 한나라 때의 예법을 제시해서 그 의미를 드러낸 것일 뿐이다. 한나라 때 남녀 중 아직 관례나 계례를 치르지 않은 자들은 머리에 권책(卷幘)이라는 것을 착용했는데, 그 형상에 대해서는 비록 알 수 없지만, 이미 규가 머리 가장자리를 감싼다고 말했고, 이를 통해서 관을 쓰게 되니, 이것은 한나라 때의 권책이라는 것 또한 포나 비단 등을 이용해서 머리 가장자리를 감쌌다는 사실을 나타낸다.

賈疏 ◎云"頍象之所生"者, 漢時卷幘是頍之遺象所生, 至漢時, 故云頍象之所生也.

◎鄭注: "頍象之所生". ○한나라 때의 권책(卷幘)이라는 것은 규(頍)의 남겨진 형태에서 파생된 것이고, 그것이 한나라 때까지 사용된 것이다. 그렇기 때문에 "규의 형태에서 파생된 것이다."라고 했다.

賈疏 ◎云"滕·薛名蔮爲頍"者, 此亦擧漢時事以況之. 漢時滕·薛二國云蔮. 蔮, 卷幘之類亦遺象, 故爲況也.

◎鄭注: "滕·薛名蔮爲頍". ○이 또한 한나라 때의 예법을 제시해서 그 의미를 드러낸 것이다. 한나라 때 등(滕)과 설(薛)이라는 두 나라에

서는 '궤(蔮)'라고 부르는 것이 있었다. 궤(蔮)는 권책(卷幘)의 부류이
며, 이 또한 규(頍)의 남겨진 형태가 된다. 그렇기 때문에 이것으로 비유
한 것이다.

賈疏 ◎云"纚, 今之幘梁"者, 亦舉漢法爲況耳. 幘梁之狀, 鄭目驗而
知, 至今久遠, 亦未審也.

◎鄭注: "纚, 今之幘梁". ○이 또한 한나라 때의 예법을 제시해서 그
의미를 드러낸 것일 뿐이다. '책량(幘梁)'의 형태에 대해서 정현은 직접
눈으로 봐서 알고 있었는데, 지금에 이르러서는 시대적 차이가 많이 나므
로 이것에 대해서는 자세히 알 수 없다.

賈疏 ◎云"纚一幅, 長六尺, 足以韜髮而結之矣"者, 人之長者不過六
尺, 纚六尺, 故云足以韜髮. 旣云韜髮, 乃云結之, 則韜訖乃爲紒矣.

◎鄭注: "纚一幅, 長六尺, 足以韜髮而結之矣". ○사람의 키는 6척을
넘지 않는데, 머리싸개의 길이가 6척이다. 그렇기 때문에 "충분히 머리카
락를 감쌀 수 있다."라고 말한 것이다. 이미 "머리카락을 감싼다."라고
했는데, 이어서 "결속을 한다."라고 말했으니, 머리카락 감싸는 일이 끝나
면 상투를 트는 것이다.

賈疏 ◎云"有笄"者, 卽經云皮弁及爵弁皆云笄者, 是有笄也.

◎鄭注: "有笄". ○경문에서 피변(皮弁)과 작변(爵弁)에 대해서는 모두
'계(笄)'자를 붙여서 말했는데, 이것이 비녀가 있는 경우에 해당한다.

賈疏 ◎云"屈組爲紘"者, 經緇組紘纁邊, 是爲有笄者而設. 言屈組,
謂以一條組於左笄上繫定, 遶頤下, 又相向上仰屬于笄, 屈繫之有
餘, 因垂爲飾也.

◎鄭注: "屈組爲紘". ○ 경문에서는 "검은색 끈으로 만든 관의 끈 굉(紘)을 비녀에 연결하게 되며, 굉의 측면은 분홍색으로 만든다."라고 했는데, 이것은 비녀가 포함된 것들을 위해서 설치하는 것이다. "끈을 구부린다."라고 했는데, 한 가닥의 끈을 비녀의 좌측에 연결해서 고정하고, 턱 밑으로 두르며, 재차 위로 올려서 비녀에 연결하고, 굽혀서 연결하고 남은 부분은 늘어트려서 장식으로 삼는다.

賈疏 ◎云"無笄者, 纓而結其條"者, 無笄, 卽經緇布冠是也, 則以二條組兩相屬于頥, 故經云"組纓屬于頥"也. 旣屬訖, 則所垂條于頥下結之, 故云纓而結其條也.

◎鄭注: "無笄者, 纓而結其條". ○ 비녀가 없다는 것은 경문에서 말한 치포관(緇布冠)에 해당하니, 두 가닥의 끈을 양쪽으로 규(頥)에 각각 연결한다. 그렇기 때문에 경문에서는 "끈으로 만든 관의 끈 영(纓)은 규항에 결속한다."라고 했다. 연결하는 것이 끝나면 늘어트리는 끈을 턱 아래에서 결속한다. 그렇기 때문에 "관의 끈인 영(纓)을 착용하는데 양쪽 가닥의 끈을 묶는다."라고 말했다.

賈疏 ◎云"纁邊, 組側赤也"者, 纁是三入之赤色, 又云邊, 則于邊側赤也. 若然, 以緇爲中, 以纁爲邊, 側而織之也.

◎鄭注: "纁邊, 組側赤也". ○ '훈(纁)'은 세 차례 물들인 적색에 해당하는데, 또 '변(邊)'이라고 했다면, 측면을 적색으로 한다는 뜻이다. 만약 그렇다면 중앙은 검은색으로 하고 측면은 분홍색으로 하여, 가장자리가 분홍색이 되도록 직조하는 것이다.

賈疏 ◎云"同篋, 謂此上凡六物"者, "緇布"至"屬于頥"共爲一物; 纚長六尺, 二物; 皮弁笄, 三物; 爵弁笄, 四物; 其緇組紘纁邊, 皮弁・爵弁各有一, 則爲二物, 通前四爲六物.

◎鄭注: "同篋, 謂此上凡六物". ○'치포(緇布)'라는 말부터 '촉우규(屬于頍)'까지는 첫 번째 사물에 해당한다. 머리싸개의 길이가 6척이라고 했는데, 이것이 두 번째 사물에 해당한다. 피변(皮弁)에 착용하는 비녀가 세 번째 사물에 해당한다. 작변(爵弁)에 착용하는 비녀가 네 번째 사물에 해당한다. 측면을 분홍색으로 한 검은색 끈으로 만든 관의 끈 굉(紘)은 피변과 작변에 각각 1개씩 들어가니, 이것은 2개의 사물이 되며, 앞에 나온 4개의 사물까지 합하면 6개의 사물이 된다.

賈疏 ◎云"隋方曰篋"者, 爾雅無文, 此對笥方而不隋也. 隋謂狹而長也. 按周禮·弁師云"掌五冕", 而云"玉笄朱紘", 則天子以玉爲笄, 以朱爲紘. 又按祭義云天子"冕而朱紘", 諸侯"冕而青紘". 諸侯之笄亦當用玉矣. 又按弁師韋弁與皮弁同科, 皮弁有笄, 則二者亦有笄矣. 又爲笄者屬纓, 不見有緌, 則六冕無緌矣. 然士緇布冠無緌, 故下記云: "孔子曰: 其緌也, 吾未之聞也." 若諸侯亦以緇布冠爲始冠之冠, 則有緌. 故玉藻云: "緇布冠繢緌, 諸侯之冠也." 鄭注云"尊者飾." 其大夫紘, 按禮器云"管仲鏤簋朱紘", 鄭注云"大夫·士當緇組紘, 纁邊", 是也. 其笄亦當用象耳.

◎鄭注: "隋方曰篋". ○『이아』에는 이러한 기록이 없는데, 이것은 사(笥)라는 상자가 사각형이지만 수(隋)가 아니라는 것과 대비된다. '수(隋)'라는 것은 좁고 길다는 뜻이다. 『주례』「변사(弁師)」편을 살펴보면 "오면(五冕)[4]을 담당한다."[5]라고 했고, "옥으로 된 비녀와 주색의 굉(紘)

4) 오면(五冕)은 고대의 제왕이 제사를 지낼 때 착용하는 다섯 종류의 관(冠)을 뜻하니, 구면(裘冕)·곤면(袞冕)·별면(鷩冕)·취면(毳冕)·치면(絺冕)을 가리킨다. 본래 면복(冕服)에는 여섯 종류가 있지만, 대구(大裘)의 경우, 그 때 착용하는 면(冕)에는 류(旒)가 달려 있지 않기 때문에, '오면'에는 포함시키지 않는다. 『주례』「하관(下官)·변사(弁師)」편에는 "掌王之五冕, 皆玄冕朱裏延紐."라는 기록이 있고, 이에 대한 정현의 주에서는 "冕服有六, 而言五冕者, 大裘之冕蓋無旒,

이다."6)라고 했으니, 천자는 옥으로 비녀를 만들고 주색의 끈으로 굉(紘)을 만든다. 또 『예기』「제의(祭義)」편을 살펴보면 천자에 대해서는 "면류관을 착용하고 주색의 굉(紘)을 단다."라 했고, 제후에 대해서는 "면류관을 착용하고 청색의 굉(紘)을 단다."라고 했다.7) 제후의 비녀 또한 마땅히 옥으로 만들었을 것이다. 또 「변사」편을 살펴보면 위변(韋弁)과 피변(皮弁)을 같은 항목에 나열하고 있고,8) 피변에 비녀가 포함된다면, 둘 모두에 비녀가 포함된다. 또 비녀를 꼽는 것은 영(纓)을 결속시키기 위해서인데, 관의 끈인 유(緌)라는 것이 있다는 말이 나타나지 않으니, 육면(六冕)9)에는 모두 유(緌)가 없는 것이다. 그렇다면 사의 치포관에도 유(緌)라는 것이 없다. 그렇기 때문에 아래 기문에서는 "공자는 그 유(緌)

不聯數也."라고 풀이했다.

5) 『주례』「하관(夏官)·변사(弁師)」: <u>弁師掌王之五冕</u>, 皆玄冕, 朱裏, 延, 紐.

6) 『주례』「하관(夏官)·변사(弁師)」: 五采繅十有二, 就皆五采玉十有二, <u>玉笄</u>, <u>朱紘</u>.

7) 『예기』「제의(祭義)」: 君子反古復始, 不忘其所由生也, 是以致其敬, 發其情, 竭力從事以報其親, 不敢弗盡也. 是故昔者天子爲藉千畝, <u>冕而朱紘</u>, 躬秉耒; 諸侯爲藉百畝, <u>冕而青紘</u>, 躬秉耒. 以事天地·山川·社稷·先古, 以爲醴酪齊盛於是乎取之, 敬之至也.

8) 『주례』「하관(夏官)·변사(弁師)」: 諸侯及孤卿大夫之冕·<u>韋弁·皮弁</u>·弁絰, 各以其等爲之, 而掌其禁令.

9) 육면(六冕)은 천자가 착용하는 여섯 종류의 면복(冕服)을 가리킨다. 호천(昊天) 및 오제(五帝)에게 제사지낼 때에는 대구(大裘)를 입고 면류관[冕]을 쓰며, 선왕(先王)에게 제사지낼 때에는 곤면(袞冕)을 착용하고, 선공(先公)에 대한 제사 및 향사례(饗射禮)를 시행할 때에는 별면(鷩冕)을 착용하며, 산천(山川) 등에 제사지낼 때에는 취면(毳冕)을 착용하고, 사직(社稷) 등에 제사지낼 때에는 희면(希冕: =絺冕)을 착용하며, 기타 여러 제사에는 현면(玄冕)을 착용한다. 『주례』「춘관(春官)·사복(司服)」편에는 "掌王之吉凶衣服, 辨其名物, 辨其用事. 王之吉服, 祀昊天上帝, 則服大裘而冕, 祀五帝亦如之. 享先王則袞冕. 享先公, 饗射則鷩冕. 祀四望山川則毳冕. 祭社稷五祀則希冕. 祭群小祀則玄冕."이라는 기록이 있다.

에 대해서는 내가 들어보지 못했다고 했다."[10]라고 했다. 만약 제후 또한 치포관을 처음 씌워주는 관으로 삼았다면 유(緌)가 있었을 것이다. 그렇기 때문에 『예기』 「옥조(玉藻)」편에서는 "치포관에 궤유(繢緌)를 한 것은 제후가 쓰는 관이다."[11]라 했고, 정현의 주에서는 "존귀한 자의 장식에 해당한다."라고 했다. 대부는 굉(紘)을 다는데 『예기』 「예기(禮器)」편을 살펴보면 "관중은 마치 자신이 군주인 것처럼 궤(簋)에 조각 장식을 하고, 면류관의 끈인 굉(紘)도 붉은색으로 하였다."[12]라 했고, 정현의 주에서는 "대부와 사는 마땅히 검은색의 끈으로 굉(紘)을 만들고 측면으로 분홍색으로 해야 한다."라고 했다. 그리고 비녀는 또한 상아를 사용해서 만들었을 것이다.

참고 『시』 「소아(小雅)·규변(頍弁)」 기록

경문 有頍者弁, 實維伊何?

모전 우뚝 솟아 있는 피변(皮弁)이여, 실로 무엇을 하려고 함인가?

정전 우뚝 솟아 있는 피변(皮弁)이여, 이것은 무엇을 하려고 함인가?

毛傳 興也. 頍, 弁貌. 弁, 皮弁也.

흥(興)이다. '규(頍)'는 변(弁)의 모습을 뜻한다. '변(弁)'은 피변(皮弁)을 뜻한다.

---

10) 『의례』 「사관례」: 始冠, 緇布之冠也. 大古冠布, 齊則緇之. 其緌也, 孔子曰: "吾未之聞也, 冠而敝之可也."

11) 『예기』 「옥조(玉藻)」: 玄冠朱組纓, 天子之冠也. 緇布冠繢緌, 諸侯之冠也. 玄冠丹組纓, 諸侯之齊冠也. 玄冠綦組纓, 士之齊冠也.

12) 『예기』 「예기(禮器)」: 管仲鏤簋朱紘, 山節藻梲, 君子以爲濫矣.

鄭箋 實, 猶是也. 言幽王服是皮弁之冠, 是維何爲乎? 言其宜以宴 而弗爲也. 禮, 天子諸侯朝服以宴. 天子之朝, 皮弁以日視朝.

'실(實)'자는 시(是)자와 같다. 유왕이 이 피변(皮弁)의 관을 착용하였는 데, 이것은 무엇을 하려느냐는 의미이다. 즉 연회에 마땅한 복장을 착용 해야 하므로 하지 말아야 한다는 의미이다. 예법에 따르면 천자와 제후는 조복을 착용하고 연회를 한다. 천자는 조례에 있어 피변(皮弁)을 착용하 고 날마다 조정에 참관한다.

孔疏 ◎傳"興也"至"皮弁". ○正義曰: 以頍文連弁, 故爲弁貌. 弁者, 冠之大名, 稱弁者多矣. 但爵弁則士之祭服, 韋弁則服以卽戎, 冠弁 則服以從禽, 非常服也. 唯皮弁, 上下通服之, 故知皮弁也. 傳興理 不明. 王肅云: "言無常也. 興有德者則戴頍然之弁矣." 下章肅又云: "言冕, 其在人之無期也." 其意以傷王無德, 將不戴弁. 孫毓以皮弁 非唯王者所服, 雖陪臣卿大夫皆得服之, 不足以爲王者廢興之喩. 以 王說爲非. 按昭九年左傳"王使詹桓伯辭於晉, 曰: '我在伯父, 猶衣服 之有冠冕.'" 僖八年穀梁傳曰: "弁冕雖舊, 必加於首. 周室雖衰, 必先 諸侯." 然則王者之在上位, 猶皮弁之在人首, 故以爲喩也.

◎毛傳: "興也"~"皮弁". ○규(頍)라는 글자를 변(弁)에 연결시켰기 때문 에 변(弁)의 모습을 뜻한다. '변(弁)'은 관에 대한 큰 명칭이 되는데, '변 (弁)'이라 지칭하는 것은 여러 가지이다. 다만 작변(爵弁)의 경우에는 사 의 제복이고, 위변(韋弁)은 이것을 착용하고 전쟁과 관련된 일에 나아가 며, 관변(冠弁)은 이것을 착용하고 짐승을 사냥하니, 일상적으로 착용하 는 복장이 아니다. 오직 피변(皮弁)만이 상하 계층이 통괄적으로 착용하 는 복장이다. 그렇기 때문에 이것이 '피변(皮弁)'에 해당함을 알 수 있다. 전문에서 '흥(興)'이라 한 말은 불분명하다. 왕숙은 "유덕한 자를 일으킨 다면 우뚝한 피변을 쓴다."라 했다. 아랫장에 대해서 왕숙은 또한 "면류 관은 사람에게 있어 기약함이 없다는 뜻이다."라 했다. 그의 생각은 이를

통해 천자가 무덕하여 장차 이러한 변을 쓰지 못하게 되리라고 가엾게 여긴 것이다. 손육은 피변은 천자만 착용하는 것이 아니니, 비록 배신(陪臣)[13]인 경이나 대부들 모두 이것을 착용할 수 있었으니, 이것으로 천자가 폐망하거나 흥성하게 되리라는 비유로 삼기에는 부족하다고 여겼으니, 왕숙의 주장을 잘못되었다고 여긴 것이다. 소공 9년에 대한 『좌전』의 기록을 살펴보면, "주왕이 첨환백을 사신으로 보내 진나라를 꾸짖어 말하기를 '나는 백부에게 있어 의복에 관면(冠冕)이 있는 것과 같다.'"[14]라 했고, 희공 8년에 대한 『곡량전』에서는 "변면(弁冕)이 비록 오래된 것이지만 반드시 머리 위에 쓰게 된다. 주왕실이 비록 쇠락하였지만 반드시 제후보다 먼저하는 것이다."[15]라 했다. 그렇다면 천자가 상위에 위치하는 것은 피변(皮弁)이 사람의 머리에 있는 것과 같다. 그렇기 때문에 이를 통해 비유를 한 것이다.

孔疏 ◎箋"實猶"至"視朝". ○正義曰: 釋詁云: "寔, 是也." 實·寔義同, 故實亦爲是也. 言是維伊何, 問其所用之辭, 則此皮弁爲燕之服.

---

13) 배신(陪臣)에 대해 설명하자면, 고대에 천자(天子)는 제후(諸侯)들을 신하로 삼았고, 제후들은 대부(大夫)들을 신하로 삼았으며, 대부들은 가신(家臣)들을 신하로 삼았다. 그런데 대부의 입장에서 천자를 대할 때에는 제후보다 한 계급 위의 주군이 되므로, 대부는 천자에 대하여 자신을 '배신'이라고 칭했으며, 대부의 가신들이 제후를 대할 때에도 마찬가지로 '배신'이라고 칭했다. 『춘추좌씨전』「양공(襄公) 21년」편에는 "欒盈過於周, 周西鄙掠之. 辭於行人曰, '天子陪臣盈, 得罪於王之守臣, 將逃罪.'"라는 기록이 있고, 이에 대한 두예(杜預)의 주에서는 "諸侯之臣稱於天子曰陪臣."이라고 풀이했다.

14) 『춘추좌씨전』「소공(昭公) 9년」: 王使詹桓伯辭於晉, 曰, "我自夏以后稷, 魏·駘·芮·岐·畢, 吾西土也. …… <u>我在伯父, 猶衣服之有冠冕</u>, 木水之有本原, 民人之有謀主也. 伯父若裂冠毀冕, 拔本塞原, 專棄謀主, 雖戎狄, 其何有余一人?"

15) 『춘추곡량전』「희공(僖公) 8년」: 八年, 春, 王正月, 公會王人, 齊侯, 宋公, 衛侯, 許男, 曹伯, 陳世子款, 盟于洮, 王人之先諸侯, 何也, 貴王命也, 朝服雖敝, 必加於上, <u>弁冕雖舊, 必加於首, 周室雖衰, 必先諸侯</u>, 兵車之會也, 鄭伯乞盟, 以向之逃歸乞之也.

"天子皮弁, 以日視朝", 玉藻文. 燕禮者, 諸侯燕臣子之禮. 經云: "燕
朝服." 諸侯用朝服燕, 則知天子亦自以朝服燕也. 且此詩責王不燕
而擧皮弁, 是天子燕用皮弁明矣. 若然, 王制云: "周人冕而祭, 玄衣
而養老." 注云: "凡養老之服, 皆其時與群臣燕之服, 周人循而兼用
之. 玄衣素裳, 其冠委貌. 諸侯以天子之燕服爲朝服." 如彼注, 則天
子之燕用玄衣. 此言皮弁者, 蓋天子燕服有二: 燕群臣用玄冠, 親同
姓用皮弁也. 賓之初筵三章箋云: "此祭末, 王與族人燕." 而經云"側
弁之俄", 是燕同姓用皮弁之事也.

◎ 鄭箋: "實猶"~"視朝". ○『이아』「석고(釋詁)」편에서는 "식(寔)자는 시
(是)자의 뜻이다."[16]라 했다. 실(實)자와 식(寔)자는 의미가 동일하다.
그렇기 때문에 '실(實)'자 또한 시(是)자가 되는 것이다. 즉 '시유이하(是
維伊何)'라 말한 것은 그 용도를 묻는 말이니, 이 피변(皮弁)은 연회 때
의 복장이 된다. "천자는 피변복(皮弁服)을 착용하고 날마다 조정에 참
관한다."라 했는데, 이것은 『예기』「옥조(玉藻)」편의 기록이다.[17] '연례
(燕禮)'라는 것은 제후가 신하들에게 연회를 베푸는 예법이다. 경문에서
는 "연례에서는 조복을 착용한다."[18]라 했다. 제후가 조복을 착용하고 연
례를 한다면, 천자 또한 직접 조복을 착용하고 연례를 한다는 사실을 알
수 있다. 또 이 시는 천자가 연례를 시행하지 않는데 피변(皮弁)을 착용
했다고 비판하고 있으니, 천자는 연례 때 피변을 사용한다는 사실을 나타
낸다. 만약 그렇다면 『예기』「왕제(王制)」편에서는 "주나라 때에는 면
(冕)을 착용하고 제사를 지냈으며, 현의(玄衣)를 착용하고 노인을 봉양
했다."[19]라 했고, 주에서는 "무릇 노인을 봉양할 때 착용하는 복장은 모

---

16) 『이아』「석고(釋詁)」: 時·寔, 是也.
17) 『예기』「옥조(玉藻)」: 皮弁以日視朝, 遂以食; 日中而餕, 奏而食. 日少牢, 朔月
大牢. 五飮: 上水, 漿·酒·醴·酏.
18) 『의례』「연례(燕禮)」: 記. 燕, 朝服于寢.
19) 『예기』「왕제(王制)」: 周人, 冕而祭, 玄衣而養老.

두 그 당시에 천자가 여러 신하들과 연회를 할 때 입었던 복장이 되는데, 주나라 때에는 이를 다듬어서 함께 사용했다. 현색의 상의에 흰색의 하의를 하며 그 관은 위모(委貌)이다. 제후는 천자의 연복(燕服)을 조복(朝服)으로 삼는다."라 했다. 「왕제」편의 주에 따른다면 천자는 연회 때 현의(玄衣)를 착용하는 것이다. 이곳에서 '피변(皮弁)'이라 말한 것은 아마도 천자의 연복(燕服)에는 2종류가 있으니, 첫 번째는 여러 신하들에게 연회를 베풀 때 현관(玄冠)을 착용하는 것이고, 두 번째는 동성의 친족들을 친근하게 대하며 연회를 할 때에는 피변(皮弁)을 착용하는 것이다. 『시』「빈지초연(賓之初筵)」편의 3장에 대한 전문에서 "이것은 제사 말미에, 천자가 족인들과 연회를 하는 것이다."[20]라 했고, 경문에서는 "기울어진 변(弁)이 삐딱하다."[21]라 했으니, 이것은 동성의 친족들에게 연회를 베풀 때 피변(皮弁)을 착용하는 사안에 해당한다.

참고 『주례』「하관(夏官)·변사(弁師)」 기록

경문 弁師; 掌王之五冕, 皆玄冕, 朱裏, 延, 紐.

변사는 천자의 오면(五冕)을 담당하니, 모두 현면(玄冕)이고 주색의 안감이며, 연(延)을 하고, 유(紐)를 한다.

鄭注 冕服有六, 而言五冕者, 大裘之冕盖無旒, 不聯數也. 延, 冕之覆, 在上, 是以名焉. 紐, 小鼻在武上, 笄所貫也. 今時冠卷當簪者,

---

20) 이 문장은 『시』「소아(小雅)·빈지초연(賓之初筵)」편의 "賓之初筵, 溫溫其恭." 이라는 기록에 대한 정전(鄭箋)이다.

21) 『시』「소아(小雅)·빈지초연(賓之初筵)」: 賓既醉止, 載號載呶. 亂我籩豆, 屢舞僛僛. 是曰既醉, 不知其郵. 側弁之俄, 屢舞傞傞. 既醉而出, 並受其福. 醉而不出, 是謂伐德. 飲酒孔嘉, 維其令儀.

廣袤以冠緌, 其舊象與.

면복(冕服)에는 여섯 종류가 있는데, '오면(五冕)'이라 말한 것은 대구복(大裘服)의 면류관 덮개에는 유(旒)가 없으니, 그 수에 합하지 않은 것이다. '연(延)'은 면류관의 덮개인데, 윗부분에 있어서 이를 통해 명칭을 삼은 것이다. '유(紐)'는 작은 구멍으로 테두리 위에 있는 것으로, 비녀를 꼽는 부분이다. 오늘날 관의 테두리 중 비녀가 닿는 곳으로, 그 너비와 길이로 관쇄(冠緌)를 삼았는데, 이것은 옛 제도를 본뜬 것이다.

賈疏 ● "弁師"至"延紐". ○ 釋曰: 云"皆玄冕"者, 古者績麻三十升布, 染之, 上以玄, 下以朱, 衣之於冕之上下. 云"延"者, 卽是上玄者. "紐"者, 綴於冕, 兩旁垂之, 武兩旁作孔, 以笄貫之, 使得其牢固也. 凡冕體, 周禮無文. 叔孫通作漢禮器制度, 取法於周, 今還取彼以釋之. 按彼文, 凡冕以版, 廣八寸, 長尺六寸, 以此上玄下朱覆之, 乃以五采繅繩貫五采玉, 垂於延前后, 謂之"邃延". 故玉藻云"天子玉藻, 前后邃延, 龍卷以祭", 是也.

● 經文: "弁師"~"延紐". ○ "모두 현면(玄冕)이다."라 했는데, 고대에는 마에서 실을 뽑아 30승(升)의 포로 만들고, 이것을 염색하며 위는 현색으로 하고 아래는 주색으로 하여, 면류관의 위아래에 입혔다. '연(延)'이라 했는데, 이것은 윗부분의 현색인 것에 해당한다. '유(紐)'라 했는데, 면류관에 연결하여 양쪽 측면으로 늘어트리는 것으로, 테두리의 양쪽 측면에 구멍을 내고 비녀로 꼽아 단단하게 고정시키는 것이다. 면류관의 몸체에 대해서는 『주례』에 관련 기록이 없는데, 숙손통은 『한예기제도』를 지으면서 주나라의 것에서 법도를 취하였으니, 이제 다시 그 기록을 취해서 해석한다. 그 기록을 살펴보면 무릇 면류관은 판으로 만드는데, 그 너비는 8촌이고 길이는 1척 6촌으로, 위는 현색이고 아래는 주색인 것을 여기에 덮고, 다섯 가지 채색의 끈으로 다섯 가지 채색의 옥을 꿰어 연(延)의 앞뒤로 늘어트리니, 이것을 '수연(邃延)'이라 부른다. 그렇기 때문에 『예

기」「옥조(玉藻)」편에서는 "천자의 면류관에 다는 옥 장식은 앞뒤로 수연(邃延)을 하고 곤룡포를 착용하고서 제사를 지낸다."22)라 한 것이다.

賈疏 ◎注"冕服"至"象輿". ○釋曰: 云"冕服有六"者, 按司服祭祀六服, 皆連冕言之. 今此惟云五冕者, 但此弁師所掌冕, 以旒爲主, 祭天用大裘, 取質, 其冕亦當無旒爲質, 故此不數之, 惟有五冕耳, 故云"王之五冕"也. 云"延, 冕之覆, 在上", 按玉藻注: "延, 冕上覆." 言雖不同, 義則不異, 皆以玄表覆之在冕上也. 以爵弁前后平, 則得弁稱. 冕則前低一寸餘, 得冕名, 冕則俛也, 以低爲號也. 云"紐, 小鼻在武上, 笄所貫也"者, 今時冠卷當簪者. "廣袤以冠縫, 其舊象與"者, 古之紐, 武笄貫之處, 若今漢時冠卷當簪所貫者, 於上下之廣及隨縫之袤以冠縫者, 貫簪之處, 當冠縫之中央. 云"舊象"者, 是周冕垂紐於武, 貫笄之舊象. 言"與"者, 以無正文, 故云"與"以疑之.

◎鄭注: "冕服"~"象輿". ○정현이 "면복(冕服)에는 여섯 종류가 있다."라 했는데, 『주례』「사복(司服)」편을 살펴보면 제사에 착용하는 복장으로 여섯 가지가 있는데, 모두 '면(冕)'자를 연이어 언급하였다. 지금 이곳에서는 단지 '오면(五冕)'이라고 했는데, 이것은 변사(弁師)가 담당하는 면류관으로, 유(旒)를 위주로 한 것으로, 제천의식 때 착용하는 대구복(大裘服)은 질박함에 따라서 그 복장의 면류관에는 또한 유(旒)를 없애 질박함으로 삼았다. 그렇기 때문에 이것을 셈하지 않아서 오직 오면(五冕)만 있게 된 것일 뿐이다. 그렇기 때문에 '왕지오면(王之五冕)'이라고 했다. 정현이 "'연(延)'은 면류관의 덮개인데, 윗부분에 있다."라 했는데, 『예기』「옥조(玉藻)」편의 주를 살펴보면, "'연(延)'자는 면류관 위를 덮고 있는 것이다."23)라 하여, 말이 비록 다르지만 의미에 있어서는 차이가

---

22) 『예기』「옥조(玉藻)」: 天子玉藻, 十有二旒, <u>前後邃延, 龍卷以祭</u>.
23) 이 문장은 『예기』「옥조(玉藻)」편의 "天子玉藻, 十有二旒, 前後邃延, 龍卷以祭."

나지 않으니, 모두 현색을 드러내는 덮개로 면류관의 윗면에 있는 것이다. 작변(爵弁)은 앞뒤가 평평하여 '변(弁)'이라 지칭할 수 있다. 면류관의 경우에는 앞은 1촌 남짓 숙여져 있어서 면(冕)이라는 칭호를 얻었는데, '면(冕)'은 곧 숙인다는 의미로, 숙인 것에 따라 칭호를 삼은 것이다. 정현이 "'유(紐)'는 작은 구멍으로 테두리 위에 있는 것으로, 비녀를 꼽는 부분이다."라 했는데, 오늘날 관의 테두리 중 비녀가 닿는 부분에 해당한다. 정현이 "그 너비와 길이로 관쇄(冠縦)를 삼았는데, 이것은 옛 제도를 본뜬 것이다."라 했는데, 고대의 유(紐)는 테두리 중 비녀를 꼽게 되는 지점으로, 마치 한나라 때의 관 테두리 중 비녀를 꼽게 되는 곳과 같은 것으로, 상하의 너비 및 머리싸개의 길이로 관쇄(冠縦)를 삼은 것에 있어서 비녀를 꼽게 되는 지점은 관쇄(冠縦)의 중앙에 해당한다. '구상(舊象)'이라고 했는데, 주나라의 면류관이 테두리에 유(紐)를 늘어트렸으니, 비녀를 꼽는 것은 옛 것을 본뜬 것이다. '여(與)'라고 말한 것은 경문의 기록이 없기 때문에 '여(與)'자를 덧붙여서 확정하지 않은 것이다.

경문 五采繅十有二, 就皆五采玉十有二, 玉笄, 朱紘.

다섯 가지 채색의 소(繅)는 12개이며, 취(就)는 모두 다섯 가지 색깔의 옥이 12개이고, 옥으로 된 비녀와 주색의 굉(紘)이 있다.

鄭注 繅, 雜文之名也. 合五采絲爲之繩, 垂於延之前后, 各十二, 所謂邃延也. 就, 成也. 繩之每一市而貫五采玉, 十二斿則十二玉也. 每就間蓋一寸. 朱紘, 以朱組爲紘也. 紘一條, 屬兩端於武. 繅不言皆, 有不皆者. 此爲袞衣之冕十二斿, 則用玉二百八十八. 鷩衣之冕繅九斿, 用玉二百一十六. 毳衣之冕七斿, 用玉百六十八. 希衣之冕五斿, 用玉百二十. 玄衣之冕三斿, 用玉七十二.

라는 기록에 대한 정현의 주이다.

'소(繅)'는 무늬를 섞었다는 명칭이다. 다섯 가지 채색의 실을 합쳐서 끈으로 만들고, 연(延)의 앞뒤로 늘어트리는데, 각각 12개씩이며, 이른바 '수연(邃延)'이라는 것이다. '취(就)'자는 완성한다는 뜻이다. 끈을 1번 두르며 다섯 가지 채색의 옥을 꿰니, 12유(旒)라면 12개의 옥이 들어간다. 매 취(就)마다 간극은 1촌 정도이다. '주굉(朱紘)'은 주색의 끈으로 만든 굉(紘)이다. 굉(紘)의 한 가닥에 있어 양쪽 끝을 테두리에 연결한다. '소(繅)'에 대해서 '개(皆)'라고 말하지 않은 것은 모두 똑같이 따르지 않는 경우도 있기 때문이다. 이것은 곤의(袞衣)에 착용하는 면류관에 12개의 유(旒)를 다는 것이라 한다면, 옥은 288개를 사용하게 된다. 별의(鷩衣)에 착용하는 면류관의 소(繅)는 9유(旒)가 되어 옥은 216개를 사용한다. 취의(毳衣)의 면류관은 7유(旒)가 되어 옥은 168개를 사용한다. 희의(希衣)의 면류관은 5유(旒)가 되어 옥은 120개를 사용한다. 현의(玄衣)의 면류관은 3유(旒)가 되어 옥은 72개를 사용한다.

賈疏 ●"五采"至"朱紘". ○釋曰: 言"五采藻十有二"者, 此據袞冕而言, 謂合五采絲爲藻繩十二道, 爲十二旒也. "就皆五采玉十有二"者, 此各據一旒而言, 玉有五色, 以靑赤黃白黑於一旒之上, 以此五色玉貫於藻繩之上, 每玉間相去一寸, 十二玉則十二寸. 就, 成也. 以一玉爲一成, 結之, 使不相幷也. "玉笄朱紘"者, 以玉笄貫之, 又以組爲紘, 仰屬結之也.

● 經文: "五采"~"朱紘". ○ "다섯 가지 채색의 소(繅)는 12개이다."라 했는데, 이것은 곤면(袞冕)에 기준을 두고 말한 것으로, 다섯 가지 채색의 실을 합쳐서 조(藻)의 끈을 12갈래로 만들어 12개의 유(旒)로 삼는다는 뜻이다. "취(就)는 모두 다섯 가지 색깔의 옥이 12개이다."라 했는데, 이것은 각각 1개의 유(旒)에 근거해서 말한 것으로, 옥에 다섯 가지 색깔이 있으니, 청색 · 적색 · 황색 · 백색 · 흑색을 1개의 유(旒)에 꿰는데, 이러한 다섯 가지 색깔의 옥을 조(藻)의 끈에 꿰어 매 옥마다의 간극은 서로

1촌 정도 벌리니, 12개의 옥이라면 12촌이 된다. '취(就)'자는 완성한다는 뜻이다. 1개의 옥을 1성(成)으로 삼고 매듭을 지어서 서로 붙지 않도록 하는 것이다. "옥으로 된 비녀와 주색의 굉(紘)이 있다."라 했는데, 옥으로 만든 비녀를 꼽고 또 끈으로 굉(紘)을 만들고, 올려서 연결하여 매듭을 짓는다.

賈疏 ◎注"繅雜"至"十二". ○釋曰: 云"繅, 雜文"者, 若水草之藻有五采, 故云雜文之名也. 云"所謂邃延也"者, 謂玉藻文. 云"繩之每一币而貫五采玉, 十二斿則十二玉也"者, 以其云就皆五采玉十有二, 明十二玉可知也. 云"紘一條, 屬兩端於武"者, 謂以一條繩先屬一頭於左旁笄上, 以一頭繞於頤下, 至句上, 於右相笄上繞之. 是以鄭注士冠禮云: "有笄者屈組以爲紘, 垂爲飾. 無笄者纓而結其條." 彼有笄, 據皮弁·爵弁. 此五冕皆有笄, 與彼同. 此言屬於武者, 據笄貫武, 故以武言之, 其實在笄. 云"繅不言皆, 有不皆"者, 謂王之五冕, 繅則有十二, 有九, 有七, 有五, 有三, 其玉斿皆十二, 故繅不言皆, 有不皆者, 則九斿已下是也. 玉言皆, 則五冕斿皆十二玉也. 此經十二斿, 據袞冕而言, 是以鄭云"此爲袞衣之冕十二斿", 以其十二斿斿各十二玉, 前后二十四斿, 故用二百八十八. 已下計可知.

◎鄭注: "繅雜"~"十二". ○정현이 "'소(繅)'는 무늬를 섞었다는 명칭이다."라 했는데, 수초의 조(藻)가 다섯 가지 채색이 있는 것과 같다. 그렇기 때문에 무늬를 섞은 명칭이라 한 것이다. 정현이 "이른바 '수연(邃延)'이라는 것이다."라 했는데, 이것은 『예기』「옥조(玉藻)」편의 기록이다.[24] 정현이 "끈을 1번 두르며 다섯 가지 채색의 옥을 꿰니, 12유(斿)라면 12개의 옥이 들어간다."라 했는데, 취(就)는 모두 다섯 가지 채색의 옥이 12개라는 말로, 이를 통해 12개의 옥이 들어간다는 사실을 알 수 있다.

---

24) 『예기』「옥조(玉藻)」: 天子玉藻, 十有二斿, 前後邃延, 龍卷以祭.

정현이 "굉(紘)의 한 가닥에 있어 양쪽 끝을 테두리에 연결한다."라 했는데, 한 가닥의 끈을 먼저 좌측 측면의 비녀에 한쪽 끝을 묶고, 다른 한쪽 끝을 턱 아래로 둘러서 굽힌 곳에 이르러 우측 비녀에 감는다. 이러한 까닭으로 정현은 『의례』「사관례(士冠禮)」편에 대한 주에서 "비녀가 포함된 경우 끈을 구부려서 관의 끈인 굉(紘)을 만들고, 비녀에 묶고 난 나머지 끈은 늘어트려서 장식으로 삼는다. 비녀가 없는 경우 관의 끈인 영(纓)을 착용하는데 양쪽 가닥의 끈을 묶는다."라 한 것이다. 이 주석에서 비녀가 있다고 한 것은 피변(皮弁)과 작변(爵弁)을 기준으로 한 것이다. 여기에서 말한 오면(五冕)에는 모두 비녀가 있으니, 「사관례」편의 경우와 동일하다. 이것을 테두리에 연결한다고 말한 것은 비녀를 테두리에 꼽는 것에 기준을 둔 것이다. 그렇기 때문에 테두리로 말한 것인데, 실제로는 비녀에 연결한다. 정현이 "'소(繅)'에 대해서는 '개(皆)'라고 말하지 않은 것은 모두 똑같이 따르지 않는 경우도 있기 때문이다."라고 했는데, 천자의 오면(五冕)에 있어서 소(繅)의 경우에는 12개가 있는 것이 있고, 9개가 있는 것이 있으며, 7개가 있는 것이 있고, 5개가 있는 것이 있으며, 3개가 있는 것이 있는데, 옥류(玉旒)는 모두 12개이다. 그렇기 때문에 소(繅)에 대해서 '개(皆)'라고 말하지 않은 것은 모두 똑같이 따르지 않는 경우도 있기 때문이라고 했으니, 9유(旒)로부터 그 이하의 경우가 여기에 해당한다. 옥에 대해서 '개(皆)'라고 했다면, 오면(五冕)의 유(旒)에는 모두 12개의 옥이 들어간다. 이곳 경문에서 12유(旒)라고 말한 것은 곤면(袞冕)에 기준을 두고 말한 것이다. 이러한 까닭으로 정현은 "이것은 곤의(袞衣)에 착용하는 면류관에 12개의 유(旒)를 다는 것이다."라 말한 것인데, 12개의 유(旒)에는 유(旒)마다 각각 12개의 옥이 들어가고, 앞뒤로 24개의 유(旒)가 있기 때문에 288개를 사용한다. 그 뒤의 것도 이처럼 계산하면 그 수치를 알 수 있다.

참고 『예기』「제의(祭義)」 기록

경문 君子反古復始, 不忘其所由生也, 是以致其敬, 發其情, 竭力從事以報其親, 不敢弗盡也. 是故昔者天子爲藉千畝, 冕而朱紘, 躬秉耒; 諸侯爲藉百畝, 冕而靑紘, 躬秉耒. 以事天地・山川・社稷・先古, 以爲醴酪齊盛於是乎取之, 敬之至也.

공자가 계속하여 말하길, "군자가 옛 것을 돌이키고 시초를 회복하는 것은 자신의 유래를 잊지 않고자 했기 때문이다. 따라서 공경함을 지극히 하고 정감을 다 드러내며, 힘을 다해 일에 종사해서 부모에게 보답을 하는데, 감히 다하지 않는 경우가 없었다. 이러한 까닭으로 예전에 천자는 자전 1,000이랑을 마련하여 면류관을 착용하고 주색의 끈을 달고서 직접 쟁기를 잡고 경작했으며, 제후는 자전 100이랑을 마련하여 면류관을 착용하고 청색의 끈을 달고서 직접 쟁기를 잡고 경작했다. 이를 통해 천지・산천・사직・선조에게 제사를 지냈고, 또 단술과 식초, 자성 등을 만들 때 바로 이 경작지에서 산출된 곡식을 사용하였으니, 공경함이 지극한 것이다."라고 했다.

정주 從事, 謂修薦可以祭者也. 藉, 藉田也. 先古, 先祖.

'종사(從事)'는 제사를 지낼 수 있는 음식들로 만든다는 뜻이다. '자(藉)'는 자전(藉田)을 뜻한다. '선고(先古)'는 선조를 뜻한다.

참고 『주례』「하관(夏官)・변사(弁師)」 기록

경문 諸侯及孤卿大夫之冕・韋弁・皮弁・弁絰, 各以其等爲之, 而掌其禁令.

제후・고・경・대부의 면(冕)・위변(韋弁)・피변(皮弁)・변질(弁絰)에 대해서는 각각 그들의 등급에 따라 만들고, 관련된 금령을 담당한다.

鄭注 各以其等, 繅斿玉瑱如其命數也. 冕則侯伯繅七就, 用玉九十八. 子男繅五就, 用玉五十, 繅玉皆三采. 孤繅四就, 用玉三十二. 三命之卿繅三就, 用玉十八. 再命之大夫藻再就, 用玉八, 藻玉皆朱綠. 韋弁・皮弁則侯伯瑱飾七, 子男瑱飾五, 玉亦三采. 孤瑱飾四, 三命之卿瑱飾三, 再命之大夫瑱飾二, 玉亦二采. 弁経之弁, 其辟積如冕繅之就然. 庶人弔者素委貌. 一命之大夫冕而無斿, 士變冕爲爵弁. 其韋弁皮弁之會無結飾, 弁経之弁不辟積. 禁令者, 不得相僭踰也. 玉藻曰: "君未有命, 不敢卽乘服." 不言冠弁, 冠弁兼於韋弁・皮弁矣. 不言服弁, 服弁自天子以下, 無飾無等.

각각 그들의 등급에 따른다는 것은 소(繅)・유(斿)・옥(玉)・기(瑱)에 대해서 그들의 명(命) 등급의 수치와 같게 한다는 뜻이다. 면(冕)의 경우 후작과 백작의 소(繅)는 7취(就)로 하고 옥은 98개를 사용한다. 자작과 남작은 소(繅)는 5취(就)로 하고 옥은 50개를 사용하는데, 소(繅)의 옥은 모두 3가지 색깔을 사용한다. 고의 소(繅)는 4취(就)로 하고 옥은 32개를 사용한다. 3명(命)의 경은 소(繅)는 3취(就)로 하고 옥은 18개를 사용한다. 2명(命)의 대부는 조(藻)를 2취(就)로 하고 옥은 8개를 사용하며, 조(藻)의 옥은 모두 주색과 녹색만 사용한다. 위변(韋弁)과 피변(皮弁)의 경우 후작과 백작의 기(瑱) 장식은 7개이고, 자작과 남작의 기(瑱) 장식은 5개이며, 옥은 또한 3가지 색깔을 사용한다. 고의 경우 기(瑱) 장식은 4개이고 3명(命)의 경은 기(瑱) 장식이 3개이며, 2명(命)의 대부는 기(瑱) 장식이 2개인데, 옥은 또한 2가지 색깔을 사용한다. 변질(弁経)의 변(弁)에 있어서, 그 주름은 면(冕)의 소(繅)에 하는 취(就)와 같게 한다. 서인은 조문을 할 때 흰색의 위모(委貌)를 착용한다. 1명(命)의 대부는 면(冕)을 쓰지만 유(斿)가 없고, 사는 면(冕)을 바꿔 작변(爵弁)을 착용한다. 위변(韋弁)과 피변(皮弁)의 봉합 부분에는 매듭의 장식이 없고,

변질(弁絰)의 변(弁)은 주름을 잡지 않는다. '금령(禁令)'이라는 것은 서로 참람되게 등급을 뛰어넘지 못하게 하는 것이다. 『예기』「옥조(玉藻)」편에서는 "군주가 그것을 사용해도 좋다는 명령을 내린 적이 없다면, 감히 하사받은 수레나 말을 타지 않고, 하사받은 의복을 착용하지 않는다."[25]라 했다. '관변(冠弁)'에 대해 언급하지 않은 것은 관변(冠弁)은 위변(韋弁)과 피변(皮弁)에 포함되기 때문이다. '복변(服弁)'을 언급하지 않은 것은 복변(服弁)은 천자로부터 그 이하의 계층에 있어서 장식이 없고 등급에 따른 차이가 없기 때문이다.

賈疏 ●"諸侯"至"禁令". ○釋曰: "諸侯"者, 上已言公, 則此諸侯謂侯伯子男. 云"及孤卿大夫"者, 此文旣承諸侯之下, 故鄭以爲諸侯之孤卿大夫解之也. 旣不別見天子之臣, 文中可以兼之. 上天子與公不言韋弁, 此言之, 亦是互見之義. 云各以其等爲之, 不言爵而言等, 則依命數矣.

●經文: "諸侯"~"禁令". ○'제후(諸侯)'라고 했는데, 앞에서 이미 '공(公)'이라고 했으니, 여기에서 말한 제후(諸侯)는 후작·백작·자작·남작을 가리킨다. "고·경·대부"라고 했는데, 이 문장은 이미 제후라는 말 뒤에 있다. 그렇기 때문에 정현은 제후에게 소속된 고·경·대부로 여겨서 풀이한 것이다. 이미 천자에게 소속된 신하와 구별해서 드러내지 않았으니, 문장 중에서는 겸해서 말할 수 있다. 앞에서 천자와 공을 말하며 위변(韋弁)을 언급하지 않았는데, 이곳에서 언급을 했으니, 이것은 또한 상호 그 뜻을 드러내도록 한 것이다. 각각 그들의 등급에 따라 만든다고 했는데, 작(爵)이라 말하지 않고 등(等)이라 말했으니, 명(命)의 수에 따르는 것이다.

---

25) 『예기』「옥조(玉藻)」: 君未有命, 弗敢卽乘服也.

賈疏 ◎注"各以"至"無等". ○ 釋曰: 云"各以其等謂藻旒玉瑻如其命數也"者, 經云"冕", 故云旒; 經云"弁", 故云瑻; 如其命數, 釋經云"等"也. 侯伯子男之冕, 亦據一冕如上公矣. 侯伯子男繅玉皆三采者, 亦約聘禮記"藻三采, 朱白蒼"而言之. 四命已下, 皆據典命公之孤四命, 公侯伯之卿三命, 其大夫二命, 子男之卿再命, 大夫一命而言. 二采朱綠, 亦據聘禮記"聘臣藻皆二采朱綠"而言也. 云"弁経之弁, 其辟積如冕繅之就然"者, 以其弔服非吉, 故無飾, 故辟積有就也. 云"庶人弔者素委貌"者, 此經不云庶人, 鄭云此者, 以有大夫已上, 因言庶人, 且欲從下向上, 因推出士變冕爲爵弁之意也. 云"一命之大夫冕而無旒"者, 此亦無文, 鄭知然者, 凡冕旒所以爲文飾, 一命若有, 則止一旒一玉而已, 非華美. 又見一命大夫衣無章, 士文避之, 變冕爲爵弁. 若一命大夫有旒, 士則不須變冕爲爵弁, 直服無旒之冕矣, 故知一命大夫無旒也. 若然, 爵弁制如冕, 但無旒爲異, 則無旒之冕亦與爵弁不殊. 得謂之冕者, 但無旒之冕亦前低一寸餘, 故亦得冕名也. 云"韋弁皮弁之會無結飾, 弁経之弁不辟積"者, 一命大夫及士冕弁旣無旒, 故知無此等. 云"禁令者, 不得相僭踰", 而引玉藻"君未有命, 不敢卽乘服"者, 彼諸侯之卿大夫聘於天子, 天子賜之冕服, 歸國告君, 得君命乃服之, 未得君命, 則爲僭踰, 故引爲證也. 云"不言冠弁, 冠弁兼於韋弁‧皮弁矣"者, 玄冠, 繅布衣, 繅26)帶, 素踝27), 天子以爲田服, 卽諸侯及臣之朝服, 亦皮弁之類. 不言之者, 兼於韋弁‧皮弁也. 云"不言服弁", 服弁卽衰経喪服也. 云"不言之者, 自天子以下, 無飾無等"者, 則喪服自天子達士, 共一章是也. 自此一經, 總包諸侯及臣,

---

26) '소포의소(繅布衣繅)'에 대하여,『십삼경주소(十三經注疏)』북경대 출판본에서는 "포당(浦鏜)은 치(緇)자를 모두 소(繅)자로 잘못 기록한 것이라고 했다.『주례정의(周禮正義)』를 살펴보면 모두 치(緇)자로 기록했다."라고 했다.

27) '필(踝)'자에 대하여,『십삼경주소(十三經注疏)』북경대 출판본에서는 "포당(浦鏜)은 필(韠)자를 잘못하여 필(踝)자로 기록한 것이다."라고 했다.

不言天子之臣, 但天子三公八命, 卿六命, 大夫四命, 士三命以下, 冕
弁之屬亦各以其等爲之可知.

◎ 鄭注: "各以"~"無等". ○ 정현이 "각각 그들의 등급에 따른다는 것은
소(繅) · 유(斿) · 옥(玉) · 기(璂)에 대해서 그들의 명(命) 등급의 수치와
같게 한다는 뜻이다."라 했는데, 경문에서 '면(冕)'이라 했기 때문에 '유
(斿)'를 언급한 것이며, 경문에서 '변(弁)'이라 했기 때문에 '기(璂)'를 언
급한 것인데, 명(命) 등급의 수치와 같게 한다는 것은 경문에 나온 '등
(等)'이라는 말을 풀이한 것이다. 후작 · 백작 · 자작 · 남작의 면(冕)은 또
한 상공과 같이 1개의 면(冕)을 제시한 것이다. 후작 · 백작 · 자작 · 남작
의 소(繅) 옥은 모두 3가지 색깔이라고 했는데, 이것은 또한 『의례』「빙례
(聘禮)」편의 기문에서 "조(藻)는 3가지 채색으로 주색 · 백색 · 청색이
다."[28]라고 한 말을 요약해서 말한 것이다. 4명(命) 이하는 『주례』「전명
(典命)」편의 기록에서 공에게 소속된 고는 4명(命)이고, 공작 · 후작 · 백
작에게 소속된 경은 3명(命)이며, 그들의 대부는 2명(命)이고, 자작 · 남
작에게 소속된 경은 2명(命)이고 대부는 1명(命)이라고 한 말에 근거해
서 말한 것이다. 2가지 색깔이 주색과 녹색이라는 것 또한 「빙례」편의
기문에서 "빙문을 온 신하의 조(藻)는 모두 2가지 색깔로 주색과 녹색이
다."라고 한 말에 근거해서 말한 것이다. 정현이 "변질(弁絰)의 변(弁)에
있어서, 그 주름은 면(冕)의 소(繅)에 하는 취(就)와 같게 한다."라고 했
는데, 조문하는 복장은 길복이 아니기 때문에 장식이 없다. 그렇기 때문
에 주름을 잡으며 취(就)가 있게 된다. 정현이 "서인은 조문을 할 때 흰색
의 위모(委貌)를 착용한다."라 했는데, 이곳 경문에서는 '서인(庶人)'을
언급하지 않았는데, 정현이 이것을 언급한 것은 대부 이상의 계층에 대해
언급을 하여, 그에 따라 서인에 대해서도 언급을 했고, 또 이를 통해 밑에

---

28) 『의례』「빙례(聘禮)」 : 所以朝天子, 圭與繅皆九寸, 剡上寸半, 厚半寸, 博三寸,
繅三采六等, 朱白倉.

서부터 위로 향하고자 하고, 그에 따라 미루어 사가 면(冕)을 바꿔 작변(爵弁)을 착용하는 뜻을 도출한 것이다. 정현이 "1명(命)의 대부는 면(冕)을 쓰지만 유(旒)가 없다."라고 했는데, 이것과 관련해서도 경문의 기록이 없는데, 정현이 이러한 사실을 알 수 있었던 것은 면(冕)에 있는 류(旒)는 문식을 꾸미기 위한 것인데, 1명(命)의 등급에 만약 이러한 것이 있다면, 단지 1개의 유(旒)에 1개의 옥만 있게 될 따름이므로, 화려함과 아름다움이 아니다. 또 1명(命)의 대부가 착용하는 의복에는 무늬가 없다는 것을 보고, 사의 격식은 그것을 피하여 면(冕)을 바꿔 작변(爵弁)을 착용하는 것이다. 만약 1명(命)의 대부에게 유(旒)가 있다면, 사의 경우에는 면(冕)을 바꿔서 작변(爵弁)을 착용할 필요가 없으니, 단지 유(旒)가 없는 면(冕)을 착용할 따름이다. 그렇기 때문에 1명(命)의 대부에게는 유(旒)가 없다는 사실을 알 수 있다. 만약 그렇다면 작변(爵弁)을 만드는 제도는 면(冕)과 같은데, 단지 유(旒)가 없다는 차이만 있다면, 유(旒)가 없는 면(冕)은 또한 작변(爵弁)과 차이가 없게 된다. 따라서 이것을 '면(冕)'이라 부를 수 있지만, 유(旒)가 없는 면(冕)은 또한 앞 부분을 1촌 남짓 숙이기 때문에 면(冕)이라는 명칭을 쓸 수 있는 것이다. 정현이 "위변(韋弁)과 피변(皮弁)의 봉합 부분에는 매듭의 장식이 없고, 변질(弁絰)의 변(弁)은 주름을 잡지 않는다."라 했는데, 1명(命)의 대부와 사의 면(冕)과 변(弁)에는 이미 유(旒)가 없다. 그렇기 때문에 이러한 등급적 차이가 없다는 사실을 알 수 있다. 정현이 "'금령(禁令)'이라는 것은 서로 참람되게 등급을 뛰어넘지 못하게 하는 것이다."라 했고, 『예기』「옥조(玉藻)」편에서 "군주가 그것을 사용해도 좋다는 명령을 내린 적이 없다면, 감히 하사받은 수레나 말을 타지 않고, 하사받은 의복을 착용하지 않는다."라고 한 문장을 인용했는데, 「옥조」편의 내용은 제후에게 소속된 경과 대부가 천자에게 빙문을 가서 천자가 그에게 면복(冕服)을 하사했고, 그가 본국으로 되돌아와 자신의 군주에게 그 사실을 아뢰었는데, 군주로부터 사용해도 된다는 명령을 받는다면 착용하지만, 군주의 명령을 아직 받지 못했는데 사용한다면 참람되게 등급을 뛰어넘은 것이 된다는 내용이다. 그렇기 때문에 이 문장을 인용해서 증명한 것이다. 정현이 "관변(冠弁)'에 대해 언급하지 않은 것은 관변(冠弁)은 위변(韋弁)과 피변(皮弁)에 포함되기 때문이다."라 했는데, 현관(玄冠)에 치포의(緇布衣), 치대(緇帶), 소필(素韠)을 착용하는 것은 천자가 사냥 때의 복장으로 삼으니, 제후 및 신하들의 조복(朝服) 또한 피변(皮弁)의 부류가 된다. 이것을 언급하지 않은 것은 위변(韋弁)과 피변(皮弁)에 포함되기 때문이다. 정현이 "'복변(服弁)'을 언급하지 않았다."라고 했는데, '복변(服弁)'은 최질(衰絰)의 상복에 해당한다. 정현이 "언급하지 않은 것은 천자로부터 그 이하의 계층에 있어서 장식이 없고 등급에 따른 차이가 없기 때문이다."라고 했는데, 『의례』「상복(喪服)」편에서 천자로부터 사 계층에 이르기까지 모두 하나의 장으로 엮은 것이 이것을 가리킨다. 이곳의 한 경문으로부터 총괄적으로 제후 및 신하들을 포함하고 있는데, 천자에게 소속된 신하를 언급하지 않았는데, 다만 천자에게 소속된 삼공은 8명(命)의 등급이고, 경은 6명(命)의 등급이며, 대부는 4명(命)의 등급이고, 사는 3명(命)으로부터 그 이하의 등급이니, 면변(冕弁)의 부류 또한 각각 그들의 등급에 따라 만들게 됨을 알 수 있다.

참고 『예기』「옥조(玉藻)」 기록

경문 玄冠朱組纓, 天子之冠也. 緇布冠繢緌, 諸侯之冠也. 玄冠丹組纓, 諸侯之齊冠也. 玄冠綦組纓, 士之齊冠也.

현관(玄冠)에 주색의 끈으로 갓끈을 단 것은 천자가 쓰는 관이다. 치포관(緇布冠)에 궤유(繢緌)를 한 것은 제후가 쓰는 관이다. 현관(玄冠)에 단색의 끈으로 갓끈을 단 것은 제후가 재계를 할 때 쓰는 관이다. 현관에 푸르고 하얀 빛을 내는 끈으로 갓끈을 단 것은 사가 재계를 할 때 쓰는 관이다.

鄭注 皆始冠之冠也. 玄冠, 委貌也. 諸侯緇布冠有綏, 尊者飾也.
纃, 或作繢. 綏, 或作蕤. 言齊時所服也. 四命以上, 齊·祭異冠.

이 모두는 처음 씌워주는 관에 해당한다. '현관(玄冠)'은 위모(委貌)를
뜻한다. 제후의 치포관(緇布冠)에는 유(綏)가 달려 있으니, 존귀한 자의
장식에 해당한다. '궤(纃)'자를 다른 판본에서는 '회(繢)'자로도 기록한다.
'유(綏)'자를 다른 판본에서는 '유(蕤)'자로도 기록한다. 재계를 할 때 착
용하는 복장을 뜻한다. 4명(命)의 등급 이상이라면, 재계를 하고 제사를
지낼 때, 관을 달리한다.

孔疏 ◎注“皆始”至“作蕤”. ○正義曰: 知“始冠之冠”者, 以文承上“始
冠”之下, 故知“玄冠朱組纓” 是“天子始冠也”. 云“諸侯緇布冠有綏, 尊
者飾也”者, 按郊特牲及士冠記皆云“其綏也, 吾未之聞”, 謂大夫·士
也. 此云“纃綏, 諸侯之冠”, 故云“緇布冠有綏, 尊者飾也”. 上云“始冠
緇布冠, 自諸侯下達”, 則“諸侯緇布冠”可知. 更云“緇布冠纃綏, 諸侯
之冠”者, 爲“綏”起文也. 諸侯唯纃綏爲異, 其頰項靑組纓等皆與士同.

◎鄭注: “皆始”~“作蕤”. ○ 정현이 “처음 씌워주는 관이다.”라고 했는데,
이 말이 사실임을 알 수 있는 이유는 이 문장이 앞의 '시관(始冠)'이라는
말에 연이어 나오기 때문이다. 그래서 “현관(玄冠)에 주색의 끈으로 영
(纓)을 달았다.”라고 한 것이 “천자에게 처음 씌워주는 관이다.”라는 것에
해당함을 알 수 있다. 정현이 “제후의 치포관(緇布冠)에는 유(綏)가 달려
있으니, 존귀한 자의 장식에 해당한다.”라고 했는데, 『예기』「교특생(郊
特牲)」편 및 『의례』「사관례(士冠禮)」편의 기문을 살펴보면, 모두 “그 유
(綏)에 대해서는 내가 들어보지 못했다.”[29]라고 했으니, 이것은 대부와

---

29) 『예기』「교특생(郊特牲)」: 冠義, 始冠之, 緇布之冠也. 大古冠布, 齊則緇之. 其

사에 대한 경우이다. 이곳에서는 "궤유(績緌)를 단 것은 제후의 관이다."
라고 했다. 그렇기 때문에 "치포관(緇布冠)에는 유(緌)가 달려 있으니,
존귀한 자의 장식에 해당한다."라고 말한 것이다. 앞에서는 "처음으로 관
을 씌워줄 때, 치포관(緇布冠)을 씌우니, 제후로부터 그 이하의 계층에
통용된다."라고 했으니, "제후가 치포관(緇布冠)을 쓴다."라고 한 말이
사실임을 알 수 있다. 그런데도 재차 "치포관(緇布冠)에 궤유(績緌)를
단 것은 제후가 쓰는 관이다."라고 한 것은 '유(緌)' 때문에 문장을 기록한
것이다. 제후만이 궤유(績緌)를 달아서 차이를 두지만, 규항(頍項)과 청
색의 끈으로 갓끈을 만드는 등의 부류들은 모두 사가 따르는 제도와 동일
하다.

참고　『예기』「예기(禮器)」기록

경문　管仲鏤簋朱紘, 山節藻梲, 君子以爲濫矣.

관중은 마치 자신이 군주인 것처럼 궤(簋)에 조각 장식을 하고, 면류관의
끈인 굉(紘)도 붉은 색으로 하였으며,[30] 기둥머리의 두공(斗栱) 부분에
산(山) 모양을 새기고, 들보 위의 단주(短柱) 부분에 수초풀을 그렸는
데,[31] 군자는 이것을 두고 예법을 참람되게 범한 경우라고 여겼다.

緌也, 孔子曰: "吾未之聞也, 冠而敝之可也." / 『의례』「사관례(士冠禮)」: 記.
冠義. 始冠, 緇布之冠也. 大古冠布, 齊則緇之. 其緌也, 孔子曰, "吾未之聞也.
冠而敝之可也."

30) 『주례』「하관(夏官)·변사(弁師)」: 弁師, 掌王之五冕, 皆玄冕, 朱裏, 延, 紐, 五
采繅十有二, 就皆五采玉十有二, 玉笄, 朱紘. / 『예기』「제의(祭義)」: 君子反古
復始, …… 是故昔者天子爲藉千畝, 冕而朱紘, 躬秉耒.

31) 『예기』「명당위(明堂位)」【402a~b】: 山節藻梲, 復廟重檐, 刮楹達鄉, 反坫出尊,
崇坫康圭疏屏, 天子之廟飾也.

鄭注 濫亦盜竊也. 鏤簋謂刻而飾之, 大夫刻爲龜耳, 諸侯飾以象, 天子飾以玉. 朱紘, 天子冕之紘也, 諸侯靑組紘, 大夫士當緇組紘纁邊. 栭謂之節, 梁上楹謂之棁. 宮室之飾, 士首本, 大夫達棱, 諸侯斲而礱之, 天子加密石焉. 無畫山藻之禮也.

'남(濫)'자 또한 도적질을 한다는 뜻이다. '누궤(鏤簋)'는 조각을 해서 장식한 궤(簋)를 뜻하는데, 대부는 거북이를 조각할 따름이며, 제후는 상아로 장식을 하고, 천자는 옥으로 장식을 하게 된다. '주굉(朱紘)'은 천자의 면류관에 달린 끈을 뜻하는데, 제후는 청색의 조굉(組紘)을 하고, 대부와 사는 마땅히 검은색으로 된 조굉(組紘)에 분홍색으로 가장자리를 대야 한다. 두공[栭]을 '절(節)'이라고 부르며, 들보 위의 기둥을 '절(棁)'이라고 부른다. 궁실에 하는 장식에 있어서, 사 계급은 기둥의 상단과 하단을 정리만 하고, 대부들은 기둥의 네 면에 조각을 하며, 제후는 나무를 깎아서 부드럽게 다듬고, 천자는 숫돌로 갈아서 부드럽게 만드는 작업을 더하게 된다. 따라서 대부에게 있어서는 산(山) 모양을 새기거나 수초풀을 그려 넣는 예법이 없다.

孔疏 ●"管仲鏤簋朱紘"者, 此是不稱之人也. 管仲, 齊大夫也. 簋, 黍稷器也. 紘, 冕之飾, 用組爲之, 以其組從下屈而上屬之, 於兩旁垂餘爲緌. 此鏤簋朱紘, 是天子之飾, 而管仲僭濫爲之也.

● 經文: "管仲鏤簋朱紘". ○ 이 문장의 내용은 분수에 걸맞지 않게 행동하는 사람에 대한 경우이다. '관중(管仲)'은 제나라의 대부이다. '궤(簋)'는 기장을 담는 그릇이다. '굉(紘)'은 면류관에 다는 장식으로, 끈을 사용해서 그것을 만드는데, 그 끈은 아래에서부터 위로 올려서 연결을 시키고, 양쪽 옆면에 그 나머지 부분을 늘어트리게 되니, 그것을 '영(緌)'이라고 한다. 이곳 문장에서 누궤(鏤簋)·주굉(朱紘)이라고 하는 것들은 천자가 하는 장식인데, 관중은 참람되게도 이러한 것들을 했던 것이다.

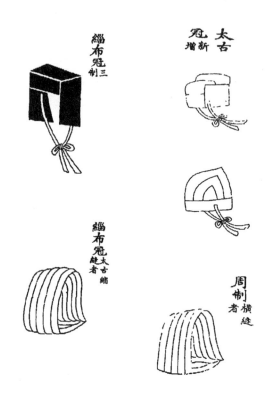

※ 출처: 『삼례도집주(三禮圖集注)』 3권

그림 7-14 ▣ 치포관(緇布冠)

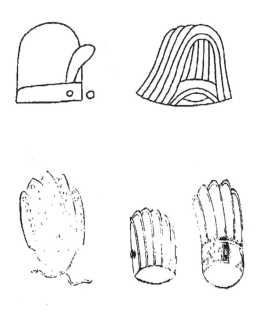

※ 출처:
　상좌-『삼례도(三禮圖)』2권 ; 상우-『육경도(六經圖)』8권
　하단-『삼재도회(三才圖會)』「의복(衣服)」1권

그림 7 - 15　◨ 규항(缺項=頍項)

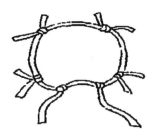

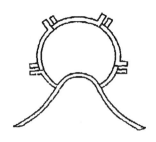

※ 출처:

　상단 - 『삼례도집주(三禮圖集注)』 3권

　하단 - 『육경도(六經圖)』 9권

그림 7-16 ◼ 조영(組纓)

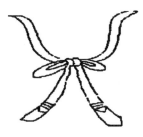

※ 출처:
상단-『삼례도집주(三禮圖集注)』3권
하단-『육경도(六經圖)』8권

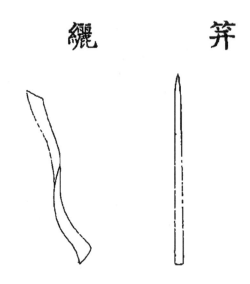

纚　　　　　笄

※ 출처: 『삼례도집주(三禮圖集注)』3권

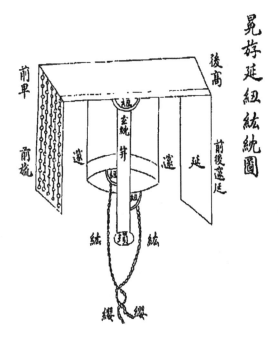

冕弁延紐紘統圖

※ 출처:『주례도설(周禮圖說)』하권

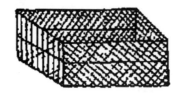

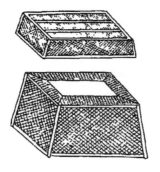

※ 출처:

상단-『삼례도집주(三禮圖集注)』3권

하단-『삼례도(三禮圖)』4권

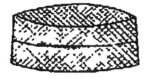

※ 출처:
단-『삼례도집주(三禮圖集注)』 3권
사-『가산도서(家山圖書)』「금반협사휘이도(衿鑿篋笥楎桃圖)」

櫛實于簞.

직역 櫛은 簞에 實한다.
의역 빗은 둥근 상자에 넣어둔다.

鄭注 簞, 笥也.

'단(簞)'은 상자의 부류이다.

賈疏 ●"櫛實于簞". ◎注"簞笥也". ○釋曰: 鄭注曲禮"圓曰簞, 方曰
笥". 笥與簞方圓有異, 而云簞・笥共爲一物者, 鄭擧其類, 注論語亦
然.

●經文: "櫛實于簞". ◎鄭注: "簞笥也". ○『예기』「곡례(曲禮)」편에 대
한 정현의 주에서는 "원형으로 된 것을 '단(簞)'이라고 부르며, 사각형으
로 된 것을 '사(笥)'라고 부른다."[1]라고 했다. 사와 단은 사각형이냐 원형
이냐라는 차이점이 있는데, 단과 사를 같은 사물인 것처럼 말한 것은 정
현이 비슷한 부류를 들어 설명한 것이니, 『논어』에 대한 주에서도 이처럼
설명했다.

참고 『예기』「곡례상(曲禮上)」 기록

경문 凡以弓・劍・苞・苴・簞・笥問人者, 操以受命, 如使之容.

---

1) 이 문장은 『예기』「곡례상(曲禮上)」편의 "凡以弓・劍・苞・苴・簞・笥問人者,
操以受命, 如使之容."이라는 기록에 대한 정현의 주이다.

무릇 활·검·포(苞)·저(苴)·단(簞)·사(笥)를 상대방에게 보낼 때, 그 심부름을 맡은 자는 물건들을 손에 들고서 주인(主人)의 명령을 받으며, 실제로 심부름을 갔을 때처럼 용모를 갖추고 행동 절차들을 따르게 된다.

鄭注 問猶遺也. 苞苴, 裹魚肉, 或以葦, 或以茅. 簞笥, 盛飯食者, 圜曰簞, 方曰笥. 謂使者.

'문(問)'자는 보낸다는 뜻이다. '포(苞)'와 '저(苴)'는 물고기와 고기를 포장한 것으로, 간혹 갈대를 사용하여 싸기도 했고, 띠를 사용하여 싸기도 했다. '단(簞)'과 '사(笥)'는 음식을 담는 그릇으로, 원형으로 된 것을 '단'이라고 부르며, 사각형으로 된 것을 '사'라고 부른다. 물건을 잡는 자는 심부름을 가는 자를 뜻한다.

孔疏 ●"凡以弓劍·苞苴·簞笥問人"者, 凡謂凡此數事皆同然. 苞者, 以草苞裹魚肉之屬也. 故尙書云: "厥苞橘柚." 是其類也. 苴者亦以草藉器而貯物也. 簞圓笥方, 俱是竹器, 亦以葦爲之. 問人者, 問謂因問有物遺之也. 問者或自有事問人, 或謂聞彼有事而問之. 問之悉有物表其意, 故自"弓劍" 以下皆是也.

● 經文: "凡以弓劍·苞苴·簞笥問人". ○ '범(凡)'자를 쓴 의미는 이곳 문장에서 말하는 모든 사안들에 대해서 모두 이처럼 한다는 뜻이다. '포(苞)'라는 것은 풀을 이용하여, 물고기나 고기 등을 포장한 것이다. 그러므로 『상서』에서 "도이(島夷) 땅의 오랑캐가 싸가지고 오는 공물은 귤과 유자이다."[2]라고 한 것이 바로 포 종류를 뜻한다. '저(苴)'라는 것은 또한 풀을 이용하여, 그릇 바닥에 깔아두고, 그 위에 음식을 올린 것이다. '단(簞)'은 원형으로 된 바구니이고, '사(笥)'는 사각형으로 된 바구니인데,

---

2) 『서』「하서(夏書)·우공(禹貢)」: 島夷卉服. 厥篚織貝. 厥包橘柚錫貢.

모두 대나무로 만든 식기이며, 또한 갈대로 만들기도 했다. '문인(問人)'이라고 하였는데, '문(問)'자는 안부를 묻는 일에 연유해서, 선물을 보낸다는 뜻이다. 문을 하는 경우는 간혹 자신에게 어떤 일이 발생하여, 상대방에게 알리는 경우이거나, 상대방에게 어떤 일이 발생했다는 소식을 듣고서, 안부를 묻는 경우이다. 문을 할 때에는 모두 예물을 가져가서, 성의를 표시한다. 그러므로 '활과 검'이라는 기록부터 그 아래에 서술된 물건들이 모두 예물에 해당하는 것이다.

蒲筵二, 在南.

직역 蒲筵二는 南에 在한다.

의역 부들로 짠 자리 2개는 둥근 상자의 남쪽에 둔다.

鄭注 筵, 席也.

'연(筵)'은 자리를 뜻한다.

賈疏 ●"蒲筵二在南". ◎注"筵席也". ○釋曰: 筵二者, 一爲冠子, 卽下云"筵于東序少北", 是也; 一爲醴子, 卽下云"筵于戶西南面", 是也.

●經文: "蒲筵二在南". ◎鄭注: "筵席也". ○자리가 2개인 것은 하나는 자식에게 관을 씌워줄 때 사용하기 위한 것이니, 아래문장에서 "동쪽 서(序)에 자리를 까는데 조금 북쪽으로 놓는다."[1]라고 한 것이 바로 이 자리를 가리킨다. 다른 하나는 자식에게 단술을 따라줄 때 사용하기 위한 것이니, 아래문장에서 "방문의 서쪽에 자리를 까는데 남쪽을 향하도록 놓는다."[2]라고 한 것이 바로 이 자리를 가리킨다.

賈疏 ●云"在南"者, 最在南頭, 對下文"側尊一甒醴, 在服北"也.

●經文: "在南". ○가장 남쪽 끝에 있는 것으로, 아래문장에서 "단독으로 단술을 담은 하나의 술동이를 두는데, 옷의 북쪽에 놓는다."[3]라고 한 것

---

1) 『의례』「사관례」: 主人之贊者筵于東序, 少北, 西面.
2) 『의례』「사관례」: 筵于戶西, 南面.
3) 『의례』「사관례」: 側尊一甒醴, 在服北. 有篚實勺・觶・角柶, 脯醢, 南上.

과 상대가 된다.

賈疏 ◎鄭注云"筵, 席也"者, 鄭注周禮·司几筵云: "敷陳曰筵, 藉之曰席." 然其散言之, 筵·席通矣. 前敷在地者, 皆言藉, 取相承之義, 是以諸席在地者, 多言筵也.

◎鄭注: "筵, 席也". ○『주례』「사궤연(司几筵)」편에 대한 정현의 주에서는 "자리를 펼쳐 놓으면 '연(筵)'이라 부르고, 그 위에 다른 자리를 포개 놓으면 '석(席)'이라 부른다."⁴⁾라고 했다. 그러나 범범하게 말한다면 연과 석은 통용된다. 앞서 땅 위에 펼쳐놓은 것들에 대해 모두 '자(藉)'라고 말하는 것은 서로 받든다는 뜻에 따른 것이며, 이러한 까닭으로 땅 위에 있는 자리들에 대해서는 대체로 '연(筵)'이라고 말한다.

참고 『주례』「춘관종백(春官宗伯)」기록

경문 司几筵, 下士二人, 府二人, 史一人, 徒八人.

사궤연(司几筵)은 하사 2명이 담당하고, 하급관리로는 부(府) 2명, 사(史) 1명, 도(徒) 8명이 배속되어 있다.

鄭注 筵亦席也. 鋪陳曰筵, 藉之曰席. 然其言之筵席通矣.

'연(筵)' 또한 석(席)에 해당한다. 자리를 깔아 놓으면 '연(筵)'이라 부르고, 그 위에 자리를 포개면 '석(席)'이라 부른다. 그러나 말을 함에 있어서 연(筵)이나 석(席)은 통용된다.

---

4) 이 문장은 『주례』「춘관종백(春官宗伯)」편의 "司几筵, 下士二人, 府二人, 史一人, 徒八人."이라는 기록에 대한 정현의 주이다.

賈疏 ●“司几筵”. ○釋曰: 在此者, 凡祭祀, 先設席, 故其職云: “掌五几五席, 辨其用與其位.” 故列職於此也.

●經文: “司几筵”. ○ 이 기록이 여기에 있는 것은 무릇 제사에서는 먼저 자리를 설치해야 한다. 그렇기 때문에 그 직무기록에서는 “오궤(五几)와 오석(五席)에 대해 담당하여, 그 쓰임과 그 위치를 변별한다.”5)라 했다. 그렇기 때문에 이곳에 그 직무를 나열해둔 것이다.

賈疏 ◎注“筵亦”至“通矣”. ○釋曰: 云“鋪陳曰筵, 藉之曰席”者, 設席之法, 先設者皆言筵, 後加者爲席. 故其職云: “設莞筵紛純, 加繅席畫純.” 假令一席在地, 或亦云筵, 儀禮·少牢云“司宮筵於奧”, 是也. 是先設者爲鋪陳曰筵, 藉之曰席也. 云“然其言之筵席通矣”者, 所云筵席, 惟據鋪之先後爲名, 其筵席止是一物, 故云然其言之筵席通矣.

◎鄭注: “筵亦”~“通矣”. ○ 정현이 “자리를 깔아 놓으면 ‘연(筵)’이라 부르고, 그 위에 자리를 포개면 ‘석(席)’이라 부른다.”라 했는데, 자리를 설치하는 법도에 있어서 먼저 설치하는 것들은 모두 ‘연(筵)’이라 말하고, 이후에 추가해서 까는 것은 ‘석(席)’이 된다. 그렇기 때문에 그 직무기록에서는 “분순(紛純)을 한 완연(莞筵)을 설치하고 화순(畫純)을 한 소석(繅席)을 더한다.”6)라 말한 것이다. 가령 하나의 석(席)이 땅에 깔려 이를 때 간혹 이것을 연(筵)이라고도 부르니, 『의례』「소뢰궤식례(少牢饋食禮)」편에서 “사궁이 아랫목에 연(筵)을 설치한다.”7)라고 한 말이 이것

---

5) 『주례』「춘관(春官)·사궤연(司几筵)」: 司几筵; 掌五几·五席之名物, 辨其用與其位.
6) 『주례』「춘관(春官)·사궤연(司几筵)」: 凡大朝覲·大享射, 凡封國·命諸侯, 王位設黼依, 依前南鄕設莞筵紛純, 加繅席畫純, 加次席黼純, 左右玉几.
7) 『의례』「소뢰궤식례(少牢饋食禮)」: 主人朝服, 卽位于阼階東, 西面. 司宮筵于奧.

을 나타낸다. 이것은 먼저 설치하여 자리를 깔아놓은 것을 '연(筵)'이라 부르고 그 위에 자리를 포갠 것을 '석(席)'이라 부른다는 사실을 나타낸다. 정현이 "그러나 말을 함에 있어서 연(筵)이나 석(席)은 통용된다."라고 했는데, 이른바 연(筵)이나 석(席)이라는 것은 단지 까는 것의 선후에 따라서 명칭을 정한 것으로, 연(筵)과 석(席)은 동일한 사물이다. 그렇기 때문에 "그러나 말을 함에 있어서 연(筵)이나 석(席)은 통용된다."라고 말한 것이다.

그림 7-21 ▣ 연(筵)

筵

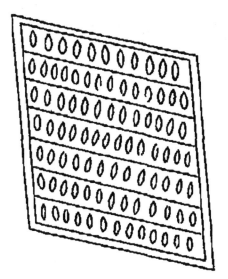

※ 출처:『삼례도집주(三禮圖集注)』 8권

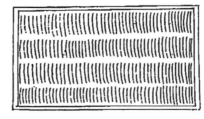

蒲席

繢純

莞席

紛純

※ 출처: 『삼례도(三禮圖)』 2권

側尊一甒醴, 在服北. 有籓實勺‧觶‧角柶, 脯醢, 南上.

직역 側尊一甒醴를 服北에 在한다. 籓를 有하여 勺‧觶‧角柶를 實하고, 脯醢는 南上한다.

의역 단독으로 단술을 담은 하나의 술동이를 두는데, 옷의 북쪽에 놓는다. 광주리를 두어 술국자‧술잔 치(觶)‧뿔로 된 숟가락을 담고, 육포를 담은 변(籩)과 젓갈을 담은 두(豆)를 두는데, 남쪽 끝에서부터 차례대로 정렬한다.

鄭注 側猶特也. 無偶曰側, 置酒曰尊. 側者, 無玄酒. 服北者, 纁裳北也. 籓, 竹器如筥者. 勺, 尊升1), 所以斟酒也. 爵三升曰觶. 柶狀如匕, 以角爲之者, 欲滑也. 南上者, 籓次尊, 籩豆次籓. 古文甒作廡.

'측(側)'자는 홀로[特]라는 뜻이다. 짝이 없는 것을 '측(側)'이라 부르고, 술을 놓아두는 것을 '준(尊)'이라 부른다. 단독으로 놓는 경우에는 현주(玄酒)2)가 없다. 옷의 북쪽이라는 것은 작변복(爵弁服)에 해당하는 옅

---

1) '승(升)'자에 대하여. 『십삼경주소(十三經注疏)』에서는 "금일추(金日追)는 '소에서는 『의례』「소뢰궤식례(少牢饋食禮)」편에서 뇌두(罍枓)라는 것은 물을 뜨기 위한 것이라고 했으니, 이곳에서 준두(尊枓)라고 한 것은 술을 뜨기 위한 것이라고 했다. 즉 주에 나온 승(升)자는 본래 두(斗)자로 기록되어 있었는데, 후위(後魏) 이래로 자형의 변체들이 많아져서, 승(升)자와 두(斗)자가 거의 변별되지 않았다. 그렇기 때문에 이와 같은 오류가 발생한 것이니, 소에 나온 준승(尊升)이라는 말과 함께 바로잡아야 한다.'라고 했다. 『의례정의(儀禮正義)』를 살펴보니 두(斗)로 기록했다."라고 했다.

2) 현주(玄酒)는 고대의 제례(祭禮)에서 술 대신 사용한 물[水]을 뜻한다. '현주'의 '현(玄)'자는 물은 흑색을 상징하므로, 붙여진 글자이다. '현주'의 '주(酒)'자의 경우, 태고시대 때에는 아직 술이 없었기 때문에, 물을 술 대신 사용했다. 따라서 후대에는 이 물을 가리키며 '주'자를 붙이게 된 것이다. '현주'를 사용하는 것은 가장 오래된 예법 중 하나이므로, 후대에도 이러한 예법을 존숭하여, 제사 때 '현주' 또한 사용했던 것이며, '현주'를 술 중에서도 가장 귀한 것으로 여겼다. 『예기』

은 홍색 하의의 북쪽에 해당한다. '비(篚)'는 대나무로 만든 광주리로 영(筳)과 같은 것이다. '작(勺)'은 술동이 국자로, 술을 뜨기 위한 것이다. 술잔 중 3승(升)[3]이 되는 것을 '치(觶)'라고 부른다. '사(柶)'의 형태는 숟가락과 비슷한데 뿔로 만드니, 매끄럽게 하기 위해서이다. '남상(南上)'은 비(篚)를 술동이 다음에 놓고, 변(籩)과 두(豆)를 비(篚) 다음에 놓는다는 뜻이다. 고문에서는 '무(甒)'자를 무(廡)자로 기록했다.

賈疏 ●"側尊"至"南上". ◎注"側猶"至"作廡". ○釋曰: 云"側猶特也. 無偶曰側, 置酒曰尊. 側者, 無玄酒"者, 凡禮之通例, 稱側有二: 一者無偶特一爲側, 則此文側是也. 又昏禮云"側尊甒醴于房中", 亦是無玄酒曰側. 至於昏禮合升側載, 聘禮云側襲, 士虞禮云側尊, 此皆是無偶爲側之類也. 一者聘禮云"側受几"者, 側是旁側之義也.

● 經文: "側尊"~"南上". ◎ 鄭注: "側猶"~"作廡". ○ 정현이 "'측(側)'자는 홀로[特]라는 뜻이다. 짝이 없는 것을 '측(側)'이라 부르고, 술을 놓아두는 것을 '준(尊)'이라 부른다."라고 했는데, 예의 통례에 따르면 '측(側)'이라 지칭하는 것에는 두 경우가 있다. 첫 번째는 짝이 없고 단독으로 하는 것을 측(側)이라고 하니, 이곳 문장에 나온 '측(側)'이 여기에 해당한다. 또 『의례』「사혼례(士昏禮)」편에서 "방안에 단독으로 단술을 담은 술동이를 둔다."[4]라고 했는데, 이 또한 현주를 짝으로 설치하지 않아서 '측(側)'이라고 부른 것이다. 또 「사혼례」에서 "희생물의 좌우 몸체를 합해

「예운(禮運)」편에는 "故玄酒在室, 醴醆在戶."라는 기록이 있는데, 이에 대한 공영달(孔穎達)의 소(疏)에서는 "玄酒, 謂水也. 以其色黑, 謂之玄. 而太古無酒, 此水當酒所用, 故謂之玄酒."라고 풀이했다.

3) 승(升)은 용량을 재는 단위이다. 지역 및 각 시대마다 다소 차이를 보이는데, 고대에는 10합(合)을 1승(升)으로 여겼고, 10승(升)을 1두(斗)로 여겼다. 『한서(漢書)』「율력지상(律曆志上)」편에는 "合龠爲合, 十合爲升."이라는 기록이 있다.

4) 『의례』「사혼례(士昏禮)」: 主人徹几改筵, 東上. 側尊甒醴于房中.

서 솥에 담고 좌우 한쪽씩을 올린다."5)라고 한 말이나 『의례』「빙례(聘禮)」편에서 "홀로 습(襲)6)을 한다."7)라고 한 말이나 『의례』「사우례(士虞禮)」편에서 '측준(側尊)'이라고 한 것들은 모두 짝이 없는 것을 '측(側)'이라고 한 부류이다. 다른 하나는 「빙례」편에서 "옆으로 궤(几)를 받는다."8)라고 했는데, 이때의 '측(側)'자는 측면이라는 뜻이다.

賈疏 ◎云"服北者, 纁裳北也"者, 此上先陳爵弁服之時, 纁裳最在北, 向南陳之. 此云服北, 明在纁裳北可知也.

◎鄭注: "服北者, 纁裳北也". ○ 앞서서 작변복을 진설했을 때, 옅은 홍색의 하의는 가장 북쪽에 놓이게 되며, 남쪽을 향해서 진설하게 된다. 이곳에서 '복북(服北)'이라고 했으니, 이곳은 옅은 홍색의 하의 북쪽에 해당함을 알 수 있다.

賈疏 ◎云"篚, 竹器如笭"者, 其字皆竹下爲之, 故以竹器言之. 如笭者, 亦擧漢法爲況也.

◎鄭注: "篚, 竹器如笭". ○ '비(篚)'자와 '영(笭)'자는 모두 '죽(竹)'자를 부수로 해서 만든 글자이다. 그렇기 때문에 대나무로 만든 기물이라고 말한 것이다. "영(笭)과 같은 것이다."라고 했는데, 이 또한 한나라 때의 예법을 제시해서 그 의미를 드러낸 것이다.

---

5) 『의례』「사혼례(士昏禮)」: 特豚, 合升, 側載, 無魚腊, 無稷, 並南上. 其他如取女禮.
6) 습(襲)은 고대에 의례를 시행할 때 하는 복장 방식 중 하나이다. 겉옷으로 안에 입고 있던 옷들을 완전히 가리는 방식이다. 한편 '습'은 비교적 성대한 의식 때 시행하는 복장 방식으로도 사용되어, 안에 있고 있는 옷을 드러내지 않음으로써, 공경의 뜻을 표하기도 했다.
7) 『의례』「빙례(聘禮)」: 公側襲, 受玉于中堂與東楹之間.
8) 『의례』「빙례(聘禮)」: 公升, 側受几于序端.

賈疏 ◎云"勺, 尊升, 所以斛酒也"者, 按少牢云醴水有枓, 與此勺爲一物, 故云尊升. 對彼是醴枓, 所以斛水, 則此爲尊枓斛酒者也.

◎鄭注: "勺, 尊升, 所以斛酒也". ○『의례』「소뢰궤식례(少牢饋食禮)」편을 살펴보면 뇌수(醴水)를 진설하며 두(枓)를 둔다고 했는데,[9] 이때의 '두(枓)'는 여기에 나온 '작(勺)'과 동일한 사물이다. 그렇기 때문에 "술동이 국자이다."라고 했다. 「소뢰궤식례」편의 기록과 대비를 해보면 뇌(醴)의 두(枓)라는 것은 물을 뜨기 위한 것이니, 이곳에 나온 것은 준두(尊枓)가 되며 술을 뜨기 위한 것이다.

賈疏 ◎云"爵三升曰觶"者, 按韓詩外傳云: "一升曰爵, 二升曰觚, 三升曰觶, 四升曰角, 五升曰散." 相對爵·觶有異, 散文則通皆曰爵, 故鄭以爵名觶也.

◎鄭注: "爵三升曰觶". ○『한시외전』[10]을 살펴보면 "용량이 1승(升)인 술잔은 '작(爵)'이라 부르고, 2승인 것은 '고(觚)'라 부르며, 3승인 것은 '치(觶)'라 부르고, 4승인 것은 '각(角)'이라 부르며, 5승인 것은 '산(散)'이라 부른다."라고 했다. 상대적으로 말하면 작과 치에는 차이점이 있는데, 범범하게 말한다면 통용해서 모두 '작(爵)'이라 부를 수 있다. 그렇기 때문에 정현은 작(爵)이라는 말로 치(觶)를 명명했던 것이다.

賈疏 ◎云"柶狀如匕, 以角爲之者, 欲滑也"者, 對士喪禮用木柶者, 喪禮反吉也.

----

9) 『의례』「소뢰궤식례(少牢饋食禮)」: 司宮設醴水于洗東, <u>有枓</u>. 設篚于洗西, 南肆.

10) 『한시외전(韓詩外傳)』은 한(漢)나라 때 한영(韓嬰)이 지은 책이다. 이 책은 본래 내전(內傳) 4권과 외전(外傳) 6권으로 구성되어 있었는데, 내전은 산일되어 없어졌고, 외전만이 남아 있다. 남아 있는 부분을 『한시외전(韓詩外傳)』이라고 부른다.

◎鄭注: "柶狀如匕, 以角爲之者, 欲滑也". ○『의례』「사상례(士喪禮)」편에서 나무로 된 숟가락을 사용하는 것[11]과 대비가 되니, 상례는 길례와 반대가 되기 때문이다.

賈疏 ◎云"南上者, 篚次尊, 籩豆次篚", 知然者, 以經云尊在服北南上, 則是從南北向陳之, 以尊爲貴, 次云篚, 後云籩豆, 故知次第然也.

◎鄭注: "南上者, 篚次尊, 籩豆次篚". ○ 이러한 사실을 알 수 있는 이유는 경문에서 술동이는 옷의 북쪽에 놓이고 남쪽 끝에서부터 차례대로 정렬한다고 했으니, 이것은 남쪽에서 북쪽을 향하여 진설하는 것으로, 술동이를 가장 존귀하게 여긴 것이며, 그 다음으로 비(篚)를 언급했고 마지막에 변(籩)과 두(豆)를 언급했다. 그러므로 그 순서가 이와 같음을 알 수 있다.

賈疏 ◎云"古文甒作廡"者, 此甒爲酒器, 廡是夏屋兩下, 故不從古文也.

◎鄭注: "古文甒作廡". ○ 여기에서 말한 '무(甒)'라는 것은 술을 담는 기물이고, 무(廡)라는 것은 하옥(夏屋)에서 양쪽으로 내려가는 지붕에 해당한다. 그렇기 때문에 고문의 기록을 따르지 않은 것이다.

---

11) 『의례』「사상례(士喪禮)」: 東方之饌, 兩瓦甒, 其實醴酒, 角觶, 木柶. 毼豆兩, 其實葵菹芋, 蠃醢. 兩籩無縢, 布巾, 其實栗, 不擇. 脯四脡.

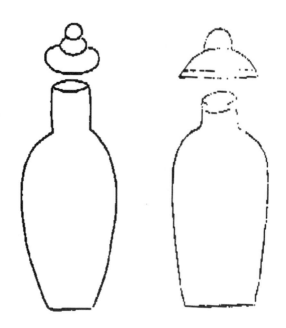

※ 출처:
  우-『삼재도회(三才圖會)』「기용(器用)」 2권
  좌-『삼례도집주(三禮圖集注)』 12권

그림 7-24　▣ 비(篚)

大筐

篚有蓋

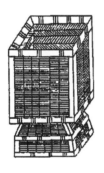

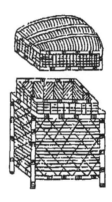

※ 출처: 『삼례도집주(三禮圖集注)』 12권

그림 7-25 ▣ 작(勺)

勺龍　疏勺　蒲勺

※ 출처:『삼례도집주(三禮圖集注)』12권; 14권

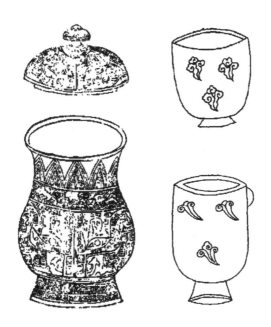

※ 출처:
좌-『삼재도회(三才圖會)』「기용(器用)」1권
상우-『삼례도집주(三禮圖集注)』12권 ; 하우-『육경도(六經圖)』9권

※ 출처:
　상좌-『삼례도집주(三禮圖集注)』13권 ; 상우-『삼례도(三禮圖)』4권
　하좌-『육경도(六經圖)』6권 ; 하우-『삼재도회(三才圖會)』「기용(器用)」2권

그림 7-28 ▣ 두(豆)

※ 출처:
상좌-『육경도(六經圖)』 6권; 상우-『삼례도(三禮圖)』 4권
하좌-『삼례도집주(三禮圖集注)』 13권; 하우-『삼재도회(三才圖會)』「기용
(器用)」 1권

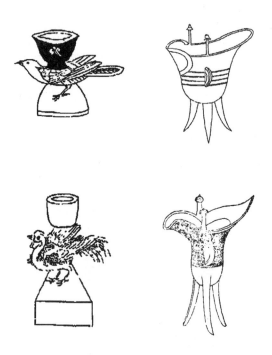

※ 출처:
　상좌-『삼례도집주(三禮圖集注)』12권 ; 상우-『삼례도(三禮圖)』 3권
　하좌-『육경도(六經圖)』 6권 ; 하우-『삼재도회(三才圖會)』「기용(器用)」 1권

그림 7-30　▣ 고(觚)

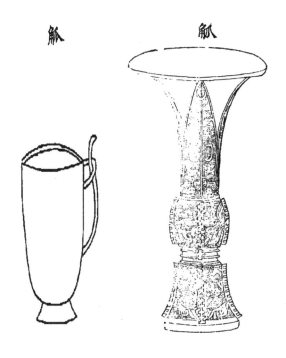

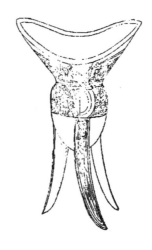

※ 출처:
　　상-『삼례도집주(三禮圖集注)』12권
　　하-『삼재도회(三才圖會)』「기용(器用)」1권

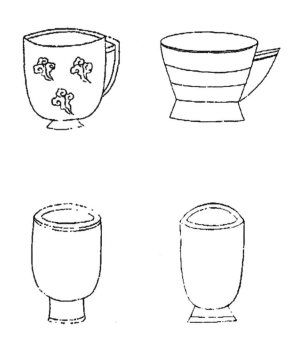

※ 출처:
 상좌-『삼례도집주(三禮圖集注)』12권 ; 상우-『삼례도(三禮圖)』3권
 하좌-『육경도(六經圖)』6권 ; 하우-『삼재도회(三才圖會)』「기용(器用)」2권

爵弁·皮弁·緇布冠各一匴, 執以待于西坫南, 南面, 東
上. 賓升則東面.

직역 爵弁·皮弁·緇布冠은 各히 一匴하고, 執하여 于西坫의 南에서 待하며, 南面
하고, 東上한다. 賓이 升하면 東面한다.

의역 작변·피변·치포관은 각각 하나의 대나무 상자에 넣어두고, 유사들은 이것을
들고 서쪽 잔 받침대가 있는 곳 남쪽에서 기다리며 남쪽을 바라보고 동쪽 끝에
서부터 차례대로 정렬한다. 빈객이 당상으로 올라오면 유사들은 동쪽을 바라
본다.

鄭注 爵弁者, 制如冕, 黑色, 但無繅耳. 周禮: "王之皮弁, 會五采玉
璂, 象邸, 玉笄. 諸侯及孤卿大夫之冕·皮弁, 各以其等爲之." 則士
之皮弁, 又無玉象邸飾. 緇布冠, 今小吏冠其遺象也. 匴, 竹器名, 今
之冠箱也. 執之者, 有司也. 坫在堂角. 古文匴作篹, 坫作㙛.

작변(爵弁)을 제작하는 방법은 면류관[冕]과 같고 흑색인데, 관에 드리우
는 끈인 소(繅)가 없을 따름이다. 『주례』에서는 "천자의 피변(皮弁)에
있어서 봉합된 부분에는 다섯 가지 채색의 옥을 12개 엮어서 장식을 하
고, 밑 부분은 상아로 만들며, 옥으로 만든 비녀를 꼽는다. 제후·고(
孤)[1]·경·대부의 면류관과 피변은 각각 그들의 등급에 따라 만든다."[2]
라고 했으니, 사의 피변에는 또한 옥과 밑 부분의 상아 장식이 없다. 치포

---

1) 고(孤)는 고대의 작위이다. 천자에게 소속된 '고'는 삼공(三公) 밑의 서열에 해당
하며, 육경(六卿)보다 높았다. 고대에는 소사(少師)·소부(少傅)·소보(少保)를
삼고(三孤)라고 불렀다.

2) 『주례』「하관(夏官)·변사(弁師)」: <u>王之皮弁, 會五采玉璂, 象邸, 玉笄</u>. 王之弁
経, 弁而加環経. <u>諸侯及孤卿大夫之冕</u>·韋弁·<u>皮弁</u>·弁経, <u>各以其等爲之</u>, 而
掌其禁令.

관(緇布冠)은 오늘날 아전들이 쓰고 있는 관이 있는데, 이것이 바로 치포관의 남겨진 형상이다. '산(匴)'은 대나무로 만든 기물의 명칭으로 오늘날의 관을 넣어두는 상자에 해당한다. 그것을 드는 자는 유사(有司)에 해당한다. '점(坫)'은 당의 모서리에 있다. 고문에서는 '산(匴)'자를 찬(纂)자로 기록했고, '점(坫)'자를 첨(襜)자로 기록했다.

賈疏 ●"爵弁"至"東面". ○ 釋曰: 此一節論使有司三人各執其一, 豫在階, 以待冠事. 賓未入, 南面以向賓, 在堂, 亦以向賓. 言升則東面, 據終言之也.

● 經文: "爵弁"~"東面". ○ 이 문단은 유사 3명으로 하여금 각각 관이 들어 있는 1개의 상자를 들고 미리 계단에 위치하여 관례를 치르는 사안을 대비토록 했던 일을 논의하고 있다. 빈객이 아직 들어오지 않은 상태라면 남쪽을 바라보며 빈객을 향하게 되어 있고, 당상에 있을 때에도 빈객을 향하게 된다. "빈객이 올라오면 동쪽을 바라본다."라고 했는데, 이것은 끝나는 시점을 기준으로 말한 것이다.

賈疏 ◎注"爵弁"至"作襜". ○ 釋曰: 云"爵弁者, 制如冕而黑色, 但無繅耳"者, 已於上解訖, 今復言之者, 上文直擧冠以表服, 其冠實不陳, 故略言其冠. 至此專爲冠言之, 是以注弁引皮弁以下之事. 按弁師言冕有五采繅玉, 皮弁有五采玉璂·象邸·玉笄, 下云諸侯及孤卿大夫之冕·韋弁·皮弁·弁絰, 各以其等爲之. 鄭注云: "各以其等, 繅斿玉璂如其命數也." 但上文已言上公之法, 故此諸侯唯據侯伯子男, 是以鄭云: "冕則侯伯繅七就, 用玉九十八; 子男繅五就, 用玉五十, 繅玉皆三采. 孤繅四就, 用玉三十二; 三命之卿繅三就, 用玉十八; 再命之大夫繅再就, 用玉八, 藻玉皆朱綠. 韋弁·皮弁則侯伯璂飾七, 子男璂飾五, 玉亦三采. 孤則璂飾四, 三命之卿璂飾三, 再命之大夫璂飾二, 玉亦二采. 弁絰之弁, 其辟積如冕繅之就然. 庶人弔者素委貌. 一命之大夫冕而無斿, 士變冕爲爵弁. 其韋弁・皮弁之會無結飾, 弁絰之弁不辟積." 彼經文具言之, 今此注略引以證士皮弁無玉, 以象爲飾之意, 不取於韋弁・弁絰及依命數之事, 故不具引之.

◎鄭注: "爵弁"~"作襜". ○ 정현이 "작변(爵弁)을 제작하는 방법은 면류관[冕]과 같고 흑색인데, 관에 드리우는 끈인 소(繅)가 없을 따름이다."라고 했는데, 이미 앞부분에서 설명을 끝냈는데, 재차 이곳에서 언급한 이유는 앞에서는 단지 관의 명칭을 제시해서 해당 의복을 표시했고, 관은 실제로 진설하지 않는다. 그렇기 때문에 그 관에 대해서는 약술하였다. 이곳에 이르러서는 전적으로 관을 위해 기록을 했으므로, 변(弁)에 대해 주를 달면서 피변(皮弁)으로부터 그 이하의 사안들을 인용한 것이다. 『주례』「변사(弁師)」편을 살펴보면, 면류관[冕]에는 다섯 가지 채색의 끈을 엮어서 만든 소(繅)와 다섯 가지 채색의 옥이 있다고 했고,[3] 피변(皮弁)에는 다섯 가지 채색의 옥으로 엮은 기(璂)와 상아로 만든 저(邸)와 옥으로 만든 비녀가 있다고 했고, 그 뒤의 문장에서 제후・고・경・대부의 면류관[冕]・위변(韋弁)・피변(皮弁)・변질(弁絰)은 각각 그들의 등급에 따라 만든다고 했다. 그리고 정현의 주에서는 "각각 그들의 등급으로 하는 것은 소유(繅斿)나 옥기(玉璂)를 그들의 명(命) 등급에 따라 하는 것이다."라고 했다. 다만 앞에서 이미 상공(上公)에 대한 예법을 언급하였기 때문에 이곳에서 말한 제후(諸侯)는 후작・백작・자작・남작에 기준을 둔 것이다. 이러한 까닭으로 정현은 "면류관의 경우 후작과 백작의 소(繅)는 7취(就)[4]로 하며 옥은 98개를 사용하고, 자작과 남작의 소는 5취로 하며 옥은 50개를 사용하고, 소의 옥은 모두 3가지 색깔을 사용한다. 고의 소는 4취로 하며 옥은 32개를 사용하고, 3명의 등급인 경은 소

---

3) 『주례』「하관(夏官)・변사(弁師)」: 五采繅十有二, 就皆五采玉十有二, 玉笄, 朱紘.

4) 취(就)는 고대의 복식과 장식에 있어서, 다섯 가지 채색의 끈을 이용하여, 한 번 두르는 것을 뜻한다.

를 3취로 하며 옥은 18개를 사용하고, 2명의 등급인 대부는 소를 2취로 하며 옥은 8개를 사용하고 조(藻)의 옥은 모두 주색과 녹색을 사용한다. 위변과 피변의 경우 후작과 백작의 기 장식은 7개이고, 자작과 남작의 기 장식은 5개이며, 옥은 또한 3가지 색깔을 사용한다. 고의 경우 기의 장식은 4개이고, 3명의 등급인 경은 기의 장식을 3개로 하며, 2명의 등급인 대부는 기의 장식을 2개로 하며, 옥은 또한 2가지 색깔을 사용한다. '변질(弁絰)'의 변(弁)에 대해서 주름을 접는 것은 면류관에 다는 소(繅)의 취(就)처럼 한다. 서인이 조문을 하는 경우에는 흰색의 위모(委貌)를 착용한다. 1명의 대부는 면류관을 쓰지만 유(斿)는 없고, 사는 면류관을 작변으로 바꾼다. 위변과 피변의 봉합 부분에 대해서는 묶는 장식이 없고, 변질의 변에 대해서도 주름을 잡지 않는다."라고 했다. 『주례』의 경문에서는 상세하게 언급을 했는데, 이곳의 주에서는 간략하게만 인용하여 사의 피변에는 옥장식이 없고, 상아로 장식을 한다는 뜻을 증명하였고, 위변·변질 및 명의 등급에 따르는 사안에 대해서 의미를 취한 것이 아니기 때문에 구체적으로 인용하지 않았다.

賈疏 ◎云"緇布冠, 今小吏冠其遺象也"者, 但緇布冠, 士爲初加之冠, 冠訖則弊之不用, 庶人則常著之. 故詩云"臺笠緇撮", 是庶人以布冠常服者. 以漢之小吏亦常服之, 故擧爲況.

◎鄭注: "緇布冠, 今小吏冠其遺象也". ○ 치포관(緇布冠)은 사의 경우 처음 관을 씌워줄 때의 관에 해당하는데, 관례를 마치면 이 관을 치우며 다시 사용하지 않는데, 서인의 경우에는 일상적으로 착용한다. 그렇기 때문에 『시』에서는 "부수(夫須)의 풀로 삿갓을 만들고 치포(緇布)로 관을 만들었구나."[5]라고 했으니, 이것은 서인이 포로 만든 관을 항상 착용하는

---

5) 『시』「소아(小雅)·도인사(都人士)」: 彼都人士, 臺笠緇撮. 彼君子女, 綢直如髮. 我不見兮, 我心不說.

복장으로 삼았음을 나타낸다. 그리고 한나라 때의 아전들 또한 이것을 항상 착용했기 때문에, 이러한 사실을 제시해서 그 의미를 드러낸 것이다.

賈疏 ◎云"匴, 竹器名, 今之冠箱也"者, 此亦擧漢法爲況.

◎鄭注: "匴, 竹器名, 今之冠箱也". ○이 또한 한나라 때의 예법을 제시해서 그 의미를 드러낸 것이다.

賈疏 ◎云"執之者有司也"者, 則上云有司如主人服, 有司不主一事, 故知此亦有司也.

◎鄭注: "執之者有司也". ○앞에서는 "유사는 주인의 복장과 동일하게 착용한다."[6]라고 했는데, 유사는 한 가지 일만 주관하는 것이 아니다. 그렇기 때문에 여기에서 말한 자 또한 유사에 해당함을 알 수 있다.

賈疏 ◎云"坫在堂角"者, 但坫有二文, 一者謂若明堂位云"崇坫亢圭", 及論語云"兩君之好, 有反坫"之等, 在廟中有之, 以亢反爵之屬. 此篇之內言坫者, 皆據堂上角爲名, 故云堂角.

◎鄭注: "坫在堂角". ○점(坫)을 언급하는 것에는 두 가지 경우가 있는데, 하나는 『예기』「명당위(明堂位)」편에서 "규(圭)를 안전하게 놓아둘 수 있는 높은 받침대를 만든다."[7]라고 한 것이나 『논어』에서는 "양국의 군주가 우호를 다짐에 술잔을 돌려놓는 받침대를 둔다."[8]라고 한 기록에서 말한 점(坫)은 묘 안에 두어서 높이 들어 잔을 돌려놓는 부류에 해당

---

6) 『의례』「사관례」 : 有司如主人服, 卽位于西方, 東面, 北上.

7) 『예기』「명당위(明堂位)」 : 崇坫康圭疏屛, 天子之廟飾也.

8) 『논어』「팔일(八佾)」 : 子曰, "管仲之器小哉!" 或曰, "管仲儉乎?" 曰, "管氏有三歸, 官事不攝, 焉得儉?" "然則管仲知禮乎?" 曰, "邦君樹塞門, 管氏亦樹塞門. 邦君爲兩君之好, 有反坫, 管氏亦有反坫. 管氏而知禮, 孰不知禮?"

한다. 「사관례」편에서 말하는 점(坫)은 모두 당상의 모서리를 기준으로 말한 것이다. 그렇기 때문에 '당각(堂角)'이라고 했다.

賈疏 ◎云"古文匜爲㠯, 坫作檐"者, 皆從經今文, 故疊古文也.

◎鄭注: "古文匜爲㠯, 坫作檐". ○ 정현은 두 글자에 대해서 모두 금문의 경을 따랐기 때문에 고문에 대해서도 재차 나타낸 것이다.

참고 『주례』「하관(夏官)·변사(弁師)」 기록

경문 王之皮弁, 會五采玉璂, 象邸, 玉笄.

천자의 피변(皮弁)에 있어서 봉합된 부분에는 다섯 가지 채색의 옥을 12개 엮어서 장식을 하고, 밑 부분은 상아로 만들며, 옥으로 만든 비녀를 꽂는다.

鄭注 故書"會"作"䯏". 鄭司農云: "讀如馬會之會, 謂以五采束髮也. 士喪禮曰: '檜用組, 乃笄.' 檜讀與䯏同, 書之異耳. 說曰: '以組束髮乃著笄, 謂之檜.' 沛國人謂反紒爲䯏. 璂讀如綦車轂之綦." 玄謂會讀如大會之會. 會, 縫中也. 璂讀如薄借綦之綦. 綦, 結也. 皮弁之縫中, 每貫結五采玉十二以爲飾, 謂之綦. 詩云"會弁如星", 又曰"其弁伊綦", 是也. 邸, 下柢也, 以象骨爲之.

옛 기록에서는 '회(會)'자를 괴(䯏)자로 기록했다. 정사농은 "마회(馬會)라고 할 때의 회(會)자와 같이 풀이하니, 다섯 가지 채색의 끈으로 머리를 묶는 것이다. 『의례』「사상례(士喪禮)」편에서는 '머리를 묶을 때에는 끈을 이용하며, 곧 비녀를 꽂는다.'9)라 했는데, '회(檜)'자를 괴(䯏)자로

---

9) 『의례』「사상례(士喪禮)」: 鬠用組, 乃笄. 設明衣裳.

풀이한 것에서는 동일하지만 글자를 기록한 것이 차이날 뿐이다. 학자들은 '끈으로 머리카락을 묶고서 곧 비녀를 꽂는 것을 회(檜)라고 부른다.'라 했다. 패국 사람들은 반대로 상투를 트는 것을 괴(體)라 불렀다. '기(璂)'는 기거곡(錤車轂)이라고 할 때의 '기(錤)'자처럼 풀이한다."라 했다. 내가 생각하기에 '회(會)'자는 대회(大會)라고 할 때의 '회(會)'자처럼 풀이한다. '회(會)'는 봉합된 곳을 뜻한다. '기(璂)'자는 박차기(薄借錤)라고 할 때의 '기(錤)'자처럼 풀이한다. '기(錤)'자는 묶는다는 뜻이다. 피변(皮弁)의 봉합된 부분에는 매번 매듭마다 다섯 가지 채색의 옥 12개를 꿰어서 장식으로 삼으니, 이것을 '기(錤)'라고 부른다. 『시』에서는 "변(弁)에 매단 것이 별과 같구나."[10]라 했고, 또 "그 변(弁)의 장식은 옥으로 만들었구나."[11]라 한 말이 이것을 가리킨다. '저(邸)'자는 밑면을 뜻하니, 상아로 만든다.

賈疏 ◎注"故書"至"爲之". ○釋曰: 先鄭以會爲"五采束髮", 讀經以爲皮弁會五采, 引士喪禮及沛國之事, 後鄭皆不從, 故以會謂縫中解之. 先鄭讀從馬會, 取會結之義. 又讀"璂"如"車轂錤"之錤, 直取音同, 未知何義也. 玄謂會如大會之會, 漢歷有大會・小會, 取會聚之義, 故爲縫中. 又云"璂讀如薄借錤之錤. 錤, 結也"者, 漢時有"薄借錤"之語, 故讀從之. 亦取結義, 薄借之語未聞. 云"皮弁之縫中, 每貫結五采玉十二以爲飾, 謂之錤"者, 天子以十二爲節, 約同冕旒也. 引詩"會弁如星"者, 衛詩, 彼注云"會, 謂弁之縫中, 飾之以玉, 皪皪而處, 狀似星也", 與經義合, 故爲證也. "又曰'其弁伊錤'是也"者, 璂旣爲玉, 又得爲結義, 得兩合耳. 云"邸, 下柢也"者, 謂於弁內頂上, 以象骨爲柢

---

10) 『시』「위풍(衛風)・기욱(淇奧)」: 瞻彼淇奧, 綠竹靑靑. 有匪君子, 充耳琇瑩, 會弁如星. 瑟兮僴兮, 赫兮咺兮. 有匪君子, 終不可諼兮.
11) 『시』「조풍(曹風)・시구(鳲鳩)」: 鳲鳩在桑, 其子在梅. 淑人君子, 其帶伊絲. 其帶伊絲, 其弁伊騏.

◎鄭注: "故書"~"爲之". ○ 정사농은 '회(會)'자를 "다섯 가지 채색의 끈으로 머리를 묶는 것이다."라 했으니, 경문을 '피변회오채(皮弁會五采)'라고 읽은 것이며, 『의례』「사상례(士喪禮)」편과 패국에 대한 일화를 인용하였는데, 정현은 모두 따르지 않았다. 그렇기 때문에 '회(會)'자를 봉합된 부분으로 풀이한 것이다. 정사농은 마회(馬會)라는 뜻으로 풀이를 했으니, 모으고 묶는다는 뜻을 취한 것이다. 또 '기(璂)'자는 기거곡(綦車轂)이라고 할 때의 '기(綦)'자로 풀이했으니, 단지 그 음이 같다는 뜻에 따른 것인데, 무슨 의미인지는 모르겠다. 정현은 "'회(會)'자는 대회(大會)라고 할 때의 '회(會)'자처럼 풀이한다."라 했는데, 한력에는 대회와 소회라는 것이 있으니, 모인다는 의미를 따른 것이다. 그렇기 때문에 봉합된 부분이라고 했다. 또 "'기(璂)'자는 박차기(薄借綦)라고 할 때의 '기(綦)'자처럼 풀이한다. '기(綦)'자는 묶는다는 뜻이다."라 했는데, 한나라 때에는 '박차기(薄借綦)'라는 말이 있었기 때문에 그에 따라 풀이한 것이다. 이 또한 묶는다는 의미를 따른 것인데, '박차(薄借)'라는 말에 대해서는 들어보지 못했다. 정현이 "피변(皮弁)의 봉합된 부분에는 매번 매듭마다 다섯 가지 채색의 옥 12개를 꿰어서 장식으로 삼으니, 이것을 '기(綦)'라고 부른다."라 했는데, 천자는 12개를 절도로 삼으니 대략적으로 면류관의 유(旒)와 동일하다. 정현이 『시』에 나온 "변(弁)에 매단 것이 별과 같구나."라는 말은 인용했는데, 이것은 위나라의 시로, 그 시의 주에서는 "회(會)는 변(弁)의 봉합된 부분으로 옥으로 장식하고, 결백하고 선명하게 처함에 그 모습이 별과 같다."라 했고, 이것은 경문의 뜻과 부합되기 때문에 증거로 삼은 것이다. 정현이 "또 '그 변(弁)의 장식은 옥으로 만들었구나.'라 한 말이 이것을 가리킨다."라 했는데, '기(璂)'가 이미 옥이 되고, 또 묶는다는 뜻이 되므로, 두 의미를 합칠 수 있을 따름이다. 정현이 "'저(邸)'자는 밑면을 뜻한다."라 했는데, 변(弁) 내부의 정수리 부분에 대해서는 상아로 밑면을 만든다는 뜻이다.

경문 諸侯及孤卿大夫之冕・韋弁・皮弁・弁絰, 各以其等爲之, 而掌其禁令.

제후・고・경・대부의 면(冕)・위변(韋弁)・피변(皮弁)・변질(弁絰)에 대해서는 각각 그들의 등급에 따라 만들고, 관련된 금령을 담당한다.

鄭注 各以其等, 繅斿玉瑱如其命數也. 冕則侯伯繅七就, 用玉九十八. 子男繅五就, 用玉五十, 繅玉皆三采. 孤繅四就, 用玉三十二. 三命之卿繅三就, 用玉十八. 再命之大夫藻再就, 用玉八, 藻玉皆朱綠. 韋弁・皮弁則侯伯瑱飾七, 子男瑱飾五, 玉亦三采. 孤則瑱飾四, 三命之卿瑱飾三, 再命之大夫瑱飾二, 玉亦二采. 弁絰之弁, 其辟積如冕繅之就然. 庶人弔者素委貌. 一命之大夫冕而無斿, 士變冕爲爵弁. 其韋弁皮弁之會無結飾, 弁絰之弁不辟積. 禁令者, 不得相僭踰也. 玉藻曰: "君未有命, 不敢卽乘服." 不言冠弁, 冠弁兼於韋弁・皮弁矣. 不言服弁, 服弁自天子以下, 無飾無等.

각각 그들의 등급에 따른다는 것은 소(繅)・유(斿)・옥(玉)・기(瑱)에 대해서 그들의 명(命) 등급의 수치와 같게 한다는 뜻이다. 면(冕)의 경우 후작과 백작의 소(繅)는 7취(就)로 하고 옥은 98개를 사용한다. 자작과 남작은 소(繅)는 5취(就)로 하고 옥은 50개를 사용하는데, 소(繅)의 옥은 모두 3가지 색깔을 사용한다. 고의 소(繅)는 4취(就)로 하고 옥은 32개를 사용한다. 3명(命)의 경은 소(繅)는 3취(就)로 하고 옥은 18개를 사용한다. 2명(命)의 대부는 조(藻)를 2취(就)로 하고 옥은 8개를 사용하며, 조(藻)의 옥은 모두 주색과 녹색만 사용한다. 위변(韋弁)과 피변(皮弁)의 경우 후작과 백작의 기(瑱) 장식은 7개이고, 자작과 남작의 기(瑱) 장식은 5개이며, 옥은 또한 3가지 색깔을 사용한다. 고의 경우 기(瑱) 장식은 4개이고 3명(命)의 경은 기(瑱) 장식이 3개이며, 2명(命)의 대부는 기

(堪) 장식이 2개인데, 옥은 또한 2가지 색깔을 사용한다. 변질(弁絰)의 변(弁)에 있어서, 그 주름은 면(冕)의 소(繅)에 하는 취(就)와 같게 한다. 서인은 조문을 할 때 흰색의 위모(委貌)를 착용한다. 1명(命)의 대부는 면(冕)을 쓰지만 유(斿)가 없고, 사는 면(冕)을 바꿔 작변(爵弁)을 착용한다. 위변(韋弁)과 피변(皮弁)의 봉합 부분에는 매듭의 장식이 없고, 변질(弁絰)의 변(弁)은 주름을 잡지 않는다. '금령(禁令)'이라는 것은 서로 참람되게 등급을 뛰어넘지 못하게 하는 것이다. 『예기』「옥조(玉藻)」편에서는 "군주가 그것을 사용해도 좋다는 명령을 내린 적이 없다면, 감히 하사받은 수레나 말을 타지 않고, 하사받은 의복을 착용하지 않는다."[12]라 했다. '관변(冠弁)'에 대해 언급하지 않은 것은 관변(冠弁)은 위변(韋弁)과 피변(皮弁)에 포함되기 때문이다. '복변(服弁)'을 언급하지 않은 것은 복변(服弁)은 천자로부터 그 이하의 계층에 있어서 장식이 없고 등급에 따른 차이가 없기 때문이다.

賈疏 ●"諸侯"至"禁令". ○釋曰: "諸侯"者, 上已言公, 則此諸侯謂侯伯子男. 云"及孤卿大夫"者, 此文旣承諸侯之下, 故鄭以爲諸侯之孤卿大夫解之也. 旣不別見天子之臣, 文中可以兼之. 上天子與公不言韋弁, 此言之, 亦是互見之義. 云各以其等爲之, 不言爵而言等, 則依命數矣.

● 經文: "諸侯"~"禁令". ○'제후(諸侯)'라고 했는데, 앞에서 이미 '공(公)'이라고 했으니, 여기에서 말한 제후(諸侯)는 후작·백작·자작·남작을 가리킨다. "고·경·대부"라고 했는데, 이 문장은 이미 제후라는 말 뒤에 있다. 그렇기 때문에 정현은 제후에게 소속된 고·경·대부로 여겨서 풀이한 것이다. 이미 천자에게 소속된 신하와 구별해서 드러내지 않았으니, 문장 중에서는 겸해서 말할 수 있다. 앞에서 천자와 공을 말하며

---

12) 『예기』「옥조(玉藻)」: 君未有命, 弗敢卽乘服也.

위변(韋弁)을 언급하지 않았는데, 이곳에서 언급을 했으니, 이것은 또한 상호 그 뜻을 드러내도록 한 것이다. 각각 그들의 등급에 따라 만든다고 했는데, 작(爵)이라 말하지 않고 등(等)이라 말했으니, 명(命)의 수에 따르는 것이다.

賈疏 ◎注"各以"至"無等". ○釋曰: 云"各以其等謂藻旒玉琪如其命數也"者, 經云"冕", 故云旒; 經云"弁", 故云琪; 如其命數, 釋經云"等"也. 侯伯子男之冕, 亦據一冕如上公矣. 侯伯子男繅玉皆三采者, 亦約聘禮記"藻三采, 朱白蒼"而言之. 四命已下, 皆據典命公之孤四命, 公侯伯之卿三命, 其大夫二命, 子男之卿再命, 大夫一命而言. 二采朱綠, 亦據聘禮記"聘臣藻皆二采朱綠"而言也. 云"弁絰之弁, 其辟積如冕繅之就然"者, 以其弔服非吉, 故無飾, 故辟積有就也. 云"庶人弔者素委貌"者, 此經不云庶人, 鄭云此者, 以有大夫已上, 因言庶人, 且欲從下向上, 因推出士變冕爲爵弁之意也. 云"一命之大夫冕而無旒"者, 此亦無文, 鄭知然者, 凡冕旒所以爲文飾, 一命若有, 則止一旒一玉而已, 非華美. 又見一命大夫衣無章, 士文避之, 變冕爲爵弁. 若一命大夫有旒, 士則不須變冕爲爵弁, 直服無旒之冕矣, 故知一命大夫無旒也. 若然, 爵弁制如冕, 但無旒爲異, 則無旒之冕亦與爵弁不殊. 得謂之冕者, 但無旒之冕亦前低一寸餘, 故亦得冕名也. 云"韋弁皮弁之會無結飾, 弁絰之弁不辟積"者, 一命大夫及士冕弁旣無旒, 故知無此等. 云"禁令者, 不得相僭踰", 而引玉藻"君未有命, 不敢卽乘服"者, 彼諸侯之卿大夫聘於天子, 天子賜之冕服, 歸國告君, 得君命乃服之, 未得君命, 則爲僭踰, 故引爲證也. 云"不言冠弁, 冠弁兼於韋弁·皮弁矣"者, 玄冠, 緇布衣, 緇13)帶, 素韠14), 天子以爲田服,

---

13) '소포의소(緇布衣緇)'에 대하여, 『십삼경주소(十三經注疏)』 북경대 출판본에서는 "포당(浦鏜)은 치(緇)자를 모두 소(繅)자로 잘못 기록한 것이라고 했다. 『주례정의(周禮正義)』를 살펴보면 모두 치(緇)자로 기록했다."라고 했다.

卽諸侯及臣之朝服, 亦皮弁之類. 不言之者, 兼於韋弁·皮弁也. 云
"不言服弁", 服弁卽衰絰喪服也. 云"不言之者, 自天子以下, 無飾無
等"者, 則喪服自天子達士, 共一章是也. 自此一經, 總包諸侯及臣,
不言天子之臣, 但天子三公八命, 卿六命, 大夫四命, 士三命以下, 冕
弁之屬亦各以其等爲之可知.

◎ 鄭注: "各以"~"無等". ○ 정현이 "각각 그들의 등급에 따른다는 것은
소(繅)·유(斿)·옥(玉)·기(璂)에 대해서 그들의 명(命) 등급의 수치와
같게 한다는 뜻이다."라 했는데, 경문에서 '면(冕)'이라 했기 때문에 '유
(斿)'를 언급한 것이며, 경문에서 '변(弁)'이라 했기 때문에 '기(璂)'를 언
급한 것인데, 명(命) 등급의 수치와 같게 한다는 것은 경문에 나온 '등
(等)'이라는 말을 풀이한 것이다. 후작·백작·자작·남작의 면(冕)은 또
한 상공과 같이 1개의 면(冕)을 제시한 것이다. 후작·백작·자작·남작
의 소(繅) 옥은 모두 3가지 색깔이라고 했는데, 이것은 또한 『의례』「빙례
(聘禮)」편의 기문에서 "조(藻)는 3가지 채색으로 주색·백색·청색이
다."[15]라고 한 말을 요약해서 말한 것이다. 4명(命) 이하는 『주례』「전명
(典命)」편의 기록에서 공에게 소속된 고는 4명(命)이고, 공작·후작·백
작에게 소속된 경은 3명(命)이며, 그들의 대부는 2명(命)이고, 자작·남
작에게 소속된 경은 2명(命)이고 대부는 1명(命)이라고 한 말에 근거해
서 말한 것이다. 2가지 색깔이 주색과 녹색이라는 것 또한 「빙례」편의
기문에서 "빙문을 온 신하의 조(藻)는 모두 2가지 색깔로 주색과 녹색이
다."라고 한 말에 근거해서 말한 것이다. 정현이 "변질(弁絰)의 변(弁)에
있어서, 그 주름은 면(冕)의 소(繅)에 하는 취(就)와 같게 한다."라고 했
는데, 조문하는 복장은 길복이 아니기 때문에 장식이 없다. 그렇기 때문

---

14) '畢(鞸)'자에 대하여. 『십삼경주소(十三經注疏)』 북경대 출판본에서는 "포당(浦
鐘)은 畢(鞸)자를 잘못하여 畢(韠)자로 기록한 것이다."라고 했다.

15) 『의례』「빙례(聘禮)」: 所以朝天子, 圭與繅皆九寸, 剡上寸半, 厚半寸, 博三寸,
<u>繅三采六等</u>, <u>朱白倉</u>.

에 주름을 잡으며 취(就)가 있게 된다. 정현이 "서인은 조문을 할 때 흰색의 위모(委貌)를 착용한다."라 했는데, 이곳 경문에서는 '서인(庶人)'을 언급하지 않았는데, 정현이 이것을 언급한 것은 대부 이상의 계층에 대해 언급을 하여, 그에 따라 서인에 대해서도 언급을 했고, 또 이를 통해 밑에서부터 위로 향하고자 하고, 그에 따라 미루어 사가 면(冕)을 바꿔 작변(爵弁)을 착용하는 뜻을 도출한 것이다. 정현이 "1명(命)의 대부는 면(冕)을 쓰지만 유(旒)가 없다."라고 했는데, 이것과 관련해서도 경문의 기록이 없는데, 정현이 이러한 사실을 알 수 있었던 것은 면(冕)에 있는 류(旒)는 문식을 꾸미기 위한 것인데, 1명(命)의 등급에 만약 이러한 것이 있다면, 단지 1개의 유(旒)에 1개의 옥만 있게 될 따름이므로, 화려함과 아름다움이 아니다. 또 1명(命)의 대부가 착용하는 의복에는 무늬가 없다는 것을 보고, 사의 격식은 그것을 피하여 면(冕)을 바꿔 작변(爵弁)을 착용하는 것이다. 만약 1명(命)의 대부에게 유(旒)가 있다면, 사의 경우에는 면(冕)을 바꿔서 작변(爵弁)을 착용할 필요가 없으니, 단지 유(旒)가 없는 면(冕)을 착용할 따름이다. 그렇기 때문에 1명(命)의 대부에게는 유(旒)가 없다는 사실을 알 수 있다. 만약 그렇다면 작변(爵弁)을 만드는 제도는 면(冕)과 같은데, 단지 유(旒)가 없다는 차이만 있다면, 유(旒)가 없는 면(冕)은 또한 작변(爵弁)과 차이가 없게 된다. 따라서 이것을 '면(冕)'이라 부를 수 있지만, 유(旒)가 없는 면(冕)은 또한 앞 부분을 1촌 남짓 숙이기 때문에 면(冕)이라는 명칭을 쓸 수 있는 것이다. 정현이 "위변(韋弁)과 피변(皮弁)의 봉합 부분에는 매듭의 장식이 없고, 변질(弁絰)의 변(弁)은 주름을 잡지 않는다."라 했는데, 1명(命)의 대부와 사의 면(冕)과 변(弁)에는 이미 유(旒)가 없다. 그렇기 때문에 이러한 등급적 차이가 없다는 사실을 알 수 있다. 정현이 "'금령(禁令)'이라는 것은 서로 참람되게 등급을 뛰어넘지 못하게 하는 것이다."라 했고, 『예기』「옥조(玉藻)」편에서 "군주가 그것을 사용해도 좋다는 명령을 내린 적이 없다면, 감히 하사받은 수레나 말을 타지 않고, 하사받은 의복을 착용하지 않는다."라고 한 문장을 인용했는데, 「옥조」편의 내용은 제후에게 소속된 경과 대부가 천자에게 빙문을 가서 천자가 그에게 면복(冕服)을 하사했고, 그가 본국으로 되돌아와 자신의 군주에게 그 사실을 아뢰었는데, 군주로부터 사용해도 된다는 명령을 받는다면 착용하지만, 군주의 명령을 아직 받지 못했는데 사용한다면 참람되게 등급을 뛰어넘은 것이 된다는 내용이다. 그렇기 때문에 이 문장을 인용해서 증명한 것이다. 정현이 "'관변(冠弁)'에 대해 언급하지 않은 것은 관변(冠弁)은 위변(韋弁)과 피변(皮弁)에 포함되기 때문이다."라 했는데, 현관(玄冠)에 치포의(緇布衣), 치대(緇帶), 소필(素韠)을 착용하는 것은 천자가 사냥 때의 복장으로 삼으니, 제후 및 신하들의 조복(朝服) 또한 피변(皮弁)의 부류가 된다. 이것을 언급하지 않은 것은 위변(韋弁)과 피변(皮弁)에 포함되기 때문이다. 정현이 "'복변(服弁)'을 언급하지 않았다."라고 했는데, '복변(服弁)'은 최질(衰絰)의 상복에 해당한다. 정현이 "언급하지 않은 것은 천자로부터 그 이하의 계층에 있어서 장식이 없고 등급에 따른 차이가 없기 때문이다."라고 했는데, 『의례』「상복(喪服)」편에서 천자로부터 사 계층에 이르기까지 모두 하나의 장으로 엮은 것이 이것을 가리킨다. 이곳의 한 경문으로부터 총괄적으로 제후 및 신하들을 포함하고 있는데, 천자에게 소속된 신하를 언급하지 않았는데, 다만 천자에게 소속된 삼공은 8명(命)의 등급이고, 경은 6명(命)의 등급이며, 대부는 4명(命)의 등급이고, 사는 3명(命)으로부터 그 이하의 등급이니, 면변(冕弁)의 부류 또한 각각 그들의 등급에 따라 만들게 됨을 알 수 있다.

참고 『주례』「하관(夏官)·변사(弁師)」 기록

경문 五采繅十有二, 就皆五采玉十有二, 玉笄, 朱紘.

다섯 가지 채색의 소(繅)는 12개이며, 취(就)는 모두 다섯 가지 색깔의 옥이 12개이고, 옥으로 된 비녀와 주색의 굉(紘)이 있다.

繅, 雜文之名也. 合五采絲爲之繩, 垂於延之前后, 各十二, 所謂邃延也. 就, 成也. 繩之每一帀而貫五采玉, 十二斿則十二玉也. 每就間蓋一寸. 朱紘, 以朱組爲紘也. 紘一條, 屬兩端於武. 繅不言皆, 有不皆者. 此爲袞衣之冕十二斿, 則用玉二百八十八. 驚衣之冕繅九斿, 用玉二百一十六. 毳衣之冕七斿, 用玉百六十八. 希衣之冕五斿, 用玉百二十. 玄衣之冕三斿, 用玉七十二.

'소(繅)'는 무늬를 섞었다는 명칭이다. 다섯 가지 채색의 실을 합쳐서 끈으로 만들고, 연(延)의 앞뒤로 늘어트리는데, 각각 12개씩이며, 이른바 '수연(邃延)'이라는 것이다. '취(就)'자는 완성한다는 뜻이다. 끈을 1번 두르며 다섯 가지 채색의 옥을 꿰니, 12유(斿)라면 12개의 옥이 들어간다. 매 취(就)마다 간극은 1촌 정도이다. '주굉(朱紘)'은 주색의 끈으로 만든 굉(紘)이다. 굉(紘)의 한 가닥에 있어 양쪽 끝을 테두리에 연결한다. '소(繅)'에 대해서 '개(皆)'라고 말하지 않은 것은 모두 똑같이 따르지 않는 경우도 있기 때문이다. 이것은 곤의(袞衣)에 착용하는 면류관에 12개의 유(斿)를 다는 것이라 한다면, 옥은 288개를 사용하게 된다. 별의(驚衣)에 착용하는 면류관의 소(繅)는 9유(斿)가 되어 옥은 216개를 사용한다. 취의(毳衣)의 면류관은 7유(斿)가 되어 옥은 168개를 사용한다. 희의(希衣)의 면류관은 5유(斿)가 되어 옥은 120개를 사용한다. 현의(玄衣)의 면류관은 3유(斿)가 되어 옥은 72개를 사용한다.

●"五采"至"朱紘". ○釋曰: 言"五采藻十有二"者, 此據袞冕而言, 謂合五采絲爲藻繩十二道, 爲十二斿也. "就皆五采玉十有二"者, 此各據一斿而言, 玉有五色, 以靑赤黃白黑於一斿之上, 以此五色玉貫於藻繩之上, 每玉間相去一寸, 十二玉則十二寸. 就, 成也. 以一玉爲一成, 結之, 使不相幷也. "玉笄朱紘"者, 以玉笄貫之, 又以組爲紘, 仰屬結之也.

● 經文: "五采"~"朱紘". ○ "다섯 가지 채색의 소(繅)는 12개이다."라 했는데, 이것은 곤면(袞冕)에 기준을 두고 말한 것으로, 다섯 가지 채색의 실을 합쳐서 조(藻)의 끈을 12갈래로 만들어 12개의 유(旒)로 삼는다는 뜻이다. "취(就)는 모두 다섯 가지 색깔의 옥이 12개이다."라 했는데, 이것은 각각 1개의 유(旒)에 근거해서 말한 것으로, 옥에 다섯 가지 색깔이 있으니, 청색·적색·황색·백색·흑색을 1개의 유(旒)에 꿰는데, 이러한 다섯 가지 색깔의 옥을 조(藻)의 끈에 꿰어 매 옥마다의 간극은 서로 1촌 정도 벌리니, 12개의 옥이라면 12촌이 된다. '취(就)'자는 완성한다는 뜻이다. 1개의 옥을 1성(成)으로 삼고 매듭을 지어서 서로 붙지 않도록 하는 것이다. "옥으로 된 비녀와 주색의 굉(紘)이 있다."라 했는데, 옥으로 만든 비녀를 꼽고 또 끈으로 굉(紘)을 만들고, 올려서 연결하여 매듭을 짓는다.

賈疏 ◎注"繅雜"至"十二". ○釋曰: 云"繅, 雜文"者, 若水草之藻有五采, 故云雜文之名也. 云"所謂邃延也"者, 謂玉藻文. 云"繩之每一币而貫五采玉, 十二斿則十二玉也"者, 以其云就皆五采玉十有二, 明十二玉可知也. 云"紘一條, 屬兩端於武"者, 謂以一條繩先屬一頭於左旁笄上, 以一頭繞於頤下, 至句上, 於右相笄上繞之. 是以鄭注士冠禮云: "有笄者屈組以爲紘, 垂爲飾. 無笄者纓而結其條." 彼有笄, 據皮弁·爵弁. 此五冕皆有笄, 與彼同. 此言屬於武者, 據笄貫武, 故以武言之, 其實在笄. 云"繅不言皆, 有不皆"者, 謂王之五冕, 繅則有十二, 有九, 有七, 有五, 有三, 其玉旒皆十二, 故繅不言皆, 有不皆者, 則九旒已下是也. 玉言皆, 則五冕旒皆十二玉也. 此經十二旒, 據袞冕而言, 是以鄭云"此爲袞衣之冕十二旒", 以其十二旒旒各十二玉, 前后二十四旒, 故用二百八十八. 已下計可知.

◎鄭注: "繅雜"~"十二". ○ 정현이 "'소(繅)'는 무늬를 섞었다는 명칭이다."라 했는데, 수초의 조(藻)가 다섯 가지 채색이 있는 것과 같다. 그렇

기 때문에 무늬를 섞은 명칭이라 한 것이다. 정현이 "이른바 '수연(邃延)'이라는 것이다."라 했는데, 이것은 『예기』「옥조(玉藻)」편의 기록이다.16) 정현이 "끈을 1번 두르며 다섯 가지 채색의 옥을 꿰니, 12유(斿)라면 12개의 옥이 들어간다."라 했는데, 취(就)는 모두 다섯 가지 채색의 옥이 12개라는 말로, 이를 통해 12개의 옥이 들어간다는 사실을 알 수 있다. 정현이 "굉(紘)의 한 가닥에 있어 양쪽 끝을 테두리에 연결한다."라 했는데, 한 가닥의 끈을 먼저 좌측 측면의 비녀에 한쪽 끝을 묶고, 다른 한쪽 끝을 턱 아래로 둘러서 굽힌 곳에 이르러 우측 비녀에 감는다. 이러한 까닭으로 정현은 『의례』「사관례(士冠禮)」편에 대한 주에서 "비녀가 포함된 경우 끈을 구부려서 관의 끈인 굉(紘)을 만들고, 비녀에 묶고 난 나머지 끈은 늘어트려서 장식으로 삼는다. 비녀가 없는 경우 관의 끈인 영(纓)을 착용하는데 양쪽 가닥의 끈을 묶는다."라 한 것이다. 이 주석에서 비녀가 있다고 한 것은 피변(皮弁)과 작변(爵弁)을 기준으로 한 것이다. 여기에서 말한 오면(五冕)에는 모두 비녀가 있으니, 「사관례」편의 경우와 동일하다. 이것을 테두리에 연결한다고 말한 것은 비녀를 테두리에 꼽는 것에 기준을 둔 것이다. 그렇기 때문에 테두리로 말한 것인데, 실제로는 비녀에 연결한다. 정현이 "'소(繅)'에 대해서는 '개(皆)'라고 말하지 않은 것은 모두 똑같이 따르지 않는 경우도 있기 때문이다."라고 했는데, 천자의 오면(五冕)에 있어서 소(繅)의 경우에는 12개가 있는 것이 있고, 9개가 있는 것이 있으며, 7개가 있는 것이 있고, 5개가 있는 것이 있으며, 3개가 있는 것이 있는데, 옥류(玉旒)는 모두 12개이다. 그렇기 때문에 소(繅)에 대해서 '개(皆)'라고 말하지 않은 것은 모두 똑같이 따르지 않는 경우도 있기 때문이라고 했으니, 9유(斿)로부터 그 이하의 경우가 여기에 해당한다. 옥에 대해서 '개(皆)'라고 했다면, 오면(五冕)의 유(斿)에는 모두 12개의 옥이 들어간다. 이곳 경문에서 12유(斿)라고 말

---

16) 『예기』「옥조(玉藻)」 : 天子玉藻, 十有二旒, 前後邃延, 龍卷以祭.

한 것은 곤면(袞冕)에 기준을 두고 말한 것이다. 이러한 까닭으로 정현은 "이것은 곤의(袞衣)에 착용하는 면류관에 12개의 유(旒)를 다는 것이다." 라 말한 것인데, 12개의 유(旒)에는 유(旒)마다 각각 12개의 옥이 들어가고, 앞뒤로 24개의 유(旒)가 있기 때문에 288개를 사용한다. 그 뒤의 것도 이처럼 계산하면 그 수치를 알 수 있다.

참고 『시』「소아(小雅)·도인사(都人士)」 기록

경문 彼都人士, 臺笠緇撮.

모전 저 성안에 사는 선비다운 행실을 갖춘 자여, 더위와 비를 막을 수 있는 대(臺)로 만든 삿갓을 쓰며 치포관(緇布冠)을 썼구나.

정전 저 성안에 사는 선비다운 행실을 갖춘 자여, 부수(夫須)의 풀로 삿갓을 만들고 치포(緇布)로 관을 만들었구나.

毛傳 臺所以禦暑, 笠所以禦雨也. 緇撮, 緇布冠也.

'대(臺)'는 더위를 막기 위한 것이고, '입(笠)'은 비를 막기 위한 것이다. '치촬(緇撮)'은 치포관(緇布冠)을 뜻한다.

鄭箋 臺, 夫須也. 都人之士以臺皮爲笠, 緇布爲冠. 古明王之時, 儉且節也.

'대(臺)'는 부수(夫須)를 뜻한다. 성안에 사는 선비는 대(臺)의 표피로 삿갓을 만들고, 치포(緇布)로 관을 만든다. 고대 성왕이 통치하던 때에는 검소하고 절약했기 때문이다.

孔疏 ◎傳"臺所"至"布冠". ○正義曰: 臺, 草名, 可爲笠則一也. 而傳分之者, 笠本禦暑, 故良耜曰"其笠伊糾"; 因可以禦雨, 故傳分之, 以充二事焉. 以緇·撮爲一, 知臺·笠不二矣.

◎ 毛傳: "臺所"~"布冠". ○ '대(臺)'는 풀이름이니, 이것으로 삿갓을 만들 수 있다는 점에서는 동일하다. 그런데 전문에서는 이것을 나눴으니, 삿갓은 본래 더위를 막기 위한 것이다. 그렇기 때문에 『시』「양사(良耜)」편에서는 "그 삿갓이 가뿐하구나."[17]라 한 것이고, 비를 막을 수 있기 때문에 전문에서는 나눠서 두 가지 사안을 충족시킨 것이다. 치(緇)와 촬(撮)을 하나로 여겼으니, 대(臺)와 입(笠)이 서로 다른 것이 아님을 알 수 있다.

孔疏 ◎ 箋"以臺"至"且節". ○ 正義曰: 禹貢有"島夷卉服", 彼卉者是草之總名, 但島夷居下濕, 而常服之. 此臺, 草之一名, 亦卉也. 郊特牲曰: "大羅氏, 天子之掌鳥獸者, 諸侯貢屬焉, 草笠而至, 尊野服也." 則草笠野囗人之服, 是賤者也. 前裘則冬所衣, 此笠則夏所用, 各擧其一而言之. 以臺皮爲笠, 緇布爲冠, 不用美物, 故云儉. 言撮, 是小撮持其髻而已, 是"且節"也. 鄭知取此義者, 以上言狐裘, 卽述其容貌言行, 此下不述言行, 故擧其冠笠以表節儉也. 按郊特牲云: "大古冠布, 齊則緇之. 冠而敝之, 可也." 注云: "此重古而冠之耳. 三代改制, 齊冠不復用布." 玉藻云: "始冠緇布冠, 自諸侯下達, 冠而敝之可也." 則此應始冠而敝之. 今都人以爲常服者, 士以上冠而敝之, 庶人則雖得服委貌因而冠之, 而儉者服緇布, 故詩人擧而美焉. 故論語"今也純儉", 注云: "純當爲緇." 則緇亦得爲紂帛. 何知非紂帛爲玄冠, 而言緇布者, 以緇雖古, 布·帛兩名, 但字從才者爲帛, 從甾者爲布, 此言緇, 故知非帛. 且若是帛爲玄冠, 則有制度, 不得言撮. 故士冠

17) 『시』「주송(周頌)·양사(良耜)」: 畟畟良耜, 俶載南畝. 播厥百穀, 實函斯活. 或來瞻女, 載筐及筥, 其饟伊黍. <u>其笠伊糾</u>, 其鎛斯趙, 以薅荼蓼. 荼蓼朽止, 黍稷茂止. 穫之挃挃, 積之栗栗. 其崇如墉, 其比如櫛. 以開百室. 百室盈止, 婦子寧止. 殺時犉牡, 有捄其角. 以似以續, 續古之人.

禮云: "緇布冠頬項." 注云: "緇布冠無笄者, 著頬圍髮際, 結項中隅爲四綴以固冠也. 項中有▼(糸+屈), 亦由固頬爲之耳. 今未冠笄者著卷幘, 頬象之所生也." 是緇布冠制小故言撮. 以此益明非玄冠. 若然緇布冠制自當小, 言明王之時儉且節者, 解不著玄冠而著緇布之意, 故雖禮制之小, 亦由儉節而著之.

◎ 鄭箋: "以臺"~"且節". ○『서』「우공(禹貢)」편에는 "해도의 오랑캐들은 훼복(卉服)을 입는다."[18]라는 말이 있는데, 「우공」편에 나온 '훼(卉)'라는 말은 풀을 총칭하는 명칭이다. 다만 해도의 오랑캐들은 지대가 낮고 습한 곳에 거주하며 평상시 이 복장을 착용한다. 이곳에 나온 '대(臺)'는 풀의 한 명칭으로 또한 훼(卉)에 해당한다. 『예기』「교특생(郊特牲)」편에서 "대라씨(大羅氏)는 천자에게 소속된 관리로, 천자에게 있는 조수를 담당하는 자이니, 제후들이 공물로 바치는 조수들이 여기에 포함된다. 제후의 공물을 가져온 자들은 풀로 엮은 관을 쓰고 찾아오니, 이러한 복장을 하는 이유는 초야의 사람들이 입는 복장을 존중하기 때문이다."[19]라 했으니, '초립(草笠)'은 변방지역 사람들의 복장으로, 미천한 것에 해당한다. 앞에 나온 갓옷은 겨울에 착용하는 것이고, 이곳에 나온 삿갓은 여름에 사용하는 것이니, 각각 그 하나를 제시해서 말한 것이다. 대(臺)와 가죽으로 삿갓을 만들고 치포(緇布)로 관을 만든 것은 아름다운 사물을 사용하지 않는 것이다. 그렇기 때문에 '검(儉)'이라 했다. '촬(撮)'이라 했는데, 상투를 작게 모아서 지탱할 따름이니, 이것은 또한 '차절(且節)'이라는 뜻에 해당한다. 정현이 이러한 의미에 따랐다는 사실을 알 수 있었던 것은 앞에서 호구(狐裘)를 언급한 것은 곧 그의 용모와 언행을 조술한 것이고, 이 구문 이하로는 언행에 대해서는 조술하지 않았다. 그렇기 때문에

---

18) 『서』「하서(夏書)·우공(禹貢)」: 厥貢惟金三品. 瑤琨篠簜. 齒革羽毛惟木. 島夷卉服. 厥篚織貝. 厥包橘柚錫貢.

19) 『예기』「교특생(郊特牲)」: 大羅氏, 天子之掌鳥獸者也, 諸侯貢屬焉. 草笠而至, 尊野服也.

그의 관과 삿갓을 제시해서 그의 절약과 검소함을 표시한 것이다. 「교특생」편을 살펴보면 "태고 때에는 관을 만들 때 포를 이용해서 만들었고, 재계를 하게 되면 검은색으로 된 포를 이용해서 만들었다. 관례를 치를 때 잠시 사용하고 관례를 치른 뒤에는 치포관을 제거하는 것이 옳다."[20]라 했고, 주에서는 "이것은 고대의 예법을 중시해서, 이러한 관을 씌우는 것일 따름이다. 그 이후 삼대(三代)에서는 제도를 고쳐서, 재계를 할 때 쓰는 관에서는 재차 이러한 포를 사용하지 않았다."라 했다. 『예기』「옥조(玉藻)」편에서는 "관례를 치를 때 처음에는 치포관(緇布冠)을 씌워주니, 이것은 제후로부터 그 이하의 계층에게 모두 통용되는 예법이다. 다만 이 관은 현재 사용하지 않는 것이니, 관례를 치른 뒤에 폐지하여 사용하지 않는 것이 옳다."[21]라 했으니, 이것은 마땅히 처음 관을 씌워주고서 폐지해야만 한다. 현재 도인은 이것을 일상적인 복장으로 여기고 있는데, 사 이상의 계층은 관례를 치른 뒤에 폐지를 하고, 서인의 경우에는 비록 위모(委貌)를 착용할 수 있어서, 이에 따라 이것을 관으로 착용하고, 검소한 자는 치포(緇布)로 만든 것을 착용한다. 그렇기 때문에 시를 지은 사람은 이것을 제시해서 찬미했던 것이다. 그래서 『논어』에서는 "지금은 순(純)으로 만들고 있어 검소하다."[22]라 했고, 주에서는 "순(純)자는 마땅히 치(緇)자가 되어야 한다."라 했으니, '치(緇)'는 곧 검은색의 비단도 될 수 있는 것이다. 그런데 어떻게 검은색의 비단으로 만든 현관(玄冠)이 아니라는 것을 알아서 '치포(緇布)'라 말할 수 있는가? 그 이유는 치(緇)자가 비록 고문에서 포(布)와 백(帛)에 대한 두 명칭을 가지고 있지만, 그 자형에 있어서 재(才)자를 구성요소로 하게 되면 백(帛)이 되고, 치

---

20) 『예기』「교특생(郊特牲)」: 冠義, 始冠之, 緇布之冠也. <u>大古冠布, 齊則緇之</u>. 其綏也, 孔子曰: "吾未之聞也, <u>冠而敝之可也.</u>"

21) 『예기』「옥조(玉藻)」: 始冠, 緇布冠, 自諸侯下達. 冠而敝之可也.

22) 『논어』「자한(子罕)」: 子曰, "麻冕, 禮也, <u>今也純, 儉,</u> 吾從衆. 拜下, 禮也, 今拜乎上, 泰也. 雖違衆, 吾從下."

(甾)자를 구성요소로 하게 되면 포(布)가 되는데, 이곳에서 치(緇)라고 말했기 때문에, 이것이 비단이 아님을 알 수 있다. 또 만약 이것이 비단으로 만든 현관이라고 한다면 그와 관련된 제도가 있으므로, 촬(撮)이라 말할 수 없다. 그래서 『의례』「사관례(士冠禮)」편에서는 "치포관을 결속하는 것은 규항이다."[23]라 했고, 주에서는 "치포관에는 비녀가 없어서 규를 착용해서 머리 가장자리를 감싸고 목 앞쪽에서 매듭을 묶고, 모퉁이에는 4개의 연결 끈을 만들어서, 이것으로 관을 고정시킨다. 목 앞쪽 부근에는 고리가 있는데, 이 또한 규를 고정시키기 위해서 두는 것일 뿐이다. 오늘날 아직 관례나 계례를 치르지 않은 아이들은 권책(卷幘)이라는 것을 착용하는데, 규의 형태에서 파생된 것이다."라 했다. 이것은 치포관을 작게 제작했기 때문에 '촬(撮)'이라 말했음을 나타낸다. 그리고 이것을 통해서 이것이 현관이 아니라는 사실을 더욱 분명히 드러낸다. 만약 그렇다면 치포관을 제작할 때에는 그 자체로 마땅히 작게 해야 하는데, 성왕이 통치했을 때에는 검소하고 또 절약했기 때문이라 말한 것은 현관을 착용하지 않고 치포로 만든 관을 썼던 뜻을 풀이한 것이다. 그렇기 때문에 비록 예제상 작게 만드는 것이지만, 또한 검소함과 절약함으로 인해 그것을 착용했던 것이다.

참고 『예기』「명당위(明堂位)」 기록

경문 崇坫康圭疏屛, 天子之廟飾也.

노나라는 태묘에 규(圭)를 안전하게 놓아둘 수 있는 높은 받침대를 만들고, 소병(疏屛)을 설치했으니, 이것들은 본래 천자의 묘에 하는 장식이다.

---

23) 『의례』「사관례(士冠禮)」: 緇布冠缺項, 靑組纓屬于缺; 緇纚, 廣終幅, 長六尺; 皮弁笄; 爵弁笄; 緇組紘, 纁邊; 同篋.

崇, 高也. 康, 讀爲"亢龍"之"亢", 又爲高坫, 亢所受圭, 奠于上焉. 屛謂之樹, 今桴思也, 刻之爲雲氣蟲獸, 如今闕上爲之矣.

'숭(崇)'자는 "높다[高]."는 뜻이다. '강(康)'자는 '항룡(亢龍)'이라고 할 때의 '항(亢)'자로 풀이하니, 또한 높은 받침대를 만들고, 받은 규(圭)를 들어서, 그 위에 내려둔다는 뜻이다. '병(屛)'은 '수(樹)'라고도 부르니, 오늘날의 부사(桴思)에 해당하는 것으로, 구름과 생물들을 조각하며, 마치 오늘날의 궐(闕)에 있어서 그 위를 만드는 것처럼 한 것이다.

●"崇坫康圭"者, 崇, 高也. 亢, 擧也. 爲高坫, 受賓之圭, 擧於其上也.

● 經文: "崇坫康圭". ○ '숭(崇)'자는 "높다[高]."는 뜻이다. '항(亢)'자는 "든대[擧]."는 뜻이다. 높은 받침대를 만들어서, 빈객으로부터 받은 규(圭)를 그 위에 올려둔다는 뜻이다.

『논어』「팔일(八佾)」 기록

子曰: "管仲之器小哉①!" 或曰: "管仲儉乎②?" 曰: "管氏有三歸, 官事不攝, 焉得儉③?" "然則管仲知禮乎④?" 曰: "邦君樹塞門, 管氏亦樹塞門. 邦君爲兩君之好, 有反坫, 管氏亦有反坫⑤. 管氏而知禮, 孰不知禮?"

공자가 말하길, "관중의 그릇은 작구나!"라 했다. 그러자 어떤 자가 "관중은 검소하였습니까?"라고 물었다. 공자가 대답하길, "관씨는 세 명의 부인을 두었고, 관직의 임무를 겸임시키지 않았는데, 어떻게 검소할 수 있겠는가?"라 했다. 어떤 자가 다시 묻기를 "그렇다면 관중은 예를 알았습니까?"라고 하자 공자는 "군주라야 색문을 세우는데, 관씨 또한 색문을 세웠다. 군주라야 양국의 군주가 우호를 다짐에 술잔을 돌려놓는 받침대를 두는데, 관씨 또한 반점을 두었다. 관씨가 예를 안다면 그 누가 예를 알지 못하겠는가?"라고 대답했다.

何注 ① 言其器量小也.

그의 도량이 작았다는 의미이다.

何注 ② 包曰: 或人見孔子小之, 以爲謂之大儉.

포씨가 말하길, 혹자는 공자가 관중을 작다가 평가한 것을 보고서, 그에 대해 매우 검소했다고 한 말로 여겼다.

何注 ③ 包曰: 三歸, 娶三姓女. 婦人謂嫁曰歸. 攝, 猶兼也. 禮, 國君 事大, 官各有人; 大夫兼幷. 今管仲家臣備職, 非爲儉.

포씨가 말하길, '삼귀(三歸)'는 3명의 성이 다른 여자를 아내로 들였다는 뜻이다. 부인에 대해 시집가는 것을 '귀(歸)'라 부른다. '섭(攝)'자는 겸한 다는 뜻이다. 예법에 따르면 군주는 해당하는 일이 크고 많아서 관부에 각각 해당하는 관리를 두는데, 대부는 겸직시킨다. 그런데 현재 관중의 가신들은 직무마다 사람들이 갖춰져 있으니, 검소한 것이 아니다.

何注 ④ 包曰: 或人以儉問, 故答以安得儉. 或人聞不儉, 便謂爲得禮.

포씨가 말하길, 혹자는 검소하냐고 질문을 했기 때문에 어떻게 검소할 수 있겠느냐고 대답을 했다. 혹자는 검소하지 않다는 말을 듣고서 다시 예에 맞게 했다는 뜻이라고 여긴 것이다.

何注 ⑤ 鄭曰: 反坫, 反爵之坫, 在兩楹之間. 人君別內外於門, 樹屛 以蔽之. 若與鄰國爲好會, 其獻酢之禮更酌, 酌畢則各反爵於坫上. 今管仲皆僭爲之如是, 是不知禮.

정씨가 말하길, '반점(反坫)'은 술잔을 돌려놓는 받침대이니, 양쪽 기둥 사이에 있다. 군주는 문에 대해서 내외를 구별하기 위해 담을 세워 가린다. 만약 이웃 나라와 우호를 다지기 위해 회합하게 된다면, 헌(獻)과 초(酢)의 예법에서는 다시 술잔을 채우고, 술잔 채우는 일이 끝나면 각각 받침대 위에 술잔을 돌려놓는다. 지금 관중은 이와 같이 모두 참람되게 그러한 것들을 했는데, 이것은 예를 모르는 것이다.

邢疏 ● "子曰"至"之禮". ○ 正義曰: 此章言管仲僭禮也.

● 經文: "子曰"~"之禮". ○ 이 문장은 관중이 예법을 참람되게 사용한 점을 언급한 것이다.

邢疏 ● "子曰: 管仲之器小哉"者, 管仲, 齊大夫管夷吾也. 孔子言其器量小也.

● 經文: "子曰: 管仲之器小哉". ○ '관중(管仲)'은 제나라의 대부로 관이오(管夷吾)이다. 공자는 그의 도량이 작다고 말한 것이다.

邢疏 ● "或曰: 管仲儉乎"者, 或人見孔子言管仲器小, 以爲謂其大儉, 故問曰: "管氏儉乎?"

● 經文: "或曰: 管仲儉乎". ○ 혹자는 공자가 관중에 대해 도량이 작다고 한 말을 듣고서 그가 매우 검소하다고 평가한 말이라 여겼다. 그렇기 때문에 "관씨는 검소했습니까?"라고 물어본 것이다.

邢疏 ● "曰: 管氏有三歸, 官事不攝, 焉得儉"者, 孔子答或人以管仲不儉之事也. 婦人謂嫁曰歸. 攝, 猶兼也. 焉, 猶安也. 禮, 大夫雖有妾滕, 嫡妻唯娶一姓. 今管仲娶三姓之女, 故曰有三歸. 禮, 國君事大, 官各有人, 大夫雖得有家臣, 不得每事立官, 當使一官兼攝餘事.

今管仲家臣備職, 奢豪若此, 安得爲儉也?

● 經文: "曰: 管氏有三歸, 官事不攝, 焉得儉". ○ 공자가 혹자에 대해서 관중이 검소하지 않았던 사안으로 답변을 한 것이다. 부인에 대해서는 시집가는 것을 '귀(歸)'라고 부른다. '섭(攝)'자는 겸한다는 뜻이다. '언(焉)'자는 안(安)자의 뜻이다. 예법에 따르면 대부는 비록 잉첩을 두지만, 정부인은 오직 한 성씨의 아내만을 들인다. 지금 관중은 세 성의 여자를 아내로 들였다. 그렇기 때문에 '유삼귀(有三歸)'라 말한 것이다. 또 예법에 따르면 군주는 그 일이 크고 많아서 관부에 각각 해당하는 관리를 두었는데, 대부는 비록 가신을 둘 수 있지만 매 사안마다 관리를 세울 수 없으니, 마땅히 한 관리로 하여금 다른 사안들까지도 겸직시켜야만 한다. 지금 관중의 가신은 직무마다 갖춰져 있으니, 사치와 호사를 누리는 것이 이와 같았는데, 어떻게 검소함이 되겠는가?

邢疏 ● "然則管仲知禮乎"者, 或人聞孔子言管仲不儉, 便謂爲得禮, 故又問曰: "然則管仲是知禮之人乎?"

● 經文: "然則管仲知禮乎". ○ 혹자는 공자가 관중이 검소하지 않다고 한 말을 듣고서, 이전에 했던 말이 예에 맞다고 한 뜻이라고 여겼다. 그렇기 때문에 재차 질문하길, "그렇다면 관중은 예를 아는 사람이었습니까?"라 한 것이다.

邢疏 ● "曰: 邦君樹塞門, 管氏亦樹塞門. 邦君爲兩君之好, 有反坫, 管氏亦有反坫"者, 此孔子又爲或人說管仲不知禮之事也. 邦君, 諸侯也. 屛, 謂之樹. 人君別內外於門, 樹屛以蔽塞之. 大夫當以簾蔽其位耳. 今管仲亦如人君, 樹屛以塞門也. 反坫, 反爵之坫, 在兩楹之間. 人君與鄰國爲好會, 其獻酢之禮更酌, 酌畢則各反爵於坫上. 大夫則無之. 今管仲亦有反爵之坫. 僭濫如此, 是不知禮也.

● 經文: "曰: 邦君樹塞門, 管氏亦樹塞門. 邦君爲兩君之好, 有反坫, 管氏亦有反坫". ○ 이것은 공자가 또 혹자의 질문으로 인해 관중이 예를 알지 못했던 사안을 설명해준 것이다. '방군(邦君)'은 제후를 뜻한다. '병(屛)'을 수(樹)라 부른다. 군주는 문에 대해서 내외를 구별하여, 담을 세워서 가린다. 대부는 마땅히 발로 그 자리만을 가릴 따름이다. 현재 관중은 또한 군주처럼 하여 담을 세워서 문을 가렸다. '반점(反坫)'은 술잔을 돌려놓는 받침대이니, 양쪽 기둥 사이에 있다. 군주는 이웃 나라와 우호를 다지며 회합을 할 때, 헌(獻)과 초(酢)의 예법에서 다시 술잔을 채우고, 술잔 채우는 일이 끝나면 각각 받침대 위에 술잔을 돌려놓게 된다. 대부는 이러한 것이 없다. 그런데 현재 관중은 또한 술잔을 돌려놓는 받침대를 두었다. 참람됨이 이와 같으니, 이것은 예를 모른다는 사실을 나타낸다.

邢疏 ● "管氏而知禮, 孰不知禮"者, 孔子擧其僭禮於上, 而以此言非之. 孰, 誰也. 言若謂管氏而爲知禮, 更誰爲不知禮! 言唯管氏不知禮也.

● 經文: "管氏而知禮, 孰不知禮". ○ 공자는 앞서 예법을 참람되게 사용한 일들을 제시하고, 이러한 말을 통해 비판을 한 것이다. '숙(孰)'자는 수(誰)자의 뜻이다. 만약 관씨더러 예를 안다고 평한다면, 다시 누구를 일러 예를 모른다고 하겠느냐는 의미이니, 관씨는 예를 모른다는 뜻이다.

邢疏 ◎注"包曰"至"爲儉". ○正義曰: 云"婦人謂嫁曰歸"者, 隱二年公羊傳文. 何休曰: "婦人生以父母爲家, 嫁以夫爲家, 故謂嫁曰歸, 明有三歸之道也."

◎ 何注: "包曰"~"爲儉". ○ "부인에 대해 시집가는 것을 '귀(歸)'라 부른다."라 했는데, 이것은 은공 2년에 대한 『공양전』의 기록이다.[24] 하휴는 "부인은 태어날 때 부모를 집으로 여기고, 시집을 가게 되면 남편을 집으

로 여긴다. 그렇기 때문에 시집가는 것을 '귀(歸)'라 부르니, 삼귀(三歸)의 도가 있음을 드러내는 것이다."라 했다.

邢疏 ◎注"鄭曰"至"知禮". ○正義曰: 云"反坫, 反爵之坫, 在兩楹之間"者, 以鄕飮酒是鄕大夫之禮, 於房戶間, 燕禮是燕己之臣子, 故尊於東楹之西. 若兩君相敵, 則尊於兩楹間, 故其坫在兩楹間也. 云"人君別內外於門, 樹屛以蔽之"者, 釋宮云: "屛謂之樹." 郭璞曰: "小牆當門中." 郊特牲云: "臺門而旅樹." 鄭玄云: "此皆諸侯之禮也. 旅, 道也. 屛, 謂之樹, 樹所以蔽行道. 管氏樹塞門, 塞猶蔽也. 禮, 天子外屛, 諸侯內屛, 大夫以帘, 士以帷", 是也. 云: "若與鄰國爲好會, 其獻酢之禮更酌, 酌畢則各反爵於坫上"者, 熊氏云: "主君獻賓, 賓筵前受爵, 飮畢, 反此虛爵於坫上, 於西階上拜. 主人於阼階上答拜, 賓於坫取爵, 洗爵, 酌, 以酢主人. 主人受爵, 飮畢, 反此虛爵於坫上. 主人阼階上拜, 賓答拜." 是賓主飮畢, 反爵於坫上也. 而云"酌畢, 各反爵於坫上"者, 文不具耳, 其實當飮畢.

◎何注: "鄭曰"~"知禮". ○ "'반점(反坫)'은 술잔을 돌려놓는 받침대이니, 양쪽 기둥 사이에 있다."라 했는데, 향음주례는 향대부가 시행하는 예법이니, 방과 방문 사이에 술동이를 두고, 연례는 자기 신하들에게 연회를 베풀어주는 것이기 때문에 동쪽 기둥의 서쪽에 술동이를 둔다. 만약 두 나라의 군주가 서로 신분이 대등한 경우라면 양쪽 기둥 사이에 술동이를 둔다. 그렇기 때문에 받침대가 양쪽 기둥 사이에 있는 것이다. "군주는 문에 대해서 내외를 구별하기 위해 담을 세워 가린다."라 했는데, 『이아』「석궁(釋宮)」편에서는 "병(屛)을 수(樹)라 부른다."[25]라 했고, 곽박은

---

24) 『춘추공양전』「은공(隱公) 2년」: 冬, 十月, 伯姬歸于紀, 伯姬者何? 內女也. 其言歸何? <u>婦人謂嫁曰歸</u>.

25) 『이아』「석궁(釋宮)」: 兩階間謂之鄕. 中庭之左右謂之位. 門屛之間謂之宁. <u>屛謂之樹</u>.

"작은 담장으로 문 중앙에 있다."라 했다. 『예기』「교특생(郊特牲)」편에
서는 "대문(臺門)을 설치하고, 출입구에 나무를 병풍처럼 심어서 가린
다."²⁶⁾라 했고, 정현은 "이것은 모두 제후의 예법이다. '여(旅)'자는 길[道]
을 뜻한다. 병풍[屛]을 '수(樹)'라고도 부르는데, 수(樹)는 지나다니는 통
로를 가리는 것이다. 관중은 수(樹)로 문(門)을 가렸다고 했는데, '새(塞)'
자는 가린다는 뜻이다. 예법에 따르면, 천자는 외병(外屛)을 설치하고,
제후는 내병(內屛)을 설치하며,²⁷⁾ 대부는 발을 달고, 사는 휘장을 단다고
했다."라 한 말이 이러한 사실을 나타낸다. "만약 이웃 나라와 우호를 다
지기 위해 회합하게 된다면, 헌(獻)과 초(酢)의 예법에서는 다시 술잔을
채우고, 술잔 채우는 일이 끝나면 각각 받침대 위에 술잔을 돌려놓는다."
라 했는데, 옹씨는 "주인에 해당하는 군주가 빈객에게 헌(獻)을 하면, 빈
객은 자리 앞에서 술잔을 받고 술 마시는 일이 끝나면 이러한 빈 술잔을
받침대 위에 돌려놓고, 서쪽 계단 위에서 절을 한다. 주인은 동쪽 계단
위에서 답배를 하고, 빈객이 받침대에서 술잔을 취하여 술잔을 씻고 술을
채워서 주인에게 초(酢)를 한다. 주인이 술잔을 받고 술 마시는 일이 끝
나면 이러한 빈 술잔을 받침대 위에 돌려놓는다. 주인이 동쪽 계단 위에
서 절을 하면 빈객은 답배를 한다."라 했다. 이것은 빈객과 주인이 술을
다 마시면, 받침대 위에 술잔을 돌려놓는다는 사실을 나타낸다. "술잔
채우는 일이 끝나면 각각 받침대 위에 술잔을 돌려놓는다."라고 한 말은
문장을 자세히 기록하지 않은 것일 뿐이니, 실제로는 술을 다 마신 것에
해당한다.

---

26) 『예기』「교특생(郊特牲)」 : <u>臺門而旅樹</u>, 反坫, 繡黼丹朱中衣, 大夫之僭禮也.

27) 『순자』「대략(大略)」 : 天子外屛, 諸侯內屛, 禮也. 外屛不欲見外也; 內屛不欲見
內也.

| 역자 소개 |

정병섭(鄭秉燮)
· 1979년 출생
· 2002년 성균관대학교 유교철학과 졸업
· 2004년 성균관대학교 대학원 유학과 석사
· 2013년 성균관대학교 대학원 유학과 철학박사
· 『역주 예기집설대전』, 『역주 예기보주』, 『역주 예기천견록』, 『역주 예기유편대전』
  을 완역하였다.
· 『의례주소』 외에도 『주례』, 『대대례기』 번역과 한국유학자들의 예학 관련 저작들

譯註
儀禮注疏 士冠禮 ❶

초판 인쇄   2021년 6월 16일
초판 발행   2021년 6월 30일

역   자 l 정 병 섭(鄭秉燮)
펴 낸 이 l 하 운 근
펴 낸 곳 l 學古房

주   소 l 경기도 고양시 덕양구 통일로 140 삼송테크노밸리 A동 B224
전   화 l (02)353-9908   편집부(02)356-9903
팩   스 l (02)6959-8234
홈페이지 l hakgobang.co.kr
전자우편 l hakgobang@naver.com, hakgobang@chol.com
등록번호 l 제311-1994-000001호

ISBN 979-11-6586-380-7 94140
      979-11-6586-379-1 (세트)

값 40,000원

※ 파본은 교환해 드립니다.